A invisibilidade do tradutor

FUNDAÇÃO EDITORA DA UNESP

Presidente do Conselho Curador
Mário Sérgio Vasconcelos

Diretor-Presidente
Jézio Hernani Bomfim Gutierre

Superintendente Administrativo e Financeiro
William de Souza Agostinho

Conselho Editorial Acadêmico
Danilo Rothberg
Luis Fernando Ayerbe
Marcelo Takeshi Yamashita
Maria Cristina Pereira Lima
Milton Terumitsu Sogabe
Newton La Scala Júnior
Pedro Angelo Pagni
Renata Junqueira de Souza
Sandra Aparecida Ferreira
Valéria dos Santos Guimarães

Editores-Adjuntos
Anderson Nobara
Leandro Rodrigues

LAWRENCE VENUTI

A invisibilidade do tradutor
Uma história da tradução

Tradução

Laureano Pellegrin
Lucinéia Marcelino Villela
Marileide Dias Esqueda
Valéria Biondo

Revisão técnica

Richard Sanches

© 2018 Lawrence Venuti
Todos os direitos reservados

Primeira edição em língua inglesa publicada pela Routledge em 1995
Segunda edição em língua inglesa publicada pela Routledge em 2008
Tradução autorizada da terceira edição em língua inglesa publicada pela
Routledge, membro da Taylor & Francis Group

© 2021 Editora Unesp

Título original:
The Translator's Invisibility: A History of Translation

Direitos de publicação reservados à:
Fundação Editora da Unesp (FEU)
Praça da Sé, 108
01001-900 – São Paulo – SP
Tel.: (0xx11) 3242-7171
Fax: (0xx11) 3242-7172
www.editoraunesp.com.br
www.livrariaunesp.com.br
atendimento.editora@unesp.br

Dados Internacionais de Catalogação na Publicação (CIP) de acordo com ISBD
Elaborado por Vagner Rodolfo da Silva – CRB-8/9410

V472i

Venuti, Lawrence

    A invisibilidade do tradutor: uma história da tradução / Lawrence Venuti; traduzido por Laureano Pellegrin ... [et al.]. – São Paulo: Editora Unesp, 2021.

    Tradução de: *The Translator's Invisibility: A History of Translation*
    Inclui bibliografia.
    ISBN: 978-65-5711-024-9

    1. História da tradução. 2. Interpretação. 3. Tradução. I. Pellegrin, Laureano. II. Villela, Lucinéia Marcelino. III. Esqueda, Marileide Dias. IV. Biondo, Valéria. V. Título.

2021-544   CDD 418.02
                                                                           CDU 81'25

Editora afiliada:

Para M. T. H.

Veis lo que es sin poder ser negado
veis lo que tenemos que aguentar,
mal que nos pese.[1]

---

1 Versos de *Trilce*, de César Vallejo. "Vês o que é sem poder ser negado / vês o que temos que aguentar, / mal que nos pesa." (Trad. Ana Cláudia Röcker Trierweiller Prieto). (N. E.)

Sumário

Introdução: Condições de possibilidade . 9

Prefácio à segunda edição . 33

1 | Invisibilidade . 41

2 | Cânone . 111

3 | Nação . 211

4 | Dissidência . 299

5 | Margem . 389

6 | *Simpatico* . 551

7 | Chamado à ação . 609

Referências bibliográficas . 635

Índice remissivo . 677

Introdução
Condições de possibilidade

Tendo sua origem em um artigo de 1986 que buscava desmistificar as práticas de tradução, a primeira edição de *A invisibilidade do tradutor* (1995) ampliou aquele texto para transformá-lo em uma história, baseada em registros, do estado atual da tradução em língua inglesa. A uma distância de mais de trinta anos, o projeto parece ser produto de um momento particular: seus conceitos teóricos, princípios historiográficos e métodos de análise textual foram possibilitados pelos vários discursos que informaram de maneira decisiva a pesquisa em estudos literários e culturais, durante os anos 1980, no Reino Unido e nos Estados Unidos. Variedades de marxismo, psicanálise, feminismo e pós-estruturalismo formavam uma síntese irrequieta e heterogênea, extraída principalmente do trabalho de pensadores franceses, em especial de Louis Althusser e Jacques Lacan, Roland Barthes e Jacques Derrida, Michel Foucault e Julia Kristeva, Gilles Deleuze e Félix Guattari. Fui profundamente influenciado pela obra desses pensadores, sobretudo por meio das traduções para o inglês que vinham sendo publicadas por editoras comerciais e acadêmicas a partir da década de 1970, e aprendi muito com o modo como ela foi desenvolvida e posta em prática por teóricos e críticos como Fredric Jameson e Terry Eagleton, Jean-Jacques Lecercle e Anthony Giddens, Catherine Belsey e Antony Easthope, Philip E. Lewis e Eve Kosofsky Sedgwick. Já faz um bom tempo que essa conjuntura teórica passou, mas, ao gerar meu projeto, ela possibilitou uma perspectiva sobre a tradução que continua sendo citada não apenas como ponto de referência, mas também de controvérsia em discussões acaloradas.

Incorporar materiais tão diversos no estudo da tradução não pode ser considerado exatamente o mesmo que "extrapolá-los" ou "aplicá-los" a uma prática cultural diferente. Pelo contrário: fui obrigado a reformular ideias e métodos para que pudessem lançar luz sobre aquilo que é, e sobre o que faz, a tradução. O argumento de Easthope, de que a ilusão de transparência linguística dominava as tradições poéticas inglesas desde o início do período moderno, inspirou uma ruptura crucial: notei que ele podia ser usado para descrever os efeitos ilusionistas da tradução fluente, em que o dialeto padrão atual do idioma traduzido, acompanhado da sintaxe linear e do significado unívoco, cria uma legibilidade fácil que mascara o trabalho do tradutor, levando o leitor a acreditar que a tradução é de fato o texto-fonte. O conceito de leitura sintomática, de Althusser, foi igualmente útil para dissipar as mistificações produzidas pela tradução fluente. Se, para ele, descontinuidades em textos teóricos revelam determinações ideológicas que respondem às contradições sociais de um período histórico específico, então descontinuidades entre o texto-fonte e a tradução, ou no interior do texto traduzido, no nível de dicção, sintaxe e discurso, podem revelar o significado ideológico do trabalho do tradutor em relação à hierarquia de valores linguísticos e culturais na si-

A invisibilidade do tradutor

tuação receptora. Tais reformulações não apenas estabeleceram a pertinência de ideias e métodos particulares para a tradução; elas também questionaram os discursos teóricos que norteiam os estudos literários e culturais. Esses discursos, apesar da importância da tradução para um pensador como Derrida, têm sido usados constantemente para estudar composições originais, quase nunca traduções, e, dessa forma, implicitamente mantêm cânones literários, reforçando, ao mesmo tempo, o conceito romântico de autoria original que tanto fez para marginalizar a pesquisa e a prática da tradução.

A síntese teórica que possibilitou *A invisibilidade do tradutor* diferia sobremaneira dos discursos que passaram a dominar os estudos de tradução nos anos 1980. As ideias e métodos que tiveram maior circulação no campo, fosse por meio do ensino ou por projetos de pesquisa, derivavam, por um lado, de diversas linguagens, incluindo linguística sistêmico-funcional, análise de discurso e pragmática, e, por outro, da teoria dos polissistemas, desenvolvida a partir do trabalho dos formalistas russos e do Círculo Linguístico de Praga. Essas duas abordagens, que às vezes eram vistas como complementares, mas outras vezes se opunham, embasam as obras que exerceram maior influência naquele período e posteriormente. O livro de Mona Baker, *In Other Words: A Coursebook on Translation* (1992), e o de Basil Hatim e Ian Mason, *The Translator as Communicator* (1997), ofereceram uma gama maior de ferramentas, calcadas na linguística, para a análise e a prática da tradução, enquanto *Translation, Rewriting and the Manipulation of Literary Fame* (1992), de André Lefevere, e *Descriptive Translation Studies — and Beyond* (1995), de Gideon Toury, elaboraram termos culturais por meio dos quais uma orientação sistêmica pode ser adotada no estudo da tradução.

"Descritivo" [*descriptive*], de fato, pode ser tomada como a palavra de ordem desse diversificado *corpus*. Pressupõe-se a aplicação do método científico. Se são usadas categorias linguísticas para diferenciar tipos de "equivalência" entre os textos originais e traduzidos, ou se são utilizados conceitos sociológicos, como "normas" e "restrições", para justificar a produção de traduções, o objetivo declarado não é avaliar, mas descrever e explicar a natureza da tradução e o comportamento dos tradutores. Portanto, sempre que o conceito de ideologia é invocado nesse tipo de pesquisa, ele tende a ser tratado de maneira neutra, como "ideias" ou "valores" autônomos que são intencionalmente expressos na linguagem. Em *A invisibilidade do tradutor*, no entanto, seguindo os discursos teóricos dos estudos literários e culturais, a ideologia é concebida como um conjunto de valores, crenças e representações inscritos na linguagem, sem que o usuário tenha consciência deles ou controle sobre eles, e que mantêm ou desafiam as hierarquias em que os grupos sociais estão posicionados, atendendo assim aos interesses de grupos específicos. A ideologia é, nesse sentido, indistinguível do juízo de valor; é um conceito essencialmente político e que transforma a análise de textos traduzidos em uma crítica da política que eles postulam, feita a partir de um ponto de vista ideológico diferente, geralmente oposto àquele. Os chamados discursos descritivos que dominaram os estudos de tradução consideram a crítica ideológica "prescritiva", na medida em que ela recomenda certas teorias e práticas de tradução em detrimento de outras e toma posições particulares em lutas políticas.

No entanto, a reivindicação de uma pesquisa em tradução que seja desprovida de valores é espúria. Qualquer discurso teórico cria a tradução como objeto de um tipo específico de

A invisibilidade do tradutor

conhecimento por meio das ideias e métodos que caracterizam esse discurso. Modelar a pesquisa em tradução a partir das ciências naturais é não reconhecer que os parâmetros conceituais determinam quais hipóteses são formuladas e quais dados empíricos são selecionados para comprová-las ou refutá-las, excluindo, ao mesmo tempo, diferentes parâmetros, hipóteses e dados que podem de fato pôr em questão a pesquisa. Por conseguinte, a crença equivocada de que o fato pode ser separado do valor, em um campo fundamentalmente humanístico como os estudos de tradução, acaba privilegiando os discursos teóricos dominantes. Longe de apresentar relatos abrangentes e incisivos a respeito da tradução, os estudos descritivos são ideológicos e cientificistas, por assumirem um empirismo ingênuo, conservadores, por reforçarem o *status quo* acadêmico, e anti-intelectuais, por bloquearem a incorporação de materiais de outros campos e disciplinas que exporiam suas limitações.

Os discursos teóricos que possibilitaram *A invisibilidade do tradutor* também foram, sem dúvida, restritivos. O livro criticava mais do que formulava conceitos de equivalência; estudava textos traduzidos com as formas de análise do discurso que acompanharam o pós-estruturalismo, destacando a construção e o posicionamento da subjetividade por meio da linguagem e da ideologia; e fazia distinção entre, de um lado, normas ou restrições e, de outro, ideologias, de modo que as primeiras pudessem ser enxergadas como ideológicas, através de suas afiliações institucionais e sociais. Meu principal interesse residia naquelas áreas que os estudos de tradução foram forçados a negligenciar por seus próprios discursos teóricos: a ética e a política da tradução.

Não é de surpreender que este livro tenha se mostrado controverso. Os principais argumentos relativos aos efeitos éticos dos textos traduzidos, particularmente a importância de registrar diferenças linguísticas e culturais e a história da supressão dessas diferenças nas tradições anglófonas de tradução, foram debatidos nas muitas disciplinas humanísticas que dependem de traduções para seu ensino e pesquisa, incluindo não apenas letras clássicas e modernas, literatura comparada, teatro e cinema, mas também antropologia, história, filosofia e sociologia. A centralidade que dou aos tradutores, à seleção de textos originais e ao desenvolvimento de estratégias de tradução, à questão de saber se devem permanecer invisíveis em uma tradução, à marginalidade cultural e às desfavoráveis condições legais e econômicas em que trabalham — todos esses pontos foram debatidos por tradutores profissionais dentro e fora da academia, bem como por professores e estudantes em programas que formam tradutores e futuros pesquisadores de tradução. Além disso, o livro foi traduzido, no todo ou em parte, para vários idiomas, incluindo árabe, português do Brasil, chinês, francês, italiano e malaio. Para ser capaz de atingir esse público variado, meu projeto deve ser inteligível, mesmo que os leitores não estejam familiarizados com os discursos teóricos que o animam ou com os desenvolvimentos recentes nos estudos de tradução. Ter esse tipo de familiaridade não garantiu, em nenhum caso, apreciação diferenciada ou aceitação geral de meus conceitos e argumentos, que parecem ter sido admirados e aviltados em igual medida.

Essa recepção controversa indica que a designação de "clássico da tradução" proposta pela editora para *A invisibilidade do tradutor* provavelmente será recebida com reações igualmente divergentes, que devem variar da aprovação, em acordo com o reconhecimento de sua influência nos debates sobre tradução, à ignorância cínica, enxergando-o como uma proposta de nova embalagem que visa estimular as vendas. É claro que qualquer forma ou prática cultural pode abarcar interpretações múltiplas e conflitantes, e cada uma delas pode encontrar concordância ou discordância em diferentes públicos leitores. Submeter-se à validação implícita no termo "clássico", no entanto, significa ser admitido em um cânone no qual um texto é visto como digno de interpretação contínua, de modo que todo ato interpretativo é simultaneamente uma avaliação. As atribuições de significado e valor são mutuamente dependentes de qualquer decisão quanto à canonicidade que reciprocamente cria e justifica uma à outra, se a avaliação é de fato positiva ou, em última análise, negativa.

Teria meu livro se tornado um daqueles textos que, como Frank Kermode escreveu em *The Classic* (1975), "possuem qualidades intrínsecas que perduram, mas também uma abertura à acomodação que os mantém vivos em disposições infinitamente variadas"? Eu estaria inclinado a responder: "Talvez, mas não exatamente nesses termos", já que a recepção que testemunhei exige que a noção de Kermode a respeito do que é um "clássico" seja repensada. Os conceitos e argumentos que proponho não permaneceram como se fossem essências imutáveis, precisamente porque foram feitos para acomodar as diversas suposições, expectativas, interesses e habilidades que os leitores trouxeram para suas interações com o texto. Se abordo questões da teoria, da história e da prática da tradução que passaram a ser consideradas merecedoras de atenção, meu relato delas certamente não foi compreendido e julgado da mesma maneira em todos os momentos e lugares. Se esse ponto faz do livro um clássico ou não, deixo para o leitor decidir.

Lawrence Venuti

À medida que o círculo de interpretação e avaliação continuou a girar, surgiram certos padrões de recepção. Os resumos publicados em periódicos de resenhas, livros informativos e publicações de popularização científica foram seletivos: demonstram uma tendência a enfatizar a descrição geral do projeto no primeiro capítulo, "Invisibilidade", concentrando-se em conceitos como "fluência" e "resistência" e nas diferenças entre traduções "domesticadoras" e "estrangeirantes". Essa tendência geralmente coincide com a negligência dos estudos de caso nos capítulos restantes, em que os argumentos são construídos com análises textuais e evidências de arquivo que mostram como os conceitos mudam em situações culturais e momentos históricos específicos. *A invisibilidade do tradutor* foi submetido a leituras extremamente simplificadoras que, em alguns casos, se basearam em enfoques de segunda mão igualmente simplistas, mas que, de toda forma, moldaram o impacto do livro.

Não quero com isso sugerir que as interpretações em questão são meramente errôneas ou imprecisas, mesmo nos casos em que seu reducionismo pode ser prontamente demonstrado. Se qualquer texto pode ser interpretado de maneiras múltiplas e contraditórias, avaliar interpretações é uma questão menos de verdade, como uma representação precisa do texto, do que de ética, de como os intérpretes assumem a responsabilidade pelo ato contundente que é essa interpretação, especialmente quando suas interpretações encerram leituras desdenhosamente superficiais e promoções autocongratulatórias de suas próprias pesquisas e experiências. Além disso, eu mesmo reinterpretei certos pontos durante a preparação da segunda edição revisada (2008), a fim de esclarecer e desenvolvê-los ainda mais, talvez incrementando, de maneira irrefletida, a confusão causada pelos argumentos que formulei inicialmente. O que seria útil apresentar nesta reimpressão da segunda edição, portanto, são seus principais conceitos e argumentos, embora com a ressalva de que minha interpretação sem dúvida refletirá minha crescente compreensão do projeto. Meu objetivo não é apenas contra-atacar as simplificações excessivas, mas também liberar o potencial produtivo da pesquisa, em especial para uma nova geração de leitores que chega a ela pela primeira vez.

Desse modo, apresento aqui três teses:

1. Toda tradução, independentemente do gênero ou tipo de texto, incluindo a tradução que busca registrar diferenças linguísticas e culturais, é uma interpretação que fundamentalmente domestica o texto-fonte.

A tradução é inevitavelmente domesticadora, na medida em que visa interpretar o texto-fonte em termos que são inteligíveis e interessantes na situação receptora. Ela, por meio de um duplo processo de assimilação, administra as diferenças linguísticas e culturais que impõem obstáculos à inteligibilidade e ao interesse. De um lado, a tradução descontextualiza o texto-fonte, retirando-o dos contextos multidimensionais de produção e recepção em sua língua e cultura originais – contextos estes que são ao mesmo tempo intra e intertextuais, interdiscursivos e intermediários, institucionais e sociais. De outro lado, e ao mesmo tempo, a tradução recontextualiza o texto-fonte, construindo outro conjunto comparável de contextos na língua e cultura tradutoras. Esse processo de assimilação constitui um ato interpretativo no qual o texto-fonte sofre uma transformação significativa. A interpretação é transformadora porque se realiza por meio da aplicação de uma terceira categoria, que consiste naquilo que chamo de interpretantes, fatores formais e temáticos que incluem uma relação de equivalência e um estilo particular, além de valores, crenças e representação. Os interpretantes são essenciais para a tradução: são aplicados na tradução de textos pragmáticos, humanísticos ou técnicos, embora variem de acordo com o gênero e o tipo de texto, discurso e função. O texto-fonte é transformado mesmo quando o tradutor empreende um esforço rigoroso para manter correspondência semântica e aproximação estilística, porque os interpretantes, embora possam conter materiais da fonte cultural original, são extraídos predominantemente da situação receptora. Com frequência, é aí que se toma a decisão de traduzir, especialmente no que se refere a textos humanísticos, de modo que o processo assimilativo começa com a própria escolha de um texto-fonte que reflita o que é inteligível e interessante para os receptores.

Uma tradução que busca registrar diferenças linguísticas e culturais – uma tradução que é, em outras palavras, estrangeirante – não escapa da inevitável domesticação. Ela deve produzir seus efeitos estrangeirantes em termos que possam ser reconhecidos como diferenciais pelos leitores da língua tradutora e, para tanto, precisa aplicar interpretantes que são específicos à situação receptora. A retenção de palavras e frases do texto-fonte em uma tradução, a opção por uma determinada forma verbal tida em geral como estrangeirante podem sinalizar uma diferença linguística e cultural ao sugerir que o texto em que ocorrem é uma tradução de um texto escrito em outra língua. Ainda assim, a experiência do leitor com a estrangeirice, nesse caso, depende do contexto, que é composto principalmente da língua tradutora e sua rede de conexões com a situação receptora. Qualquer sensação de estrangeirice em uma tradução é sempre já domesticada, mesmo que seja diferencial.

Entre os corolários que podem ser inferidos desses pontos, dois merecem especial ênfase. Primeiro, e talvez mais importante, nenhuma tradução pode oferecer acesso direto ou imediato ao texto-fonte. Qualquer texto sempre é disponibilizado apenas através de algum tipo de mediação que é enxergada, de maneira mais produtiva, como uma sucessão de interpretações em várias formas, práticas, mídias e instituições – mesmo antes que ele se torne um texto-fonte que vá receber a interpretação de um tradutor. Consequentemente, qualquer sensação de estrangeirice em uma tradução nunca pode ser mais do que uma construção sobredeterminada pela situação receptora: não é a estrangeirice do texto-fonte em si, mas, sim, o estrangeirismo que é, acima de tudo, sujeito à variação dependendo das situações culturais que se alteram e dos momentos históricos de vários intérpretes e tradutores. Por essa razão, prefiro, nesses casos, descrever as diferenças linguísticas e culturais perceptíveis em uma tradução estrangeirante como "registradas" ou "assinaladas", palavras que podem sugerir mediação ou desvio. Quero evitar o uso de palavras como "preservadas" ou "comunicadas", as quais podem passar a ideia de reprodução exata ou de transferência sem grandes problemas.

O segundo corolário: tratar a distinção que se faz entre tradução domesticadora e estrangeirante como uma simples "dicotomia" ou "oposição binária" é eliminar por inteiro sua complexidade conceitual. Essa distinção tem o objetivo de reconhecer que a tradução é uma prática mediadora, uma vez que possibilita tipos de mediação diferentes, ou mesmo opostos. Eu gostaria de fazer uma distinção entre, pelo menos, as traduções que são domesticadoras, "exotizantes" ou estrangeirantes em seu impacto geral, em que "exotizante" registra um sentido superficial de indiferença que pode facilmente contribuir para estereótipos culturais e étnicos. Além disso, o que permite que uma tradução estrangeirante limite e redirecione sua inevitável domesticação não é sua orientação no sentido da aderência ao texto-fonte, mas, sim, o domínio do tradutor e a aplicação de certos recursos linguísticos e culturais na situação receptora. São os efeitos desses recursos que potencialmente excedem a mera domesticação e se tornam diferenciais.

2. Os termos "domesticador" e "estrangeirante" descrevem não as escolhas de formas verbais específicas ou as estratégias discursivas usadas em traduções, mas, sim, os efeitos éticos de textos traduzidos que dependem da cultura receptora para obter força e reconhecimento.

Os interpretantes pelos quais o tradutor transforma o texto-fonte em tradução derivam do arranjo hierárquico de recursos linguísticos e culturais da situação receptora. Por "hierárquico" quero dizer que não é conferido a esses recursos o mesmo valor e prestígio: alguns são dominantes, enquanto outros são marginais, com várias gradações entre esses polos. O dialeto padrão atual da língua tradutora, os cânones literários e de outros textos humanísticos, interpretações autorizadas desses textos, teorias e estratégias de tradução predominantes — tudo isso exemplifica os recursos dominantes. Qualquer situação cultural também envolve ideologias, valores, crenças e representações igualmente organizadas em hierarquias, embora possam se afiliar a diferentes grupos que ocupam posições variadas nas hierarquias sociais. A tradução domesticadora deriva seus inter-

A invisibilidade do tradutor

pretantes de recursos e ideologias dominantes, os quais, devido à sua própria dominância, provavelmente serão, de imediato, acessíveis, familiares, talvez asseguradores, ao passo que a tradução estrangeirante deriva seus interpretantes de recursos e ideologias marginais, os quais, devido à sua própria marginalidade, podem ser menos facilmente compreensíveis, um tanto peculiares e mesmo estranhos. É certo que um tradutor pode combinar uma série de interpretantes desses polos ou gradações deles, mas uma combinação altamente diversificada não torna a tradução mais significativa, justa ou pluralista. Na verdade, fazê-lo pode minar o impacto ético da tradução.

Isso porque "domesticador" e "estrangeirante" são efeitos éticos nos quais a tradução estabelece uma relação performativa tanto com o texto-fonte quanto com a situação receptora. A tradução domesticadora não apenas valida os recursos e ideologias dominantes como também estende seu domínio sobre um texto escrito em uma língua e cultura diferentes, assimilando suas diferenças para receber materiais. Assim, a tradução domesticadora mantém o *status quo*, reafirmando padrões linguísticos, cânones literários e interpretações autorizadas, promovendo, entre os leitores que estimam tais recursos e ideologias, um narcisismo cultural que é pura satisfação pessoal. Em termos de uma ética intercultural, a tradução domesticadora é ruim por reforçar a assimetria entre culturas que é inerente à tradução. Por sua vez, a tradução estrangeirante, ao recorrer a recursos e ideologias marginais, tem o potencial de desafiar as hierarquias dominantes, bem como as culturais e sociais, que estruturam a situação receptora. Ela busca respeitar as diferenças do texto-fonte, mas, como toda tradução é inevitavelmente domesticadora por realizar um processo assimilativo, essas diferenças podem ser assinaladas apenas pelos meios indiretos de se desviar do dominante, empregando o marginal. A tradução estrangeirante é mais eficaz quando é inovadora, quando deixa para trás o conhecimento e a prática institucionalizados e estimula novos tipos de pensamento e escrita, dando origem a uma diferença que é criativa. Em termos éticos, a tradução estrangeirante é boa por transformar a relação assimétrica construída pela tradução em um questionamento da cultura que recebe o texto-fonte — ainda que no processo esse texto também possa ser questionado e ter expostas suas limitações, que complicam seu significado tanto na cultura original quanto na tradutora.

Mais uma vez, esses pontos permitem a inferência de corolários úteis. Primeiro, as estratégias discursivas utilizadas na tradução não carregam nenhum valor ético necessário, pois são desenvolvidas em resposta a situações culturais que se alteram e a momentos históricos, e em relação a diferentes textos-fonte. A fluência não é por si mesma domesticadora; o problema é posto antes por estratégias fluentes que são extremamente restritas ao dialeto padrão atual do idioma da tradução. Ao produzir um efeito ilusório de transparência, qualquer estratégia fluente oculta, por meio da aplicação de recursos e ideologias culturais da situação receptora, a inscrição de uma interpretação do tradutor. No entanto, uma tradução que expanda os parâmetros da fluência com vistas a abranger recursos marginais, que admita itens linguísticos fora do padrão, como dialetos regionais e sociais, gírias e obscenidades, arcaísmos e jargões, palavras emprestadas e neologismos, pode introduzir uma diferença perceptível na interpretação que o tradutor faz do texto-fonte, uma diferença que não deve ser arbitrária, mas calcada em características do texto-fonte, conforme o tradutor as interpreta em uma situação cultural específica. Dada a predominância de estratégias fluentes que permanecem em especial dentro dos limites do dialeto padrão – a forma mais familiar do idioma de tradução –, a inclusão de itens fora do padrão pode tornar o tradutor visível no texto traduzido. Isso leva a uma estratégia que pode ser chamada de "resistência", não apenas porque resulta em uma tradução que exige um maior – e possivelmente inesperado – processamento cognitivo do leitor, mas também porque questiona os recursos e ideologias dominantes que são postos em prática na tradução domesticadora.

Daí um segundo corolário: a tradução estrangeirante não pode ser reduzida ao literalismo ou a uma estreita adesão ao texto-fonte. Essa estratégia discursiva pode ser útil ao se lidar com certos pares de idiomas e textos-fonte, mas com frequência, especialmente quando aplicada com rigidez, tende a resultar em textos que não são idiomáticos nem elegantes, que se costuma chamar de "traducês" [*translationese*], que não servem aos efeitos éticos da tradução estrangeirante. Estrangeirar é alterar o modo como é habitualmente lida uma tradução, revelando tanto seu *status* de tradução quanto a intervenção do tradutor. Contudo, para produzir esse efeito de forma convincente, a tradução também deve ser legível o suficiente para ser agradável, qualidades que são antecipadas pelo "traducês". A tradução estrangeirante pode alterar as condições de legibilidade somente quando o tradutor adota uma abordagem que é ao mesmo tempo literária e acadêmica, desenvolvendo um amplo repertório estilístico para interpretar o texto-fonte em oposição a formas, práticas, tradições e interpretações dominantes na situação receptora.

Dessa maneira, um efeito estrangeirante pode ser produzido de variadas formas, tanto pela mera escolha de um texto-fonte como pelo desenvolvimento de estratégias inovadoras. Um texto-fonte pode contrariar e, assim, questionar padrões de seleção arraigados que deram origem a cânones de textos traduzidos, possivelmente enrijecendo-se em representações estereotipadas da cultura-fonte. A escolha do texto é estrangeirante quando insinua uma diferença em como os leitores, na situação receptora, entendem aquela cultura. No caso de textos pragmáticos e técnicos, em que a função é o principal interpretante – como a de um manual de instruções ou de um contrato de locação imobiliária, que devem servir ao mesmo objetivo nas culturas fonte e receptora –, a base de um efeito estrangeirante varia de acordo com o tipo de texto: ele pode envolver estratégias discursivas que ponham em xeque estereótipos culturais dominantes, como em um guia de viagem, ou se concentrar na função da tradução e em suas condições sociais. Uma tradução de um contrato de locação que permita a um imigrante alugar um apartamento pode realizar movimentos interpretativos que reconheçam especificamente o *status* minoritário da população imigrante, levando em consideração suas origens culturais e seu idioma e ao mesmo tempo expandindo a diversidade cultural da situação receptora. Com relação a um manual de instruções que resulte em práticas exploratórias de mão de obra ou em devastação ambiental, não há interpretação focada apenas na função do texto-fonte que possa dirimir as consequências sociais da tradução. Nesse caso, a única opção ética seria declinar do projeto.

Tais exemplos sugerem um terceiro corolário: embora meu projeto enfoque culturas anglófonas e suas histórias de tra-

A invisibilidade do tradutor

dução, a fluência baseada no dialeto padrão atual é um regime discursivo que domina a tradução no mundo todo, não importando qual seja o idioma-alvo e sua posição na hierarquia global dos capitais simbólico e cultural. Portanto, não são apenas os idiomas majoritários, como o inglês e o francês, que praticam a tradução domesticadora, promovendo culturas que estão maduras para os efeitos estrangeirantes. Línguas minoritárias também erigem hierarquias de recursos culturais e ideologias que podem levar à tradução domesticadora, favorecendo o desenvolvimento de projetos estrangeirantes que tanto questionam tais hierarquias quanto constroem a língua-alvo e a cultura receptora através de práticas inovadoras.

3. Não é apenas o caso de o tradutor realizar um ato interpretativo, mas também de os leitores precisarem aprender a interpretar traduções como traduções, como textos em si mesmos, a fim de perceberem os efeitos éticos dos textos traduzidos.

Determinar os efeitos éticos de uma tradução requer uma interpretação em que ela seja analisada em relação não apenas ao texto-fonte, mas também à conjuntura de fatores na situação receptora. A hierarquia de recursos e ideologias culturais, a origem dos interpretantes do tradutor, deve ser reconstruída para se entender como as escolhas verbais constituem movimentos interpretativos que podem carregar força ética. Essa reconstrução necessariamente se baseia em pesquisa histórica detalhada sobre o uso da linguagem, cânones culturais, práticas de tradução e conjuntos ideológicos, particularmente porque podem resultar em trocas entre a cultura-fonte e a da tradução. Os termos "domesticador" e "estrangeirante", portanto, nunca

25

Lawrence Venuti

devem ser tratados como rótulos que são afixados às traduções apenas com base nas estratégias discursivas que adotaram. O significado ético desses termos pode ser definido apenas no interior de contextos específicos de interpretação.

Descontinuidades entre o texto-fonte e a tradução podem servir como base para se inferir os fatores formais e temáticos que orientam a interpretação do tradutor. No entanto, essa inferência envolve várias etapas complicadas, que são necessárias, embora em geral sejam negligenciadas, durante as comparações normalmente feitas entre os dois textos. Para localizar descontinuidades, o analista deve primeiro fixar a forma e o significado do texto-fonte para, em seguida, formular uma relação de equivalência que possa ser usada para avaliar em que medida o texto traduzido se desvia daquela forma e significado. Qualquer relação de equivalência exige que uma unidade de tradução seja especificada, um segmento do texto-fonte ao qual se espera que um segmento da tradução corresponda. A unidade pode ser uma palavra, frase, sentença, parágrafo, capítulo ou o texto inteiro, entre outras possibilidades, sendo que cada uma delas pode levar a uma tradução diferente do mesmo texto-fonte e, portanto, afetar a avaliação da equivalência de uma tradução.

É claro que cada passo dessa análise consiste em um ato interpretativo. O analista de uma tradução, como o tradutor de um texto-fonte, aplica um conjunto de interpretantes que derivam em parte da reconstrução da situação receptora e em parte da ocasião interpretativa do próprio analista, o ponto teórico, histórico ou prático que foi escolhido para orientar a análise – tais como determinar os efeitos éticos de uma tradução em seu momento histórico. Qualquer interpretação, no entanto, deve ser considerada provisória, já que o texto-fonte

A invisibilidade do tradutor

e a tradução podem dar origem a muitas interpretações conflitantes, e a análise pode se desenrolar de maneiras variadas de acordo com diferentes ocasiões interpretativas. É possível que se chegue a um consenso sobre os efeitos éticos de uma tradução, ou o debate continuado pode antecipar um consenso à medida que, para analisar o texto-fonte e a tradução, se avança em diversos contextos de interpretação.

Um contexto mais amplo pode ser criado, por exemplo, ao se estabelecer eixos de comparação que são diacrônicos e sincrônicos. A reconstrução histórica pode abranger *corpora* de traduções, projetos de tradução que precedem e coincidem com o projeto em questão, envolvendo o mesmo ou diferentes idiomas-fonte, para que possa ser elucidada sua relação com as práticas de tradução do passado e do presente. As revisões contemporâneas de uma tradução específica podem ser examinadas em busca de evidências de efeitos de domesticação ou de estrangeiramento, que podem ser detectadas não apenas nas revisões que mencionam explicitamente a tradução, referindo-se à escolha do texto-fonte ou ao idioma e estilo de tradução, mas também naquelas revisões que não se referem à tradução como tal e que a tratam como se ela fosse o texto-fonte. Nesse caso, os comentários que um revisor ingenuamente acredita aplicar ao texto-fonte podem indicar o quão familiar ou peculiar a tradução parece aos leitores, na situação receptora, que não dominam o idioma-fonte.

Se uma tradução estrangeirante for considerada efetiva, esses leitores também devem, de alguma forma, esforçar-se para perceber as diferenças linguísticas e culturais que ela registra, na medida em que estas representam um valor ético vinculado a uma relação intercultural. No entanto, os leitores que não dispõem da língua-fonte seriam incapazes de realizar o tipo de análise acadêmica que venho descrevendo até agora; mesmo aqueles que conhecem o idioma provavelmente relutam em fazê-lo, porque seu interesse na tradução pode se limitar ao prazer da leitura. Além disso, a tradução fluente – seja ela restrita ao dialeto padrão atual do idioma de tradução ou expandida para incluir itens fora do padrão – é poderosa no que se refere à produção do efeito ilusionista da transparência que permite a uma tradução ser transmitida para o texto-fonte, convidando os leitores a permanecerem no ilusionismo durante e após a experiência de leitura. As traduções, no entanto, não são composições originais e devem ser lidas de maneira diferente, mesmo que exijam o desenvolvimento de um novo tipo de alfabetização.

Os leitores podem intensificar sua apreciação de traduções ao decidir não lê-las como textos isolados. Eles podem, em vez disso, criar seus próprios contextos de interpretação ao incorporar sua experiência a respeito de uma tradução particular com outras traduções do mesmo idioma-fonte ou de diferentes idiomas-fonte, assim como com textos escritos originalmente na língua tradutora. Essa leitura contextual pode ajudar a tornar visível a interpretação do tradutor, uma vez que os leitores alargam o foco para incluir padrões na seleção de textos-fonte ao mesmo tempo que atendem às características textuais da própria tradução, a forma como esta cultiva dialetos, estilos e discursos que têm suas raízes na cultura e na língua tradutoras. Uma tradução requer uma leitura dupla que empregue ambas as hermenêuticas que Paul Ricoeur chamou de "fé" *vs.* "suspeição", alternando entre o pressuposto confiante, de que a tradução estabelece uma correspondência semântica e uma aproximação estilística com o texto-fonte, e o pressuposto cético, de que ela mantém certa autonomia em relação a esse texto, a qual responde à situação de recebimento.

0Poderíamos nos perguntar por que conceitos como "domesticador" e "estrangeirante" foram simplificados em tantos textos que se referem a este livro. Nesse sentido, podemos nos deter em uma passagem reveladora de *Translation: A Very Short Introduction* (2016), de Matthew Reynolds. Professor de inglês e crítica comparada na Universidade de Oxford, Reynolds não faz menção à *Invisibilidade do tradutor* em sua lista de "referências" nem em suas recomendações de "leituras complementares". Mas incluiu esta citação, ao mesmo tempo vaga e enganosa:

> Diz-se, às vezes, que os tradutores têm a responsabilidade de passar uma forte impressão da particularidade linguística, ou "alteridade", do texto-fonte. Essa visão tem suas raízes nos trabalhos do filósofo alemão Friedrich Schleiermacher, do século XIX, e foi elaborada pelo crítico literário francês Antoine Berman na década de 1980; desde então, foi popularizada no mundo anglófono pelo teórico da tradução Lawrence Venuti. Mas o valor de um estilo de tradução "estrangeirante" depende sempre do contexto. Trazer a palavra *motsoalle* para o inglês é estrangeirar — e aqui parece ser necessário fazê-lo. Mas, para Leela Sarkar, de Querala, ou para o *dragomano* que escreveu a Elizabeth I, era mais importante produzir um texto que não ofendesse seus leitores. As responsabilidades dos tradutores apontam em diferentes direções, e eles sentem a pressão dos poderes concorrentes.

Ao se referir a "um estilo de tradução 'estrangeirante'", Reynolds reduziu a tradução estrangeirante a uma escolha verbal específica ou a uma estratégia discursiva: literalismo, significando aderência próxima ou exata ao texto de origem. Por isso, seu primeiro exemplo é a retenção no texto em inglês, realizada por um tradutor, do termo *motsoalle*, uma palavra que, no idioma sul-africano sesoto, significa, como ele explica, "intensas amizades" entre mulheres, "que podem coexistir alegremente com o casamento, mesmo que envolvam intimidade sexual". Seus outros exemplos reforçam esse reducionismo. Na opinião de Reynolds, nem Leela Sarkar, uma prolífica tradutora de bengali para malaiala, nem o *dragomano*, que traduz do turco para o italiano o texto que deve ser lido pela monarca inglesa, produziram traduções estrangeirantes porque omitiram partes dos textos originais, combinando a tradução com outras práticas de segunda ordem, tais como a adaptação ou a edição. Reynolds assume não apenas que o estrangeiramento é literalismo, mas também que a tradução pode dar acesso não mediado à "particularidade linguística, ou 'alteridade', do texto-fonte" por meio de uma estratégia de literalização.

O que impede Reynolds de ver que a tradução estrangeirante pode apenas construir uma imagem do estrangeiro, nunca comunicar o próprio estrangeiro? O obstáculo é, aparentemente, um instrumentalismo pelo qual a tradução, ao menos a do tipo estrangeirante, é considerada capaz de reproduzir ou transferir uma invariante contida no texto-fonte ou por ele causada, seja ela sua forma, seu significado ou seu efeito — a imutável essência de sua estranheza. Por fim, Reynolds trata "estrangeirante" como um termo em oposição binária a "domesticadora", que é implicitamente definido como tradução que não "ofende" seus leitores. A ofensa é evitada aqui ao se inserir uma observação complementar — a tradução do *dragomano* expressa deferência em relação a Elizabeth em vez da ul-

A invisibilidade do tradutor

trajante condescendência de seu sultão – ou ao se remover uma representação de violência que é motivada politicamente – a tradução de Sarkar exclui a agressão perpetrada por uma mulher contra seu opressor masculino na história de Mahasweta Devi, *Draupadi*. (No entanto, não seria provável que *motsoalle* "ofendesse" qualquer leitor anglófono que tivesse uma concepção de casamento não apenas monogâmica, mas também heteronormativa?) Dessa forma, Reynolds assimila conceitos como "domesticador" e "estrangeirante" às oposições que dominaram a teoria da tradução e do comentário desde a Antiguidade, começando com "palavra por palavra" *vs.* "sentido por sentido" (Cícero, Jerônimo) e incluindo ainda "formal" *vs.* "dinâmica" (Eugene Nida), "semântica" *vs.* "comunicativa" (Peter Newmark) e "adequação" *vs.* "aceitabilidade" (Gideon Toury). Essa interpretação redutora, ao validar o pensamento dominante nos estudos de tradução, acaba domesticando *A invisibilidade do tradutor*, suprimindo qualquer impacto questionador que a obra possa ter na hierarquia de recursos culturais e ideologias do campo.

Desconfie da literatura que se acumulou a respeito deste livro. Leia-o primeiro, por si só, antes de consultar resenhas ou comentários. Não tente ser imparcial; leia-o com a plena consciência de que você pode estar profundamente comprometido com ideias muito diferentes sobre tradução. Seja crítico: não tome nenhum dos conceitos e argumentos aqui empregados por seu valor nominal. No entanto, permaneça aberto às questões levantadas, por mais difíceis de aceitar que estas pareçam. Não pare depois de ler o primeiro capítulo, e leia os outros, em sequência, prestando especial atenção a como os pontos--chave mudam, e novos argumentos se desenvolvem, à medida

Lawrence Venuti

que uma sucessão de tradutores decide quais as intervenções mais eficazes em suas situações culturais. Julgue por si mesmo se o livro apresenta uma perspectiva viável sobre a teoria, a história e a prática da tradução. Ele força um questionamento do estado atual dos estudos de tradução? Leva a pôr em xeque os campos e disciplinas que de várias maneiras dependem da tradução? No final, ele alterou a maneira de você pensar a tradução?

Lawrence Venuti
Siro, setembro de 2017

Prefácio à segunda edição

A invisibilidade do tradutor tem origem em meu trabalho de tradutor profissional, que exerço desde o final da década de 1970. Mas todos os elementos autobiográficos se inserem, na obra, naquilo que é efetivamente a história da tradução em língua inglesa, do século XVII ao presente. Meu projeto é traçar a origem da situação em que todo tradutor para língua inglesa trabalha hoje, embora de uma perspectiva oposta, com o objetivo explícito de localizar alternativas, de mudar tal situação. As narrativas históricas aqui apresentadas atravessam séculos e literaturas nacionais, mas, embora sejam baseadas em pesquisas detalhadas, elas são necessariamente seletivas, articulando momentos e controvérsias importantes, e francamente polêmicas no que se refere ao estudo do passado para questionar a posição marginal da tradução na cultura anglo-americana contemporânea. Imagino um público diverso para o livro, incluindo teóricos da tradução e da literatura, críticos literários, especialistas em várias literaturas (de língua inglesa e de línguas estrangeiras) e avaliadores de traduções para periódicos, editoras, fundações privadas e dotações governamen-

Lawrence Venuti

tais. Acima de tudo, gostaria de falar com tradutores e leitores de traduções, profissionais e não profissionais, chamando sua atenção para as maneiras de as traduções serem redigidas e lidas e instando-os a pensar em novas formas de fazê-lo.

Assim, escrevi o livro em 1994 e, nos anos seguintes, meus objetivos não mudaram. Pois a situação cultural em que os formulei permanece substancialmente a mesma, mesmo com o surgimento dos estudos de tradução como área de pesquisa acadêmica e da multiplicação dos programas de treinamento de tradutores em todo o mundo. A tradução continua sendo uma prática amplamente incompreendida e relativamente negligenciada, e as condições de trabalho dos tradutores, sejam eles profissionais que trabalham com o inglês ou com outros idiomas, não sofreram nenhuma transformação significativa. Na verdade, de certa forma, elas pioraram.

Meu público, no entanto, assumiu uma composição diferente e certamente inesperada. Quando escrevi este livro, no início dos anos 1990, não sabia exatamente quem poderia ser atraído por seus argumentos ou mesmo por seu tema. Meus leitores imaginados eram, na verdade, uma projeção utópica, um catálogo dos campos, disciplinas e instituições aos quais eu considerava necessário me direcionar a fim de produzir uma mudança significativa no atual entendimento e *status* da tradução. Uma vez que eu integrava o Departamento de Inglês de uma universidade norte-americana, abordei a tradução do ponto de vista das questões que na época mobilizavam — e, em grande medida, ainda hoje mobilizam — as pesquisas e os debates em estudos literários e culturais, principalmente a noção de autoria original, as relações entre linguagem, subjetividade

A invisibilidade do tradutor

e ideologia, conceitos de gênero, raça, classe e nação, na medida em que influenciam as formas e práticas culturais, a ética e a política das representações culturais, a relação entre globalização e cultura. Meu esforço para considerar a tradução no contexto dessas questões de fato permitiu que o livro cruzasse as fronteiras institucionais para alcançar leitores em uma gama muito mais ampla de campos e disciplinas, que incluía o das línguas e literaturas, mas sem se limitar a ele, estimulando o debate e chamando a atenção para o papel crucial desempenhado pela tradução nas trocas entre culturas. O impacto não foi apenas interdisciplinar, mas internacional, e os dados e ideias apresentados alimentaram discussões sobre tradução fora da academia, na mídia popular, em agências governamentais e em vários tipos de instituições culturais, além de escritores e tradutores.

No entanto, os próprios dados e ideias que tornaram possível essa ampla circulação também complicaram sua recepção. A localização cultural e institucional específica do leitor inevitavelmente determinava sua resposta e, como os leitores são tão diversos, nem todos traziam para suas leituras os tipos de suposições teóricas, metodologias críticas e experiências práticas que me levaram a escrever o livro daquela forma. Consequentemente, ele foi recebido com aplicações e extensões produtivas, críticas incisivas, mal-entendidos redutivos e ataques diretos, principalmente no incipiente campo dos estudos de tradução, onde deu origem a controvérsias e instigou pesquisadores a tecer críticas que valorizam suas próprias abordagens. Esses enfoques concorrentes incluíam várias formas de análise linguística e do discurso (ver, por exemplo, Baker, 2000, p.23), a teoria de "polissistemas" (Tymoczko, 1999; 2000) e uma noção de "interculturalidade" baseada em uma teoria da tradução como "negociação" e "custo de transação" (Pym, 1997). Minha motivação para escrever o livro vinha em parte do desinteresse dos estudiosos de tradução em abordar as questões que eu queria levantar; dada a recepção mista que o livro encontrou nesse campo, tal estado de coisas não mudou tanto quanto eu esperava.

Foi principalmente a recepção de *A invisibilidade do tradutor* que gerou a necessidade de uma segunda edição. Aproveitei essa oportunidade para atualizar estatísticas e números e para esclarecer termos e posicionamentos importantes. Também desenvolvi alguns argumentos ao apresentar novas pesquisas, principalmente sobre a tradução de ficção em prosa, um gênero que, na primeira edição, recebeu menos atenção do que a poesia. E, durante todo o processo, fiz revisões que levam em conta as críticas que o livro recebeu ou buscam respondê-las.

Um projeto com tão amplos objetivos e escopo necessariamente requer a ajuda de muitas pessoas em diferentes campos de conhecimento literário, crítico e tradutor. Listar aqueles que leram, discutiram, criticaram ou encorajaram meu trabalho na primeira edição é um prazer especial e me faz perceber, mais uma vez, quão afortunado eu fui: Antoine Berman, Charles Bernstein, Shelly Brivic, Ann Caesar, Steve Cole, Tim Corrigan, Pellegrino D'Acierno, Guy Davenport, Deirdre David, Milo De Angelis, Rachel Blau DuPlessis, George Economou, Jonathan Galassi, Dana Gioia, Barbara Harlow, Peter Hitchcock, Susan Howe, Suzanne Jill Levine, Philip Lewis, Harry Mathews, Jeremy Maule, Sally Mitchel, Daniel O'Hara, Toby Olson, Douglas Robinson, Stephen Sartarelli, Richard Sieburth, Alan Singer, Nigel Smith, Susan Stewart, Robert Storey, Evelyn Tribble, William Van Wert, Justin Vitiello, William Weaver, Sue

A invisibilidade do tradutor

Wells e John Zilcosky. Outros me ajudaram com informações úteis e às vezes essenciais: Raymond Bentman, Sara Goldin Blackburn, Robert E. Brown, Emile Capouya, Cid Corman, Rob Fitterman, Peter Glassgold, Robert Kelly, Alfred MacAdam, Julie Scott Meisami, M. L. Rosenthal, Susanne Stark, Suzanna Tamminen, Peter Tasch, Maurice Valency e Eliot Weinberger. Na segunda edição, fui auxiliado por Peter France, Andrew Grabois, Peter Logan, Christopher MacLehose, Helge Niska, Amanda Seaman, Ebba Segerberg, Stephen Snyder e Laurie Thompson. É claro que nenhuma dessas pessoas pode ser responsabilizada pelo que acabei fazendo com suas contribuições.

Pelas oportunidades que tive de compartilhar este trabalho com vários públicos, nos Estados Unidos e no exterior, agradeço a Carrie Asman, Joanna Bankier, Susan Bassnett, Cedric Brown, Craig Eisendrath, Ed Foster, Richard Alan Francis, Seth Frechie e Andrew Mossin, Theo D'haen, Theo Hermans, Paul Hernadi, Robert Holub, Sydney Lévy, Gregory Lucente, Carol Maier, Marie-José Minassian, Anu Needham, Yopie Prins, Marilyn Gaddis Rose, Sherry Simon, William Tropia e Immanuel Wallerstein.

Sou grato aos funcionários das bibliotecas em que grande parte da pesquisa foi realizada: a British Library; o Archive for New Poetry, do Departamento de Coleções Especiais de Mandeville, Universidade da Califórnia, San Diego; o setor de livros e manuscritos raros da Butler Library, da Universidade Columbia; a Library Company, da Filadélfia; o Nottingham City Archive; o departamento de empréstimos entre bibliotecas da Paley Library, Temple University; e a coleção de literatura norte-americana da Beinecke Rare Book and Manuscript Library, da Universidade Yale. Sou especialmente grato a Bett Miller, do Archive for New

Lawrence Venuti

Poetry, que realizou a especial tarefa de me ajudar a conseguir cópias de muitos documentos da Paul Blackburn Collection, e a Adrian Henstock, do Nottingham City Archive, que me permitiu consultar o caderno de anotações de Lucy Hutchinson. Philip Cronenwett, chefe de coleções especiais da biblioteca do Dartmouth College, gentilmente respondeu minhas perguntas sobre os documentos de Ramon Guthrie.

Vários indivíduos e instituições concederam permissão para citar trechos dos seguintes materiais protegidos por direitos autorais:

- Correspondências, traduções e textos de não ficção de Paul Blackburn: © 1995, 2008, Joan Miller. *The Collected Poems of Paul Blackburn*: © 1985, Joan Blackburn. Reproduzidos com permissão de Persea Books, Inc.
- Os escritos dos funcionários da Macmillan: a carta do editor Emile Capouya enviada a John Ciardi, a carta de Capouya a Ramon Guthrie, as observações de Guthrie sobre *Anthology of Troubadour Poetry*, de Paul Blackburn. Reproduzidos com permissão da Macmillan College Publishing Company, Nova York, 1958. Todos os direitos reservados.
- *Poems from the Greek Anthology*, tradução de Dudley Fitts: © 1938, 1941, 1956, New Directions Publishing Corporation.
- Poemas e traduções de Ramon Guthrie, usados com permissão do Dartmouth College.
- *The Poems of Catullus*, tradução de Charles Martin: © 1989, The Johns Hopkins University Press. Reproduzidos com permissão de The Johns Hopkins University Press.

A invisibilidade do tradutor

- As obras de Ezra Pound: *The ABC of Reading*, todos os direitos reservados; *Literary Essays* (© 1918, 1920, 1935, Ezra Pound); *The Letters of Ezra Pound 1907-1941* (© 1950, Ezra Pound); *Selected Poems* (© 1920, 1934, 1937, Ezra Pound); *The Spirit of Romance* (© 1968, Ezra Pound); *Translations* (© 1954, 1963, Ezra Pound). Usados com permissão da New Directions Publishing Corporation e da Faber & Faber Ltd. Material previamente não publicado de Ezra Pound (© 1983 e 1995, herdeiros do Ezra Pound Literary Property Trust), usado com permissão dos agentes da New Directions Publishing Corporation e da Faber & Faber Ltd.

- O poema de Eugenio Montale, "Mottetti VI", foi reproduzido na íntegra, com a devida permissão, a partir de *Tutte le poesie*, editado por Giorgio Zampa: © 1984, Arnoldo Mondadori Editore SpA, Milão.

- Trechos do contrato estabelecido entre mim e a Farrar, Straus & Giroux para a tradução de *Delirium*, de Barbara Alberti, usados com permissão da Farrar, Straus & Giroux, Inc.

- Nenhum material de Louis Zukofsky e Celia Zukofsky pode ser reproduzido, citado ou usado de qualquer maneira sem a permissão explícita e específica do detentor dos direitos autorais, Paul Zukofsky.

Também é reconhecida minha gratidão aos seguintes periódicos, que publicaram versões prévias de partes desta obra: *Criticism, Journal of Medieval and Renaissance Studies, SubStance, Talisman: A Journal of Contemporary Poetry and Poetics, Textual Practice, To: A Journal of Poetry, Prose, and the Visual Arts* e *TTR Traduction,*

Terminologie, Rédaction: Études sur le texte et ses transformations. Uma versão anterior do Capítulo 4 foi incluída em minha antologia, *Rethinking Translation: Discourse, Subjectivity, Ideology* (Routledge, 1992). Meu trabalho foi apoiado em parte por uma licença remunerada para pesquisa e estudo, uma bolsa de pesquisa de verão e um auxílio financeiro da Temple University. A revisão foi concluída com a ajuda de uma bolsa da John Simon Guggenheim Memorial Foundation. Todas as traduções não atribuídas nas páginas seguintes são minhas.

Lindsay Davies auxiliou na primeira edição de uma maneira que é material, porém, impossível de descrever com justiça. Gemma e Julius Venuti toleraram pacientemente as ausências exigidas por meu trabalho durante a segunda edição e fizeram com que meus momentos longe dele fossem repletos de prazer. Os versos da dedicatória, extraídos de um poema de *Trilce*, de César Vallejo, registram uma dívida que nunca poderá ser paga.

Lawrence Venuti
Nova York e Barcelona
Janeiro de 1994-agosto de 2007

1

Invisibilidade

> *Eu vejo a tradução como uma tentativa de produzir um texto tão transparente que não dê a impressão de ter sido traduzido. Uma boa tradução é como a transparência de um vidro. Você só nota quando existem pequenas imperfeições — riscos, bolhas. Idealmente, não deveria haver nenhuma. Ela nunca deve chamar a atenção para si mesma.*
>
> Norman Shapiro

I. O regime da fluência

"Invisibilidade" é o termo que usarei para descrever a situação e a atividade do tradutor na cultura anglo-americana contemporânea. Ela está relacionada a dois fenômenos mutuamente determinantes: um é o efeito ilusionista do discurso, da manipulação do próprio tradutor de língua inglesa; o outro é a prática da leitura e da avaliação de traduções que há muito tempo tem sido dominante no Reino Unido e nos Estados Unidos, entre outras culturas, tanto de língua inglesa quanto

Lawrence Venuti

de outros idiomas. Um texto traduzido, prosa ou poesia, ficção ou não ficção, é considerado aceitável pela maioria dos editores, resenhistas e leitores quando ele é fluente, quando parece transparente por causa da ausência de peculiaridades linguísticas ou estilísticas, dando a aparência de que ele reflete a personalidade do autor estrangeiro, ou a intenção, ou o sentido essencial do texto estrangeiro – a aparência, em outras palavras – de que a tradução não é realmente uma tradução, mas o "original". A ilusão de transparência é um efeito do discurso fluente, do esforço do tradutor em garantir legibilidade fácil pela adesão aos usos atuais, preservação da sintaxe contínua, fixando um sentido preciso. Mas os leitores também desempenham um importante papel na criação desse efeito ilusório por causa da tendência geral de ler traduções principalmente pelo significado, de minimizar as características estilísticas da tradução do texto ou do autor estrangeiro e de questionar todo uso da linguagem que interfira na aparente transparência da comunicação da intenção do escritor estrangeiro. O que mais chama a atenção aqui é que esse efeito ilusório oculta as diversas condições que presidem a realização de uma tradução, a começar pela intervenção crucial do tradutor no texto estrangeiro. Quanto mais fluente for uma tradução, mais invisível será o tradutor e, presumivelmente, mais visível o autor, ou o sentido do texto estrangeiro.

O domínio da fluência nas traduções para o inglês torna-se claro em uma amostragem de resenhas extraídas de jornais e outros periódicos. Nas raras vezes em que os resenhistas se dignam a discutir a tradução, seus comentários normalmente se concentram no estilo, negligenciando outras possíveis questões como sua fidedignidade, o público pretendido, seu

A invisibilidade do tradutor

valor econômico no atual mercado do livro, suas relações com as tendências literárias em inglês, a posição que ocupa na carreira do tradutor. E, nos últimos sessenta anos, os comentários são surpreendentemente consistentes em enaltecer o discurso fluente enquanto condenam os desvios, mesmo quando se considera uma gama altamente diversificada de textos estrangeiros.

Vejamos a ficção, por exemplo, o gênero mais traduzido em todo o mundo. Limitemos a seleção a escritores europeus ou latino-americanos, que são os mais traduzidos para o inglês, e pincemos exemplos com diferentes tipos de narrativas – romances e contos, realistas ou fantásticos, líricos ou filosóficos, psicológicos ou políticos. Eis uma lista possível: *O estrangeiro* (1946), de Albert Camus; *Bom dia, tristeza* (1955), de Françoise Sagan; *Entfernung von der Truppe* (1965), de Heinrich Böll; *As cosmicômicas* (1968), de Italo Calvino; *Cem anos de solidão* (1970), de Gabriel García Márquez; *O livro do riso e do esquecimento* (1980), de Milan Kundera; *Elogio da madrasta* (1990), de Mario Vargas Llosa; *Os samurais* (1991), de Julia Kristeva; *Quattro novelle sulle apparenze* (1992), de Gianni Celati; *Uma boneca russa* (1992), de Adolfo Bioy Casares; *Las virtudes peligrosas* (1997), de Ana Maria Moix; *Partículas elementares* (2000), de Michel Houellebecq; *Meu nome é vermelho* (2001), de Orhan Pamuk; *O homem duplicado* (2004), de José Saramago; e *O sucessor* (2005), de Ismail Kadaré. Algumas dessas traduções gozaram de considerável sucesso comercial e de crítica em inglês; outras fizeram um alarde inicial, depois caíram no esquecimento; houve, ainda, as que atraíram pouca ou nenhuma atenção. Mesmo assim, todas elas foram julgadas nas resenhas críticas segundo o mesmo critério: fluência. A seleção de excertos que segue foi extraída de vários periódi-

43

cos britânicos e norte-americanos, tanto literários quanto de massa; alguns deles foram escritos por críticos, romancistas e resenhistas famosos:

Quando se traduz do francês, é difícil apresentar qualidades como mordacidade ou vivacidade, mas a prosa de Gilbert é sempre natural, brilhante e nítida. (Wilson, 1946, p.100)

O estilo é elegante, a prosa, adorável, e a tradução, excelente (*New Republic*, 1955, p.46)

Em *Absent without Leave*, uma novela traduzida com graça e praticamente sem falhas por Leila Vennewitz, Böll persiste em seu rígido e, por vezes, impiedoso exame da consciência, dos valores e das imperfeições de seus conterrâneos. (Potoker, 1965, p.42)

A tradução é de fluência agradável: dois capítulos dela já foram publicados na revista *Playboy*. (*Times Literary Supplement*, 1969, p.180)

A tradução de Rabassa é um triunfo de um *momentum* repleto, fluente, todo estilo e de virtuosidade sensata. (West, 1970, p.4)

Seus primeiros quatro livros publicados em inglês não falaram com a mesma impressionante precisão lírica deste aqui (o tradutor invisível é Michael Henry Heim). (Michener, 1980, p.108)

A tradução de Helen Lane do título deste livro é fiel ao de Mario Vargas Llosa — *Elogio de la madrastra* —, mas não é muito idiomática. (Burgess, 1990, p.11)

A invisibilidade do tradutor

Na tradução de Stuart Hood, que flui vivamente apesar de seu ocasional sotaque desconcertantemente britânico, o agudo senso de linguagem de Celati é traduzido com precisão. (Dickstein, 1992, p.13)

Frequentemente inexpressiva, às vezes descuidada ou imprecisa, ela mostra todos os sinais de um trabalho feito às pressas e uma revisão pobre. (Balderston, 1992, p.15)

A linguagem de Moix, perfeitamente traduzida por Margaret E. W. Jones, convida o leitor a vacilar nos precipícios emocionais da paisagem mental da anfitriã. (Gaffney, 1997, p.7)

A tradução de Frank Wynne é fluente e soa natural, embora eu tenha notado que ele tenha, aqui e ali, anuviado a clareza das ideias ranzinzas. (Berman, 2000, p.28)

Traduzido com uma fluidez graciosa por Erdag M. Goknor, o romance se passa no século XVI. (Eder, 2001, p.7)

A tradução do romance, a partir do português, realizada por Margaret Jull Costa, desenrola-se despretensiosamente. (Cobb, 2004, p.32)

Mesmo nesta tradução desastrada (do francês, em vez do albanês original), Kadare alinha-se a Orwell, Kafka, Kundera e Solzhenitsyn como um grande cronista da opressão. (*Publishers Weekly*, 2005, p.43)

O léxico crítico do jornalismo literário pós-Segunda Guerra Mundial possui diversos termos para indicar a presença ou au-

Lawrence Venuti

sência de um discurso fluente na tradução: "vívido", "elegante", "fluido", "gracioso", "inexpressivo". Existe até um conjunto de neologismos pejorativos em inglês para criticar traduções que não têm fluência, mas que também são usados, de forma mais geral, para indicar a prosa mal escrita: *translatese, translationese, translatorese*. Em inglês, recomenda-se a tradução fluente para uma gama extremamente ampla de textos estrangeiros — contemporâneos e antigos, religiosos e científicos, de ficção e de não ficção.

Nem sempre é fácil detectar uma *translationese* em uma versão do hebraico, pois as expressões idiomáticas parecem ter se tornado conhecidas pela Versão Legitimada. (*Times Literary Supplement*, 1961, p.iv)

Procurou-se utilizar o inglês moderno, que é vibrante, sem parecer coloquial. Fez-se, sobretudo, um esforço para evitar o tipo de *translationese* impensado que tão frequentemente no passado conferiu à literatura russa em tradução um estilo distinto, algo "pastoso", com pouca relação a qualquer coisa presente no original russo. (Hingley, 1964, p.x)

Ele demonstra uma reverência solene e, para dar à coisa um autêntico toque clássico, expressou-a no morno *translatese* de uma de suas mais irrelevantes traduções. (Corke, 1967, p.761)

Existe até uma variante reconhecível de inglês *pidgin* conhecido como *translatorese* ("transjargonização" é o termo norte--americano para uma de suas formas particulares). (*Times Literary Supplement*, 1967, p.399)

A invisibilidade do tradutor

Inexpressividade paralisante ("Estou preocupado em determinar"), o baque obtuso de *translatese* ("Este é o lugar para finalmente mencionar Pirandello") são normalmente o preço que estamos mais ou menos dispostos a pagar para termos acesso a grandes pensamentos. (Brady, 1977, p.201)

Uma listagem de excertos como essa indica quais características discursivas produzem fluência em traduções para a língua inglesa, e quais não. Uma tradução fluente é aquela que usa o inglês atual ("moderno") em vez do arcaico; que é amplamente utilizada, em vez de especializada ("jargonização"), e que emprega a linguagem padrão, em vez da coloquial (*slangy*). Evitam-se palavras estrangeiras (*pidgin*), assim como termos britânicos em traduções norte-americanas e vice-versa. A fluência também depende de uma sintaxe que não seja tão "fiel" ao texto estrangeiro de forma a ser "não muito idiomática", que se desdobra contínua e facilmente (não "pastosa") para garantir "precisão semântica" com alguma definição rítmica, um senso de conclusão (não um "baque obtuso"). Uma tradução fluente é imediatamente reconhecível e inteligível, "familiarizada", domesticada, não "desconcertante[mente]" estrangeira, capaz de garantir ao leitor livre "acesso a grandes pensamentos", ao que "está presente no original". Sob o regime da tradução fluente, o tradutor trabalha para tornar seu trabalho "invisível", produzindo o efeito ilusório de transparência que, simultaneamente, mascara sua condição como uma ilusão: o texto traduzido parece "natural", ou seja, não traduzido.

A dominação da transparência nas traduções para o inglês reflete tendências semelhantes em outras formas culturais, inclusive em outras formas de escrita. O enorme poder político e econômico conquistado pela pesquisa científica durante o século XX, as inovações na tecnologia de comunicações no pós-Segunda Guerra utilizadas na expansão das indústrias da propaganda e do entretenimento e na sustentação do ciclo econômico da produção de bens e troca – esses desenvolvimentos têm afetado todos os meios, impressos e eletrônicos, valorizando uma utilização puramente instrumental da linguagem e outros meios de representação e, desse modo, enfatizando a inteligibilidade imediata e a aparência de factualidade.[1] O poeta norte-americano Charles Bernstein, que por muitos anos trabalhou como "escritor comercial" de vários tipos de não ficção – textos médicos, científicos, técnicos –, observa como a dominação da transparência na escrita contemporânea é reforçada por seu valor econômico, o que determina "limites" aceitáveis de desvio:

> O fato de que a imensa maioria de trabalhos remunerados fixos para a escrita inclua o uso de estilo claro, desde que não seja explicitamente propaganda; envolve uma escritura, ou seja, cheia de impedimentos, medida que explica por que isso não é

---

1 Esses desenvolvimentos sociais e culturais foram descritos por vários comentaristas. A ideia que tenho deles baseia-se especialmente em Mandel (1975); McLuhan (1964); Horkheimer e Adorno (1972); e Baudrillard (1983). As concepções instrumentais de linguagem logicamente não se limitam apenas ao período pós-Segunda Guerra Mundial; elas remontam à Antiguidade no Ocidente e têm influenciado as teorias da tradução pelo menos desde Santo Agostinho (Robinson, 1991, p.50-4).

A invisibilidade do tradutor

simplesmente assunto de escolha de preferência estilística, mas de governo social: não somos livres para escolher a linguagem do lugar de trabalho ou da família dentro da qual nascemos, embora sejamos livres, dentro de certos limites, de nos rebelar contra esse estado de coisas. (Bernstein, 1986, p.225)

A autoridade do "estilo simples" na escrita em língua inglesa foi, é claro, formada no decurso de vários séculos, o que Bernstein descreve como "o movimento histórico em direção à uniformidade da ortografia e da gramática, com uma ideologia que enfatiza a transição não idiossincrática e fluente, eliminação de estranhezas etc. Qualquer coisa que possa chamar a atenção para a linguagem em si" (ibid., p.27). Na literatura anglo-americana contemporânea, esse movimento transformou o realismo na forma predominante do gênero narrativo, e o verso livre, semelhante à prosa, na forma prevalente de poesia:

em contraste, digamos, à obra de Sterne, na qual a aparência & textura – a opacidade – do texto está onipresente, desenvolveu-se um estilo de prosa transparente neutro em certos romances nos quais as palavras devem servir como janelas para o mundo descrito, além da página. De modo semelhante, no atual meio da estrada poética, assistimos à eliminação da rima aberta e da aliteração, com formas métricas preservadas primariamente por sua capacidade de se oficializar como "poesia". (Ibid.)[2]

---

2 Holden (1991): o capítulo 1 oferece uma avaliação semelhante da poesia contemporânea norte-americana, mas de um ponto de vista "centrista". Para o desenvolvimento histórico do discurso transparente na poesia de língua inglesa, ver Easthope (1983).

Lawrence Venuti

Em vista dessas tendências culturais, parece inevitável que a transparência se tornasse o discurso autoritativo na tradução, para textos estrangeiros literários ou técnico-científicos indiferentemente. O tradutor britânico J. M. Cohen já notava esse desenvolvimento em 1962, quando observou que "os tradutores do século XX, influenciados pelo ensino da ciência e pela crescente importância atribuída à precisão [...], têm geralmente focalizado o sentido da prosa e a interpretação, e abandonado a imitação da forma e das maneiras" (Cohen, 1962, p.35). Ele também observou a domesticação envolvida aqui, "o risco de reduzir os estilos dos autores individualmente e maneirismos nacionais de fala em prol de uma uniformidade de prosa simples", mas acreditou que esse "perigo" era evitado pelas "melhores" traduções (ibid., p.33). O que ele não conseguiu enxergar, no entanto, foi que o critério determinador de "melhor" era radicalmente inglês. Traduzir pelo "sentido da prosa e pela interpretação", praticando a tradução como simples comunicação, reescreve o texto estrangeiro de acordo com valores da língua inglesa, tais como a transparência, mas eclipsa inteiramente a atividade domesticadora do tradutor — mesmo aos olhos do tradutor.

A invisibilidade do tradutor também é determinada, parcialmente, pela concepção individualista de autoria que continua prevalente na cultura anglo-americana. Conforme essa ideia, o autor expressa livremente seus pensamentos e sentimentos na escrita, que é então considerada como uma autorrepresentação original e transparente, não mediatizada por determinantes transindividuais (linguísticas, culturais, sociais) que podem complicar a originalidade autoral. Essa visão de autoria traz duas implicações negativas para o tradutor. De um lado, a tradução é definida como uma representação de segunda ordem:

A invisibilidade do tradutor

apenas o texto estrangeiro pode ser original, uma cópia autêntica, reflexo fiel da personalidade ou das intenções do autor, ao passo que a tradução é derivativa, fraudulenta, uma cópia potencialmente falsa. Por outro lado, exige-se que a tradução use o discurso transparente para velar seu *status* de segunda ordem, produzindo a ilusão da presença autoral pela qual o texto pode ser considerado o original. Apontar tais implicações não é o mesmo que argumentar que o tradutor deva ser visto como comparável ao autor estrangeiro: as traduções são diferentes, em intenção e efeito, dos textos originais, e essa distinção genérica precisa ser preservada como forma de descrever diferentes tipos de práticas de escrita. O ponto é que a natureza precisa da autoria do tradutor permanece não formulada e, portanto, a noção de originalidade autoral continua a estigmatizar o trabalho do tradutor (ver Venuti, 1998, cap.2).

No entanto, a concepção individualista de autoria em muito desvaloriza a tradução; ela é tão penetrante que chega a modelar as autorrepresentações do tradutor, fazendo que alguns deles psicologizem sua relação com o texto estrangeiro como um processo de identificação com o autor. O norte-americano Willard Trask (1900-1980), célebre tradutor do século XX pela quantidade e importância cultural de seu trabalho, estabeleceu uma distinção clara entre autoria e tradução. Quando, no final de sua vida, lhe perguntaram se o "impulso" de traduzir "é o mesmo de alguém que deseja escrever um romance" (uma pergunta que é claramente individualista pela sua referência a um "impulso" autoral), Trask respondeu:

> Não, não diria isso, porque uma vez tentei escrever um romance. Quando você está escrevendo um romance [...], você está

obviamente escrevendo sobre pessoas ou lugares, uma coisa ou outra, mas o que você está fazendo essencialmente é uma autoexpressão. Já quando se traduz, você não está expressando a si mesmo. O que você faz é uma atividade técnica de dublê. [...] Percebi que o tradutor e o ator deveriam possuir o mesmo tipo de talento. Eles tiram algo de alguém e como que o tornam seu. Acredito que você tem de ter essa capacidade. Assim, além de ter a técnica de um dublê, existe todo um exercício psicológico que é exigido pela tradução: algo como estar num palco. Ela faz uma coisa totalmente diferente da escrita poética criativa. (Honig, 1985, p.13-4)

Pela analogia de Trask, os tradutores trabalham como atores, e as traduções passam como textos originais. Os tradutores sabem muito bem que qualquer senso de presença autoral em uma tradução é uma ilusão, um efeito do discurso transparente, comparável a um "dublê", mas, mesmo assim, acreditam participar de uma relação "psicológica" com o autor, na qual eles reprimem a própria "personalidade". "Acho que estou em um tipo de colaboração com o autor", diz o tradutor norte-americano Norman Shapiro. "Decerto meu ego e minha personalidade se envolvem na tradução, e mesmo assim devo procurar ser fiel ao texto básico de tal modo que minha personalidade fique escondida" (Kratz, 1986, p.27).

A invisibilidade do tradutor é, assim, um estranho autoaniquilamento, uma maneira de conceber e praticar a tradução que indubitavelmente reforça seu *status* marginal na cultura anglo-americana. Pois embora os últimos cinquenta anos tenham visto a instituição de centros e cursos de tradução em universidades britânicas e norte-americanas, bem como o sur-

A invisibilidade do tradutor

gimento de grupos e associações de tradutores, além de premiações em organismos literários como a Society of Authors, em Londres, e a PEN American Center, em Nova York, o fato é que os tradutores recebem um reconhecimento mínimo por seu trabalho – inclusive tradutores de textos que podem gerar publicidade (porque ganham prêmios, são controversos, censurados). A menção típica que o tradutor ganha em uma resenha é um breve aparte no qual a transparência da tradução é mais frequentemente avaliada do que ignorada.

Isso, no entanto, é uma ocorrência infrequente. Ronald Christ descreveu a prática prevalente:

> Muitos jornais, tais como o *The Los Angeles Times*, nem sequer mencionam os tradutores nas manchetes das resenhas, e os resenhistas normalmente esquecem de mencionar que o livro é uma tradução (ao mesmo tempo que fazem citações do texto como se este tivesse sido escrito originalmente em inglês), e os editores quase sempre excluem os tradutores das capas dos livros e das propagandas. (Christ, 1984, p.8)

Um exemplo que mostra claramente essa exclusão ocorreu em 2001 com a tradução feita por Richard Pevear e Larissa Volokhonsky de *Anna Kariênina*, de Tolstói: a Penguin Classics imprimiu um anúncio que citava as resenhas que elogiavam a tradução por sua transparência (Allan Massie escreveu na *Scotsman*: "Você a lê tão naturalmente que esquece que é uma tradução"), mas nenhuma das resenhas citou o nome dos tradutores (*Times Literary Supplement*, dez. 2001, p.7). Mesmo quando um resenhista é também escritor, um romancista, digamos, ou um poeta, o fato de que o texto em resenha é uma

Lawrence Venuti

tradução pode ser ignorado. Em 1981, o romancista norte-
-americano John Updike fez a crítica de dois romances estran-
geiros, *Se um viajante numa noite de inverno*, de Italo Calvino, e *Das Treffen in Telgte* [O Encontro em Telgte], de Günter Grass, mas
o prolongado ensaio fez a menor referência possível aos tradu-
tores. Seus nomes apareceram em parênteses após a primeira
menção dos títulos em inglês. Os resenhistas, dos quais se poderia esperar que nutrissem um senso de linguagem característico de um escritor, raramente estão inclinados a discutir a
tradução como uma forma de escritura.

A existência diáfana do tradutor na cultura anglo-americana
está, ademais, registrada, e mantida, pelo ambíguo e desfavorável *status* legal da tradução, tanto pelas leis de *copyright* como
pelas determinações contratuais. As leis britânica e norte-americana definem a tradução como uma "adaptação" ou "trabalho
derivado" baseado em uma "obra original de autoria", cujo *copyright*, incluindo o direito exclusivo de "preparar obras derivativas" ou "adaptações" está investido no "autor".[3] O tradutor
está, assim, subordinado ao autor, que controla decisivamente
a publicação da tradução durante o termo do *copyright* do texto
"original", que atualmente é calculado pelo tempo de vida do
autor mais cinquenta anos. Contudo, como a autoria é definida aqui como a criação de uma forma ou meio de expressão,
não uma ideia, como originalidade de linguagem, não pensamento, as leis britânica e norte-americana permitem que a

---

3 Copyright, Designs and Patents Act 1988 (c. 48), seções 1 (1) (a),
16 (1) (e), 21 (3) (a) (i); 17 US Code, seções 101, 102, 106,
201(a) (1976).

A invisibilidade do tradutor

tradução tenha o *copyright* em nome do tradutor, reconhecendo que o tradutor usa uma outra língua em substituição ao texto estrangeiro e pode, dessa maneira, ser entendido como o agente criador de um trabalho original (Skone James et al., 1991; Stracher, 1991). Conforme a lei de *copyright*, o tradutor é e não é um autor.[4]

A autoria do tradutor jamais recebe completo reconhecimento jurídico por causa da prioridade dada ao controle da tradução pelo autor estrangeiro – a ponto de comprometer os direitos do tradutor enquanto cidadão britânico ou norte-americano. Ao subscrever os tratados internacionais de *copyright* como a Convenção de Berna para a Proteção de Obras Literárias e Artísticas, o Reino Unido e os Estados Unidos concordam, para fins de *copyright*, em conceder o mesmo tratamento a cidadãos de outros países-membros que concederiam a seus próprios cidadãos (Scarles, 1980, p.8-11). Assim, as leis britânica e norte-americana sustentam que uma tradução de um livro estrangeiro para o inglês pode ser publicada apenas com o acordo do autor que possui o *copyright* daquele texto – ou seja, o autor estrangeiro ou, conforme o caso, seu representante ou editor. Ao tradutor, pode-se conceder o privilégio autoral de dar seu *copyright* à tradução, mas ele está excluído da proteção legal de que gozam os autores como cidadãos do Reino Unido ou dos Estados Unidos em deferência a outro autor, um cidadão estrangeiro. A definição legal ambígua de tradução, tanto original quanto derivativa, deixa clara uma restrição imposta

---

4 O ambíguo *status* legal da tradução é discutido por Derrida (1985a, p.196-200) e Simon (1989).

Lawrence Venuti

à cidadania do tradutor, bem como a incapacidade da atual lei de *copyright* de pensar a tradução além das fronteiras nacionais, apesar da existência de tratados internacionais. A Convenção de Berna (Paris, 1971) atribui um direito autoral ao tradutor e, ao mesmo tempo, o retira: "Traduções, adaptações, arranjos musicais e outras alterações de uma obra literária ou artística deverão ser protegidos como obras originais sem prejuízo ao *copyright* do trabalho original" detido pelo "autor" estrangeiro, que "goza do direito exclusivo de fazer ou autorizar traduções" (artigos 2[3], 8).[5] A lei de *copyright* não define um espaço para a autoria do tradutor que seja igual aos (ou que de alguma maneira restrinja os) direitos do autor estrangeiro. Ainda assim, ela reconhece que existe uma base material que garanta tal restrição.

Os contratos de tradução no período do pós-Segunda Guerra têm de fato variado amplamente, em parte por causa de ambiguidades da lei de *copyright*, mas também em função de outros fatores, como os mercados cambiantes de livros, o grau de perícia do tradutor e a dificuldade de um determinado projeto de tradução. Contudo, tendências gerais podem ser detectadas no decurso de várias décadas, e elas revelam editores excluindo

---

5 A Recomendação para a Proteção Legal de Tradutores e Traduções e os Meios Práticos para Implementar o *Status* dos Tradutores, da Unesco (adotada pela Conferência Geral de Nairobi, em 22 de novembro de 1976), segue os termos da Convenção de Berna (artigo II.3): "Os Estados-Membros deveriam conferir aos tradutores, por suas traduções, a proteção concedida aos autores de acordo com o que preveem as convenções internacionais de *copyright* às quais se atrelam e/ou de acordo com suas leis nacionais, mas sem dano aos direitos dos autores das obras originais que forem traduzidas".

A invisibilidade do tradutor

tradutores de quaisquer direitos sobre a tradução. Os contratos padrão na Grã-Bretanha solicitam que o tradutor faça uma cessão total do *copyright* ao editor. Nos Estados Unidos, a definição contratual mais comum do texto traduzido não tem sido uma "obra original de autoria", mas *work made for hire* [trabalho feito sob encomenda], uma categoria da lei norte-americana de *copyright* pela qual "o empregador ou a pessoa para quem a obra foi preparada é considerado o autor [...] e, a menos que exista expresso acordo em contrário em instrumento assinado por ambas as partes, este detém todos os direitos incluídos no *copyright*" (17 US Code, seções 101, 201[6]). Contratos por encomenda alienam o tradutor do fruto de seu trabalho com uma finalidade notória. A cláusula relevante do contrato padrão da Columbia University Press para tradutores diz:

> Contratado e Contratante acordam que o trabalho a ser preparado pelo Contratado foi especialmente solicitado e comissionado pela Contratante, e é um trabalho feito sob encomenda, tal como o termo é usado e definido pelo *Copyright* Act. Consequentemente, a Contratante será considerada a única e exclusiva proprietária definitiva em todo o mundo de todos os direitos dele decorrentes, livre de reivindicações de direitos pelo Contratado ou por alguém em seu nome.

Este contrato de trabalho sob encomenda incorpora a ambiguidade do *status* legal do tradutor ao incluir outra cláusula que implicitamente reconhece o tradutor como um autor, o criador de uma obra "original": "O Contratado garante que sua obra será original e de maneira alguma infringirá o *copyright* ou violará qualquer direito de qualquer parte que seja".

Lawrence Venuti

Contratos que exigem que os tradutores cedam o *copyright*, ou que definem a tradução como trabalho feito sob encomenda, são claramente exploradores na divisão dos ganhos. Tais traduções são pagas por um irrisório valor por milhar de palavras em inglês, independentemente da renda potencial advinda da venda de livros e direitos subsidiários (por exemplo, publicações periódicas, uma licença para edição em brochura, uma opção para uma produtora de filmes). Um caso real deixará claro como esse arranjo explora os tradutores. Em 12 de maio de 1965, o tradutor norte-americano Paul Blackburn assinou um contrato de trabalho sob encomenda com a Pantheon, pelo qual ele receberia "US$ 15 a cada mil palavras" em sua tradução de *Final de jogo*, uma coletânea de contos do escritor argentino Julio Cortázar.[6] Blackburn recebeu um total de US$ 1.200 para uma tradução em inglês que encheu 277 páginas de livro impresso; Cortázar recebeu US$ 2 mil de adiantamento de *royalties*, 7,5% do preço de capa sobre as primeiras 5 mil cópias. O "nível de pobreza" estabelecido pelo governo federal em 1965 era uma renda anual de US$ 1.894 (para um homem). A renda de Blackburn, como editor, era normalmente US$ 8 mil, mas, para completar a tradução, ele foi forçado a reduzir seu trabalho editorial e buscar

---

6 Este relato do projeto de Blackburn sobre Cortázar se baseia em documentos da Paul Blackburn Collection, Archive for New Poetry, Mandeville Department of Special Collections, University of California, San Diego: Carta a John Dimoff, National Translation Center, University of Texas, Austin, 6 de maio de 1965; Contrato com a Pantheon Books para a tradução de *End of Game and Other Stories*, 4 de junho de 1966; Carta a Claudio Campuzano, Inter-American Foundation for the Arts, 9 de junho de 1966. As informações sobre o "nível de pobreza" são baseadas no *Statistical Abstract of the United States* dos anos pertinentes.

A invisibilidade do tradutor

apoio financeiro de agências de arte e fundações particulares —
que não chegou a receber. Por fim, solicitou uma extensão no
prazo de entrega de aproximadamente um ano para dezesseis
meses (a data no contrato era 1º de junho de 1966, posteriormente alterada para 1º de outubro de 1966). Sua tradução,
nesse ínterim, foi continuamente reimpressa desde 1967, ren-
dendo *royalties* para os herdeiros de Cortázar (que morreu em
1984) e um grande lucro para a Pantheon.

A difícil situação de Blackburn tem sido comum para a
maioria dos tradutores *freelancers* de língua inglesa em todo o
período pós-guerra: valores abaixo do nível de subsistência
forçam-nos ou a traduzir esporadicamente enquanto se mantêm em outros empregos (tipicamente como editores, escritores ou professores), ou a assumir vários projetos de tradução
em simultâneo, sendo que o número deles é determinado pelo
mercado do livro e por puras limitações físicas. Até 1969, o
preço pago para traduções feitas sob encomenda subiu para
US$ 20 por mil palavras, fazendo o Cortázar de Blackburn
valer US$ 1.600, enquanto a linha de pobreza ficava abaixo
de US$ 1.974; até 1979, o valor comercial foi para US$ 30, e
Blackburn teria recebido então US$ 2.400, enquanto a linha
de pobreza ficava em US$ 3.689.[7] Conforme uma pesquisa
realizada em 1990 pela PEN American Center e limitada às
respostas de dezenove editores, 75% das traduções eram fei-

---

7 A taxa de tradução de 1969 foi tirada do "manifesto" que conclui as
atas da conferência PEN ocorrida em 1970 (*The World of Translation*,
1971, p.377). A taxa de 1979 foi tirada do meu próprio contrato
de trabalho sob encomenda firmado com a Farrar, Straus & Giroux
para a tradução do romance *Delirium*, de Barbara Alberti, em 29 de
maio de 1979.

Lawrence Venuti

tas à base de trabalho sob encomenda, com valores variando de US$ 40 a US$ 90 por mil palavras (Keeley, 1990, p.10-2; *A Handbook for Literary Translators*, 1991, p.5-6). Uma estimativa feita no mesmo ano calculava o custo de tradução de um romance de 300 páginas entre US$ 3 mil e US$ 6 mil (Marcus, 1990, p.13-4; cf. Gardam, 1990). A linha de pobreza em 1989 foi fixada abaixo de US$ 5.936 para uma pessoa com menos de 65 anos de idade. Em 2004, Jeremy Munday e eu apresentamos um questionário que foi respondido por aproximadamente 60 tradutores para a língua inglesa com detalhes referentes à sua remuneração. Embora o universo de entrevistados seja pequeno, a amostra sugere que a remuneração básica tinha aumentado para US$100 por mil palavras, o que dá um custo de US$9.000 por um romance de 300 páginas. A linha de pobreza em 2004 foi fixada em US$9.310 por pessoa. Como essa situação econômica força os tradutores *freelancers* a assumir diversos projetos a cada ano, ela inevitavelmente também limita a invenção literária e a reflexão crítica aplicadas a determinado projeto, ao mesmo tempo que cria animosidade entre os tradutores — normalmente sem que estes queiram —, por causa da competição e da negociação dos honorários.

Os contratos, desde 1980, demonstram um reconhecimento cada vez maior do papel crucial do tradutor na produção da tradução ao se referir a eles como "autor" ou "tradutor", e fazendo o *copyright* em nome do tradutor. Essa redefinição tem sido acompanhada por uma melhoria em termos financeiros, como nos casos em que tradutores experientes recebem um adiantamento dos *royalties*, em geral uma porcentagem do preço de catálogo ou do ganho líquido, bem como uma parte da venda de direitos subsidiários. A pesquisa de 1990 da PEN

A invisibilidade do tradutor

indicou que os *royalties* dos tradutores variavam "de 2% a 5% para os livros de capa dura, e de 1,5% a 2,5% para edições tipo brochura" (*A Handbook for Literary Translator*, 1991, p.5). Mas esses são, claramente, pequenos progressos. Apesar de sinalizarem uma crescente conscientização da autoria do tradutor, eles não constituem uma mudança significativa na economia da tradução, e o tradutor *freelancer* ainda enfrenta dificuldades para sobreviver apenas de traduções. Uma primeira tiragem típica de uma tradução literária publicada por uma editora comercial é de aproximadamente 5 mil cópias (menor para uma editora universitária), de forma que, mesmo havendo uma tendência para a disseminação de contratos oferecendo *royalties*, o tradutor dificilmente verá qualquer dinheiro além do adiantamento. Poucas traduções tornam-se *best-sellers*; poucas serão reimpressas, em capa dura ou em brochura. E, talvez o mais importante de tudo, pouquíssimas traduções são publicadas em inglês.

A produção editorial no Reino Unido e nos Estados Unidos cresceu quatro vezes desde a década de 1950, mas o número de traduções permaneceu basicamente entre 2% e 4% do total – apesar da grande onda de traduções no começo dos anos 1960, quando o número delas variou de 4% a 7% do total.[8] Entre meados da década de 1990 e os anos iniciais do novo século, a porcentagem ficou ainda menor. Em 1995, de acordo com dados da indústria do livro, os editores americanos publicaram

---

8 As estatísticas britânicas provêm do *Whitaker's Almanack*; as americanas, do *Publishers Weekly*. Também consultei os dados no *United Nations Statistical Yearbook*, no *Unesco Basic Facts and Figures*, no *Unesco Statistical Yearbook* e na *An International Survey of Book Production during the Last Decades*, 1982.

Lawrence Venuti

113.589 títulos, dos quais 3.252 eram traduções (2,85%), ao passo que, em 2004, um total de 195.000 títulos incluía 4.040 traduções (2,07%). Em 2001, os editores britânicos publicaram 119.001 títulos, dos quais 1.668 eram traduções (1,4%).

As práticas editoriais em outros países têm normalmente seguido em direção oposta. As edições na Europa ocidental também borbulharam durante as últimas décadas, mas as traduções têm sempre garantido uma significativa porcentagem do total de livros produzidos, e essa porcentagem tem sido consistentemente dominada por traduções a partir da língua inglesa. A taxa de tradução na França tem variado entre 8% e 12% do total. Em 1985, os editores franceses lançaram 29.068 livros, dos quais 2.867 foram traduções (9,9%), 2.051 do inglês (Frémy, 1992). A taxa de tradução na Itália tem sido mais alta. Em 1989, os editores italianos lançaram 33.893 livros, dos quais 8.602 eram traduções (25,4%), e, em 2002, de um total de 54.624 títulos, 12.531 eram traduções (22,9%); em ambos os anos, mais da metade do inglês (Lottman, 1991, p.S5; *Publishers Weekly Daily*, 2005). A indústria editorial alemã é bem maior do que a britânica e a norte-americana, e aqui também a taxa de tradução é consideravelmente alta. Em 1990, os editores alemães lançaram 61.015 livros, dos quais 8.716 eram traduções (14,4%), incluindo 5.650 do inglês (Flad, 1992, p.40). Em 2004, o número de novos títulos em alemão aumentou para 74.074, dos quais 5.406 eram traduções (7,3%), mais da metade do inglês (Emmerling, 2006). Desde a Segunda Guerra Mundial, o inglês tem sido a língua mais traduzida do mundo, mas para a qual pouco se traduz, considerando-se o número de livros em inglês publicados anualmente. Em 2000, de acordo com com estatísticas da Unesco, 43.011 livros no

A invisibilidade do tradutor

mundo todo foram traduzidos do inglês, seguidos de 6.670 títulos traduzidos do francês, 6.204 do alemão, 2.432 do italiano e 1.973 do espanhol.

Esses padrões de tradução apontam para um desequilíbrio comercial com sérias consequências sobre a cultura. Editores britânicos e norte-americanos viajam anualmente para mercados internacionais, como a American Booksellers Convention e a Feira do Livro de Frankfurt, onde comercializam direitos de tradução de muitos livros em inglês, inclusive de *best-sellers* mundiais, mas raramente compram direitos de publicação em inglês de livros estrangeiros. Esses editores têm concentrado mais a atenção em comprar *best-sellers*, e a formação de conglomerados editoriais internacionais tem trazido mais capital para sustentar essa política editorial (um adiantamento para um *best-seller* em potencial está atualmente na casa dos milhões de dólares), ao mesmo tempo que limita o número de livros financeiramente arriscados, como traduções (Whiteside, 1981; Feldman, 1986; Schiffrin, 2000). O agente literário londrino Paul Marsh confirma essa tendência quando incentiva os editores a privilegiar a venda de direitos de tradução, em vez de comprá-los: "Qualquer livro que já tenha sido vendido para quatro ou cinco traduções nos estágios iniciais tem uma boa chance de pelo menos nove ou dez até o final do processo" (Marsh, 1991, p.27). Marsh acrescenta que "a maior parte das negociações de tradução é realizada para um módico retorno" (ibid.), mas o fato é que editores britânicos e norte-americanos rotineiramente recebem fartos adiantamentos nessas negociações, mesmo quando um editor ou agente estrangeiro os pressiona para considerar outros tipos de renda (isto é, *royalties*). Antonella Antonelli, de Milão, é uma entre esses agentes, embora o valor por ela citado como um investimento italiano imprudente em um livro de língua inglesa – "Se você paga um adiantamento de US$ 200 mil, é impossível ter o retorno na Itália" – de fato sugere quão rentáveis investimentos em tradução podem ser para os editores envolvidos, estrangeiros assim como britânicos e norte-americanos (Lottman, 1991, p.S6). Em 2000, traduções francesas de *best-sellers* norte-americanos de autores como Danielle Steele e Patricia Cornwell venderam mais de 200 mil cópias (*Publishers Weekly*, 2000).

As consequências para esse desequilíbrio comercial são diversas e de longo alcance. Por traduzirem habitualmente grande número de variados livros em inglês, os editores estrangeiros têm explorado a tendência global rumo à hegemonia econômica e política norte-americana no período posterior à Segunda Grande Guerra, auxiliando ativamente a expansão internacional das culturas americana e britânica. As editoras britânicas e norte-americanas, por sua vez, têm colhido os benefícios financeiros por impor com sucesso valores culturais anglo--americanos a um vasto público leitor estrangeiro, ao mesmo tempo que produzem no Reino Unido e nos Estados Unidos culturas que são agressivamente monolíngues, não receptivas ao estrangeiro, acostumadas a traduções fluentes que invisivelmente inscrevem textos estrangeiros com valores da língua inglesa e propiciam aos leitores a experiência narcisista de reconhecer sua própria cultura em um Outro cultural. A prevalência da domesticação fluente tem sustentado esses desenvolvimentos por causa de seu valor econômico: imposta por editores, editoras e resenhistas, a fluência resulta em traduções que são altamente legíveis e, portanto, consumíveis no mercado do livro, apoiando sua mercantilização e assegurando um despre-

A invisibilidade do tradutor

zo aos textos estrangeiros e a discursos tradutórios em língua inglesa que são mais resistentes à leitura fácil.

A invisibilidade do tradutor pode agora ser vista como uma mistificação de proporções inquietantes, um apagamento de impressionante êxito das múltiplas determinantes e efeitos da tradução para a língua inglesa, as múltiplas hierarquias e exclusões nas quais ela se encontra implicada. Um ilusionismo produzido pela tradução fluente, a invisibilidade do tradutor ao mesmo tempo realiza e mascara uma insidiosa domesticação de textos estrangeiros, reescrevendo-os no discurso transparente que prevalece na língua inglesa e que seleciona precisamente aqueles textos estrangeiros receptivos à tradução fluente. Enquanto o efeito de transparência apaga o trabalho da tradução, ele contribui para a marginalidade cultural e a exploração econômica que os tradutores de língua inglesa têm sofrido há muito, seu *status* sendo raramente reconhecido, escritores pagos de forma precária e cujo trabalho, no entanto, continua sendo indispensável por causa da dominação global da cultura anglo-americana, da língua inglesa. Por detrás da invisibilidade do tradutor, esconde-se um desequilíbrio comercial que subscreve essa dominação, mas que também diminui o capital cultural dos valores estrangeiros em inglês ao limitar o número de textos estrangeiros traduzidos e ao submetê-los a uma revisão domesticadora. A invisibilidade do tradutor é sintomática de uma complacência nas relações anglo-americanas com os Outros culturais, uma complacência que pode ser descrita – sem muito exagero – como imperialista no exterior e xenofóbica em casa.

O conceito de "invisibilidade" do tradutor já é uma crítica cultural, uma diagnose que se opõe à situação que ela representa. Ela é, em parte, uma representação a partir de baixo, do ponto de vista do tradutor contemporâneo de língua inglesa, embora de alguém que foi levado a questionar as condições de seu trabalho em virtude de vários desenvolvimentos, culturais e sociais, estrangeiros e domésticos. O motivo deste livro é tornar o tradutor mais visível para que ele resista e mude as condições que presidem a teoria e a prática da tradução hoje, especialmente nos países de língua inglesa. Portanto, o primeiro passo será apresentar uma base teórica a partir da qual traduções podem ser lidas como traduções, como textos independentes, permitindo a desmistificação da transparência, vista como um efeito discursivo entre outros.

II. A violência da tradução

A tradução é um processo pelo qual uma cadeia de significantes que constitui o texto-fonte é substituída por uma cadeia de significantes na língua-alvo, proporcionada pelo tradutor ao fio de uma interpretação. Porque o sentido é um efeito de relações e diferenças entre significantes ao longo de uma cadeia potencialmente infinita (polissêmica, intertextual, sujeita a infinitas ligações), ele é sempre diferencial e condescendente, nunca presente como uma unidade original (Derrida, 1982). Tanto o texto estrangeiro como a tradução são derivados: ambos são constituídos por diversos materiais linguísticos e culturais cuja origem não se encontra nem no escritor estrangeiro, nem no tradutor, e que desestabilizam a significação, inevitavelmente excedendo e possivelmente entrando em conflito com as intenções dos mesmos. Desse modo, um texto estrangeiro é lugar de muitas possibilidades

A invisibilidade do tradutor

semânticas diferentes, que são fixadas apenas de modo provisório em qualquer tradução, com base em suposições culturais e escolhas interpretativas variáveis, em situações sociais específicas, em diferentes períodos históricos. O sentido é uma relação plural e contingente, não uma essência unificada imutável, e, por consequência, uma tradução não pode ser julgada conforme modelos matemáticos de equivalência semântica ou correspondência. Apelações ao texto estrangeiro não podem, por fim, decidir entre traduções em competição na ausência de erro linguístico, porque os cânones de precisão em tradução, as noções de "fidelidade" e de "liberdade" são categorias historicamente determinadas. Até mesmo a noção de "erro linguístico" está sujeita a variação, pois traduções erradas, sobretudo em textos literários, podem revelar-se não apenas meramente inteligíveis como também significantes na cultura da língua-alvo. A viabilidade de uma tradução se estabelece por sua relação com as condições culturais e sociais dentro das quais ela é produzida e lida.

Essa relação aponta para a violência que reside no próprio propósito e atividade da tradução: a reconstituição do texto estrangeiro de acordo com valores, crenças e representações que o precedem na língua e na cultura alvos, sempre organizados em hierarquias de dominação e marginalidade, sempre determinando a produção, circulação e recepção de textos (ver a noção de "normas" em Toury, 1995, p.53-69). O uso que faço do termo "violência", aqui, tem sido questionado por um tradutor profissional que trabalha com idiomas tão diferentes quanto o hebraico e o inglês (Green, 2001, p.85). Ainda que com esse termo quiséssemos expressar "dano" ou "abuso", seu emprego não seria nem exagerado, nem metafórico, mas precisamente descritivo: um tradutor é forçado não apenas a eliminar aspectos da significativa cadeia que constitui um texto estrangeiro, a começar por suas características grafêmicas e acústicas, mas também a desmantelá-la e desordená-la de acordo com diferenças estruturais entre as línguas, de forma que tanto o texto estrangeiro quanto suas relações com outros textos na cultura estrangeira nunca permaneçam intactos depois do processo de tradução. Tradução é a substituição forçada de diferenças linguísticas e culturais do texto estrangeiro por um texto que é inteligível para o leitor do idioma-alvo. Tais diferenças nunca podem ser completamente removidas, mas passam necessariamente por redução e exclusão de possibilidades – e um ganho exorbitante de outras possibilidades específicas da língua-alvo. A diferença que a tradução transmite, qualquer que seja ela, é agora marcada pela cultura receptora, assimilada a suas posições de inteligibilidade, seus cânones e tabus, seus códigos e ideologias. O objetivo da tradução é trazer de volta um Outro cultural como aquele reconhecível ou familiar, ou até como o mesmo; e esse objetivo sempre implica o risco de uma domesticação ampla e geral do texto estrangeiro, com frequência em projetos bem comedidos nos quais a tradução serve a uma apropriação de culturas estrangeiras pelas agendas existentes na situação receptora, cultural, econômica e politicamente. A tradução não é uma forma de comunicação de um texto estrangeiro desprovida de problemas, mas uma interpretação que é sempre limitada por seu direcionamento a públicos específicos e por situações culturais ou institucionais em que o texto traduzido deve circular e funcionar.

A violência exercida pela tradução é sentida em casa e fora dela. Por um lado, a tradução exerce um enorme poder na cons-

A invisibilidade do tradutor

trução de identidades nacionais como culturas estrangeiras, e assim ela se faz notar potencialmente em discriminação étnica, confrontos geopolíticos, colonialismo, terrorismo, guerra (ver Rafael, 1988; Fenton e Moon, 2002; Mason, 2004; Baker, 2006). Por outro, a tradução inscreve o texto estrangeiro na manutenção ou na revisão de cânones literários na cultura da língua-alvo, inscrevendo na poesia e ficção, por exemplo, com diversos discursos poéticos e narrativos que lutam pela dominação na língua-alvo (ver Lefevere, 1992a; Lyne, 2001; Damrosch, 2003). A tradução também inscreve o texto estrangeiro na manutenção ou na revisão de paradigmas conceituais dominantes, metodologia de pesquisa e práticas clínicas em disciplinas e profissões na língua-alvo, seja física ou arquitetura, filosofia ou psiquiatria, sociologia ou direito (ver Ornston, 1992; Montgomery, 2000; Lotringer e Cohen, 2001). São essas afiliações e efeitos – escritas na materialidade do texto traduzido, na estratégia discursiva e em seu alcance de alusividade para o leitor da língua-alvo, como também na própria decisão de traduzir e nos modos como ela é publicada, criticada e ensinada –, todas essas condições, que permitem que a tradução seja entendida como uma prática política e cultural, construindo ou criticando identidades marcadas por ideologia para culturas estrangeiras, afirmando ou transgredindo valores discursivos e limites institucionais na cultura da língua-alvo. A violência causada pela tradução é parcialmente inevitável, inerente ao processo de tradução, parcialmente potencial, emergindo a qualquer momento na produção e recepção do texto traduzido, variando de acordo com formações socioculturais específicas em diferentes momentos históricos.

69

A questão mais premente para o tradutor que tem esse conhecimento é: o que fazer? Por que e como eu traduzo? Embora eu tenha interpretado a tradução como lugar de muitas determinações e efeitos – linguísticos, culturais, econômicos e ideológicos –, também quero indicar que o tradutor literário *freelancer* sempre faz escolhas em relação ao grau e à direção da violência atuante em qualquer tradução. Essas escolhas receberam várias formulações, no passado e no presente, mas nenhuma delas é tão decisiva como a do filósofo e teólogo alemão Friedrich Schleiermacher. Em uma palestra em 1813 sobre os diferentes métodos de tradução, Schleiermacher argumentou que "existem apenas dois. Ou o tradutor deixa o autor em paz, tanto quanto possível, e conduz o leitor até ele; ou ele deixa o leitor em paz, tanto quanto possível, e leva o autor até ele" (Lefevere, 1977, p.74). Admitindo que (como deixa claro o "tanto quanto possível") a tradução nunca pode se adequar completamente ao texto estrangeiro, Schleiermacher permitiu ao tradutor escolher entre um método domesticador, que é uma redução etnocêntrica do texto estrangeiro aos valores culturais da língua-alvo, trazendo o autor para casa, e um método estrangeirante, uma pressão etnocêntrica naqueles valores para deixar registrada a diferença linguística e cultural do texto estrangeiro, remetendo o leitor para fora.

Schleiermacher deixou claro que optava pela tradução estrangeirante, e isso levou o teórico da tradução e tradutor francês Antoine Berman a tratar o argumento de Schleiermacher como uma ética da tradução, preocupado em fazer que o texto traduzido seja o lugar em que o Outro cultural se manifeste – embora, é claro, a alteridade nunca pode ser manifestada em seus próprios termos, apenas naqueles da língua-alvo e, portan-

A invisibilidade do tradutor

to, já codificada (Berman, 1985, p.87-91).[9] O "estrangeiro" da tradução estrangeirante não é uma representação transparente de uma essência presente no texto estrangeiro e valiosa em si mesma, mas uma construção estratégica cujo valor depende da atual situação da língua-alvo. A tradução estrangeirante indica as diferenças do texto estrangeiro, ainda que seja apenas por romper os códigos culturais dominantes na cultura receptora. Nesse esforço de fazer certo no exterior, esse método de tradução deve fazer errado em casa, desviando-se o bastante das normas locais para representar uma experiência de leitura estrangeira – escolhendo traduzir um texto excluído pelos cânones literários domésticos, por exemplo, ou usando um discurso marginal em sua tradução.

Quero sugerir que à medida que a tradução estrangeirante busca restringir a violência etnocêntrica da tradução, ela é altamente desejável hoje, como intervenção cultural estratégica na atual situação mundial, lançada contra as nações hegemônicas de língua inglesa e as trocas culturais desiguais em que elas envolvem seus Outros globais. A tradução estrangeirante em inglês pode ser uma forma de resistência contra o etnocentrismo e o racismo, o narcisismo cultural e o imperialismo, favorecendo os interesses da democracia geopolítica. Como teoria e prática tradutórias, contudo, o método estrangeirante é específico de certos países europeus em momentos históricos definidos: formulado a princípio na cultura alemã no período clássico e romântico, foi recentemente reavivado na cena cultural fran-

---

9 A teoria de Schleiermacher, apesar de sua ênfase na tradução estrangeirante, é complicada pelo programa cultural nacionalista ao qual ele deseja que a tradução alemã atenda: ver Capítulo 3, p.213-47.

Lawrence Venuti

cesa caracterizada por desenvolvimentos do pós-modernismo nas áreas da filosofia, crítica literária, psicanálise e teoria social, o que veio a ser chamado de "pós-estruturalismo".[10] A cultura anglo-americana, ao contrário, há muito tempo tem sido dominada pelas teorias domesticadoras que recomendam tradução fluente. Ao produzir uma ilusão de transparência, a tradução fluente mascara-se como verdadeira equivalência semântica quando, de fato, ela inscreve o texto estrangeiro como uma interpretação parcial, parcial em relação aos valores da língua inglesa, reduzindo ou simplesmente excluindo a própria diferença que a tradução é chamada a transmitir. Essa violência etnocêntrica é evidente em teorias de tradução elaboradas pelo prolífico e influente Eugene Nida, tradutor consultivo da Sociedade Bíblica Americana (ABS): neste caso, a transparência é posta a serviço do humanismo cristão.

Vejamos o conceito de Nida de "equivalência dinâmica" ou "funcional", formulada primeiramente em 1964, mas resgatada e desenvolvida em numerosos livros e artigos nos últimos trinta anos. "Uma tradução com equivalência dinâmica busca uma total naturalidade de expressão", afirma Nida, "e busca relacionar o receptor a modos de comportamento relevantes dentro do contexto de sua própria cultura" (Nida, 1964, p.159). A frase "naturalidade de expressão" assinala a importância da estratégia de fluência para a sua teoria da tradução, e no trabalho de Nida é óbvio que a fluência envolve domesticação. Como

---

10 Para o impacto do pós-estruturalismo na teoria e na prática da tradução ver, por exemplo, Graham (1985); Benjamin (1989); Niranjana (1992); e Venuti (1992). Gentzler (1993): o Capítulo 6 examina esse movimento.

A invisibilidade do tradutor

ele recentemente afirmou, "o tradutor é aquele que tem a habilidade de descerrar as cortinas das diferenças linguísticas e culturais de tal forma que as pessoas consigam ver claramente a importância da mensagem original" (Nida; Waard, 1986, p.14). Isto é, naturalmente, muito relevante para a cultura da língua-alvo, algo que em geral não preocupa os escritores estrangeiros quando eles escrevem seus textos, de forma que a relevância pode ser estabelecida no processo de tradução apenas substituindo-se características da língua-fonte que não são reconhecíveis por outras da língua-alvo que o são. Portanto, quando Nida afirma que "um estilo fácil e natural de traduzir, apesar da extrema dificuldade em produzi-lo [...], é, todavia, essencial para produzir nos receptores finais uma reação semelhante à dos receptores originais" (Nida, 1964, p.163), ele está de fato impondo a valorização da língua inglesa do discurso transparente para todas as culturas estrangeiras, mascarando a disjunção fundamental entre os textos da língua-fonte e da língua-alvo, o que põe em dúvida a possibilidade de provocar uma resposta "semelhante".

No entanto, como é típico de outros teóricos da tradição anglo-americana, Nida tem defendido a ideia de que a equivalência dinâmica é consistente com a noção de precisão. A tradução dinamicamente equivalente não usa de forma indiscriminada "qualquer coisa que possa ter impacto nos receptores ou alguma forma de apelo para estes"; em vez disso, ela "significa uma compreensão completa não somente do sentido do texto-fonte, mas também da maneira pela qual os pretendidos receptores do texto possivelmente o compreenderão na língua receptora" (Nida; Waard, 1986, p.vii-viii, 9). Para Nida, produzir uma tradução precisa depende de gerar um efeito equivalente na cultura da língua-alvo: "Os receptores de uma tradução devem compreender o texto traduzido em tal extensão que possam perceber como os receptores originais devem ter entendido o texto original" (ibid., p.36). A tradução de equivalência dinâmica é "comunicação interlingual" a superar as diferenças linguístico-culturais que a dificultam (ibid., p.11). Ainda assim, o entendimento da cultura e do texto estrangeiros que esse tipo de tradução possibilita responde fundamentalmente a valores culturais da língua-alvo, ao passo que vela essa domesticação na transparência suscitada pela estratégia de fluência. Aqui, a comunicação é iniciada e controlada por e para os receptores da tradução, ela é na verdade uma interpretação interessada e, portanto, parece menos um intercâmbio de informações do que uma apropriação de um texto estrangeiro para servir a um propósito da cultura receptora. A teoria de Nida da tradução como comunicação não leva adequadamente em consideração a violência etnocêntrica inerente a *todo* processo de tradução – mas em especial quando é orientado pela equivalência dinâmica. Ante tal violência, como poderia uma tradução produzir em seus receptores um efeito equivalente àquele criado pelo texto estrangeiro em seu público original?

A defesa que Nida faz da tradução domesticadora baseia-se explicitamente em um conceito transcendental de humanidade como uma essência imutável no tempo e no espaço. "Como descobriram linguistas e antropólogos", declara Nida, "aquilo que une a humanidade é muito maior do que o que a divide, e portanto existe, mesmo no caso de línguas e culturas extremamente diferentes, uma base para a comunicação" (Nida, 1964, p.2). O humanismo de Nida pode parecer democrático em seu apelo àquilo "que une a humanidade", mas isso fica

A invisibilidade do tradutor

contradito pelos valores mais excludentes que informam sua teoria da tradução, especialmente o evangelismo cristão e o elitismo cultural.

Desde os primórdios de sua carreira, o trabalho de Nida tem sido motivado pelas exigências da tradução bíblica: não apenas os problemas da história da tradução da Bíblia serviram como exemplos para suas teorias como também ele tem redigido estudos antropológicos e linguísticos voltados primordialmente para tradutores da Bíblia e missionários. O conceito de Nida de equivalência dinâmica vincula, de fato, o tradutor ao missionário. Quando em *Customs and Cultures: Anthropology for Christian Missions* (1954) ele afirmou que "um exame mais cuidadoso da atividade missionária bem-sucedida inevitavelmente revela o modo correspondentemente efetivo com o qual os missionários são capazes de se identificar com o povo – 'ser tudo para todos' – e de comunicar sua mensagem em termos que façam sentido para as vidas das pessoas" (id., 1975, p.250), ele fazia eco à sua afirmação anterior sobre o tradutor da Bíblia em *God's Word in Man's Language* (1952): "A tarefa do verdadeiro tradutor é a de identificação. Como um servidor cristão, ele deve identificar-se com Cristo; como tradutor, deve identificar-se com o Verbo; como missionário, deve identificar-se com o povo" (id., 1952, p.117). Tanto o missionário quanto o tradutor devem encontrar a equivalência dinâmica na língua-alvo para estabelecer a relevância da Bíblia na cultura receptora.

Mas Nida permite que se estabeleça apenas um tipo particular de relevância. Enquanto ele reprova "a tendência de promover, por meio da tradução bíblica, a causa de uma opinião teológica particular, quer seja deísta, racionalista, imersionista, milenarista ou carismática" (Nida; Waard, 1986, p.33), é óbvio que ele próprio promoveu uma recepção do texto centralizado no dogma cristão. Embora fale com nuances sobre como "as diversidades nos *backgrounds* dos receptores" podem modelar qualquer tradução bíblica, ele insiste que "traduções realizadas primeiramente para grupos minoritários devem em geral incluir formas altamente restritivas de linguagem, mas não devem aceitar gramática coloquial ou palavras vulgares" (ibid., p.14). O conceito de Nida de equivalência dinâmica nas traduções da Bíblia combina com o zelo evangélico que busca impor aos leitores de língua inglesa um dialeto específico do inglês, bem como uma compreensão claramente cristã da Bíblia. Quando o tradutor de Nida identifica-se com o leitor da língua-alvo para comunicar o texto estrangeiro, ele, ao mesmo tempo, exclui outras comunidades culturais da língua-alvo.

Advogar a tradução estrangeirante em oposição à tradição anglo-americana da domesticação não significa abolir as agendas político-culturais — tal defesa já é em si uma agenda. O ponto é, antes, desenvolver uma teoria e uma prática da tradução que resistam aos valores culturais dominantes da língua-alvo, de modo a indicar a diferença linguístico-cultural do texto estrangeiro. O conceito de "fidelidade abusiva" de Philip Lewis pode ser útil nessa teorização: ele reconhece a relação abusiva e equívoca entre a tradução e o texto estrangeiro, e evita uma estratégia de fluência para poder reproduzir na tradução quaisquer características de abuso do texto estrangeiro ou resistir a valores culturais dominantes na língua-fonte. A fidelidade abusiva dirige a atenção do tradutor para longe do significado conceitual do jogo de significantes do qual ele depende e a focaliza nas estruturas fonológicas, sintáticas e discursivas, resultando em uma "tradução que valoriza a experimentação,

A invisibilidade do tradutor

perverte os usos, procura igualar as polivalências, ou plurivocidades, ou os realces expressivos do original ao produzir o seu próprio" (Lewis, 1985, p.41). Schleiermacher recomendou uma aderência ao texto estrangeiro apenas para passar um sentimento de estrangeiridade para a tradução. Entretanto, com Lewis, notamos a possibilidade de um experimentalismo no qual o tradutor trabalha com vários aspectos da língua de chegada, não apenas com o léxico e a sintaxe, mas registros e dialetos, estilos e discursos. Tal estratégia de tradução pode ser mais bem denominada de *resistência*, não simplesmente porque descarta a fluência, mas por desafiar a cultura da língua-alvo mesmo quando ela decreta sua própria violência etnocêntrica sobre o texto estrangeiro.

Ao se desenvolver uma estratégia como essa, no entanto, a fluência não deve ser simplesmente abandonada, completa e irrevogavelmente, mas reinventada de maneiras inovadoras. O tradutor estrangeirante busca expandir o leque de práticas de tradução com o intuito não de frustrar ou dificultar a leitura — certamente tampouco com o objetivo de ter seu trabalho classificado como *translationese* —, mas, antes, com o de criar novas condições de legibilidade. O fato é que aquilo que constitui a tradução fluente muda de um momento histórico para outro e de uma constituição cultural para outra, de modo que uma tradução que um leitor do século XVIII tenha considerado facilmente legível provavelmente não o será para a maioria dos leitores de hoje (ver Venuti, 2005a, p.804-6). É precisamente a fluência, da forma que é praticada e aplicada no momento atual — restrita principalmente ao dialeto padrão atual do idioma-alvo —, a responsável por mistificar a tradução e limitar a criatividade dos tradutores, demandando, então, um questio-

Lawrence Venuti

namento e uma reavaliação para que se avance na pesquisa e na prática da tradução.

Fazer experimentos com a fluência para redigir uma tradução estrangeirante ainda exige que o tradutor se baseie nos recursos da língua e da cultura alvo e, portanto, que esteja imerso no etnocentrismo presente no cerne da tradução. Nesse sentido, apesar das contestações de meus críticos, os termos "domesticação" e "estrangeirização" não estabelecem uma oposição binária pura que pode ser simplesmente sobreposta a estratégias discursivas "fluentes" ou "resistentes", nem esses dois conjuntos de termos podem ser reduzidos ao verdadeiro binarismo que proliferara na história dos estudos de tradução, como "literal" *vs.* "livre", "formal" *vs.* "dinâmico" e "semântico" *vs.* "comunicativo" (Pym, 1995, p.7; Tymoczko, 1999, p.56). Os termos "domesticação" e "estrangeirização" indicam atitudes fundamentalmente *éticas* em relação a um texto e cultura estrangeiros, efeitos éticos produzidos pela escolha do texto a ser traduzido e pela estratégia concebida para traduzi-lo, enquanto termos como "fluência" e "resistência" indicam as características fundamentalmente *discursivas* das estratégias de tradução no que se refere ao processamento cognitivo do leitor. Ambos os conjuntos de termos delimitam um espectro de efeitos textuais e culturais que dependem, para sua descrição e avaliação, da relação entre um projeto de tradução e o arranjo hierárquico de valores na situação receptora em um momento histórico específico. Esses valores devem sempre ser reconstruídos, seja pelo tradutor ou pelo acadêmico da tradução, e a reconstrução deve começar com padrões de uso linguístico, tradições literárias e culturais e práticas de tradução que se tornaram tradicionais ou convencionais devido ao uso repe-

A invisibilidade do tradutor

tido e generalizado ao longo do tempo. Qualquer significado atribuído aos termos "domesticação" e "estrangeirização", ou "fluência" e "resistência", qualquer aplicação deles a um projeto de tradução específico, deve ser tratado como culturalmente variável e historicamente contingente, dependente de atos de interpretação informados através de pesquisas de arquivo e análises textuais e, como toda interpretação, estão sujeitos a desafios e reconsiderações com base em diferentes metodologias críticas e em resposta aos debates culturais que se desenrolam.

Embora meu foco principal sejam, aqui, as traduções britânicas e norte-americanas, o conceito de estrangeirização pode ser aplicado produtivamente à tradução em qualquer idioma e cultura. Não que a estrangeirização ofereça acesso não mediado ao estrangeiro – nenhuma tradução tem esse poder –, pois ela acaba construindo uma imagem do estrangeiro a partir da situação receptora; porém, ela visa questionar tal imagem ao recorrer a materiais que não são dominantes na atualidade – em termos claros, aquilo que é marginal e fora do padrão, residual e emergente. Na medida em que a tradução realiza dois processos simultâneos de formação de identidade, construindo imagens para culturas estrangeiras e posições de inteligibilidade para os sujeitos receptores, a tradução estrangeirante pode ser duplamente questionadora (ver Venuti, 1998, cap.4; para uma abordagem incisiva acerca das questões e debates atuais, ver Cronin, 2006). Nenhuma cultura deve se considerar imune à autocrítica, seja ela hegemônica ou subordinada, colonizadora ou colonizada. E, caso não haja práticas como a da tradução estrangeirante para testar seus limites, uma cultura pode se afundar em uma complacência excludente ou narcísica e tornar--se um terreno fértil para desenvolvimentos ideológicos como

Lawrence Venuti

nacionalismos e fundamentalismos, que certamente podem impulsionar projetos emancipatórios, como movimentos anticoloniais, mas que – uma vez que se alcança a autonomia – também podem enrijecer e se tornar outra forma de opressão. Foi assim que, no início do século XX, "um movimento de tradução popular, de grande sucesso, [...] contribuiu de maneira exemplar para o fim do domínio imperial na Irlanda", porém, "a imagem do irlandês, construída em larga medida por traduções de títulos dos primórdios da literatura irlandesa, serviu de fundamento a muitas das características reacionárias da cultura irlandesa da década de 1920 à de 1970" (Tymoczko, 2000, p.42-3). Esse ponto também se aplica à situação de línguas minoritárias, como o francês de Quebec, onde uma ameaça à vitalidade contínua da língua pode levar não apenas a medidas governamentais de preservação, mas a noções de pureza cultural que estigmatizam imigrantes estrangeiros e têm o potencial de se transformar em racismo (ver Brisset, 1996, cap.4). Nesses casos, a tradução estrangeirante pode ser útil para enriquecer a língua e a cultura minoritárias enquanto as submete a continuados questionamentos. Como a própria natureza da tradução estrangeirante varia de acordo com situações culturais e momentos históricos, aquilo que é estrangeirante em um projeto de tradução não o será necessariamente em outro. Continua sendo verdade, no entanto, que o dialeto padrão atual do idioma-alvo é a escolha dominante para tradução em todo o mundo, sugerindo que as variações estrangeirantes desse dialeto adotadas no Reino Unido e nos Estados Unidos possam viajar, até certo ponto, ou pelo menos iluminar as possibilidades de tradução para outros idiomas além do inglês.

III. A leitura sintomática

A noção de estrangeirização pode alterar o modo como as traduções são lidas e produzidas, porque ela pressupõe um conceito de subjetividade humana que é muito diferente dos pressupostos humanistas subjacentes à ideia de domesticação. Nem o escritor estrangeiro, nem o tradutor são considerados como a origem transcendental do texto, expressando livremente uma ideia sobre a natureza humana ou comunicando-a em linguagem transparente ao leitor de uma cultura diferente. Ao contrário, a subjetividade é constituída de determinações culturais e sociais diversificadas, e mesmo conflitantes, que mediatizam qualquer uso da linguagem e que variam conforme a formação cultural e o momento histórico. A ação humana é intencional, mas determinada, autorreflexivamente calculada diante de regras e recursos sociais, cuja heterogeneidade torna possível a mudança seguindo cada ação autorreflexiva (Giddens, 1979, cap.2). A produção textual pode ser iniciada e guiada pelo produtor, embora ele coloque em ação vários tipos de materiais linguísticos e culturais que tornam o texto descontínuo, apesar das aparências de unidade, e que cria um inconsciente, um conjunto de condições não reconhecidas que são, ao mesmo tempo, pessoais e sociais, psicológicas e ideológicas. O tradutor, por exemplo, consulta muitos materiais culturais da língua-alvo, variando de dicionários e gramáticas a textos, estratégias discursivas e traduções a valores, paradigmas e ideologias, tanto canônicas quanto marginais. Mas nenhum tradutor tem todos esses materiais e a importância deles sob seu controle consciente (ver Venuti, 2002). Embora a intenção seja reproduzir o texto da língua-fonte, a consulta do tradutor a esses materiais

Lawrence Venuti

inevitavelmente a reduz e a suplementa, mesmo quando outros materiais culturais da língua-fonte também são consultados. Sua heterogeneidade pura resulta em descontinuidades – entre o texto da língua-fonte e a tradução, e dentro da própria tradução – que são sintomáticas de sua violência etnocêntrica. O método humanista de ler traduções apaga essas descontinuidades ao estabelecer uma unidade semântica adequada ao texto estrangeiro, sublinhando a inteligibilidade, o valor do uso da tradução na cultura da língua-alvo. Uma leitura sintomática, em contraste, localiza as descontinuidades no nível da dicção, sintaxe ou discurso, que revelam a tradução como uma reescritura violenta do texto estrangeiro, uma intervenção estratégica na cultura da língua-alvo que, ao mesmo tempo, depende dos valores domésticos (cf. Althusser, 1970, p.28-9).

Esse método de leitura sintomática pode ser ilustrado pela tradução dos textos de Freud na *Standard Edition*, embora as traduções tenham conquistado uma autoridade tão indiscutível que tenhamos de recorrer à crítica de Bruno Bettelheim para nos conscientizarmos das descontinuidades. O argumento de Bettelheim é que as traduções fazem os textos de Freud "soarem aos leitores de língua inglesa como afirmações abstratas, despersonalizadas, altamente teóricas, eruditas e mecanizadas – resumindo, 'científicas' – sobre os mecanismos estranhos e extremamente complexos de nossas mentes" (Bettelheim, 1983, p.5). Bettelheim parece pressupor que é necessário um exame cuidadoso do alemão de Freud para discernir a estratégia cientificista dos tradutores, mas de fato seu argumento pode ser demonstrado com uma simples leitura cuidadosa do texto em inglês. Bettelheim argumenta, por exemplo, que em *The Psychopathology of Everyday Life* [Psicanálise da vida cotidiana]

A invisibilidade do tradutor

(1960), o termo "parapraxis" revela um cientificismo do tradutor para uma palavra mais comum em alemão, *Fehlleistungen*, que o próprio Bettelheim prefere traduzir como "ato falho" (ibid., p.87). A estratégia do tradutor também transparece por meio de certas peculiaridades na dicção do texto traduzido:

> I now return to the forgetting of names. So far we have not exhaustively considered either the case-material or the motives behind it. As this is exactly the kind of parapraxis that I can from time to time observe abundantly in myself, I am at no loss for examples. The mild attacks of migraine from which I still suffer usually announce themselves hours in advance by my forgetting names, and at the height of theses attacks, during which I am not forced to abandon my work, it frequently happens that all proper names go out of my head. (Freud, 1960, p.21)

> Volto agora ao esquecimento dos nomes. Até aqui, não consideramos à exaustão o material do caso ou os motivos por trás dele. Como esse é exatamente o tipo de parapraxia que de tempos em tempos consigo observar em abundância em mim mesmo, não faltarão exemplos. As crises leves de enxaqueca de que ainda sofro costumam se anunciar com horas de antecedência pelo meu esquecimento de nomes e, no auge delas, quando não sou forçado a abandonar meu trabalho, frequentemente acontece de todos os nomes próprios saírem de minha cabeça.

A dicção desta passagem é tão simples e comum (*forgetting*), até mesmo coloquial (*go out of my head*), que "parapraxis" representa uma notável diferença, uma inconsistência na escolha da palavra que expõe o processo de tradução. A inconsistência

Lawrence Venuti

é enfatizada não apenas pelo pesado uso por Freud de exemplos anedóticos, do dia a dia, alguns deles — como o de há pouco — retirados de sua própria experiência, mas também por uma nota de rodapé inserida em uma edição posterior do texto alemão e incluída na tradução em inglês: "Este livro é de caráter eminentemente popular; seu simples objetivo é, por uma listagem de exemplos, pavimentar o caminho para os necessários pressupostos dos processos mentais *inconscientes, mas operativos*, evitando-se todas as considerações teóricas sobre a natureza do inconsciente" (Freud, 1960, p.272*n*). O próprio James Strachey inadvertidamente chamou a atenção para a dicção inconsistente em seu prefácio à tradução de Alan Tyson, na qual ele sentiu ser necessário providenciar uma explicação para o uso de "parapraxis": "Em alemão, *Fehlleistung*, 'função falha'. É um fato curioso que, antes de Freud ter escrito esse livro, o conceito geral não parece ter existido em psicologia, e foi necessário inventar uma nova palavra em inglês para cobrir essa necessidade" (ibid., 1960, p.viii*n*). Naturalmente, pode-se objetar (contra Bettelheim) que a mistura de termos científicos especializados e a dicção comumente utilizada é uma característica do alemão de Freud e, portanto (contra mim), que a tradução em inglês em si não pode servir de base para uma descrição da estratégia do tradutor. Embora eu concorde muito com o primeiro ponto, o segundo perde sua força quando notamos que mesmo uma comparação entre as versões em inglês de termos-chave freudianos demonstra a inconsistência em tipos de dicção que eu localizei no trecho traduzido: *id* vs. *unconscious*; *cathexis* vs. *charge*, ou *energy*; *libidinal* vs. *sexual*.

Bettelheim sugere algumas determinações que definiram a estratégia de tradução cientificista da *Standard Edition*. Uma

A invisibilidade do tradutor

consideração importante é a corrente intelectual que tem dominado a psicologia e a filosofia anglo-americanas desde o século XVIII: "Teoricamente, muitos dos tópicos tratados por Freud permitem uma abordagem tanto hermenêutico-espiritual quanto positivista-pragmática. Quando é o caso, os tradutores de língua inglesa quase sempre optam pela última, sendo o positivismo a mais importante tradição filosófica inglesa" (Bettelheim, 1983, p.44). Mas existem também instituições sociais nas quais essa tradição se encontrava entrincheirada e contra a qual a psicanálise teve de lutar para conquistar aceitação no período pós-Segunda Guerra Mundial. Como Bettelheim indica de maneira sucinta, "a pesquisa e o ensino da psicologia nas universidades norte-americanas seguem ou a linha behaviorista e cognitiva, ou se orientam fisiologicamente e se concentram quase que de modo exclusivo no que pode ser medido e observado externamente" (ibid., p.19). Para a psicanálise, isso significou que a sua assimilação na cultura anglo-americana acarretou uma redefinição, pela qual ela "foi vista nos Estados Unidos como uma prática que é prerrogativa exclusiva de médicos" (ibid., p.33), "uma especialidade médica" (ibid., p.35), e essa redefinição realizou-se em diversas práticas sociais, incluindo não apenas legislação exarada pelas assembleias estaduais e certificação pela profissão psicanalítica, mas também a tradução cientificista da *Standard Edition*:

> Quando Freud parece ser ou mais obscuro, ou mais dogmático na tradução em inglês do que no original alemão, ao comentar sobre conceitos abstratos em vez de sobre o próprio leitor, ou sobre a mente do homem em vez de sobre sua alma, a provável explicação não é malícia ou descuido por parte do tradutor, mas

um desejo deliberado de perceber Freud estritamente dentro do quadro da medicina. (Ibid., p.32)

O método domesticador em ação nas traduções da *Standard Edition* procurou assimilar os textos de Freud ao positivismo dominante na cultura anglo-americana visando facilitar a institucionalização da psicanálise dentro da profissão médica e da psicologia acadêmica.

O livro de Bettelheim, é claro, repousa no mais acusativo dos termos, e é seu julgamento negativo que deve ser evitado (ou talvez repensado) se desejamos compreender a múltipla significação da *Standard Edition* como tradução. Bettelheim enxerga o trabalho de Strachey e seus colaboradores como uma distorção e uma traição do "humanismo essencial" de Freud, uma visão que indica uma valorização do conceito do sujeito transcendental tanto em Bettelheim como em Freud. A análise que Bettelheim faz sobre o projeto psicanalítico é declarada em suas próprias versões humanísticas para os termos "ego", "id" e "superego", empregados pela *Standard Edition*: "Uma razoável dominação de nosso eu sobre nosso id e sobre-eu — esse era o objetivo de Freud para todos nós" (ibid., p.110). Essa noção da dominação do ego concebe o sujeito como a fonte potencialmente autoconsistente de seu conhecimento e ações, não perpetuamente dividido pelas determinações psicológicas ("id") e sociais ("superego"), sobre as quais ele tem pouco ou nenhum controle. A mesma suposição pode ser vista com frequência no texto alemão de Freud: não somente na ênfase do ajustamento social, como ocorre com seu conceito de "princípio de realidade", mas também em seu repetido uso de sua própria experiência em análise; ambos representam o sujeito curando uma

A invisibilidade do tradutor

determinada ruptura em sua própria consciência. À medida que os modelos psíquicos de Freud teorizaram as sempre presentes e contraditórias determinações da consciência, o efeito de seu trabalho foi de descentralizar o sujeito, retirá-lo de seu reino transcendental de liberdade e unidade e vê-lo como o produto determinado por forças psíquicas e familiares que estão fora de seu controle consciente. Esses conceitos conflitantes do sujeito fundamentam diferentes aspectos do projeto de Freud: o sujeito transcendental, de um lado, leva a uma definição da psicanálise como sobretudo terapêutica, que Bettelheim chama de "uma viagem difícil e potencialmente perigosa de autodescoberta [...] para evitar que continuemos escravizados, sem saber, às forças tenebrosas que existem dentro de nós" (ibid., p.4); o sujeito determinado, por outro lado, leva a uma definição da psicanálise como essencialmente hermenêutica, um aparato teórico com suficiente rigor científico para analisar as instáveis, mas sempre ativas, forças que constituem e dividem a subjetividade humana. Os textos de Freud ficam, assim, marcados por uma descontinuidade fundamental, sendo que uma delas é "resolvida" na representação humanística de Bettelheim da psicanálise como terapia compassiva, mas exacerbada pela estratégia cientificista das traduções em língua inglesa e suas representações de Freud como o médico serenamente analista.[11] Uma dicção inconsistente na *Standard Edition*, por refletir

---

11 A mesma contradição aparece nas próprias reflexões de Freud sobre o dilema da psicanálise terapêutica/hermenêutica em *Beyond the Pleasure Principle* [Além do princípio do prazer] (1920):

> Twenty-five years of intense work have had as their result that the immediate aims of psychoanalysis technique are other today

Lawrence Venuti

a redefinição positivista da psicanálise nas instituições anglo-americanas, significa uma outra leitura alternativa de Freud, que aumenta as contradições em seu projeto.

than they were at the outset. At first the analyzing physician could do no more than discover the unconscious material that was concealed from the patient, put it together, and, at the right moment, communicate it to him. Psychoanalysis was then first and foremost an art of interpreting. Since this did not solve the therapeutic problem, a further aim quickly came in view: to oblige the patient to confirm the analyst's construction from his own memory. In that endeavor the chief emphasis lay upon the patient's resistances: the art consisted now in uncovering these as quickly as possible, in pointing them out to the patient and in inducing him by human influence – this was where suggestion operating as "transference" played its part – to abandon his resistances. (Freud, 1961, p.12)

Vinte e cinco anos de intenso trabalho tiveram como resultado que os objetivos imediatos da técnica da psicanálise são hoje diferentes do que eram no início. A princípio, o médico analista não podia fazer nada mais do que descobrir o material inconsciente que se ocultava do paciente, compilá-lo e, no momento oportuno, comunicá-lo. A psicanálise, então, era sobretudo uma arte de interpretação. Uma vez que não era capaz de resolver o problema terapêutico, logo surgiu no horizonte um outro objetivo: obrigar o paciente a confirmar a construção do analista a partir de sua própria memória. Nesse esforço, a ênfase principal recaía nas resistências do paciente: a arte agora consistia em descobri-las o mais rápido possível, em apontá-las para o paciente e induzi-lo pela influência humana – era aqui que a sugestão, operando como "transferência", desempenhava seu papel – a abandonar suas resistências.

Embora Freud queira delinear uma forte distinção no desenvolvimento da psicanálise entre uma fase hermenêutica inicial e uma fase terapêutica mais tardia, sua explicação de fato obscurece a distinção:

A invisibilidade do tradutor

Pode-se argumentar, consequentemente, que a dicção inconsistente nas traduções em inglês não merece de fato ser considerada algo errado; ao contrário, ela revela escolhas interpretativas determinadas por uma vasta gama de instituições sociais e movimentos culturais, algumas (como a específica institucionalização da psicanálise) calculadas pelos tradutores, outras (como a dominação do positivismo e as descontinuidades nos textos de Freud) ficando vagamente perceptíveis ou inteiramente inconscientes durante o processo de tradução. O fato de as inconsistências passarem despercebidas por tanto tempo talvez se explique por dois fatores mutuamente de-

---

as duas fases requerem uma ênfase essencial na interpretação, seja de "material inconsciente", seja de "resistências do paciente", que, à medida que demandam "revelação", são da mesma forma "inconscientes"; nas duas, "a construção do analista" pode ser considerada "em primeiro lugar e antes de mais nada". O que mudou não foram tanto "os objetivos imediatos da técnica psicanalítica", mas, sim, seu aparato técnico: os anos entre uma fase e outra testemunharam o desenvolvimento de um novo conceito *interpretativo* – a "transferência". Além do mais, a caracterização que Freud faz da psicanálise como sendo essencialmente terapêutica ocorre em um texto tardio que está entre seus escritos mais teóricos e especulativos. O conceito de psicanálise de Bettelheim, a base para sua rejeição da *Standard Edition*, atenua as descontinuidades no projeto e nos textos freudianos recorrendo a um esquema de desenvolvimento (como fez o próprio Freud):

> As traduções para o inglês aderem a um estágio inicial do pensamento de Freud, no qual ele se inclinava para a ciência e a medicina, e desconsideram o Freud mais maduro, cuja orientação era humanística e que se preocupava principalmente com problemas culturais e humanos de caráter amplo e geral e com questões da alma. (Bettelheim, 1983, p.32)

Lawrence Venuti

terminantes: o *status* privilegiado concedido à *Standard Edition* entre os leitores de língua inglesa e o entrincheiramento de uma leitura positivista de Freud no *establishment* psicanalítico anglo-americano. Portanto, uma abordagem crítica diferente torna-se necessária para se perceber a dicção inconsistente das traduções: o humanismo particular de Bettelheim, ou minha própria tentativa de ancorar uma leitura sintomática de textos traduzidos em um método estrangeirante de tradução que assume um determinado conceito de subjetividade. Pode-se dizer que esse tipo de leitura estrangeiriza uma tradução domesticadora quando aponta onde está a descontinuidade; a dependência de uma tradução dos valores dominantes na cultura da língua-alvo torna-se visível quando ela se separa delas. Além disso, essa leitura também desvela os movimentos domesticadores envolvidos em qualquer tradução estrangeirante ao mostrar onde sua construção do estrangeiro depende de materiais culturais domésticos.

A leitura sintomática pode, assim, ser útil na desmistificação da ilusão de transparência em uma tradução contemporânea em língua inglesa. Em algumas traduções, as descontinuidades são prontamente aparentes, perturbando de maneira involuntária a fluência da linguagem, revelando a inscrição da cultura doméstica; outras traduções trazem prefácios que descrevem a estratégia do tradutor e alertam o leitor para a presença de importantes peculiaridades estilísticas. Um caso é a versão realizada por Robert Graves do livro *Os doze Césares*, de Suetônio. O prefácio de Graves apresentou um relato franco de seu método de tradução domesticadora:

Para os leitores de língua inglesa, as frases de Suetônio, e às vezes até mesmo grupos de frases, devem normalmente ser vira-

A invisibilidade do tradutor

das ao avesso. Sempre que suas referências são incompreensíveis a alguém que não esteja familiarizado com a cena romana, incluí no texto algumas palavras explicativas que normalmente seriam inseridas em nota de rodapé. As datas foram completamente alteradas da era pagã para a era cristã; também foram utilizados nomes modernos das cidades, em vez dos clássicos, sempre que aqueles foram considerados mais conhecidos do leitor comum; e os valores em sestércios reduzidos a moedas de ouro, à razão de 100 por moeda de ouro (de 20 denários), que se assemelhavam a um soberano britânico. (Graves, 1957, p.8)

A vigorosa revisão que Graves efetuou sobre o texto estrangeiro busca assimilar a cultura da língua-fonte (a Roma imperial) àquela da língua-alvo (o Reino Unido em 1957). O trabalho de assimilação depende não apenas de seu extenso conhecimento de Suetônio e da cultura romana sob o Império (por exemplo, o sistema monetário), mas também de seu conhecimento da cultura britânica contemporânea tal como manifestada nas formas sintáticas inglesas e o que ele considera ser a função de sua tradução. Sua "versão", como ele escreveu no prefácio, não tinha a intenção de funcionar como uma "cópia ao pé da letra", mas ser legível, "uma tradução literal seria praticamente ilegível" (ibid., p.8), porque ela seguiria muito de perto o texto em latim, inclusive a ordem de palavras latina.

Graves procurou fazer uma tradução extremamente fluente, e é importante observar que isso foi uma escolha deliberada e culturalmente específica, imposta pelos valores da língua inglesa contemporânea, e de modo nenhum absoluta ou originando-se fundamentalmente com Graves. Ao contrário, o processo

Lawrence Venuti

completo de produção da tradução, a começar pela escolha do texto e incluindo-se tanto as mudanças textuais de Graves quanto a decisão de publicar a tradução em formato brochura, foi condicionado por fatores como o declínio do estudo de línguas clássicas entre os leitores mais cultos, a falta de outra tradução disponível no mercado e a grande popularidade dos romances escritos pelo próprio Graves com base nos historiadores romanos como Suetônio – *Eu, Claudius, imperador* e *Cláudio, o Deus*, ambos com tiragens contínuas desde 1934. A tradução de *Os doze Césares*, de Graves, apareceu na coleção Penguin Classics, uma marca do mercado de massa feita para estudantes e o público leitor em geral.

Como J. M. Cohen observou, as traduções da Penguin Classics inovaram em seu uso do discurso transparente, "uma prosa uniforme e clara", principalmente em resposta às condições culturais e sociais:

> O tradutor [...] quer deixar tudo claro, embora sem o emprego de notas de rodapé, pois as condições de leitura têm sofrido drásticas alterações, e o jovem de hoje geralmente lê em circunstâncias muito menos adequadas do que seus pais ou avós. Assim, ele deve prosseguir num fluxo irresistível de narrativa. É pouco o que se pode pedir dele, além de sua atenção. Conhecimento, padrões de comparação, uma formação clássica: tudo deve ser fornecido pelo tradutor em sua escolha de palavras ou em uma introdução mais breve possível. (Cohen, 1962, p.33)

A tradução do Suetônio de Graves reflete a marginalidade cultural da especialidade clássica no período pós-Segunda Guerra Mundial e o crescimento do mercado de massa da li-

A invisibilidade do tradutor

teratura do tipo brochura, inclusive romances históricos que foram *best-sellers* e que o sustentaram por muitos anos. Sua tradução respondeu de modo tão eficaz a essa situação que ela também se tornou um *best-seller*, reimpressa cinco vezes em uma década de publicação. Como Graves indicou em um ensaio sobre os "Moral Principles in Translation" [princípios morais da tradução], o leitor "comum" de um texto clássico (ele toma Diódoro como exemplo) "quer uma mera informação factual, disposta em boa ordem para ser pego em uma rápida olhada" (Graves, 1965, p.51). Embora Apuleio "tenha escrito em latim rebuscado do Norte da África", Graves o traduziu "na forma de prosa mais clara possível para o público em geral". Deixar o texto estrangeiro "claro" significa que o método de tradução de Graves é radicalmente domesticador: ele requer não apenas a inserção de frases explicativas, mas a inscrição, no texto estrangeiro, de valores que são anacrônicos e etnocêntricos. Em prefácio ao seu Suetônio, Graves esclareceu ter, deliberadamente, modernizado e anglicizado o latim. Em um certo momento, ele pensou em acrescentar um ensaio introdutório que sinalizaria a diferença histórica e cultural do texto por meio de uma descrição dos principais conflitos políticos da Roma republicana. Por fim, desistiu: "a maioria dos leitores", dizia ele, "talvez prefira mergulhar diretamente na história e ir pegando o fio da meada à medida que vão lendo" (id., 1957, p.8), deixando sua prosa transparente e velando o trabalho de domesticação da tradução.

Esse trabalho pode ser vislumbrado em descontinuidades entre o discurso tradutório de Graves e o método particular de narrativa biográfica e histórica de Suetônio. A leitura que Graves faz de Suetônio, como delineado em seu prefácio, concor-

Lawrence Venuti

da amplamente com a recepção acadêmica contemporânea do texto latino. Como o especialista em estudos clássicos Michael Grant observou, Suetônio

> reagrupa, e insere em profusão, informações a favor e contra [os governantes romanos], em geral evitando julgamentos pessoais em uma direção ou outra, e principalmente não acrescentando as moralizações que, por tanto tempo, caracterizaram a biografia e a história na Grécia e em Roma. Ocasionalmente, afirmações conflitantes são comparadas. Em geral, a apresentação é friamente indiscriminada. [...] as opiniões pessoais do autor quase nunca transparecem, e ele próprio, ao coletar todo esse material estranho e fascinante, parece se esforçar pouco para chegar a uma decisão sobre as personalidades que ele descreve, ou organizar suas características dentro de um relato coerente. Talvez ele sinta que as pessoas são assim mesmo: guardam dentro de si elementos discordantes que não facilitam a construção de uma unidade harmoniosa. (Grant, 1980, p.8)

O relato de Grant sugere que o texto latino não oferece uma posição coerente de subjetividade que possa ser ocupada pelo leitor: ficamos impossibilitados de nos identificar seja com o autor ("as opiniões pessoais do autor quase nunca transparecem"), seja com as personagens ("as personalidades" não possuem um "relato coerente"). Como resultado, a narrativa de Suetônio talvez pareça possuir "um grau de objetividade relativamente elevado", mas também contém passagens que provocam sérias dúvidas, em especial porque "sua dicção curiosamente desconexa e *staccato* podem resultar em obscuridade" (ibid., p.7-8). A tradução fluente de Graves anula essas carac-

A invisibilidade do tradutor

terísticas do texto latino, garantindo inteligibilidade, construindo uma posição mais coerente a partir da qual os Césares podem ser julgados, e tornando qualquer julgamento aparentemente verdadeiro, correto, óbvio.

Veja-se esta passagem extraída da vida de Júlio César:

> Stipendia prima in Asia fecit Marci Thermi praetoris contubernio; a quo ad accersendam classem in Bithyniam missus desedit apud Nicomeden, non sine rumorem prostratae regi pudicitiae; quem rumorem auxit intra paucos rursus dies repetita Bithynia per causam exigendae pecuniae, quae deberetur cuidam libertino clienti suo. Reliqua militia secundiore fama fuit et a Thermo in expugnatione Mytilenarum corona civica donatus est. (Butler; Cary, 1927, p.1-2)

> Caesar first saw military service in Asia, where he went as aide-de-camp to Marcus Thermus, the provincial governor. When Thermus sent Caesar to raise a fleet to Bithynia, he wasted so much time at King Nicomedes' court that a homosexual relationship between them was suspected, and suspicion gave place to scandal when, soon after his return to headquarters, he revisited Bithynia: ostensibly collecting a debt incurred there by one of his freedmen. However, Caesar's reputation improved later in the campaign, when Thermus awarded him the civic crown of oak leaves, at the storming of Mytilene, for saving a fellow soldier's life. (Graves, 1957, p.10)

> César conheceu o serviço militar na Ásia, para onde ele foi como ajudante de ordens de Marco Termo, o governador provincial. Quando Termo o enviou para a Bitínia para reunir uma

Lawrence Venuti

esquadra, ele passou tanto tempo na corte do rei Nicomedes que se suspeitou da existência de um relacionamento homossexual entre eles, e a suspeita deu lugar ao escândalo quando, logo após ter voltado do quartel-general, visitou Bitínia: cobrando ostensivamente uma dívida lá contraída por um de seus libertos. Entretanto, a reputação de César melhorou mais tarde na campanha quando Termo concedeu-lhe a coroa cívica de folhas de carvalho por salvar a vida de um companheiro soldado no cerco a Mitilene.

Ambas as passagens repousam em uma insinuação em vez de um julgamento explícito, em um boato incerto em vez de uma prova mais confiável (*rumorem, suspicion*). Não obstante, o texto em inglês faz vários acréscimos que dão maior certeza sobre os motivos e as ações de César e sobre o juízo do próprio Suetônio: a tradução não é apenas tendenciosa contra César, mas também homofóbica. Isso já aparece na inconsistência da dicção: "relação homossexual", que Graves usa para traduzir *prostratae regi pudicitiae* ("entregou sua modéstia ao rei"), é um anacronismo, um termo científico do final do século XIX que considera a atividade sexual entre pessoas do mesmo sexo como uma patologia, sendo, portanto, inadequada para uma cultura antiga na qual os atos sexuais não eram classificados conforme o gênero dos participantes (*Oxford English Dictionary* (*OED*); Wiseman, 1985, p.10-4). Graves, assim, leva o leitor a acreditar que esse relacionamento de fato aconteceu: ele não apenas intensifica a insinuação utilizando *suspicion gave place to scandal* ("a suspeita deu lugar ao escândalo") para traduzir *rumorem auxit* ("o rumor espalhou-se"), como também adiciona o carregado *ostensibly* ("ostensivamente"), que não existe no texto em latim. A versão de Graves implicitamente equaciona

A invisibilidade do tradutor

homossexualidade e perversão, mas como o relacionamento envolveu um monarca estrangeiro, existem também implicações políticas, a sugestão de um conluio traiçoeiro que o ambicioso César está escondendo e que poderá, mais tarde, explorar em uma promessa de poder: no trecho imediatamente anterior, o ditador Sula associa César a seu arqui-inimigo Mário. Como a passagem está muito carregada com acusações lúgubres, mesmo a força conclusiva daquele "entretanto", prometendo uma reabilitação da imagem de César, fica, afinal, subvertida pela possível sugestão de um outro relacionamento sexual em *saving a fellow soldier's life* ("por salvar a vida de um companheiro soldado").

Posteriormente, Suetônio toca na reputação sexual de César, e também aqui a tradução de Graves encontra-se marcada por um viés homofóbico:

> Pudicitiae eius famam nihil quidem praeter Nicomedis contubernium laesit. (Butler; Cary, 1927, p.22)

> The only specific charge of unnatural practices ever brought against him was that he had been King Nicomedes' catamite. (Graves, 1957, p.30)

> A única acusação específica de práticas antinaturais já feitas contra ele era que ele havia sido catamito do rei Nicomedes.

Naqueles lugares em que o texto latino faz apenas referências mais gerais e reservadas sobre a sexualidade de César, Graves escolhe palavras em inglês que estigmatizam as relações sexuais entre pessoas do mesmo sexo como perversas:

Lawrence Venuti

uma questão levantada a respeito de *pudicitiae eius famam (his sexual reputation)* torna-se uma *specific charge of unnatural practices*, enquanto que *contubernium (sharing the same tent, companionship, intimacy)* transforma César em um *catamite*, um termo de abuso de princípios da era moderna para indicar rapazes que eram utilizados sexualmente por homens (*OED*). Como arcaísmo, *catamite* desvia-se do léxico do inglês moderno utilizado nesse e em outros livros da coleção Penguin Classics, um desvio que é sintomático do processo de domesticação ocorrido na versão de Graves. Sua prosa é tão lúcida e flexível que muitos sintomas podem até ser ignorados, fazendo que a tradução fixe uma interpretação, ao mesmo tempo que apresenta essa interpretação como autoritativa, oriunda de uma posição autoral que transcende as diferenças linguísticas e culturais ao se dirigir ao leitor de língua inglesa. A interpretação de Graves, contudo, assimila um antigo texto latino aos valores britânicos modernos. Ele destrói o mito de César por meio de um equacionamento do ditador romano com perversão sexual, e isso reflete uma homofobia pós-guerra que relacionou homossexualidade com medo de governos totalitários, comunismo, e subversão política por meio de espionagem. "Durante a Guerra Fria", observa Alan Sinfield, "acusações por 'infrações' homossexuais aumentaram em cinco vezes nos últimos quinze anos desde 1939", e "traição comunista homossexual sofria uma caça às bruxas próxima ao centro do *establishment* de alta cultura" (Sinfield, 1989, p.66, 299). O Suetônio fluentemente traduzido por Graves influiu nessa situação doméstica, não apenas ao estigmatizar a sexualidade de César, mas por apresentar o estigma como um fato histórico. No prefácio, Graves obser-

A invisibilidade do tradutor

vou que Suetônio "parece confiável", mas ele também sugeriu inadvertidamente que esse historiador romano tinha os mesmos valores sexuais e políticos prevalentes na Grã-Bretanha: "Seu único preconceito era ser a favor do governo moderado, mas firme, com uma consideração pelas decências humanas" (Graves, 1957, p.7).

Traduções estrangeirantes que não são transparentes, que evitam a fluência em favor de um discurso mais heterogêneo, são igualmente parciais em sua interpretação do texto, mas tendem a ostentar sua parcialidade em vez de disfarçá-la. Enquanto o Suetônio de Graves gravita em torno do significado, criando uma ilusão de transparência na qual as diferenças linguísticas e culturais são domesticadas, as traduções de Ezra Pound normalmente focalizam o significante, criando uma opacidade que chama a atenção para si própria e impõe uma distinção entre tradução, texto estrangeiro e valores dominantes na cultura da língua-alvo.

No trabalho de Pound, o estrangeiramento normalmente é feito por meio do emprego de arcaísmos. Sua versão de "The Seafarer" ["O navegante"] (1912) rompe com o inglês moderno ao aderir de perto ao texto anglo-saxônico, imitando suas palavras compostas, aliterações e métrica acentual, utilizando até decalques que reproduzem a fonética anglo-saxônica: *bitre breostceare / bitter breast-cares; merewerges / mere-weary; corna caldast / corn of the coldest; floodwegas / flood-ways; hægl scurum fleag / hail-scur flew; mæw singende fore medodrince / the mew's singing all my mead drink.* Mas os desvios de Pound do inglês moderno também incluem arcaísmos encontrados em períodos posteriores da literatura inglesa.

Lawrence Venuti

ne ænig hleomæga
feasceaftig ferð frefran meahte.
Forþon him gelyfeð lyt, se þe ah lifes wyn
gebiden in burgum, bealosiþa hwon,
wlonc ond wingal, hu ic werig oft
in brimlade bidan sceolde.

(Krapp; Dobbie, 1936, p.144)

Not any protector
May make merry man faring needy.
This he littles believes, who aye in winsome life
Abides 'mid burghers some heavy business,
Wealthy and wine-flushed, how I weary oft
Must bide above brine.

(Pound, 1954, p.207)

Nenhum protetor
Pode fazer de homens felizes necessitados.
Nisso ele pouco acredita, que para sempre numa vida cativante
Enfrenta grandes perigos nos burgos,
Rico e corado, como eu muitas vezes cansado
Espero no mar.

A palavra *aye* (*always*) provém do inglês médio, e apareceu posteriormente em escocês e em dialetos do Norte, ao passo que *burghers* aparece pela primeira vez no período elisabetano (*OED*). As palavras *mid* (para *amid*) e *bide* são poeticismos utilizados por escritores do século XX, como Scott, Dickens, Tennyson, Arnold e Morris. O léxico de Pound de fato contém arcaísmos que se tornaram poéticos: *brine, o'er, pinion, laud, ado*.

A invisibilidade do tradutor

Características textuais como essas indicam que a única maneira de uma tradução ser estrangeirante é fazer uso de materiais culturais e agendas que são *domésticas*, específicas da língua-alvo, mas também, nesse caso, anacrônicos, próprios de um período posterior. "The Seafarer" é informado pelo conhecimento que Pound tem da literatura inglesa desde seu início, mas também por sua poética modernista, por seu favorecimento, principalmente em *The Cantos*, de um verso elíptico e fragmentado, no qual a subjetividade está rompida e determinada, apresentada como um lugar de discursos culturais heterogêneos (Easthope, 1983, cap.9). As peculiaridades da tradução de Pound – uma sintaxe retorcida, aliteração reverberante, arcaísmo densamente alusivo – diminuem o movimento do monólogo, resistem à assimilação, mesmo momentaneamente, a um sujeito coerente (o "autor" ou *seafarer*) e instauram em primeiro plano os vários dialetos do inglês e discursos literários que ficam elididos sob a ilusão da uma voz. Essa estratégia de tradução é estrangeirante em sua resistência aos valores que preponderam na cultura anglo-norte-americana contemporânea – o cânone da fluência em tradução, o predomínio do discurso transparente, o efeito individualista da presença autoral.

Assim, a tradução de Pound reinscreve sua própria marca modernista do individualismo ao editar o texto anglo-saxônico. Como a medievalista Christine Fell observou, esse texto contém "duas tradições, a heroica, se assim podemos dizer, preocupação com a sobrevivência da honra após a perda da vida – e a esperança cristã de assegurar um lugar no Céu" (Fell, 1991, p.176). Não importando se esses valores conflitantes penetraram no texto, seja sob a forma de alguma versão oral original, seja por meio de alguma transcrição monástica posterior, eles projetam dois conceitos contraditórios de subjetividade, um deles individualista (o *seafarer* como ele mesmo alienado do átrio, bem como da cidade), o outro coletivo (o *seafarer* como uma alma na hierarquia metafísica composta por outras almas e dominada por Deus). A tradução de Pound resolve essa contradição ao omitir por completo as referências cristãs, salientando a força do heroísmo no texto anglo-saxônico, fazendo a "luxúria mental" do *seafarer* "buscar no abrigo estrangeiro" um exemplo de "ato ousado, para que todos os homens lhe rendam honra depois". Conforme diz Susan Bassnett, a tradução de Pound representa "o sofrimento de um indivíduo brilhante em vez do sofrimento de um homem comum [...], um exílio doloroso, quebrado, mas nunca se curvando" (Bassnett, 1980, p.97). A estratégia de tradução arcaizante interfere com a ilusão individualista da transparência, mas a revisão intensifica o tema do individualismo heroico, e consequentemente as troças recorrentes ao "burguês" que complacentemente busca realizar seus interesses financeiros e "não sabe [...] o que alguns fazem/quando errantes viajam à deriva" (Pound, 1954, p.208). As revisões são sintomáticas da agenda doméstica que anima a tradução estrangeirante de Pound, uma contradição ideológica peculiar que distingue os experimentos literários modernistas: o desenvolvimento de estratégias textuais que descentralizam o sujeito transcendental coincide com uma recuperação dele por meio de alguns temas individualistas como a "personalidade forte". Em última análise, essa contradição constitui uma resposta à crise da subjetividade humana percebida pelo modernismo nos desenvolvimentos sociais como o monopólio capitalista, principalmente a criação de uma mão de obra de massa e a padronização do processo de trabalho (Jameson, 1979, p.110-4).

A invisibilidade do tradutor

Os exemplos de Graves e Pound mostram que o objetivo de uma leitura sintomática não é avaliar a "liberdade" ou a "fidelidade" de uma tradução, mas, sim, revelar os cânones de acuidade pelos quais ela é produzida e julgada. Fidelidade não pode ser vista como uma mera equivalência semântica: por um lado, o texto estrangeiro é suscetível a muitas interpretações diferentes, mesmo no nível da palavra isolada; por outro, as escolhas interpretativas do tradutor respondem a uma situação cultural doméstica e, portanto, sempre excedem o texto estrangeiro. Isso não quer dizer que a tradução está inevitavelmente relegada ao reino da liberdade e do erro, mas que os cânones de acuidade são culturalmente específicos e historicamente variáveis. Embora Graves tenha produzido uma tradução livre, conforme ele mesmo afirma, ela foi mesmo assim julgada fiel e aceita como a tradução padrão em língua inglesa por acadêmicos especialistas como Grant. Em 1979, Grant publicou uma versão editada da tradução de Graves, julgando esta última acurada, se não "precisa":

[Ela] transmite as peculiaridades dos métodos e do caráter de Suetônio melhor do que qualquer outra tradução. Então, por que me pediram para que eu a "editasse"? Porque Robert Graves (que evitou explicitamente atender ao gosto dos estudantes) não pretendeu realizar uma tradução precisa – introduzindo, como ele mesmo observa, frases explicativas, omitindo passagens que não ajudavam na compreensão do sentido, e "virando do avesso frases e até mesmo grupos inteiros de frases." [...] Dessa maneira, tentei fazer ajustes que permitissem estabelecer sua versão próxima do conceito do que é uma tradução partilhado atualmente pelos leitores da Penguin Classics – sem, espero eu, ter depreciado seu estilo excelente e inimitável. (Grant, 1980, p.8-9)

Lawrence Venuti

Nos 22 anos entre a primeira tradução de Graves e a edição revisada de Grant, os cânones de acuidade sofreram uma mudança, passando a exigir que a tradução seja fluente e precisa, conduzindo a "uma leitura viva e compulsiva" (ibid., p.8), e também que seguisse o texto estrangeiro mais de perto. As passagens citadas anteriormente da vida de César foram evidentemente consideradas acuradas em 1979, pois Grant fez somente uma revisão: *catamite* [catamito] foi substituído por *bedfellow* [companheiro de cama ou amante] (ibid., p.32). Essa mudança aproxima o inglês do latim (*contubernium*), mas também melhora a fluência da prosa de Graves ao substituir um arcaísmo por uma palavra de uso contemporâneo, mais familiar. A revisão é obviamente muito pequena para minimizar a homofobia daquele trecho.

A versão de Pound de "The Seafarer" também não pode ser apenas questionada como exageradamente livre por ser informada pela recepção acadêmica do texto anglo-saxônico. Como Bassnett sugeriu, sua omissão das referências cristãs, incluindo o epílogo homilético (ll. 103-24) não é tanto um desvio do texto preservado no Exeter Book, mas uma correção que responde à questão-chave dos estudos históricos: "O poema deve ser percebido como tendo uma mensagem cristã que lhe é inerente, ou os elementos cristãos são acréscimos que não se ajustam aos fundamentos pagãos?" (Bassnett, 1980, p.96). Em *English Literature from the Beginning to the Norman Conquest*, por exemplo, Stopford Brooke sustentou que "é verdade que o 'Seafarer' termina com moral cristã, mas a qualidade de seu verso, que é meramente homilético, fez que muitos abandonassem isso como uma parte do poema original" (Brooke, 1898, p.153). A tradução de Pound pode ser considerada acurada conforme os padrões acadêmicos do início do século XX, uma tradução

A invisibilidade do tradutor

que é, simultaneamente, uma edição plausível do texto anglo--saxônico. Seus desvios do Exeter Book supõem uma situação cultural na qual o anglo-saxão era ainda muito estudado pelos leitores, dos quais se poderia esperar uma apreciação do trabalho de reconstrução histórica implícita em sua versão do poema.

A leitura sintomática é uma abordagem histórica do estudo de traduções que busca situar cânones de acuidade em seus momentos culturais específicos. Categorias críticas, como "fluência" e "resistência", "domesticação" e "estrangeirização", só podem ser definidas em relação à formação de discursos históricos nos quais a tradução é produzida e algumas teorias e práticas de tradução são valorizadas em detrimento de outras. Ao mesmo tempo, contudo, é anacrônico aplicar essas categorias críticas ao estudo das traduções: elas são fundamentalmente determinadas por uma agenda político-cultural no presente, uma oposição ao predomínio contemporâneo do discurso transparente, ao método de domesticação fluente que mascara tanto o trabalho do tradutor quanto as relações assimétricas — culturais, econômicas e políticas — entre as nações de língua inglesa e seus Outros espalhados pelo mundo. Embora uma teoria e uma prática humanistas da tradução sejam igualmente anacrônicas, pois inscrevem o texto em língua estrangeira com valores domésticos atuais, elas também são des-historicizantes: as várias condições dos textos traduzidos e de suas recepções ficam escondidas sob conceitos como subjetividade transcendental e comunicação transparente. Uma leitura sintomática, ao contrário, é historicizante: ela assume um conceito de subjetividade determinada que evidencia a violência etnocêntrica do ato de traduzir e a natureza interessada de sua própria abordagem historicista.

Lawrence Venuti

IV. O método genealógico

Este livro almeja combater a invisibilidade do tradutor com uma história da — e em oposição à — tradução contemporânea em língua inglesa. Na medida em que é uma história cultural com uma clara agenda política, ela segue o método genealógico desenvolvido por Nietzsche e Foucault e abandona os dois princípios que governam grande parte da historiografia convencional: teleologia e objetividade. Genealogia é uma forma de representação histórica que descreve não uma progressão contínua a partir de uma origem unificada, um desenvolvimento inevitável no qual o passado fixa o sentido do presente, mas uma sucessão descontínua de divisão e hierarquia, dominação e exclusão, que desestabiliza a aparente unidade do presente por meio da constituição de um passado com sentidos plurais e heterogêneos. Em uma análise genealógica, escreve Foucault, "o que se encontra nos inícios históricos das coisas não é a identidade inviolável de suas origens; é a dissensão de outras coisas. É a disparidade" (Foucault, 1977, p.142). A possibilidade de recuperação dessas "outras" coisas destrói a pretensão de objetividade na historiografia convencional: sua ênfase teleológica trai uma cumplicidade com a continuação da dominação passada e a exclusão no presente. É dessa forma que a história é mostrada como uma prática política e cultural, uma representação parcial (ou seja, ao mesmo tempo seletiva e crítica) do passado que intervém ativamente no presente, ainda que os interesses favorecidos por aquela intervenção nem sempre fiquem explicitados, talvez permanecendo mesmo inconscientes. Para Foucault, uma análise genealógica é única ao afirmar a natureza interessada de sua representação histórica, tomando

A invisibilidade do tradutor

uma posição em relação às lutas políticas de sua situação. E, ao apontar para o que tem sido dominado ou excluído no passado e reprimido pela historiografia convencional, tal análise não desafia unicamente as condições culturais e sociais em meio às quais ela se realiza, mas propõe diferentes condições que devem ser estabelecidas no futuro. A história informada pela genealogia, sugere Foucault, "deverá se transformar em conhecimento diferencial de energias e fracassos, auges e degenerações, venenos e antídotos. Sua missão é tornar-se uma ciência curativa" (ibid., p.156). Ao construir uma representação diferencial do passado, a genealogia ao mesmo tempo se engaja nos debates culturais e conflitos sociais atuais e formula planos que projetam imagens utópicas.

Este livro representa uma reação contra a situação do tradutor na cultura anglo-norte-americana atual ao oferecer uma série de genealogias que escreve a história do presente. Ele traça o surgimento do discurso transparente na tradução em língua inglesa a partir do século XVII, ao mesmo tempo que busca no passado êxitos, teorias e práticas alternativas nas culturas britânica, norte-americana e outras em língua estrangeira – tais como a alemã, a francesa e a italiana.[12] Os capítulos formam um argumento tecido cronologicamente, demonstrando que as origens da tradução fluente repousam sobre vários tipos de dominação cultural e exclusão, mas também que a tradução pode contribuir para uma agenda mais democrática na qual

---

12 Embora o discurso transparente surja de maneira mais decisiva na tradução em língua inglesa durante o século XVII, ele constitui uma característica prevalente da teoria e da prática ocidentais desde a Antiguidade. Esse tema é tratado de várias perspectivas por Berman (1985); Rener (1989) e Robinson (1991).

as teorias e práticas excluídas sejam recuperadas e a fluência dominante, revista. A recuperação e a revisão que formam esse argumento se baseiam em uma vasta pesquisa arquivística, que trouxe à luz traduções esquecidas ou negligenciadas, estabelecendo uma tradição alternativa que, de alguma maneira, se sobrepõe ao (mas na maior parte dos casos diverge do) cânone atual das literaturas britânica e norte-americana.

Este livro é motivado por um forte impulso de *documentar* a história da tradução em língua inglesa, trazer à luz tradutores e traduções há muito esquecidos, reconstruir suas formas de publicação e recepção, e articular controvérsias significativas. Contudo, o impulso documentário atende ao ceticismo de leituras sintomáticas que questionam o processo de domesticação em textos traduzidos, tanto canônicos quanto marginais, e reavaliam sua utilidade na cultura anglo-norte-americana contemporânea. As narrativas históricas em cada capítulo, por estarem fundamentadas em um diagnóstico das atuais teoria e prática da tradução, discutem pontos-chave. Quais valores domésticos têm sido ao mesmo tempo inscritos em textos estrangeiros e mascarados pela longa dominação do discurso transparente? Como a transparência tem modelado o cânone de literaturas estrangeiras em inglês e as identidades culturais das nações de língua inglesa? Por que a transparência tem prevalecido sobre outras estratégias de tradução em inglês, como o arcaísmo vitoriano (Francis Newman, William Morris) e as experiências modernistas com discursos heterogêneos (Pound, Celia e Louis Zukofsky, Paul Blackburn)? O que aconteceria se o tradutor tentasse redirecionar o processo de domesticação escolhendo textos estrangeiros que se desviam do discurso transparente e os traduzisse de forma a indicar suas diferenças

A invisibilidade do tradutor

linguísticas e culturais? Uma iniciativa como essa estabeleceria intercâmbios culturais mais democráticos? Alteraria valores domésticos? Ou resultaria em banimento para a periferia da cultura anglo-norte-americana?

Por todo o livro, a ênfase recai sobre a tradução "literária" no sentido mais amplo (em particular poesia e ficção, mas também incluindo biografia, história e filosofia, entre outros gêneros e disciplinas nas ciências humanas), em oposição à tradução "técnica" (científica, legal, diplomática, comercial). Essa ênfase não se deve ao fato de que os tradutores literários de hoje são mais invisíveis ou explorados do que seus parceiros técnicos que, trabalhando como *freelancers* ou empregados por agências de tradução, não têm permissão para assinar ou inserir o *copyright* em seu trabalho, muito menos receber *royalties* (Fischbach, 1992, p.3). Ao contrário, enfatiza-se a tradução literária porque ela tem, há muito tempo, estabelecido os padrões que são aplicados também às traduções técnicas (a fluência), e, o que é mais importante para a finalidade deste livro, ela tem sido vista tradicionalmente como o campo no qual emergem teorias e práticas inovadoras. Como Schleiermacher disse há muito tempo, domesticar ou estrangeirizar um texto estrangeiro tem sido uma escolha apenas dos tradutores literários, e não dos tradutores de materiais da área técnica. A tradução técnica responde basicamente às exigências da comunicação: durante o período posterior à Segunda Guerra, ela sustentou a pesquisa científica, negociações geopolíticas e intercâmbios econômicos, em especial quando corporações multinacionais buscam expandir-se para os mercados estrangeiros, e por consequência, precisam de traduções de tratados internacionais, contratos, informações técnicas e manuais de instrução (Levy,

1991, p.F5) que sejam fluentes e instantaneamente inteligíveis. Embora em volume e valor econômico absoluto a tradução técnica exceda em muito a tradução de textos literários (um cálculo recente avalia a indústria da tradução empresarial e governamental em US$ 26 bilhões – cf. Downey, 2004), a tradução literária continua sendo uma prática discursiva que possibilita ao tradutor fazer experimentos com a escolha de textos estrangeiros e o desenvolvimento de métodos de tradução, pelas restrições que sofre principalmente pela atual situação na cultura da língua de destino.

A principal finalidade deste livro é forçar os tradutores e seus leitores a refletir sobre a violência etnocêntrica da tradução e, em consequência, escrever e ler textos traduzidos de maneira a procurar reconhecer a diferença linguística e cultural dos textos estrangeiros. Não estou advogando uma valorização indiscriminada de todas as culturas estrangeiras, ou um conceito metafísico de estrangeirismo como um valor essencial; de fato, o texto estrangeiro é privilegiado em uma tradução estrangeirante apenas na medida em que possibilita uma ruptura dos códigos culturais da língua de destino, de forma que seu valor é sempre estratégico, dependendo da formação cultural para a qual ele é traduzido. Trata-se aqui de elaborar um aparato teórico, crítico e textual pelo qual a tradução possa ser estudada e praticada como um lugar de diferença, em vez da homogeneidade que a caracteriza amplamente na atualidade.

2
Cânone

Palavras que em um idioma são elegantemente usadas
Em outro dificilmente serão perdoadas,
E algumas pelas quais a Roma *de* César *tinha estima*
Podem não se ajustar ao nosso gênio ou clima.
O sentido genuíno, inteligivelmente *narrado,*
Revela um tradutor *discreto e ousado.*

IV Conde de Roscommon

A fluência emerge na tradução em língua inglesa no início
da época moderna, um traço da cultura literária aristocrática na
Inglaterra do século XVII, e durante os dois séculos seguintes
ela é valorizada por diversas razões, tanto sociais quanto culturais, conforme as vicissitudes das classes hegemônicas. Ao
mesmo tempo, a ilusão de transparência produzida pela tradução fluente provoca uma domesticação consumada que mascara as múltiplas condições do texto traduzido, seu impacto
excludente sobre os valores culturais estrangeiros, mas também
sobre os domésticos, eliminando estratégias de tradução que
resistam ao discurso transparente, rejeitando quaisquer ideias

sobre alternativas sociais e culturais que não favoreçam as elites sociais inglesas. O predomínio da fluência na tradução em língua inglesa até hoje tem resultado no esquecimento dessas condições e exclusões, tornando-se necessário recuperá-las para intervir contra a fase contemporânea dessa dominação. A seguinte genealogia tem como objetivo traçar a transformação da fluência em cânone da tradução em língua inglesa, mostrando como ela conquistou *status* canônico, questionando seus efeitos de exclusão sobre o cânone das literaturas estrangeiras em inglês, e reconsiderando os valores culturais e sociais que ela exclui em casa.

I. Tradução e a cultura política da realeza

Em 1656, *sir* John Denham publicou uma tradução com o título *The Destruction of Troy, an Essay upon de Second Book of Virgils Æneis. Written in the year, 1636.* A página de título é uma dentre muitas coisas notáveis sobre esse livro: omite-se qualquer sinal de autoria em favor de uma referência em destaque ao intervalo entre as datas de composição e publicação. A maior parte das traduções de clássicos no século XVII é publicada com uma assinatura, ou nome completo (John Ashmore, John Ogilby, Robert Stapylton, John Vicars), e depois pelo menos com as iniciais e algumas indicações de posição social: "Sir T", "W. L. Gent.". A omissão do nome de Denham pode ser explicada como um gesto de autoapagamento de um amador cortês, apresentando-se como alguém não muito interessado em fazer uma carreira literária séria, ou em afirmar algum conceito individualista de autoria (a página de título apresenta a tradução como um simples "ensaio"), deixando subentender que esse

A invisibilidade do tradutor

texto é fruto de horas ociosas, não passadas a serviço da autoridade régia, em cargo político ou serviço militar.[1] A página de título de Denham apresentou seu texto como um gesto distintamente aristocrático em tradução literária, típico da cultura da corte dos Tudor e dos Stuart, e isso fica claro até na marca, *For Humphrey Moseley*, um dos mais ativos editores de literatura de elite no século XVII e declarado partidário da realeza, que propagandeava suas opiniões políticas nos prefácios de suas publicações. Uma vez reconhecidas as condições sociais do livro de Denham, o intervalo indicado pelas datas na página de título enche de significado suas próprias atividades em apoio à causa da realeza, tanto no governo real e no Exército durante as guerras civis quanto para a família real e a corte em exílio durante o Interregno. Talvez a omissão de seu nome deva ser interpretada como uma tentativa de *esconder* sua identidade, uma medida de precaução tomada por escritores que, sendo favoráveis à realeza, pretendiam criticar em seu trabalho a Commonwealth (Potter, 1989, p.23-4).

"Written in 1636" proclamava uma continuidade entre a tradução de Denham e os anos nos quais a poesia e o teatro da corte estavam estabelecendo as tendências literárias dominantes na Inglaterra, quando a experiência absolutista carolina atingiu seu ápice, e quando o próprio Denham, o filho de 20 anos do barão de Exchequer, estudava para a carreira de advogado na Lincoln's Inn, flertando com ambições literárias, como a tradução da Eneida. *The Destruction of Troy* foi revisada e publicada muito mais tarde, em 1656 – depois que Denham

---

1 Minha concepção de Denham e Wroth como "amadores corteses" se baseia em Helgerson (1983).

Lawrence Venuti

retornou do exílio junto com a corte carolina na França, logo após ter sido preso na campanha da Commonwealth para sufocar a insurreição monarquista, suspeito de um contracomplô militar, e apenas um ano depois da segunda edição do texto pelo qual ele é mais bem relembrado ainda hoje, *Coopers Hill* (1642), um poema topográfico que faz uma evocação politicamente tendenciosa da história inglesa às vésperas das guerras civis (O'Hehir, 1968; Underdown, 1960). Nesse ponto tardio, a tradução de Denham adquire o papel de uma prática cultural e política: "Written in 1636" funciona parcialmente como um nostálgico olhar dirigido a um passado menos atribulado para a hegemonia real, e parcialmente como um movimento cultural estratégico no presente, no qual Denham planeja desenvolver uma estética régia em tradução a ser implementada naquele momento e também no futuro, quando a hegemonia reconquistar sua posição. "A esperança de fazer [Virgílio] mais correto", afirmava Denham em seu prefácio, "é a única meta deste ensaio, por meio da abertura deste novo caminho de traduzir esse autor àqueles que, por sua juventude, regalo e melhor fortuna, estão mais aptos a iniciativas como essas" (Denham, 1656, p.A2^v). Para Denham, o público eram as futuras gerações da aristocracia inglesa que, ao contrário dele, teriam a "melhor fortuna" de escapar aos deslocamentos sociais provocados pelas guerras civis.

A afiliação aristocrática também teria sido percebida pelos leitores contemporâneos, de várias classes e diferentes tendências políticas. A tradução foi citada em "An Advertisement of Books Newly Published", que apareceu em *Mercurius Politicus*, noticiário semanal de grande circulação, autorizado pelo Parlamento para apresentar um levantamento propagandístico dos

A invisibilidade do tradutor

acontecimentos de então (Frank, 1961, p.205-10, 223-6). A nota revelava a identidade do tradutor e utilizava o título "Esquire", indicando não apenas sua condição de *gentleman*, mas talvez, inclusive, sua formação nas leis: "*The Destruction of Troy*; an Essay upon the Second Book of *Virgils Æneis*. Written by JOHN DENHAM, *Esquire*" (*Mercurius Politicus*, 1656).

A função social da tradução de Denham torna-se clara quando seu prefácio é visto à luz do contexto maior da teoria e da prática da tradução no século XVII. O primeiro ponto a ser observado é que o "modo de traduzir" de Denham não era exatamente "novo" em 1656. Ele seguia o ditado de Horácio em *Ars Poetica*, segundo o qual o poeta deveria evitar a tradução palavra por palavra: "For, being a Poet, thou maist feigne, create, / Not care, as thou wouldst faithfully translate, / To render word for word" [Pois, sendo um poeta, podes simular, criar, / Não te importar, como se fielmente traduzisses, / Em verter palavra por palavra] – na versão linha por linha não horaciana feita por Ben Jonson em 1605 (Jonson, 1968, p.287). Mas onde Horácio considerou a tradução como uma das práticas do poeta, Denham tomou a poesia como a meta da tradução, especialmente a tradução poética: "Acredito ser um erro vulgar traduzir os poetas, dar-se a ser um *Fides Interpres*", escreveu ele, porque o discurso poético exige maior latitude para que se capture seu "espírito", o que não seria possível por meio de uma aderência muito próxima do texto estrangeiro (Denham, 1656, p.A2ᵛ-A3ʳ). O termo de Denham, *fides interpres*, refere-se a traduções de poesia clássica que buscam essa proximidade, realizadas não por poetas, mas por estudiosos, inclusive estudiosos poetas (o Horácio de Jonson) e professores que traduzem para produzir livros escolares. John Brinsley descreveu sua versão em prosa das *Éclogas*, de Virgílio, em 1633:

Translated Grammatically, and also according to the proprietie of our English tongue, so farre as Grammar and the verse will well permit. Written chiefly for the good of schooles, to be used according to the directions in the Preface to the painfull Schoolemaster.

Traduzidas gramaticalmente, e também de acordo com os ditames de nossa língua inglesa, na medida em que o permitiram a gramática e o verso. Escritas principalmente para o bem das escolas, devendo ser utilizadas conforme as direções no Prefácio dedicado ao dedicado mestre-escola.

A censura de Denham contra esse método é notavelmente expressa em termos de classe: "Acredito ser um erro vulgar". Em continuação, ao recomendar maior liberdade contra os gramáticos, Denham estava defendendo um método clássico de tradução ressurgido na Inglaterra décadas antes de ele ter publicado sua versão de Virgílio (Amos, 1920). Thomas Phaer, cujas traduções d'*A Eneida* remontam a 1558, afirmava "seguir o conselho de Horácio, ensinando o dever do bom intérprete, *Qui quae desperat nitescere possit, relinquit*, quando, de alguma maneira, omiti algumas passagens, até mesmo as alterei" (Phaer, 1620, p.V2ʳ). Um método mais livre de tradução foi advogado com maior frequência a partir da década de 1620, em especial nos círculos aristocráticos e na corte. *Sir* Thomas Hawkins, um católico feito cavaleiro por Jaime I e que dedicou suas traduções de tratados jesuítas à rainha Henriqueta Maria, fez um prefácio em 1625 para a sua seleção das odes de Horácio defendendo-se de reclamações de que ele não imitara a métrica clássica:

A invisibilidade do tradutor

muitos (sem dúvida) dirão, *Horácio* ficou esquecido por mim, seu *Lirismo* suave e sua *Musa* enfática mutilados: Que no todo existe uma deserção geral de sua harmonia genuína. A esses, devo dizer que, nesta tradução, procurei antes seu *Espírito* do que os *Números*; e que tampouco negligenciei a *Música* do Verso. (Hawkins, 1625, p.A^r-A^v; *Dictionary of National Biography* (*DNB*))

Em uma tradução das éclogas de Virgílio, em 1628, que impôs a ética da corte ao texto latino, "W. L. Gent." sentiu--se impelido a justificar seus desvios com uma apologia semelhante:

> Alguns leitores com os quais, sem dúvida, irão deparar-se nestes tempos de gosto requintado, irão censurá-los por não estarem resolvidas palavra por palavra, e linha por linha com o autor [...]. Eu usei a liberdade de um tradutor, não me amarrando à tirania da construção gramatical, mas quebrando a casca em muitos pedaços; apenas cuidei de preservar a integridade do cerne contra a violência de uma interpretação equivocada ou errada. (Latham, 1628, p.6^r; Patterson, 1987, p.164-8)

Já em 1616, Barten Holyday, que se tornou capelão de Carlos I e recebeu o título de doutor em teologia por ordem do rei, apresentou sua tradução de Pérsio anunciando: "Não me prendi a uma superstição severa ao pé da letra, mas trabalhei com a antiga liberdade do tradutor, utilizei a paráfrase com moderação, quando os trechos mais obscuros a exigiam" (Holyday, 1635, p.A5^r-A5^v; *DNB*). Foi Holyday quem articulou a oposição aos gramáticos, à qual posteriormente se juntaria Denham, que, com um chavão latino semelhante, chamaria a

Lawrence Venuti

tradução literal de "superstição severa", crença propagada com a palmatória (*ferula*), disciplina escolar – uma piada destinada principalmente aos gramáticos.

Em 1620, *sir* Thomas Wroth, membro da *gentry* de Somerset que era dado às mesmas ambições literárias de um amador cortesão (ele chamou seus epigramas de *The Abortive of an Idle Houre*), antecipou Denham em vários aspectos (*DNB*). De maneira semelhante, Wroth optou por traduzir o segundo livro da *Eneida* e dar-lhe o nome de *The Destruction of Troy* [A destruição de Troia], mas ele também definiu sua "liberdade" tradutória em "Um pedido ao leitor":

> Não sejas severo em teu julgamento, mesmo se às vezes encontrares meras andanças (que faço propositadamente) para além dos limites visíveis, mas observa deliberadamente que não me distancio do propósito e da intenção do autor, justificado pelos melhores comentários: e, assim, a ti deixo a tarefa de ler, de entender, e de propagar. (Wroth, 1620, p.A2ᵛ)

O método mais livre de Wroth baseou-se, em última análise, numa justificativa erudita ("Comentários"), remanescente do neoclassicismo de Jonson. De fato, as despedidas de Wroth ao leitor ("ler, entender, e propagar") fizeram eco à exortação com a qual Jonson abriu seus *Epigrammes* (1616): "Eu vos peço, sede cuidadosos, vós que tomais meu livro em vossas mãos, / Para que o leiais bem, ou seja, que o compreendais" (Jonson, 1968, p.4). Em 1634, *sir* Robert Stapylton, cavalheiro encarregado da câmara privada do Príncipe de Gales, publicou uma tradução do Livro Quarto da *Eneida*, na qual ele antecipava Denham tanto pelo seu questionamento de qualquer tipo de tradução

A invisibilidade do tradutor

literal de poesia quanto por atribuir ao método mais livre a mesma classificação:

> É verdade que a alma destilada em uma língua não pode ser transferida para outra sem a perda de espírito: mesmo assim, presumo que tais graças ficam preservadas, como aquelas de mais nobre qualidade que darão o sabor a esta tradução, a partir de um original, que foi às vezes o favorito não invejado do maior imperador romano. (Stapylton, 1634, p.A4ᵛ; *DNB*)

Denham consolidou uma emergência de várias décadas de um método neoclássico de tradução na cultura literária aristocrática. Tal método pode ter-lhe parecido "novo", não porque ele não tivesse tido defensores anteriormente, mas porque ele de fato os teve: tratou-se de um reavivamento moderno de uma prática cultural antiga, transformando a tradução de Denham em uma "cópia" do verdadeiro "original" de Virgílio, racionalizado com uma teoria platônica da tradução como uma cópia da cópia da verdade: "Minha principal preocupação foi de segui-lo, como a dele foi de seguir a natureza em todas as suas proporções" (Denham, 1656, p.A3ᵛ). Mas o senso de Denham de sua própria modernidade foi menos filosófico do que político, atrelado a uma classe e nação específicas. Ao retornar de seu exílio na França, ele pode ter achado seu método de tradução "novo" no sentido de estrangeiro, de fato francês. A tradução francesa na década de 1640 era caracterizada por teorias e práticas que defendiam a tradução livre de textos clássicos, e Denham, entre outros escritores monarquistas exilados, como Abraham Cowley e *sir* Richard Fanshawe, sem dúvida conhecia a obra de seu líder proponente francês, Nicolas Perrot

Lawrence Venuti

d'Ablancourt, um tradutor prolífico de grego e latim.[2] A liberdade de d'Ablancourt com Tácito estabeleceu o padrão. No prefácio à sua tradução dos *Anais*, ele escreveu que

> la diversité qui se trouve dans les langues est si grande, tant pour la construction et la forme des périodes, que pour les figures et les autres ornements, qu'il faut a tous coups changer d'air et de visage, si l'on ne veut faire um corps monstreux, tel que celuy des traductions ordinaires, qui sont ou mortes et languissantes, ou confuses, et embroüillées, sans aucun ordre ny agréement.

> the diversity that one finds amongst languages is so great, in the construction and shape of periods as well as in the figures and other ornaments, that at every turn one must adopt a different air and visage, unless one wishes to create a monstrous body, such as those of ordinary translations, which are either dead and listless or confused and muddled, without any order or charm. (D'Ablancourt, 1640)

> a diversidade que se encontra entre as línguas é tão grande, tanto na construção e na forma dos períodos quanto nas figuras e outros ornamentos, que a cada passo é preciso adotar um ar e uma aparência diferentes, a menos que se deseje criar um corpo monstruoso, como o das traduções ordinárias, que ou estão mortas e apáticas ou são confusas e desconexas, sem nenhuma ordem ou charme.

---

2 Para as atividades culturais de escritores monarquistas exilados, ver Hardacre (1953). Steiner (1975, p.13-25) considera a influência francesa sobre suas traduções. Zuber (1968) mostra a importância de D'Ablancourt para a tradição tradutória francesa.

A invisibilidade do tradutor

Compare com o prefácio de Denham: "A poesia é de um espírito tão sutil que, ao verter uma língua em outra, ele evaporará totalmente; e se não se acrescenta um novo espírito à tradução, nada restará a não ser um *Caput mortuum*" (Denham, 1656, p.A3ʳ). Denham fez eco à metáfora corpo/alma de D'Ablancourt; embora seguindo o exemplo de Stapylton ("alma destilada em uma língua não pode ser transferida para outra sem a perda de espírito"), ele imaginava a tradução em termos alquímicos, como uma destilação ao final da qual o resíduo era denominado de *caput mortuum* (*OED*; Hermans, 1985, p.122). A imagem alquímica indicava que a tradução livre efetuava uma mudança radical, na qual o que "nascia estrangeiro" pode agora ser "estimado como nativo", ou, nesse caso, inglês (Stapylton, 1634, p.A2ʳ).

O "novo espírito" que é "acrescentado" com esse método de tradução envolve um processo de domesticação, pelo qual o texto estrangeiro fica inscrito com os valores específicos da cultura da língua de chegada. Para D'Ablancourt, isso era *changer d'air et de visage*. O discurso elíptico e discursivo de Tácito deve ser traduzido

> sans choquer les delicatesses de nostre langue & la jeunesse du raisonnement. [...] Souvent on est contraint d'adjoûter quelque chose à sa pensée pour l'éclaircir; quelquefois il en faut retrancher une partie pour donner jour à tout le reste.

> without offending the delicacy of our language and the correctness of the argument. [...] One is often forced to add something to his thought in order to clarify it; at times it is necessary to retrench one part in order to give birth to all the rest. (D'Ablancourt, 1640)

121

Lawrence Venuti

sem ofender a delicadeza de nossa linguagem e a precisão do argumento. [...] Com frequência se é forçado a acrescentar algo ao próprio pensamento com vistas a esclarecê-lo; às vezes é necessário reduzir uma parte para dar à luz todo o restante.

Henry Rider utilizou a metáfora da roupagem no prefácio à sua tradução de Horácio, em 1638:

> Traduções de autores de uma língua para outra são como velhas vestimentas em modelos novos; embora a matéria ainda seja a mesma, o tingimento e o acabamento são outros, e, no processo, algo se acrescenta aqui, algo é cortado ali. (Rider, 1638, p.A3^r)

A formulação de Denham utiliza uma metáfora semelhante enquanto se inclina em direção ao autor clássico com o qual D'Ablancourt abriu as sendas do método livre:

> como a fala é a roupagem de nossos pensamentos, assim são certos trajes e modos de falar que variam conforme as épocas [...], e é isso que penso que *Tácito* quer denotar quando ele diz *Sermonem temporis istius auribus accommodatum* [...], e dessa maneira, se *Virgílio* necessitasse falar em inglês, seria conveniente que ele falasse não somente como um homem desta nação, mas também como um homem de seu tempo. (Denham, 1656, p.A3^r)

A defesa que Denham fazia da tradução livre era carregada de um nacionalismo que, mesmo se expressado com um autoapagamento cortesão, finalmente conduziu a uma repressão contraditória dos paralelos e influências do método, tanto estrangeiros quanto ingleses:

À invisibilidade do tradutor

se este disfarce que coloquei sobre ele (gostaria de dar-lhe melhor nome) não cai naturalmente ou facilmente em uma pessoa tão grave, pode, não obstante, deixá-lo melhor do que aquele casaco de bobo com o qual os franceses e italianos o têm apresentado ultimamente. (Ibid., p.A3^v)

Denham procurou diferenciar sua tradução das versões burlescas da *Eneida* que estavam em voga no continente, o *Virgile Travesti* (1648-1649), de Paul Scarron, e *Eneide Travestita* (1633), de Giovanni Battista Lalli (Scarron, 1988, p.10). Ele, como outros tradutores associados à corte carolina no exílio, estava seguindo outra moda francesa de tradução, embora uma delas se relacionasse mais de perto com a monarquia cuja experiência absolutista mostrou ser eficaz: a tradução dos *Anais*, feita por D'Ablancourt, foi dedicada ao poderoso primeiro-ministro, Cardeal Richelieu. A tradução de Virgílio realizada por Denham reflete, de fato, uma forte semelhança com os métodos ingleses e franceses durante o período. Porém, o profundo nacionalismo desse método trabalha para esconder suas origens em outra cultura nacional — uma contradição que ocorre no caso de Denham porque o método responde tão especificamente a um problema inglês: a necessidade de se encontrar uma prática cultural "nova" que capacitará o derrotado segmento monarquista da aristocracia carolina a recuperar o *status* hegemônico na cultura inglesa. Em seus versos elogiosos "To Sir Richard Fanshawe upon His Translation of Pastor Fido" (1648), Denham chama a tradução livre de "um caminho novo e mais nobre" (Steiner, 1975, p.63). Dada a significância política desse método, Denham considera importante traduzir um texto em um gênero que abarca a nobreza e o épico, e recusa o

Lawrence Venuti

burlesco francês que degradava o tema aristocrático de Virgílio por tratar o socialmente inferior de maneira épica.

A intenção de Denham de inscrever na tradução uma política cultural monarquista em casa é visível tanto pela sua escolha dos textos estrangeiros quanto pelas estratégias discursivas por ele adotadas na tradução. Optar por traduzir a *Eneida* de Virgílio no princípio da Inglaterra moderna poderia facilmente evocar a lenda de Geoffrey de Monmouth segundo a qual Bruto, neto de Enéas, fundou a Grã-Bretanha e tornou-se o primeiro de uma série de monarcas britânicos. Embora isso, assim como as lendas arturianas, estivesse perdendo credibilidade entre historiadores e antiquários, o problema de Troia continuava a ser o apoio cultural de um forte nacionalismo, e isso era repetidamente revisado a partir de pontos de vista ideológicos diferentes e frequentemente conflitantes, em uma extensa série de textos — de *Britannia* (1586), de William Camden, a *Speeches at Prince Henry's Barriers* (1609), de Jonson, a *Life of Merlin* (1641), de Thomas Heywood.[3] Os primeiros reis da dinastia Stuart geralmente recebiam uma genealogia troiana. A contribuição de Anthony Munday para com o progresso régio por Londres, *The Triumphs of Re-united Britannia* (1605), referia-se a Jaime I como "nosso segundo Bruto"; Heywood descreveu sua narrativa como "uma história cronológica de todos os monarcas e passagens memoráveis desse reino, de Bruto ao reinado de nosso soberano, Rei Carlos" (Parsons, 1929, p.403, 407). Nos debates políticos durante o Interregno, uma genealogia troiana poderia ser usada para justificar tanto o governo representativo quanto a monarquia absolutista. Em

---

3 A lenda de Bruto na historiografia inglesa é tratada por Parsons (1929), Brinkley (1967), Jones (1944) e MacDougall (1982). Bush (1962) oferece uma síntese muito útil dessas questões.

A invisibilidade do tradutor

1655, o polemista parlamentar William Prynne interpretou o significado da lenda como "1. Uma guerra para acabar com a *escravidão* e recuperar a liberdade pública. 2. Um tipo de *Conselho Parlamentar Geral* convocado por *Bruto*"; enquanto em um comentário legal publicado em 1663, Edward Waterhouse argumentou que Bruto, "por sua anuência em recompensar o valor e a fidelidade de seus companheiros", instituiu leis "que tanto diziam respeito à sua prerrogativa régia, como à segurança civil daqueles em vida, cargo, bens e leis" (Jones, 1944, p.401, 403).

A apropriação que Denham faz da lenda de Bruto em *Coopers Hill* infla-a de fervor patriótico, mas também ciente de que a genealogia troiana é uma lenda, progressivamente atacada, mas ainda capaz de atuar nas lutas culturais políticas e, mesmo que de maneira contraditória, verdadeiras. Em uma passagem que reflete sobre a vista de Londres e arredores, Denham escreve que "The Gods great Mother" [A eminente mãe dos deuses], Cybele,

>   cannot boast
> Amongst the numerous, and Celestiall hoast,
> More *Hero's* than can *Windsor*, nor doth Fames
> Immortall booke record more noble names.
> Not to look back so far, to whom this Ile
> Owes the first Glory of so brave a pile,
> Whether to *Caesar*, *Albanact*, or *Brute*,
> The British *Arthur*, or the Danish *Knute*,
> (Though this of old no lesse contest did move,
> Than when for *Homers* birth sever Cities strove)
> [...]
> But whosoere it was, Nature design'd
> First a brave place, and then as brave a minde.
>
>   (Denham, 1969, p.67)

Lawrence Venuti

não pode ostentar,
Dentre os numerosos e Celestiais anfitriões,
Mais *Heróis* do que pode *Windsor*, nem o livro
Imortal das Famas registra mais nobres nomes.
Sem olhar tão longe para trás, a quem esta Ilha
Deve a primeira Glória de tão audaz acervo,
Seja a César, *Albanactus* ou *Brutus*,
O britânico *Arthur*, ou o dinamarquês *Canuto*,
(Embora este, de velho, menor contenda não tenha movido
Do que quando, para o nascimento de Homero, Cidades bus-
cou estilhaçar)
[...]
Mas, quem quer que seja, a Natureza projetou
Primeiro um lugar destemido, e então uma mente igualmente
destemida.

A menção de *contest* na observação parentética parece primeiro questionar a credibilidade das genealogias heroicas dos monarcas ingleses, sendo elas históricas ou literárias: *contest* como
uma referência a "controvérsia" ou "debate" historiográfico.
Mas a parelha de versos rapidamente muda a questão de credibilidade para efetividade social: mesmo que sua autenticidade seja
questionável, as genealogias poéticas ("*Homers* birth") são um
capital cultural e podem motivar conflitos políticos e militares. No caso da Inglaterra, contudo, as genealogias heroicas são
validadas metaforicamente, ou *by Nature design'd*. Para Denham,
a lenda de Bruto constituiu uma mudança estratégica em uma
prática cultural ideológica, poesia a serviço de uma agenda política específica. Mas, como muitos dos seus contemporâneos,
ele estava apto a mascarar essas condições materiais com exi-

A invisibilidade do tradutor

gências providencialistas e apelos à lei natural que subscrevem uma noção de superioridade racial.

A opção de Denham pela *Eneida* de Virgílio ajustava-se de forma singular às inclinações nacionalistas de seu método tradutório domesticador. De acordo com as genealogias troianas recorrentes dos monarcas ingleses, sua opção por um trecho que ele intitulou de *A destruição de Troia* permitiu-lhe sugerir mais diretamente a derrota do governo carolino e seu apoio à monarquia na Inglaterra. Os propósitos políticos de Denham podem ser vistos primeiro em sua decisão de preparar o Livro II para publicação. Em 1636, ele escrevera uma versão dos Livros II-VI d'*A Eneida*, e do Livro IV sob o título *The Passion of Dido for Aeneas*. Em 1656, ele decidiu publicar o trecho cujo "argumento", a queda de Troia, melhor se prestava aos interesses de sua época. A ressonância local de sua versão se torna notavelmente evidente quando ela se justapunha ao texto latino e a versões inglesas anteriores. O Livro II já tinha sido feito em diversas traduções completas d'*A Eneida*, tendo sido destacado duas vezes por tradutores anteriores, Henry Howard, Conde de Surrey, e *sir* Thomas Wroth. Ambos, porém, haviam traduzido o livro todo (cerca de 800 versos do texto latino). Denham, ao contrário, publicou uma tradução reduzida (de cerca de 550 versos) que terminava com a morte de Príamo.

> haec finis Priami fatorum, hic exitus illum
> sorte tulit Troian incensam et prolapsa uidentem
> Pergama, tot quodam populis terrisque superbum
> regnatorem Asiae. iacet ingens litore truncus,
> auulsumque umeris caput et sine nomine corpus.
>
> (Mynors, 1969, ll. 554-8)

Lawrence Venuti

Thus fell the King, who yet surviv'd the State,

With such a signal and peculiar Fate.

Under so vast a ruine nor a Grave,

Nor in such flames a funeral fire to have:

He, whom such Titles swell'd, such Power made proud

To whom the Scepters of all *Asia* bow'd,

On the cold earth lies th'unregarded King.

A headless Carkass, and a nameless Thing.

(Denham, 1656, ll. 542-9)

Assim caiu o Rei, que ainda sobreviveu ao Estado,

Com tal sina e peculiar Destino.

Sob tão vasta ruína, nem um Túmulo,

Nem em tais chamas um fogo fúnebre teve:

Ele, a quem tais Títulos inflaram, tal Poder fez orgulhoso

A quem os Cetros de toda a Ásia se curvaram,

Na fria terra jaz o indiferente Rei.

Uma Carcaça decapitada, e uma Coisa inominada.

Ao remover os nomes das personagens e dos locais do texto latino ("Priami", "Troiam" e "Pergama", a fortaleza de Troia) e referir-se apenas a "o Rei", Denham generaliza a importância da passagem, possibilitando que a *headless Carkass* de Príamo se metamorfoseasse num descendente britânico, ao menos momentaneamente, de modo a convidar o leitor inglês contemporâneo a se lembrar das guerras civis — ainda que a partir de um ponto de vista decididamente monarquista. A tradução de Denham compartilhava do mesmo impulso rumo a uma alegoria política que caracterizava não só as várias revisões de *Coopers Hill*, mas também a escrita monarquista, em geral durante os anos que

A invisibilidade do tradutor

sucederam a derrota de Carlos, incluindo a tradução de *Il Pastor Fido* (1647), de Guarini, feita por Fanshawe, e a tradução de Christopher Wase da *Electra*, de Sófocles (1649).[4]

O único nome de lugar que Denham inclui na sua versão da morte de Príamo, "Ásia", pode ser tomado como uma alusão ao orientalismo na cultura da corte carolina. O próprio Denham contribuiu para essa tendência com *The Sophy* (1642), uma peça feita para encenação na corte e que se passa na Pérsia. Mas a alusão da tradução é mais específica. "The Scepters of all *Asia* bow'd" a Charles nas mascaradas da corte em que o rei e a rainha representavam uma conquista moral de governantes estrangeiros por converter suas nações ao amor platônico. Em *Tempe Restor'd* (1632), de Aurelian Townshend, o casal real preside a reforma do reinado sensual de Circe, simbolizado no trecho *"all the Antimasques,* consisting of Indians and Barbarians, who naturally are bestiall, and others which are voluntaries, but halfe transformed beastes"* ["todos os Mascarados, constituídos de Índios e Bárbaros, que são naturalmente bestiais, e outros que o são voluntariamente, mas transformados em metade bestas"] (Townshend, 1983, p.97).

---

4 A alegoria histórica em *Coopers Hill* é elucidada por Wasserman (1959, cap.III, especialmente p.72-6) e O'Hehir (1969, p.227-56). Para o significado ideológico das traduções de Fanshawe e Wase, ver Potter (1989, p.52-3, 89-90) e Patterson (1984, p.172-6). Hager (1982) observa o impulso domesticador na tradução de Denham quando discute o trecho sobre Laocoonte.

* Uma dança cômica ou grotesca geralmente apresentada na abertura ou no entreato de uma mascarada (apresentação encenada nas cortes por personagens mascarados, com dança, diálogos e música polifônica). (N. T.)

Lawrence Venuti

Ainda mais surpreendente é a curiosa adição que Denham faz ao texto latino: "Thus fell the King, who yet survived the State / With such a signal and peculiar Fate". A omissão de Virgílio a qualquer referência à vida pós-morte do rei morto revela a crença do próprio Denham na vitalidade contínua da monarquia Stuart após o regicídio. Embora Carlos I tenha sido executado, a monarquia "survived the State" instituída pelo Parlamento, de início, uma Commonwealth governada por um Conselho de Estado que posteriormente foi redefinido para funcionar como um conselheiro para o Lorde Protetor; isso era uma sobrevivência extraordinária e peculiar para o rei porque tomava a forma de uma corte no exílio e de uma conspiração monarquista em casa porque, em outras palavras, o rei vivia, mas não em seu reino. No clima político da década de 1650, com o Protetorado lançando mão de medidas opressoras para mitigar a insurgência monarquista, teria sido difícil para um simpatizante carolino não observar nenhum paralelo entre as decapitações de Príamo e Carlos. Mas, nesse clima, também teria sido necessário que um escritor monarquista feito Denham usasse uma forma oblíqua de referência com uma alusão em uma tradução anônima. Segundo sugere Lois Potter, a tradução foi particularmente útil na política cultural monarquista porque era vista como "transcendência, a totalidade benéfica que remove a controvérsia e a contradição" (Potter, 1989, p.52-3). Na tradução de Denham, a monarquia "sobreviveu" à sua destruição.

O fato de Denham pretender que sua tradução servisse a uma função monarquista aparece a partir de uma comparação com seus predecessores, o que destaca as mudanças sutis que ele introduziu para aproximar o texto latino de seus interesses políticos:

A invisibilidade do tradutor

Of Priamus this was the fatal fine,
The wofull end that was allotted him.
When he had seen his palace all on flame,
With the ruine of his Troyan turrets eke,
That royal prince of Asie, which of late
Reignd over so many peoples and realmes,
Like a great stock now lieth on the shore:
His hed and shoulders parted ben in twaine:
A body now without renome, and fame.

(Howard, 1557, p.cii^v)

De Príamo este foi o fatal termo,
O desditoso fim que lhe foi designado.
Quando viu seu palácio todo em chamas,
E também a ruína de suas torres troianas,
Aquele real príncipe da Ásia, que
reinara sobre tantos povos e reinos,
Agora jazia na praia como um grande animal:
Sua cabeça e ombros partidos em dois:
Um corpo agora sem renome e fama.

See here King Priams end of all the troubles he had knowne,
Behold the period of his days, which fortune did impone.
When he had seene his Citie raz'd, his Pallace, Temples fir'd,
And he who to th'Imperiall rule of Asia had aspir'd,
Proud of his Territories, and his people heeretofore,
Was then vnto the sea side brought, and headlesse in his gore:
Without respect his body lay in publike view of all.

(Wroth, 1620, p.E3^r)

Lawrence Venuti

Veja aqui o fim de todos os infortúnios que o Rei Príamo co-
                                                          nheceu,
Veja o termo de seus dias, que a fortuna impôs,
Quando ele viu sua cidade arrasada, seu palácio, templos quei-
                                                          mados,
E ele que ao governo imperial da Ásia tinha aspirado,
Orgulhoso de seus territórios, e seu povo antigamente,
Foi até a beira do mar trazido, decapitado e ensanguentado:
Sem respeito seu corpo jaz em público à vista de todos.

This was king *Priams* end, this his hard fate,
To live to see *Troy* fir'd, quite ruinate:
Even he, who once was *Asia's Keisar* great,
Mightiest in men, and spacious regall seat:
A despicable trunk (now) dead on ground,
His head cut off, his carcasse no name found.

                                        (Vicars, 1632, p.48)

So finish'd *Priams* Fates, and thus he dy'd,
Seeing *Troy* burn, whose proud commands did sway
So many powerful Realms in *Asia*;
Now on the strand his sacred body lyes
Headless, without a Name or Obsequies.

                                    (Ogilby, 1654, p.217, 219)[5]

---

5 A versão dessas linhas feita por Ogilby, ao referir-se ao "corpo sagrado" do rei e à ausência de "exéquias", compartilha do monarquismo
de Denham. Sobre a política de Virgílio em Ogilby, ver Patterson
(1987, p.169-85).

A invisibilidade do tradutor

Assim terminou o destino de Príamo, e então ele morreu,
Vendo Troia queimar, de quem os orgulhosos comando domi-
naram
Tanto reinos poderosos na Asia;
Agora na praia seu sagrado corpo jaz
Sem cabeça, sem um nome ou funeral.

Denham claramente excede seus predecessores nas liberdades que toma com o texto em latim. Seu acréscimo de "Destino extraordinário e peculiar" se torna mais conspícuo e
historicamente carregado em tal comparação, assim como sua
omissão dos marcadores de lugar, incluindo a palavra latina *li-*
tore (I.557), um termo que situa a queda de Príamo perto da
costa e traduzida pela maioria dos outros tradutores (*shore, sea*
side, strand). A tradução de Denham não só desloca a morte para
longe da costa, mas se esforça o tempo todo para domesticar
termos arquitetônicos, ligando as estruturas troianas às construções monárquicas na Inglaterra. Vejamos o trecho em que
os gregos forçam sua entrada no palácio de Príamo:

> *Automedon*
> And *Periphas* who drove the winged steeds,
> Enter the Court; whom all the youth succeeds
> Of *Scyros* Isle, who flaming firebrands flung
> Up to the roof, *Pyrrhus* himself among
> The foremost with an Axe an entrance hews
> Through beams of solid Oak, then freely views
> The Chambers, Galleries, and Rooms of State,
> Where *Priam* and the ancient Monarchs sate.
> At the first Gate an Armed Guard appears;

Lawrence Venuti

But th'Inner Court with horror, noise and tears
Confus'dly fill'd, the womens shrieks and cries
The Arched Vaults re-echo to the skies;
Sad Matrons wandring through the spacious Rooms
Embrace and kiss the Posts: Then *Pyrrhus* comes
Full of his Father, neither Men nor Walls
His force sustain, the torn Port-cullis falls,
Then from the hinge, their strokes the Gates divorce:
[...]
Then they the secret Cabinets invade.

(Denham, 1656, ll. 453-80, 491)

Automedonte
E *Perifante*, que conduzia os corcéis alados,
Adentram o Átrio; a quem todos os jovens sucedem
da Ilha de *Siros*, que tições flamejantes lançam
Ao telhado, o próprio *Pirro* entre
Os primeiros com um Machado uma entrada abre
Pelas vigas de Carvalho maciço, então sem obstruções avista
As Câmaras, Galerias e Salas de Estado,
Onde *Príamo* e os antigos monarcas se sentavam.
No primeiro Portão surge um Guarda Armado;
Mas no Pátio Interno, com horror, barulho e lágrimas
Confusamente preenchido, os gritos e berros das mulheres
As Abóbadas Arcadas ecoam aos céus;
Tristes Matronas vagando pelos amplos cômodos
Abraçam e beijam os Pilares: Então vem *Pirro*
Farto de seu Pai, nem os Homens nem as Paredes
Sua força detêm, a ponte levadiça tomba,
Então, da entrada principal, seus golpes os Portões apartam:
[...]
Em seguida invadem eles os Gabinetes secretos.

A invisibilidade do tradutor

Denham usa termos como *Chambers, Galleries, and Rooms of State, Inner Court, Arched Vaults, secret Cabinets*, que reproduzem vários termos latinos, mas o latim é muito menos definido e se refere visivelmente a uma arquitetura diferente: *domus intus, domus interior* (*the house within*), *atria longa* (*long halls*), *penetralia* (*interior*), *cauae* (*hollow places*), *thalami* (*the women's bedrooms*) (Mynors, 1969, ll. 484-7, 503). Embora as traduções usadas pelos predecessores de Denham também mostrem um grau de domesticação, elas não igualam o extremismo da dele: *the house, the court, and secret chambers eke, the place within, the hollow halles* (Howard, 1557, p.ci^v); *the roomes, and all that was within, the spacious palace,* (Wroth, 1620, p.E^r); *the rooms within, great halls and parlours faire, the rooms within* (Vicars, 1632, p.45), *the house within, long halls, Priams bed-chamber, arched Sielings* (Ogilby, 1654, p.215). Denham é o único a usar *Portcullis* para o latim *postes* (*door-posts*), rejeitando traduções anteriores e similares como *pillars, gates* e *posts*, e optando por uma palavra que evoca a estrutura arquitetônica mais intimamente associada com a aristocracia e a monarquia, o castelo. O léxico arquitetônico de Denham permite que a descrição do ataque grego invoque outros castelos, mais recentemente sitiados, como o Castelo de Windsor, tomado de assalto pelos exércitos parlamentares, ou talvez o Castelo de Farnham, onde, em 1642, Denham foi forçado a renunciar à guarnição monárquica que ele comandava lá. A tradução domesticadora de Denham apresenta a destruição de Troia de uma forma que ressoa certos momentos na história inglesa, aqueles nos quais a lei aristocrática era dominante (o passado medieval) ou aliada, mesmo que de forma tênue, à monarquia (a experiência absolutista dos anos 1630), ou decisivamente derrotada ou deslocada (as guerras civis e o Interregno).

Lawrence Venuti

Há outros sentidos em que a decisão de Denham de traduzir o Livro II da *Eneida* dirigiu-se ao segmento monarquista deslocado da aristocracia carolina. Ao escolher esse livro, ele se situou em uma linha de tradutores aristocráticos que remontava a Surrey, um amador cortês cuja atividade literária era útil para desenvolver as culturas da elite da corte nas monarquias Tudor e Stuart. A partir da *Miscellany*, de Tottel (1557), Surrey passou a ser reconhecido como um importante inovador do soneto e da lírica amorosa, mas seu trabalho como tradutor também tinha uma significância cultural que não se perderia em Denham: a tradução de Virgílio feita por Surrey provou ser um texto-chave na emergência do verso livre como uma forma poética prevalente no período. Seguindo o exemplo de Surrey, Denham voltou-se para o Livro II para inventar um método de tradução poética que, da mesma maneira, se mostraria culturalmente significante para sua classe. Seu objetivo não era apenas reformular, à sua altura, o método livre praticado na cultura aristocrática carolina, durante as décadas de 1620 e 1630, mas também formular uma estratégia tradutória discursiva que restabeleceria a dominância cultural dessa classe: essa estratégia pode ser chamada de *fluência*.

Uma tradução poética livre requer o cultivo de uma estratégia fluente na qual a sintaxe linear, o significado unívoco e uma métrica variada produzam um efeito ilusionista de transparência: a tradução parece como se de fato não fosse uma tradução, mas um texto originalmente escrito em inglês.[6] No prefácio

---

6 Isso se baseia no que Easthope fala sobre discurso transparente na poesia e seu aparecimento durante o início do período moderno (Easthope, 1983, cap.7).

A invisibilidade do tradutor

de sua tradução da *Eneida*, de 1632, John Vicars descreveu "a maneira na qual visei estas três coisas, clareza do assunto, fidelidade ao autor e facilidade ou suavidade para recriar-te, meu leitor" (Vicars, 1632, p.A3ʳ). Nas palavras de Denham, a tradução deveria "ajustar-se" ao texto estrangeiro "natural e facilmente". É impossível atingir a fluência por meio de tradução próxima ou "literal", que inibe o efeito de transparência, fazendo que a língua do tradutor pareça estrangeira: "Quem quer que ofereça uma tradução literal", escreveu Denham, "terá o infortúnio daquele jovem viajante que perdeu sua própria língua no estrangeiro e não trouxe nenhuma outra para casa em seu lugar: pois a graça do latim perder-se-á ao ser transposto para palavras inglesas; e a graça do inglês, ao ser transposta para a Frase latina" (Denham, 1656, p.A3ʳ).

O privilégio que Denham dá à fluência em sua própria prática tradutória se torna claro quando suas duas versões da *Eneida*, Livro II, são comparadas. A versão de 1636 está preservada no livrinho de Lucy Hutchinson, esposa do parlamentar coronel John Hutchinson, com quem Denham frequentou o Lincoln's Inn entre 1636 e 1638 (O'Hehir, 1968, p.12-3). O livro contém a tradução feita por Denham da *Eneida*, livros II-VI – sendo versões completas de IV a VI e parciais de II e III. O Livro II é claramente um esboço: ele não só omite grandes trechos do texto latino, como algumas passagens não trazem traduções na íntegra, omitindo palavras latinas individuais. Há também uma tendência em seguir a ordem latina das palavras, muitas vezes de forma bem próxima. O exemplo dado por Theodore Banks é o verso frequentemente citado *timeo Danaos et dona ferentes*, que Denham traduziu palavra por palavra como "The Grecians most when bringing gifts I feare" ["Os gregos que ao trazer os presentes mais temo"] (Denham, 1969, p.43-4). A sintaxe intricada e a pronunciada regularidade métrica fazem da leitura do verso algo desconfortável, sem "graça". Na versão de 1656, Denham traduziu esse verso mais livremente e se empenhou na criação de uma fluência maior, seguindo uma ordem reconhecidamente inglesa de palavras e usando variações métricas a fim de suavizar o ritmo: "Their swords less danger carry than their gifts" ["Suas espadas menos perigo trazem do que seus presentes"] (Denham, 1656, l. 48).

A estratégia de fluência de Denham se torna mais evidente na sua condução da forma do verso, o dístico heroico. A revisão melhorou tanto a coerência quanto a continuidade dos dísticos, evitando irregularidades métricas e construções intricadas, inserindo a pausa para reforçar conexões sintáticas, usando *enjambment* [encavalgamento] e *closure* [encerramento] para subordinar a rima ao significado, o som ao sentido:

1636

While all intent with heedfull stand
Æneas spake O queene by your command
My countries fate our dangers & our feares
While I repeate I must repeate my feares

(1636, ll. 1-4)

1656

While all with silence & attention wait,
Thus speaks *Æneas* from the bed of State:
Madam, when you command us to review
Our Fate, you make our old wounds bleed anew

(1656, ll. 1-4)

A invisibilidade do tradutor

1636

We gave them gon & to Micenas sayld
From her long sorrow Troy herselfe unvaild
The ports throwne open all with ioy resort
To see ye Dorick tents ye vacant port

(1636, ll. 26-9)

1656

We gave them gone, and to *Mycenae* sail'd,
And *Troy* reviv'd, her mourning face unvail'd;
All through th'unguarded Gates with joy resort
To see the slighted Camp, the vacant Port;

(1656, ll. 26-9)

1636

Guilt lent him rage & first possesst
The credulous rout with vaine reports nor ceast
But into his designes ye prophett drew
But why doe I these thanklesse truths persue

(1636, ll. 95-8)

1656

Old guilt fresh malice gives; The peoples ears
He fills with rumors, and their hearts with fears,
And them the Prophet to his party drew.
But why do I these thankless truths pursue;

(1656, ll. 95-8)

1636

While Laocoon on Neptunes sacred day
By lot designed a mighty bull did slay

Lawrence Venuti

Twist Tenedos & Troy the seas smooth face
Two serpents with their horrid folds embrace
Above the deepe they rayse their scaly crests
And stem ye flood wth their erected brests
Then making toward the shore their tayles they wind
In circling curles to strike ye waves behind

(1636, ll. 196-203)

1656

Laocoon, Neptunes Priest, upon the day
Devoted to that God, a Bull did slay,
When two prodigious serpents were descride,
Whose circling stroaks the Seas smooth face divide;
Above the deep they raise their scaly Crests,
And stem the floud with their erected brests,
Their winding tails advance and steer their course,
And 'gainst the shore the breaking Billow force.

(1656, ll. 196-203)

A estratégia de fluência de Denham permitiu à versão de 1656 uma leitura mais "natural e fácil", de forma a produzir a ilusão de que Virgílio escreveu em inglês, ou de que Denham tivera êxito em "fazê-lo mais correto", disponibilizando da maneira mais transparente a intenção do escritor estrangeiro ou o significado essencial do texto estrangeiro. Denham ainda disponibilizou não tanto Virgílio, mas uma tradução que tinha um significado peculiarmente inglês, e as revisões dão maiores evidências dessa domesticação. Assim, a versão de 1636 traduziu *Teucri* (l. 251) e *urbs* (l. 363) como *Trojans* e *Asias empresse*, enquanto a versão de 1656 usou apenas *The City* (ll. 243, 351), sugerindo de uma só vez Troia e Londres. E enquanto a ver-

A invisibilidade do tradutor

são de 1636 traduziu *sedes Priami* (l. 437) como *Priams pallace* e *domus interior* (l. 486) como *roome*, a versão de 1656 usou *the Court* e *th'Inner Court* nesse e em outros pontos (ll. 425, 438, 465, 473). Até mesmo *Apollinis infula* (l. 430), uma referência a uma faixa ornamental usada pelos padres romanos, foi mais localizado e transformou-se em uma referência ao episcopado: em 1636, Denham traduziu a frase como *Apollos mitre*; em 1656, simplesmente como *consecrated Mitre* (l. 416). A fluência crescente da revisão de Denham pode ter feito sua tradução parecer "mais correta", mas seu efeito, na verdade, ocultava uma reescritura do texto latino que a dotava de alusões sutis aos cenários e instituições ingleses, fortalecendo a analogia histórica entre a queda de Troia e a derrota do partido monarquista.

A fluência pressupõe uma teoria da linguagem como comunicação que, na prática, manifesta-se como uma ênfase na inteligibilidade imediata e no evitamento de polissemia, ou na verdade qualquer ato do significante que deteriore a coerência do significado. A língua é entendida como um meio transparente de expressão pessoal, um individualismo que constrói a tradução como a recuperação do sentido intencionado pelo escritor estrangeiro. Como afirmado no prefácio de Denham, "a fala é o adorno dos nossos pensamentos" (Denham, 1656, p.A3^r). Nesse ponto, será valioso relembrar as metáforas recorrentes usadas nos prefácios dos tradutores, a analogia da tradução como o traje com o qual o autor estrangeiro é vestido, ou o texto traduzido como o corpo animado pela alma do escritor estrangeiro. A pressuposição é de que o sentido é uma essência universal e atemporal, facilmente transmissível entre línguas e culturas, independentemente da mudança de significantes, da construção de um contexto semântico diferente originado de discursos culturais distintos, da inscrição dos códigos e valores da língua-alvo em cada interpretação do texto estrangeiro. "W. L. Gent." observou que suas versões das éclogas de Virgílio envolveram sua própria violência contra os textos estrangeiros, "quebrando a carapaça em muitos pedaços", mas, não obstante, ele foi "cuidadoso em preservar o cerne seguro e completo, da violência de uma interpretação incorreta, ou deturpada". Alguns tradutores agiram mais como se tivessem enfrentado um turbilhão de "comentários" rivalizantes (Wroth, 1620), dos quais alguns foram selecionados para justificar sua estratégia de tradução. Mas nenhum deles estava suficientemente consciente da domesticação representada pela tradução fluente a fim de desmistificar o efeito de transparência, para suspeitar que o texto traduzido é irremediavelmente parcial na sua interpretação. Denham admitiu que ele apresentava um Virgílio naturalizado inglês, mas também insistia que "em nenhum momento ofereci tal violência ao sentido do texto dele como se quisesse fazê-lo parecer meu e não dele" (Denham, 1656, p.A4^r).

A fluência pode ser vista como uma estratégia discursiva que serve de maneira ideal à tradução domesticadora, capaz não apenas de executar a violência etnocêntrica da domesticação, mas também de ocultar essa violência ao produzir o efeito de transparência, a ilusão de que isso não é uma tradução, e sim o texto estrangeiro, de fato, os pensamentos vivos do autor estrangeiro, "havendo certas virtudes e satisfações peculiares a cada língua, que dão vida e energia às palavras" (ibid., p.A3^r). A transparência resulta em um ocultamento das condições socioculturais da tradução — as ideologias nacionais, estéticas e de classe ligadas à teoria e à prática da tradução de Denham. É isso o que torna a tradução fluente particularmente efetiva à tentativa de Denham de restaurar a cultura aristocrática à sua

A invisibilidade do tradutor

posição dominante: o efeito de transparência é tão poderoso para domesticar formas culturais porque ele as apresenta como verdadeiras, corretas, belas e genuínas. A grande conquista de Denham, tanto em suas traduções quanto em seus poemas, foi fazer o dístico heroico parecer natural aos seus sucessores, desenvolvendo, assim, uma forma que dominaria a poesia inglesa e a tradução poética ao longo de mais de um século.

Escritores posteriores, como John Dryden e Samuel Johnson, reconheceram que a coisa verdadeiramente "nova" na obra de Denham era o refinamento estilístico do seu verso. Eles gostavam de citar versos de Denham sobre o Tâmisa em *Coopers Hill* e comentar sobre sua beleza, sempre formulada como suavidade prosódica, o que Dryden chamou de "doçura" na "dedicatória de *Æneis*" (1697) (Dryden, 1958, p.1047).[7] Tanto Dryden quanto Johnson viam em Denham um inovador na tradução: ambos gostavam de citar seus versos comendatórios a *Il Pastor Fido*, de Fanshawe, selecionando como objeto de elogios os versos em que Denham defendia o método livre:

> That servile path, thou nobly do'st decline,
> Of tracing word by word and Line by Line;
> A new and nobler way thou do'st pursue,
> To make Translations, and Translators too:
> They but preserve the Ashes, thou the Flame,
> True to his Sence, but truer to his Fame.
>
> (Denham, 1969, ll. 15-6, 21-4)

---

7 Samuel Johnson discute admiravelmente Denham em *The Lives of the English Poets* (1783), devotando-lhe um capítulo inteiro, mas também comenta sua obra no capítulo dedicado a Dryden.

Daquele caminho servil tu nobremente declinas,
De traçar palavra por palavra e Verso a Verso;
Um novo e mais nobre caminho trilhas,
Para criar Traduções, e também Tradutores:
Eles não fazem senão preservar as Cinzas, tu, a Chama,
Fiel à sua Razão, mas mais fiel à sua Fama.

Dryden juntava-se a Denham ao se opor a uma "tradução literal, servil" porque, como ele próprio observou no prefácio de *Ovid's Epistles* (1680), tal tradução não é fluente: "ou clareza ou graça frequentemente lhe faltará" (Dryden, 1956, p.116).

E, mais importante ainda, Dryden também seguiu Denham ao ver o dístico como um veículo apropriado para o discurso transparente. No prefácio de sua peça *The Rival Ladies* (1664), Dryden afirmou que *Coopers Hill*, "pela majestade do estilo, é e sempre será o padrão exato da boa escrita", e depois continuou a apontar que a rima não necessariamente injeta uma nota de artificialidade a ponto de impedir a transparência (id., 1962, p.7). Qualquer uso artificial observável da rima mostra, na verdade, falta de habilidade do escritor:

Isso é o que os fazem dizer que a rima não é natural, sendo-o apenas quando o poeta faz uma escolha ruim de palavras ou as insere apenas por conta da rima, de forma tão inatural que nenhuma pessoa usaria na fala comum; mas, quando a rima é tão judiciosamente ordenada que a primeira palavra no verso parece gerar a segunda, e esta a seguinte [...], deve-se então admitir que a rima tem todas as vantagens da prosa além das suas próprias. [...] onde o poeta comumente confina seu senso ao seu dístico,

A invisibilidade do tradutor

[ele] deve idear aquele sentido nas palavras para que a rima as siga naturalmente, e não que as palavras sigam as rimas. (Ibid., p.8)

A obra de Denham foi canonizada por escritores posteriores porque o uso que ele fez do dístico tornou sua poesia e suas traduções de poesia leituras "naturais e fáceis", portanto "majestosas", numa metáfora apropriadamente monarquista, ou "mais corretas", mais precisas ou fiéis como traduções — apenas porque a ilusão de transparência ocultava o processo de naturalização do texto estrangeiro a uma situação sociocultural inglesa. A ascendência do dístico heroico a partir do final do século XVII tem sido muitas vezes explicada em termos políticos, em que o dístico é visto como uma forma cultural cujo forte sentido de antítese e conclusão reflete um conservadorismo político, apoio à monarquia restaurada e à dominação aristocrática — apesar das contínuas divisões de classe que tinham surgido nas guerras civis e fragmentado a aristocracia em facções, algumas delas aceitando mais as práticas sociais burguesas do que outras. Robin Grove é particularmente sensível às implicações sociais do "fluxo" discursivo procurado pelos escritores que defendiam o dístico: "A urbanidade do estilo", ele observou,

incorpora o leitor como um membro da classe urbanamente responsiva. [...] a literatura anuncia-se como um ato social, mesmo que a "sociedade" que ela invoca ao redor de si seja cada vez mais uma ficção estratificada/especializada: uma ficção que, na verdade, se liga ao fato histórico (desde que não apenas coagulemos as duas), mas para cujos propósitos as ideias de sentido, bem-estar, naturalidade (cf. *An Essay on Criticism*, p.68-140) continham um

Lawrence Venuti

rico depósito aluvial de aspirações e significados amplamente ocultos ao olhar. (Grove, 1984, p.54)[8]

O fato de que, para nós, hoje, nenhuma forma tipifica o uso artificial da linguagem melhor do que o dístico atesta não só quão profundamente a transparência estava arraigada na cultura literária aristocrática, mas também o quanto ela poderia ocultar.

É Dryden, em particular, quem vê a tradução de Virgílio feita por Denham como algo tão importante para a emergência desse discurso cultural. Na "Dedicatória de *Æneis*" ele afirma que "é minha maior ambição ser visto à altura" dos tradutores carolinos como "*sir* John Denham, Mr. Waller e Mr. Cowley" (Dryden, 1958, p.1051). Ele admirava tanto a versão de Denham do Livro II que absorveu pelo menos oitenta versos dela em sua própria versão da *Eneida*. Um exemplo típico é sua tradução do relato sobre a morte de Príamo em que, como Dryden mesmo reconhece em nota de rodapé, o verso climático de Denham se repete:

> Thus *Priam* fell: and shar'd common Fate
> With *Troy* in Ashes, and his ruin'd State:
> He, who the Scepter of all *Asia* sway'd,
> Whom monarchs like domestick Slaves obey'd.

---

8 Explicações históricas do dístico heroico que enfatizam sua função política são oferecidas, por exemplo, por Caudwell (1973, p.99, 135), Korshin (1973) e Easthope (1983, p.119). John Milton pode ter estabelecido a primeira leitura política do dístico heroico quando, no prefácio de *Paraíso perdido* (1667), ele opôs a "liberdade antiga" do verso livre à "servidão moderna e perturbadora da rima".

A invisibilidade do tradutor

On the bleak Shoar now lies th'abandon'd King,
A headless Carcass, and a nameless thing.

(Ibid., ll. 758-63)

Assim caiu *Príamo*: e partilhou do destino comum
Da *Troia* em Cinzas, e de seu Estado em ruínas:
Ele, que o Cetro de toda a *Ásia* fez vergar,
A quem monarcas como escravos domésticos obedeciam.
Na erma Costa agora jaz o Rei abandonado,
Uma Carcaça decapitada, e uma coisa inominada.

O ensaio dedicatório de Dryden deixa clara sua defesa em prol do método de tradução livre imprimido por Denham, que ele similarmente declara com pronunciamentos nacionalistas ("Confesso corajosamente que esta tradução *inglesa* tem em si mais do espírito de *Virgílio* do que a *francesa* ou a *italiana*" [ibid., p.1051]), enquanto finalmente admite sua semelhança com os modelos franceses:

> Tomo a liberdade de dizer, e espero que com tanta razão quanto o tradutor *francês*, que pegando toda a matéria-prima desse autor divino, empenhei-me para fazer *Virgílio* falar um tal *inglês*, como ele mesmo teria falado se tivesse nascido na Inglaterra, e nesta presente idade. Reconheço, assim como Segrais, que não tive sucesso nessa tentativa conforme era meu desejo: mesmo assim, não ficarei inteiramente sem louvores se, de algum modo, pude copiar a clareza, a pureza, a suavidade e a magnificência do seu estilo. (Dryden, 1958, p.1055)

Assim como em Denham, a domesticação do método tradutório de Dryden é tão completa que a fluência é vista como uma característica da poesia de Virgílio em vez da estratégia discursiva adotada pelo tradutor a fim de fazer o dístico heroico parecer transparente, indistinguível da "clareza, da pureza, da suavidade e da magnificência do seu estilo". E, muito mais explicitamente do que Denham, Dryden liga sua tradução domesticadora e fluente à cultura aristocrática. Assim, ele explica por que evita o uso de terminologia especializada em sua versão da *Eneida* – "os termos próprios de navegação, do trabalho com a terra ou [...] o jargão de cada profissão" – indicando que

> *Virgílio* evitou essas convenções porque ele escreveu não para marinheiros, soldados, astrônomos, jardineiros, camponeses etc., mas para todos em geral, e em particular para homens e senhoras da melhor qualidade: que foram mais bem educados do que muito habilmente versados nesses termos. Em tais casos, é suficiente que um poeta escreva de maneira tão simples para que ele possa ser compreendido pelos seus leitores. (Ibid., p.1061)

A observação de Dryden é um lembrete de que o método tradutório livre foi modelado na poesia, que Denham estava usando a tradução para distinguir uma elite literária daqueles "que lidam com assuntos de fato, ou assuntos de fé" (Denham, 1656, p.A3ʳ), e que essa valorização do literário contribuiu para o ocultamento das condições socioculturais da tradução, incluindo as do próprio Dryden. Pois, como Steven Zwicker mostrou, Dryden também pretendia que seu Virgílio interviesse numa luta política específica: "É uma meditação sobre a língua e a cultura da poesia de Virgílio, mas é também uma série de reflexões sobre a política inglesa logo após a Revolução Gloriosa", indicou Zwicker, "período em que o reinado de

A invisibilidade do tradutor

Guilherme III ainda não se fixara com a certeza que assumiria no final da década, período em que a restauração Stuart ainda poderia ser contemplada, e não totalmente como uma fantasia" (Zwicker, 1984, p.177). O triunfo do dístico heroico no discurso poético do final do século XVII depende até certo ponto do triunfo de um método tradutório neoclássico na cultura literária aristocrática, um método cujo triunfo maior talvez seja o jogo de mãos discursivo que mascara os interesses políticos a que serve.

II. Uma tradição inglesa de tradução

Após Dryden, do Homero em diversos volumes de Alexander Pope (1715-1726) ao sistemático *Essay on the Principles of Translation* (1791), de Alexander Tytler, a domesticação dominou a teoria e a prática da tradução em língua inglesa em todos os gêneros, prosa e poesia. Ela se aliava a diferentes tendências sociais e apoiava várias funções políticas e culturais. O Homero de Pope continuou o refinamento de um discurso poético transparente em dístico heroico, ainda um elitismo literário entre as classes hegemônicas, menos dependentes do patrocínio da corte do que dos editores com listas de assinantes que agora eram crescentemente burgueses, bem como aristocratas. Tornou-se moda assinar a tradução de Pope: mais de 40% dos nomes nas listas de sua *Ilíada* tinham títulos de nobreza, e os membros do Parlamento incluíam tanto *tories* quanto *whigs*.[9] A

---

9 As listas de assinatura do Homero de Pope são discutidas por Rogers (1978), Hodgart (1978) e Speck (1982). Hodgart observa que a lista para a *Ilíada* "revela uma tendência decididamente tory-jacobina" (Hodgart, 1978, p.31).

tradução fluente permaneceu afiliada à elite cultural britânica, e sua autoridade era tão poderosa que ela podia até mesmo cruzar as fronteiras partidárias. Pope descreveu o discurso privilegiado no prefácio:

> Resta apenas falar da *versificação*. *Homero* (como foi dito) perpetuamente ajusta o som ao sentido, variando-o a cada novo tema. Essa é, na verdade, uma das mais refinadas belezas da poesia, e alcançável por poucos: eminente por isso, conheço apenas *Homero* entre os *gregos*, e *Virgílio* entre os *latinos*. Tenho consciência de que é algo que, às vezes, pode acontecer por acaso, quando um escritor é apaixonado, e totalmente possuidor de sua ideia: contudo, pode se acreditar sensatamente que eles planejaram isso, em cujo verso isso aparece tão manifestamente num grau superior a todos os outros. Poucos leitores têm o ouvido para julgá-lo, mas aqueles que têm verão que procurei essa beleza. (Pope, 1967, p.20-1)

Pope manifesta o ponto cego distintivo da tradução domesticadora, confundindo, sob a ilusão de transparência, a interpretação/tradução com o texto estrangeiro, até mesmo com a intenção do escritor estrangeiro, canonizando a escrita clássica com base nos conceitos iluministas do discurso poético, uma facilidade métrica destinada a reduzir o significante a um significado coerente, que "perpetuamente ajusta o som ao sentido". A fluência do Homero de Pope estabelece o padrão para as traduções em verso da poesia clássica, de modo que, como observa Penelope Wilson,

> encontramos os poetas antigos emergindo do moinho do decoro em porções mais ou menos indiferenciadas de rimas suaves, ou

A invisibilidade do tradutor

verso livre, e dicção elegante. Eles em geral são vistos pelos resenhistas com recomendações igualmente vagas tais como "não menos fiel que elegante"; e quando condenados, o são mais frequentemente em termos estilísticos do que em termos de precisão. (Wilson, 1982, p.80)

No século XVIII, a elegância estilística numa tradução já pode ser vista como sintomática da domesticação, trazendo o texto antigo alinhado aos padrões literários prevalentes na Grã-Bretanha hanoveriana.

Durante esse momento determinante em sua ascensão cultural, a tradução domesticadora foi, às vezes, levada a extremos que parecem ao mesmo tempo estranhamente cômicos e um tanto familiares em sua lógica, práticas que um tradutor pode vir a usar hoje no domínio contínuo da fluência. William Guthrie, por exemplo, no prefácio de sua versão de *The Orations of Marcus Tullius Cícero* (1741), apontou que "são as maneiras apenas que podem comunicar o espírito de um original", e então é suficiente se o tradutor fizer "seu ofício tão familiar quanto ele puder no estudo e na maneira, chegando o mais próximo possível daquilo que poderemos supor que seu autor, pudesse ele agora estar vivo, seguiria, e no qual ele brilharia" (Steiner, 1975, p.98). Essa foi a razão de Guthrie para apresentar seu Cícero como um membro do Parlamento, "onde", diz ele, "pela presença constante, e deliciando-me por diversos anos, tentei de todas as formas dominar a linguagem mais apropriada a esta tradução" (ibid., p.99). A tradução de Guthrie naturalizou o texto latino com o discurso transparente que ele desenvolveu como repórter da *Gentleman's Magazine* nos debates parlamentares.

Lawrence Venuti

A primazia da tradução domesticadora se estendeu a gêneros populares como o romance, em que era praticada por tradutores, homens e mulheres, de diferentes classes. Mary Mitchell Collyer, filha de um negociante de peles londrino, recebeu educação literária, escreveu ficção em prosa e traduziu do francês e do alemão para ajudar a manter sua família em meio às dificuldades financeiras por que passavam: como ela registrou na dedicatória à sua versão, amplamente popular, de *Der Tod Abels* [A morte de Abel], de Gessner (1761), "meus cuidados e prazeres se centram nas estreitas limitações de minha pequena família; e foi para ajudar no sustento e na educação de meus filhos que peguei a caneta" (Collyer, 1761, p.iii; para sua biografia, consulte www.geoffsgenealogy.co.uk). Sua versão, de 1742, de *La Vie de Marianne*, de Marivaux, assimilou o texto francês às tendências então atuais no romance britânico, notadamente o sentimentalismo moralista exemplificado por *Pamela: ou Virtude recompensada*, de Richardson (1740) (Collyer, 1965, p.xxx-xxxi; Hughes, 1917; Merrett, 1990, p.244-7). Esse movimento pode ser identificado em seu prefácio, em que ela descreve a "história" de Marivaux como "uma peça útil para a instrução, uma lição da natureza, uma imagem, verdadeira e viva, do coração humano", mas ela também decidiu evitar uma interpretação mais próxima do título francês e, em vez disso, optou por elaborar um que fosse mais adequado a uma interpretação richardsoniana: *The Virtuous Orphan* [A órfã virtuosa] (Collyer, 1965, p.5-6). A tradução de Collyer promoveu mudanças substanciais nesse sentido, excluindo e editando passagens, para garantir que não fosse questionada a moralidade da personagem-título, e inserindo observações que refletem

A invisibilidade do tradutor

seu próprio deísmo, da linhagem de Shaftesbury, chegando mesmo a anglicizar *"le curé de village"* (o cura da cidade), que se tornou o "vigário do interior" [*the country vicar*], e de acrescentar uma descrição de seu jardim que evocava o paisagismo defendido por Addison e Pope (Marivaux, 1957, p.14; Collyer, 1965, p.xxi, 14, xxix; Merrett, 1990, p.247). E, como a maioria de seus contemporâneos, Collyer prezava a tradução fluente a ponto de recriar cuidadosamente a prosa sugestiva de Marivaux, produzindo uma transparência que mascara os valores que ela inscreveu no texto francês.

Observe um trecho da descrição que Marianne faz de Madame Dorsin, cujo salão ela visita ao chegar a Paris:

> Quand quelqu'un a peu d'esprit et de sentiment, on dit d'ordinaire qu'il a les organes épais; et un de mes amis, à qui je demandai ce que cela signifiait, me dit gravement et en termes savants: C'est que notre âme est plus ou moins bornée, plus ou moins embarrassée, suivant la conformation des organes auxquels elle est unie.
>
> Et s'il m'a dit vrai, il fallait que la nature eût donné à Mme Dorsin des organes bien favorables; car jamais âme ne fut plus agile que la sienne, et ne souffrit moins de diminution dans sa faculté de penser. La plupart des femmes qui ont beaucoup d'esprit ont une certaine façon d'en avoir qu'elles n'ont pas naturellement, mais qu'elles se donnent.
>
> Celle-ci s'exprime nonchalamment et d'un air distrait afin qu'on croie qu'elle n'a presque pas besoin de prendre la peine de penser, et que tout ce qu'elle dit lui échappe.
>
> C'est un air froid, sérieux et décisif que celle-là parle, et c'est pour avoir aussi un caractère d'esprit particulier.

Lawrence Venuti

Une autre s'adonne à ne dire que des choses fines, mais d'un ton qui est encore plus fin que tout ce qu'elle dit; une autre se met à être vive et pétillante. Mme Dorsin ne débitait rien de ce qu'elle disait dans aucune de ces petites manières de femme: c'était le caractère de ses pensées qui réglait bien franchement le ton dont elle parlait. Elle ne songeait à avoir aucune sorte d'esprit, mais elle avait l'esprit avec lequel on en a de toutes les sortes, suivant que le hasard des matières l'exige; et je crois que vous m'entendrez, si je vous dis qu'ordinairement son esprit n'avait point de sexe, et qu'en même temps ce devait être de tous les esprits de femme le plus aimable, quand Mme Dorsin voulait. (Marivaux, 1957, p.214-5)

It is commonly thought that our souls are more capacious or narrow, more penetrating or confused and clouded, according to the configuration of the organs to which it is united. And, if this be true, nature must surely have given Mrs. Dorsin a most favourable organization, for never was a mind more active and sprightly, or more solid and judicious than hers.

Most women of wit have an unnatural and affected way of expressing it which renders it distasteful. One speaks in a careless, indifferent manner in order to make us think that her fine genius does not need the aid of reflection, and that all she says escapes her without thought. Another speaks with a cold, grave, and decisive tone, to give herself an air of importance. Another says only fine things, which she delivers in a manner finer still than all she says, and another will fall into a ridiculous gaiety and act the flirt. But Mrs. Dorsin never behaved with any of these little womanish arts. The subject of her discourse regulated the tone of her voice. She did not think she had any kind of wit, but she

A invisibilidade do tradutor

had that source from which it necessarily proceeds – a pleasing vivacity mixed with solidity and good sense, which was agreeably expressed according to the various exigencies that required it, for her understanding had no sex. It comprehended the strength, the solidity, the delicacy, the gaiety of both. (Collyer, 1965, p.162)

É comum pensarmos que nossa alma é mais espaçosa ou estreita, mais penetrante ou confusa e turva, de acordo com a configuração dos órgãos aos quais está unida. E, se isso for mesmo verdade, a natureza certamente deve ter dado à sra. Dorsin uma constituição mais favorável, pois jamais uma mente foi mais ativa e alegre, ou mais sólida e criteriosa que a dela.

A maioria das mulheres dotadas de sagacidade tem uma maneira de expressá-la que não é natural, mas sim afetada, o que as torna desagradáveis. Fala de forma despreocupada e indiferente, a fim de nos fazer pensar que seu belo gênio não carece do auxílio da reflexão e que tudo o que diz lhe escapa sem pensar. Outras falam com um tom frio, grave e decisivo, com o intuito de dar a si próprias um ar de importância. Outras dizem apenas coisas refinadas, que apresentam de uma maneira ainda mais refinada do que tudo o que dizem, e outras ainda caem em uma alegria ridícula e simulam o flerte. Mas a sra. Dorsin nunca se comportou com nenhuma dessas pequenas artes femininas. O assunto de sua fala regulava o tom de sua voz. Ela não se achava detentora de nenhum tipo de sagacidade, mas possuía aquela fonte da qual esta necessariamente procede – uma agradável vivacidade misturada com solidez e bom senso, e que era agradavelmente expressa de acordo com as várias exigências demandadas, pois seu entendimento não tinha sexo. Compreendia a força, a solidez, a delicadeza e a alegria de ambos. (a partir de Collyer, 1965, p.162)

Lawrence Venuti

As escolhas de Collyer são notáveis não apenas por tornar o texto original mais claro ou explícito, mas também por desenvolvê-lo e até exagerá-lo enquanto interpola nele seus próprios comentários. Ela substituiu a frase *"plus ou moins bornée, plus ou moins embarrassée"* (mais ou menos limitada, mais ou menos inibida) por representações explicativas: *"more capacious or narrow, more penetrating or confused and clouded"* [mais espaçosa ou estreita, mais penetrante ou confusa e turva]. Com *"plus agile"* (mais ágil), no entanto, ela foi ainda mais expansiva em sua tradução: *"more active and sprightly, or more solid and judicious"* [mais ativa e alegre, ou mais sólida e criteriosa]. O uso que ela faz da frase *"an unnatural and affected way"* [uma maneira (...) que não é natural, mas sim afetada] reafirmou mais clara e pejorativamente a menção de Marivaux a *"une certaine façon [...] qu'elles n'ont pas naturellement, mais qu'elles se donnent"* (uma certa maneira [...] que elas não possuem naturalmente, mas que se dão). Ela inseriu julgamentos totalmente ausentes do texto em francês ("o que as torna desagradáveis", "uma agradável vivacidade misturada com solidez e bom senso") ou são inferências dele: *"une autre se met a être vive et pétillante"* (outra se põe a ser vivaz e brilhante) virou, assim, *"another will fall into a ridiculous gaiety and act the flirt"* [outras ainda caem em uma alegria ridícula e simulam o flerte]. Ela também suprimiu qualquer dúvida que o leitor pudesse ter a respeito do "entendimento" de Madame Dorsin, omitindo o ponto em que Marivaux diz que *"de tous les esprits de femme"* o dela era *"le plus aimable, quand Mme Dorsin voulait"* (de todas as mentes femininas, a dela era a mais gentil, quando assim ela desejava) e acrescentando a alongada afirmação de que *"it comprehended the strength, the solidity, the delicacy, the gaiety of both [sexes]"* [compreendia a força, a solidez,

A invisibilidade do tradutor

a delicadeza e a alegria de ambos (os sexos)]. As escolhas de Collyer moldaram as duas personagens, intensificando a arrebatadora admiração de Marianne pela inteligência sensível e modesta de Madame Dorsin e permitindo que a jovem expressasse uma crença protofeminista na igualdade de gênero – uma crença apoiada pela omissão que Colly faz da referência irônica de Marivaux ao amigo *("un de mes amis","il")* que forneceu os critérios de Marianne para julgar Madame Dorsin. Ao mesmo tempo, as sutis transformações do texto que Collyer opera em sua tradução foram camufladas pela total fluência de sua versão: ela emprestou à prosa uma legibilidade fluida através de vários movimentos estilísticos, talvez de maneira mais eficaz ao manter um alto grau de precisão lexical e continuidade sintática (formando frases bem equilibradas e concisas, inserindo conjunções como "e" e "mas").

É importante não ver tais exemplos de domesticação simplesmente como traduções imprecisas. Os cânones de acuidade e fidelidade são sempre definidos localmente, específicos de formações culturais diferentes em momentos históricos diferentes. Durante o início do período moderno, as sólidas distinções que hoje fazemos entre redações originais, traduções e adaptações não eram convencionadas. Os tradutores deliberadamente recorriam a práticas retóricas, como a amplificação, para desenvolver aspectos do texto estrangeiro, de acordo com as exigências da forma e do tema (McMurran, 2000). Eles reconheciam que uma proporção de perdas e ganhos inevitavelmente ocorre no processo tradutório e situa a tradução em uma relação ambígua com o texto estrangeiro, nunca fiel o bastante, sempre um tanto livre, nunca estabelecendo uma identidade, sempre uma falta e um complemento. No entanto, eles também viram seu método domesticador como a maneira mais efetiva de controlar essa relação ambígua e produzir versões adequadas ao texto original. Dessa forma, criticaram severamente métodos que ou aderiam de modo rigoroso às características textuais da língua de partida, ou brincavam livremente com elas de maneiras que eles não estavam dispostos a permitir, especialmente em casos em que a tradução aderia de modo insuficiente ao cânone de fluência. Dryden "pensou ser apropriado guiar-se entre os dois extremos, da paráfrase e da tradução literal" (Dryden, 1958, p.1055), isto é, entre o objetivo de reproduzir essencialmente os sentidos do texto latino, em geral em detrimento de suas características sintáticas e fonológicas, e o objetivo de traduzir palavra por palavra, respeitando a sintaxe e as quebras de linha. Ele diferenciou seu método das "imitações" de Píndaro feitas por Abraham Cowley, traduções parciais que revisaram e, de fato, abandonaram o texto estrangeiro. Dryden acreditava que foi Denham quem "recomendou mais liberdade do que ele mesmo adotou" (id., 1956, p.117), permitindo que as liberdades substanciais de Denham — a edição do texto latino, a arquitetura lexical do inglês — passassem despercebidas, refinadas pela existência, naturalizadas pela majestade do estilo. A violência etnocêntrica desempenhada pela tradução domesticadora recaía em uma dupla fidelidade, ao texto da língua de partida, bem como à cultura da língua de chegada, e em especial à sua valorização do discurso transparente. Mas isso era claramente impossível e sabidamente marcado pela duplicidade, acompanhado pelo fundamento lógico de que um ganho na inteligibilidade da versão inglesa e na força cultural era mais importante do que a perda sofrida pelo texto ou pela cultura estrangeiros.

A invisibilidade do tradutor

Essa tendência na tradução em língua inglesa é levada a um novo extremo no final do século XVIII com *Essay on the Principles of Translation* (1791), de Alexander Fraser Tytler. O influente tratado de Fraser é um documento-chave na canonização da fluência, um compêndio de seus "princípios", "leis" e "preceitos", que oferece uma abundância de exemplos ilustrativos. Sua consolidação decisiva de afirmações anteriores, francesas e inglesas, constituiu um refinamento teórico, visível na precisão de suas distinções e na sofisticação filosófica de suas suposições: a domesticação é agora recomendada com base na natureza humana em geral, que é repetidamente contradita por um individualismo estético.

Para Tytler, o objetivo da tradução é a produção de um efeito equivalente que transcenda as diferenças linguísticas e culturais: "Eu, portanto, descreveria uma boa tradução como *aquela em que o mérito da obra original é tão completamente transfundido em uma outra língua de modo a ser tão distintivamente apreendido, e tão fortemente sentido, por um nativo do país ao qual aquela língua pertence, da mesma forma que é apreendida por aqueles que falam a língua da obra original*" (Tytler, 1978, p.15).

O "mérito" do texto estrangeiro e as "excelências e os defeitos" das tentativas de reproduzi-lo na tradução são acessíveis a todos, porque,

tanto quanto a razão e o bom senso proporcionam um critério, a opinião de todos os leitores inteligentes provavelmente será uniforme. Mas, como não se pode negar que em muitos dos exemplos mencionados neste ensaio, o apelo repousa nem tanto em quaisquer cânones de crítica estabelecidos, mas no gosto individual, não será surpreendente se nesses exemplos uma diversidade de opiniões aconteça: e ao autor, tendo exercitado com grande liberdade seu próprio julgamento nesses pontos, não ficaria bem culpar outros pelo uso da mesma liberdade ao divergir de suas opiniões. (Ibid., p.vii-viii)

Para Tytler, é possível tanto traduzir com êxito quanto avaliar traduções porque ele supõe que as diferenças linguísticas e culturais não existem em um nível fundamental, invocando uma "razão e um bom senso" universais que distingue uma esfera pública do consenso cultural ("leitores"), mas que se estende às espécies, aos seres humanos "inteligentes".[10] Subsequentemente, ele ainda estreita essa esfera, excluindo primeiro o consenso ("cânones de crítica estabelecidos"), e então apelando para a "liberdade" do "gosto individual". A abordagem do "senso comum" que Tytler imprime à tradução repousa em um humanismo liberal que é declarado com um gesto democrático fugidio (uma esfera pública do debate cultural), mas que, no fim, decai para uma estética individualista com consequências céticas: "Em questões nas quais o apelo definitivo é para o gosto, é quase impossível estar seguro de uma solidez de nossas opiniões, quando o critério de sua verdade é tão incerto" (ibid., p.11).

Por mais "incertos" que possam parecer os contornos da subjetividade, o rompante de individualismo no tratado de Tytler é tão poderoso que ele nunca mostra o menor ceticismo sobre o julgamento estético e, de fato, constrói um conceito de "gosto correto" baseado em "sentimento refinado". Cada

---

10 Sobre a emergência e a função da "esfera pública" no século XVIII, ver Habermas (1989), Hohendahl (1982) e Eagleton (1984).

A invisibilidade do tradutor

escolha do tradutor deveria ser guiada dessa maneira – mesmo a ponto de violar as "leis" em prol da boa tradução. Isso inclui, primeiro, "que a tradução deve dar uma transcrição completa das ideias da obra original", e segundo, "que o estilo e a maneira de escrever devem ter o mesmo caráter do original" (ibid., p.16). O "homem de sentimento refinado", contudo, é investido da 'liberdade" de "adicionar ou omitir as ideias do original", bem como do "privilégio" de "corrigir aquilo que lhe parece uma expressão descuidada ou imprecisa do original, em que tal imprecisão parece afetar substancialmente o sentido" (ibid., p.54). É claro, o que é "correto" é sempre um valor doméstico, incluindo o efeito discursivo que domina a cultura inglesa naquele momento, a transparência. Assim, a terceira e última "lei" de Tytler é "que a tradução deve ter toda a desenvoltura da composição original" (ibid., p.15).

Os bons tradutores adotam estratégias fluentes: eles evitam a fragmentação sintática, a polissemia ("que, a propósito, é sempre um defeito na composição" [ibid., p.28]), as mudanças repentinas nos registros discursivos. Tytler elogia Henry Steuart, "Esq.," "o genial tradutor de Sallust", por sua "versão de um autor dos mais difíceis usando uma linguagem simples, pura, correta e frequentemente eloquente"; Steuart reconheceu o teor "infrutífero de qualquer tentativa de imitar a maneira sentenciosa e abrupta" do texto latino (ibid., p.188-9). Sobre a tradução de Tácito feita por Arthur Murphy, Tytler comenta que "admiramos mais o julgamento do tradutor que se abstém de toda tentativa de rivalizar a brevidade do original, uma vez que ele sabia que isso não poderia ser alcançado a não ser pelo sacrifício tanto da naturalidade quanto da clareza" (ibid., p.186-7). "Imitar a obscuridade ou ambiguidade do original

Lawrence Venuti

é um erro; e é um erro ainda maior oferecer mais do que um sentido" (ibid., p.28-9). Thomas May e George Sandys "manifestaram um gosto melhor em tradução poética" porque eles "deram às suas versões [de Lucano e Ovídio] tanto uma naturalidade de expressão quanto uma harmonia de números, o que os faz se aproximar muito da composição original", mascarando tanto o *status* de "segundo nível" da tradução e sua domesticação do texto estrangeiro. Pois esses tradutores que produziam o senso de originalidade "em todo lugar adaptaram sua expressão ao estilo da língua na qual escreviam" (ibid., p.68). O "preceito" que governa, Tytler afirma, é "o de que o tradutor deve sempre se apresentar da maneira como o autor original teria se expressado se ele tivesse escrito na língua da tradução" (ibid., p.201). Mas o tradutor deve também ocultar o *status* figurativo da tradução, confundir de fato a figura domesticada com o autor estrangeiro.

As recomendações de Tytler em relação à fluência levam a inscrever no texto estrangeiro uma série conservadora de representações sociais. Estas incluem uma superexigência em relação às referências físicas que faz que seu conceito de "gosto correto" funcione como um discurso cultural pelo qual a burguesia e a aristocracia burguesa expressam sua superioridade às classes baixas. Conforme Peter Stallybrass e Allon White mostraram, "dentro do discurso simbólico da burguesia, enfermidade, doença, pobreza, sexualidade, blasfêmia e classes baixas estavam inextricavelmente ligadas. O controle das fronteiras do corpo (respirando, comendo, defecando) assegurava uma identidade que era constantemente representada em termos de diferença de classe" (Stallybrass; White, 1986, p.167). Assim, Tytler acha que Homero expõe uma tendência "de ofender, ao

A invisibilidade do tradutor

introduzir imagens baixas e alusões pueris. No entanto, esse defeito é admiravelmente velado, ou completamente removido, por seu tradutor Pope" (Tytler, 1978, p.79). Pope é louvado por omitir "uma impropriedade", "o elogio" de Homero "à cintura da enfermeira" – na tradução de Tytler "a cintura" dela "era elegantemente cingida" –, bem como "uma circunstância extremamente indigna, e até mesmo repugnante", uma "imagem repulsiva" de Aquiles como uma criança: na tradução de Tytler, "quando o coloquei no colo, enchi-o de carne em pedacinhos, e dei-lhe vinho, que vomitaste no meu peito" (ibid., p.49-50, 89-90). Em outros pontos, o processo de domesticação é explicitamente codificado por classe, com o tradutor aconselhado a inscrever o texto estrangeiro usando os discursos literários da elite, ao mesmo tempo que exclui discursos que circulam entre o proletariado urbano: "Assim, se estamos legitimamente ofendidos ao ouvir Virgílio falar no estilo do *Evening Post* ou do *Daily Advertiser*, o que devemos pensar do tradutor, o que faz o solene e sentencioso Tácito se expressar no baixo calão das ruas, ou no dialeto dos garçons de uma taverna?" (ibid., p.119). A transparência, a "naturalidade da composição original" na tradução, era um efeito literário elegante que evitava a "licenciosidade" dos gêneros orais populares: "O gosto mais correto é indispensável para prevenir que aquela naturalidade degenere em licenciosidade. [...] O mais licencioso de todos os tradutores foi o sr. Thomas Brown, de memória jocosa, em cujas traduções de Luciano de Samósata encontramos a mais perfeita despreocupação; mas é a despreocupação de Billingsgate e de Wapping" (ibid., p.220-1).

Basicamente, a valorização burguesa do discurso transparente imprimida por Tytler para a exclusão do que Mikhail

Lawrence Venuti

Bakhtin denominou "carnavalesco" revela uma ansiedade de classe sobre o *status* de simulacro do texto traduzido e a ameaça que ele impõe ao conceito individualista de autoria (Bakhtin, 1984). Stallybrass e White facilitam essa crítica da teoria da tradução de Tytler com sua história bakhtiniana da construção de autoria na Inglaterra:

> Johnson, Dryden, Pope e Wordsworth procuraram, cada um, legitimar sua pretensão ao papel de poeta-mestre desengajando-se da cena carnavalesca de modo a se colocar acima dela, adotando uma posição singular de transcendência. Os traços desse trabalho, desse ato de rejeição discursiva, são marcados por nada mais do que a tentativa do poeta de fundar uma unidade ilusória acima e além do carnaval. Em cada caso, contudo, esse gesto aparentemente simples de superioridade social e desdém não poderia se realizar efetivamente sem revelar o próprio trabalho de supressão e sublimação envolvido. (Stallybrass; White, 1986, p.123-4)

A tradução ameaça o autor transcendental porque ela submete seu texto à infiltração de outros discursos que não são burgueses, individualistas, transparentes. No caso de Tytler, há um interesse especial de que os textos clássicos não devem ser carnavalizados e degradados pelas estratégias de tradução que não executam leituras canônicas daqueles textos — tornando coloquial "o solene e sentencioso Tácito", por exemplo, ou podando a "força unida à simplicidade" que é "característico da linguagem de Homero", traduzindo suas vulgaridades. O próprio trabalho de supressão e sublimação envolvido na teoria de Tytler pode ser visto em sua disposição de arriscar comprometer a canonicidade dos textos clássicos, admitindo que

A invisibilidade do tradutor

eles devem ser editados de modo a se adequar às suas leituras disciplinadas, burguesas desses textos. Até onde o neoclassicismo de Tytler compreende um método tradutório livre, ele imediatamente expressa e declara impossível um sonho nostálgico de originalidade, a proximidade dos antigos à "natureza", representação e expressão livres de suas condições discursivas.

Para Tytler, a ameaça imposta pela tradução à transcendência do autor é respondida pelo humanismo liberal, a contradição entre uma natureza humana geral e a estética individualista incorporada no conceito de "gosto correto". Sua intenção explícita é referir-se "ao tema da tradução considerada como uma *arte*, dependendo de princípios fixos" (Tytler, 1978, p.4, itálico meu). O tradutor de "gosto correto" é de fato um artista, um autor: "ninguém, a não ser um poeta, pode traduzir um poeta" (ibid., p.208); "um tradutor comum afunda-se sob a energia do seu original; o homem de gênio muitas vezes eleva-se acima dela" (ibid., p.42). É a transparência que denota no texto a autoria do tradutor: a naturalidade da originalidade ocorre em "exemplares de tradução perfeita, em que os autores penetraram com gosto requintado no estilo de seus originais" (ibid., p.142). A autoria do tradutor articula-se a uma identificação simpática com o autor estrangeiro – "para usar uma expressão corajosa, [o tradutor] deve adotar a própria alma do autor, que deve falar por meio de seus próprios órgãos" (ibid., p.212) – mas, na tradução, o que se expressa é menos a "alma" do autor do que a do tradutor: "Com que gosto superior o tradutor elevou sua símile, e trocou a circunstância ofensiva por outra bela"; "em tais exemplos, o bom gosto do tradutor invariavelmente cobre o defeito do original" (ibid., p.88-9). A preocupação de que a tradução complique a autoexpressão autoral por mediar o texto estrangeiro com discursos "baixos" é minorada pelo apagamento que Tytler impõe à distinção entre tradutor e autor, principalmente com base em um efeito ilusionista de textualidade, agora o sinal do "gosto correto".

Tytler (1747-1813), um lorde escocês que praticava o direito e tinha vários interesses filosóficos, literários e históricos, publicou seu tratado anonimamente em 1791, e então lançou mais duas edições, em 1797 e 1813, expandindo o livro três vezes mais do que seu tamanho inicial, adicionando muitos e muitos exemplos, movido pela convicção empírica de que eles fariam seu conceito de "gosto" parecer verdadeiro, correto, óbvio. O tratado foi muito bem recebido por resenhistas e leitores, confirmando a ideia de Tytler de que ele estava se dirigindo a uma esfera pública de consenso cultural, mesmo que essa esfera estivesse limitada a uma elite literária burguesa da mesma opinião.[11] A *European Magazine*, que se anunciava como "um veículo geral, pelo qual os literatos de todo o reino poderiam conversar entre si e comunicar seu conhecimento ao mundo", concluiu sua resenha "com surpresa diante da variedade da leitura de nosso autor, com louvor à imparcialidade de seu julgamento e à elegância de seu gosto" (*European Magazine*, 1793, p.282). O tratado de Tytler motivou o *Monthly Review* a refletir sobre "o progresso gradativo do gosto entre nossos escritores ingleses", como evidenciado na emergência da tradução fluente (*Monthly*

---

11 Alison descreve a recepção extremamente favorável do tratado de Tytler – "Os diferentes resenhistas da época, disputando um com o outro pela antecipação de sua resenha, e na liberalidade de seu louvor" –, concluindo que "depois da experiência de quinze anos [e cinco edições], pode agora ser considerada uma das obras-modelo da crítica inglesa" (Alison, 1818, p.28).

A invisibilidade do tradutor

Review, 1792, p.361). O resenhista anônimo afirmou que "as observações do autor são, na maioria, tão evidentemente ditadas pelo bom senso, e tão consoantes ao gosto correto, que admitem pouca discussão; e os exemplos, pelos quais elas são ilustradas, são muito judiciosamente selecionados e adequadamente aplicados", "suficientes para convencer cada leitor de bom gosto que o volume recompensará a dificuldade de uma leitura cuidadosa do todo" (ibid., p.363, 366).

Embora esses dois resenhistas tenham expressado algumas dúvidas sobre a recomendação de Tytler de que o tradutor edita ou "melhora" o texto estrangeiro, nenhum deles achou essa edição questionável por causa da domesticação nela envolvida. Ao contrário, a questão foi a natureza específica da domesticação, com ambos oferecendo razões firmemente fundadas em agendas de tradução doméstica. O resenhista do *Monthly Review* sugeriu que as "melhoras" de Tytler ao texto estrangeiro poderiam interferir na melhora do gosto desempenhada pela tradução, cujo "grande objetivo é, sem dúvida, dar ao leitor iletrado uma ideia correta do mérito do original" (ibid., p.363). O resenhista da *European Magazine* foi menos didático, mas igualmente esnobe, em seu desejo de conservar o texto clássico em um estado puro, sem mediadores: "Tais ornamentos nos parecem como douraduras modernas assentadas em uma das mais belas estátuas da antiguidade" (*European Magazine*, 1792, p.188). Essa ideia, embora baseada em um conceito idealizado do passado, na verdade servia aos interesses sociais contemporâneos, vivendo, um tanto contraditoriamente, sob a valorização do discurso transparente na cultura literária de elite, recomendando traduções que parecem reproduzir o texto estrangeiro à perfeição: "O sóbrio senso de crítica [...] ordena um tradutor a ser o espelho fiel de seu original" (ibid., p.189).

Lawrence Venuti

A importância de Tytler na canonização da tradução fluente talvez seja mais claramente indicada pela adesão de George Campbell aos mesmos "princípios" em sua versão em dois volumes dos Evangelhos. A obra de Campbell foi, sem dúvida, uma das traduções inglesas mais populares da época: entre 1789, quando foi publicada pela primeira vez, e 1834, quinze edições apareceram na Grã-Bretanha e nos Estados Unidos. O grande primeiro volume continha as "Dissertações preliminares" de Campbell sobre questões como "Os principais elementos aos quais se deve atentar em tradução" ("Dissertation the Tenth", p.445-519). A proximidade com as recomendações de Tytler é notável:

> A primeira coisa, sem dúvida, que chama a atenção [do tradutor] é dar uma representação exata do sentido do original. Isso, deve-se reconhecer, é o mais essencial de tudo. A segunda coisa é comunicar no seu verso, tanto quanto possível, em consonância com o gênio da língua em que ele escreve, o espírito e a maneira do autor, e se puder assim me expressar, o próprio caráter do seu estilo. A terceira e última coisa é cuidar para que a versão tenha pelo menos a qualidade de um desempenho original, que pareça natural e leve, para que não dê ao crítico nenhum pretexto para acusar o tradutor de usar palavras impropriamente, ou em um sentido não garantido pelo uso, ou de combiná-las de forma que obscureça o sentido e a construção não gramatical, ou mesmo berrante. (Campbell, 1789, p.445-6)

Recomendar a transparência como o discurso mais adequado aos Evangelhos foi de fato canonizar a tradução fluente. Tytler, que afirmou não conhecer o trabalho de Campbell antes

A invisibilidade do tradutor

de publicar o seu próprio, fez uso dele em edições posteriores de seu *Essay*, recorrendo às "Dissertações preliminares" para exemplos adicionais e juntando-se a Campbell na rejeição às traduções que eram ou muito literais, ou muito soltas, que se desviavam em demasia da fluência das interpretações dominantes do texto sagrado. "O dr. Campbell apontou corretamente que o hebreu é uma língua simples", observou Tytler, concordando com a rejeição do tradutor bíblico à versão de Sebastianus Castalio por sua "elegante latinidade", por "substituir a composição simples e sem adornos pela floreada e complexa" (Tytler, 1978, p.111-2). A descrição de Campbell de sua própria estratégia discursiva recomendava a fluência: "Quanto à linguagem, particularmente da versão em si, simplicidade, adequação e clareza são as principais qualidades que busquei. Empenhei-me em mantê-la igualmente livre do preciosismo de Arias e do ornamento de Castalio" (Campbell, 1789, p.xx). Na visão de Campbell, Arias Montanus errou porque sua versão latina "parece ter sido servilmente literal", oferecendo traduções etimológicas obscuras e "preservando a uniformidade, traduzindo a mesma palavra no original, onde quer que ocorra, ou por mais que esteja conectada, pela mesma palavra na versão", sem "atender ao objetivo do autor, como revelado pelo contexto" (ibid., p.449-51). A fluência exige que o léxico do tradutor seja variado o suficiente para não chamar a atenção para si como léxico, para a artificialidade da tradução ou, em última análise, para o fato de que o tradutor criou um "contexto" na língua de chegada para dar suporte ao que ele estima ser "o objetivo do autor".

A condenação de Campbell da tradução literal é um lembrete nítido de que qualquer defesa do discurso transparente ocul-

Lawrence Venuti

ta um investimento nos valores culturais domésticos – nesse caso, um dogmatismo cristão com insinuações antissemitas: "Um apego servil à literalidade, na tradução, é originalmente produto da superstição, não da Igreja, mas da sinagoga, onde teria sido mais adequado que intérpretes cristãos, ministros, não da palavra, mas do espírito, lhe permitissem permanecer" (ibid., p.456-7). Assim como Tytler, contudo, Campbell também supôs a existência de uma esfera pública governada pela razão universal. Em uma troca de cartas, Campbell assumiu a visão autocongrulatória de que a similaridade de suas ideias constituía "evidência" de "uma coincidência de sentimentos em relação a temas críticos entre pessoas de engenhosidade e erudição eminentes" (Alison, 1818, p.27). E mais, a natureza elitista e exclusivista desse consenso cultural se torna evidente, não apenas no dogmatismo cristão de Campbell, mas também em sua reação inicial ao tratado de Tytler: Campbell escreveu ao editor para saber o nome do autor porque, embora ele estivesse "muito lisonjeado de pensar que ele tinha, nesses assuntos, a coincidência de julgamento de um autor de tanto talento", ele, no entanto, declarou "sua suspeita de que o autor pudesse ter emprestado ideias de sua dissertação, sem dar reconhecimento à dívida" (ibid.; Tytler, 1978, p.xxxii). Campbell também foi um tradutor com uma consciência de autoria – ao mesmo tempo cristã e individualista – que poderia ser eriçada por outras traduções e discursos tradutórios, provocando nele reações que contrariavam suas suposições humanistas.

Na virada do século XIX, um método tradutório que suprimia a diferença cultural e linguística do texto estrangeiro estava firmemente arraigado como um cânone na tradução em língua inglesa, sempre ligado à valorização do discurso transparente. A canonicidade da tradução domesticadora era tão inquestionável

A invisibilidade do tradutor

que ela sobreviveu à desintegração da esfera pública burguesa, "agora uma classe de muito menos consenso afável do que de disputa feroz", na qual os periódicos literários ingleses constituíram facções culturais com posições políticas explícitas (Eagleton, 1984, p.37). Em 1820, John Hookham Frere, que mais tarde publicaria suas próprias traduções de Aristófanes, resenhou desfavoravelmente as versões de *Os acarnianos* e *Os cavaleiros*, de Thomas Mitchell, no solidamente conservador *Quarterly Review*, um defensor *tory* da teoria literária neoclássica e da autoridade da aristocracia e da Igreja anglicana (Sullivan, 1983b, p.359-67). Para Frere, o principal "defeito" da tradução de Mitchell era que ela cultivava um discurso dramático arcaico, "o estilo da nossa comédia antiga no início do século XVI", ao passo que

> a linguagem da tradução deve, pensamos, tanto quanto possível, ser um elemento puro, impalpável, invisível, agente do pensamento e do sentimento, e nada mais; ela nunca deve atrair a atenção para si mesma; daí, todas as frases que são notáveis em si, ou velhas ou novas; todas as importações das línguas e citações estrangeiras, devem, tanto quanto, possível ser evitadas. [...] tais frases, conforme [Mitchell] às vezes admite, *solus cum solo*, por exemplo, *petits pates* etc., têm o efeito imediato de lembrar ao leitor que ele está lendo uma tradução, e [...] a ilusão de originalidade, que o estilo natural ou espirituoso de uma sentença precedente poderia ter estimulado, dissipa-se instantaneamente por isso. (Frere, 1820, p.481)

Frere defendia a agora familiar estratégia fluente, na qual a linguagem da tradução é feita para ser lida com uma "disposi-

Lawrence Venuti

ção natural ou espirituosa", de modo que a ausência de quaisquer peculiaridades lexicais e sintáticas produz a "ilusão" de que a tradução não é uma tradução, e sim o texto estrangeiro, refletindo a intenção do escritor estrangeiro: "É do ofício do tradutor, presumo, representar as formas da língua de acordo com a intenção com que elas foram utilizadas" (ibid., p.482). O resenhista do *Edinburgh Review*, uma revista cuja política liberal *whig* motivou a criação do *Quarterly Review*, concordou, no entanto, que o Aristófanes de Mitchell era deficiente, e pela mesma razão: ele "devotou muito tempo trabalhando nas minas dos nossos dramaturgos antigos em vez de passar pelo sacrifício maior que lhe teria custado para formar um estilo próprio mais adequado às exigências" (*Edinburgh Review*, 1820, p.306).[12] O resenhista definiu essa "exigência" em termos da característica estilística repetidamente atribuída aos textos clássicos ao longo do século XVIII, afirmando que a "simplicidade nunca deve ser esquecida em uma tradução de Aristófanes" (ibid. p.307). O resenhista também sugeriu que a simplicidade deve ser considerada uma característica do estilo de Mitchell ("um estilo próprio"), mostrando involuntariamente que a tradução fluente domestica o texto estrangeiro, fazendo-o inteligível na cultura de língua inglesa, que valoriza a leitura fácil, o discurso transparente, a ilusão da presença autoral.

Uma vez mais, a domesticação representada por uma estratégia fluente não foi percebida como produtora de uma tradução

---

12 Sobre o ponto de vista ideológico do *Edinburgh Review*, ver Clive (1957, cap.4); Hayden (1969, p.8-9, 19-22) e Sullivan (1983b, p.139-44).

A invisibilidade do tradutor

imprecisa. Ambos os periódicos, geralmente discordantes, concordavam que a tradução de *Orlando furioso*, de Ariosto, publicada por William Stewart Rose em 1823, era tanto fluente quanto fiel. *Blackwood's*, uma revista que seguia o conservadorismo *tory* até extremismos reacionários, chamou a tradução de Rose de "um trabalho que, *necessariamente*, dirige-se às classes mais refinadas", pois "nunca uma tal fidelidade escrupulosa de tradução associou-se a uma tal elegância leve e ritmada de linguagem" (*Blackwood's Edinburgh Magazine*, 1823, p.30).[13] De forma similar, a *London Magazine*, que procurava manter uma neutralidade independente em meio às suas concorrentes politicamente comprometidas, achou que Rose, "em geral, combinou a naturalidade prolixa e a maneira não premeditada do original com um fluxo conciso e uniforme de números" (*London Magazine*, 1824, p.626; Sullivan, 1983b, p.288-96). O *Quarterly Review* tomou a versão de Rose como uma oportunidade de reafirmar os cânones da tradução fluente: "As duas características de uma boa tradução são fidelidade e naturalidade. Fidelidade tanto ao traduzir corretamente o sentido do original quanto ao exibir o espírito geral que o permeia: naturalidade de modo a não denunciar, por sua fraseologia, pela colocação de suas palavras ou construção de suas sentenças, que ela é uma mera cópia" (*Quarterly Review*, 1823, p.53). Uma estratégia fluente pode ser associada com a fidelidade porque o efeito de transparência oculta a interpretação que o tradutor faz do texto estrangeiro,

---

13 A revista *Blackwood's* também publicou uma resenha favorável ao segundo volume do Ariosto, de Rose (*Blackwood's Edinburgh Magazine*, 1824). Sobre o ponto de vista ideológico dessa revista, ver Hayden (1969, p.62-3, 73) e Sullivan (1983b, p.45-53).

o contexto semântico que ele construiu na tradução de acordo com os valores culturais da língua de chegada. A tradução fluente de Rose foi louvada por "traduzir corretamente o sentido do original" porque assimilou o texto italiano aos valores ingleses, não apenas a valorização da linguagem "natural", mas também da interpretação do poema de Ariosto que prevalecia na época, na cultura-alvo. Mais uma vez, o domínio da fluência implicava que aqueles textos canônicos, os textos modernos e antigos nos quais o senso de autoria original era mais pronunciado, seriam dotados de simplicidade estilística. O resenhista da *London Magazine* declarou que *Orlando furioso* é caracterizado por "essa simplicidade refinada, que estampa a marca distintiva de um gênio superior" (*London Magazine*, 1824, p.626).

No caso de Frere, a fluência significava uma homogeneização linguística que evitava não apenas o arcaísmo, mas "as associações exclusivamente pertencentes às maneiras modernas", generalizando o texto estrangeiro, removendo, tanto quanto possível, os marcadores historicamente específicos. O tradutor deve, "se for capaz de executar sua tarefa calcado em um princípio filosófico, empenhar-se para resolver as alusões locais e pessoais nos gêneros, dos quais a variedade pessoal e local utilizada pelo autor original é apenas do tipo acidental; e reproduzi-las em uma daquelas formas permanentes que estão ligadas aos hábitos imutáveis e universais da humanidade" (Frere, 1820, p.482). Frere racionalizou essas "liberdades" confessas apelando para um "princípio filosófico":

> O território adequado do tradutor, assim entendemos, se encontra naquela vasta massa de sentimento, paixão, interesse, ação e hábito comuns à humanidade em todos os países e em todas as

A invisibilidade do tradutor

épocas; e que, em todas as línguas, se reveste com suas formas apropriadas de expressão, capazes de representá-la em toda a sua infinita variedade, em todas as distinções permanentes da época, da profissão e do temperamento. (Ibid., p.481)

Na visão de Frere, uma estratégia fluente permite que a tradução seja uma representação transparente das eternas verdades humanas expressadas pelo autor estrangeiro.

O princípio no qual a teoria de Frere repousa é aquele que pode agora ser reconhecido como central para a história da tradução fluente: humanismo liberal, subjetividade vista ao mesmo tempo como autodeterminante da natureza humana e por ela determinada, individualista, mas genérica, transcendendo a diferença cultural, o conflito social e a mudança histórica para representar "cada nuance do caráter humano" (ibid.). E, assim como versões anteriores desse princípio, o de Frere pode parecer democrático em seu apelo àquilo que é "comum à humanidade", a uma essência humana universal e atemporal, mas, na verdade, ele envolvia uma domesticação insidiosa que lhe permitia imprimir no texto estrangeiro sua moralidade sexual conservadora e seu elitismo cultural. Ele deixou claro seu melindre em relação à vulgaridade física do humor de Aristófanes, seu realismo grotesco, e sentiu a necessidade de explicá-lo como inconsistente com a intenção do autor: as "linhas de extrema grosseria" eram "acomodações forçadas", "que evidentemente foram inseridas com o propósito de pacificar a parte vulgar da plateia durante passagens em que era possível que o ódio, ou a impaciência, ou a decepção irrompesse" (ibid., p.491). Daí, "ao descartar essas passagens", Frere afirmou que "o tradutor apenas está fazendo para o autor aquilo que ele próprio teria

Lawrence Venuti

feito de bom grado" – não estivesse ele, "com frequência, sob a necessidade de dirigir-se exclusivamente à classe baixa" (ibid.). A defesa de Frere em prol de uma estratégia fluente se baseava em um esnobismo burguês no qual o conservadorismo político e moral agora ascendente na cultura inglesa resultou num chamado para um Aristófanes expurgado que representava as divisões de classe "permanentes" da humanidade, o que Frere descreveu como "aquele humor cômico verdadeiro que ele dirigia à parte mais inteligente e refinada de sua plateia" (ibid.). Para Frere, "as pessoas de gosto e julgamento, às quais o autor ocasionalmente apela, formam, em tempos modernos, o tribunal ao qual o tradutor deve se dirigir" (ibid.).

O *Edinburgh Review* criticou o Aristófanes de Mitchell com base em suposições políticas e filosóficas similares, embora formuladas com uma diferença explicitamente "liberal". O Aristófanes do resenhista abordava sua plateia com uma inclusão democrática – "Os sorrisos dos poucos educados não foram suficiente para o comediante, ele deve juntá-los aos gritos dos milhões" –, e visto que "ele tinha de atender a todos os gostos", o dramaturgo veio a desempenhar diversas funções sociais, "o satirista público", "o jornalista do Estado", "o crítico de revista" (*Edinburgh Review*, 1820, p.280) – e Aristófanes modelava a própria autoimagem do *Edinburgh* como uma revista liberal. Diferentemente de Frere, esse resenhista suspira com alívio, pois Mitchell "não pretende publicar um Aristófanes para a família", aludindo ao título da edição censurada de Shakespeare, publicada por Thomas Bowdler (1818), e nenhuma ofensa foi feita à linguagem de Mitchell. O problema para o resenhista do *Edinburgh* estava mais na descrição de Mitchell da "plateia" de Aristófanes "como geralmente formada por

A invisibilidade do tradutor

uma 'ralé', preparada para nada exceto 'as tolices das folias dos feriados', e totalmente incapaz de apreciar o mérito de ordem superior" (*Edinburgh Review*, 1820, p.275). Nesse ponto, a postura "liberal" do resenhista revela a mesma contradição entre o humanismo e o elitismo cultural que emergira em Frere: a comédia de Aristófanes "não poderia ser totalmente sem atrativos para a mente filosófica, que explora os princípios da natureza humana, ou para o gosto refinado, que se deleita diante do triunfo do talento" (ibid., p.277). Não inesperadamente, as "qualidades" que distinguem Aristófanes como "um tanto quanto acima da compreensão grosseira de uma simples turba, e apropriado para ganhar o aplauso mais precioso do que o rugido ignorante da aclamação plebeia" são características do discurso transparente: "tanto claras quanto límpidas – breves e, no entanto, magníficentes –, poderosas e éticas", "de fluência e substância infalíveis" (ibid, p.278, 282).

III. Duas versões de Catulo

A canonização da fluência na tradução em língua inglesa durante o início do período moderno limitou as opções do tradutor e definiu seus interesses políticos e culturais. Um tradutor poderia escolher ou o agora tradicional método da domesticação, uma redução etnocêntrica do texto estrangeiro aos valores culturais dominantes no inglês; ou um método estrangeirante, uma pressão etnodesviadora daqueles valores a fim de registrar as diferenças linguísticas e culturais do texto estrangeiro. Perto da virada do século XIX, os valores em questão, embora afirmados um tanto contrariamente em vários tratados, prefácios de tradutores e resenhas, eram decididamente burgueses – li-

Lawrence Venuti

berais e humanistas, individualistas e elitistas, moralmente conservadores e fisicamente melindrosos. As maneiras nas quais esses valores restringem a atividade do tradutor, as formas de submissão e resistência que um tradutor pode adotar sob sua dominação, tornam-se impressionantemente evidentes com as primeiras traduções para o inglês de livros completos de Catulo, as versões do dr. John Nott (1795) e do honorável George Lamb (1821).

Antes do aparecimento dessas traduções, Catulo ocupava havia muito uma posição segura no cânone da literatura clássica em inglês. Edições do texto latino estavam disponíveis no continente após o século XV, e mesmo com o passar de mais dois séculos antes de sua publicação na Inglaterra, Catulo já tinha sido imitado por uma ampla gama de poetas ingleses — Thomas Campion, Ben Jonson, Edmund Waller, Robert Herrick, entre muitos outros (McPeek, 1939; Wiseman, 1985, cap.VII). Mesmo assim, o lugar de Catulo na cultura literária inglesa, mesmo que apoiado por tantos escritores culturalmente proeminentes, era um tanto secundário. Havia poucas traduções, em geral pertencentes ao mesmo pequeno grupo de poemas do pardal e do beijo, mostrando de forma bem clara que ele era virtualmente negligenciado pelos tradutores ingleses em favor de Homero, Virgílio, Ovídio, Horácio: estas eram as figuras importantes, traduzidas a serviço de diversos interesses estéticos, morais e políticos. A marginalidade de Catulo era parcialmente uma questão de gênero, com o privilégio do épico sobre o lírico na tradução poética em inglês durante esse período. Mas havia também a questão da moralidade, com os escritores ingleses ao mesmo tempo atraídos e perturbados pela sexualidade pagã e pela linguagem fisicamente grosseira,

A invisibilidade do tradutor

nutrindo uma fixação culposa pelo caso de amor escandaloso do poeta com "Lésbia".

A primeira tradução de uma substancial seleção de textos, o anônimo *Adventures of Catullus, and History of his Amours with Lesbia* (1707), foi a partir do texto francês *Les Amours de Catulle*, de Jean de la Chapelle. Consistia de várias seções narrativas, algumas nas vozes de Catulo e Lésbia, pontuadas por versões dos textos latinos, tudo organizado para apoiar "uma série de conjecturas históricas [que] têm uma base muito grande nos próprios versos do poeta" (*The Adventures of Catullus*, 1707, p.A2^r). Para o editor inglês, o livro era didático, "uma das mais severas lições contra nossas paixões e nossos vícios"; mas, desde que ele foi descrito como "uma representação exata da nobreza da *Roma* antiga, em uma vida privada, em suas amizades, conversação e maneiras no lar", o editor também estava assimilando a cultura aristocrática romana aos valores burgueses como intimidade emocional e decoro moral e talvez questionando a "vida privada" da aristocracia britânica: o livro foi dedicado ao conde de Thomond (ibid., p.A2^v-A3^v). Em seu *Lives of the Roman Poets* (1733), Lewis Crusius, sentindo ansiosamente a necessidade de uma "justificação deste escritor [que] tem sido muito censurado pela obscenidade de algumas de suas obras", pediu ao leitor inglês que respeitasse a diferença cultural e histórica da poesia de Catulo, sua moralidade sexual diferente: "Não seríamos compreendidos de jeito nenhum ao reivindicar essa conduta em nosso autor, mas simplesmente para mostrar que obscenidade, de acordo com os antigos, não só era permitida nesses tipos de composições, como, quando habilidosamente vestida com elegância, era vista como uma das suas grandes belezas" (Crusius, 1733, p.28). No final, contudo, Crusius

Lawrence Venuti

revelou apenas seu requinte moral, concluindo que o texto latino deveria continuar a ser censurado:

> Muitas coisas mais podem ser trazidas a fim de mostrar a permissão dessa prática entre os *gregos* bem como os *romanos*; mas, como a vemos no mais alto grau como criminosa e ofensiva em si, e da mais perniciosa consequência para os leitores, especialmente os jovens de ambos os sexos, em cujas mãos tais obras possam cair, nada mais diremos sobre este assunto. (Ibid., p.29)

O aparecimento de duas traduções completas da poesia de Catulo mais ou menos durante a mesma geração marcou uma revisão do cânone clássico em inglês, a emergência de um gosto renovado por poemas curtos, em particular epigramas e líricos, e aqueles de uma natureza erótica. Os fatores socioculturais que possibilitaram essa revisão não incluíam nenhum afrouxamento das normas morais burguesas, mas, sim, a canonização da transparência tanto na poesia inglesa quanto na poesia traduzida. Crusius fez soar essa nota antes quando elogiou "a elegância natural e verdadeira e a graça que animam o estilo desse poeta" (ibid., p.28). No início do século XIX, a poesia de Catulo era assimilada de forma rotineira ao discurso transparente, visto como oferecedor de um efeito especialmente forte de presença autoral, e isso, às vezes, enfraquecia o recato dos críticos, levando-os a abrandar a linguagem vulgar que eles achavam tão ofensiva. O trabalho de reabilitação era evidente no livro *Specimens of the Classic Poets* (1814), uma antologia em três volumes de traduções de versos gregos e latinos. Elton sentia que a poesia de Catulo era um tanto fraca – "porções

A invisibilidade do tradutor

de cortesia ou epigramas satíricos, com uns poucos poemas de uma classe mais elevada" –, mas ele justifica esse defeito ao presumir que "muito da poesia de Catulo parece ter se perdido" (Elton, 1814, p.i, 30-1). O que recomenda os textos sobreviventes é sua "naturalidade" e "simplicidade":

> Eles, que se afastam com nojo das impurezas vulgares que mancham suas páginas, podem estar inclinados a se perguntar se o termo *delicadeza* já deveria ter sido ligado ao nome de Catulo. Mas muitas de suas efusões, eminentes tanto por imaginação quanto por sentimento, esse elogio é justamente merecido. Diversas de suas frivolidades amorosas são um tanto sem igual na elegância de sua alegria; e nenhum autor o excedeu na pureza e no esmero do seu estilo, na naturalidade encantadora e na simplicidade estimulante de sua forma, e em suas graciosas mudanças de pensamento e satisfações de expressão. Algumas de suas obras, que respiram o mais alto entusiasmo da arte, e coloridas com uma imaginação pitoresca singular, aumentam nosso pesar quanto à mutilação manifesta de suas obras. (Ibid., p.ii, 31)

Em 1818, *Blackwood's* publicou um ensaio que ponderava sobre a fluência do verso de Catulo, vendo nele um espelho do poeta: "Essa linguagem é uniformemente descuidada. [...] Sua versificação é descuidada, mas graciosa. Seu sentimento é fraco, mas sempre verdadeiro. O poeta não tem nenhuma inclinação a parecer qualquer coisa exceto o que ele é" (*Blackwood's Edinburgh Magazine*, 1818, p.487). O ensaísta, então, aventurou-se a ligar Catulo ao quadro canônico inglês, sugerindo que a "obscenidade é raramente introduzida no todo para seu pró-

Lawrence Venuti

prio bem. Assim como faz Swift, é apenas a arma da sátira"
(ibid., p.488). O veredito final, contudo, foi

> que é um tanto impossível ler esses versos sem lamentar que ele
> era um ocioso, um homem da moda e um libertino. [...] ele po-
> deria ter legado à posteridade obras apropriadas para inspirar
> sentimentos de virtude e moralidade, em vez de um livro cuja
> maior parte deveria permanecer lacrada para sempre àqueles que
> têm algum princípio da delicadeza humana em sua formação.
> (Ibid., p.489)

Os tradutores das primeiras versões completas de Catulo,
Nott e Lamb, compartilhavam da avaliação prevalente sobre o
poeta latino, mas isso moldou o trabalho deles de maneira bem
diferente. Nott também pensava que "a força e a simplicidade,
a elegância e a perspicácia marcam o estilo de Catulo" (Nott,
1795, v.I, p.xxiii), enquanto Lamb escrevia sobre "a felicidade de expressão natural do poeta", "o mesmo tom natural que
Catulo raramente ou nunca perdera" (Lamb, 1821, v.I, p.xl,
xlii). A diferença mais marcante entre os tradutores ocorreu
na questão da moralidade: Nott procurou reproduzir a sexualidade pagã e a linguagem fisicamente vulgar do texto latino,
enquanto Lamb minimizou ou apenas as omitiu.

Nott tinha consciência de que "aquelas indecências que
ocorriam tantas vezes em nosso poeta, as quais eu constantemente preservei no original, e aventurei-me a traduzir de alguma maneira, exigem uma apologia" (Nott, 1795, v.I, p.x). Sua
razão inicial – satisfazer "o estudioso curioso [que] poderá
desejar se familiarizar com a irreverência e a sátira grosseira
dos tempos romanos" (ibid.) – não seria convincente para

A invisibilidade do tradutor

seus contemporâneos, uma vez que tal leitor já tinha acesso ao texto latino; talvez o apelo devesse ser revisto menos como uma lógica do que como uma reflexão da inclinação erudita do próprio Nott, seu desejo de se dirigir a um público acadêmico. Seu principal interesse parece ter sido duplo: proteger-se contra uma resposta etnocêntrica ao texto latino e preservar sua diferença histórica e cultural:

> Quando um clássico antigo é traduzido, e explicado, o trabalho pode ser considerado como que formando um elo na corrente da história: a história não deve ser falsificada, devemos, portanto, traduzi-lo justamente; e quando ele nos dá os costumes de seu tempo, por mais desagradáveis às nossas sensações, e por mais repugnantes às nossas naturezas que eles possam às vezes se mostrar, não devemos nos esforçar para ocultar, ou encobri-los, por meio de uma consideração exagerada à delicadeza. (Ibid., p.x-xi)

O senso de acuidade histórica de Nott supunha um conceito mimético de tradução como uma representação adequada do texto estrangeiro. Em 1795, essa suposição mimética estava começando a parecer obsoleta na teoria poética inglesa, um retrocesso a um empiricismo mais antigo, desafiado agora pelas teorias expressivas de poesia e talento original. No entanto, a adesão de Nott a uma suposição teórica residual o tornou capaz de resistir à pressão dos valores morais da burguesia em sua tradução.

Em 1821, Lamb possuía um senso mais romântico, contemporâneo, de autenticidade autoral que projetava um conceito expressivo de tradução como adequadamente comunicativo do estado psicológico do autor estrangeiro. As "composições [de

Lawrence Venuti

Catulo], poucas como são, provavelmente expressam esses sentimentos sobre cada evento importante de sua curta carreira", acreditava Lamb, e isso o levou a concluir que o poeta latino "parece ter sido tão pouco maculado pela vulgaridade da época quanto possível [...], pura, de fato, naturalmente deve ter sido aquela mente, que, em meio a tanta grosseria de costumes, pôde preservar tanta delicadeza expressiva e refinamento elevado" (Lamb, 1821, v.I, p.xlii-xliii). A poética expressiva de Lamb subscrevia não apenas sua crença na pureza do poeta, tanto moral quanto estilisticamente, mas também sua defesa de um método tradutório livre que produzia a ilusão de transparência, ao mesmo tempo que domesticava o texto latino. Situando-se explicitamente na tradição principal da tradução fluente de Denham a Johnson, Lamb declarou que "o curso natural da tradução é primeiro assegurar sua fidelidade e, então, tentar o verniz de elegância e liberdade" (ibid., p.lviii). Assim, ele manuseou as "expressões passíveis de objeção", desenvolvendo estratégias de "omissão e amplificação", reconhecendo "a necessidade de fazer toda a tentativa para velar e suavizar antes que a omissão inteira pudesse ser justificada", revisando a suposição de que Catulo foi "um talento originalmente puro, contudo poluído pela imoralidade de sua época" (ibid., p.lix, xli).

A tradução de Lamb submeteu-se aos valores burgueses que dominavam a cultura inglesa, inscrevendo no texto latino uma moralidade conservadora e um fetiche pelo discurso poético transparente. Nott trabalhou sob o mesmo regime cultural, mas preferiu resistir àqueles valores em nome da preservação da diferença do texto latino. Nott estrangeirou Catulo, muito embora o estrangeiramento não signifique que ele, de alguma

A invisibilidade do tradutor

forma, transcendeu seu próprio momento histórico para reproduzir o estrangeiro, sem a mediação do doméstico. Ao contrário, se a tradução de Nott apresentava qualquer elemento da cultura romana durante a República Velha, só poderia ser em termos culturais da língua inglesa, fazendo o estrangeiro aqui não tão "romano" quanto um desvio marcado dos valores do momento.

Os vários aspectos do Catulo estrangeirado de Nott sobressaem visivelmente em relação à domesticação imprimida por Lamb. A edição bilíngue de Nott, destinada a oferecer "o todo de Catulo sem reservas" (Nott, 1795, v.I, p.x), consistia de 115 poemas atribuídos ao poeta latino; a edição em inglês de Lamb incluía 84 (Lamb, 1821). Nott traduziu textos que se referiam a casos de adultério e relações homossexuais, bem como textos que continham descrições de atos sexuais, especialmente de sexo anal e oral. Lamb ou as omitiu, ou as expurgou, preferindo expressões mais refinadas de amor heterossexual que vislumbravam rapidamente a atividade sexual. O epigrama satírico de Catulo sobre "Verbenni", por exemplo, é um poema que Lamb excluiu. Eis o texto latino com a tradução de Nott:

O furum optime balneariorum
Vibenni pater et cinaede fili,
(nam dextra pater inquinatiore,
culo filius est voraciore)
cur non exilium malasque in oras
itis? quandoquidem patris rapinae
notae sunt populo, et natis pilosas,
fili, non potes asse venditare.

Lawrence Venuti

Old Vibennius of all your bath-rogues is the first;
Nor less noted his boy for unnatural lust:
The hands of the former are ever rapacious,
The latter's posterior is full as voracious:
Then, o why don't ye both into banishment go,
And deservedly wander in deserts of woe?
Not a soul but the father's mean rapines must tell;
And thou, son, canst no longer thy hairy breech sell.

(Nott, 1795, v.I, p.90-1)

O velho Vibennius de todos os seus balneários é o primeiro
Nem deixou de olhar seu filho com lascívia inatural
As mãos do mais velho são sempre famintas,
O traseiro do mais novo não é menos voraz:
Então, por que os dois não vão para o degredo,
A merecidamente vaguear em desertos de tristeza?
Nenhuma alma exceto a do pai dos vis estupros pode falar;
E você, filho, não pode mais seu traseiro cabeludo vender.

A tradução de Nott desviava-se dos valores morais e literários ingleses de várias maneiras. Ele não só escolheu incluir o texto latino e traduzir as referências sexuais, mas suas escolhas (*unnatural lust, posterior, breech*) reproduzem o latim bem de perto (*cinaede, culo, natis*), recusando o método livre tradicional e, assim, minimizando o risco do eufemismo e da expurgação. A tradução de Nott é igualmente não inglesa ao ser nada mais que intermitentemente fluente. O texto se abre com uma rima falsa (*first/lust*). O verso de doze sílabas, uma divergência do pentâmetro padrão, é metricamente irregular e um tanto de-

A invisibilidade do tradutor

sajeitado, conduzido efetivamente apenas no segundo dístico. E a sintaxe é elíptica, invertida ou convoluta em pelo menos metade dos versos.

As violações de Nott contra o decoro moral e estilístico também ficam aparentes quando suas traduções são justapostas às de Lamb. Ambos traduziram a apologia de Catulo por sua poesia amorosa, mas o tratamento deles para os versos de abertura é significativamente diferente:

> Pedicabo ego vos et irrumabo,
> Aureli pathice et cinaede Furi,
> qui me ex versiculis meis putastis,
> quod sunt molliculi, parum pudicum.

> I'll treat you as 'tis meet, I swear,
> Notorious pathics as ye are!
> Aurelius, Furius! Who arraign
> And judge me by my wanton strain.

> (Nott, 1795, v.I, p.51)

> Eu tratá-los-ei como se deve, eu juro,
> Catamitos notórios como vocês são!
> Aurelius, Furius! Que me censuram
> E julgam por meu jeito devasso.

> And dare ye, Profligates, arraign
> The ardour of my sprightly strain,
> And e'en myself asperse?

> (Lamb, 1821, v.I, p.35)

Lawrence Venuti

E ousam, Devassos, censurar
O ardor do meu jeito jovial,
E até mesmo me difamar?

Nenhuma versão foi tão longe quanto o texto latino ao especificar a natureza dos atos sexuais: *pedicabo* e *irrumabo*, usados por Catulo, indicam sexo anal e oral. Mas *pathics*, referido por Nott, estava obviamente mais próximo do latim do que o *profligates* de Lamb. A palavra *pathics* era um termo de abuso usado desde o século XVII para significar "um homem ou jovem em quem a sodomia é praticada; um catamito" (*OED*). Assim, seu abuso (mesmo que homofóbico pelos padrões do final do século XX) transmitia a suposição romana de Catulo de que um homem que se submetia a sexo anal e oral – se por vontade própria ou não – era humilhado, enquanto "o penetrador mesmo não era nem rebaixado, nem desonrado" (Wiseman, 1985, p.11). A escolha de Lamb por *profligates* efetivamente expurgou o texto latino, mas seu senso burguês de decoro era tão intenso que ele se sentia compelido a mencionar a expurgação em uma nota de rodapé, na qual também procurou se desculpar pela vulgaridade da linguagem de Catulo; ela foi vista como fonte de expressão da intensidade de seus sentimentos feridos:

Esse poema é uma imitação muito livre do original, que não poderia ser tolerado se traduzido literalmente. Pezay diz, esse poema sendo endereçado por Catulo para seus dois grandes amigos, deveria ser visto *comme une petite gaité*. O tom é mais de indignação séria diante dos comentários sobre seus poemas; e

A invisibilidade do tradutor

ele pode ter ficado muito exasperado em face do tal tratamento daqueles a quem ele tinha considerado seus amigos e defensores.

> *The sacred bard, to Muses dear,*
> *Himself should pass a chaste career.*

Essa declaração de pureza de caráter que um poeta imoral deveria e poderia preservar foi apresentada por Ovídio, Marcial e Ausonio, em sua própria defesa. (Lamb, 1821, v.II, p.141)

A versão de Lamb foi um exemplo não só de decoro, mas de fluência também. Nott usou uma outra rima falsa (*swear/ye are*) e criou um movimento um tanto deselegante de um dístico para outro, mudando abruptamente da forma declarativa para o epíteto e para a apóstrofe. Lamb evidentemente emprestou a única rima verdadeira de Nott à passagem, mas o fez com um uso muito mais elegante, tornando a sintaxe mais contínua e variando a métrica com maior sutileza.

Talvez não haja uma ilustração melhor dos métodos diferentes dos dois tradutores do que suas versões de *Carmen* V, objeto de inúmeras traduções e imitações inglesas desde o século XVI:

> Vivamus, mea Lesbia, atque amemus,
> rumoresque senum severiorum
> omnes unius aestimemus assis.
> soles occidere et redire possunt:
> nobis cum semel occidit brevis lux,
> nox est perpetua una dormienda.
> da mi basia mille, deinde centum,

Lawrence Venuti

dein mille altera, dein secunda centum,
deinde usque altera mille, deinde centum.
dein, cum milia multa fecerimus,
conturbabimus illa, ne sciamus,
aut ne quis malus invidere possit,
cum tantum sciat esse basiorum.

Let's live, and love, my darling fair!
And not a single farthing care
    For age's babbling spite;
Yon sunts that set again shall rise;
But, when our transient meteor dies,
    We sleep in endless night:

Then first a thousand kisses give,
An hundred let me next receive,
    Another thousand yet;
To these a second hundred join,
Still be another thousand mine,
    An hundred then repeat:

Such countless thousands let there be,
Sweetly confus'd; that even we
    May know not the amount;
That envy, so immense a store
Beholding, may not have the pow'r
    Each various kiss to count.

(Nott, 1795, v.I, p.17)

A invisibilidade do tradutor

Vivamos, e amemos, minha querida e linda!
Nem um único vintém zela
   Pelo ódio balbuciante da idade;
Seus sóis que se põem novamente nascerão;
Mas, quando nosso efêmero meteoro morrer,
   Dormiremos em noite infinda:

Então primeiro mil beijos dê,
Cem mais permita que eu receba depois,
   E outros mil ainda;
A estes mais cem se unem, -
E que mil mais sejam meus,
   E cem mais, então se repitam:

Estes incontáveis milhares deixe ficar,
Docemente confusa; que mesmo nós
   Somos capazes de contar;
Que a inveja, que tão imensa reserva
Contempla, não tenha o poder
   De cada beijo contar.

A primeira estrofe de Nott possui fluência considerável, com sua sintaxe contínua entrelaçada a um esquema de rimas moderadamente intrincado, mas, na segunda estrofe, as rimas falsas proliferam, e a terceira praticamente range com inversões e interrupções sintáticas e a rima dissonante em *store/pow'r*. As revisões sugestivas de Nott do texto latino enfatizam a oposição entre a moralidade da idade (*babbling spite*) e a paixão da juventude (*transient meteor*), e incluem um par de referências sexuais leves, o prazer erótico denotado por *sweetly confus'd* e a sexualidade experimentada insinuada em "vários" tipos de "beijos". A segunda estrofe de Nott também revisa o latim (trocando "dar" por "receber"), criando a imagem devassa do amante masculino passivamente recebendo beijos de Lésbia e, assim, exagerando, um tanto comicamente, a fantasia masculina de agressividade sexual feminina no texto de Catulo. A tradução masculinista de Nott é uma celebração engraçada, ligeiramente lasciva e não inteiramente apropriada da juventude e sexualidade dos amantes contra a idade e a rigidez moral. Sua franqueza sexual entra em conflito com a versão mais decorosa de Lamb, na qual os amantes são dados a "rubores" vergonhosos:

> Love, my Lesbia, while we live;
>   Value all the cross advice
> That the surly graybeards give
>   At a single farthing's price.
>
> Suns that set again may rise;
>   We, when once our fleeting light,
> Once our day in darkness dies,
>   Sleep in once eternal night.
>
> Give me kisses thousand-fold,
>   Add to them a hundred more;
> Other thousands still be told
>   Other hundreds o'er and o'er.
>
> But, with thousands when we burn,
>   Mix, confuse the sums at last,
> That we may not blushing learn
>   All that have between us past.

A invisibilidade do tradutor

None shall know to what amount
    Envy's die for so much bliss;
None – for none shall ever count
    All the kisses we will kiss.

                  (Lamb, 1821, v.I, p.12-3)

Amemos, Lésbia, enquanto vivermos;
    Valorizemos todo conselho adverso
Que os rudes velhos grisalhos dão
    Pelo preço de um único vintém.

Sóis que se põem de novo nascem;
    Nós, quando então nossa luz fugidia,
Nosso dia em escuridão morrer,
    Dormiremos em uma noite eterna.

Dê-me beijos mil,
    A eles some mais uma centena;
Outros milhares ainda se digam
    Outras centenas agora e depois.

Mas, com milhares quando ardermos,
    Misturando, confundindo as somas, afinal,
Que não vejamos ruborizados
    Tudo o que entre nós se deu.

Ninguém saberá até onde
    Seremos invejados por tamanho prazer;
Ninguém – pois ninguém jamais contará
    Todos os beijos que nos daremos.

Lawrence Venuti

Comparada à tradução de Nott, a de Lamb é notável pela extrema fluência: os quartetos se desenrolam com rapidez, levados por uma métrica trocaica suavemente variada, e distribuem o sentido em unidades sintáticas precisas, recorrendo, com uma regularidade que ameaça chamar a atenção, à sua qualidade artificial, mas permanece despercebida, natural, leve. As adições de Lamb ao texto latino a um só tempo tornam mais explícita a natureza sexual do tema (*"burn"*) e apontam para o pudor dos amantes (*"blushing"*), uma contradição que é sintomática do trabalho de domesticação do tradutor. A versão de Lamb, diferentemente da de Nott, é apresentada como uma sedução (*"Love, my Lesbia"*), e assim segue o tratamento tradicional inglês ao texto latino: em *Volpone* (1605), de Jonson, por exemplo, a imitação do poema de Catulo é usada por Volpone para seduzir a casta Célia. Visto que *greybeards* usado por Lamb, diferente de *age*, usado por Nott, reproduz o gênero masculino que Catulo confere à voz da moralidade, a relação entre os amantes toma a forma de um romance familiar, com o amante masculino preso a uma luta edipiana contra os patriarcas pelo controle da sexualidade de Lésbia. A estrofe final de Lamb toma emprestada outra rima de Nott (*"amount"*/*"count"*), e novamente esse empréstimo revela os diferentes valores que informam suas traduções: em Nott, o beijo é visto pelo invejoso (*beholding*), o caso amoroso é tratado como de conhecimento público, ao passo que na versão de Lamb o beijo parece ser protegido pela privacidade (*"none shall know"*, *"none shall ever count"*). Ambas as versões domesticam o texto latino em alguma medida, de forma mais óbvia na escolha da forma dos versos

A invisibilidade do tradutor

e no uso de *"farthing"*[14] para substituir o termo latino para uma moeda de bronze (*"assis"*); mas a versão de Lamb é marcada por diversos valores burgueses – fluência, retidão moral, família patriarcal, privacidade – enquanto a de Nott constitui um desvio significativo, se não de fato uma violação deles.

É de fato essa a leitura que surge na pesquisa de reações contemporâneas às traduções. No final da década de 1790, a versão de Nott parecia tão distante dos gostos ingleses que proporcionou uma experiência de leitura igualmente desconfortável e estranha, a ponto de ser reiteradamente condenada por razões morais e estilísticas. O resenhista da *Gentleman's Magazine* deixou claro como a ofensa moral poderia ser um gesto burguês de superioridade social, vinculando a tradução de Nott ao gosto popular pelo romance gótico, com sua sexualidade sensacionalista: "Como poderia um homem ter intencionado debochar da mente de seus compatriotas ao traduzir 'indecências tão frequentes neste poeta lascivo, que o casto leitor preferiria que fossem omitidos', [...] é um problema que somente aqueles que leram romances como *The Monk* podem solucionar" (*Gentleman's Magazine*, 1798, p.408).

A desaprovação à tradução "lasciva" de Nott foi geral nos periódicos literários, cruzando as linhas faccionais e, assim, revelando suas suposições burguesas comuns. A *British Critic*, uma revista *tory* fundada por religiosos anglicanos que se opunham à reforma parlamentar, declarou que "Objetamos, pelos princípios morais, ao plano do tradutor" e insistiu que a tradução "deveria ser diligentemente confiscada dos jovens e das

---

14 Uma moeda britânica antiga que valia um quarto do antigo *penny*, tendo circulado entre 1860 e 1961. (N. T.)

mulheres" (*British Critic*, 1798, p.672); ao passo que a liberal *Monthly Review* apresentou um comentário cuidadosamente redigido que admitia a possibilidade de outra leitura de Catulo, mas ao mesmo tempo se recusava a sancioná-la: "embora possamos parecer exigentes com o referido tradutor, confessamos que, em nossa opinião, uma seleção criteriosa de seus poemas teria sido mais aceitável para o público" (*Monthly Review*, 1797, p.278).[15]

A tradução de Nott foi negligenciada pelos periódicos, tendo as primeiras resenhas aparecido vários anos depois da publicação do poema e em número muito pequeno. A tradução de Lamb foi amplamente resenhada assim que ela foi publicada; e, embora os julgamentos fossem confusos, eram declarados nos mesmos termos burgueses e tendiam a ser muito mais favoráveis que os endereçados à versão de Nott. Os resenhistas, geralmente contenciosos, passaram a demonstrar menos apartidarismo do que consciência de classe ao abraçarem a versão de Lamb. A liberal *Monthly Magazine*, que se declarou, em seu primeiro número, "um empreendimento em nome da liberdade intelectual e contra as forças do conservadorismo em pânico" (Sullivan, 1983b, p.314-9), elogiou a expurgação de Lamb do texto de Catulo:

> the more correct moral feeling of modern times, would never permit a complete version of many of those objectionable passages in which he abounds. This portion of his task Mr. Lamb

---

15 Para os pontos de vista morais dessas revistas, veja Roper, 1978, p.174-6, 180-1; Hayden, 1969, p.8-9, 19-22; Sullivan, 1983a, p.231-7; 1983b, p.57-62.

A invisibilidade do tradutor

has executed with considerable judgment, and we need not fear that our delicacy may be wounded in perusing the pages of his translation. (*Monthly Magazine*, 1821, p.34)

o sentimento moral mais correto dos tempos modernos jamais permitiria uma versão completa de muitas dessas passagens censuráveis, em que ele é profuso. Essa parte da tarefa o sr. Lamb executou com considerável julgamento, e não precisamos temer que nossa sensibilidade seja atacada ao ler as páginas de sua tradução.

A reacionária *Anti-Jacobin Review* alistou Lamb na luta contra os opositores da Igreja, do Estado e da nação:

The extreme impropriety of many Poems written by Catullus, has obliged Mr. Lamb to omit them, and had he turned his attention wholly to some purer author, it would have honoured his powers of selection. At this hour of contest between the good and evil principle among us, when so many are professedly Atheists, and blasphemy is encouraged by subscription, and sedition supported by charities, no patriot and christian would assist vice by palliating its excesses, or render them less offensive by a decent veil. [...] Mr. Lamb is entitled to both the above characters of patriot and christian. (*Anti-Jacobin Review*, 1821, p.14)

O extremo descabimento de muitos poemas escritos por Catulo obrigou o sr. Lamb a omiti-los, e se ele tivesse voltado sua atenção por completo para algum autor mais puro, poderia ter honrado seus poderes de seleção. Neste momento em que, ao nosso entorno, há uma disputa entre os princípios do bem e do mal, quando tantos são ateus professos, e a blasfêmia é enco-

Lawrence Venuti

rajada por filiações, e sedições são apoiadas por instituições de caridade, nenhum patriota cristão encorajaria o vício ao atenuar seus excessos ou fazendo-os parecer menos ofensivos através de um véu de decência. [... ...] O sr. Lamb, sim, é digno dos títulos de patriota e cristão.

Os resenhistas também criticaram a tradução de Nott pela falta de fluência. A *Monthly Review* declarou que "elogiaríamos esse tradutor por sua correção geral em relação à versão em inglês, mas sua desatenção à rima é muito grosseira e frequente para não incorrer em censura" (*Monthly Review*, 1797, p.278). A *British Critic* queixou-se de "grandes irregularidades no que diz respeito tanto ao espírito quanto à correção e harmonia" (*British Critic*, 1798, p.671-2). A prosódia de Lamb aparentemente não era espirituosa o suficiente para vários avaliadores — suas versões de "peças menores" são descritas como "lânguidas" ou desprovidas de "intimidade e beleza poéticas" — mas pelo menos uma revista, a *Monthly Review*, acreditou que ele "preservou um pouco do espírito e da dignidade do original", destacando a interpretação de *Carmen* V com elogios como "a melhor que vimos, com exceção apenas da versão de Ben Jonson", reconhecendo o Catulo de Lamb como um fenômeno peculiarmente inglês, indicativo do domínio da fluência na tradução de poesia (*Monthly Review*, 1822, p.11, 9).

Podemos entender melhor os diferentes motivos e práticas dos tradutores se considerarmos suas traduções contextualizadas com outros trabalhos seus, sua vida e os diferentes momentos históricos. Médico praticante, constantemente envolvido em projetos literários, Nott (1751-1825) publicou uma série de livros notavelmente inspirados na tradição

A invisibilidade do tradutor

do amor lírico das línguas clássicas, europeias e orientais (*Gentleman's Magazine*, 1825, p.565-6; *DNB*). No final de sua carreira, ele escreveu um romance em prosa intitulado *Sappho* (1803), fez uma seleção das *Hesperides* (1810) de Robert Herrick e editou uma miscelânea de poesia inglesa do século XVI, começando com *sir* Thomas Wyatt (1812). A maior parte de sua obra, no entanto, foram traduções, e durante um período de trinta anos ele produziu vastas traduções de Johannes Secundus Nicolaius (1775), Petrarca (1777), Propércio (1782), Hafiz (1787), Bonefonius (1797), Lucrécio (1799) e Horácio (1803). A tradução de Catulo (1795) era uma escolha óbvia para um tradutor com os interesses e as energias de Nott.

O motivo de ter sido tão prolífico era sentir que, na tradução, havia mais coisas em jogo do que a apreciação literária, ainda que suas escolhas tenham sempre se pautado também por valores estéticos. O conceito mimético de tradução que o levou a optar por uma prática estrangeirante para sinalizar as diferenças dos textos de Catulo também o fez considerar seu trabalho um ato de restauração cultural. Era esse o raciocínio que ele costumava oferecer em suas declarações prefaciais. Sua "Tentativa de transferir para a língua inglesa as inúmeras belezas que abundam nas *Basias* de Secundus" tinha como objetivo retirar "um honorável autor do esquecimento que por tanto tempo o soterrou" (Nott, 1778, p.vii), uma referência às mais de quatro décadas que haviam transcorrido desde a última tradução de Secundus para o inglês. Achando "surpreendente que, levando em consideração seu mérito", Propércio nunca tivesse sido traduzido para o inglês, Nott pretendia que sua versão "reparasse tal negligência" (id., 1782, p.iii-iv). Para Nott, a

Lawrence Venuti

tradução se incumbia de uma tarefa de restauração cultural ao reavaliar o cânone da literatura estrangeira em inglês, incentivando a admissão de alguns textos marginalizados e, ocasionalmente, questionando a canonicidade de outros — mesmo quando traduziu versos latinos simples como os de Secundus de forma "rococó parnasiana" no inglês (Cummings, 2005, p.499). O gesto de estrangeiramento residia na própria seleção de textos estrangeiros a serem traduzidos (embora empregar tal estilo em traduções de Secundus fosse um retrocesso que incentivava a desfamiliarização durante um período em que emergia o romantismo). Em seu prefácio à seleta do poeta persa Hafez, Nott desafiou corajosamente a veneração inglesa da antiguidade clássica, sugerindo que a cultura europeia ocidental tinha raízes no Oriente:

> we lament, whilst years are bestowed in acquiring an insight into the Greek and Roman authors, that those very writers should have been neglected, from whom the Greeks evidently derived both the richness of their mythology, and the peculiar tenderness of their expressions. (Nott, 1787, p.v-vi)

> lamentamos que, enquanto se levam anos para adquirir uma compreensão dos autores gregos e romanos, aqueles mesmos escritores deveriam ser negligenciados, de quem os gregos evidentemente derivaram tanto a riqueza de sua mitologia quanto a ternura peculiar de suas expressões.

Nott atacou toda rejeição anglocêntrica de poetas orientais como Hafez, argumentando pela importância de "não julgar o brilho do diálogo oriental pelo padrão mais frio de nossos sen-

A invisibilidade do tradutor

timentos e ideias", e chegou ao ponto de sugerir que "as regras mais exatas da crítica e do gosto ingleses" eram cúmplices do imperialismo de seu país:

> Was it not probable to suppose, when a fatal ambition had determined us to possess a country, our distance from which made the attempt unnatural; and when, under the pretence of commerce, we became the cruel invaders of another's right; that we should at least have made ourselves acquainted with the language of the conquered? This was necessary, whether to distribute justice, or to exercise compassion. But private avarice and extortion shut up the gates of public virtue. (Ibid., p.vii)

> Não seria provável supor que, quando uma ambição fatal nos compeliu a possuir um país, nossa distância dele tornaria a tentativa anormal; e quando, sob o pretexto de comércio, nos tornamos os cruéis invasores do direito de outrem; que deveríamos, pelo menos, ter nos familiarizado com a linguagem dos vencidos? Isso era necessário, fosse para distribuir injustiças ou para exercer compaixão. Mas a ganância privada e a extorsão fecharam os portões da virtude pública.

É claro que a prática estrangeirante de Nott nunca poderia estar totalmente livre dos valores e da agenda ingleses, incluindo o desenvolvimento de uma cultura nacional: ele sentia, por exemplo, que a falta de uma tradução de Propércio havia causado "certa degradação da literatura inglesa" (Nott, 1782, p.iv). Mas, com relação à violência etnocêntrica envolvida em qualquer encontro com um Outro cultural, ele era sensível o bastante para questionar a imposição de cânones e interesses

Lawrence Venuti

burgueses, fosse em termos domésticos, em traduções de textos literários estrangeiros, ou no exterior, nas relações políticas e econômicas com outros países.

As frequentes viagens de Nott, incluindo uma temporada de trabalho em uma expedição colonial, sem dúvida aumentaram sua disposição a resistir aos valores culturais dominantes em seu país. Depois de estudar medicina em Paris, assim como em Londres, ele passou anos na Europa continental atendendo viajantes ingleses (1775-1777, 1786-1788, 1789-1793) e fez uma excursão à China como cirurgião em um navio da Companhia das Índias Orientais (1783-1786). A classe em que Nott viajou também deve ser incluída entre as condições de exercício em que se deu sua obra cultural: a aristocracia. Seu pai detinha um posto na corte de George III, e os pacientes de Nott eram, em geral, aristocratas. Essa afiliação de classe é importante porque indica uma motivação inglesa para seu interesse em traduções estrangeirantes. Como médico, Nott mantinha relações estreitas com um grupo cujas práticas sexuais, longe de demonstrar qualquer senso burguês de retidão moral, rivalizavam com as da Roma de Catulo em sua variedade e frequência, mesmo que fossem discutidas menos abertamente e com maior refinamento — "galanteria" costumava servir de eufemismo para adultério durante esse período. Lawrence Stone se referiu à existência de "muitas evidências de que havia intensa atividade sexual extraconjugal entre muitos maridos e algumas esposas, na aristocracia, pelo menos até a primeira década do século XIX" (Stone, 1977, p.534; Perkin, 1989, p.89-96).

No caso de Nott, podemos ser mais específicos. Um solteirão convicto, ele foi médico de Georgiana Cavendish, a duquesa de Devonshire, quando ela viajava pelo continente entre

A invisibilidade do tradutor

1789 e 1793 (Posonby, 1955; *DNB*). A duquesa, que lançava moda e definia tendências, havia sido banida para o exterior por seu marido William, o quinto duque de Devonshire, por ter se afundado em dívidas de jogo. Em 1792, a duquesa deu à luz uma filha que se supunha ser produto de seu adultério com Charles Grey, um político jovem e enérgico que liderou o partido *whig* e mais tarde se tornou primeiro-ministro. O próprio duque criou três filhos ilegítimos, um de uma mulher com quem teve um caso na época de seu casamento e dois de Lady Elizabeth Foster, que se separou do marido em 1782 e foi amparada pelo duque e a duquesa, que eram seus amigos. O interesse de Nott pela literatura erótica, sua recusa em expurgar a poesia de Catulo e até a franqueza sexual de suas traduções se deviam em parte à pouco severa moralidade sexual que caracterizava seu meio aristocrático durante o final do século XVIII. A estrangeirização do texto latino de fato correspondia aos valores ingleses, ainda que diferentes daqueles que influenciavam os resenhistas dos periódicos e Lamb.

George Lamb (1784-1834) nasceu no mesmo ambiente aristocrático de Nott, porém, trinta anos mais tarde. Sendo o quarto filho, e caçula, de Penniston, visconde Melbourne, advogou por um curto período, mas deixou o direito para perseguir seus vários interesses literários e teatrais, tendo trabalhado como resenhista para a *Edinburgh*, contribuído com prólogos para reencenações no Drury Lane e composto uma ópera cômica que foi apresentada em Covent Garden (*Gentleman's Magazine*, 1834, p.437-8; *DNB*). Acabou entrando para a política, primeiro como deputado, no interesse do duque de Devonshire, e depois, com a adesão ao ministério *whig*, como subsecretário de Estado de seu irmão William, lorde Melbourne.

Em 1809, George casou-se com Caroline St. Jules, uma das crianças bastardas do duque de Devonshire com Lady Foster; o próprio George era também filho ilegítimo, resultado do adultério de Lady Melbourne com o príncipe de Gales. Todos os interessados sabiam dessas relações (ver Posonby, 1955, p.2-5; Stuart, 1955, p.160-3; Cecil, 1965, p.27). Foi Lamb quem informou Caroline da identidade de seu pai alguns anos antes do casamento. O duque deu a ela um dote de 30 mil libras, e a resposta de Lamb foi: "a única forma de lhe agradecer é dedicando minha vida futura à felicidade de Caroline" (Posonby, 1955, p.4). O conhecimento dessas relações transcendia o círculo familiar. No obituário de Lamb, na *Gentleman's Magazine*, Caroline foi descrita como "[fruto de] uma relação do duque de Devonshire" (*Gentleman's Magazine*, 1834, p.438). Ainda assim, tudo era tratado com muita discrição. Lady Foster chegou a inventar uma genealogia para explicar o nome incomum de Caroline, "um certo e obscuro conde de St. Jules sendo o suposto pai" (Posonby, 1955, p.4). O escândalo mais público da família de Lamb, no entanto, não o envolvia: em 1812, Lady Caroline Lamb, sua cunhada, manteve um notório caso extraconjugal com Byron. George, por sua vez, parece ter sido bem casado. Seu obituário fazia menção à "tranquilidade de sua vida doméstica", afirmando que, com a "estimada" Caroline, "de um caráter que combinava inteiramente com o seu, desfrutou da mais verdadeira felicidade doméstica" (*Gentleman's Magazine*, 1834, p.438).

A vida de Lamb atesta o fato de que o crescente conservadorismo moral da sociedade inglesa durante esse período afetava não apenas as classes média e proletária, mas também a aristocracia. Esse movimento cultural burguês em direção à reforma

A invisibilidade do tradutor

moral, estimulado pelo surgimento do cristianismo evangélico e acompanhado pela fundação de várias "sociedades" filantrópicas, levou à proliferação de tratados morais e religiosos e deu continuidade à censura de textos literários que caracterizavam a tradução da poesia inglesa pelo menos desde Pope (Quinlan, 1941; Perkin, 1989, p.90, 120-1, 240).[16] O conhecimento de primeira mão que Lamb possuía acerca da moralidade sexual da aristocracia *whig* pode tê-lo tornado mais receptivo ao conservadorismo emergente na cultura inglesa, já que não há dúvida de que ele contribuiu para esse movimento. Sua obra teatral inclui uma adaptação de *Timão de Atenas*, de Shakespeare (Lamb, 1816), cujo objetivo, ele declarou em um "anúncio", era "restituir Shakespeare aos palcos, sem outras omissões senão aquelas que o refinamento das maneiras tornou necessário". Lamb omitiu, por exemplo, este diálogo entre Timão e Apemanto, "o filósofo intratável":

Tim.	Wilt thou dine with me, Apemantus?
Apem.	No; I eat not lords.
Tim.	And thou shouldst, thou'dst anger ladies.
Apem.	O they eat lords; so they come by great bellies.
Tim.	That's a lascivious apprehension.
Apem.	So thou apprehend'st, it; take it for thy labour.

(Shakespeare, 1959, I.i, 203-8)

---

16 Quinlan nota que "o gosto por literatura evangélica acabara invadindo todas as fileiras da sociedade. Mesmo entre as classes altas, havia muitos, como lorde Melbourne, que liam por prazer teologia e crítica bíblica" (Quinlan, 1941, p.271).

Tim.	Queres cear comigo, Apemanto?
Apem.	Não; não devoro senhores.
Tim.	Se os devorasses, deixarias as senhoras aborrecidas.
Apem.	Oh! Elas comem senhores; daí ficarem com o ventre crescido.
Tim.	É uma insinuação malévola.
Apem.	Se a interpretaste desse modo, fica com ela, pelo teu trabalho.

Lamb tratou Shakespeare da mesma maneira que fizera com Catulo, expurgando o texto de qualquer linguagem grosseira, e seus contemporâneos com ideias semelhantes aprovaram seu trabalho, sendo que um comentarista chegou a observar que "omite-se muita coisa nos diálogos, e geralmente com propriedade" (Genest, 1832, p.584). Lamb não via contradição entre professar o liberalismo como político *whig* e censurar textos literários canônicos. Ele seguia o que David Cecil chamou de "cânones da ortodoxia *whig*. Todos acreditavam na liberdade ordeira, nos baixos impostos e no cerco das terras; todos incrédulos no despotismo e na democracia" (Cecil, 1965, p.7).[17]

A calculada omissão do carnavalesco promovida por Lamb em seus projetos literários deve ser tomada como mais um gesto de superioridade social de um membro da classe hege-

---

17 A política de Lamb também é discutida por Dunckley (1890, p.83-4, 106-7). Quinlan observa que, "em comparação com os evangélicos mais rígidos, que indiscriminadamente baniam todos os romances e peças de teatro, os expurgadores podem ser considerados liberais, alcançando um meio-termo no momento em que os censores mais severos não toleravam qualquer forma de expressão das belas-letras" (1941, p.229).

A invisibilidade do tradutor

mônica. O elitismo de Lamb, no entanto, se expressava em termos beletristas, e não sociais: ele via uma tradução de poesia ou uma adaptação teatral como uma forma refinada de entretenimento, um exercício de apreciação estética a ser realizado durante períodos de lazer, geralmente de forma privada. Ele prefaciou sua tradução de Catulo com um poema intitulado "Reflexões antes da publicação", em que apresentou seu trabalho não como um ato de restauração cultural ou revisão de cânone, mas como uma "agradável" diversão de um leigo que se decide por compartilhá-la com outros:

> The pleasing task, which oft a calm has lent
> To lull disease and soften discontent;
> Has still made busy life's vacations gay,
> And saved from idleness the leisure day:
> In many a musing walk and lone retreat,
> That task is done; – I may not say complete.
> Now, have I heart to see the flames devour
> The work of many a pleasurable hour?
> Deep in some chest must I my offspring thrust,
> To know no resurrection from the dust;
> Or shall I, printing in this age of paper,
> Add to th'unnumber'd stars another taper?
>
> (Lamb, 1821, v.I, p.ix-x)

> A tarefa agradável, que muitas vezes uma calma empresta
> Para aplacar a doença e suavizar o descontentamento;
> Ainda torna alegres as folgas da vida agitada,
> E a salvo do ócio o dia de lazer:
> Em muitas caminhadas meditativas e retiros solitários,

Realiza-se tal tarefa; — Não posso dizer que por completo.
Agora, tenho eu coração para ver as chamas devorarem
O trabalho de tantas horas aprazíveis?
No fundo de algum baú devo eu guardar minha descendência,
Não conhecer a ressurreição do pó;
Ou vou, imprimindo nesta era do papel,
Acrescentar às incontáveis estrelas mais uma vela?

Lamb foi um daqueles aristocratas posteriores para quem *sir* John Denham tinha desenvolvido a prática domesticadora de tradução de poesia clássica, estremecendo com a perspectiva de publicação, pois a tradução de poesia não era um trabalho sério como o da política ou do serviço público. E, de uma maneira tão adequada que teria sido apreciada por Denham, o autoapagamento cortês de Lamb foi levado a cabo em dísticos heroicos e fluentes.

Nos trinta anos que separaram a tradução de Catulo feita por Nott daquela feita por Lamb, o ambiente aristocrático de tendência *whig* no qual eles viveram e trabalharam sofreu uma mudança substancial que influenciou o destino de suas traduções e práticas de tradução. A tradução fluente e domesticadora passou a ser valorizada de acordo com os valores morais e literários burgueses, e um esforço notável de resistência através de uma prática estrangeirante começou a perder bastante espaço. A tradução de Nott extrapolou Catulo ao assimilar no texto latino valores culturais que eram residuais na década de 1790 e marginais nos anos 1820: um conceito mimético de tradução fundamentado no paradigma da representação dava lugar a um conceito comunicativo de tradução fundamentado no paradigma da expressão; e a elástica moralidade sexual da aristo-

A invisibilidade do tradutor

cracia foi desafiada por um movimento em direção à reforma moral que afetou tanto aquela classe quanto a burguesia. Nott e Lamb exemplificam duas opções que estavam disponíveis para os tradutores no momento específico da canonização da fluência. Talvez o mais importante seja eles terem mostrado que, na tradução estrangeirante, as diferenças do texto original só podem ser representadas por valores da cultura receptora que diferem daqueles predominantes.

3
Nação

O tradutor que se atém ao original abandona em medida maior ou menor a originalidade de sua nação, e assim um terceiro ser vem à existência, e o gosto da multidão deve primeiramente ser moldado para isso.

Johan Wolfgang von Goethe

A busca de alternativas para a tradução fluente conduz a teorias e práticas que almejam manifestar a estrangeiridade do texto estrangeiro. Na virada do século XIX, a tradução estrangeirante carecia de capital cultural em inglês, mas estava muito ativa na formação de uma outra cultura nacional – a alemã. Em 1813, durante as guerras napoleônicas, a conferência de Friedrich Schleiermacher "Ueber die verschiedenen Methoden des Uebersetzens" ["Sobre os diferentes métodos de tradução"] considerou a tradução como uma prática importante no movimento nacionalista da Prússia: ela poderia enriquecer a língua alemã com o desenvolvimento de uma literatura de elite e, portanto, capacitar a cultura alemã a cumprir seu destino histórico de dominação global. Surpreendentemente, Schleiermacher propôs essa agenda nacionalista ao teorizar a tradução como o lócus da diferença cultural, não a homogeneidade que poderia estar implicada pela sua configuração ideológica, e isso, em várias formas específicas historicamente, tem prevalecido na tradução em língua inglesa, britânica e norte-americana. A teoria de tradução de Schleiermacher baseava-se em uma condescendência chauvinista para com culturas estrangeiras, uma noção de sua inferioridade definitiva diante da cultura de língua alemã, mas também em um respeito antichauvinista por suas diferenças, uma ideia de que a cultura de língua alemã é inferior e, portanto, deve se adequar a elas se quiser se desenvolver.

Essas tendências contraditórias são peculiares aos movimentos nacionalistas vernaculares que varreram a Europa no início do século XIX e indicam que a teoria de tradução de Schleiermacher pode ser distanciada da finalidade ideológica à qual deveria servir e ser utilizada de outras maneiras. A contradição central dos movimentos nacionalistas vernaculares é que eles são ao mesmo tempo possibilitados e vulnerabilizados pela língua (ver Venuti, 2005b). Como Benedict Anderson observou, "vista como uma fatalidade *histórica* e uma comunidade imaginada por meio da língua, a nação se apresenta simultaneamente aberta e fechada", porque "a língua não é um instrumento de exclusão: em princípio, qualquer pessoa pode aprender uma língua" (Anderson, 1991, p.134, 146). A língua forma a solidariedade particular que é a base da nação, mas a abertura da língua a novos usos permite que narrativas nacionalistas sejam reescritas — especialmente quando essa língua

A invisibilidade do tradutor

é alvo de traduções que são estrangeirantes, mais interessadas na diferença cultural do texto estrangeiro.

Se, como Schleiermacher acreditava, o método de tradução estrangeirante pode ser útil para a construção da uma cultura nacional, forjando uma identidade cultural baseada no estrangeiro para uma comunidade linguística prestes a conquistar autonomia política, ela também pode minar qualquer conceito de nação ao desafiar cânones culturais, fronteiras disciplinares e valores nacionais na língua de chegada. Isso é sustentado pelas controvérsias na tradução inglesa que marcaram a *Ilíada* de Francis Newman (1856) contra as conferências oxfordianas de Matthew Arnold em *On Translating Homer* (1860): a teoria de Newman de estrangeiramento requer o desenvolvimento de estratégias de tradução que se desviem dos padrões vitorianos do discurso transparente, mas também do conceito arnoldiano de cultura nacional que favorece uma elite acadêmica. A genealogia apresentada a seguir reconstrói uma tradição de tradução estrangeirante em parte alemã, em parte inglesa, examina as situações culturais específicas nas quais essa tradição tomou forma, e avalia sua utilidade no combate à tradução domesticadora no presente.

I. O método estrangeirante de Schleiermacher

Para Schleiermacher, "o tradutor genuíno" é um escritor

who wants to bring those two completely separated persons, his author and his reader, truly together, and who would like to bring the latter to an understanding and enjoyment of the former as

Lawrence Venuti

correct and complete as possible without inviting him to leave the sphere of his mother tongue. (Lefevere, 1977, p.74)[1]

que realmente deseja aproximar aquelas duas pessoas completamente separadas, seu autor e seu leitor, e que gostaria de conduzir o último a uma compreensão e apreciação do primeiro tão correta e completa quanto possível, sem por isso levá-lo a abandonar a esfera de sua língua materna.

Antoine Berman chamou a atenção para o paradigma hermenêutico introduzido aqui, a ênfase sobre a tradução como um objeto de interpretação textual e um meio de comunicação interpessoal, "um método de encontro intersubjetivo" (*un processus de rencontre intersubjectif*) (Berman, 1984, p.235). Isso faz da comunicação o critério pelo qual escolhas metodológicas são validadas e a tradução autêntica é distinguida daquelas que não o são. Schleiermacher de fato acredita em apenas dois métodos para proporcionar a compreensão do autor estrangeiro ao leitor doméstico: "Ou o tradutor deixa o autor em paz, na medida do possível, e move o leitor em sua direção; ou deixa o leitor em paz, na medida do possível, e move o autor em sua direção" (Lefevere, 1977, p.74). Schleiermacher privilegia o primeiro método, fazendo o leitor da língua de chegada viajar para o estrangeiro, e ele descreve o "objetivo" do autêntico tradutor em termos sociais, pela tradução que proporciona uma

---

1 As alusões em língua inglesa da conferência de Schleiermacher foram tiradas de Lefevere (1977, p.67-89); as alusões em língua francesa, de "Des Différentes méthodes du traduire", tradução de Berman (1985, p.279-347). As citações do alemão seguem Schleiermacher (1838, p.207-45).

A invisibilidade do tradutor

compreensão do texto estrangeiro que não é meramente etnocêntrica, mas relativa a um grupo social específico:

> The translator must therefore take as his aim to give his reader the same image and the same delight which the reading of the work in the original language would afford any reader educated in such a way that we call him, in the better sense of the word, the lover and the expert (*Leibhaber und Kenner/amateur et connaisseur*), the type of reader who is familiar with the foreign language while it yet always remains foreign to him: he no longer has to think every single part in his mother tongue, as schoolboys do, before he can grasp the whole, but he is still conscious of the difference between that language and his mother tongue, even where he enjoys the beauty of the foreign work in total peace. (Ibid., p.76)

O tradutor deve, portanto, assumir como finalidade dar ao seu leitor a mesma imagem e o mesmo deleite que a leitura da obra na língua original poderia proporcionar a qualquer leitor educado, de tal modo que o denominamos, no melhor sentido do termo, de amante e especialista (*Leibhaber und Kenner/amateur et connaisseur*), o tipo de leitor familiarizado com a língua estrangeira, que, não obstante, lhe permanece estranha: ele já não tem necessidade de pensar cada parte em sua língua materna, como as crianças da escola o fazem, para compreender o todo, mas ainda está consciente da diferença entre aquela língua e sua língua materna, mesmo quando usufrui da beleza da obra estrangeira em completa paz.

O tradutor busca preservar a diferença linguística e cultural do texto estrangeiro, mas apenas enquanto ela é percebida na tradução por um público leitor limitado, uma elite culta.

Lawrence Venuti

Isso significa, em primeiro lugar, que a tradução é sempre etnocêntrica: mesmo quando um texto traduzido contém particularidades discursivas destinadas a imitar o texto estrangeiro, mesmo quando a tradução parece, nas palavras do tradutor de Schleiermacher para o inglês, *bent towards a foreign likeness* ["inclinada a uma semelhança estrangeira"] (p.78-9; "zu einer fremden Aehnlichkeit hinübergebogen", p.227), ela nunca escapa da hierarquia de valores culturais inscrita na língua de chegada. Esses valores medeiam cada passo na tradução e cada resposta do leitor da língua de chegada a ela, incluindo a percepção do que é doméstico ou estrangeiro. A tradução em inglês de André Lefevere – *bent toward a foreign likeness* – domestica o alemão de Schleiermacher ao submeter sua sintaxe à estratégia dominante da fluência, ao passo que *toward a foreign likeness bent*, uma característica discursiva que resiste à fluência por marcar a tradução em inglês como arcaica para o leitor contemporâneo anglo-norte-americano, estrangeiriza a língua inglesa ao incliná-la na direção da sintaxe alemã. Curiosamente, imitar o alemão tão de perto não significa maior fidelidade, mas ser mais inglês, ou seja, consistente com uma inversão sintática inglesa que atualmente é considerada arcaica.

A teoria de Schleiermacher antecipa essas observações. Ele estava profundamente consciente de que as estratégias de tradução se situam em formações culturais específicas nas quais os discursos são canonizados ou marginalizados, circulando em meio a relações de dominação e exclusão. Dessa maneira, o método de tradução que cultiva peculiaridades discursivas para imitar a estrangeiridade do texto estrangeiro "não pode vicejar igualmente bem em todas as línguas, mas apenas naquelas que não estão sujeitas a um vínculo muito estrito de expressão

A invisibilidade do tradutor

clássica, fora do qual tudo é repreensível"; o lugar ideal para esse método são "as línguas mais livres, nas quais as inovações e desvios são mais tolerados, de tal modo que seu acúmulo poderá, em certas circunstâncias, gerar um certo modo característico de expressão" (Lefevere, 1977, p.79-80). Essa liberdade linguística e cultural é determinada complexamente: ela não só é definida em oposição a "línguas vinculadas" de outras culturas nacionais, mas as "inovações e desvios" da tradução estrangeirante são definidos em oposição às normas estabelecidas por outros discursos tradutórios na cultura da língua de chegada. Como a defesa de Schleiermacher do método estrangeirante era também uma defesa de discursos específicos de uma elite educada, ele estava investindo esse limitado grupo social com considerável autoridade cultural, chegando a atribuir-lhe uma função social precisa – "gerar um certo modo característico de expressão", desenvolvendo uma linguagem nacional, "influenciando totalmente a evolução de uma cultura" (ibid., p.80-1; "die gesammte Geistesentwikkelung", p.231). Aqui torna-se claro que Schleiermacher estava inscrevendo seu método privilegiado de tradução em uma agenda político-cultural: uma elite culta controla a formação de uma cultura nacional ao refinar seu idioma por meio de traduções estrangeirantes.

A conferência de Schleiermacher permite uma especificação histórica e social bem mais detalhada de sua agenda. Ele conclui com algumas referências explícitas a "nós, alemães", observando que "nossa nação", "por causa de seu respeito pelo que é estrangeiro e sua natureza mediadora" (p.88; "seiner vermittelnden Natur", p.243), satisfaz de maneira privilegiada as "duas condições" necessárias para que a tradução estrangeirante floresça, a saber, "que a compreensão de obras estrangeiras

Lawrence Venuti

fosse coisa sabida e desejada e que a língua nativa tivesse uma certa flexibilidade" (p.81). Essa era a compreensão de obras estrangeiras aspiradas pelos "alemães" cultos como Schleiermacher, que era professor universitário e ministro da Igreja reformada, que acreditava que a língua alemã possui a "flexibilidade" para suportar a tradução estrangeirante porque ela é subdesenvolvida, faltando-lhe um "modo de expressão" definido, que ainda não está "vinculado" ao "clássico", uma "língua materna parcial": "Nossa língua, porque a exercitamos menos devido a nossa indolência nórdica, pode florescer em todo seu frescor e desenvolver completamente seu próprio poder apenas por meio de contatos multifacetados com o que é estrangeiro" (p.88). Como a categoria "estrangeiro" está determinada aqui pelo alto nível de educação, Schleiermacher está utilizando a tradução para delimitar um espaço dominante para a minoria burguesa na cultura alemã do início do século XIX.

Como Albert Ward observa sobre esse período,

literature was [...] a predominantly bourgeois art, but it was only a small part of this section of the community that responded most readily to the classical writers of the great age of German literature. [...] Writers like Goethe and Schiller found their public in the *Honoratioren* of the large towns, in the university-trained professional men, the ministers of religion, teachers, doctors, and lawyers, in what might be termed the elite of middle-class society. "High literature" was then even more than now a thing for a small group of scholars. (Ward, 1974, p.128)[2]

---

2 Sheehan (1989, p.157-8) descreve as diferentes comunidades culturais alemãs durante esse período.

A invisibilidade do tradutor

a literatura era [...] uma arte predominantemente burguesa, mas apenas uma pequena parte dessa fatia da comunidade respondia com maior presteza aos escritores clássicos da grande época da literatura alemã. [...] Escritores como Goethe e Schiller descobriram seu público nos *Honoratioren* das grandes cidades, nos profissionais formados nas universidades, nos ministros da religião, professores, doutores e advogados, o que poderia ser chamado de elite da classe média. A "alta literatura" era, então, muito mais do que agora, algo reservado a um diminuto grupo de estudiosos.

Ward demonstra a marginalidade cultural e econômica da "literatura" alemã, tanto clássica quanto romântica, ao fazer referência aos tamanhos das edições e cifras de vendagem dentre alguns testemunhos surpreendentes de contemporâneos seus na indústria editorial:

Karl Preusker, who came to Leipzig as a bookseller's apprentice in 1805, names in his autobiography the authors most in demand at that time; the most classical (as we understand the term today) of the authors on his list is Zschokke, "whereas the works of Schiller and Goethe were sold in only meagre quantities". (Ibid., p.132)

Karl Preusker, que se mudou para Leipzig como aprendiz de livreiro em 1805, cita em sua autobiografia os autores mais procurados naqueles tempos; o mais clássico (tal como o entendemos atualmente) dos autores em sua lista é Zschokke, "ao passo que os trabalhos de Schiller e Goethe eram vendidos apenas em quantidades ínfimas".

Lawrence Venuti

Schleiermacher, que se associou aos principais românticos alemães, dividiu por pouco tempo um apartamento em Berlim com Friedrich Schlegel, e contribuiu para o jornal de reduzida circulação dos irmãos de Schlegel, o *Athenaeum*, estava em perfeito acordo com Goethe no momento de desenvolver uma teoria da tradução estrangeirante. Em seu ensaio "Wieland's Brotherly Memory", publicado em fevereiro de 1813, quatro meses antes da conferência de Schleiermacher, Goethe escreveu:

> there are two maxims in translation: one requires that the author of a foreign nation be brought across to us in such a way that we can look on him as ours; the other requires that we should go across to what is foreign and adapt ourselves to its conditions, its use of language, its peculiarities. The advantages of both are sufficiently known to educated people through perfect examples. Our friend, who looked for the middle way in this, too, tried to reconcile both, but as a man of feeling and taste he preferred the first maxim when in doubt. (Lefevere, 1977, p.39)

> existem duas máximas na tradução: uma exige que o autor de uma nação estrangeira seja transportado até nós de tal modo que possamos olhar para ele como um de nós; a outra, que sejamos transportados ao que é estrangeiro adaptados às suas condições, seus usos da linguagem, suas características. As vantagens de ambas são suficientemente conhecidas pelas pessoas cultas por meio de exemplos perfeitos. Também nosso amigo, que procurava um meio-termo nessa matéria, tentou reconciliar ambas, mas, como homem de sentimento e de bom gosto, ele preferia a primeira máxima em caso de dúvida.

A invisibilidade do tradutor

Ao defender esse "sentimento e bom gosto" para "o que é estrangeiro", Schleiermacher estava valorizando um discurso cultural burguês de elite de refino literário em oposição à cultura maior, mais heterogênea, das classes média e trabalhadora. "O leitor mediano da classe média", aponta Ward, "queria obras que estivessem dentro de sua própria experiência e alcance emocional, que refletissem seus interesses pessoais e não entrassem em conflito com as suas normas de moralidade" (Ward, 1974, p.133). Enquanto a conferência de Schleiermacher sobre tradução é muito clássica por citar apenas autores gregos e latinos (Platão, Cícero, Tácito, Grotius e Leibniz), o público leitor mais amplo da classe média preferia contos góticos, romances de cavalaria, romances realistas (sentimentais e didáticos), biografias de homens exemplares, literatura de viagem. Esse público também estava lendo traduções, das quais prevaleciam as de romances franceses e ingleses, incluindo as obras de Choderlos de Laclos e Richardson. O próprio Schleiermacher havia traduzido Platão, enquanto outros românticos – Voss, August Wilhelm Schlegel, Hölderlin – traduziram Homero, Sófocles, Dante e Shakespeare. Eles estavam bem conscientes de estar traduzindo para um público relativamente limitado, um grupo seleto, e como Schleiermacher, eles viram esse fato social como um valor que aperfeiçoava sua "literatura" e a dotava de autoridade cultural. Friedrich Schlegel gabava-se de que os "[leitores] sempre reclamam que os escritores alemães escrevem para um círculo muito limitado, frequentemente para si mesmos enquanto grupo. Acho isso uma coisa boa. A literatura alemã ganha mais e mais em espírito e caráter por causa disso" (ibid., p.191, *n.*46).

221

Lawrence Venuti

O comentário de Schlegel mostra que esse conceito de literatura não é apenas burguês: ele também é nacionalista – "alemão". E a teoria de Schleiermacher da tradução estrangeirante revela uma configuração ideológica similar: ela também ataca uma nobreza alemã que não era literária e que havia estado por longo tempo sob a dominação cultural francesa. A cultura aristocrática evitava a pesquisa erudita e a ampla leitura da literatura passada e contemporânea; "as poucas cortes que, de fato, apresentaram um interesse ativo em assuntos literários", observa Ward, "eram caracterizadas por uma atmosfera predominantemente burguesa" (ibid., p.128). Na educação aristocrática, "a ênfase recaía sobre o aprendizado de línguas, o francês em particular, e frequentemente a tal ponto que muitos nobres podiam expressar-se melhor naquele idioma do que em sua língua materna" (ibid., p.123). Em carta datada de 1757, o esteta e dramaturgo Johann Christoph Gottsched descreveu uma audiência que tivera com Frederico II, durante a qual ele informou ao rei prussiano a séria ameaça que a nobreza galicizada constituía à cultura literária:

> When I said that German writers did not receive sufficient encouragement, as the aristocracy and the courts spoke too much French and understood too little German to be able to grasp and appreciate fully anything written in German, he said: that is true, for I haven't read no German book since my youth, and je parle comme un cocher, but I am an old fellow of forty-six and have no time for such things. (Ibid., p.190*n*.)

Quando eu disse que os escritores alemães não eram incentivados o bastante, visto que a aristocracia e as cortes falavam de-

A invisibilidade do tradutor

masiado francês e entendiam muito pouco alemão para poderem assimilar e apreciar na sua inteireza qualquer coisa escrita em alemão, ele disse: isso é verdade, pois eu não li nenhum livro alemão desde minha juventude, e *je parle comme un cocher*, mas sou um velho de 46 anos de idade, e não tenho tempo para essas coisas.

Aproximadamente cinquenta anos depois, a conferência de Schleiermacher sobre tradução adentra o embate cultural por uma literatura alemã com uma crítica igualmente aberta a Frederico II. Schleiermacher, no entanto, representa o rei não como o anti-intelectual imbecil de Gottsched, mas como um intelectual alemão limitado por sua completa dependência da cultura francesa:

> Our great king received all his finer and higher thoughts in a foreign language, which he had most intimately appropriated for this field. He was incapable of producing in German the literature and philosophy he produced in French. It is to be deplored that the great preference for England which dominated a part of the family could not have taken the direction of familiarizing him from childhood on with the English language, whose last golden age was then in bloom, and which is so much closer to German. But we may hope that he would have preferred to produce literature and philosophy in Latin, rather than in French, if he had enjoyed a strict scholarly education. (Lefevere, 1977, p.83)

> Nosso grande rei adquiriu seus mais altos e refinados pensamentos em uma língua estrangeira, da qual ele apropriou-se intimamente nessa área. Ele era incapaz de produzir em alemão a literatura e a filosofia que ele produzia em francês. Deve-se deplorar que a grande preferência pela Inglaterra, que dominava

Lawrence Venuti

uma parte da família, não pôde tomar a direção de familiarizá-lo desde a infância com a língua inglesa, cuja última idade de ouro está então no auge, e tão próxima do alemão. Mas podemos esperar que ele tivesse preferido produzir literatura e filosofia em latim, em vez de francês, se tivesse tido uma educação estritamente acadêmica.

Aqui, o nacionalismo vernacular na política cultural de Schleiermacher torna-se mais evidente: o rei é censurado não tanto por não ser "acadêmico" (de fato, ele é descrito como alguém genuinamente interessado em "literatura e filosofia"), mas por não escrever em alemão, ou em uma língua mais "próxima do alemão" do que o francês. Enquanto Gottsched parece lamentar a morte do mecenato literário ("incentivo suficiente") porque a aristocracia prussiana é francófona, Schleiermacher está mais preocupado com a produção cultural desigual em alemão e francês: "Ele era incapaz de produzir em alemão".

A crítica de Schleiermacher contra o rei é um protesto nacionalista contra a dominação francesa na Alemanha, consistente com seu intenso envolvimento no movimento prussiano pela unificação alemã durante as guerras napoleônicas. Como Jerry Dawson deixa claro,

> the war between France and Prussia in 1806, with the resulting collapse of the Prussian armies and the humiliating peace terms dictated to Prussia by Napoleon, proved to be the final factor needed to turn [Schleiermacher] to nationalism with a complete and almost reckless abandon. (Dawson, 1966, p.51)[3]

---

3 Para estudos sobre o nacionalismo alemão no século XVIII e início do XIX, ver Sheehan (1989, p.371-88) e Johnston (1989, p.103-13).

A invisibilidade do tradutor

a guerra entre a França e a Prússia em 1806, com o consequente colapso dos exércitos prussianos e os termos humilhantes de paz ditados à Prússia por Napoleão, provou ser o fator final necessário para levar [Schleiermacher] ao nacionalismo com um abandono completo e quase irresponsável.

A "Alemanha" realmente não existia naquele tempo: a oeste do Reno, havia diversos pequenos principados que, depois de 1806, foram organizados em uma "confederação" por Napoleão; o leste era da monarquia de fala alemã, Prússia, agora dominada pelos franceses. A derrota prussiana fez Schleiermacher perder seu posto na Universidade de Halle, e em seguida fugir para Berlim, a capital prussiana, onde lecionou na universidade e pregou em várias igrejas. Seus sermões conclamavam a uma resistência militar e política às tropas francesas, desenvolvendo um conceito cultural de nacionalidade baseado na língua alemã e legitimado com a teologia protestante. Em 1813, três meses antes de sua conferência sobre tradução na Berlin Akademie der Wissenschaften e oito meses antes de Napoleão ter sido finalmente derrotado na Batalha de Leipzig, Schleiermacher pregou um sermão intitulado "O dever da nação em guerra pela liberdade", no qual ele representou a guerra com a França como uma luta contra a dominação política e cultural. Se vitoriosos, exortou ele à congregação, "seremos capazes de preservar nosso caráter distinto, nossas leis, nossa Constituição e nossa cultura" (Schleiermacher, 1890, p.73).

Em junho, mês de sua conferência, Schleiermacher escreveu uma carta a Friedrich Schlegel na qual seu nacionalismo se transformou em utopia:

225

Lawrence Venuti

My greatest wish after liberation, is for one true German Empire, powerfully representing the entire German folk and territory to the outside world, while internally allowing the various *Länder* and their princes a great deal of freedom to develop and rule according to their own particular needs. (Sheehan, 1989, p.379)

Meu maior anseio após a liberação é por um verdadeiro Império Alemão, que represente poderosamente toda a população e o território alemães diante do mundo, e que internamente conceda aos vários *Länder* e seus príncipes uma considerável liberdade para desenvolver e governar conforme suas próprias necessidades particulares.

A visão da Alemanha como uma união de principados relativamente autônomos serviu parcialmente de compensação para o então prevalente conflito internacional e é, de modo retrospectivo, marcada pela nostalgia da organização política doméstica que prevalecia antes da ocupação francesa. Napoleão havia introduzido inovações sociais conquistadas pela revolução, abolindo o feudalismo na Prússia e promovendo o despotismo "esclarecido". O próprio Schleiermacher era membro da elite cultural burguesa, mas sua ideologia nacionalista é tal que ela admite aristocracia, monarquia, e até mesmo uma tendência imperialista – mas apenas quando elas constituem uma unidade nacional resistente à dominação estrangeira.

Realizada no *establishment* acadêmico prussiano no dia 24 de junho de 1813, no ápice do conflito com a França, a conferência de Schleiermacher constrói um papel para a tradução em uma política cultural nacionalista. Sua teoria da tradução estrangeirante deve ser vista como antifrancesa, porque se opõe ao método

A invisibilidade do tradutor

de tradução predominante na França desde o neoclassicismo, a saber, a domesticação, transportando o autor estrangeiro para o leitor da língua de chegada. Ao avaliar a limitada aceitação da tradução estrangeirante na cultura ocidental, Schleiermacher reserva seu mais fulminante sarcasmo para a França:

> The ancients obviously translated little in that most real sense and most moderns, deterred by the difficulties of true translation, also seem to be satisfied with imitation and paraphrase. Who would want to contend that nothing has ever been translated into French from the classical languages or from the Germanic languages! But even though we Germans are perfectly willing to listen to this advice, we should not follow it. (Lefevere, 1977, p.88)

> Os antigos obviamente traduziram pouco no sentido mais real e moderno, limitados pelas dificuldades impostas pela verdadeira tradução, parecendo também satisfeitos com a imitação e a paráfrase. Quem ousaria afirmar que nada jamais foi traduzido das línguas clássicas ou das línguas germânicas para o francês! Mas, mesmo que nós, alemães, estejamos perfeitamente disponíveis a ouvir esse conselho, não deveríamos segui-lo.

O francês exemplifica aquelas línguas que são "cativas de um vínculo muito rígido de expressão clássica fora da qual tudo é repreensível", especialmente as inovações e os desvios introduzidos pela tradução estrangeirante. Em um diálogo satírico de 1798, A. W. Schlegel já tinha tornado explícita a ideologia nacionalista em atividade na identificação entre cultura francesa e o método domesticador de tradução:

Lawrence Venuti

Francês: Os alemães traduzem cada Tom, Dick e Harry literários. Nós, ao contrário, ou não os traduzimos absolutamente, ou os traduzimos conforme nosso gosto.

Alemão: Isso significa dizer que vós fazeis paráfrases e disfarces.

Francês: Nós vemos o autor estrangeiro como um estranho em nossa companhia, que deve vestir-se e comportar-se conforme nossos costumes, se ele deseja agradar.

Alemão: Que estreiteza de vistas a vossa, que gostais de ser agradados apenas pelo que é nativo.

Francês: Tal é nossa cultura e nossa educação. Os gregos também não helenizaram tudo igualmente?

Alemão: Em vosso caso, trata-se de uma natureza com uma estreiteza de vistas e uma educação convencional. No nosso, educação é nossa natureza.

(Ibid., p.50)[4]

O diálogo de Schelegel indica as escoras metafísicas do nacionalismo alemão, sua suposição de uma essência biológica ou racial a partir da qual brota a cultura nacional: "Educação é

---

4 O fato de Lefevere escolher "Os alemães traduzem cada Tom, Dick e Harry literários" para aludir ao *die Deutschen sind já Allerweltsübersetzer*, de Schlegel, é típico de sua forte confiança nas estratégias fluentes que se baseiam em expressões inglesas contemporâneas.

A invisibilidade do tradutor

nossa natureza". Isso concorda com a visão de Schleiermacher, para quem "nossa nação" possui uma "natureza mediadora", e com a metáfora orgânica que ele utiliza para descrever o efeito da tradução estrangeirante em alemão:

> Just as our soil itself has no doubt become richer and more fertile and our climate milder and more pleasant only after much transplantation of foreign flora, just so we sense that our language, because we exercise it less owing to our Nordic sluggishness, can thrive in all its freshness and completely develop its own power only through the most many-sided contacts with what is foreign. (Ibid., p.88)

> Assim como nosso solo tornou-se, sem dúvida, mais rico e fértil, e nosso clima, mais brando e agradável somente depois de muitas transplantações da flora estrangeira, sentimos que nossa língua, porque a exercitamos menos devido à nossa indolência nórdica, pode florescer em todo o seu frescor e desenvolver completamente seu poder apenas por meio dos contatos multifacetados com o estrangeiro.

A teoria nacionalista de Schleiermacher sobre a tradução estrangeirante quer desafiar a hegemonia francesa não apenas por meio do enriquecimento da cultura alemã, mas também ao contribuir para a formação de uma esfera pública liberal, uma área da vida social dentro da qual os indivíduos privados trocam discurso racional e exercitam influência política:

> If ever the time should come in which we have a public life out of which develops a sociability of greater merit and truer to

Lawrence Venuti

language, and in which free space is gained for the talent of the orator, we shall be less in need of translation for the development of language. (Ibid., p.89)

Se algum dia tivermos uma vida pública a partir da qual se desenvolve uma sociabilidade de maior mérito e mais verdadeira para a língua, e na qual se conquista espaço livre para o talento do orador, então dependeremos menos da tradução para o desenvolvimento da língua.

A esfera pública de Schleiermacher manifesta a contradição que caracterizava o conceito desde seu aparecimento na estética do século XVIII. Como diz Peter Uwe Hohendahl, "embora, em princípio, a capacidade de formar uma opinião precisa seja considerada presente em todos, na prática ela está limitada às pessoas instruídas" (Hohendahl, 1982, p.51). Igualmente em Schleiermacher: embora o trabalho da tradução estrangeirante na língua alemã seja considerado criador de uma cultura nacional livre da dominação política francesa, esse espaço público está aberto explicitamente pelo "talento do orador", uma elite literária.

Por ser essa uma elite fortemente nacionalista, ela emprega a tradução estrangeirante em um notável projeto de imperialismo cultural alemão, por meio do qual a comunidade linguística "destinada" à dominação global a realiza. Aqui, nacionalismo equivale a universalismo:

An inner necessity, in which a peculiar calling of our people expresses itself clearly enough, has driven us to translating en masse; we cannot go back and we must go on. [...] And coin-

A invisibilidade do tradutor

cidentally our nation may be destined because of its respect for what is foreign and its mediating nature, to carry all the treasures of foreign arts and scholarship, together with its own, in its language, to unite them into a great historical whole, so to speak, which would be preserved in the centre and heart of Europe, so that with the help of our language, whatever beauty the most different times have brought forth can be enjoyed by all people, as purely and perfectly as is possible for a foreigner. This appears indeed to be the real historical aim of translation in general, as we are used to it now. (Lefevere, 1977, p.88)

Uma necessidade interior, pela qual um chamado especial a nosso povo expressa-se de maneira clara o suficiente, levou-nos a traduzir *en masse*; não podemos voltar atrás e devemos continuar. [...] E, coincidentemente, nossa nação pode estar destinada, pelo respeito que tem ao que é estrangeiro e por sua natureza mediadora, a carregar todos os tesouros das artes e dos altos estudos estrangeiros, além dos seus próprios, em sua língua, a uni-los em um grande todo histórico, por assim dizer, que poderia ser preservado no centro e no coração da Europa, de forma que, com o auxílio de nossa língua, qualquer beleza criada pelas diferentes épocas possa ser desfrutada por todas as pessoas, tão pura e perfeitamente quanto possível para um estrangeiro. Isso parece de fato ser o verdadeiro objetivo histórico da tradução em geral, tal como nos acostumamos a ele agora.

Desse modo, leitores da literatura mundial canônica teriam a experiência da diferença linguística e cultural de textos estrangeiros, mas apenas como uma diferença que é eurocêntrica,

Lawrence Venuti

mediada pela elite burguesa alemã. Em última análise, talvez parecesse que a tradução estrangeirante não tanto introduz o estrangeiro dentro do alemão quanto o utiliza para confirmar e desenvolver uma uniformidade, um processo de modelamento de um *self* cultural ideal baseado num outro, um narcisismo cultural que, além do mais, é dotado de necessidade histórica. Esse método de tradução "faz sentido e é valioso apenas para a nação que já possui uma inclinação definida para apropriar--se do que é estrangeiro" (ibid., p.80).

O conjunto ideológico na política cultural de Schleiermacher precipita permutações contraditórias (literatura de elite/cultura nacional; minoria burguesa/"Alemanha"; estrangeirante/germanizante), de modo que não devemos nos surpreender ao vê-lo discursando a favor e contra as importações do exterior para a cultura alemã – naquele mesmo ano turbulento, 1813. Seu nacionalismo burguês modela tanto sua reivindicação de "muitos contatos multifacetados com o estrangeiro" na conferência sobre tradução quanto seus ares xenofóbicos no sermão patriótico: "Cada nação, meus caros amigos, que desenvolveu ou claramente definiu uma estatura se degrada também por receber dentro de si o elemento estrangeiro" (Schleiermacher, 1890, p.73-4). Isso supõe, em oposição à conferência, que a cultura alemã já tinha atingido um grau significativo de desenvolvimento, presumivelmente na literatura clássica e românt ica, que deveria ser protegido da contaminação estrangeira e imposto universalmente, por meio de um estrangeiramento especificamente alemão da literatura mundial. A teoria de tradução de Schleiermacher intervém em *die gesammte Geistesentwikkelung*, uma frase que pode parecer restrita à nação conforme o inglês de Lefevere, *the whole evolution of a culture* ["a evolução

A invisibilidade do tradutor

total de uma cultura"] (Lefevere, 1977, p.81), mas que, no francês de Berman, parece ter uma aplicação universal: *le processus global de la formation de l'esprit* ["o processo global da formação do espírito"] (Berman, 1985, p.333). Apenas Berman revela a metafísica idealista operando no texto alemão ao escolher *esprit* para *Geist*.

A teoria de Schleiermacher é terreno escorregadio sobre o qual se possa construir uma ética da tradução em combate ao etnocentrismo: sua conferência não reconhece haver nenhuma contradição ao afirmar que "nossa nação" se distingue pelo "respeito ao que é estrangeiro", enquanto prevê a dominação geopolítica da elite cultural burguesa alemã. Ela também não reconhece as antinomias em seu pensamento sobre linguagem e subjetividade humana, que são igualmente determinadas por um nacionalismo burguês. Schleiermacher manifesta um senso extraordinariamente claro das propriedades constitutivas da linguagem, aquelas que tornam a representação sempre uma atividade apropriadora, nunca transparente ou meramente adequada a seu objeto, ativa na construção da subjetividade ao estabelecer formas para a consciência. O "campo próprio" do tradutor, afirma Schleiermacher, consiste

> those mental products of scholarship and art in which the free idiosyncratic combinatory powers of the author and the spirit of the language which is the repository of a system of observations and shades of moods are everything, in which the object no longer dominates in any way, but is dominated by thoughts and emotions, in which, indeed, the object has become object only through speech and is present only in conjunction with speech. (Lefevere, 1977, p.69-70)

naqueles produtos mentais da cultura erudita e da arte nos quais os poderes livres de combinação idiossincrática do autor e o espírito da língua que é o repositório de um sistema de observâncias e nuances de humor são tudo, no sentido em que o objeto já não domina de modo algum, mas é dominado por pensamentos e emoções, pelos quais, de fato, o objeto tornou-se objeto apenas pela fala e está presente apenas em conjunto com a fala.

Ao mesmo tempo, no entanto, o conceito de Schleiermacher de "poderes livres de combinação idiossincrática" assinala um movimento em direção ao sujeito autônomo cujos "pensamentos e emoções" transcendem determinações linguísticas. "De um lado", continua Schleiermacher,

every man is in the power of the language he speaks, and all his thinking is a product thereof. [...] Yet on the other hand every freely thinking, mentally self-employed human being shapes his own language. [...] Therefore each free and higher speech needs to be understood twice, once out of the spirit of the language of whose elements it is composed, as a living representation bound and defined by that spirit and conceived out of it in the speaker, and once out of the speaker's emotions, as his action, as produced and explicable only out of his own being. (Ibid., p.71)

todo homem tem o poder da língua que fala, e todo o seu pensamento é produto seu. [...] Ainda assim, por outro lado, todo ser humano dono de sua mente e pensando livremente modela sua própria língua. [...] Portanto, cada fala livre e superior precisa ser entendida duas vezes; uma vez, a partir do espírito da língua de cujos elementos ela é composta, como uma represen-

A invisibilidade do tradutor

tação viva amarrada e definida por aquele espírito e concebida a partir deste pelo falante; e, outra vez, a partir das emoções do falante, como ação sua, produzida e explicável somente a partir de seu próprio ser.

O "espírito da língua" determina cada ato da fala, é amarrado a cada sujeito, mas, de qualquer maneira, parte daquela ação responde apenas a um "ser" individual. Em um dado momento, a prioridade da língua sobre o sujeito é revertida de modo eficaz, e o autor torna-se a única origem do "espírito": considera-se que os leitores "compreendem" uma tradução estrangeirante quando "percebem o espírito da língua própria do autor e podem ver seu modo peculiar de pensar e sentir" (ibid., p.72). Como Berman aponta, a conferência de Schleiermacher manifesta a mudança no final do século XVIII da representação para a expressão como paradigma conceitual de língua, e assim o sujeito desloca o objeto como base da representação (Berman, 1984, p.233). O pensamento de Schleiermacher sobre a linguagem está informado pela teoria expressiva romântica, baseada no conceito de consciência livre e unificada que caracteriza o individualismo burguês.

À medida que sua exposição avança, ela se volta à metáfora e à ilustração, definindo o "espírito da língua" em termos étnicos, mesmo sem abandonar o sujeito transcendental:

> We understand the spoken word as an act of the speaker only when we feel at the same time where and how the power of language has taken hold of him, where in its current the lightning of thought has uncoiled, snake-like, where and how the roving imagination has been held firm in its forms. We understand the spoken

word as a product of language and as an expression of its spirit only when we feel that only a Greek, for instance, could think and speak in that way, that only this particular language could operate in a human mind this way, and when we feel at the same time that only this man could think and speak in the Greek fashion in this way, that only he could seize and shape the language in this manner, that only his living possession of the riches of language reveals itself like this, an alert sense for measure and euphony which belongs to him alone, a power of thinking and shaping which is peculiarly his. (Lefevere, 1977, p.72)

Entendemos a palavra falada como um ato do falante apenas no momento em que sentimos ao mesmo tempo onde e como o poder da língua toma conta dele, em que ponto o lampejo do pensamento se desenrolou, à maneira de uma serpente, onde e como a imaginação errante permaneceu inabalável em suas formas. Entendemos a palavra falada como um produto da língua e expressão de seu espírito apenas quando sentimos que só um grego, por exemplo, poderia pensar e falar daquela maneira, que só essa língua específica poderia operar em uma mente humana desse jeito, e quando sentimos ao mesmo tempo que apenas esse homem poderia pensar e falar da maneira grega tal como o faz, que apenas ele poderia capturar e moldar a linguagem desse modo, que apenas sua posse viva das riquezas da língua se revela desse modo, um senso de alerta para a medida e a eufonia que só pertencem a ele, um poder de pensar e modelar que é peculiarmente seu.

As metáforas – "lampejo", "à maneira de uma serpente", "errante" – mantêm o tom individualista ao descrever o sujeito

A invisibilidade do tradutor

como uma essência coerente, radicalmente independente da língua, dado a um "pensamento" serpentino e potencialmente subversivo, possuidor de uma "imaginação" livre que assume várias "formas" acidentais (claro que "lampejo" e "à maneira de uma serpente" também ressoam com alusões míticas e teológicas, em especial em uma conferência de um especialista em estudos clássicos e ministro protestante – mas essas possibilidades não serão estudadas aqui). O mais surpreendente nesse trecho pode ser o exemplo de Schleiermacher, que inicia uma série descontínua de especificações e revisões, instaurando o indivíduo no comando, primeiramente, de uma cultura nacional com um cânone literário ("as riquezas da linguagem"; cf. os internacionais "tesouros das artes e estudos estrangeiros" [ibid., p.88]), depois uma apreciação especificamente literária, e até mesmo erudita, da língua grega ("medida e eufonia") e, por fim, um "poder" cognitivo que é "peculiarmente seu", autoexpressivo e fundamentalmente autodeterminante.

O trecho é um lembrete de que Schleiermacher está propondo a compreensão da língua associada a uma particular elite cultural nacional que estabelece o padrão pelo qual o uso da língua é julgado e tornado inteligível. Assim, no caso da tradução estrangeirante, "o leitor da tradução ficará em pé de igualdade com o melhor leitor do original apenas quando for capaz, primeiramente, de obter uma impressão do espírito particular do autor, bem como a da língua na qual a obra foi escrita" (ibid., p.80). A orientação para o autor na teoria de Schleiermacher, sua antropomorfose da tradução de relação intertextual para relação intersubjetiva, psicologiza o texto traduzido e, desse modo, mascara suas determinações culturais e sociais. Esse é um ato altamente criticado na hermenêutica de Schleiermacher:

ele tende a evaporar a natureza determinada do texto por meio da articulação de um processo interpretativo duplo: "gramatical" e "técnico ou psicológico".[5] Uma explicação gramatical da "conexão" objetiva "entre o trabalho e a língua" combina com uma explicação psicológica da "conexão" subjetiva "entre a obra e o pensamento nela envolvido" (Szondi, 1986, p.103). Schleiermacher, contudo, às vezes aniquila essa distinção, como se pode ver em seus aforismos sobre a hermenêutica entre 1809 e 1810, que se referem a "combinar o objetivo e o subjetivo de forma que o intérprete possa estabelecer-se 'dentro' do autor" (Schleiermacher, 1977, p.64). No caso da tradução estrangeirante alemã, então, o tradutor capacita o leitor de língua alemã a compreender a individualidade do autor estrangeiro, chegando a identificar-se com ele, ocultando, desse modo, as ideologias transindividuais de língua alemã – culturais (elitismo literário), de classe (minoria burguesa), nacionais ("alemão") – que medeiam a representação estrangeirizada do autor estrangeiro. Esse pensamento sobre língua e subjetividade está claramente mais relacionado à tradução domesticadora, orientada para a conformidade com os valores culturais da língua de chegada, sendo, portanto, de pouca utilidade para o questionamento do discurso transparente predominante, hoje, na tradução. A psicologização do texto efetuada por Schleiermacher assume a transparência, a presença ilusória do autor estrangeiro na tradução.

---

5 Para críticas da hermenêutica de Schleiermacher aqui aludida, ver por exemplo, Palmer (1969, p.91-4) e Gadamer (1970, p.68-84). Duas explicações da hermenêutica de Schleiermacher que esclareçam, embora não critiquem, seu individualismo estão em Forstman (1968) e Szondi (1986).

A invisibilidade do tradutor

Existe um outro tipo de pensamento presente em sua conferência que contraria esse tom idealista, mesmo que impossivelmente apanhado em seus labirintos: o reconhecimento das condições culturais e sociais da língua, e a projeção de uma prática de tradução que as leva em consideração em vez de omiti-las. Schleiermacher enxerga a tradução como um fato da vida diária, não simplesmente como uma atividade realizada sobre textos literários e filosóficos, necessário para a compreensão intersubjetiva, ativa no próprio processo de comunicação, porque a língua é determinada por várias diferenças – culturais, sociais, históricas:

> For not only are the dialects spoken by different tribes belonging to the same nation, and the different stages of the same language or dialect in different centuries, different languages in the strict sense of the word; moreover even contemporaries who are not separated by dialects, but merely belong to different classes, which are not often linked through social intercourse and are far apart in education, often can understand each other only by means of a similar mediation. (Lefevere, 1977, p.68)

> Pois não apenas os dialetos são falados por diferentes tribos pertencentes a uma mesma nação, e os diferentes estágios da mesma língua ou dialeto em diferentes séculos, diferentes línguas no sentido estrito da palavra; além do mais, mesmo contemporâneos que não estão divididos por dialetos, mas que simplesmente pertencem a classes diferentes, que muitas vezes não estão ligadas pelo intercurso social e apresentam grandes diferenças de educação, podem, com frequência, compreender-se mutuamente apenas por uma mediação desse tipo.

Lawrence Venuti

Essa observação claramente requer que Schleiermacher revise seu conceito nacionalista de "espírito da língua": ele o compreende como "o repositório de um sistema de observações e nuances de sentido", que é por demais monolítico e psicologizado para admitir o conceito de "classes diferentes", uma hierarquia social de discursos culturais, cada qual codificado em termos de classe, de modo a impedir a comunicação. Schleiermacher, inclusive, acredita ser "inevitável que opiniões diferentes surjam quanto a" estratégias de tradução estrangeirante, "diferentes escolas, por assim dizer, surgirão entre os mestres, e diferentes partidos entre os públicos seguidores daquelas escolas", mas ele termina individualizando os "diferentes pontos de vista", reduzindo-os à consciência do tradutor, transformando práticas culturais com implicações sociais em excentricidades egocêntricas: "Cada qual em si sempre terá unicamente valor relativo e subjetivo" (ibid., p.81).

Contudo, é a diferença cultural que orienta as prescrições feitas por Schleiermacher ao tradutor estrangeirante, para a invenção de peculiaridades discursivas que signifiquem a procedência estrangeira do texto. O tradutor deve rejeitar o discurso mais utilizado pela cultura da língua de chegada, que ele denomina de "alltäglich", familiar ou de uso cotidiano,[6] recusando "a beleza mais universalmente atraente de que cada

---

6 Recusei a tradução de "alltäglich" por "colloquial" de Lefevere (1977, p.227) pelo fato de que o seu sentido diminui enganosamente o significado da palavra alemã. "Gemeinsprache" é usualmente traduzida por "colloquial" em inglês, ao passo que "alltäglich" tem a força de palavras como "familiar", "comum", "usual". Susan Bernofsky, em sua recente tradução da palestra de Schleiermacher, escolheu "quotidian" (Schleiermacher, 2004, p.53).

A invisibilidade do tradutor

gênero é capaz" na língua e arriscar ser alvo do sorriso compassivo "dos grandes especialistas e mestres que não conseguiriam compreender seu laborioso e inadequado alemão se não o suplementassem com seus gregos e latins" (ibid., p.79). Novamente, a diferença cultural marcada pelo tradutor estrangeirante de Schleiermacher corre entre uma elite letrada e uma maioria iletrada: quando o tradutor inclina sua língua para a semelhança estrangeira, ele não está fazendo isso com "cada gênero", "universalmente", mas com textos literários e eruditos em grego e latim, de forma que apenas "especialistas e mestres" serão capazes de "compreender" seu uso desviado da linguagem. O tradutor de Schleiermacher evita o uso "coloquial" e inculto da língua, e formas literárias populares.

E, apesar das determinações ideológicas questionáveis da conferência de Schleiermacher – seu individualismo burguês e elitismo cultural, seu nacionalismo prussiano e universalismo alemão –, ela de fato contém (inadvertidamente) a sugestão de que a tradução estrangeirante pode alterar as divisões sociais apresentadas nessas ideologias e promover mudanças culturais por meio de seu trabalho na língua de chegada:

> every freely thinking, mentally self-employed human being shapes his own language. For in what other way – except precisely by means of these influences – would it have developed and grown from its first raw state to its more perfect elaboration in scholarship and art? In this sense, therefore, it is the living power of the individual which creates new forms by means of the plastic material of language, at first only for the immediate purpose of communicating a passing consciousness; yet now more, now less of it remains behind in the language, is taken up by others, and reaches out, a shaping force. (Lefevere, 1977, p.71)

Lawrence Venuti

cada pessoa que pensa com liberdade e é dona de suas faculdades mentais modela sua própria linguagem. Pois de que outra maneira – exceto precisamente por meio dessas influências – ela teria se desenvolvido e crescido a partir de seu estado bruto até alcançar sua mais perfeita elaboração em erudição e arte? Nesse sentido, portanto, é o poder vivo do indivíduo que cria novas formas por meio dos materiais plásticos da língua, a princípio apenas com a finalidade imediata de comunicar um estado passageiro de consciência; no entanto, ora mais, ora menos dele permanece por trás da língua, é recebido por outros, e assume uma força modeladora.

Esse trecho tem uma lógica invertida. No começo, a língua é considerada como existindo em um "estado bruto" não mediado, trabalhada por um sujeito que "modela sua própria linguagem", que é origem da inovação e desenvolvimento linguístico e cultural. No fim, a natureza determinada da linguagem emerge como a "força modeladora" dos sujeitos. No meio-tempo, a materialidade da linguagem é socializada: já não sendo mais "bruta", ela contém "novas formas" inventadas pelo "indivíduo", mas que excede a função primeiramente pretendida, a comunicação da "consciência" porque elas se derivaram de formas preexistentes usadas por "outros". Isso indica que a subjetividade não se origina por si só, nem origina a língua e a cultura, que seus valores culturais (por exemplo "erudição e arte") são previamente dados e constantemente retrabalhados ("elaboração") e que, portanto, o sujeito pode ser considerado autodeterminante apenas enquanto ele classifica esses valores – ou os revisa e altera uma hierarquia estabelecida. Os desvios e inovações discursivos introduzidos pela tradução estrangeirante constituem-se, desse modo, em uma ameaça potencial aos valores culturais da língua de chegada, mas realizam seu trabalho

A invisibilidade do tradutor

revisionista somente a partir de dentro, desenvolvendo estratégias de tradução a partir dos diversos discursos em circulação na língua de chegada.

O conceito de Schleiermacher de tradução estrangeirante constitui uma forma de resistência aos valores culturais dominantes em alemão na virada do século XIX. O estrangeiro na tradução estrangeirante então significava uma seleção específica de textos estrangeiros (literários, filosóficos, acadêmicos) e um desenvolvimento de peculiaridades discursivas em oposição à hegemonia cultural francesa, especialmente entre a aristocracia, e os discursos literários favorecidos pelo maior segmento de leitores, das classes média e trabalhadora. O projeto de tradução imaginado por Schleiermacher depende de um conceito idealista de literatura que é, simultaneamente, elitista e nacionalista, individualista mas socialmente determinado, definido em oposição às práticas econômicas capitalistas: "O intérprete exerce seu negócio no campo do comércio; o tradutor propriamente dito opera, principalmente, nos campos da arte e da erudição" (ibid., p.68).

É esse conjunto ideológico que deve ser alijado em qualquer restauração da tradução estrangeirante para intervir contra a ascendência contemporânea do discurso transparente. Hoje em dia, a transparência é o discurso dominante na prosa e poesia, na ficção e não ficção, em *best-sellers* e jornalismo impresso. Mesmo que a mídia eletrônica tenha enfraquecido a hegemonia econômica, política e cultural da impressão no período pós-Segunda Guerra, o conceito idealista de cultura subjacente àquele discurso continua a gozar de considerável poder institucional, abrigado não apenas na academia e nas culturas literárias de várias elites letradas, mas na indústria editorial e na imprensa periódica de massa. A distinção que Schleiermacher percebia entre o campo do comércio e os campos da arte e da erudição se desgastou – se é que algum dia ela existiu como algo mais do que uma ficção destinada a consolidar a literatura como um conceito cultural transcendental. O discurso transparente é eminentemente consumível no mercado cultural atual, que, por sua vez, influencia as decisões editoriais de excluir textos estrangeiros que comprometam a transparência.

Schleiermacher mostra que a primeira oportunidade de produzir um efeito estrangeirante ocorre na *escolha* do texto estrangeiro, que é o momento em que o tradutor pode resistir ao discurso dominante da cultura anglo-norte-americana, restaurando textos excluídos ou marginalizados e talvez até reformando o cânone de literaturas estrangeiras em inglês. Schleiermacher também sugere que a tradução estrangeirante põe em ação uma *estratégia discursiva* específica, uma estreita fidelidade ao texto estrangeiro acompanhada da recusa da linguagem mais familiar da cultura receptora. "Quanto mais de perto a tradução seguir as reviravoltas do original", ele avalia, "mais estrangeira ela parecerá ao leitor" (ibid., p.78). Não é certo que essa estratégia possa ser aplicada a textos estrangeiros de todos os gêneros humanísticos, em qualquer situação cultural, independentemente de seus temas ou argumentos. Os conceitos e a prática de Schleiermacher correspondem a um momento histórico específico, embora eles próprios não sejam historicistas; portanto, qualquer aplicação ou desenvolvimento adicional deles deve levar em consideração o momento em que uma tradução é produzida ou estudada. Ainda assim, as recomendações de Schleiermacher têm um valor prático inegável: elas se opõem ao primeiro plano do significado pelo qual a tradução fluente produz o efeito de transparência; para ele, uma tradução só pode ser estrangeirante ao aproximar o jogo de significantes estrangeiros, o que pode assumir várias formas, incluindo a experimentação com a linguagem que é inteligível, mas menos utilizada, especialmente em traduções, bem como uma estreita adesão ao texto estrangeiro.

A conferência de Schleiermacher proporciona instrumentos para a conceitualização de uma revolta contra o discurso transparente hoje dominante na tradução em língua inglesa. Os efeitos dessa dominação têm incluído não somente a aplicação exagerada de estratégias de fluência, mas também a marginalização de textos na história da tradução que podem produzir teorias e práticas alternativas — como a conferência de Schleiermacher. Com raras exceções, indivíduos de língua inglesa que são teóricos e praticantes da tradução em língua inglesa têm ignorado Schleiermacher. Sua conferência foi reconhecida como uma declaração "moderna" decisiva na teoria da tradução apenas recentemente, e foi traduzido para o inglês apenas em 1977.[7] Até mesmo seu tradutor, André Lefevere, sentiu-se impelido a questionar o valor de Schleiermacher: "Sua exigência de que a tradução deveria 'dar o sabor' da língua de partida deve [...] nos parecer cada vez mais peculiar" (ibid., p.67). Lefevere defendia a ideia de que a tradução deve ser domesticadora, como recomenda "a maioria dos teóricos", e referiu-se especificamente à versão de Eugene Nida dessa teoria, citando Nida em sua crítica a Schleiermacher:

---

7 Steiner (1974, p.234 et passim) é, até agora, o único teórico da tradução que escreve em inglês a reconhecer a importância da conferência de Schleiermacher — mas por razões bem diferentes daquelas aqui indicadas e em Berman (1984, p.248-9n).

Lawrence Venuti

Com efeito, nos deparamos aqui com uma defesa não ilógica e muito espirituosa do que agora conhecemos como *translationese*, ou, em outras palavras, "equivalência estática", e que ainda está muito presente entre nós, apesar do fato de que a maioria dos teóricos agora apoiaria o conceito de equivalência dinâmica, que "almeja alcançar a completa naturalidade de expressão e busca relacionar o receptor a modos de comportamentos relevantes dentro do contexto de sua própria cultura". (Lefevere, 1981, p.11)[8]

O conceito de Schleiermacher de tradução estrangeirante soa estranho a Lefevere apenas porque este prefere adotar o regime contemporâneo de fluência – nas palavras de Nida, "completa naturalidade de expressão". A canonicidade da tradução fluente no período pós-Segunda Guerra Mundial coincide com a emergência do termo *translationese* para designar linguagem não idiomática no texto traduzido (*OED*). Lefevere aprova

---

8 Nessa passagem, Lefevere cita Nida (1964, p.159). Lefevere, mais tarde, reafirmou seu ponto de vista sobre a teoria de Schleiermacher ao declarar que "a segunda parte da sua famosa máxima, 'mover o autor em direção ao leitor', é a única viável" (Lefevere, 1990, p.19). O trabalho mais recente de Lefevere mostra uma preocupação bem maior com os determinantes culturais e sociais da tradução (id., 1992a), muito embora ele sinta que um método estrangeirante como o de Schleiermacher seja obsoleto "porque quase já não existe público para isso[,] o leitor culto que era capaz de ler original e tradução lado a lado poderia, assim, apreciar a diferença na expressão linguística marcando a diferença entre dois jogos de linguagem" (id., 1992b, p.5). Meu argumento, contudo, é que a tradução estrangeirante pode agradar comunidades culturais diversas, monolíngues e cultas, mas também que os discursos da tradução estrangeirante podem ser percebidos sem recorrer a uma comparação com o texto estrangeiro (mesmo que essa comparação seja certamente iluminadora).

A invisibilidade do tradutor

o conceito de "equivalência dinâmica" de Nida, um conceito que agora, com o crescente reconhecimento da importância de Schleiermacher, deve ser visto como um egrégio eufemismo para o método domesticador de tradução e as agendas político-
-culturais que ele omite. Estando esse método tão arraigado na tradução em língua inglesa, Lefevere é incapaz de enxergar que a detecção de linguagem não idiomática, sobretudo em textos não literários, é culturalmente específica: o que é não idiomático em uma formação cultural pode ser esteticamente eficaz em outra. Qualquer tratamento que rejeite Schleiermacher mantém as formas de domesticação na tradução em língua inglesa hoje, impedindo a reflexão sobre como diferentes métodos de tradução podem resistir aos valores questionáveis que dominam a cultura anglo-norte-americana. Schleiermacher pode, de fato, oferecer uma saída.

II. A controvérsia Newman-Arnold

Enquanto a conferência de Schleiermacher permanecia não traduzida, essa saída estava aberta a muito poucos tradutores de língua inglesa no século XIX. Algum tradutor poderia, naturalmente, formular uma teoria da tradução estrangeirante, inspirado ou não na tradição alemã, mas a teoria seria uma resposta a uma situação tipicamente inglesa, motivada por diferentes interesses culturais e políticos. Tal foi o caso de Francis Newman (1805-1897), o talentoso irmão do cardeal com o mesmo sobrenome. Na década de 1850, Newman desafiou a principal linha de tradução em língua inglesa, argumentando que "a tentativa de Cowper de traduzir Homero foi tão falha quanto a de Pope" e sugerindo que "uma mudança sensível está ocorrendo, a partir de nosso recente conhecimento da amplitude à qual os alemães têm levado a tradução poética" (Newman, 1851, p.371).[9] Esse "conhecimento" da tradição alemã aparentemente fez de Newman o primeiro de um pequeno grupo de tradutores vitorianos a desenvolver estratégias estrangeirantes em oposição ao regime inglês da domesticação fluente.

Um especialista em estudos clássicos que exerceu o magistério por muitos anos, primeiro no Manchester New College e, em seguida, na University College, em Londres, Newman foi um escritor prolífico sobre uma diversidade de assuntos, alguns da área acadêmica, outros da religiosa, muitos de urgente interesse social. Produziu comentários sobre textos clássicos (Ésquilo, Eurípides) e dicionários e vocabulários de línguas e dialetos orientais (árabe, líbio). Escreveu uma autobiografia espiritual e muitos tratados religiosos que refletiam sua crença vacilante no cristianismo e a natureza heterodoxa daquela crença (por exemplo, *Hebrew Theism: the Common Basis of Judaism, Christianity and Mohammedism*). Engajou-se em um contínuo fluxo de conferências, ensaios e panfletos que demonstraram seu intenso envolvimento em uma ampla gama de assuntos políticos. Newman defendia um governo descentralizado, a nacionalização das terras, o sufrágio feminino, a abolição da escravatura. Criticou o colonialismo inglês, recomendando que se fizessem reformas no governo para que os povos colonizados pudessem participar dos processos políticos. Seus *Essays on Diet* defendiam o vegetarianismo, e em diversas ocasiões ele

---

9 O relato da carreira e das opiniões de Newman apresentado nos parágrafos posteriores se baseia no *DNB*, Sieveking (1909) e nos três volumes em que Newman seleciona suas muitas conferências, panfletos e artigos (Newman, 1869; 1887; 1889).

A invisibilidade do tradutor

apoiou a participação do Estado na imposição da sobriedade, em parte como meio de conter a prostituição.

A configuração ideológica dos escritos de Newman fazia uma combinação desconfortável entre liberalismo e investimento paternalista nos valores morais burgueses, e isso estendeu-se aos seus projetos de tradução, que eram fundamentalmente pedagógicos e populistas. Ele publicou traduções latinas da literatura popular, que dava aos alunos como exercícios de tradução em classe: o poema narrativo "Hiawatha" (1862), de Henry Wadsworth Longfellow, e o romance *Robinson Crusoé* (1884), de Daniel Defoe. O público leitor que ele imaginava para suas traduções de Horácio (1853) e da *Ilíada* (1856) não sabia latim nem grego, ou estava ocupado demais, ou sem interesse, na prática das línguas que aprendiam na universidade – nas palavras de Newman, "o *iletrado* leitor inglês", "aqueles que buscam apenas divertimento", inclusive "homens de negócios", a "Inglaterra comercial", mas também o outro público de "Dickens e Thackeray" (Newman, 1853, p.iii-v). Em comparação a Schleiermacher, Newman pôs a tradução a serviço de uma política cultural mais democrática, atribuiu-lhe uma função pedagógica, mas que atacava deliberadamente uma elite acadêmica. Para Newman, a finalidade da educação era promover a democracia liberal. Em sua conferência *On the Relations of Free Knowledge to Moral Sentiment*, ele argumentou que o estudo da "economia política" ensina a respeitar as diferenças culturais que militam contra o imperialismo, o nacionalismo e a dominação de classe:

A economia política tem demonstrado que as leis ditadas pela moralidade como justas são também as leis do bem-estar físico das nações e das classes; que nenhuma regulação ardilosa habilitará

Lawrence Venuti

o Estado a prosperar às custas dos estrangeiros, e que os interesses de classes e nações estão tão interligados que nenhum deles pode ser permanentemente depreciado sem prejudicar os outros. Isso salva o patriota da tentação de comportar-se de maneira injusta contra o estrangeiro, fazendo que aquilo não conduza ao bem-estar de seu próprio povo. (Newman, 1847b, p.18-19)

De maneira semelhante, Newman instigava o estudo da história, tanto literária quanto política, o que pode "aprofundar nosso conhecimento sobre a humanidade, e nosso discernimento sobre interesses sociais e políticos" (ibid., p.8). Aqui também os "usos práticos" desse conhecimento pressupunham o reconhecimento das diferenças culturais. Em *Four Lectures on the Contrasts of Ancient and Modern History*, Newman reconhece a suposição metafísica central do humanismo das Luzes – "Todo o interesse da história depende da eterna semelhança da natureza humana consigo mesma" –, mas apenas para lhe conferir uma revisão mais materialista, atento à mudança histórica: "É igualmente necessário estar consciente dos pontos nos quais a similaridade cessa e o *contraste* começa; de outra maneira, nossas aplicações práticas da história serão mero pedantismo ilusório" (Newman, 1847a, p.5-6).

O conceito "prático" de Newman sobre educação o levou a criticar a especialização acadêmica porque diminuía o valor social do conhecimento. Em sua *Introductory Lecture to the Classical Course* no Manchester New College, ele afirmou: "*Nada* advogamos de exclusivo. Um cultivo unilateral pode dar a aparência de estar pondo em prática o princípio da divisão do trabalho, mas, de fato, ele nem mesmo tende ao benefício geral e progresso da verdade, e muito menos às vantagens do indivíduo" (id., 1841,

A invisibilidade do tradutor

p.7). Embora estivesse destinada a justificar o lugar dos clássicos no currículo acadêmico, a conferência de Newman atacou o desprezo acadêmico pela tradução, descrevendo-o mesmo como esnobismo que, ironicamente, degradava a literatura clássica por limitar seu público: "Não seria nenhuma honra para as veneráveis produções da Antiguidade imaginar que todas as suas excelências se esvanecem com a tradução, e somente uma exclusividade de espírito mesquinha poderia ressentir-se em partilhar suas instruções com os iletrados tanto quanto possível" (ibid., p.9). Para Newman, "exclusivo" significava especializado, e também elitista.

Parece claro que somente a tradução estrangeirante seria capaz de responder ao conceito de Newman sobre educação liberal, ao seu interesse pelo reconhecimento das diferenças culturais. Sua conferência introdutória argumentou que os textos literários eram particularmente importantes para apresentar esse reconhecimento porque "a literatura é especial, peculiar; ela testemunha, e tende a sustentar, a diversidade nacional" (ibid., p.10). No prefácio à sua tradução da *Ilíada*, ele apresentou um relato sucinto de seu método de tradução ao contrastá-lo com os "princípios que eu considero completamente falsos e ruinosos para a tradução". Os princípios aos quais Newman se opunha eram os do método de fluência e domesticação dominantes na tradução inglesa desde o século XVII:

> Um desses é que o leitor deva, se possível, esquecer que se trata de uma tradução, e cair na ilusão de que está lendo um trabalho original. É claro que uma inferência necessária de tal dogma é que qualquer coisa que tenha uma cor estrangeira é indesejável e chega mesmo a ser um grave defeito. O tradutor, parece, deve

Lawrence Venuti

obliterar cuidadosamente tudo o que é característico do original, a menos que seja idêntico em espírito a alguma coisa já familiar em inglês. Nunca conseguirei expressar o quanto divirjo dessa noção. Estou precisamente do lado oposto — reter cada peculiaridade do original, na medida do possível, *com cuidado tanto maior quanto mais estrangeiro ele for* —, quer se trate de gosto, ou intelecto, ou moral. [...] o tradutor inglês deve desejar que o leitor nunca se esqueça de que seu trabalho é uma imitação, e que, além disso, está em material diferente; que o original é estrangeiro e, sob muitos aspectos, extremamente diferente de nossas composições nativas. (Newman, 1856, p.xv-xvi)

Para Newman, a "ilusão" da originalidade que confundia a tradução com o texto estrangeiro era domesticadora, assimilando o que era estrangeiro a "alguma coisa já familiar em inglês". Ele recomendava o método de tradução que denotava as muitas diferenças entre a tradução e o texto estrangeiro, a relativa autonomia entre ambos, sua composição em diferentes línguas para diferentes culturas. Mas rejeitar a ilusão da originalidade significava opor-se ao discurso que modela a maioria de "nossas composições nativas" — a fluência. Newman acreditava que suas traduções eram resistentes à padronização contemporânea do inglês, imposta pela indústria editorial:

. Nos dias atuais, o aparato de composição da prosa está tão intensamente mecanizado — quando editores e revisores desejam a observância uniforme das regras feitas por alguém (não importa o que, contanto que tu a encontres em alguma gramática "padrão") — que cada desvio é sentido como uma excentricidade vexatória; e, de modo geral, poderia parecer que a perspicuidade árida

A invisibilidade do tradutor

é a única excelência pela qual os gramáticos têm lutado. Toda expressão que não resiste ao teste lógico, por mais transparente que seja o sentido, por mais justificada que esteja pelas analogias, está apta a ser condenada; e cada diferença de mente e mente, que se mostre no estilo, é depreciada. (Ibid., p.xvii-xviii)

Como Newman desenvolveu seu método estrangeirante na tradução de textos clássicos, para ele o estrangeiramento envolvia necessariamente um discurso que significava a distância histórica – o arcaísmo. No prefácio à sua seleção de Horácio, ele criticou traduções inglesas anteriores por ter modernizado o texto latino: "Até agora, nossos tradutores poéticos têm falhado geralmente não tanto por falta de talento ou cultura, mas por querer produzir poemas *em estilo moderno*, com medo excessivo de que o leitor moderno não suportaria de outra maneira" (Newman, 1853, p.iv). Em seu prefácio à *Ilíada*, Newman definiu com maior clareza o tipo de arcaísmo que Homero exigia. Em parte, foi um esforço para sugerir uma analogia histórica entre antigas formas das línguas grega e inglesa: "Sendo o dialeto de Homero essencialmente arcaico, o de sua tradução deve ser tão saxo-normando quanto possível e ficar devendo o mínimo possível aos elementos jogados para dentro de nossa língua pela cultura clássica" (id., 1856, p.vi). O "estilo" de Homero exigia uma solução similar: "Ele se assemelha às antigas baladas inglesas e está em agudo contraste com o estilo polido de Pope, Sotheby e Cowper, os mais célebres tradutores ingleses de Homero" (ibid., p.iv).

Mas Newman também deixou claro não estar "preocupado com o problema *histórico*, ou escrever utilizando um estilo que já existia em uma fase anterior em nossa língua; mas, sim, com o problema artístico de se obter um aspecto plausível de antiguidade moderada, e permanecer ao mesmo tempo facilmente inteligível" (ibid., p.x). Dessa forma, ele defendia a adoção de um arcaísmo artificialmente construído, costurado, livre de uma preocupação excessiva com a consistência ou precisão histórica, produzindo um efeito que ele chamava de "exótico" em oposição a "grotesco". Ele cultivou esse discurso em suas traduções em vários níveis, no léxico, na sintaxe e na prosódia. Sua utilização de "inversões" sintáticas foi por ele explicada não como "mero expediente de métrica, mas como resposta às necessidades impostas pelo estilo; em parte, para se conseguir *antiguidade* e *elevação*, e em parte por motivos de *ênfase* ou em busca de variedade" (ibid., p.xi).

As traduções de Newman só poderiam ser consideradas estrangeirantes em um sentido específico culturalmente, em relação a conceitos de "doméstico" e "estrangeiro" que distinguiram a cultura literária inglesa no período vitoriano. Assim, ele não considerava uma inconsistência criticar as tendências modernizadoras nas traduções anteriores de Horácio, ao passo que ele mesmo expurgou o texto latino, inscrevendo-o com um sentido inglês de propriedade moral. É aqui que o paternalismo burguês de Newman entra em contradição com as tendências democráticas de seu populismo:

> Esforcei-me por tornar esse livro aceitável às mais inocentes damas inglesas, e jamais poderia consentir em acrescentar uma única linha de tendência corruptora. Ele exibe, não resta dúvida, fatos mortificantes quanto às relações dos sexos na Roma de Augusto — fatos que em si não são tão chocantes, como muitos que oprimem o coração nas cidades da Cristandade; e isso, creio eu, é

A invisibilidade do tradutor

útil observar. Apenas em poucos casos, nos quais a imoralidade é por demais feia para ser instrutiva, cortei sem hesitação o que causava dificuldade. Em geral, Horácio almejava uma beleza superior em relação a Catulo, Propércio ou Ovídio, e o resultado de um gosto mais refinado é muito semelhante ao de uma moralidade sadia. (Newman, 1853, p.vi)

O aspecto estrangeirante nas traduções de Newman não residia na moralidade, mas no discurso literário, a estranheza provocada pelo arcaísmo. Isso também era algo doméstico, um "cozido" substancioso extraído de vários períodos da língua inglesa, mas que se desviava do uso corrente e atravessava vários discursos literários, poesia e romance, elite e popular, inglês e escocês. O Horácio na tradução de Newman continha *viands*, por exemplo, uma palavra que surgiu no início do século XV e foi extensamente utilizada no começo da era moderna em diversos tipos de escritura, literária (o teatro de Shakespeare) e não literária (as crônicas históricas de Edward Hall). Mas foi também utilizada posteriormente como uma forma poética distinta, uma liberdade poética, por escritores vitorianos de ampla cultura como Tennyson e Dickens.[10] O léxico arcaico de Newman cruzou não apenas períodos históricos, mas também comunidades de leitores contemporâneos. A palavra *eld* apareceu em sua tradução de Horácio depois de uma sequência de usos diferentes — em *Childe Harold's Pilgrimage* (1812), de Byron, *The Monastery* (1820), de *sir* Walter Scott, *Evangeline* (1847), de Longfellow.

---

10 Sobre a diversidade do público leitor vitoriano, ler Altick (1957). Sobre os significados e usos de arcaísmos ingleses, fiei-me no *OED*.

Lawrence Venuti

Ao traduzir a *Ilíada*, Newman tornou mais densos os arcaísmos, de forma que aquilo que poderia ter sido uma liberdade poética reconhecível poderia agora tornar-se opaco e impedir a compreensão do leitor. Como se estivesse antecipando esses riscos, Newman inseriu em apêndice um "glossário" de duas páginas com sua tradução dos arcaísmos. A inclusão do glossário foi o gesto de um especialista que indicava a heterogeneidade absoluta de seu léxico, suas origens literárias distintas, e, sem nenhuma dúvida, os leitores perceberam sua utilidade ao iniciar outras leituras, em vários gêneros, períodos, dialetos. Newman utilizou *callant* (*a young man*), uma palavra do século XVIII que apareceu em *Waverley* (1814), de Scott, e *gride* (*to cut gratingly*), um spenserianismo encontrado em *Prometheus Bound* (1821), de Shelley, e em *In Memoriam*, de Tennyson. Uma breve listagem sugere a criatividade lexicográfica de Newman, seu fôlego cultural e histórico, mas também sua ocasional impenetrabilidade: *behight*, *bragly* (*braw, proudly fine*), *bulkin* (*calf*), *choler*, *emprize*, *fain*, *gramsome* (*direful*), *hie*, *lief*, *noisome*, *ravin*, *sith*, *whilom*, *wight*, *wendl*. Havia, inclusive, alguns termos extraídos de Burns e Scott, como *skirl*, significando *cry shrilly*, e *syne*, como *lang syne* (*long ago*).

O discurso estrangeirante das traduções de Newman certamente ficou registrado pelos leitores contemporâneos. A *London Quarterly Review* incluiu o Horácio de Newman em dois ensaios críticos que examinavam traduções inglesas antigas e modernas das odes. Embora esses ensaios tenham sido publicados com uma diferença de quinze anos (1858 e 1874), ambos condenavam as estratégias de Newman e manifestavam simpatia pelo Horácio modernizado, tornado fluente, em inglês imediatamente inteligível:

A invisibilidade do tradutor

Uma falha penetrante e persistente em sua tradução são as obscuras e antiquadas fórmas de expressão, utilizadas no lugar do inglês simples e moderno. Exemplo disso, que encontramos já na primeira ode, são expressões como "Lydian eld", "quirital mob". Alhures encontramos frases como *tangled* fields" (o que quer que isso signifique), "the sage *thrice-aged*". (*London Quartely Review*, 1874, p.17)

Essa foi uma crítica que ultrapassou linhas políticas, aparecendo não apenas no conservador *London Quarterly tory*, mas no liberal *National Review*, do qual Newman era colaborador (Sullivan, 1984, p.237-42). Em seu parecer ao *National* sobre a *Ilíada* traduzida por Newman, o resenhista exprimiu um certo grau de concordância, admitindo que "um estilo algo arcaico é, sem dúvida, desejável, e até mesmo necessário, para representar um poeta como Homero" (*National Review*, 1860, p.292). Mas o arcaísmo de Newman foi atacado por desviar-se excessivamente do familiar, do transparente:

> Não podemos considerar senão que a dicção do sr. Newman é desnecessariamente antiquada e insólita; e que, embora não tenha adotado nenhuma expressão que seja ininteligível pela antiguidade, ele deixou de observar com maior cautela que o arcaísmo não precisa se revelar explicitamente para ser forçado ou afetado, pois há o risco de que um estilo rebuscado e artificial do inglês sugira a ideia de um estilo rebuscado e artificial do grego, o que não poderia estar mais oposto a Homero. (Ibid.)

O resenhista optou por uma experiência de leitura pela qual a tradução inglesa passava por um equivalente verdadeiro de "Homero", ao mesmo tempo que reprimia a condição do texto de Newman como texto traduzido, o sentido de que o arcaísmo foi calculado pelo tradutor, "presumido".

Contudo, como sugere esse trecho, as traduções de Newman pareciam estrangeiras não somente porque sua "forte singularidade arcaica" impedia a ilusão de transparência, mas também porque constituíam uma leitura do texto estrangeiro que revisava a opinião crítica reinante. A decisão de Newman de traduzir Horácio em versos livres com várias métricas ignorava o que a *London Quarterly Review* chamou de "a dignidade e a música do latim", "a graça e a doçura do original" (*London Quarterly Review*, 1858, p.192; 1874, p.18). Em consequência, a tradução de Newman parecia "algo singular e desarmoniosa", ao passo que "as traduções em rima de Lord Ravensworth e do sr. Theodore Martin" possuíam "as qualidades da elegância fácil, da doçura da cadência" (*London Quarterly Review*, 1858, p.192-3; 1874, p.16, 19). Os resenhistas queriam uma métrica icônica e fluente, um sentido de imitação sonora, para produzir um poema transparente, mas eles também presumiam que Horácio teria concordado:

Por vezes o Professor Newman nos surpreende com uma agradável fluência de verso: —

"Me not the enduring Sparta
Not fertile-soil'd Larissa's plain
    So to the heart has smitten
    As Anio headlong tumbling,
Loud-brawling Albuneia's grot,
    Tiburnus' groves and orchards
    With restless rivulets streaming."

A invisibilidade do tradutor

A mim nem a duradoura Esparta
Nem a fértil planície de Larissa
    Tão ao coração golpeou
    Como a queda precipitada de Anio,
A gruta de Albuneia com briga turbulenta
    Os bosques e pomares de Tiburnus
    Com riachos agitados escorrendo.

Há algo da torrente de águas frescas aqui. Mas o que diria Horácio se pudesse voltar a viver, e se pegasse cantando as duas estrofes abaixo?

"Well of Bandusia, as crystal bright,
Luscious wine to thee with flowers is due;
    To-morrow shall a kid
Thine become, who with horny front
Budding new, designs amours and war.
Vainly: since this imp o' the frisky herd
    With life-blood's scarlet gush
Soon shall curdle thy icy pool."

De Bandusia, brilhante como cristal,
Suculento vinho e flores é o que mereces;
    Amanhã um filho teu
Virá, que com chifres na fronte
Brotando, projeta amores e guerra.
Em vão: pois esse diabrete do rebanho brincalhão
    Com o jorro vermelho do sangue da vida
Logo gelará teu poço glacial.

Lawrence Venuti

Isso é de difícil leitura, ao passo que o latim é tão agradável ao ouvido quanto a fonte que ele nos traz à imaginação.

(*London Quarterly Review*, 1858, p.193)

A avaliação negativa do resenhista fundamentou-se em uma contradição que revelava com muita clareza os valores culturais domésticos por eles privilegiados. Ao evocarem uma tradução em rima, eles inscreviam o texto latino escrito originalmente *em verso livre* com a forma versificada que dominava a poesia inglesa de então, ao mesmo tempo que insistiam que a rima deixava a tradução mais próxima de Horácio. Os resenhistas estavam articulando uma posição hegemônica na cultura literária inglesa, indiscutivelmente inclinada à elite acadêmica: o texto de Horácio pode ser "agradável ao ouvido" apenas para os leitores que conhecem o latim. Mas essa leitura acadêmica também foi apresentada em termos culturais nacionais, com os resenhistas assimilando Horácio à prosódia inglesa tradicional:

Descartar os velhos mecanismos das rimas recorrentes, que acompanharam o crescimento e se fortaleceram com o vigor de nossa linguagem poética, pôr de lado mil efeitos familiares e esperados de cadência, e pausa, e repetição, e da modulação da métrica que faz o sempre mutável encanto do verso lírico – pôr de lado tudo isso em nome do mecanismo decepcionante e estranho de versos, cada qual com uma terminação diferente, desamparados de qualquer graça de expressão, sem qualquer harmonia nova de som, é simplesmente obra de um visionário, que trabalha não para o prazer de seus leitores, mas para a gratificação de um gosto pervertido e extravagante. (Id., 1874, p.15)

A invisibilidade do tradutor

Essa evocação para um Horácio domesticado era motivada por um investimento nacionalista na "força de nossa linguagem poética". A tradução de Newman era "pervertida" porque era não inglesa: "Ter de quebrar todas as nossas tradiçõès inglesas em nome de algo totalmente novo, mas medíocre, é pedir muito do grande público que lê por prazer" (*London Quarterly Review*, 1858, p.193). Newman pôs à prova a suposição dos resenhistas segundo a qual todo leitor inglês desejava que todos os textos estrangeiros fossem reescritos conforme os valores literários dominantes. Contudo, a própria heterogeneidade de suas traduções, seus empréstimos de vários discursos literários, desmentem essa suposição, apontando a natureza igualmente heterogênea do público. Os textos estrangeirizados de Newman estavam desafiando um conceito elitista de uma cultura nacional inglesa.

A força cultural de seu desafio pode ser avaliada pela recepção de sua *Ilíada*. A estratégia estrangeirante de Newman fez com que escolhesse a balada como a forma inglesa arcaica mais adequada ao verso homérico. Essa escolha o envolveu em uma controvérsia na metade do século sobre a prosódia das traduções homéricas, apresentadas tanto em numerosas resenhas e ensaios quanto em diversas traduções inglesas, carregando as mais diferentes formas de verso: rimadas e livres, métrica de balada e verso spenseriano, dodecassílabos e hexâmetros. Aqui também os interesses eram ao mesmo tempo culturais — leituras rivais dos textos gregos — e políticos — conceitos diferentes da nação inglesa.

Newman empregou a métrica da balada em sua *Ilíada* porque ele procurava "uma poesia que fosse antiquada e popular" (Newman, 1856, p.xii). "O estilo de Homero", argumentava ele, "é direto, popular, potente, singular, corrente, eloquente, abundante em fórmulas, redundante em partículas e interjeições afirmativas, bem como em conectivos gramaticais de tempo, lugar e argumento" (ibid., p.iv). Em linha com as teorias de transmissão oral de Friedrich August Wolf em seus *Prolegomena ad Homerum* (1795), Newman definiu o aspecto "popular" do texto grego historicamente como produto de uma cultura oral arcaica em um nível rudimentar de desenvolvimento literário, "um estágio da mente nacional em que as divisões da literatura ainda não estavam reconhecidas [,] nem mesmo a distinção entre prosa e poesia" (ibid.; Jenkins, 1980, p.197-8). Mas ele também localizou análogos "populares" contemporâneos, tanto ingleses quanto gregos. Ao escolher a balada, lembra-se Newman, "descobri com prazer que tinha exatamente chegado à mesma métrica que os gregos modernos adotam para o hexâmetro homérico", naquilo que ele chamou de "o épico grego moderno" (ibid., p.vii-viii). Os textos em questão eram realmente baladas cantadas pelos salteadores do século XIX nas montanhas do Peloponeso, "Kleftas", que lutaram na resistência grega contra o Império Turco.[11]

Os análogos ingleses citados por Newman eram igualmente "modernos" – versões contemporâneas de formas arcaicas. Ele apontou que "nossos verdadeiros escritos antigos de baladas

---

11 Newman aludiu à "métrica épica grega moderna" em seu artigo de 1851, em que cita "uma saudação patriótica bem conhecida que estimulava os gregos a libertar-se dos turcos" (Newman, 1851, p.390). Seu uso da "ballada klefta grega moderna" pode ser observado no *North American Review* (1862a, p.119). Hobsbawm discute o papel dos "kleftas" no movimento nacionalista grego (Hobsbawm, 1962, p.173-4).

A invisibilidade do tradutor

são muito pobres e indignos para representar Homero, e sua dicção está muito distanciada de nossos tempos para ser populares e inteligíveis" (ibid., p.x). Para garantir essa inteligibilidade "popular", sua tradução refletiu o arcaísmo do romance histórico inglês e o poema narrativo: ele acreditava que Scott teria sido o tradutor ideal de Homero. E, no entanto, o discurso de Newman foi também explicitamente oral, iletrado, e inglês. Suas inversões sintáticas aproximavam-se da fala inglesa corrente: "Em qualquer conversação vívida, utilizamos muito mais inversões do que no estilo empregado na escrita de ensaios: estabelecendo o acusativo antes do verbo, iniciando uma sentença com o predicado ou com uma negativa, e de outras formas aproximando-se do antigo estilo, que é verdadeiramente nativo para todo inglês genuíno" (Newman, 1856, p.xi). Esse era o conceito do "estilo antigo", que era tanto nacionalista quanto populista. O léxico "saxo-normando" de Newman "deveu o mínimo possível aos elementos atirados para dentro de nossa língua pela educação clássica" (ibid., p.vi). E as "diversas fórmulas antigas" que ele utilizava contrariavam as prescrições acadêmicas para os usos do inglês:

No estilo moderno, nossos especialistas nos clássicos das primeiras épocas adotaram do latim um princípio que, a mim, parece essencialmente impopular, ou seja, terminar uma oração com *than he, than thou, than she* etc., pois eles pensam que aqui é necessário um nominativo. [...] Eu não consigo ouvir uma conversa em inglês não sofisticado sem ficar convencido de que, em inglês antigo, as palavras *me, thee, him* etc. não são meramente acusativos, mas também a forma isolada do pronome, como *moi, toi, lui*. Em resposta à questão "Quem está aí?", qualquer menino ou menina inglesa diria *Me*, até que ele ou ela seja repreendido para dizer *I*. Os latinistas têm prevalecido na prosa moderna, mas em uma poesia que quer ser antiquada e popular, devo me rebelar. (Ibid., p.xi-xii)

O "popular" na tradução de Newman era uma construção contemporânea de uma forma arcaica que continha várias implicações ideológicas. Ele se baseou em uma forma grega análoga, afiliada a um movimento nacionalista, visando reverter a dominação estrangeira e conquistar autonomia política (ou, mais precisamente, uma franja criminosa desse movimento, a resistência klefta). Ele assumia uma cultura inglesa que era nacional, mesmo estando caracterizada por divisões sociais, em que os valores culturais estavam hierarquicamente organizados entre os vários grupos, acadêmicos e não acadêmicos. O arcaísmo de Newman constituía a tendência democrática em seu conceito da nação inglesa porque ele era populista, conferindo a formas culturais populares prioridade sobre a elite acadêmica que buscava suprimi-las. Ele considerava a balada como "nosso metro comum" (ibid., p.vii).

A *Ilíada* de Newman granjeou pouca atenção por parte dos periódicos — até o momento em que, muitos anos depois, Matthew Arnold decidiu atacá-la em conferências publicadas, como *On Translating Homer* (1861). Arnold, então professor de poesia em Oxford, justificou as conferências como um esforço para "lançar os verdadeiros princípios sobre os quais deve se fundar a tradução de Homero", princípios que eram diametralmente opostos aos de Newman (Arnold, 1960, p.238). Arnold queria que a tradução transcendesse, em vez de significar, as diferenças linguísticas e culturais, e assim valorizou o ilusionismo do discurso transparente, usando a "linguagem

A invisibilidade do tradutor

estranha" da transcendência mística para descrever o processo da domesticação:

> Coleridge assim se exprime, em sua estranha linguagem, ao discorrer sobre a união entre a alma humana e a essência divina que ocorre
>
> > Sempre que a névoa, que está entre Deus e ti,
> > Defeca em pura transparência;
>
> e assim, também, pode-se dizer daquela união entre o tradutor e seu original, que somente pode produzir uma boa tradução, que ocorre quando a névoa que existe entre eles — a névoa de modos estrangeiros de pensar, falar e sentir do lado do tradutor — "defeca em pura transparência" e desaparece. (Ibid., p.103)

Nessa notável analogia, os "princípios" de tradução de Arnold supunham a metafísica platônico-cristã da verdadeira equivalência semântica, pela qual demonizou (ou "fecalizou") as condições materiais da tradução, os valores da língua de chegada que definem o trabalho do tradutor e marcam inevitavelmente o texto na língua de partida. Os "modos de pensar, falar e sentir" atuais do inglês devem ser reprimidos como se reprimem as funções corporais; eles são excrementos "estranhos" que sujam o texto clássico. Essa é uma noção antiga que canonizou o passado grego e aborda o presente inglês com uma escrupulosidade física. Arnold, porém, não demonizou todos os valores domésticos, considerando-se que ele estava reafirmando a tradição canônica da tradução literária inglesa: na linha de Denham, Dryden, Tytler, Frere, ele recomendava

Lawrence Venuti

um método livre e domesticador para produzir versos familiares e fluentes, respeitando-se os valores morais burgueses. A diferença entre o texto estrangeiro e a cultura inglesa "desaparece" nessa tradição porque o tradutor a remove — enquanto inscreve de maneira invisível uma leitura que reflete os cânones literários ingleses, uma interpretação específica de "Homero". No caso de Arnold:

> A clareza e a naturalidade de pensamento são tão essencialmente características de Homero que, para a preservação dessas qualidades em sua própria versão, o tradutor deve, sem escrúpulo, sacrificar, sempre que necessário, a fidelidade verbal ao seu original, em vez de correr o risco de produzir, pela literalidade, um efeito estranho e não natural. (Ibid., p.157-8)

Para Arnold, o que determinava a familiaridade do efeito não era apenas discurso transparente, fluência em oposição à "literalidade", mas a leitura acadêmica prevalente de Homero, validada por especialistas de Eton, Cambridge e Oxford. De fato, a principal disputa de Arnold — e o ponto em que mais se afastava de Newman — era que somente leitores do texto grego estavam qualificados para avaliar as correspondentes traduções inglesas: "O parecer competente de um especialista, que decide se a tradução reproduz mais ou menos para ele o efeito do original" (ibid., p.201). Em todas as conferências de Arnold, ele repetidamente expõe esse "efeito" em pronunciamentos autoritativos: "Homero é rápido em seus movimentos, Homero é claro em suas palavras e estilo, Homero é simples em suas ideias, Homero é nobre em suas maneiras" (ibid., p.141). Usando essa leitura explicitamente acadêmica, Arnold argumentava que vários tradutores, do passado e do presente,

266

A invisibilidade do tradutor

"têm falhado em traduzi-lo": George Chapman, por causa da "extravagância da era elizabetana, completamente alheio à retidão clara do pensamento e sentimento de Homero"; Pope, por causa de seus "modos literários artificiais, totalmente distantes da naturalidade clara de Homero"; William Cowper, por seus "elaborados modos miltônicos, totalmente estranhos ao rápido fluxo de Homero"; e, finalmente, Newman, cujos "modos" eram "eminentemente ignóbeis, ao passo que os modos de Homero são eminentemente nobres" (ibid., p.103). Aqui, fica claro que a tradução de Newman era estrangeirante porque seu arcaísmo desviava-se da leitura acadêmica de Homero:

> Por que falham os versos do sr. Newman? Falham primeiramente porque, sob o aspecto da dicção, expressões do tipo "O gentle friend", "eld", "in sooth", "liefly", "advance", "man-ennobling", "sith", "any-gait" e "sly of foot" são todas de qualidade ruim; algumas delas piores do que as outras, mas todas ruins: ou seja, da maneira como todas são usadas aqui, elas não estimulam nenhum especialista, seu único juiz — estimulam, afirmarei claramente, no professor Thompson ou no professor Jowett — um sentimento totalmente diferente dos que eles sentiram pelas palavras de Homero que essas expressões afirmam traduzir. (Ibid., p.133)

A crítica que Arnold dirige à tradução de Newman era inspirada em um conceito nacionalista e elitista de cultura inglesa. Para demonstrar o efeito de familiaridade que um especialista experimenta diante do texto grego, Arnold forneceu exemplos de "expressões" inglesas que ele considerava "simples", inteligíveis e transparentes, mas que também constituíam estereótipos anglocêntricos de culturas estrangeiras, implicitamente racistas: "As expressões [gregas] não soam mais estranhas [ao

Lawrence Venuti

especialista] do que as expressões inglesas mais simples. Ele não fica mais detido por algum sentimento de estranheza, forte ou fraco, quando ele as lê, do que quando se depara em um livro inglês com coisas do tipo "o selvagem pintado" ou "o holandês fleumático" (ibid., p.123) Na visão de Arnold, a tradução de Newman demonstrava a necessidade de que uma elite acadêmica estabelecesse valores culturais nacionais:

> Penso que, na Inglaterra, em parte pela ausência de uma Academia, em parte por causa de um hábito nacional de intelecto que explica a falta dessa Academia, existe muito pouco do que eu chamaria de uma força pública de opinião literária correta, possuindo, dentro de certos limites, um claro senso do que é certo e errado, sadio e insano, e recordando vivamente homens de cultura e habilidade de quaisquer orientações errôneas flagrantes dessas vantagens. Penso até que, em nosso país, uma poderosa orientação errônea desse tipo pode, com maior probabilidade, subjugar e perverter a opinião a ser detida e corrigida por ela. (Ibid., p.171-2)

A função social que Arnold atribuiu a tradutores como Newman era a de "corrigir" os valores culturais ingleses, alinhando-os com a "opinião" letrada. A tradução, para Arnold, era um meio de dar poder a uma elite acadêmica, dotando-a de uma autoridade cultural nacional, mas esse investimento de poder envolvia uma imposição de valores cultos sobre outras comunidades culturais – inclusive o diverso público leitor de língua inglesa que Newman desejava alcançar. O elitismo no conceito de Arnold sobre uma cultura nacional inglesa supunha uma divisão social intransponível: "É praticamente impossível que estas duas impressões – a do erudito e a do leitor inculto –

A invisibilidade do tradutor

sejam acuradamente comparadas" (ibid., p.201). A tradução aproxima essa divisão, mas apenas ao eliminar o não erudito.

O ataque de Arnold à tradução de Newman foi uma repressão acadêmica às formas de cultura popular, e baseou-se em uma leitura diferente de Homero. Onde o Homero de Arnold foi elitista, possuidor de "nobreza", "um grande mestre" do "alto estilo", o de Newman foi populista e, segundo Arnold, "ignóbil". Assim, Arnold insistiu que "a balada e a medida da balada são fundamentalmente incompatíveis com a tradução de Homero. A maneira e o movimento de Homero são, ao mesmo tempo, nobres e poderosos: o modo de balada e o movimento são frequentemente elegantes e espirituosos, e, portanto, não nobres, ou monótonos e enfadonhos, e, portanto, não poderosos" (ibid., p.128) Arnold rejeitou o uso da "balada" em várias traduções inglesas – Homero de Chapman, as *Homeric Ballads and Comedies of Lucian* (1850), que o dr. William Maginn começou a publicar em 1838, a *Ilíada*, de Newman –, porque ele a achava "muito familiar", "comum", "sensivelmente menor do que [o verso] de Homero" (ibid., p.117, 124, 155). O arcaísmo de Newmam, em particular, degradou o texto canônico grego por apelar para expressões shakespearianas coloquiais, como *To grunt and sweat under a weary load* [grunhir e suar embaixo de uma carga pesada] – um julgamento que, outra vez, revelava a tensão da escrupulosidade burguesa do elitismo acadêmico de Arnold: "Se o tradutor de Homero [...] devesse empregar, quando é preciso falar sobre algum dos heróis de Homero sob o peso da calamidade, esta imagem de 'grunting' e 'sweating', diríamos, *ele newmaniza*, e sua dicção nos ofenderia. Pois ele é obrigado a ser nobre; e nenhum apelo de desejar ser claro e natural o desobriga de sê-lo" (ibid., p.155). A noção de Arnold sobre a "nobreza" de Homero assimilava o texto grego ao erudito, ao mesmo tempo que excluía o popular. Ele observou que, para um norte-americano, a balada "apresenta a desvantagem de ser como o ritmo da canção nacional americana *Yankee Doodle*, e por isso provoca associações risíveis" (ibid., p.132). Embora Arnold tenha recomendado o hexâmetro como a forma de verso mais adequada para as traduções homéricas, ele cuidou de acrescentar que não tinha em mente os hexâmetros do "poema agradável e popular de *Evangeline*", de Longfellow, mas, sim, os "do talentoso Reitor de Eton, dr. Hawtrey", que foi não somente "um dos juízes naturais de qualquer tradução de Homero", mas também o autor de *English Hexameter Translations* (ibid., p.149, 150, 151, 153), de 1847. Qualquer tradução poderia ofender Arnold, dada sua adulação acadêmica dos textos gregos. A mistura de Newman de coloquialismo doméstico, arcaísmo e tradução fiel provou ser positivamente estranha:

O fim do livro 19, a resposta dada por Aquiles a seu cavalo Xantus, o sr. Newman traduz desta maneira:

"Chestnut! why bodest death to me? from thee this was not needed.
Myself right surely know also, that 'tis my doom to perish,
From mother and from father dear apart, in Troy; but never
Pause will I make of war, until the Trojans be glutted."
He spake, and yelling, held afront the single-hoofed horses

"Pilhéria! por que me agouras a morte? não era necessário.
Sei também, e com certeza, que é minha maldição perecer,
Dos queridos mãe e pai apartado, em Tróia; mas jamais
a guerra interromperei, até que estejam saciados os troianos."
Disse ele e, gritando, manteve a frente os cavalos de um só casco

A invisibilidade do tradutor

Aqui o sr. Newman chama Xantus de *Chestnut*, de fato, e chama Balius de *Spotted*, e Podarga de *Spry-foot*; o que é como se um francês chamasse a senhorita Nightingale de *Mdlle. Rossignol*, ou o sr. Bright de *M. Clair*. E diversas outras expressões, também, "yelling", "held afront", "single-hoofed", para dizer o mínimo, deixam muito a desejar. (Ibid., p.134)

De fato, é o hábito de Arnold de dizer "no mínimo" o mais sintomático da tendência antidemocrática de sua crítica. Arnold recusou-se a definir seu conceito de "nobreza", a qualidade homérica que distinguia a leitura acadêmica e justificava seu apelo por uma academia nacional: "Não é minha intenção estabelecer regras para a obtenção desse efeito de nobreza – o efeito, de todos o mais impalpável, o mais irredutível à regra, e que mais depende da personalidade individual do artista" (ibid., p.159). Como Alexander Tytler, Arnold valorizava uma esfera pública de consenso cultural que subscreveria o discurso "correto" para uma tradução de Homero, mas qualquer tendência democrática nessa agenda nacional afundava em uma estética individualista que era fundamentalmente impressionista: "A presença ou ausência do grande estilo pode ser discernido apenas espiritualmente" (ibid., p.136). Diferentemente de Tytler, Arnold não poderia aceitar com facilidade uma suposição humanista de "razão e bom senso" universais porque o público leitor de língua inglesa havia se tornado muito diversificado, cultural e socialmente; daí a inclinação de Arnold a uma elite acadêmica para forçar sua agenda cultural sobre a nação. Como diz Terry Eagleton, "a academia de Arnold não é a esfera pública, mas um meio de defesa contra o público vitoriano da época" (Eagleton, 1984, p.64; ver também Baldick, 1983, p.29-31).

Lawrence Venuti

O "grande estilo" era tão caro a Arnold porque participou na construção de sujeitos humanos, capazes de imprimir valores culturais acadêmicos a outros grupos sociais: "Ele [o estilo] pode formar o caráter, ele é edificante. [...] os poucos artistas no grande estilo [...] podem refinar o homem natural bruto, podem transmutá-lo" (Arnold, 1960, p.138-9). Ainda assim, como a nobreza homérica dependia da personalidade individual do escritor ou leitor e poderia apenas ser experimentada, não descrita, ela era autocrática e irracional. O individualismo na raiz da crítica de Arnold finalmente mina a autoridade cultural por ele atribuída à academia, terminando em contradição: ele ligou vagamente nobreza à personalidade individual, mas também censurou a tradução de Newman precisamente por causa de seu individualismo. Para Arnold, Newman satisfazia a "alguma fantasia individual", exemplificando um traço nacional deplorável, "o grande defeito do intelecto inglês, o grande defeito na literatura inglesa" – "excentricidade e arbitrariedade" (ibid., p.140).

Newman foi atormentado pelas conferências de Arnold e, ao final do ano, publicou uma réplica do tamanho de um livro que lhe possibilitou desenvolver em pormenores a base racional da tradução que ele esboçou em seu prefácio. No início, deixou claro que "seu único objetivo é trazer Homero para o público inculto" (Newman, 1861, p.6). Newman questionou a autoridade que Arnold atribuía à academia na formação da cultura nacional. Ele destacou que a Inglaterra era multicultural, um local de diferentes valores, e que um acadêmico como ele posicionava-se ao lado do não acadêmico: "Os letrados são o tribunal da erudição; mas, de gosto, o público educado, porém inculto, é o único juiz justo; e a isso desejo apelar. Mesmo os letrados coletivamente não têm o direito, e muito menos os letrados individualmente, de pronunciar uma sentença final sobre

A invisibilidade do tradutor

questões de gosto em sua corte" (ibid., p.2). Por ter traduzido para um público diferente, Newman recusou tais formas de verso erudito, como os hexâmetros propostos por Arnold:

> Os incultos olham para os melhores hexâmetros, sejam de Southey, Lockhart ou Longfellow, como prosa estranha ou desagradável. O sr. Arnold deplora o apelo ao gosto popular: pois, então, que o faça! Porém, se os incultos serão nosso público, não podemos desafiá-los. Eu mesmo, antes de me aventurar a imprimir, procurei verificar como mulheres e crianças incultas receberiam meus versos. Eu poderia me gabar de como crianças e mulheres subeducadas os têm exaltado; com que avidez um trabalhador perguntou por eles, sem saber quem era o tradutor. (Ibid., p.12-3)

A avaliação de Newman sobre "gosto popular" levou-o a escrever sua tradução na forma de balada, que ele descreveu em termos que, obviamente, procuravam desafiar os de Arnold: "*É essencialmente um metro nobre, um metro popular*, um metro de grande capacidade. É essencialmente o metro de balada nacional" (ibid., p.22). A resposta de Newman enfatizava o significado ideológico peculiar de seu projeto. Seu desejo de produzir uma tradução que fosse ao mesmo tempo populista e nacionalista foi realizado em um discurso literário arcaico, que resistiu a qualquer domesticação erudita do texto estrangeiro, qualquer assimilação dele ao regime do discurso transparente em inglês: "Especialistas em estudos clássicos devem virar sua face à dupla heresia, de tentar forçar que aquela poesia estrangeira, por diferente que seja, se traduza em um dialeto inglês, e que isso se faça, na ordem das palavras e na dicção, o mais próximo possível da prosa polida" (ibid., p.88).

A resposta de Newman mostrou que a tradução poderia permitir que outros discursos literários populares emergissem em inglês apenas se ela fosse estrangeirante ou, no caso da literatura clássica, historicizante, apenas se ela abandonasse a fluência para significar "o arcaico, o tosco, o elemento impetuoso em Homero" (ibid., p.22). Porque a historiografia de Newman era essencialmente *whig*, supondo um modelo teleológico de desenvolvimento humano, um conceito liberal de progresso, ele acreditava que Homero "não apenas era antiquado, relativamente a Péricles, mas também absolutamente obsoleto, poeta de uma época bárbara" (ibid., p.48).[12] Newman admitia

---

12 Sobre historiografia liberal, ver Butterfield (1951), Burrow (1981) e Culler (1985). Outros escritos históricos de Newman também revelam suposições *whig*. Uma teleologia liberal dava forma às lições que ele extraiu dos "contrastes" históricos, frequentemente resultando em um utopismo, tanto democrático quanto nacionalista:

> [...] podemos olhar para trás para as mudanças que não podem ser traçadas na Antiguidade: vemos o escravo e o vassalo emancipados de seu senhor, as cidades obtendo primeiro independência, depois a autoridade combinada com os senhores da terra. Quando o elemento que *era* mais fraco gradativamente avança em seu caminho, principalmente devido a influências morais e sem qualquer exasperação que possa durar muito, há todos os motivos para esperar uma união final de sentimento entre a cidade e o campo na única base estável, aquela da justiça mútua. Então toda a Inglaterra fundir-se-á num único interesse, aquele da *nação*, em que será moralmente impossível que as classes mais humildes sejam esquecidas. (Newman, 1847a, p.23)

Newman tratou as práticas econômicas capitalistas com o mesmo otimismo à moda *whig*, afirmando que "o comércio de longo alcance toca regiões distantes que estão além do domínio da política", de modo que relações geopolíticas serão, por fim, caracterizadas pela "paz" (ibid., p.33).

A invisibilidade do tradutor

que era difícil evitar julgamentos de culturas estrangeiras passadas de acordo com os valores culturais – tanto acadêmicos quanto burgueses – que diferenciavam as elites vitorianas de seus inferiores na sociedade na Inglaterra e em outros lugares. Ele acreditava que

> se Homero pudesse cantar seus versos para nós, eles primeiramente nos provocariam o mesmo interesse prazeroso de uma elegante e simples melodia de um africano da Costa Dourada; mas, após ouvirmos vinte versos, começaríamos a reclamar de pobreza, monotonia, e *perda de expressão moral*; e julgaríamos o estilo como inferior à nossa própria métrica oratória, como a música de Píndaro à nossa música moderna de terceira categoria. (Ibid., p.14)

Ainda assim, Newman, de qualquer forma, insistiu que tais julgamentos anglocêntricos deveriam ser minimizados ou até mesmo evitados: "Esperar refinamento e delicadeza universal de expressão naquele estágio da civilização é muito anacrônico e pouco razoável" (ibid., p.73). Defendendo uma abordagem histórica da tradução, Newman demonstrou que críticos ingleses eruditos como Arnold violavam seu próprio princípio de razão universal ao utilizá-lo para justificar uma abreviação do texto grego: "Homero nunca enxerga as coisas *nas mesmas proporções* que nós. Omitir suas digressões, e o que eu chamo de suas 'impertinências', com o objetivo de dar ao seu argumento aquilo que o sr. Arnold tem prazer em chamar de 'equilíbrio' apropriado, é valorizar nossas mentes lógicas, mais do que sua pitoresca, mas ilógica, mente" (ibid., p.56).

Como tais afirmações sugerem, a historiografia *whig*, que influenciou o conceito de Newman de cultura clássica, privilegiou inevitavelmente as elites sociais vitorianas como exemplares do estágio mais avançado do desenvolvimento humano. Por consequência, ela implicitamente estabeleceu uma analogia entre seus inferiores – os "bárbaros", os "selvagens", os colonizados ("Costa Dourada") e o público popular inglês, expondo um lado superior e potencialmente racista, do populismo da tradução de Newman (e empurrando sua posição para mais perto da de Arnold). Ainda assim, a historiografia *whig* de Newman capacitou-o a refinar seu senso de história literária e desenvolver um projeto de tradução que preservava a diferença cultural do texto estrangeiro e reconhecia a diversidade dos discursos literários em inglês: "Cada sentença de Homero era mais ou menos antiquada em relação a Sófocles, que não podia evitar sentir, a cada instante, o caráter estrangeiro e antiquado da poesia mais do que um inglês sente ao ler poemas de Burns" (ibid., p.35-6). O ceticismo de Newman diante dos valores culturais dominantes em inglês o fez criticar a "bibliolatria" confessa de Arnold, sua confiança na "autoridade da Bíblia", ao desenvolver um léxico para as traduções de Homero (Arnold, 1960, p.165-6). Newman não desejava que a autoridade cultural da Bíblia excluísse outros discursos literários arcaicos, por ele considerados igualmente "sagrados": "Palavras que chegaram até nós por uma interligação sagrada, sem dúvida ganham um tom sagrado, mas não se deve permitir que elas profanem outras palavras antigas e excelentes" (Newman, 1861, p.89).

A publicação das conferências de Arnold transformou a tradução homérica em um importante tópico de debate na cultura anglo-norte-americana, provocando não apenas a réplica de Newman e uma coda de Arnold, mas muitas resenhas e artigos em uma ampla gama de periódicos britânicos e norte-americanos. A recepção foi mista. Resenhistas dividiram-se em particular

A invisibilidade do tradutor

sobre a forma de verso aceitável para a tradução homérica, se a balada ou o hexâmetro.[13] E Arnold teve maior preferência em relação a Newman, não importando qual posicionamento ideológico o periódico possa ter estabelecido em resenhas anteriores. O *North British Review*, de Edinburgh, embora "consistentemente *whig* em política", cultivava um conservadorismo religioso e moral que resultou em uma abordagem evangélica em resenhas literárias — e um aval ao apelo de Arnold para uma academia com uma autoridade cultural nacional (*North British Review*, 1862, p.348; Sullivan, 1984, p.276). Em um artigo que discutiu traduções homéricas recentes e a controvérsia Arnold/ Newman, o resenhista aceitou o diagnóstico de Arnold da cultura inglesa, bem como sua rejeição do arcaísmo de Newman: "No presente, nada temos a não ser excentricidades, e gostos, e antipatias arbitrárias. Nossa literatura não se preocupa com a dignidade, nem reverencia leis. [...] A presente mania de baladas é um dos resultados dessa licenciosidade" (*North British Review*, 1862, p.348).

---

13 O racha na recepção da controvérsia se torna evidente numa rápida pesquisa das resenhas. A recomendação de Arnold quanto a hexâmetros para a tradução homérica foi aceita no *North American Review* (1862a; 1862b). Mais típicas foram as resenhas que aceitaram a leitura acadêmica de Homero feita por Arnold, mas rejeitaram sua recomendação dos hexâmetros como uma forma muito divergente da tradição literária inglesa: ver, por exemplo, Spedding (1861) e o *North British Review* (1862). Perto do final da década, a "brilhante contribuição" de Arnold à controvérsia ainda estava sendo mencionada nas resenhas sobre as traduções homéricas (*Fraser's Magazine*, 1868, p.518). Newman, ao contrário, teve poucos apoiadores. John Stuart Blackie parece ter sido o único a concordar com a leitura de Homero feita por Newman e a recomendar uma medida de balada rimada para a tradução homérica (Blackie, 1861).

Lawrence Venuti

O caso de Arnold contra Newman foi persuasivo até para o *The Westminster Review*, que abandonou seu liberalismo caracteristicamente militante para defender a elite cultural (Sullivan 1983b, p.424-33). O resenhista observou que proferir conferências em inglês em vez de latim deu a Arnold "o privilégio extra e a responsabilidade de dirigir-se não a uma reduzida minoria, mas a muitos, não a um seleto grupinho de eruditos, mas a todo o público leitor" (*Westminster Review*, 1862, p.151). No entanto, foram precisamente os valores literários de um seleto grupinho erudito que o resenhista quis ver impostos a todo o público leitor, visto ter ele aceitado "o teste proposto de uma tradução totalmente a contento — que ela deve produzir no erudito o mesmo efeito do poema original" (ibid.). Assim, a leitura acadêmica de Arnold do texto grego estava sendo recomendada em lugar da "visão [populista de Newman] de que Homero pode ser traduzido adequadamente em qualquer forma de balada. Toda balada é igualmente entoada em uma tonalidade muito baixa; ela pode ser rápida e direta, e mexer com o espírito, mas é incapaz de sustentar a nobreza" (ibid., p.165).

Nem todos os resenhistas concordaram com Arnold sobre a necessidade de uma elite acadêmica estabelecer uma cultura nacional inglesa. A maioria, porém, partilhou de sua leitura acadêmica de Homero e, portanto, de sua crítica à tradução arcaica de Homero. *The Saturday Review*, defensor de um liberalismo conservador oposto a reformas democráticas (movimento sindical, sufrágio feminino, socialismo), assumiu um ar condescendente de imparcialidade ao criticar tanto Arnold quanto Newman (Bevington, 1941). Porém, os critérios eram, em sua maior parte, arnoldianos. O resenhista supôs a superioridade cultural da academia ao castigar Arnold por violar o decoro aca-

A invisibilidade do tradutor

dêmico, por consagrar conferências de Oxford a fim de atacar de forma "amargamente desdenhosa" um escritor contemporâneo como Newman, "que, apesar de quaisquer aberrações, enquanto erudito possui certamente reputação maior do que a do próprio sr. Arnold" (*Saturday Review*, 1861, p.95). No entanto, as "aberrações" de Newman eram as mesmas que Arnold havia observado, especialmente o arcaísmo, que o resenhista qualificou como "uma teoria consistente, mas que em nossa opinião está errada" (ibid., p.96). Um desagrado que o *Saturday Review* mostrou ter pela tradução de Newman foi consistente com outros julgamentos literários: ele tendia a ridicularizar experiências literárias que se desviassem do discurso transparente, como a poesia "obscura" de Robert Browning, e a atacar formas literárias que eram populistas e populares, como os romances de Dickens (Bevington, 1941, p.208-9, 155-67).

O liberal *British Quarterly Review*, um periódico religioso não conformista editado por um ministro congregacionalista, questionou o desejo de Arnold de "imitar, na Inglaterra, a Academia Francesa" (*British Quarterly Review*, 1865, p.292; Houghton; Houghton; Slingerland, 1987, v.IV, p.114-25). Isso foi considerado uma "afetação intelectual", pois o individualismo fundamental da cultura inglesa resistiu a qualquer ideia de academia nacional: "O sr. Arnold parece determinado a ignorar o fato de que um estilo acadêmico é impossível entre os ingleses, que são originais por natureza" (*British Quarterly Review*, 1865, p.292). Porém, o resenhista concordou que "a tradução homérica exige uma simplicidade nobre", acrescentando que,

inquestionavelmente, o sr. Arnold está correto em estabelecer Homero em uma classe distinta da dos poetas de baladas, com os quais ele tem sido frequentemente comparado. A balada, em sua forma mais perfeita, pertence a um estado primitivo da sociedade – para uma época em que as ideias eram poucas. Isso não se pode dizer de Homero. Sua própria existência é prova suficiente de um desenvolvimento social muito parecido com o do tempo de Shakespeare, embora muito mais simples em sua forma. (Ibid., p.293)

O resenhista adotou tanto o conceito historicista de balada de Newman quanto a historiografia *whig* sobre o qual ele se fundamentava. Mas a leitura populista que Newman fazia de Homero foi rejeitada em favor da nobreza arnoldiana. Esse movimento fez que um periódico liberal como o *British Quarterly Review* não se diferenciasse do *tory Dublin University Magazine*, no qual uma resenha de duas traduções em hexâmetro inspiradas pelas conferências de Arnold deram destaque à versão de Newman por crítica especial: "Sua métrica não rimada da balada, sua dicção insípida e singular, e seus epítetos que levam ao riso" resultaram em um "burlesco infeliz" (*Dublin University Magazine*, 1862, p.644; Sullivan, 1983b, p.119-23). O verso de Newman foi qualificado como "a medida da balada híbrida da Grécia moderna", uma escolha particularmente inapropriada para a pura nobreza de Homero.

A recomendação de Arnold a respeito do uso de hexâmetros para a tradução homérica foi atendida, no intervalo de quinze anos após suas conferências, por cinco tradutores acadêmicos. Mas, ironicamente, nenhum deles conseguiu produzir o efeito de "movimento repentino fluido" que Arnold via como uma característica fundamental dos versos de Homero (Arnold, 1960, p.142). Esses experimentos prosódicos não foram bem-

A *invisibilidade do tradutor*

-sucedidos porque não se baseavam em regras aceitas ou reconhecíveis: ou eram "muito datílicos", como Arnold havia dito na crítica que fez à *Evangeline* de Longfellow, ou combinavam métricas quantitativas com outras acentuadas, de modo que as linhas individuais eram em geral difíceis de serem lidas e escandidas como hexâmetros (ibid., p.151). Como Yopie Prin demonstrou, "as traduções métricas de Homero não conseguiram alcançar a fluência a que aspiravam, pois seu fluxo era interrompido por acentuações fora de lugar e cesuras deslocadas" (Prins, 2005, p.252).

Pode-se dizer que Arnold venceu esse debate, mesmo se suas recomendações para a adoção dos hexâmetros em traduções homéricas tenham levado quase um século para ganhar aceitação geral – no "verso livre de seis acentos" da versão imensamente popular de Richmond Lattimore (1951, p.55).[14] O destino do projeto de Newman foi a marginalização em seu próprio tempo e, desde então, as críticas deram lugar ao esquecimento virtual. Isso pode ser visto, primeiramente, nas histórias editoriais da documentação das controvérsias. Entre 1861 e 1924, editores britânicos e norte-americanos publicaram dezessete edições, em volume único, das palestras de Arnold; entre 1905 e 1954, catorze edições diferentes de ensaios escolhidos de Arnold

---

14 Lattimore insistiu que "meu verso mal pode ser chamado de hexâmetros ingleses", porque lhe falta a regularidade dos hexâmetros do século XIX (ele citou Longfellow). Mas ele deixou clara a domesticação operando em sua versão: concordava com a leitura de Arnold do texto homérico e tencionava adaptar seu verso de seis acentos ao "inglês claro de hoje" (1951, p.55). A primeira edição tipo brochura da *Ilíada* de Lattimore apareceu em 1961; em 1971, a tradução tinha sido reimpressa 21 vezes.

281

Lawrence Venuti

contendo as palestras – sem esquecer a inclusão da seleta em diversas edições da obra completa de Arnold. A *Ilíada* de Newman foi reimpressa apenas uma vez, em 1871, e conhecida posteriormente apenas pelas citações nas conferências de Arnold. A réplica de Newman também foi reimpressa apenas uma vez no século XIX. Durante a primeira metade do século XX, ela teve várias reimpressões, mas somente nas seletas dos ensaios de Arnold, sendo apresentada como um documento de apoio subordinado às mais importantes conferências de Arnold, um texto menor que foi incluído como fundo cultural para o autor mais importante (ver, por exemplo, Arnold [1914]). Em 1960, o editor de *Complete Prose Works* de Arnold, R. H. Super, achou que não valia a pena reimprimir a réplica de Newman: "Seu ensaio conquistou imerecida imortalidade apenas por ter sido reimpresso em diversas edições modernas dos ensaios de Arnold (por exemplo, Oxford Standard Authors e Everyman's Library); leitores interessados em conhecer o que provocou o melhor das conferências homéricas de Arnold poderão descobri-lo em um daqueles volumes" (Arnold, 1960, p.249). Super considerou as conferências de Arnold valiosas em si mesmas, transcendendo o momento cultural que as suscitava, independente da tradução de Newman, da inteira controvérsia internacional, inquestionavelmente superior a outras opiniões no debate. A teoria de tradução domesticadora de Arnold, bem como os valores culturais acadêmicos que a informavam, tinha alcançado, nesse ponto, *status* canônico na cultura literária anglo-norte-americana.

A ascendência de Arnold sobre Newman adquiriu outras formas desde a década de 1860. As conferências de Arnold cunharam um neologismo satírico para o discurso tradutório de

A invisibilidade do tradutor

Newman – "newmanizar", e nos 25 anos seguintes, essa palavra fez parte do vocabulário de termos críticos em periódicos literários. Em 1886, por exemplo, *The Athenaeum* publicou uma resenha favorável da tradução da *Ilíada* por Arthur Way, mas o resenhista, não obstante, reclamou que "o sr. Way, de fato, está um pouco inclinado a 'newmanizar'", porque "às vezes ele apela" a um "vocabulário híbrido", desviando-se dos usos atuais da língua inglesa: "O inglês puro do tipo simples é amplo o suficiente para se traduzir Homero" (*Athenaeum*, 1886, p.482-3).

Um método de tradução estrangeirante similar ao de Newman foi adotado por outro tradutor vitoriano socialmente engajado, William Morris. Nesse caso, foi o investimento socialista de Morris no medievalismo que o levou a cultivar um vocabulário arcaico a partir de diversas formas literárias, populares e de elite (cf. Chandler, 1970, p.209-30). Os experimentos de Morris receberam mais resenhas apreciativas do que os de Newman, mas também foram atacados, e por algumas das mesmas razões. Em 1888, o *Quarterly Review* publicou uma avaliação adulatória dos escritos de Arnold, os quais estendiam sua crítica às traduções de Homero até a *Odisseia* de Morris (1887-1888): "Por meio deste travestimento de dicção arcaica, o sr. William Morris [...] revestiu Homero com todo o grotesco, o preconceituoso, o irracional da Idade Média, do mesmo modo como o sr. Arnold diz que Chapman fez" (*Quarterly Review*, 1888, p.407-8).

No mesmo ano, a *Longman's Magazine*, um mensário dedicado a levar a "literatura de alto padrão" ao público de massa, publicou um artigo no qual as traduções de Morris foram citadas como os melhores exemplos do "inglês antigo de Wardour Street – um artigo perfeitamente moderno com uma aparência

Lawrence Venuti

falsa de antiguidade real" (Ballantyne, 1888, p.589; Sullivan, 1984, p.209-13). Essa referência às lojas de Wardour Street que vendiam móveis antigos, autênticos e em imitação questionou a autenticidade do arcaísmo de Morris, ao mesmo tempo atrelando-o aos dialetos não padronizados do inglês e a formas literárias marginais. O elitismo do resenhista era reconhecidamente arnoldiano: "Poemas nos quais os convidados vão se recolher em camas que estão arranjadas lado a lado, poemas nos quais os serviçais procuram o salão de festas no inverno, não pertencem ao centro literário. São provincianos, completamente sem distinção: são incrivelmente absurdos" (Ballantyne, 1888, p.593). O "centro literário" era a tradução fluente. Em 1889, também o *Quarterly Review* atacou a *Eneida* (1875), de Morris, por causa do "senso de incongruência inspirado pelo inglês do tipo Wardour Street como *eyen* e *clepe*" (Faulkner, 1973, p.28, *n*.81). Aqui, o "centro" também é identificado como o inglês padrão, a língua das instituições políticas contemporâneas, dos principais políticos. O artigo no *Longman's* sobre "o "inglês de Wardour Street" observou que

> se o Lord Chanceler ou o senhor presidente da Câmara dos Comuns tivessem de fazer um pronunciamento solene em algum dialeto *cockney* ou do interior, provocaria em seus ouvintes a mesma sensação do grotesco e vil que um ouvinte leva de um autor que, em vez de usar a própria língua em sua forma literária mais rica e verdadeira, emprega um modismo linguístico e, assim fazendo, torna seu trabalho provinciano, em lugar de literário. (Ballantyne, 1888, p.593-4)

As traduções de Morris unicamente "fingiram ser literatura", porque os textos literários eram escritos em um dialeto

A invisibilidade do tradutor

do inglês considerado educado e oficial, excluindo-se, portanto, formas populares linguísticas e literárias.

Na academia, onde Arnold, apologista de uma elite acadêmica, era abrigado como um escritor canônico, as traduções historicizantes de Newman e Morris foram muitas vezes submetidas a sovas arnoldianas. O estudo conduzido por T. S. Osmond, em 1912, sobre a controvérsia Arnold/Newman concordou com os "protestos [de Arnold] contra o uso de palavras ridículas ou demasiado incomuns" nas traduções, porque elas antecipam a ilusão de transparência: "A atenção do leitor fica concentrada nas palavras, em vez de concentrar-se na coisa que está sendo dita" (Osmond, 1912, p.82). Em 1956, a tentativa de Basil Willey de reabilitar a reputação de Newman se concentrou principalmente em seus tratados religiosos, em particular *The Soul* (1849), que, segundo Willey, deveria ser admitido no cânone vitoriano e classificado em "um posto muito mais elevado na literatura devocional" (Willey, 1956, p.45). Porém, embora Willey tenha oferecido um relato geralmente equilibrado sobre a controvérsia tradutória, ele terminou concordando com Arnold, que Newman não possuía a "personalidade individual" para traduzir o "grande estilo" de Homero: "Newman, com todos os seus grandes méritos, não era poeta" porque "seu espírito não era suficientemente 'livre, flexível e elástico'" (ibid.; ver também Annan [1944, p.191]).

Em 1962, J. M. Cohen, tradutor de escritores canônicos como Rabelais e Cervantes, publicou uma história da tradução em língua inglesa na qual ele descreveu de maneira favorável o método domesticador predominante e a "completa inversão de gosto" que tornou o arcaísmo vitoriano "ilegível" (embora, como vimos, ele fosse igualmente ilegível a muitos vitorianos):

Lawrence Venuti

"Em contraste a muitos artesãos vitorianos e eduardianos [...] que nos últimos vinte anos têm se preocupado sobretudo com a interpretação na língua atual" (Cohen, 1962, p.65). O próprio Cohen seguiu essa tendência dominante em direção do discurso transparente, afirmando que "a teoria da tradução vitoriana parece, em nosso ponto de vista, estar fundada em um erro fundamental", censurando Morris, em particular, pela densidade de seu arcaísmo: "Mesmo o sentido se tornou obscuro" (ibid., p.24-5). Cohen concordou com Arnold ao atribuir o que ele considerava os defeitos da tradução vitoriana ao seu historicismo. Os experimentos conduzidos por tradutores como Newman, Morris, Robert Browning, Dante Gabriel Rossetti e Edward Fitzgerald estavam equivocados, achava Cohen, porque os tradutores haviam "adaptado os estilos de seus autores às imagens mais ou menos errôneas das épocas nas quais esses autores viveram e trabalharam" (ibid., p.29). No entanto, o próprio Cohen estava fazendo uma suposição anacrônica de que as "corretas imagens" históricas estavam na "linguagem corrente", respeitosa ao cânone moderno da "clara uniformidade de prosa" na tradução (ibid., p.33).

Finalmente, talvez não exista sinal mais inequívoco do poder continuado de Arnold na cultura literária anglo-norte-americana do que a tradução da *Ilíada* realizada por Robert Fagles, em 1990, vencedora do prêmio Harold Morton Landon de tradução poética, pela AAP (Academy of American Poets) [Academia de Poetas Americanos]. O prefácio de Fagles inicia com um reconhecimento da qualidade oral do verso homérico, e depois se volta para a leitura arnoldiana de Homero: "O trabalho de Homero é uma performance, até mesmo em parte um evento musical. Talvez essa seja a fonte de sua rapidez, retidão

A invisibilidade do tradutor

e simplicidade ouvidas por Matthew Arnold – e de sua nobreza também, indefinível, mas inegável, que Arnold perseguiu sem jamais alcançar" (Fagles, 1990, p.ix). Tradutor de clássicos, tendo editado o Homero traduzido por Pope, e por muitos anos professor de literatura comparada em Princeton, Fagles demonstra não apenas que a leitura de Arnold ainda prevalece atualmente, como segue afiliada à academia e à tradição dominante da tradução em língua inglesa, a domesticação fluente. Fagles perseguiu uma tradução que era "literata" no sentido acadêmico (ou seja, arnoldiana), negociando entre o "literal" e o "literário" de uma maneira que seguiu a noção de "paráfrase" de Dryden, produzindo um Homero modernizado:

> Sem ser uma tradução linha por linha, minha versão da *Ilíada* não é, espero, nem tão literal ao traduzir a linguagem de Homero de forma a restringir e distorcer a minha – embora eu tenha procurado transmitir, na medida do possível, o que ele disse –, nem tão literária para esvaziar sua energia, seu ímpeto progressivo – embora deseje que meu trabalho seja literato, com alguma sorte. Pois a abordagem mais literal parece muito pouco inglesa, e a mais literária parece muito pouco grega. Procurei encontrar um meio-termo entre os dois, um Homero em inglês moderno. (Ibid., p.x)

Fagles também segue – ainda que de maneira flexível – a recomendação de Arnold para o uso de hexâmetros na tradução homérica: "Trabalhando a partir de uma linha de seis ou sete acentos, mas mais inclinado a seis, às vezes expando para sete acentos [...] ou reduzo a três" (ibid., p.xi).

Lawrence Venuti

III. A tradução estrangeirante e contemporânea de Newman

A controvérsia vitoriana oferece diversas lições que podem relacionar-se com a tradução contemporânea em língua inglesa. Talvez o ponto mais importante seja que a controvérsia mostra que é possível resistir à tradução domesticadora sem necessariamente privilegiar-se uma elite cultural. Newman defendia o método estrangeirante de Schleiermacher, mas o removeu dos interesses políticos e culturais de uma seleta roda literária alemã, ao mesmo tempo elitista e nacionalista. Ao contrário, Newman assumiu um conceito mais democrático de uma cultura nacional inglesa, reconhecendo sua diversidade e recusando-se a permitir que uma minoria cultural como a academia dominasse a nação. Newman era um erudito que realmente acreditava que um tradutor inglês poderia dirigir-se a comunidades culturais diversificadas, satisfazendo cânones acadêmicos de equivalência de traduções enquanto apelava ao gosto popular: "Mesmo afirmando escrever para o leitor inglês inculto, eu devo necessariamente ser julgado por eruditos clássicos em questões de fidelidade e correção" (Newman, 1853, p.vi).

No entanto, o "estrangeiro" nas traduções estrangeirantes de Newman era definido precisamente por sua resistência aos valores literários acadêmicos, pelo seu objetivo de abarcar, em vez de excluir, formas populares afiliadas a diversos grupos sociais. A tradução estrangeirante baseia-se numa suposição de que a instrução não é universal, de que a comunicação é complicada pelas diferenças culturais entre e dentro das comunidades linguísticas. Mas o estrangeiramento é também uma tentativa de reconhecer que essas diferenças modelam os discursos

A invisibilidade do tradutor

culturais na língua de chegada e permitir isso. A defesa de Arnold em prol da tradução domesticadora também não pressupõe uma cultura nacional homogênea – de fato, para ele, a diversidade da literatura inglesa significava caos. Arnold respondeu às diferenças culturais reprimindo-as, não se desviando da tradição dominante na tradução de língua inglesa e autorizando uma elite acadêmica a mantê-la. Newman, contudo, demonstrou que a tradução estrangeirante pode ser uma forma de resistência dentro de uma política cultural democrática.

A controvérsia vitoriana também oferece uma lição prática para os tradutores contemporâneos de língua inglesa. Ela mostra que a tradução fiel, que para Arnold era a "literalidade" de Newman, não conduz necessariamente a um inglês não idiomático e ininteligível. Schleiermacher sugeriu essa estratégia, e Newman igualmente argumentou que, "em muitas passagens, é muito útil traduzir o original linha por linha" (Newman, 1856, p.viii-ix), incorrendo na sátira que Arnold faz das traduções literais dos epítetos homéricos – *ashen-speared, brazen-cloaked* (Arnold, 1960, p.165). Mas a adesão estrita de Newman à linearidade e à ordem de palavras do texto grego foi comparada a uma atenção igualmente estrita a um vocabulário, sintaxe e arranjo de formas literárias distintamente ingleses. A tradução fiel certamente arrisca dicção obscura, construções estranhas e formas híbridas, mas em graus variáveis entre textos estrangeiros e situações domésticas também diversificadas. A descoberta do *translationese* pressupõe um investimento em valores especificamente linguísticos e culturais pela exclusão de outros. Assim, a tradução fiel é estrangeirante apenas porque sua aproximação do texto estrangeiro implica um desvio dos valores domésticos dominantes – como o discurso transparente.

O "literal" desse método é que ele focaliza tanto a forma da tradução quanto a do texto estrangeiro, enfatizando o significante, o jogo de significação que rotineiramente fica fixado na tradução em língua inglesa, reduzido a um significado relativamente coerente. A tradução estrangeirante de Newman liberava esse jogo, adicionando um excesso de sentidos domésticos ao texto estrangeiro ao encerrar vários discursos culturais em língua inglesa, do passado e do presente, elitista e popular, em poesia e em prosa, inglês e escocês. Na tradução estrangeirante, a violência etnocêntrica que cada ato de tradução provoca sobre o texto estrangeiro rivaliza com uma violenta ruptura dos valores domésticos que desafia as formas culturais da dominação, sejam elas nacionalistas ou elitistas. O estrangeiramento mina o próprio conceito de nação por invocar as comunidades diversas que qualquer conceito como esse tende a omitir.

Desde a década de 1990, a tradução estrangeirante emergiu de forma mais incisiva na cultura anglo-norte-americana, alcançando amplo público e questionando, se não de fato refutando, críticas de que esse tipo de versão é necessariamente elitista, que exclui os leitores populares (Robinson, 1997, p.105-6). Ao traduzir dois volumes de ficção gótica de I. U. Tarchetti, escritor italiano do século XIX, *Fantastic Tales* (1992) e *Passion: A Novel* (1994), escolhi um gênero com tradições elitistas e populares na língua inglesa para propiciar as diferenças culturais de Tarchetti, especialmente seu tom ocasionalmente humorístico e seus temas voltados para o social, para desfamiliarizar essas tradições. Para resistir ao regime discursivo da fluência, combinei o inglês padrão atual com um léxico e uma sintaxe arcaicos, típicos do gótico britânico e norte-americano, de Edgar Allan Poe e Mary Shelley a Bram Stoker, produzindo

A invisibilidade do tradutor

um estilo que era ao mesmo tempo legível e sugestivo e que, embora não fosse satisfatório para todos os leitores, foi recebido positivamente pelos resenhistas, tanto em periódicos literários sofisticados quanto em *fanzines* de terror (Venuti, 1998, p.13-20). Por meios semelhantes, a tradução de Megan Backus para o romance de Banana Yoshimoto, *Kitchen* (1993), contribuiu para a reforma do cânone da ficção japonesa contemporânea em língua inglesa: o texto original apresentava um Japão americanizado que contrariava os estereótipos orientalistas predominantes, e a versão em inglês combinava o uso padrão atual com coloquialismos e arcaísmos poéticos, mantendo um número substancial de termos culturais japoneses (ibid., p.74-5, 84-7). Apesar dessa heterogeneidade de tema e estilo, o trabalho de Backus foi descrito como agradável para um público moderadamente intelectualizado – e, paradoxalmente, por um crítico dos efeitos da tradução estrangeirante da forma que os tenho apresentado (Harker, 1999). A recepção dessas traduções deixa bem claro que o estrangeiramento pode não apenas transpor as fronteiras culturais entre os leitores elitistas e populares, mas também mudar os padrões de leitura, ampliando o espectro de formas linguísticas usadas na tradução e, assim, redefinindo as noções de fluência comumente aceitas. A legibilidade na tradução não precisa estar atada ao dialeto padrão atual do idioma de tradução.

Talvez a evidência mais persuasiva para esses pontos possa ser encontrada no trabalho de Richard Pevear e Larissa Volokhonsky, que foram pioneiros no uso da tradução estrangeirante com a ficção russa canônica. Seu primeiro esforço nesse sentido, uma versão de *Os irmãos Karamazov* (1990), de Dostoiévski, foi confrontada com versões anteriores de tra-

Lawrence Venuti

dutores como Constance Garnett, que, como Pevear descreveu, "revisou, 'corrigiu' ou suavizou a prosa idiossincrática do autor" (Pevear; Volokhonsky, 1990, p.xi). Para restaurar as peculiaridades estilísticas que Garnett, motivada pela busca por fluência, havia removido, Pevear e Volokhonsky se mantiveram mais próximos do russo de Dostoiévski, uma estratégia discursiva que foi confirmada por vários leitores, falantes nativos de russo, além de acadêmicos e tradutores de literatura russa (Navrozov, 1990; Knapp, 1994; May, 1994, p.53-4; France, 2000, p.596-7). Para Pevear e Volokhonsky, no entanto, a estreita adesão ao texto original não limitou o desenvolvimento de um léxico e de uma sintaxe em inglês que fossem adequados e que fizessem variar significativamente o uso padrão atual.

Considere esta passagem da versão deles de *Os irmãos Karamazov*:

Fyodor Pavlovich saw at once (and this must be remembered) that Mitya had a false and inflated idea of his property. Fyodor Pavlovich was quite pleased with this, as it suited his own designs. He simply concluded that the young man was frivolous, wild, passionate, impatient, a wastrel who, if he could snatch a little something for a time, would immediately calm down, though of course not for long. And this Fyodor Pavlovich began to exploit; that is, he fobbed him off with small sums, with short-term handouts, until, after four years, Mitya, having run out of patience, came to our town a second time to finish his affairs with his parent, when it suddenly turned out, to his great amazement, that he already had precisely nothing, that it was impossible even to get an accounting, that he had already received the whole value of his property in cash from Fyodor Pavlovich and might even be in

A invisibilidade do tradutor

debt to him, that in terms of such and such deals that he himself had freely entered into on such and such dates, he had no right to demand anything more, and so on and so forth. The young man was stunned, suspected a lie or a trick, was almost beside himself, and, as it were, lost all reason. (Pevear; Volokhonsky, 1990, p.12)

Fiódor Pavlovich viu imediatamente (e isso deve ser lembrado) que Mitya tinha uma ideia falsa e inflada de sua propriedade. Fiódor Pavlovich ficou bastante satisfeito com aquilo, pois calhava a seus próprios desígnios. Ele apenas concluiu que o jovem era frívolo, bravio, apaixonado, impaciente, um esbanjador que, se conseguisse arranjar qualquer coisa durante certo período, imediatamente se acalmaria, embora, é claro, não por muito tempo. E disso começou a tirar proveito Fiódor Pavlovich; isto é, ele o logrou com pequenas somas, com auxílios pontuais, até que, passados quatro anos, Mitya, tendo esgotado sua paciência, chegou pela segunda vez à nossa cidade para encerrar seus negócios com o parente, quando de súbito, para sua grande surpresa, revelou-se que ele já não tinha precisamente nada, que era impossível mesmo fazer a contabilidade, que ele já havia recebido de Fiódor Pavlovich todo o valor de sua propriedade em espécie e poderia até estar lhe devendo, que, em termos de tais e tais acordos que ele próprio celebrara livremente em tais e tais datas, ele não tinha o direito de exigir mais nada, e assim e assim por diante. O jovem estava atordoado, suspeitava uma mentira ou um truque, estava quase fora de si e, por assim dizer, perdeu toda a razão.

Aqui, Pevear e Volokhonsky recriaram aspectos da sintaxe de Dostoiévski que rompem a fluência, como na quarta frase, em que a inversão de abertura (*"this Pavlovich began to exploit"*

Lawrence Venuti

[disso começou a tirar proveito Pavlovich]) e as subsequentes séries de orações subordinadas acompanham o russo (correspondência com Peter France, 24 out. 2006). O inglês também contém itens lexicais visivelmente fora do padrão que refletem reiteradas mudanças entre registros formais e orais na prosa de Dostoiévski, mesmo que a tradução não esteja em completa sincronia com essas mudanças. A passagem adquire um tom elevado a partir de várias instâncias do arcaísmo que funcionam para sinalizar o afastamento histórico do texto, como *"suited his own designs"* [calhava a seus próprios desígnios], *"fobbed him off with small sums"* [o logrou com pequenas somas], *"wastrel"* [esbanjador] e *"beside himself"* [fora de si]. Mas há também o uso recorrente de coloquialismos, alguns dos quais podem ser encontrados nos escritos do século XIX (*"handouts"* [auxílios], *"in cash"* [em espécie], *"deals"* [acordos]), enquanto outros eram formas padrão de antigamente que acabaram se tornando mais informais (*"run out of"* [esgotar], *"turned out"* [revelou-se]) (*OED*). É esse tipo de linguagem heterogênea, resultado em parte da fidelidade ao texto em russo e em parte da experimentação com diferentes registros e dialetos do inglês, que libera os efeitos estrangeirantes da tradução de Pevear e Volokhonsky em contraste com a estratégia de fluência de uma tradutora como Garnett, que se restringiu sobretudo ao dialeto padrão atual. Escolhas como *"fobbed him off"* e *"wastrel"*, *"handouts"* e *"cash"* não aparecem em sua versão, nem tampouco a inversão sintática. Ela claramente visava facilitar o movimento do leitor ao longo da passagem, chegando a dividir em duas partes a longa frase que continha a inversão e a omitir inteiramente a última oração (*"and, as it were, lost all reason"*).

A invisibilidade do tradutor

No entanto, a tradução de Pevear e Volokhonsky tomou o lugar que ocupava a de Garnett como a versão oficial em língua inglesa do texto de Dostoiévski, estabelecendo um novo tipo de legibilidade que torna o romance acessível aos leitores elitistas e populares. As vendas, em certa medida, confirmam esse processo: a tradução de Pevear e Volokhonsky de *Os irmãos Karamazov* vende 14 mil exemplares por ano, um número que sem dúvida se mantém por conta de sua adoção em instituições acadêmicas, mas que também revela seu amplo apelo entre diversos públicos (Remnick, 2005, p.108). Esse apelo pode ser inferido a partir de um grupo de discussão na internet no "Classic Corner", uma seção do site *Constant Reader* dedicada a textos canônicos (www.constantreader.com). Em 2001, um grupo de leitores baseou sua discussão acerca do romance de Dostoiévski na tradução de Pevear e Volokhonsky, uma passagem da qual, em um ponto do debate, foi comparada à versão de Garnett e julgada mais aceitável: nas palavras de um participante, "ela é mais completa e fluida". Essa visão indica não apenas que a versão de Pevear e Volokhonsky evita excluir partes do texto russo, mas que um leitor comum pode considerá-la mais fluente que a de Garnett, talvez porque – apesar de seus efeitos estrangeirantes – esteja mais próxima do uso atual da língua do que a dela, em inglês eduardiano.

Ainda assim, a ideia de uma tradução estrangeirante poder ser classificada como fluente deve nos fazer refletir por um instante. Há mais em jogo nessa avaliação do que apenas uma ampliação das condições de legibilidade de uma tradução. Isso sugere que os leitores que buscam o prazer popular da participação indireta podem encontrá-lo mesmo em um romance traduzido em linguagem heterogênea, como a versão de Pevear

Lawrence Venuti

e Volokhonsky. Certamente, algumas traduções estrangeirantes podem ser tão extremas em sua miscelânea de registros, dialetos e estilos que chegam a impossibilitar uma resposta popular; a versão modernista de Louis e Celia Zukofsky para a poesia de Catulo seria um desses casos (veja adiante, p.437-55). Mas os leitores que pendem para a identificação com os personagens de um romance podem adotar essa resposta com formas menos extremas de estrangeirização. A tradução ainda permite que eles leiam pelo significado em vez da linguagem, a narrativa em vez do estilo, a caracterização em vez do discurso, em que suas próprias práticas de leitura contribuem para produzir o efeito de transparência que sustenta a ilusão realista.

Uma resposta elitista, baseada no conhecimento especializado da história linguística, forma literária e tradição cultural que permita uma apreciação desapegada de um texto, mais provavelmente se concentrará precisamente na linguagem, estilo e discurso e, portanto, levará à leitura de uma tradução como tradução, como obra literária por si só, sem colapsá-la com o texto estrangeiro sob a ilusão de transparência (ver Venuti, 2004). Os leitores elitistas, sejam eles acadêmicos ou resenhistas, escritores ou tradutores, de fato processam traduções dessa maneira? Raramente, se é que alguma vez o façam. Alguns até mesmo expressaram uma preferência por maior fluência, como naquelas desenvolvidas a partir de versões anteriores ou fundamentadas no uso padrão atual, particularmente quando confrontados com uma tradução estrangeirante como a de Pevear e Volokhonsky (ver Emerson, 1991, p.315-6; May, 1994, p.54) Assim, se é falso que a tradução estrangeirante é obrigatoriamente elitista, também não é verdade que os leitores elitistas necessariamente valorizam esse tipo de tradução. Para perceber

A invisibilidade do tradutor

os efeitos estrangeirantes em uma tradução, o leitor precisa procurá-los e ser capaz de articulá-los como tais. Hoje, porém, tanto os leitores elitistas quanto os populares precisam aprender a ler uma tradução não como uma simples comunicação de um texto estrangeiro, mas como uma interpretação que imita, ainda que diversificando as características textuais estrangeiras de acordo com a situação cultural e o momento histórico do tradutor. Sem essa prática de leitura, a tradução permanecerá invisível – independentemente das estratégias discursivas do tradutor ou dos conhecimentos e interesses do leitor.

4
Dissidência

O erro fundamental do tradutor é que ele estabiliza o estado no qual sua língua se encontra, em vez de permitir que sua língua seja fortemente chocada pela língua estrangeira.

Rudolf Pannwitz

A busca por alternativas à tradição domesticadora na tradução de língua inglesa conduz a várias práticas estrangeirantes, tanto na escolha de textos estrangeiros quanto na invenção de discursos da tradução. Um tradutor pode sinalizar a estrangeiridade do texto estrangeiro não apenas pelo uso de uma estratégia discursiva que se desvia da hierarquia prevalente dos discursos domésticos (por exemplo, arcaísmos densos em oposição à transparência fluente), mas também pela escolha de um texto a ser traduzido que desafie o cânone contemporâneo da literatura estrangeira na língua de chegada. A tradução estrangeirante é uma prática cultural dissidente, que insiste em recusar o que é dominante e cria afiliações com valores literários e linguísticos marginais à cultura receptora, inclusive culturas estrangeiras que foram excluídas porque suas diferenças constituem, efetivamente, resistência aos valores prevalentes.[1] De um lado, a tradução estrangeirante representa uma apropriação etnocêntrica do texto estrangeiro ao engajá-lo em uma agenda político-cultural doméstica; por outro, é precisamente essa postura de dissidência que torna a tradução estrangeirante capaz de sinalizar a diferença linguístico-cultural do texto estrangeiro e realizar um trabalho de restauração cultural, admitindo os cânones literários domésticos etnodesviantes e potencialmente revisores.

Os projetos de tradução do escritor italiano Iginio Ugo Tarchetti (1839-1869) constituem uma maneira provocativa de explorar essas questões. Tarchetti pertencia ao movimento milanês conhecido como *scapigliatura*, um grupo de artistas, compositores e escritores livremente associados que questionavam os valores burgueses pela sua boemia (*scapigliato* significa desordenado) e inovações formais. Os membros literários desse grupo de dissidentes discordavam do realismo fortemente conservador que dominava a ficção italiana desde *I promessi sposi* (*Os noivos*, 1827, revisado em 1840), escrito por Alessandro Manzoni. Alguns deles abandonaram o providencialismo cristão sentimental de Manzoni em benefício de uma representação da divisão de classes de orientação democrática,

---

1 Meu conceito de tradução estrangeirante como uma prática cultural "dissidente" se deve aos trabalhos de Alan Sinfield sobre as formas políticas da crítica literária, notadamente o de 1992. Pertinente, sobretudo, à política da tradução estrangeirante é o comentário de Sinfield de que "a consciência política não surge de uma consciência individual, essencial de classe, de raça, de nação, de gênero, ou de orientação sexual; mas do envolvimento com um meio, uma subcultura" (Sinfield, 1992, p.37).

A invisibilidade do tradutor

realista, mas também romântica, detalhada historicamente, sem deixar de ser melodramática, frequentemente com um engajamento ligado aos interesses da época em eventos relativos à reunificação italiana, como a presença austríaca ou o Exército recrutado italiano (Carsaniga, 1974).

O primeiro romance de Tarchetti, *Paolina* (1865), descreve a vida de uma costureira, perseguida por um aristocrata até ser estuprada e assassinada. Seu segundo romance, *Una nobile follia* (*A Noble Madness* [Uma nobre loucura], 1866-1867), é um protesto contra o novo Exército, centrado em um oficial militar que termina desertando por devaneios pacifistas, perturbadores. O livro causou tumulto na imprensa, e cópias foram queimadas abertamente em muitas tendas militares. As últimas produções narrativas de Tarchetti incluíram formas mais experimentais. *Fosca* (1869), um romance semiautobiográfico sobre um caso de amor patológico, que mistura diversos discursos de ficção – romântico, fantástico, realista, naturalista –, visando combater a ideia de personagem como uma subjetividade unificada (Caesar, 1987). Em muitas narrativas curtas, algumas das quais publicadas postumamente em 1869, como *Racconti fantastici* (*Fantastic Tales*) [*Contos fantásticos*], Tarchetti dispôs as convenções e motivos da fantasia do século XIX para lançar um desafio fundamental à representação realista e sua fundamentação ideológica sobre o individualismo burguês.

A apropriação de textos estrangeiros foi um componente crucial da política cultural de dissidência de Tarchetti. Ele foi o primeiro praticante do conto gótico na Itália, e quase todas as suas narrativas fantásticas são baseadas em textos específicos escritos por E.T. A. Hoffmann, Edgar Allan Poe, Gérard Nerval, Théophile Gautier, e a colaboração de Émile Erckmann

Lawrence Venuti

e Louis-Alexandre Chatrian (Mariani, 1967; Rossi, 1959). Tarchetti fez adaptações de motivos fantásticos, reproduziu cenas, traduziu, até plagiou – e cada prática discursiva serviu a uma função política de interrogar ideologias e discutir relações sociais hierárquicas na Itália. Suas narrativas fantásticas mobilizaram textos estrangeiros para questionar a hegemonia do discurso realista na ficção italiana, e essa mobilização, até certo ponto, provocou uma transformação de textos estrangeiros para que funcionassem em uma formação cultural diferente, criticando-os simultaneamente a partir de uma ótica ideológica diferente. Os contos góticos de Tarchetti foram estrangeirantes porque se apropriaram de textos estrangeiros que se desviavam dos valores culturais italianos, iniciando uma reforma do cânone literário italiano que admitia discursos de ficção além do realismo, fosse doméstico ou estrangeiro. Para o tradutor de língua inglesa desejoso de desenvolver um método estrangeirante dentro do regime da fluência, as práticas de Tarchetti mostram como a tradução pode revisar valores culturais domésticos ao apresentar textos estrangeiros estrategicamente escolhidos na língua dominante, o dialeto padrão.

I. A importação do fantástico

O primeiro movimento estrangeirante de Tarchetti foi sua decisão de apropriar o discurso estranho e fantástico oposto ao realismo burguês que prevalecia na ficção italiana. O fantástico prova-se subversivo da ideologia burguesa porque nega as convenções formais do realismo e o conceito individualista de subjetividade sobre o qual elas se fundamentam. A representação realista do tempo cronológico, do espaço tridimensional e

A invisibilidade do tradutor

da identidade pessoal está baseada em uma ideologia empiricista que privilegia um sujeito só, compreensivo: o pressuposto básico é de que a consciência humana está na origem do sentido, do conhecimento e da ação, transcendendo determinações discursivas e ideológicas (Watt, 1957). A unidade de tempo e espaço no realismo aponta para uma consciência unificada, normalmente um narrador ou personagem considerado como autoral, e essa posição de sujeito estabelece a inteligibilidade na narrativa, fazendo que um sentido específico pareça real ou verdadeiro, reprimindo o fato de que ele é um efeito ilusório do discurso, e que, portanto, sutura a consciência da leitura a uma posição ideológica, um conjunto interessado de valores, crenças e representações sociais. O efeito verdade do realismo, a ilusão de transparência pela qual a língua desaparece e o mundo do autor torna-se presente, mostra que a forma em si reproduz o conceito transcendental de subjetividade no individualismo burguês. Como indica Catherine Belsey,

> Por meio da apresentação de uma história inteligível que apaga sua própria condição de discurso, o realismo clássico propõe um modelo no qual o autor e o leitor são sujeitos que são a fonte de sentidos compartilhados, cuja origem é misteriosamente extradiscursiva. [...] Esse modelo de compreensão intersubjetiva, de compreensão partilhada de um texto que representa o mundo, é garantia não somente da verdade do texto, mas também da existência do leitor como um sujeito autônomo e conhecedor em um mundo de sujeitos conhecedores. Dessa maneira, o realismo clássico constitui uma prática ideológica que se dirige aos leitores como sujeitos, interpelando-os a aceitar livremente sua subjetividade e sua sujeição. (Belsey, 1980, p.72, 69).

Lawrence Venuti

O fantástico mina o sujeito transcendental no discurso realista ao criar uma incerteza sobre o *status* metafísico da narrativa. Essa incerteza é provocada muitas vezes pelo uso de convenções formais do realismo para representar a fantástica desordem de tempo, espaço e personagem, e assim deixar o leitor suspenso entre dois registros discursivos, o mimético e o maravilhoso. Confrontado com o fantástico, o leitor experimenta o que Tzvetan Todorov chama de "hesitação" entre explicações naturais e sobrenaturais: "O fantástico [...] tem a mesma duração de uma certa hesitação: uma hesitação comum ao leitor e ao personagem, que deve decidir se o que eles percebem deriva ou não da 'realidade' no sentido da opinião comum" (Todorov, 1975, p.41; cf. Jackson, 1981, p.26-37). A consciência unificada do realismo divide-se, assim, entre alternativas opostas, a inteligibilidade é substituída pela dúvida, e o leitor é liberado do posicionamento ideológico no texto, convidado a perceber que a "opinião comum" sobre a realidade codifica valores morais e servem a interesses políticos, que a subjetividade não é transcendental, mas determinada, um lugar de sentidos confusos, contradições ideológicas, conflitos sociais. O fantástico destrói as convenções formais do realismo com o objetivo de revelar seus pressupostos individualistas; porém, ao introduzir a confusão epistemológica, uma narrativa fantástica pode também interrogar as posições ideológicas que ela põe em ação, expor seu ocultamento de várias relações de dominação, e incentivar o pensamento sobre mudança social. No fantástico, observa Hélène Cixous, "o sujeito titubeia na multiplicidade explodida de seus estados, despedaçando a homogeneidade do ego da inconsciência, espalhando-se em todas as direções possíveis, em todas as contradições possíveis, tran-

A invisibilidade do tradutor

segoisticamente"; e é essa estratégia discursiva que distingue escritores do século XIX, como Hoffmann, como opositores a "logocentrismo, realismo, teologismo, todos os sustentáculos da sociedade, o andaime da economia política e subjetiva, os pilares da sociedade" (Cixous, 1974, p.389).

O pensamento de Tarchetti a respeito das relações entre discurso ficcional e ideologia pode ser visto em um ensaio escrito no início de sua carreira, "Idee minime sul romanzo" ("Minimum Ideas on the Novel") ["Ideias mínimas sobre o romance"], publicado no periódico *Rivista Minima*, em 31 de outubro de 1865. Essa afirmativa inicial mostra-o patinando apreensivamente entre várias posições, advogando diferentes tipos de discurso ficcional, assumindo diferentes conceitos de subjetividade, imaginando diferentes formas de organização social. Ele, a princípio, afirma uma visão realista do romance, semelhante à história:

> Dalle prime confidenze, dalle prime rivelazioni che gli uomini fecero agli uomini, dal primo affetto, dal primo dolore, dalla prima speranza, nacque il romanzo che è la storia del cuore humano e della famiglia, come la storia propriamente detta è il romanzo della società e della vita pubblica. (Tarchetti, 1967, v.II, p.523)

> From the first confidences, from the first revelations men make to men, from the first emotion, the first pain, the first hope, is born the novel, which is the history of the human heart and the family, just as history is properly called the novel of society and public life.

> Das primeiras confidências, das primeiras revelações que os homens fazem aos homens, do primeiro afeto, da primeira dor, da

primeira esperança nasce o romance, que é a história do coração humano e da família, exatamente como a história é chamada com propriedade de romance da sociedade e da vida pública.

Mas, depois, Tarchetti defende a prioridade da ficção sobre a representação histórica ao pôr o efeito verdade do realismo em questão, caracterizando o romance como uma resolução imaginária às contradições sociais, um gênero que compensa supostamente pela *terribile odissea di delitti* (*terrible odyssey of crimes*) ["terrível odisseia de crimes"] da história e que possibilita uma renovação da vida social:

> ebbi tra le mani un romanzo, e per poco io fui tentato di riconciliarmi [agli uomini]; non diró quanto mi apparissero diversi da quelli conosciuti nelle storie, non accennerò a quel mondo meraviglioso che mi si aperse allo sguardo: nel romanzo conobbi l'uomo libero, nella storia aveva conosciuto l'uomo sottoposto all'uomo. (Ibid.)

> I held a novel in my hands, and in a little while I was tempted to reconcile myself [to men]: I shall not say how different they appeared to me from those I encountered in histories, I shall not note the marvelous world that opened to me at a glance: in the novel I knew man free, in history I knew man subjected to man.

> Eu tinha um romance entre as mãos, e num breve instante fui tentado a reconciliar-me [com os homens]; não direi o quão eles me pareciam diferentes dos que eu encontrava nas histórias, não observarei o mundo maravilhoso que se abriu diante de mim num

A invisibilidade do tradutor

relance: no romance, conheci o homem livre; na história, conheci o homem submisso ao homem.

O discurso produz efeitos sociais concretos; o romance pode alterar a subjetividade e provocar mudanças sociais, mesmo para um boêmio literário como Tarchetti, cuja recusa *scapigliato* de se conformar aos cânones da respeitabilidade burguesa situou-o nas margens da sociedade italiana. Para que o romance possua essa função social, contudo, poderia parecer que o realismo devesse ser rejeitado: um discurso realista como a história pode representar a vida social apenas como uma "odisseia", um devaneio, uma atomização na qual agentes se vitimizam mutuamente; o romance pode contribuir para um regresso ao lar social, a reconstrução de uma coletividade, apenas ao representar um "mundo maravilhoso" dentro do qual relações sociais hierárquicas são resolvidas.

A distinção de Tarchetti entre a liberdade do romance e a sujeição da história parece, a princípio, um escape romântico da sociedade em direção à cultura, um domínio estético transcendental no qual o sujeito pode reconquistar a posse de si mesmo, sua autonomia, embora ao preço de sua retirada do engajamento político.[2] De fato, Tarchetti reverte a teoria

---

2 Williams (1958, cap.2) esclareceu esse ponto. Meu argumento referente à política cultural de Tarchetti implicitamente discorda de Carsaniga:

Em sua aversão por tudo o que era burguês, os *scapigliati* acharam necessário quebrar a tradição manzoniana e suas mistificações ideológicas; por outro lado, seus instintos antissociais os impediram de atingir uma arte realista autêntica. [...] Tarchetti, que fora um crítico e observador perspicaz das disciplinas de-

Lawrence Venuti

expressiva romântica em vários pontos de seu ensaio, validando um programa individualista de autoexpressão autoral, discurso transparente, resposta ilusionista: ele favorece aqueles escritores cuja

> vita intima [...] rimane in un'armonia così perfetta colle loro opere, che il lettore non è tentato di dire a se stesso: la mia commozione è intempestiva, quell'uomo scriveva per ragionamento; buttiamo il libro che non nacque che dall'ingegno. (Ibid., p.531)

> inner life [...] remains in such perfect harmony with their works, that the reader is not tempted to say to himself: my emotion is inappropriate, that man wrote to argue a position; we toss away any book that issues only from ingenuity.

> vida interior [...] permanence em harmonia tão perfeita com suas obras, que o leitor não é tentado a dizer para si mesmo: minha emoção é inadequada, este homem escreveu para defender uma posição; descartamos qualquer livro que brota apenas da criatividade.

Em outros pontos, contudo, Tarchetti enxerga o romance não como uma janela para o autor, "le onde transparenti di quei laghi che nella loro calma lasciano scorgere il letto che le

---

formadoras da vida militar, refugiou-se no misticismo. (Carsaniga, 1974, p.338)

Tais comentários tendem a fazer a ingênua equação entre o realismo e a realidade, falhando em considerar as determinações ideológicas da forma literária.

A invisibilidade do tradutor

contiene"/"the transparent waves of those lakes which in their calmness allow a glimpse of the bed containing them"/"as ondas transparentes daqueles lagos que, em sua calma, permitem uma vista do leito que os contém" (ibid.), mas, sim, como uma "forma di letteratura"/"form of litterature"/"forma de literatura" (ibid., p.522) historicamente específica, um gênero de discurso literário com uma significância social que excede a psicologia autoral:

> L'Italia composta di tanti piccoli stati, diversi tutti per leggi, per usi, per dialetto, per abitudini sociali, e direi quase per suolo, doveva creare dei grandi e svariatissimi romanzi. (Ibid., p.526)

> Italy, composed of many small states, with entirely different laws, customs, dialects, social practices, and I dare say, soils, should create great and extremely varied novels.

> A Itália, composta de tantos estados pequenos, com diferenças entre si de leis, costumes, dialetos, práticas sociais e, ouso dizer, até de solo, deveria criar romances grandes e extremamente variados.

Quando Tarchetti descreve o valor de uma longa tradição no romance, ele pressupõe que o discurso ficcional é invariavelmente acompanhado de determinações sociais:·

> Se il romanzo fosse così antico quanto la storia, e avesse avuto in tutti i tempi e in tutte le nazioni quella popolarità di cui ora fruisce in Europa, quante tenebre sarebbero diradate, quanta luce sarebbe fatta sopre molti punti ignorati, sopra le arti, le

costumanze, le leggi e le abitudini e la vita domestica di molti popoli, cui la storia non si riferisce che per i rapporti politici com altri popoli. Quale felicità, quale exuberanza di vita morale nel rivivere in un passato così remoto, quanti insegnamenti per l'età presente, quale sviluppo nelle nostre facoltà immaginative, e direi quasi quante illusioni nella potenza della nostra fede e delle nostre memorie, e quale rassegnazione maggiore nel nostro destino! S'egli è vero che l'umanità progredisca lentamente, ma in modo sicura, e che nulla possa arrestare e far retrocedere il genio nel suo cammino, i nostri posteri, fra migliaia di anni, vivranno moralmente delle nostra vita attuale: le lettere avrano raggiunto per essi quello scopo sublime e generale, che è di moltiplicare ed accrescere ed invigorire nello spirito quelle mille ed infinite sensazioni per le quali si manifesta il sentimento gigantesco della vita. (Ibid., p.523-4)

If the novel were as ancient as history, and at all times and in all nations had the popularity which it now enjoys in Europe, how many shadows would have been cleared away, how much light would have been cast on many neglected points, on the arts, the customs, the laws and habits and domestic life of many countries whose history refers only to political relations with other countries. What happiness there would be, what exuberance of moral life in reliving such a remote past, what lessons for the present age, what development of our imaginative faculties, and I dare say how many illusions in the power of our faith and our memories, and what greater resignation to our fate! If it is true that humanity progresses slowly, but steadily, and that nothing can stop or drive genius backward in its path, our posterity, in thousands of years, will live our current moral life: for them letters will have reached that sublime and general goal, which is to multiply and increase and invigorate in the spirit the thousands and infinite sensations by which the gigantic sentiment of life is manifested.

Se o romance fosse tão antigo quanto a história, e em todos os tempos e em todas as nações tivesse a popularidade de que hoje desfruta na Europa, quantas sombras teriam sido limpas, quanta luz teria sido lançada sobre muitos pontos negligenciados, sobre as artes, os costumes, as leis, os hábitos e a vida doméstica de muitos países cuja história trata apenas de relações políticas com outros países. Que felicidade haveria, que exuberância de vida moral ao reviver um passado tão remoto, que lições para a época presente, que desenvolvimento para nossas faculdades imaginativas, e, ouso dizer, quantas ilusões no poder de nossa fé e nossas memórias, e que maior resignação diante de nosso destino! Se é verdade que a humanidade progride lentamente, mas com constância, e que nada pode deter ou conduzir o gênio de volta em seu caminho, nossa posteridade, em milhares de anos, viverá a vida moral que hoje vivemos: para eles, as letras terão alcançado aquele objetivo geral e sublime, que é o de multiplicar, aumentar e revigorar no espírito as incontáveis e infinitas sensações pelas quais se manifesta o sentimento gigantesco da vida.

No início dessa passagem notavelmente descontínua, Tarchetti trata com otimismo o discurso ficcional como uma fonte liberadora de conhecimento e utopia imaginária, assumindo um humanismo liberal no qual o romance devolve à subjetividade sua liberdade e unidade ("desenvolvimento para nossas faculdades imaginativas"). No entanto, a referência súbita que Tarchetti faz a "ilusões" decerto revisa essa opinião: o romance

Lawrence Venuti

torna-se agora uma fonte de mistificações coletivas ("ilusões no poder de nossa fé e nossas memórias")e compensações imaginárias pelo desejo frustrado ("maior resignação diante de nosso destino") como resultado, a passagem volta-se para a pressuposição de que a subjetividade está sempre situada nas condições transindividuais das quais nunca se está inteiramente consciente ou livre. Ao final, os "progressos da humanidade" parecem medidos não por um modelo liberal de vida social que garante a identidade pessoal e a autonomia, mas um coletivo democrático caracterizado por diferença subjetiva e heterogeneidade cultural ("o sentimento gigantesco da vida"). Assim, as "letras" que representam e sustentam essa democracia objetivam multiplicar, aumentar e revigorar no espírito as incontáveis e infinitas sensações. O tipo de discurso ficcional sugerido por esse objetivo parece menos uma representação panorâmica de grupos sociais que adere às unidades do realismo do que um delírio social que faz proliferar estados psicológicos e confunde as coordenadas temporais e espaciais, representando aquele "mundo maravilhoso" no qual o leitor está livre do isolamento social.

Ao avaliar a atual situação do romance italiano, o tema constante de Tarchetti é a falha moral e política do realismo. Ele lamenta a ausência de uma tradição forte do romance na Itália, ao contrário do que ocorre em outros países. Entre muita exaltação aos escritores ingleses, norte-americanos, alemães e franceses, Manzoni é rebaixado como sendo de segunda categoria:

> Non vi ha luogo a dubitare che *I promessi sposi* sieno finora il migliore romanzo italiano, ma non occorre dimostrare come esso non sia che un mediocre romanzo in confronto dei capolavori delle altre nazioni. (Ibid., p.528)

A invisibilidade do tradutor

There is no room to doubt that *I promessi sposi* has so far been the best Italian novel, but it is unnecessary to demonstrate that it is a mediocre novel compared to the masterpieces of other nations.

Não há como duvidar de que *I promessi sposi* tem sido o melhor romance italiano até o momento, mas é desnecessário demonstrar que ele é um romance medíocre se comparado às obras-primas de outras nações.

Tarchetti repete uma lista de defeitos no romance de Manzoni e os atribui ao discurso realista:

in quanto all'accusa mossagli da taluno, che in quel libro via sia poco cuore, che quell'eterno episodio (quantunque bellissimo) della monaca, nuoccia più che altro al romanzo, e desti nel lettore tanto interesse senza appagarlo, che quel Don Abbondio si faccia piu disprezzare per la sua viltà che amare per l'amenità del suo carattere, che quel Renzo e quella Lucia sieno due amanti terribilmente apati e freddi, giova in parte osservare che il Manzoni volle dipingere gli uomini quali sono, non quali dovrebbero essere, e in ciò fu scrittore profondo e accurato. (Ibid., p.528-9)

As for the charge moved by someone, that the book contains little heart, that the eternal episode of the nun (although very beautiful) damages the novel more than anything else, and arouses in the reader such interest as is not satisfied, that Don Abbondio becomes more disparaged for his cowardice than loved for the agreeableness of his character, that Renzo and Lucia are two terribly apathetic and cold lovers, it is worth observing in

Lawrence Venuti

part that Manzoni wanted to paint men as they are, not as they should be, and in that he was a profound and accurate writer.

Quanto à acusação feita por alguém de que o livro contém pouca emoção, que o eterno episódio da freira (embora muito bonito) prejudica o romance mais do que qualquer outra coisa, e estimula no leitor um interesse não satisfeito, que Don Abbondio se torna mais depreciado pela sua covardia do que apreciado pela agradabilidade de seu caráter, que Renzo e Lucia são dois amantes terrivelmente frios e apáticos, vale a pena observar que Manzoni queria pintar os homens como eles são, não como deveriam ser, e nesse ponto ele foi um escritor preciso e profundo.

A lacônica defesa de Tarchetti ocorre de maneira débil contra sua detalhada acusação, e o realismo parece de fato nada atraente: ele é incapaz de representar estados emocionais extremos e contém contradições ideológicas em suas representações do padre Abbondio, que são sintomáticas de seu conservadorismo cristão e sua sentimentalidade burguesa.

Tarchetti reconhece que a canonização de *I promessi sposi* e as numerosas traduções de romances franceses contemporâneos fizeram do realismo o discurso ficcional dominante na Itália, mas ele conclui que a cultura italiana está sofrendo uma *decadenza* ["decadência"], em parte devida aos moldes de tradução dos editores italianos (ibid., p.535). Ele argumenta que os romances franceses

che vengono tradotti e pubblicati dai nostri editori, sono generalmente tali libri che godono di nessuna o pochissima reputazione

A invisibilidade do tradutor

in Francia [e] tranne alcune poche eccezioni, la loro speculazione si è tuttor rivolta alla diffusione di romanzi osceni. (Ibid., p.532)

which are translated and issued by our publishers, are generally such books as enjoy no or little reputation in France [and] with very few exceptions, their investment is always aimed at the circulation of obscene novels.

traduzidos e lançados pelas nossas editoras são geralmente livros que gozam de pouca ou nenhuma reputação na França, [e], com muito poucas exceções, seu investimento é sempre feito com vistas à difusão de romances obscenos.

Tarchetti destaca romancistas franceses como o prolífico Charles-Paul de Kock (1794-1871), cujo realismo sentimental e titilante gozou de enorme popularidade na Itália. Traduções italianas de cerca de sessenta romances escritos por De Kock foram publicadas entre 1840 e 1865, com títulos como *La moglie, il marito e l'amante* (*The Wife, the Husband and the Lover*, 1853) [A esposa, o marido e a amante] e *Il cornuto* (*The Cuckhold*, 1854) [*O corno*]; traduções de alguns desses romances foram lançadas com poucos anos de diferença por várias editoras, mostrando que a indústria editorial italiana lutava para explorar o comercialismo de Kock (Costa; Vigini, 1991). Tarchetti estava extremamente preocupado com as implicações sociais e políticas desses acontecimentos culturais, que ele finalmente rotula como retrógrados:

Non si voglia dimenticare che l'Italia, unica al mondo, possiede una guida per le case di tolleranza, che i nostri romanzi licenziosi sono riprodotti e popolari anche in Francia, che gli uomini che li scrissero godono di tutti i diritti civili e dell'ammirazione pubblica, e che apparatengono in gran parte alla stampa periodica [mentre] ogni scritto politico avverso ai principi del governo, ma conforme a quelli dell'umanità e del progresso, è tosto impedito nella sua diffusione. (Tarchetti, 1967, v.II, p.534-5)

It must not be forgotten that Italy, unique in the world, possesses a guide to brothels, that our licentious novels are reproduced and popular in France as well, that the men who write them enjoy every civil right and public admiration, and belong for the most part to the periodical press [whereas] the circulation of every political text opposed to the principles of the government, but consistent with those of humanity and progress, is immediately obstructed.

Não se deve esquecer que a Itália, única no mundo, possui um guia das casas de tolerância, que nossos romances licenciosos são reproduzidos e populares também na França, que os homens que os escrevem gozam de todos os direitos civis e do reconhecimento público, e pertencem, em grande parte, à imprensa periódica, [ao passo que] a circulação de quaisquer textos políticos opostos aos princípios do governo, mas conformes aos da humanidade e do progresso, é imediatamente impedida.

Os experimentos de Tarchetti com o fantástico podem ser vistos como uma intervenção nessa situação cultural: eles foram concebidos para resolver a crise que ele havia detectado no discurso ficcional italiano, a inadequação do realismo

A invisibilidade do tradutor

às políticas culturais democráticas. O fantástico respondia ao apelo de Tarchetti à ficção para esta representar aquele "mundo maravilhoso" de "sensações" que ele via como um remédio para as relações sociais hierárquicas e para o seu próprio isolamento social; a liberação da subjetividade no discurso fantástico era uma libertação da sujeição. Porque, na visão de Tarchetti, o realismo dominava a ficção italiana sem qualquer finalidade política progressista em vista; sua intervenção assumiu a forma de escrita em um gênero oposto ao realismo, o conto gótico. O esforço de Tarchetti em escrever contra a semente manzoniana de fato projetou uma revisão da história da ficção, na qual o romance não se originou na Europa, mas em "l'oriente da cui se diffuse dapprima la civiltà per tutto il mondo"/"the Orient, from which civilization spread through all the world"/"no Oriente, a partir do qual a civilização difundiu-se por todo o mundo" (ibid., p.524). O protótipo da novela tornou-se não épico ou alguma outra forma de discurso realista, mas fantasia, não a *Bíblia* ou a *Ilíada*, mas as *Mil e uma noites*:

> I Persiani e gli Arabi attinsero dalla varietà della loro vita nomade, e dalla loro vergine natura, e dal loro cielo infuocato le prime narrazioni romanzesche, onde le leggi e le abitudini di comunanza sociale e domestica degli Arabi ci sono note e famigliari da gran tempo, e Strabone si doleva che l'amore del meraviglioso rendesse incerte le storie di queste nazioni. (Ibid.)

> The Persians and the Arabs drew from the variety of their nomad life, and from their virgin nature, and from their burning sky the first novelistic narratives, hence the laws and customs of the Arabs' social and domestic community have been well

known and familiar to us for a long time, and Strabo lamented that love for the marvelous rendered uncertain the histories of these nations.

Os persas e os árabes extraíram da variedade de sua vida nômade, de sua natureza virgem, e de seus céus de fogo, as primeiras narrativas romanescas, e assim as leis e os costumes da comunidade social e doméstica dos árabes nos são bem conhecidos e familiares há muito tempo, e Estrabão lamentava que o amor pelo maravilhoso tornava as histórias dessas nações um tanto incertas.

O passado literário orientalista de Tarchetti explica a agenda política em sua adoção do fantástico, mas simultaneamente revela uma contradição ideológica em relação àquela agenda. O trecho o mostra reescrevendo ativamente seus materiais culturais de modo a transformar o Oriente em um veículo de sua visão social democrática. Ao passo que os contos árabes de fato oferecem visões de monarquias despóticas, e o geógrafo Estrabão descreve os árabes nômades como uma "tribo de salteadores e de pastores" que são menos "civilizados" do que os sírios porque seu "governo" não é igualmente "organizado" (Estrabão, 1930, v.VII, p.233, 255), Tarchetti inspirou-se na noção de Rousseau da inocência humana natural e percebeu somente uma utópica *comunanza*, uma comunidade ou companheirismo, próxima da "natureza virgem" e não corrompida pela organização social hierárquica da Europa. Tarchetti também representava o Oriente como algo exótico e fantasmagórico ("seus céus de fogo", "amor pelo maravilhoso"), distanciando seu conceito de ficção do discurso realista que dominava a Itália ao identificar-se com seu outro, o fantástico. Ambas as repre-

A invisibilidade do tradutor

sentações do Oriente, contudo, são claramente eurocêntricas: seu objetivo é fazer a Pérsia e a Arábia cumprir uma função europeia, uma regeneração da ficção e da sociedade italianas, e elas jamais escapariam à oposição racista entre a racionalidade ocidental e a irracionalidade oriental. A história literária de Tarchetti assumia uma gama de sentidos que, como observou Edward Said, eram típicas das representações românticas do Oriente: "Sensualidade, promessas, terror, sublimidade, prazeres idílicos, energia intensa" (Said, 1978, p.118).

Essa ideologia racial, obviamente em conflito com a política democrática de Tarchetti, torna-se mais claramente prejudicial ao seu projeto em sua referência final a Estrabão, que abruptamente inverte a lógica de seu argumento. Tarchetti tratou inicialmente as narrativas árabes como um espelho da ordem social árabe, uma representação confiável de suas "leis e costumes", mas concluiu, concordando aparentemente com a reclamação de Estrabão, que esses textos refletem pouco mais do que uma imaginação fértil. O orientalismo tipicamente romântico de Tarchetti parece resultar em uma aceitação acrítica da equação que Estrabão faz entre Oriente e "amor pelo maravilhoso". No entanto, a ideia de Estrabão, para quem as "histórias" dos países orientais carecem de uma base firme na realidade, torna "incertas" não somente as narrativas árabes, mas as imagens democráticas que Tarchetti nelas encontrou, questionando seu tratamento anterior do romance como um "mundo maravilhoso" desprovido de hierarquias sociais. A citação que Tarchetti faz de Estrabão sugere que o mundo utópico do romance pode ser nada mais do que uma representação enganosa de sua situação social, especialmente no caso dos protótipos orientais do gênero. É importante notar que Tarchetti com efeito reiterou essa opinião ao final de seu breve conto, "La fortuna di capitano Gubart" ("Captain Gubart's Fortune") ["A Fortuna do Capitão Gubart"], no mesmo ano em que publicou seu ensaio sobre o romance. Depois de demonstrar a arbitrariedade das distinções de classe com o auxílio de um relato sobre um pobre músico de rua que recebe por engano um prêmio de uma patente militar régia, o narrador concluiu: "Questo fatto comunque abbia una decisa analogia con quelli famosi delle novelle arabe, è incontrastabilmente vero e conosciuto"/"This incident, despite its decided resemblance to those famous ones of the Arabian tales, is indisputably true and well-known"/"Esse incidente, apesar de sua decidida semelhança como aqueles famosos dos contos árabes, é, sem dúvida, verdadeiro e conhecido" (Tarchetti, 1967, v.I, p.79). Essa referência a *As mil e uma noites* parece querer satirizar as relações sociais italianas como fantásticas e, portanto, irracionais, mas ela só pode alcançar esse objetivo satírico ao assumir a irracionalidade da cultura oriental e distinguir a narrativa de Tarchetti como "verdadeira". Tarchetti procurava engajar textos fantásticos estrangeiros na política cultural democrática que ele defendia na Itália, mas seu orientalismo encontrava-se implicado na oposição binária fundamental pela qual a Europa subordinava os (e justificava a colonização dos) mesmos países estrangeiros cujos textos eram por ele considerados úteis.

Dada a diversidade de materiais linguísticos, culturais e ideológicos que constituíram o projeto de Tarchetti, ele pode ser visto como aquilo que Gilles Deleuze a Félix Guattari chamam de utilização menor de uma língua maior:

A invisibilidade do tradutor

Mesmo quando única, uma linguagem permanece sendo uma mistura, um *mélange* esquizofrênico, uma fantasia de arlequim na qual funções muito diferentes da linguagem e centros distintos de poder são representados, anuviando o que pode e o que não pode ser dito; uma função será representada contra a outra, todos os graus de territorialidade e de relativa desterritorialização serão representados. Mesmo quando é maior, uma língua está aberta a uma utilização intensiva que a faz operar ao longo de linhas criativas de escape, que, não importando quão lentas ou cuidadosas, podem agora formar uma absoluta desterritorialização. (Deleuze; Guattari, 1986, p.26)

A língua maior que Tarchetti confrontou foi o dialeto toscano, padrão linguístico para a literatura italiana desde a época do Renascimento. Em 1840, depois de mais de uma década de pesquisa sobre a questão da língua nacional, Manzoni publicou uma extensa revisão da primeira versão de *I promessi sposi*, agora em dialeto toscano, lançando-se ao projeto nacionalista da unificação italiana por meio da língua e da literatura, ao mesmo tempo situando seu texto no cânone literário italiano e estabelecendo um modelo linguístico para a ficção compreensível à maioria dos leitores italianos (Reynolds, 1950). Por terem sido escritas em dialeto toscano, as narrativas fantásticas de Tarchetti conduziram a língua maior numa linha de escape que desterritorializava o discurso ficcional dominante. Ele utilizou o italiano literário padrão para produzir contos góticos, um gênero que não era meramente marginal em relação ao realismo, mas que existia na cultura italiana primeiramente sob a forma de traduções esporádicas de alguns escritores estrangeiros, a

Lawrence Venuti

saber, Hoffmann, Poe e Adelbert von Chamisso.[3] Comparados a textos alemães, ingleses, franceses e até mesmo árabes,
os contos de Tarchetti realçaram o que o realismo reprimia, as
determinações discursivas e ideológicas de subjetividade. Em
suas narrativas fantásticas e derivadas de textos estrangeiros, o
dialeto padrão transformou-se em uma arena política na qual
o individualismo burguês do discurso realista era contestado
com a finalidade de interrogar várias ideologias de classe, gênero e raça. No entanto, o orientalismo de Tarchetti mostra que
ele não tinha sua política cultural inteiramente sob controle:
suas interrogações eram dirigidas democraticamente, embora
às vezes reprimissem as contradições ideológicas precipitadas
pelos seus próprios materiais e métodos de apropriação dos
mesmos.

II. Plagiando Mary Shelley

Métodos de apropriação cultural como a tradução seriam
claramente úteis ao projeto de Tarchetti de levar a língua maior
a usos menores. E o efeito de desterritorialização de seu projeto
tornaria suas traduções claramente estrangeirantes em virtude
do impacto exercido sobre os valores culturais em voga na lín-

---

3 Costa e Vigini (1991) indicam que poucas traduções de livros de
narrativas fantásticas estrangeiras eram disponíveis na Itália antes
de Tarchetti começar a escrever e publicar: havia três edições dos
contos de Hoffmann (1833, 1835 e 1855) e *Storie incredibili* (1863),
que continham traduções de *A história maravilhosa de Peter Schlemihl*, de
Chamisso, e "The Murders in the Rue Morgue" e "The Oval Por-
trait", de Poe. As versões italianas dos textos de Poe foram feitas a
partir das traduções francesas de Baudelaire. Rossi (1959, p.121-5)
esboça a recepção italiana de Poe.

322

A invisibilidade do tradutor

gua italiana. Seu uso mais intensivo do dialeto padrão de fato ocorreu em sua tradução de uma narrativa fantástica estrangeira, um conto gótico inglês escrito por Mary Wollstonecraft Shelley. A significância política da tradução de Tarchetti, contudo, complica-se pelo fato de que se trata de um plágio do texto inglês.

Em 1865, Tarchetti publicou um conto intitulado "Il mortale immortale (dall'inglese)" ("The Immortal Mortal [from the English]") ["O mortal imortal (do inglês)"], na *Rivista Minima* em duas partes, a 21 de junho e 31 de agosto. A primeira foi publicada anonimamente; a segunda trazia seu nome. Essas aparências indicam a autoria de Tarchetti, e assim os leitores italianos sempre pensaram, ninguém se aventurando além da suposição de que ele tinha realizado uma adaptação do motivo fantástico de seu conto, o elixir da imortalidade, a partir de dois textos franceses. O que Tarchetti realmente publicou, no entanto, foi sua tradução do conto "The Mortal Immortal", de Shelley, que saiu primeiramente no anuário literário inglês *The Keepsake*, em 1833. Em 1868, Tarchetti teve outra oportunidade de ter sua tradução reconhecida, mas ele declinou: enquanto trabalhava como editor do periódico *Emporio Pittoresco*, ele a reimprimiu com seu nome, mas com uma alteração no título, "L'elixir dell'immortalità (imitazione dall'inglese)" ("The Elixir of Immortality [an Imitation from the English]") ["O elixir da imortalidade (uma imitação a partir do texto em inglês)"].

A utilização parentética de subtítulos por Tarchetti ("Do inglês", "uma imitação a partir do texto em inglês") parece olhar para a natureza real de seu texto, mas isso é enganoso: eles apenas sugerem vagamente qual é a relação entre sua tradução italiana e o conto de Shelley. Tarchetti de fato realizou

Lawrence Venuti

mudanças significativas: alterou uma data, usou nomes diferentes para os dois personagens principais, omitiu algumas frases e sentenças, e acrescentou algumas de sua própria lavra, o que resultou em uma forte transformação do texto inglês. Não obstante, frase após frase, parágrafo após parágrafo, sua tradução italiana é governada pelo objetivo da reprodução: ela adere tão de perto às características sintáticas e lexicais do inglês de Shelley a ponto de se tornar menos uma "imitação" do que uma tradução interlingual. Por não reconhecer seu texto como uma tradução, Tarchetti afirmou ser o autor do material de Shelley e, portanto, incorreu em plágio. Ele parecia estar plenamente consciente desse fato. Em 1865, iniciou um breve, mas intenso, período de atividade na borbulhante indústria editorial milanesa, primeiro imprimindo sua breve ficção e lançando seus romances em série na imprensa periódica, e em seguida lançando-os em formato de livro em diversas grandes editoras. Ele também foi contratado para fazer traduções longas. Em 1869, publicou suas traduções italianas de dois romances ingleses, um dos quais era *Our Mutual Friend* (1865), de Dickens. Em ambos os casos, ele teve os créditos de tradutor.

As dificuldades financeiras de Tarchetti, sem dúvida, contribuíram para seu plágio de Shelley. O ritmo alucinado de escrever nos últimos quatro anos de vida demonstra que ele estava produzindo para publicação e pagamento imediatos. Uma memória escrita por seu amigo e colaborador Salvatore Farina mostra Tarchetti mudando de um endereço a outro, escrevendo simultaneamente para diversos periódicos e editores, mas invariavelmente pobre, vestido com desmazelo, e doente – morreu de tifo e tuberculose. Em uma carta datada de 31 de janeiro de 1867, Tarchetti reclamou com Farina sobre

A invisibilidade do tradutor

le mie solite complicazioni economiche [...] che ho nulla al mondo, che devo pensare da oggi a domani come pranzare, come vestirmi, come ricoverarmi. (Farina, 1913, p.37-8)

my usual economic complications [...] that I have nothing in the world, that from one day to the next I must find some way to dine, to dress, to house myself.

minhas usuais complicações econômicas [...] de que nada tenho na vida, que devo pensar a cada dia como vou comer, me vestir, e morar.

A carta fazia referência ao romance antimilitarista de Tarchetti *Una nobile follia*, que estava, então, sendo publicado em partes no periódico *Il Sole* (de novembro de 1866 a março de 1867): "aspetto sempre la completazione di quei drammi dai quali posso avere um po' di danaro"/"every day I expect to finish these dramas [from the military life] which should yield me a little money"/"todos os dias procuro terminar estes dramas [da vida militar] que podem me render algum dinheiro" (ibid., p.39).

A memória de Farina sugere um motivo financeiro para o plágio de Tarchetti quando relata um incidente no qual seu conhecimento de inglês torna-se um pretexto para uma fraude. Morando por algum tempo em um hotel em Parma, mas sem condições de pagar a conta, Tarchetti "s'improvvisò professore di língua inglese"/"posed as a professor of English"/"passou por professor de inglês" e

annunziò per la via delle gazzette e alle cantonate di tutte le vie di Parma che, trovandosi di passaggio in quella città, avrebbe dato um corso completo di quaranta lezioni per insegnare la lingua inglese com un suo metodo spicciativo. (Ibid., p.34-5)

announced in the newspapers and on every street corner of Parma that since he was travelling through the city, he would give a complete, forty-lesson course in the English language with his rapid method.

anunciou nos jornais e em todas as esquinas de Parma que, estando de passagem por aquela cidade, ele daria um curso completo de inglês em quarenta aulas com seu método rápido.

A memória melodramática de Farina parece minimizar indevidamente a proficiência de Tarchetti em inglês ao limitá-la a "pochissimo, appena il tanto da intendere alla meglio Shakespeare e Byron e tradurre ad orecchio Dickens"/"very little, just enough to attain a rudimentary understanding of Shakespeare and Byron and to translate Dickens by ear"/ "reduzidíssima, sabendo apenas o necessário para uma compreensão rudimentar de Shakespeare e Byron, e para traduzir Dickens de ouvido" (ibid., p.34). A tradução de Shelley por Tarchetti confirma, ao contrário, que ele lia muito bem em inglês. Ainda assim, isso não refuta necessariamente a afirmação de Farina segundo a qual "non parlava inglese affatto e sarebbe stato imbarazzato a sostenere una conversazione"/"he did not speak English at all and would have been embarrassed to sustain a conversation"/"ele absolutamente não falava inglês e teria ficado embaraçado se tivesse de conversar" (ibid.). Farina nota que a matrícula para o curso renderia "una retata magnífica"/"a

A invisibilidade do tradutor

magnificent haul"/"um magnífico arrastão" (ibid., p.35), mas Tarchetti deu muito menos do que quarenta aulas:

> quando il professore non seppe più che cosa insegnare ai suoi scolari, lessero insieme Shakespeare e Byron e fumarono le sigarette che Iginio preparava sul tavolino all'ora della lezione. (Ibid., p.36)

> when the professor no longer knew what to teach his pupils, together they read Shakespeare and Byron and smoked the cigarettes Iginio put out on the desk when the lesson began.

> Quando o professor já não sabia mais o que ensinar aos seus alunos, liam juntos Shakespeare e Byron, e fumavam os cigarros que Iginio apagava sobre a carteira quando a aula começava.

Esse esquema de ensino foi provavelmente mais lucrativo do que o plagiarismo de Tarchetti. No entanto, como a tradução era mal remunerada na Itália do século XIX, com pagamentos normalmente em forma de livros assim como dinheiro, a alegação implícita de que seu texto era uma criação própria possivelmente lhe valeu uma soma maior do que se o tivesse publicado como tradução (Berengo, 1980, p.340-6). Um motivo financeiro pode também explicar a curiosa mudança de título e a reimpressão do texto quando ele assumiu o cargo de editor da *Emporio Pittoresco*. O título diferente e sua assinatura diziam que aquilo era um conto originalmente escrito por ele, sendo publicado pela primeira vez.

Como o *status* legal da tradução estava apenas começando a delinear-se em 1865, o plágio de Tarchetti de fato não constituiu uma violação do *copyright* que tivesse resultado em prejuízos financeiros ao patrimônio de Shelley e seu editor inglês. No início do século XIX, muitos países haviam desenvolvido estatutos de *copyright* que transferiam ao autor o controle exclusivo sobre a reprodução de seu texto durante sua vida e além. As convenções internacionais sobre *copyright*, no entanto, apareceram lentamente, e os direitos de tradução nem sempre ficavam reservados ao autor. Em 1853, por exemplo, uma corte federal nos Estados Unidos sustentou que uma tradução alemã de *Uncle Tom's Cabin* (1852) [*A cabana do pai Tomás*], que não havia sido licenciada por Harriet Beecher Stowe, não infringia o seu *copyright* sobre o texto em língua inglesa (Kaplan, 1967, p.29). Embora no início do século XVIII a Inglaterra tivesse instituído o primeiro estatuto importante de *copyright* em 1851, ano da morte de Shelley, a lei inglesa não reconhecia ao autor os direitos de tradução. Foi apenas em 1852 que se reconheceu por lei o direito do autor de licenciar traduções, que se limitava a cinco anos a partir da data de publicação (Sterling; Carpenter, 1986, p.103). Uma lei geral de *copyright* não estava formulada na Itália até a Unificação: a 25 de junho de 1865, quatro dias depois que Tarchetti publicara a primeira parte de sua tradução como conto seu, o governo italiano concedeu aos autores o direito de "publicar, reproduzir e traduzir" seus textos, embora os direitos de tradução fossem limitados a dez anos a contar da data de publicação (Piola-Caselli, 1927, p.22, 24, 26).

O plágio de Tarchetti foi menos uma violação do *copyright* do que uma violação da noção individualista de autoria sobre a qual o *copyright* se baseia. Como mostra Martha Woodmansee, as leis de *copyright* reconhecem a posse do autor sobre o texto na medida em que ele é seu autor ou criador – "ou seja, na medi-

A invisibilidade do tradutor

da em que seu trabalho é novo e original, uma criação intelectual que deve sua individualidade apenas e unicamente a ele" (Woodmansee, 1984, p.446). Essa noção de autoria assume a teoria expressiva romântica: o texto é considerado uma expressão dos pensamentos e sentimentos do autor, uma consciência livre e unificada que não é dividida pela determinação que excede e, possivelmente, entra em conflito com sua intenção. Ao autor é garantido o *copyright* único e exclusivo porque sua subjetividade é considerada como uma essência metafísica que se encontra presente em seu texto e em todas as cópias deste, que transcende quaisquer diferenças ou mudanças introduzidas por determinações formais, como impressão e acabamento, língua e gênero, e por condições políticas, como a indústria editorial e a censura governamental. A própria ideia de *copyright*, no entanto, denuncia a possibilidade de mudança porque está delineada para controlar a forma e a comercialização do livro ao autorizar a reprodução e reprimir mudanças não autorizadas. O *copyright* abre uma contradição na noção individualista de autoria ao demonstrar que tal lei está suspensa entre a metafísica e o materialismo, reconhecendo as contingências materiais da forma, a possibilidade de sua diferença do autor, mas apresentando sua transparência com o pressuposto metafísico da presença autoral.

O plágio de Tarchetti violou essa noção de autoria não por meramente ter copiado o conto de Shelley, mas por traduzi-lo. Porque seu plágio foi uma tradução, introduziu-se uma mudança decisiva na forma do original, especificamente em sua língua; sua declaração de autoria mascarava essa mudança e, ao mesmo tempo, indicava que ela era decisiva o suficiente para sinalizar a criação de um novo texto que se originava com ele. O plágio de Tarchetti provocou veladamente o colapso da distinção de que uma noção individualista de autoria se desenha entre autor e tradutor, criador e imitador. No entanto, porque seu plágio permaneceu oculto e não racionalizado – pelo menos até hoje –, ele continuou a sustentar essa distinção; ela não refletiu ou contribuiu para uma revisão da opinião italiana do século XIX em relação ao *status* estético ilegal da tradução. Mesmo assim, o fato de que o plágio de Tarchetti foi velado de modo algum mitigou a violação da autoria – nem seu efeito como uma prática tradutória eminentemente estrangeirante. Tendo sido um plágio, sua tradução italiana foi, em particular, subversiva dos valores burgueses na língua maior. Por outro lado, o texto de Tarchetti zombou do decoro e da propriedade burgueses ao explorar de modo fraudulento o processo de mercantilização literária na indústria editorial italiana; assim, seu plágio exemplificou a tendência não conformista da *scapigliatura* de identificar-se com grupos socialmente subordinados, sobretudo os trabalhadores, os pobres, os criminosos, professando uma recusa dissidente do dominante ao afiliar-se com o subcultural (Mariani, 1967). Por outro lado, o texto de Tarchetti desterritorializou o discurso ficcional burguês que dominava a cultura italiana precisamente por ter sido um plágio no dialeto padrão, por não ter passado apenas por um conto gótico original, mas como um conto originalmente escrito no italiano do realismo manzoniano e, portanto, estrangeirante pelo impacto exercido sobre o cenário literário italiano.

No entanto, a autoria de Shelley volta a preocupar a perspectiva ideológica da intervenção de Tarchetti ao levantar questões de gênero. Para subverter de forma eficaz os valores burgueses que desterritorializaram o padrão literário da lín-

A invisibilidade do tradutor

gua italiana, seu texto teve de manter a ficção de sua autoria, fazendo referências ao conto de Shelley só muito vagamente ("imitação"). Porém, em paralelo, essa ficção obliterou um exemplo de autoria feminina, de forma que o roubo da criação literária de Shelley teve o efeito patriarcal da perda de poder do feminino, de limitar a atuação social da mulher. Parece que essa foi uma consequência não prevista por Tarchetti: algumas outras de suas obras de ficção remetiam explicitamente à dominação masculina sobre as mulheres e à construção social do gênero, seja na descrição visual da opressão de Paolina, seja nos deslocamentos de gênero de seus experimentos com o fantástico (Caesar, 1987). Mais importante, o conto que ele escolheu para plagiar desafia as imagens patriarcais do poder masculino e da fraqueza feminina. Mesmo baseado em uma supressão antifeminista da autoria de Shelley, o plágio de Tarchetti pôs em circulação seu projeto feminista ficcional na cultura italiana. Essa contradição ideológica fica ainda mais complicada pelo fato de que o texto de Tarchetti é uma tradução. Para que o conto de Shelley pudesse cumprir sua função política em uma cultura diferente, ele passou por uma transformação radical que foi, ao mesmo tempo, fiel e abusiva, que reproduzia e também suplementava o texto em inglês. A indicação mais evidente dessa relação desigual aparece nas diferenças de subtítulo introduzidas pela tradução italiana: elas questionavam as ideologias de classe e de raça que informaram o conto de Shelley.

III. A tradução do fantástico feminista

O conto "The Mortal Immortal", de Shelley, é uma narrativa em primeira pessoa na qual um assistente do alquimista Cor-

Lawrence Venuti

nelius Agrippa, do século XVI, lamenta ter ingerido o elixir da imortalidade. A frase de abertura provoca a distintiva hesitação do fantástico ao citar a data que fazia menção à realidade do leitor inglês antes de estabelecer subitamente uma cronologia irreal: "16 de julho de 1833 – Este é um aniversário memorável para mim; é o meu tricentésimo vigésimo terceiro ano de vida!" (Shelley, 1976, p.219). O texto almeja deixar o leitor suspenso entre os dois registros do discurso fantástico, o mimético e o maravilhoso, ao representar as circunstâncias da ação fatal do assistente, particularmente seu relacionamento com a mulher que ele ama e com a qual termina se casando. A premissa fantástica da imortalidade conduz a muitos exageros satíricos pelos quais as representações de gênero patriarcais tornam-se confusas.

Ao atribuir uma imortalidade ao narrador masculino, o texto de Shelley transforma-se em um fantástico tropo para o poder masculino, iniciando uma crítica do patriarcado que se assemelha àquela de Mary Wollstonecraft. Em *A Vindication of the Rights of Woman* (1792), Wollstonecraft argumenta que a "força corporal [que] parece dar ao homem uma superioridade natural sobre a mulher [...] é a única base sólida sobre a qual se pode falar em superioridade de sexo" (Wollstonecraft, 1975, p.124). A narrativa fantástica de Shelley questiona a superioridade física masculina ao configurar o assistente como a posição instável a partir da qual a ação torna-se inteligível. Há dúvidas sobre o fato de que ele seja mesmo fisicamente superior. Sua "estória" localiza-se no quadro da questão fundamental, "Sou eu imortal?" (Shelley, 1976, p.219, 229), e é interrompida por várias meditações inconclusivas sobre a autenticidade e a eficácia do elixir de Cornelius. O valor da superioridade física masculina

A invisibilidade do tradutor

é alterado pela representação contraditória que o assistente faz da ciência alquímica que pode tê-lo tornado imortal. A princípio, a alquimia é estigmatizada como antinatural e herética. Lemos o "relatório" do "acidente" envolvendo o "pupilo" de Cornelius, "que, indvertidamente, despertou um espírito maligno durante a ausência de seu mestre e foi destruído"; como resultado, "todos os seus pupilos o abandonaram prontamente", e "os espíritos das trevas riram dele por não ter sido capaz de conservar um único mortal a seu serviço" (ibid., p.219-20). O assistente parece aceitar essa associação que se faz entre alquimia e bruxaria: "Quando Cornelius veio e me ofereceu uma bolsa cheia de ouro para que eu permanecesse sob o mesmo teto que ele, senti como se o próprio Satã estivesse me tentando" (ibid., p.220). No meio dessa passagem, no entanto, ele deixa a sugestão de que o "relatório" pode ser "verdadeiro ou falso" (ibid., p.219); e, posteriormente na narrativa, após a morte de Cornelius, esse ceticismo reaparece para absolver o alquimista – e reforçar a dúvida sobre a imortalidade do assistente. "Eu desprezava a ideia de que ele podia comandar o poder das trevas, e ria diante dos medos supersticiosos com os quais ele era visto pelo homem comum. Ele foi um filósofo sábio, mas não tinha nenhuma intimidade com espíritos outros que não estivessem providos de carne e sangue" (ibid., p.226).

A incerteza que o texto de Shelley gera sobre a superioridade física masculina é mantida pela caracterização do assistente. Ele é uma figura fraca e vacilante, dominado pela mulher por quem está apaixonado; às vezes, ridículo, um candidato totalmente improvável à imortalidade. Seu nome é "Winzy", que, como observa Charles Robinson, está relacionado a *winze*, palavra escocesa para maldição, mas que também "pode sugerir

Lawrence Venuti

que o protagonista dessa história é um personagem cômico" (ibid., p.390). Após ouvir de seus amigos o "terrível conto" do "acidente", a reação de Winzy diante da oferta de trabalho de Cornelius é pura comédia: "Meus dentes tremeram – meus cabelos ficaram em pé: eu saí correndo o mais depressa que minhas pernas trêmulas permitiam" (ibid., p.220). A caracterização de Winzy satiriza a fundamentação ideológica do patriarcado no determinismo biológico porque sua superioridade física não é inata, mas, sim, um engano: ele bebe o elixir da imortalidade somente porque Cornelius o engana dizendo que se trata de uma poção para curar o mal de amor. Como parte da comédia no caráter de Winzy é derivada de sua total falta de controle psicológico, a sátira também se estende a uma versão distintamente burguesa da ideologia patriarcal, o elo entre o poder masculino e o conceito individualista do sujeito livre e unificado. A fuga assustada de Winzy do laboratório de Cornelius deixa-o com tão pouca presença de espírito que ele cai na pobreza e deve ser intimidado pela sua amada Bertha para voltar ao trabalho. "Dessa maneira encorajado – humilhado por ela –, levado pelo amor e pela esperança, rindo de meus medos anteriores, com passos rápidos e o coração na mão, retornei para aceitar a oferta do alquimista, e fui imediatamente posto em meu ofício" (ibid., p.220-1). Como Winzy é tão submisso a Bertha, tão acovardado pelo medo de ser por ela rejeitado, ele suporta sua "inconstância" e consegue reunir a "coragem e a decisão" de agir apenas quando é levado a acreditar que a poção que bebeu o cura de seu infeliz amor (ibid., p.221, 224). Winzy nunca possui a autonomia interior do poder masculino; ele é, de fato, um homem que não quer nenhum poder, que no final da narrativa lamenta profundamente sua longevidade.

A invisibilidade do tradutor

O conto de Shelley segue a crítica feminista de Wollstonecraft de maneira mais próxima em sua caracterização de Bertha. Assim como Wollstonecraft considera a dominação masculina como uma extrema opressão sobre as mulheres das classes sociais superiores porque "a educação dos ricos tende a torná-las vazias e inúteis" (Wollstonecraft, 1975, p.81), o texto de Shelley marca uma infeliz mudança em Bertha quando seus pais morrem e ela é adotada pela "velha senhora do castelo próximo, rica, sem filhos, e solitária" (Shelley, 1976, p.220). Vivendo no esplendor aristocrático do "palácio de mármore" e "cercada por jovens vestidos com seda – ricos e alegres", Bertha assume "maneiras algo coquetes" e seu relacionamento com o pobre Winzy começa a correr risco (ibid., p.220-1). As mulheres desenvolvem "artes coquetes", argumenta Wollstonecraft, porque assimilam a imagem patriarcal de si próprias como objeto passivo do desejo do homem: "Educadas apenas para agradar, as mulheres estão sempre atentas para agradar, e com ardor verdadeiramente heroico lutam para ganhar os corações unicamente para renunciar a eles ou rejeitá-los quando a vitória é certa e evidente" (Wollstonecraft, 1975, p.115, 147). Assim, a mudança em Bertha é manifestada pela sua perversa manipulação de Winzy:

> Bertha imaginava que amor e segurança eram inimigos, e ela tinha prazer em dividi-los em meu peito. [...] Ela me desrespeitava de mil maneiras, nunca reconhecendo estar errada. Ela me deixava louco de raiva, e depois me forçava a pedir o seu perdão. Às vezes, ela imaginava que eu não era submisso o suficiente, e então vinha com alguma história de um rival, favorecido pela sua protetora. (Shelley, 1976, p.221)

Como sugere essa lista de abusos, o conto de Shelley satiriza a imagem patriarcal da mulher que molda a caracterização de Bertha, transformando-a em uma caricatura. A fantástica premissa de imortalidade resulta em um exagero de sua vaidade: como Winzy permanece com 20 anos de idade e ela se torna uma "beleza apagada" de 50 anos, "ela procurou diminuir a aparência de nossa diferença de idade pelo uso de mil artifícios de mulher – ruge, vestimentas de jovens e maneiras juvenis" (ibid., p.226, 228). A constante preocupação com a beleza que o patriarcado incute nas mulheres de acordo com a crítica de Wollstonecraft torna-se ainda maior na obsessão enlouquecedora, absurda de Bertha: "Seu ciúme jamais descansava", relata Winzy:

> Sua principal ocupação era descobrir que, apesar das aparências externas, eu estava envelhecendo. [...] Ela discernia rugas em meu rosto e decrepitude no meu andar, ao passo que eu ia para lá e para cá com vigor juvenil, com a aparência de vinte jovens juntos. Jamais ousei dirigir-me a outra mulher: em uma ocasião, fantasiando que uma bela moça da vila me olhava com olhos aprovadores, ela me trouxe uma peruca grisalha. (Ibid., p.228)

Incapaz de manter sua aparência atraente, Bertha chega ao extremo de depreciar a juventude e a beleza: "Ela descreveu o quanto cabelos grisalhos são mais atraentes do que meus cachos castanhos; ela elogiava a reverência e respeito devidos à idade – muito mais preferíveis do que a pouca atenção concedida às crianças: poderia eu imaginar que os dons desprezíveis da juventude e da beleza suplantavam a desgraça, o ódio e o desprezo?" (ibid., p.227).

A invisibilidade do tradutor

"L'elixir dell'immortalità", de Tarchetti, é uma tradução fiel que captura perfeitamente o humor da sátira feminista de Shelley, mas ele também fez revisões que foram além do texto inglês. Algumas dessas revisões sugerem uma estratégia de amplificação com o objetivo de aumentar a confusão epistemológica do fantástico para o leitor italiano (as palavras em itálico nas citações em italiano que seguem indicam os acréscimos de Tarchetti ao texto inglês). Assim, a tradução salienta o registro maravilhoso do discurso fantástico de Shelley ao adicionar uma forte tendência ao sensacionalismo. Tarchetti seguiu o inglês ao iniciar a hesitação fantástica na primeira sentença, com uma data que fazia menção à realidade do leitor italiano, embora tenha realizado pequenas mudanças que intensificam o espanto do narrador:

Dicembre 16, 1867. – È questo per me un anniversario *assai* memorabile. Io compio oggi il mio trecentoventinovesimo anno *di vita*. (Tarchetti, 1967, v.I, p.114)

December 16, 1867. – This is a *very* memorable anniversary for me. Today I complete my three hundred and twenty-ninth year *of life*.

16 de dezembro de 1867. – Este é um aniversário *assaz* memorável para mim. Hoje completo meu tricentésimo vigésimo nono *ano de vida*.

A primeira expressão de dúvida por parte de Winzy sobre sua superioridade é a simples questão "Sou eu, então, imortal?" (Shelley, 1976, p.219), ao passo que a versão italiana apela para uma reafirmação mais enfática: "*Ma non invecchierò io dunque?*

Sono io dunque *realmente* immortale?"/"*But shall I not age, then? Am I, then, really immortal?*"/"*Então eu não vou envelhecer?* Sou eu, então, *realmente* imortal?" (Tarchetti, 1967, I, p.114). Por vezes, a amplificação produz um efeito melodramático: *belief* ["crença"] e *thought* ["pensamento"] (226) são inflados com os mais teatrais *illusione* e *dubbio/dream* e *suspicion* ["sonho"/"dúvida"] (I, 126); *sad* ["triste"] é traduzido por *pazza/mad* ["louco"] (I, 124), *fondly* – como em "my Bertha, whom I had loved so fondly" (228) – por *pazzamente/madly* ["loucamente"] (I, 129). E, às vezes, o melodrama cai no maravilhoso. Quando a velha Bertha tenta suavizar sua vaidade ferida ao dizer a Winzy que "though I looked so young, there was ruin at work within my frame" ["embora eu parecesse tão jovem, havia uma ruína operando dentro de mim"], a tradução italiana transforma a palavra *ruin* num processo preternaturalmente abrupto: "quantunque io apparissi così giovane, eravi qualche cosa in me che m'avrebbe fatto *invecchiare repentimente*"/"although I looked so young, there was something in me which would make me age *all of sudden*" ["embora eu parecesse muito jovem, havia algo em mim que me faria *envelhecer repentinamente*"] (I, 130).

Em outros pontos, a tradução de Tarchetti intensifica a confusão epistemológica no leitor italiano ao reforçar o registro mimético do discurso fantástico de Shelley. As personagens principais são rebatizadas como Vincenzo e Ortensia, dois nomes muito comuns que removem a improbabilidade cômica sugerida por um imortal chamado Winzy. A estratégia de Tarchetti de amplificação mimética funciona por acumular detalhes e explicações verossimilhantes. Quando Vincenzo reconta a tragédia de um aluno de Cornelius "allievo che avendo inavvertentemente evocato durante l'assenza del maestro, uno spirito maligno, ne fu ucciso"/"pupil who having inadvertently

A invisibilidade do tradutor

raised a malign spirit in his master's absence was killed by it" ["que, inadvertidamente, despertou um espírito maligno na ausência de seu mestre e foi morto por ele"], Tarchetti acrescentou outro detalhe à passagem em inglês para tornar o incidente mais plausível: "senza che alcuno avesse potuto soccorrerlo"/"before anyone could come to his aid" ["sem que ninguém pudesse socorrê-lo"] (I, 115). De maneira semelhante, a tradução italiana intensifica o realismo psicológico do texto inglês. Quando Winzy e Bertha partem após sua primeira deserção, ele sobriamente afirma que "we met now after an absence, and she had been sorely beset while I was away" ["encontramo-nos agora após uma ausência, e ela tinha ficado muito perturbada enquanto eu estive fora"] (220). Na tradução, o encontro é muito mais histriônico, com Vincenzo expressando fisicamente sua paixão por Ortensia e enfatizando a angústia causada pela separação:

> Io la *riabbracciava* ora dopo un'assenza *assai dolorosa; il bisogno di confidenza e di conforti mi aveva ricondotto presso di lei.* La fanciulla non aveva sofferto meno di me durante la mia lontananza. (I, 117)

> I *embraced* her again now after a *very painful absence; the need for intimacy and comfort led me back to her.* The girl had not suffered less than me during my distance.

> Eu a *abracei* de novo após uma *ausência muito sentida; a necessidade de intimidade e conforto me levou de volta para ela.* A garota não havia sofrido menos do que eu durante minha distância.

Como a tradução tende a favorecer estados extremamente emocionais, esse tipo de amplificação mimética transforma com facilidade um trecho inglês relativamente realista em uma fantasia desabrida. Quando Winzy foge, temeroso, do alegadamente satânico Cornelius, ele volta-se para Bertha em busca de consolo: "My failing steps were directed whither for two years they had every evening been attracted –, a gently bubbling spring of pure living waters, beside which lingered a dark-haired girl" ["Meus passos combalidos se dirigiam para onde eles eram atraídos todas as noites durante dois anos – uma fonte de água pura e fresca borbulhando brandamente, ao lado da qual demorava-se uma menina de cabelos escuros"] (p.220). A tradução italiana insere sobretons góticos sobre a paisagem e a garota:

> I miei passi si diressero anche quella volta a quel luogo, a cui pel giro di due anni erano stati diretti ogni sera, – *un luogo pieno d'incanti, una sterminata latitudine di praterie*, com una sorgente d'acqua viva che scaturiva gorgogliando *malinconicamente*, e presso la quale sedeva *con abbandono* una fanciulla. (I, 116)

> My steps were directed that time as well toward that place, where for a period of two years they had been directed every evening – *a place full of enchantments, a boundless expanse of grassland*, with a fountain of living water which gushed with a *melancholy* gurgling, and beside which sat a girl *with abandon*.

> Meus passos eram dirigidos então àquele local, onde durante dois anos eles tinham ido todas as noites –, *um lugar cheio de encantamento, uma vasta extensão de pastagem*, com uma fonte de água fresca que jorrava com uma *melancolia* gorgolejante, e ao lado da qual se sentava uma menina *desamparada*.

A invisibilidade do tradutor

A estratégia de amplificação utilizada por Tarchetti reproduz efetivamente a crítica feminista de Shelley ao exagerar ainda mais as imagens de gênero patriarcal que modelam as personagens. Ao beber o que, por engano, pensa ser um remédio para seu amor frustrado por Bertha, Winzy experimenta um súbito ataque de autoestima e ousadia que confirma de maneira cômica sua fraqueza psicológica, continuando, assim, a sátira do poder masculino: "methought my good looks had wonderfully improved. I hurried beyond the precincts of the town, joy in my soul, the beauty of heaven and earth around me" ["Pareceu-me que minha bela aparência tinha melhorado maravilhosamente. Corri além dos limites da cidade, com alegria em minha alma, e beleza do firmamento e da terra em meu redor"] (p.223). A versão italiana transforma Vincenzo em uma paródia do indivíduo romântico, narcisista, que bate no peito, byrônico:

parvemi *che i miei occhi, già così ingenui, avessero acquistata una sorprendente espressione.* Mi cacciai fuori del recinto della città colla gioia nell'anima, *con quella orgogliosa soddisfazione che mi dava il pensiero di essere presto vendicato.* (I, 122)

it seemed to me that *my eyes, previously so ingenuous, had acquired a striking expression.* I dashed beyond the city limit with joy in my heart, *with that proud satisfaction which made me think that I would soon be avenged.*

Tinha a impressão de que *meus olhos, antes tão cândidos, tinham adquirido uma expressão impressionante.* Corri para fora do limite da cidade com o coração alegre, *com aquela satisfação de quem sabe que logo será vingado.*

Lawrence Venuti

A tradução igualmente acentua a caricatura da vaidade feminina. Enquanto Winzy observa que sua juventude levava Bertha a encontrar "compensation for her misfortunes in a variety of little ridiculous circumstances" ["compensação por suas infelicidades em várias pequenas circunstâncias ridículas"] (p.228), no caso de Ortensia ela é mudada para *puerili e ridicole circonstanze"/"childish and ridiculous circumstances"* ["circunstâncias *pueris* e ridículas"] (I, p.129). Enquanto Winzy afirma que Bertha "would discern wrinkles in my face and decrepitude in my walk" (p.228), Vincenzo reclama que Ortensia *"struggeasi di scoprire delle grinze sul mio viso, e qualche cosa di esitante, di decrepito net mio incesso"/"was consumed* with discovering wrinkles in my face, and something *hesitant*, decrepit in my gait" ["*se consumia* descobrindo rugas em minha face, e algo *hesitante*, decrépito em meu modo de andar"] (I, p.130).

IV. Tradução como crítica ideológica

O primeiro abandono decisivo de Tarchetti das determinações ideológicas do conto de Shelley ocorre na questão de classe. Shelley desafia a suposição patriarcal de que a identidade de gênero está biologicamente fixada ao indicar que a transformação de Bertha em uma coquete é socialmente determinada, um efeito de sua ascensão social. É evidente que Bertha pertence à burguesia: "her parents, like mine" ["os pais dela, como os meus"], diz Winzy, "were of humble life, yet respectable" ["levavam uma vida humilde, mas respeitável"] (p.220). Essa "vida" deve ser considerada burguesa mesmo que fosse "humilde", não somente porque é rotulada como "respeitável", mas porque capacita Winzy a tornar-se aprendiz de um alquimista

A invisibilidade do tradutor

com quem ele ganha "no insignificant sum of money" ["uma quantia não desprezível de dinheiro"] (ibid., p.221). Bertha e Winzy são "humildes" em relação a sua protetora, que é aristocrata, uma *lady* que mora num "castelo" feudal. O conto de Shelley inicia-se, portanto, fazendo uma associação entre patriarcado e dominação aristocrática, igualdade sexual e família burguesa. Isso fica claro em uma impressionante passagem que alude explicitamente ao tratado de Wollstonecraft. Quando Bertha, enfim, abandona sua protetora aristocrática e volta aos pais de Winzy, ele afirma que ela "escaped from a gilt cage to nature and liberty" ["escapou de uma gaiola dourada para a natureza e a liberdade"] (p.224), ecoando uma das metáforas de Wollstonecraft para a auto-opressão que subjugava as mulheres na ideologia patriarcal: "Ensinadas desde cedo que a beleza é o cetro das mulheres, a mente se modela ao corpo, e perambulando em sua gaiola dourada, somente busca adorar sua prisão" (Wollstonecraft, 1975, p.131).

À medida que a narrativa se desenvolve, contudo, a lógica de classe na crítica feminista de Shelley fica desfeita. Embora o ataque de Winzy à protetora burguesa equipare implicitamente a família burguesa e o estado livre natural das representações patriarcais de gênero, seu casamento com Bertha a impele a representá-las de forma ainda mais obsessiva. Eles continuam sendo financeiramente independentes: Winzy refere-se à "my farm" ["minha fazenda"] (Shelley, 1976, p.227), e embora em certo momento "poverty had made itself felt" ["a pobreza se fez sentir"], já que sua juventude perpétua fazia com que eles fossem "universally shunned" ["universalmente evitados"], eles conseguem vender sua "propriedade" e emigrar para a

França, tendo "realised a sum sufficient, at least, to maintain us while Berthe lived" ["somado uma quantia suficiente, pelo menos, para nos manter enquanto Bertha vivesse"] (ibid., p.228). Assim, morando com os pais ou vivendo à parte, após o seu casamento, eles continuam levando "uma vida humilde, mas respeitável". Porém, sua relação dificilmente pode ser considerada "natureza e liberdade" para qualquer um dos dois. Bertha torna-se o objeto passivo do desejo de Winzy:

> We had no children; we were all in all to each other; and though, as she grew older, her vivacious spirit became a little allied to ill-temper, and her beauty sadly diminished, I cherished her in my heart as the mistress I had idolized, the wife I had sough with such perfect love. (Ibid., p.227)

> Nós não tínhamos filhos; éramos tudo um para o outro; e, mesmo assim, enquanto ela envelhecia, seu espírito vivaz tornou-se associado ao mau humor, e sua beleza tristemente se apagava, eu a queria bem em meu coração, como a amante que eu idolatrava, a esposa que eu tinha procurado com um amor tão perfeito.

E quando a vaidade de Bertha a lança em extremos ridículos e alienadores, Winzy reconhece impotente a hierarquia de gênero estabelecida pela sua superioridade física:

> this mincing, simpering, jealous old woman. I should have revered her gray locks and withered cheeks; but thus! – It was my work, I knew; but I did not the less deplore this type of human weakness. (Ibid., p.228)

A invisibilidade do tradutor

esta velha afetada, pretensiosa e ciumenta. Eu deveria ter reverenciado suas madeixas grisalhas e bochechas decadentes, mas assim! – Este era meu trabalho, eu sabia; no entanto, nunca deplorei esse tipo de fraqueza humana".

O retorno de Bertha à burguesia em última análise contradiz o ataque de Winzy contra sua protetora: seu casamento mostra que a família burguesa não é um refúgio igualitário contra o patriarcado aristocrático, mas uma extensão da dominância masculina.

Essa contradição ideológica se encontra no cerne do feminismo de Shelley. Como Anne Mellor argumenta,

Mary Shelley as a feminist in the sense that her mother was, in that she advocated an egalitarian marriage and the education of women. But insofar as she endorsed the continued reproduction of the bourgeois family, her feminism is qualified by the ways in which her affirmation of the bourgeois family entails an acceptance of its intrinsic hierarchy, a hierarchy historically manifested in the doctrine of separate spheres [and] in the domination of the male gender. (Mellor, 1988, p.217)

Mary Shelley era uma feminista no mesmo sentido de sua mãe, enquanto reivindicava o casamento igualitário e a educação das mulheres. Porém, até onde ela endossava a reprodução contínua da família burguesa, seu feminismo fica qualificado pelas maneiras com as quais sua afirmação da família burguesa implica uma aceitação de sua hierarquia intrínseca, uma hierarquia historicamente manifestada pela doutrina da separação das esferas [e] na dominação do gênero masculino.

Lawrence Venuti

A valorização do casamento, característica de Shelley, emerge em "The Mortal Immortal" primeiramente porque Winzy é o narrador: ele transforma seu amor por Bertha e seu casamento em posições a partir das quais suas ações são inteligíveis, e daí a família burguesa, com sua construção patriarcal de gênero, fica estabelecida como o padrão pelo qual elas são julgadas. O que o texto impõe como verdadeiro ou óbvio é que Winzy é o marido e amante dedicado, atento às necessidades materiais do casal, controlando seu destino na esfera pública, enquanto Bertha conduz a vida privada, compelida pela sua vaidade a brincar com a afeição dele, a invejar-lhe a juventude, até mesmo a ameaçar a vida de ambos. Pensando que a aparência imutável de Winzy pudesse resultar na execução de ambos "como um praticante da arte negra" e seu "cúmplice[,] finalmente ela insinuou que eu deveria partilhar meu segredo com ela, e conceder-lhe os mesmos benefícios de que eu gozava, ou ela me denunciaria – e então ela explodiu em lágrimas" (Shelley, 1976, p.227).

A tradução de Tarchetti investiga as contradições do feminismo de Shelley ao fazer uma revisão sutil das ideologias que seu conto oferece. A tradução italiana segue o texto inglês quando Vincenzo afirma que "io divenni marito di Ortensia"/"I became Ortensia's husband"/"Eu me tornei marido de Ortensia" (Tarchetti, 1967, v.I, p.123), mas ela repetidamente omite os sinais de seu matrimônio. No momento em que Bertha descobre a imortalidade de Winzy, ele renova os votos conjugais: "I will be your true, faithful husband while you are spared to me, and do my duty to you to the last" ["Serei teu fiel e verdadeiro marido enquanto estiveres comigo, e cumprirei meus deveres para contigo até o fim"] (p.228). Tarchetti omite inteiramente este trecho. E onde Winzy e

A invisibilidade do tradutor

Bertha se dirigem um ao outro como "my poor wife" ["minha pobre mulher"] e "my husband" ["meu marido"] (p.227, 228), Vincenzo e Ortensia dizem "mia buona compagna" e "mio amico"/"my good companion", "my friend"/"minha boa companheira", "meu amigo" (I, p.128). Essas mudanças indicam um esforço de enfraquecer, por pouco que seja, a importância do matrimônio no conto de Shelley e talvez refletir uma rejeição to tipo *scapigliato* à respeitabilidade burguesa. De maneira mais significativa, as mudanças de Tarchetti localizam a própria determinação ideológica que qualifica o projeto feminista de Shelley, e isso por meio da ênfase que recai mais sobre a amizade do que sobre o matrimônio, sugerindo a possibilidade de um relacionamento igualitário entre os amantes, questionando a hierarquia de gênero da família burguesa.

Ao mesmo tempo, a tradução de Tarchetti sobrepõe outro conflito de classes sobre o texto inglês, o que também exige um retraimento dos valores burgueses de Shelley. A tradução italiana reproduz todas aquelas passagens que apontam para a independência financeira da personagem principal – exceto a mais explícita delas: a descrição dos pais de Vincenzo e Ortensia omite o "respeitável" e enfatiza o "humilde", sugerindo claramente que eles não são burgueses, mas membros da classe trabalhadora: "I suoi parenti erano, com i miei, di *assai* umile condizone"/"Her parents were, like mine, of *very* humble rank"/"Seus pais eram, assim como os meus, de condição *muito* humilde" (I, p.116). A adoção de Ortensia pela protetora mostra, assim, o patriarcado como dominação aristocrática sobre a classe trabalhadora. A tradução italiana enfatiza essa representação ao codificar as vãs obsessões de Ortensia com atitudes aristocráticas. Enquanto Bertha, levada pela inveja da aparência

347

Lawrence Venuti

física de Winzy ao extremo paradoxal de desprezar a beleza, diz para ele que "cabelos grisalhos" são "muito mais atraentes", e que "juventude e beleza" são "dons desprezíveis" (p.227), Ortensia expressa um senso aristocrático de superioridade social: a tradução italiana substitui *comely* por *gentili* (gentil, mas também polido, nobre), e *despicable* por *vulgari* (comum, não refinado) (I, p.127-8). Com essas mudanças, a tradução de Tarchetti força o conto de Shelley a endereçar o relacionamento hierárquico entre aristocracia e classe trabalhadora, um exemplo de dominação de classe que é reprimido pelo seu feminismo burguês.

Essa pressão existente na tradução para expor formas de mistificação ideológica também se faz sentir em supressões que removem o orientalismo presente no conto de Shelley. Tarchetti omite a resposta de Winzy ao comportamento coquete de Bertha: "I was jealous as a Turk" ["Fiquei enciumado como um turco"] (p.221). Como qualquer amostra particularmente violenta ou agressiva de ciúmes seria comicamente inconsistente com a submissão de Winzy, sua afirmativa pode ser considerada como um favorecimento da sátira do poder masculino embutida em sua caracterização. No entanto, uma vez que a significância feminista da piada é apreciada, o leitor acaba posicionado em outra ideologia, o orientalismo europeu: a sátira torna-se inteligível apenas quando o leitor pensa que o ciúme de Winzy jamais poderia ser tão excessivo quanto o de um turco, isto é, apenas quando o leitor supõe a verdade do clichê e, assim, aceita uma injúria étnica, fazendo uma distinção em termos raciais entre o Ocidente como racional e o Oriente como irracional. O uso que Shelley faz do clichê para apoiar a sátira feminista ridiculariza uma hierarquia de gênero ao introduzir outra baseada na raça.

A invisibilidade do tradutor

A ausência dessa ideologia racial na tradução italiana pode parecer insignificante, não fosse por Tarchetti omitir uma outra referência orientalista muito mais complicada, presente no texto inglês: uma alusão a *The History of Nourjahad*, uma narrativa oriental escrita pelo romancista e dramaturgo do século XVIII Frances Sheridan. Próximo ao início do texto de Shelley, Winzy tristonhamente cita exemplos "fabulosos" de longevidade que eram muito mais toleráveis do que este:

> I have heard of enchantments, in which the victims were plunged into a deep sleep to wake, after a hundred years, as fresh as ever: I have heard of the Seven Sleepers – thus to be immortal would not be so burthensome; but, oh! The weight of never--ending time – the tedious passage of the still-succeeding hours! How happy was the fabled Nourjahad! (Shelley, 1976, p.219)

> Tenho ouvido falar de encantamentos, pelos quais as vítimas eram submetidas a um sono profundo para acordar, após um século, frescas como nunca. Tenho ouvido falar sobre os Seven Sleepers – assim, ser imortal não seria tão importuno; mas, oh! O peso do tempo sem fim – a tediosa passagem de horas que se sucedem interminavelmente! Como o fabuloso Nourjahad era feliz!

A qualidade altamente elíptica dessa alusão, especialmente se comparada à frase explicativa que precede os Seven Sleepers, indica a enorme popularidade da personagem de Sheridan, mesmo até 1833, quando Shelley estava escrevendo seu próprio conto. Publicado em 1767, um ano após a morte de Sheridan, *The History of Nourjahad* foi relançada pelo menos onze vezes até 1830, incluindo uma edição ilustrada simplificada para crianças, e foi duas vezes adaptada para o teatro, primeiro como um "espetáculo melodramático" em 1802, depois como produção musical em 1813 (Todd, 1985, p.282-4). Já tendo publicado diversos contos em *The Keepsake*, Shelley sabia que motivos orientais estavam em voga entre os leitores, e ela parece até ter suposto que o "fabuloso Nourjahad" lhes era mais familiar do que a alusão erudita aos Seven Sleepers, e assim bastou-lhe citar o nome da personagem de seu *mortal immortal* para significar a imortalidade pontuada pelo belo "sono profundo".[4] No entanto, para leitores que conhecem *The History of Nourjahad*, a referência soa abrupta demais e desqualificada para interromper o raciocínio, constituindo um ponto perturbador de indeterminação no texto de Shelley, limitado unicamente pelas condições culturais e sociais sob as quais ele é lido.

O Nourjahad de Sheridan é o favorito do sultão persa Schemzeddin, que gostaria de nomeá-lo "primeiro-ministro", mas que primeiro deve certificar-se de que ele é digno e inocente das acusações feitas pelos conselheiros da corte: "juventude", "avareza", "amor pelos prazeres" e "irreligião" (Weber, 1812, p.693). Schemzeddin testa Nourjahad ao perguntar-lhe quais eram os seus maiores desejos, e a resposta de Nourjahad confirma as suspeitas dos conselheiros:

> I should desire to be possessed of inexhaustible riches; and, to enable me to enjoy them to the utmost, to have my life pro-

---

4 Desde a sua primeira edição, *The Keepsake* publicou contos e poemas orientais com títulos como "Sadak the Wanderer. A Fragment", "The Persian Lovers" e "The Deev Alfakir" (Reynolds, 1828, p.117-119, p.117-9, 136-7, 160-9).

longed to eternity, [disregarding] hopes of Paradise [in order to] make a paradise of this earthly globe while it lasted, and take my chance for the other afterwards. (Ibid., p.694)

Eu desejaria possuir riquezas inextinguíveis; de ser capaz de aproveitar delas ao máximo, de ter minha vida prolongada eternamente, [ignorando] esperanças de Paraíso [com a finalidade de] fazer um paraíso deste globo terrestre enquanto ele existisse, e me arriscar pelo outro depois.

Nourjahad provoca a reprimenda do sultão e, naquela noite, é visitado pelo seu "gênio guardião", que realiza seus desejos de riqueza e imortalidade, embora com a condição de que qualquer vício que ele cometer será "castigado pela total privação das [suas] faculdades", durando "meses, anos, talvez uma revolução completa de Saturno por vez, ou talvez um século" (ibid., p.695). Nourjahad esquece seu castigo, afasta ainda mais Schemzeddin ao dedicar-se a "nada além de dar trela aos seus apetites" (ibid., p.698), e realiza três atos imortais que são punidos individualmente por longos períodos de sono. Enquanto satisfazia a si próprio "com uma liberdade ilimitada em seus desejos mais sensuais", Nourjahad "ficou bêbado pela primeira vez", depois do que dormiu durante quatro anos (ibid., p.700); então ele inventa uma "mascarada celestial" durante a qual ele ordena que "as mulheres de seu harém representem as huris", enquanto "ele mesmo representaria Maomé; e uma das amantes que ele mais amava [...], Cadiga, [seria] a esposa favorita do grande profeta", e por tal "ideia, profana e louca", ele dormiria por quarenta anos (ibid., p.705); finalmente, quando seus "apetites saciam com abundância", ele começa a se deliciar com "crueldades" e assassina brutalmente Cadiga, dormindo, depois disso, por vinte anos (ibid., p.710). Ao acordar, Nourjahad se emenda e inicia um vasto programa de filantropia, lamentando tão profundamente suas riquezas e sua imortalidade que seu gênio guardião reaparece e as retoma. Subsequentemente, é revelado que a "aventura" de Nourjahad "foi uma mentira" (ibid., p.719), que ele de fato não matou Cadiga, que nunca foi rico ou imortal, e que se passaram apenas catorze meses, não mais sessenta anos. Schemzeddin tinha inventado tudo para poder realizar a conversão moral de seu favorito.

A alusão de Shelley ao conto de Sheridan põe em ação diversos temas de densa significação ideológica. Nourjahad parece "feliz" para Winzy, com toda certeza porque o peso de sua imortalidade era aliviado por longos períodos de sono, e terminou sendo cancelada. No entanto, dada a relação entre Winzy e Bertha, Nourjahad também seria invejável porque finalmente uniu-se e casou-se com sua amada Mandana, "uma jovem donzela, tão requintadamente charmosa e talentosa, que ele lhe deu possessão total de seu coração" (Weber, 1812, p.698), mas que se decepcionou mais tarde quando ela morreu ao dar à luz. O que distinguia a relação entre Nourjahad e Mandana era que ele a havia escolhido como confidente – "suspirando para revelar-se como alguém em cujas ternura e fidelidade ele pudesse confiar, para quem ele revelou a maravilhosa história de seu destino" (ibid.) – exemplificando, desse modo, o aparecimento no século XVIII do matrimônio de companheirismo, que enfatizava a amizade doméstica, uma partilha de afeições e interesses entre os cônjuges, enquanto se mantinha a autoridade do marido (Stone, 1977). Sem dúvida nenhuma, foi esse o

A invisibilidade do tradutor

antecedente do conceito de Shelley de matrimônio igualitário, além da premissa fantástica de imortalidade, que a atraiu para o conto de Sheridan, especialmente porque ocorre dentro de uma narrativa que pode ser lida como uma crítica do patriarcado. Pois *The History of Nourjahad*, como "The Mortal Immortal", questiona a imagem de gênero patriarcal: Nourjahad representa a superioridade física masculina levada a extremos destrutivos de violência contra a mulher. Assim, quando Winzy se compara a Nourjahad, o texto de Shelley assinala que irá tratar de diferenças de gênero e oferece a qualquer leitor de *The Keepsake*, que fosse capaz de fazer a comparação e que partilhasse do pensamento de Wollstonecraft, uma piada feminista à custa de Winzy: a alusão inevitável aponta para a discrepância entre sua fraqueza servil e o potente excesso de Nourjahad, iniciando a sátira do poder do homem, que é o tema de Shelley.

No entanto, qualquer que seja o intento feminista detectado no conto de Sheridan, ele é finalmente enviesado pelas ideologias de raça e classe que o subscrevem. Ao interrogar o patriarcado, *The History of Nourjahad* está claramente determinada pelo orientalismo: ela demonstra e, ao mesmo tempo, reabilita a inferioridade moral do Oriente. A caracterização de Nourjahad envolve o procedimento racista de naturalização dos estereótipos étnicos, fundamentando-os na biologia: "Ele não tinha um temperamento ativo", "Ele era naturalmente colérico" (Weber, 1812, p.698, 700). Embora o Islã seja tratado de forma respeitosa, quando Nourjahad recebe sua pior punição por blasfemar ao Alcorão, a valorização do matrimônio por parte de Sheridan está ligada a um privilegiamento explícito do Ocidente e a uma representação consistente da mulher como objeto do desejo sexual masculino — mesmo no contexto

Lawrence Venuti

do matrimônio de companheirismo. Assim, a retribuição de Mandana ao amor de Nourjahad é descrita como "uma felicidade muito rara entre os maridos orientais", e é revelada como o presente de Schemzeddin ao seu favorito, libertada de sua condição de "escrava" do sultão por ter participado em sua "tramoia" ao representar o papel do gênio guardião de Nourjahad e, posteriormente, unir-se a seu harém (ibid., p.698, 719-20). Na medida em que Schemzeddin é responsável pela emenda de Nourjahad, a narrativa, ademais, afirma uma instituição política específica, uma monarquia despótica que se escora em intervenções paternalistas. A configuração ideológica do conto de Sheridan, o que pode ser chamado de uma imagem orientalista do despotismo patriarcal, destoa do feminismo burguês que pode ser detectado na alusão de Shelley, forçando a exclamação de Winzy a precipitar ainda mais contradições no projeto dela. "Como era feliz o fabuloso Nourjahad" – ao ter vivido sob um déspota que exercia poder absoluto sobre seus súditos? Ele, que dominava sua mulher bem como as mulheres em seu harém? Ele, que era um persa que venceu sua propensão oriental ao vício? Esses sentidos potenciais teriam sido acessíveis aos leitores de *The Keepsake*: o público capaz de adquirir esses caros mimos era predominantemente composto por mulheres aristocráticas e burguesas, politicamente conservadoras, acostumadas à prosa e à poesia, que eram, com frequência, orientalistas e repletas de construções patriarcais de gênero (Faxon, 1973, p.xxi; Altick, 1957, p.362-3).

Embora *The History of Nourjahad* tivesse gozado de uma certa popularidade no continente na última parte do século XVIII, quando traduzido para o francês, o russo e o húngaro, parece

A invisibilidade do tradutor

improvável que Tarchetti o soubesse. Sua supressão de qualquer referência a Nourjahad em sua tradução pode ser justificada meramente pelo seu desconhecimento da narrativa de Sheridan. Ele decerto não a removeu porque percebia ou se opunha aos estereótipos orientalistas, pois a mesma ideologia racial vem à tona em outros pontos em seus escritos, mesmo quando ele tenta formular uma política cultural democrática para a ficção italiana. Qualquer que tenha sido o motivo de Tarchetti, sua supressão afeta necessariamente tanto o texto inglês quanto a tradução italiana. A mera ausência da alusão ao mesmo tempo isola um nó de contradição ideológica no texto de Shelley e o apaga, permitindo à tradução que ela enderece a dominação de classe e gênero na Itália sem o peso do racismo e da monarquia despótica. No entanto, a ausência também aponta para um efeito antifeminista na tradução por causa das funções culturais e sociais realizadas por qualquer alusão. Como Susan Stewart observou,

> The allusive act always bears reference to and creates tradition, [but] it also always bears reference to and creates the situation at hand, articulating the relation between that situation and tradition, and articulating the varying degrees of access available to tradition[,] levels of readership, levels of accessibility to knowledge. (Stewart, 1980, p.1146, 1151)

> O ato alusivo sempre traz uma referência à tradição e a cria, [mas] também sempre traz referência à situação à mão e a cria, articulando a relação entre aquela situação e a tradição, e articulando os graus variáveis de acesso disponível à tradição[,] níveis de liderança, níveis de acessibilidade ao conhecimento.

Lawrence Venuti

A alusão de Shelley à narrativa de Sheridan não apenas anuncia seu próprio projeto como uma crítica feminista ao patriarcado, mas constrói implicitamente uma tradição de autoria feminina e crítica ideológica feminista, mesmo quando a revelação daquela tradição oculta suas condições ideológicas contraditórias em ambos os textos. A alusão de Shelley, além do mais, disponibiliza a tradição a mulheres socialmente proeminentes que leem *The Keepsake* e foram destacadas por Wollstonecraft como as mais oprimidas pelo patriarcado. A supressão de Tarchetti anula esse ato de tradicionalização feminista, bloqueando completamente o acesso do leitor italiano à tradição que ele constrói.

A tradução de Tarchetti desencadeia duas relações descontínuas, uma com o conto de Shelley, outra com a cultura italiana, que podem ser mais bem entendidas com o auxílio do conceito de fidelidade abusiva de Philip Lewis. Nesse tipo de tradução, diz Lewis, o tradutor se concentra nos "abusos" do texto da língua-fonte, "aponta para passagens que são de alguma maneira forçadas, que se destacam como aglomerados de energia textual", e tenta reproduzir essa qualidade abusiva na cultura da língua de chegada (Lewis, 1985, p.43). A tentativa de reprodução por parte do tradutor, no entanto, ao mesmo tempo suplementa o texto da língua de partida de uma maneira interrogativa. Esse conceito de fidelidade na tradução é abusivo porque realiza o que Lewis chama de

a dual function – on the one hand, that of forcing the linguistic and conceptual system of which it is a dependent, and on the other hand, of directing a critical thrust back toward the text that it translates and in relation to which it becomes a kind of unsettling

A invisibilidade do tradutor

aftermath (it is as if the translation sought to occupy the original's already unsettled home, and thereby, far from "domesticating" it, to turn it into a place still more foreign to itself). (Ibid.)

uma função dual – por um lado, a de forçar o sistema linguístico e conceitual do qual ele depende, e por outro, de dirigir uma investida crítica de volta ao texto que ele traduz e em relação ao qual ela se torna um tipo de consequência perturbadora (é como se a tradução buscasse ocupar o já perturbado lar do original e, assim, longe de "domesticá-lo", transformá-lo em um lugar ainda mais estranho para si mesmo).

Lewis parece considerar a fidelidade abusiva como uma escolha estratégica, que o tradutor pode controlar pelo menos em parte ("em parte" porque as escolhas são contingentes, variando de uma língua-fonte a outra, de uma língua-alvo a outra). No entanto, o tratamento anterior da tradução de Tarchetti exige que o conceito de Lewis seja revisto para incluir escolhas tradutórias que permanecem inarticuladas e inconscientes, e que podem, portanto, apoiar um efeito que excede a intenção do tradutor. Em outras palavras, qualquer movimento do tradutor reproduz e suplementa o texto da língua-fonte.

A tradução de Tarchetti, com suas técnicas formais de amplificação maravilhosa e mimética, reproduz o abuso-chave do projeto ficcional feminista de Shelley, o seu uso do fantástico para deslocar as representações do gênero patriarcal; e pelo fato de sua tradução ser um plágio escrito no dialeto italiano padrão, ela desterritorializa o discurso realista dominante na Itália, onde ele conduz uma prática cultural e ideológica que é radicalmente democrática, que combate as ideologias de classe (aristocráticas e burguesas), gênero (patriarcal) e raça (orientalista). Os movimentos da tradução de Tarchetti são tais que eles demonstram sua agenda política mesmo em casos (por exemplo, a remoção do orientalismo de Shelley) nos quais eles parecem não ter sido calculados, ou ao menos que carecem de cálculo político.

A qualidade abusiva da tradução de Tarchetti não para na cultura da língua-alvo, pois ela também decreta uma crítica ideológica "perturbadora" do conto de Shelley, expondo as limitações políticas de seu feminismo, sua falha em reconhecer a hierarquia de gênero no matrimônio burguês e seu ocultamento da opressão das classes trabalhadoras e do racismo europeu. O paradoxo da estratégia de tradução de Tarchetti é que seus abusos se originam principalmente de suas múltiplas fidelidades – ao dialeto italiano padrão, mas não ao realismo dominante; às características sintáticas e lexicais, ao discurso fantástico e à ideologia feminista do texto inglês, mas não a seus valores burgueses e ao orientalismo. Essas lacunas na tradução de Tarchetti são supridas por uma outra fidelidade, à política cultural democrática.

Mais especificamente, a atenção à classe na tradução de Tarchetti fornece um exemplo de como sua utilização do fantástico foi delineada para confrontar divisões de classe que, mesmo alteradas, foram mantidas após a unificação italiana. Essa transformação social foi definitivamente liberalizadora, não democratizadora: libertou mercados das restrições regionais e incentivou o desenvolvimento de interesses profissionais, manufatureiros e mercantis, particularmente na região Norte, no entanto sem melhorar de forma marcante a vida dos trabalhadores do campo e da indústria, que formavam os segmentos majoritários da população. Ao contrário, a reorganização econômica, em vez de diminuir a dependência dos trabalhadores em relação aos proprietários de terras e empregadores, aumentou as incertezas das condições do mercado, gerando preços mais elevados e impostos. E a instituição de um governo nacional com um Exército permanente encarava os trabalhadores com conscrição, ao passo que as altas taxas de analfabetismo prejudicavam sua participação no processo político (Smith, 1969). A tradução de Tarchetti, como seus outros contos fantásticos, intervém nessas contradições sociais, não apenas por meio de uma crítica à dominação aristocrática e burguesa sobre as classes, mas também pela adoção de um discurso ficcional que subverte os pressupostos burgueses do realismo. Ele fez essa intervenção, além do mais, em meio à formação cultural altamente politizada da década de 1860, publicando seus contos em periódicos de Milão que eram aliados próximos dos grupos mais democráticos e progressistas, alcançando, assim, a burguesia do Norte que se beneficiava, em particular, das mudanças políticas e culturais da Itália do período pós-unificação (Portinari, 1989, p.232-40; Castronovo; Fossati; Tranfaglia, 1979).

No entanto, a confiança de Tarchetti no plágio para promover sua agenda política, bem como a supressão que fez de uma alusão literária que ele provavelmente não compreendeu, dá uma guinada final no conceito de Lewis de fidelidade abusiva em tradução. Ambos os movimentos mostram que o texto na língua-fonte pode provocar "um tipo de consequência perturbadora" no texto na língua-alvo, indicando pontos nos quais o último é "estrangeiro" ao seu próprio projeto ou nos quais ele entra em conflito com a intenção do tradutor. Logo que o crime de Tarchetti é descoberto e sua supressão, localizada, o conto de Shelley decreta uma crítica ideológica de sua tradução que revela que ele importou a ficção feminista de Shelley para a Itália com uma certa violência, suprimindo sua autoria e sua construção de uma tradição literária feminista. Os efeitos antifeministas do texto de Tarchetti constituem uma egrégia lembrança de que a tradução, à semelhança de qualquer prática cultural, funciona sob condições que podem até certo ponto ser reconhecidas, mas que não obstante complicam e talvez comprometam a atividade do tradutor — mesmo quando sua intenção é realizar uma intervenção política estratégica.

V. Tradução estrangeirante e cânones literários

Para o tradutor contemporâneo de língua inglesa que busca formas de resistência contra o regime de domesticação fluente, Tarchetti fornece o exemplo de uma prática de tradução estrangeirante que opera em dois níveis, o do significado e o do significante. Sua estratégia discursiva desviou-se do realismo dominante ao liberar o jogo do significante: ele amplificou os registros discursivos da narrativa fantástica de Shelley, tanto mimética quanto maravilhosa, e assim forçou o aparecimento de uma incerteza sobre o *status* metafísico da representação (o elixir é "real" ou não?), antecipando a ilusão de transparência. No entanto, o plágio de Tarchetti também produziu a ilusão de sua autoria: ele apagou o *status* de segunda categoria de sua tradução ao apresentá-la como o primeiro conto gótico escrito em italiano do discurso realista dominante, estabelecendo sua identidade como um escritor da oposição, fixando o sentido de

A invisibilidade do tradutor

seu texto como dissidente. Como o escritor contemporâneo de traduções fluentes em inglês, Tarchetti, enquanto *tradutor*, era invisível aos seus leitores. Essa mesma invisibilidade o habilitou a realizar uma prática de tradução estrangeirante em seu contexto italiano porque ele era visível como *autor*.

As práticas tradutórias de Tarchetti não podem ser imitadas, hoje, sem uma significativa revisão. O plágio, por exemplo, está amplamente excluído pelas leis de *copyright* que vinculam tradutores e autores, resultando em contratos que garantam que a tradução de fato é uma tradução, e que ela não contém usos não permitidos de materiais protegidos. Apresento em seguida uma amostra de cláusulas padrão extraídas de contratos de tradução atuais,[5] incluindo aquelas nas quais o tradutor é denominado como "autor" de sua tradução:

> You warrant that your work will be original and that it does not infringe upon the *copyright* or violate the right of any person or party whatsoever.

> The Author warrants that he has full power to make this agreement; that the Work has not previously been published in book form in the English language; that all rights conveyed to the Publisher hereunder are free of encumbrances or prior agreements; that the Work does not violate any *copyright* in any way.

---

5 Essas cláusulas foram tiradas dos meus contratos com editoras americanas para a tradução de vários livros de língua italiana: Barbara Alberti, *Delirium*, Farrar, Straus & Giroux, 29 maio 1979, p.1; *Restless Nights: Selected Stories of Dino Buzzati*, North Point Press, 15 set. 1982, p.2; e I. U. Tarchetti, *Fantastic Tales*, Mercury House, 3 jul. 1991, p.5.

> Author warrants that he is the sole author of the Work; that he is the sole owner of all the rights granted to the Publisher [...].

O Autor garante que seu trabalho é original e, portanto, não infringe o *copyright* ou viola os direitos de quaisquer pessoas ou partes.

O Autor garante estar em pleno poder para assinar este contrato; que a Obra não foi previamente publicada em formato de livro em língua inglesa; que todos os direitos transferidos ao Editor abaixo-assinado estão livres de impedimentos ou contratos anteriores; que a Obra não viola o *copyright* de nenhuma maneira.

O Autor garante que é o único autor da Obra, que ele é o único proprietário de todos os direitos cedidos ao Editor [...].

A perspicácia e a audácia pura do plágio de Tarchetti pode torná-lo atraente para os dissidentes da cultura literária anglo--norte-americana — especialmente tradutores dissidentes interessados em atormentar as práticas atuais da indústria editorial. No entanto, permanece o fato de que publicar uma tradução não autorizada de um texto estrangeiro protegido pelo *copyright* é convidar procedimentos legais cujos custos excederão em muito a renda do tradutor, mesmo de uma tradução de *best-seller*.

O que o tradutor contemporâneo de língua inglesa pode aprender com Tarchetti não é como plagiar um texto estrangeiro, mas como escolher o texto a ser traduzido. Tarchetti mostra que a tradução estrangeirante toma a forma não apenas de estratégias de traduções desviadas, mas também de cânones literários dominantes na cultura da língua-alvo. A escolha de

A invisibilidade do tradutor

Tarchetti de traduzir o conto gótico de Shelley foi estrangeirante por ter introduzido um discurso ficcional que desafiava o realismo dominante, e sua tradução, além de algumas outras traduções italianas de fantasias estrangeiras que já tinham sido publicadas, iniciou uma mudança no gosto literário que culminou em uma significativa reforma do cânone. Outros membros da *scapigliatura*, principalmente Arrigo e Camillo Boito e Emilio Praga, publicaram contos góticos na década de 1860, e traduções italianas de escritores estrangeiros como Poe, Gautier e Erckmann-Chatrian aumentaram rapidamente no período restante do século XIX. Os contos de Hoffmann, por exemplo, apareceram em oito edições italianas diferentes entre 1877 e 1898 (Costa; Vigini, 1991; Rossi, 1959). É em parte como resultado dessas tendências que o fantástico tornou-se um gênero dominante na ficção italiana do século XX, modernista e pós-modernista, inspirando autores canônicos diversos como Luigi Pirandello, Massimo Bontempelli, Dino Buzzati, Tommaso Landolfi e Italo Calvino (Bonifazi, 1971; 1982). A lição de Tarchetti para o tradutor dissidente de língua inglesa é que a escolha de um texto estrangeiro pode ser tão estrangeirante em seu impacto sobre a cultura da língua-alvo como a invenção de uma estratégia discursiva. No caso de prosa de ficção, o tradutor pode selecionar um texto estrangeiro cujo discurso ou gênero ficcional vai contra as formas narrativas que adquiriram *status* canônico na tradição literária da língua de chegada. Em uma época em que desvios da fluência podem limitar a circulação de uma tradução, ou até mesmo impedir que ela seja publicada, Tarchetti aponta para o valor estratégico da escolha cuidadosa de textos de literaturas estrangeiras no momento em que se desenvolve um projeto de tradução.

Lawrence Venuti

Esse ponto pode ser ainda mais desenvolvido se abordarmos as culturas anglófonas e aplicá-lo a casos específicos. Nas tradições literárias anglo-norte-americanas, em que o realismo há muito prevalece como discurso ficcional predominante, um tradutor pode conceber um projeto estrangeirante ao selecionar textos estrangeiros que põem à prova o realismo, quem sabe conseguindo minar seu ilusionismo por meio da autor-reflexividade ou deixando-o de lado em nome de variedades de fantasia. Esses critérios de seleção foram de fato adotados pelos primeiros tradutores e editores de ficção latino-americana durante a década de 1960, cujo trabalho resultou em um novo cânone da literatura estrangeira em inglês classificado como "realismo mágico" (ver adiante, p.529-32). No entanto, esse cânone sempre surge depois que um padrão discernível de recepção toma forma, estabelecendo um grau de reconhecibilidade ou familiaridade para uma determinada literatura estrangeira em tradução, de modo que o tradutor dissidente deve mais tarde identificar um conjunto negligenciado ou divergente de características formais e temáticas nessa literatura para sinalizar novamente suas diferenças linguísticas e culturais. O cânone da literatura latino-americana em inglês havia excluído mulheres que escreviam ficção, especialmente aquelas cuja obra não lidava com variedades do gênero fantástico e que poderia, portanto, produzir efeitos estrangeirantes na tradução (ver Venuti, 1998, p.169-70).

Dada a predominância do realismo nas tradições narrativas anglo-norte-americanas, contudo, podemos muito bem questionar se o próprio realismo pode servir de base a um projeto de tradução estrangeirante. Considere uma tendência recente na publicação de traduções em inglês que envolve precisamen-

A invisibilidade do tradutor

te um gênero de ficção realista: o romance policial. Desde a década de 1990, as editoras britânicas e norte-americanas vêm publicando um número crescente de histórias estrangeiras sobre detetives e procedimentos policiais, sejam elas novos títulos ou reimpressões e edições revisadas de obras traduzidas anteriormente. Se durante grande parte do século XX eram raras as traduções de ficção estrangeira desse gênero popular, limitando-se a escritores como o belga Georges Simenon e o casal sueco Maj Sjöwall e Per Wahlöö, os leitores anglófonos agora podem ter contato com romances policiais de uma ampla e diversa gama de culturas estrangeiras, de países como Argélia, China, Cuba, França, Islândia, Itália, Japão, Noruega, Rússia e Espanha. A enorme quantidade de ficção criminal que é traduzida não pode passar despercebida no Reino Unido e nos Estados Unidos, culturas em que as traduções, há mais de meio século, representam uma porcentagem minúscula do total de livros que são lançados anualmente. Entre 2000 e 2007, por exemplo, cerca de 25 romances policiais de oito escritores italianos foram publicados em inglês, quase se igualando ao número de traduções contemporâneas de ficção italiana que não se enquadram no gênero policial. Durante o mesmo período, aproximadamente quinze romances policiais de seis escritores noruegueses foram lançados em inglês, superando em muito os outros gêneros de ficção norueguesa que foram traduzidos.

Essas traduções de romances policiais receberam muita atenção individual e coletiva em resenhas e artigos, seja em periódicos ou na internet, e muitas delas venderam extremamente bem no Reino Unido e nos Estados Unidos, entre outras culturas anglófonas. A tradução de Stephen Sartarelli de *A forma da água* [*The Shape of Water*] (2002), o primeiro texto policial do escritor italiano Andrea Camilleri a aparecer em inglês, vendeu mais de 60 mil exemplares no período de quatro anos desde sua publicação; a tradução realizada por Stephen Snyder para *Do outro lado* [*Out*] (2003), o primeiro *thriller* da escritora japonesa Natsuo Kirino a ser lançado em inglês, foi publicada em brochura em 2004 e, em dois anos, vendeu 67 mil exemplares somente no Reino Unido (correspondência com Sartarelli e Snyder, 9 e 11 out. 2006). O escritor sueco Henning Mankell, cujos romances policiais começaram a ter suas traduções em inglês lançadas em 1997, alcançou um sucesso comercial muito maior. No Reino Unido, a Harvill Press publicou as quatro primeiras traduções, e cada uma delas vendeu cerca de 12 mil exemplares em brochura e capa dura, além de 45 mil exemplares em edições mais baratas; as vendas totais do Reino Unido até o momento passam de 100 mil cópias para cada romance (correspondência com Christopher MacLehose, 14 jan. 2007).

Esses números podem parecer pequenos se comparados ao desempenho de um *best-seller* internacional de um escritor policial norte-americano como Patricia Cornwell ou John Grisham, cujos romances podem vender centenas de milhares de exemplares em várias culturas estrangeiras simultaneamente. No entanto, para uma tradução em inglês, mais de 10 mil exemplares vendidos deve ser considerado um número astronômico. Christopher MacLehose, ex-diretor da Harvill Press, observou que, "com frequência, a maioria dos melhores livros traduzidos chega a vender entre 1.500 e 6 mil cópias" (MacLehose, 2004-2005, p.113).

A enxurrada de romances policiais estrangeiros publicados em inglês constitui um evento sem precedentes no mercado editorial britânico e norte-americano, não apenas porque suas

A invisibilidade do tradutor

vendas foram altas, mas porque eles pertencem a um gênero popular. Desde a Segunda Guerra Mundial, as traduções de ficção estrangeira eram constituídas principalmente de obras literárias elitistas, em geral com poucas vendas. Para vender em grande volume, os romances policiais devem estar alcançando, sem dúvida, um público mais amplo: leitores de ficção que normalmente não se sentiriam atraídos por literatura estrangeira traduzida, bem como leitores de alto nível, incluindo escritores e acadêmicos. Inevitavelmente, essa tendência levanta a questão a respeito de a estrangeiridade da ficção policial ser um de seus atrativos – ou mesmo se alguma diferença linguística e cultural sobrevive ao processo de tradução e edição.

Alguns editores têm explicado a vendagem das traduções sugerindo que elas comunicam informações sobre culturas estrangeiras de maneira bastante direta. Edward Kastenmeier, diretor do selo Vintage Crime/Black Lizard, da Random House, observou que, "se você vai ler um romance policial de outro país, vai fazê-lo em larga medida porque ele mostra algo sobre uma cultura com a qual você não está familiarizado. E acredito que as pessoas adoram ver outras culturas por dentro" (Paulson, 2006). Essa lógica, no entanto, parece duvidosa, principalmente à luz dos números de vendas da maioria das traduções. Se até "os melhores livros" não esperam vender mais de 6 mil exemplares quando traduzidos para o inglês, os leitores não parecem estar tão interessados assim pelas descrições de culturas estrangeiras apresentadas em romances que não sejam do gênero policial. O público popular não está passando para a literatura estrangeira elitista, na qual, pode-se argumentar, é provável que se encontre uma representação mais incisiva das culturas estrangeiras, sem as restrições genéricas impostas pelo texto policial.

Quando uma cultura estrangeira é descrita em qualquer gênero de ficção, a descrição é informada não apenas por estilos e discursos literários, gêneros e tradições, mas por valores, crenças e representações sociais que são fundamentalmente ideológicos, afiliados aos interesses de indivíduos, grupos e instituições daquela cultura. Ao descrever o apelo da ficção policial estrangeira, é provável que Kastenmeier tivesse em mente Sjöwall e Wahlöö, entre outros autores, uma vez que os procedimentos policiais sobre os quais eles escreveram entre 1965 e 1975 estão sendo publicados agora nos Estados Unidos pelo selo da Random House para o qual ele trabalha. No entanto, como afirmou mais tarde a própria Sjöwall, esses romances oferecem uma imagem datada da Suécia que, ao fim e ao cabo, reflete a crítica social de tendência esquerdista dos escritores. "Queríamos mostrar ao leitor", disse ela,

> que sob a imagem oficial da Suécia, de um Estado de bem-estar social, havia outra camada em que a pobreza, a criminalidade e a brutalidade existiam abaixo daquela superfície lustrosa. Queríamos mostrar a direção que a Suécia tomava: a de uma sociedade completamente capitalista, fria e desumana, onde os ricos ficavam mais ricos, e os pobres, mais pobres. (Shephard, 2006, p.10)

Somente um leitor que tivesse participado acriticamente da ilusão realista levaria em consideração as descrições romanceadas de Sjöwall e Wahlöö a respeito da sociedade sueca, como se se tratasse de representações verdadeiras. A tradução complica essas descrições ao descontextualizá-las, retirando-as dos

A invisibilidade do tradutor

processos sociais com os quais os segmentos do público leitor original dos escritores, os suecos, estariam familiarizados, independentemente de compartilharem ou não da visão política dos autores. Esses processos seriam desconhecidos pela maioria dos leitores britânicos e norte-americanos, naquela época e desde então, de modo que qualquer senso de cultura sueca é reduzida à adoção de nomes e descrições, bem como dos nomes próprios escolhidos para os personagens. Os crimes tornam-se generalizados, quando não genéricos, e, juntamente com a possibilidade de que podem acontecer em outros lugares, surge uma aparência de familiaridade.

Um problema semelhante ocorre na obra do escritor sueco que pode ser considerado o sucessor de Sjöwall e Wahlöö, Henning Mankell, embora a orientação política de sua ficção policial seja muito menos coerente. Em entrevistas, Mankell afirmou reiteradamente que baseia seus enredos em problemas sociais reais. *Faceless Killers* [Assassinos sem rosto], o romance que marca sua estreia, em 1997, para o público inglês, explora o racismo sueco contra imigrantes no final dos anos 1980, e que ele mesmo testemunhou quando retornou ao país em 1989, após um período de ausência (Gerrard, 2003). O policial do romance, inspetor Kurt Wallander, precisa solucionar o brutal assassinato de um agricultor idoso e de sua esposa, que morre com a palavra "estrangeira" sobre os lábios (Mankell, 2003a, p.41). Wallander se opunha ao que descrevia como "políticas arbitrárias e tolerantes que permitem a qualquer pessoa, por qualquer motivo, atravessar a fronteira e entrar na Suécia" (ibid., p.44). Mas, quando um grupo de racistas associados a um movimento nacionalista mata aleatoriamente um somali em um campo de refugiados, e Wallander descobre que sua filha está namorando um estudante de medicina queniano, seu ponto de vista conservador é posto em xeque. A maioria dos leitores anglófonos não estaria familiarizada com a história das políticas e dos padrões suecos de imigração, de modo que se perderiam, para eles, a especificidade cultural e a força da crítica que Mankell faz ao racismo. Eles não poderiam responder à tradução da mesma forma que um leitor sueco teria respondido ao texto original após sua publicação em 1991. No entanto, como o problema do racismo não é específico da Suécia, esse tema pode viajar para outras culturas, e leitores de diferentes comunidades linguísticas podem sucumbir aos meios ambíguos empregados por Mankell para produzir o suspense: o romance provoca, e consequentemente reforça, a ansiedade do leitor a respeito do crime cometido contra a imigrante enquanto procura questionar os estereótipos étnicos sobre os quais recai essa ansiedade. Quando o assassino do fazendeiro e de sua esposa são finalmente descobertos, a crítica de Mankell entra em contradição: os "assassinos sem rosto" acabam se revelando imigrantes tchecos, uma revelação que pode inclusive disparar outro estereótipo étnico — independentemente da cultura do leitor.

Curiosamente, o texto sueco de Mankell retrata a ambivalência do comportamento de Wallander através de um léxico racial que vai se alternando. Ele usa quatro termos diferentes para descrever pessoas de ascendência africana: *"färgade kvinna"*, ou "mulher de cor"; *"negress"*, que pode ser traduzido como "preta"; *"svart"*, ou "negro"; e *"Afrikanen"*, "africano". Ao longo do romance, Wallander, recém-divorciado, sonha em "fazer amor de forma feroz" com uma "negra", constantemente reportando-se a ela como *"färgade"*, um termo neutro que, na década de 1980, havia se tornado padrão para se referir a

A invisibilidade do tradutor

africanos e foi amplamente empregado pelos meios de comunicação de massa e pelos suecos com algum grau de instrução (Mankell, 1991, p.14; 2003a, p.17; meus comentários a respeito dos termos raciais se baseiam em correspondência com Laurie Thompson e Helge Niska, 22 fev. e 20 abr. 2007). Em um determinado momento, Wallander tem uma fantasia erótica mais complicada, na qual primeiro projeta a imagem de sua ex-esposa sobre a promotora Anette Brolin e, depois, imagina a atraente, porém despojada, Brolin transformada em uma *"negress"*, um termo mais antigo que pode portar conotações negativas (Mankell, 1991, p.118). Quando Wallander vê o namorado queniano de sua filha na rua, ele usa a palavra *"svart"*, e até *"Afrikanen"*, sendo que a primeira é um termo adotado pelos suecos mais jovens e progressistas (ibid., p.151, 152). O léxico de Mankell expõe as nuances sutis das posturas de Wallander com relação à raça, que são infladas pelos desejos e relacionamentos do policial, bem como pelos recentes padrões de imigração. Essas nuances se perderam na versão em inglês de Steven T. Murray, que apenas substitui por *"black"*, termo em geral aceitável, todas as diferentes palavras suecas empregadas no livro para se referir a essas pessoas. Dessa forma, o que fica mais evidente na tradução é o fetiche racial de Wallander.

Como essas escolhas verbais sugerem, as traduções em inglês de romances policiais estrangeiros tendem a mistificar a perda do contexto social estrangeiro por meio de estratégias discursivas que assimilam o texto original a valores linguísticos dominantes no Reino Unido e nos Estados Unidos, a expressões inglesas mais aceitáveis e com as quais os leitores anglófonos têm maior familiaridade. Na Harvill Press, MacLehose com frequência submetia os romances ao que chamava de "um grau tolerável de naturalização", adaptando-os ao inglês britânico — mesmo quando haviam sido traduzidos por americanos. "Sempre passávamos as traduções norte-americanas para o inglês britânico", escreveu ele, "de modo que Praga não fosse pavimentada com calçadas [*sidewalks*], e que o número dos andares nos prédios europeus fosse apropriado" (MacLehose, 2004-2005, p.107).[6] As versões em inglês dos romances de Mankell, realizadas pelo tradutor norte-americano Murray, haviam sido encomendadas inicialmente pela New Press, sediada em Nova York, mas, quando os direitos de publicação no Reino Unido foram adquiridos pela Harvill Press, as traduções foram extensivamente adaptadas ao inglês britânico. E não foi apenas a ortografia que foi submetida às convenções britânicas (por exemplo, *"tyres"* [pneus] em vez de *"tires"*, e *"vigour"* no lugar de *"vigor"*), mas mesmo o léxico foi substituído pelo britânico, de modo que palavras como *"boot"* [porta-malas], *"lift"* [elevador], *"petrol"* [gasolina] e *"torch"* [lanterna] tomaram, respectivamente, o lugar de *"trunk"*, *"eleva-*

---

6 Com *"so that Prague be not paved with sidewalks"*, na citação original em inglês, Murray quer chamar atenção para o emprego do vocábulo norte-americano *"sidewalks"* [calçadas], cujo correspondente no inglês britânico seria *"pavements"*. E, com *"so that the floor numbers in European buildings are appropriate"*, ele se refere ao fato de os edifícios europeus, como os brasileiros, iniciarem a numeração dos andares a partir do segundo piso, que é o primeiro andar, e empregarem termos similares a "térreo" (*"ground floor"* para os britânicos) para se referir ao primeiro piso de uma construção, enquanto os norte-americanos não adotam o térreo e o chamam já de "primeiro andar" (*"first floor"*) — o que faz que o número do andar tenha de ser adaptado em uma tradução intercontinental, entre Estados Unidos e Europa, para se manter a exatidão. (N. T.)

tor", *"gasoline"* e *"flashlight"*. As edições que a Harvill Press produziu das traduções de Murray mais tarde foram adquiridas pela Vintage Crime/Black Lizard e reeditadas nos Estados Unidos, embora sem que fossem restauradas as formas do inglês norte-americano. O idioma permaneceu tão nitidamente britânico que, depois que a versão de Murray para o romance *Sidetracked*, de Mankell, ganhou a Adaga de Ouro da Associação Britânica de Escritores Policiais, em 2001, Murray passou a ser considerado um tradutor britânico e deixou de ser contratado por editoras norte-americanas (correspondência com Murray, 11 abr. 2007).

O processo de edição pelo qual passaram as traduções de Murray não pode ser visto como mera naturalização do idioma para um público específico. Escolhas verbais, em uma tradução literária, são movimentos interpretativos que, quando realizados em um romance, podem alterar substancialmente características formais, como o foco narrativo e a caracterização, fazendo que tenham significados diferentes na cultura receptora. Nas duas passagens a seguir, em inglês – a primeira tirada da versão de *Sidetracked* realizada por Murray para a New Press, e a segunda, da versão editada pela Harvill Press que foi reproduzida pela Vintage Crime/Black Lizard –, o inspetor Kurt Wallander reage à notícia de que o advogado de acusação Per Åkeson estaria deixando a Suécia para trabalhar em um projeto das Nações Unidas envolvendo refugiados africanos. Wallander sente inveja, e expressa seu pesar por ter de permanecer no país e solucionar o terrível caso do suicídio de uma jovem:

> Han la på luren. En oväntad känsla av avundsjuka drabbade honom med full kraft. Han hade själv gärna rest till Uganda. Och gjort någonting helt annat. Inget kunde vara värre än att se en ung

Lawrence Venuti

människa ta livet av sig som en bensinindränkt fackla. Han avundades Per Åkeson som inte bara låtit viljan till uppbrott stanna vid ord. (Mankell, 1995, p.48)

He [Wallander] hung up. An unexpected feeling of jealousy hit him full force. He would have liked to travel to Uganda himself, to do something completely different. Nothing could be worse than seeing a young person commit suicide as a gasoline-soaked torch. He envied Per Åkeson, who wasn't going to let his desire to leave stop at mere words. (Mankell, 1999, p.35)

Ele [Wallander] desligou. Um inesperado sentimento de inveja o atingiu com força total. Ele mesmo gostaria de viajar para Uganda, para fazer algo completamente diferente. Nada poderia ser pior do que ver um jovem cometer suicídio como se fosse uma tocha encharcada de gasolina. Ele invejava Per Åkeson, que não permitia que seu desejo de partir fosse impedido por meras palavras.

He hung up. He felt a pang of jealousy. He would have liked to travel to Uganda himself, to have a complete change. Nothing could undo the horror of seeing a young person set herself alight. He envied Per Åkeson, who wasn't going to let his desire to escape stop at mere dreams. (Mankell, 2003b, p.42)

Ele desligou. Sentia uma pontada de inveja. Ele mesmo teria gostado de viajar para Uganda, para ter uma mudança completa. Nada poderia desfazer o horror de ver uma jovem incendiar a si mesma. Ele invejava Per Åkeson, que não deixaria que seu desejo de escapar fosse impedido por meros sonhos.

A invisibilidade do tradutor

A primeira versão se adere muito mais ao texto sueco. Retrata Wallander como alguém profundamente afetado pelas notícias de Åkeson (*"An unexpected feeling of jealousy hit him full force"* ["Um inesperado sentimento de inveja o atingiu com força total"]), admirando a decisão do advogado de embarcar em um projeto humanitário fora do sistema judicial sueco (*"something completely different"* ["algo completamente diferente"]) e inabalável em sua descrição da morte (*"a gasoline-soaked torch"* ["uma tocha encharcada de gasolina"]). Na segunda versão, no entanto, Wallander parece muito menos comovido com a decisão de Åkeson (ele sente apenas *"a pang of jealousy"* ["uma pontada de inveja"]), ele gostaria de abandonar seu emprego (ele usa palavras como *"escape"* e *"dreams"*, sendo que nenhuma das duas aparece no texto sueco), e é demasiado eufemístico a respeito do suicídio (usa a frase *"set herself alight"* ["incendiar a si mesma"]), ainda que o original seja específico sobre os meios: *"bensinindränkt"* ["embebido em gasolina"]). A versão editada traz um entendimento ao personagem de Wallander que pode ser interpretado como mais britânico do que sueco (ou norte-americano).

Se as traduções para o inglês não podem ser vistas como se comunicassem, sem qualquer problema, a estrangeiridade dos textos estrangeiros, o próprio gênero policial pareceria um fator decisivo de seu sucesso comercial. No entanto, como esse gênero é tratado em geral como nativo das tradições narrativas anglo-norte-americanas, também aqui devemos questionar até que ponto a ficção retém qualquer diferença cultural na tradução. Mais precisamente, um cânone de ficção policial há muito se estabelecera na literatura anglo-norte-americana até o final do século XX, e a maior característica dos textos desse cânone é que têm um protagonista que soluciona um crime ao descobrir o criminoso. Das origens do gênero, em Poe e Arthur Conan Doyle, passando por Agatha Christie e Dorothy L. Sayers, Dashiell Hammett e Raymond Chandler, Mickey Spillane e Ruth Rendell, Walter Mosley e Ian Rankin, um detetive particular ou um policial cria de forma consistente a posição de sujeito a partir da qual a ação se torna inteligível para o leitor e a ilusão realista é produzida. O leitor é obrigado a se identificar com esse personagem para entender o enredo, mas também a interpretar os dados que levam a uma explicação do crime.

O cânone continua a prevalecer ainda hoje, moldando de forma decisiva os gostos populares, e seu sucesso pode ser medido da forma mais tangível que são as vendas. Em uma pesquisa recente sobre os padrões de consumo na Barnes and Noble, realizada tanto nas lojas físicas quanto na internet, o *New York Times* revelou que "8 dos 10 mistérios mais vendidos trazem detetives de longa data como Eve Dallas, de J. D. Robb, e Thomas Lynley, de Elizabeth George", concluindo que, "desde os tempos de Sherlock Holmes, os autores deduziram que o caminho para o sucesso é oferecer aos fãs livros e mais livros com seu investigador favorito" (Freierman, 2006, C11). Ficções policiais que carecem de um "investigador" tendem a permanecer marginais no Reino Unido e nos Estados Unidos, mesmo que possam eventualmente atingir uma canonicidade comedida como o assim chamado clássico *cult*. Exemplos notáveis incluem os escritores norte-americanos Patricia Highsmith e Jim Thompson, autores de *thrillers* que colocam o leitor dentro da mente de criminosos, geralmente psicopatas. Os escritos de Highsmith foram aclamados pela crítica durante sua vida,

A invisibilidade do tradutor

mas nunca atraíram um grande número de leitores norte-americanos e, portanto, nunca alcançaram sucesso comercial, com vendas variando em torno de 8 mil exemplares por título (Wilson, 2003, p.319). Muitos dos romances de Thompson foram publicados como edições baratas, originais e efêmeras, durante os anos 1950; quando de sua morte, em 1977, porém, nenhum deles era editado nos Estados Unidos (Polito, 1995, p.4). A reputação desses dois escritores passou recentemente por uma reavaliação, em grande medida pelo fato de seus romances terem sido adaptados para o cinema.

O cânone anglo-norte-americano de ficção policial exerceu uma enorme influência sobre romances estrangeiros do gênero, incluindo muitos que foram traduzidos para o inglês. Os procedimentos policiais de Sjöwall e Wahlöö com o inspetor Martin Beck foram modelados a partir dos romances da série "87th Precint" [Delegacia 87] que o escritor norte-americano Ed McBain começou a escrever na década de 1950, centrados no detetive Steve Carella, da polícia de Nova York. Essa conexão foi apontada por Henning Mankell, cujas obras policiais revelam a mesma influência em sua representação do inspetor Kurt Wallander (Mankell, 2006, p.vi-vii). No entanto, Mankell vai muito além em sua caracterização de Wallander: cada romance acumula mais detalhes sobre a vida pessoal e profissional do inspetor, incluindo sua relação com seu pai idoso e com sua filha inquieta, o fim de seu casamento, seu histórico médico e até sua dieta pouco saudável. Esse desenvolvimento elaborado aprimora o apelo do personagem, fortalecendo a identificação do leitor e a ilusão realista. "As leitoras o adoram", disse Mankell a um entrevistador britânico, "talvez as mulheres percebam que ele é carente" (Gerrard, 2003). Os resenhistas também

Lawrence Venuti

mencionaram o lado atraente da "vulnerabilidade emocional" de Wallander (Paulson, 2006).

Meramente em termos da forma narrativa, grande parte da ficção policial estrangeira que compreende a recente onda de traduções para o inglês é tão familiar que dificilmente se pode dizer que a decisão de traduzir tais títulos introduz uma diferença significativa nas culturas britânica e norte-americana. Apesar dos nomes e cenários estrangeiros, esses romances tendem a seguir as convenções do gênero, principalmente no que se refere ao procedimento policial. Eles apresentam uma sucessão de detetives, inspetores e superintendentes, cada um com suas próprias excentricidades e fraquezas, e os enredos expressam fórmulas que criam o suspense a partir da combinação de "arenques vermelhos"[7] com pistas de fato produtivas (para uma pesquisa acerca das convenções do gênero, ver Cawelti, 1976, p.80-98). Na verdade, os editores anglo-norte-americanos optaram por traduzir romances policiais estrangeiros precisamente porque estes partilham de recursos de textos canônicos do gênero em inglês. MacLehose ofereceu um relato revelador a respeito da política de publicação da Harvill Press:

> Nossas próprias regras, por assim dizer, para que um romance policial fosse publicado pela Harvill eram, primeiramente, que fosse traduzido; em segundo lugar, que envolvesse um crime e que o crime fosse (mais ou menos) resolvido por um detetive da

---

7 No original, *"red herring"*. Trata-se de um conceito usado para descrever elementos da ficção policial usados para despistar o leitor e dificultar seu trabalho para solucionar o mistério da narrativa ou mesmo levá-lo a falsas conclusões. (N. T.)

A invisibilidade do tradutor

polícia e uma equipe com todos os serviços de apoio modernos. (MacLehose, 2006)

A única diferença na abordagem da Harvill Press a respeito do gênero é precisamente a insistência na tradução, embora o processo de edição que ela leva a cabo garanta que essa diferença também seja minimizada, se não apagada, por meio da assimilação da linguagem pelas normas britânicas.

Ao examinar o modismo recente da publicação de ficção policial estrangeira, eu descreveria as traduções não como estrangeirantes, mas como *exotizantes*, produzindo um efeito de tradução que dá significado a uma diferença cultural superficial, geralmente com referência a características específicas da cultura estrangeira que variam da geografia, costumes e culinária até figuras e eventos históricos, juntamente com a retenção de nomes de lugares e nomes próprios estrangeiros, além de vocábulos estranhos. As traduções para o inglês não produzem um efeito estrangeirante porque não questionam nem perturbam valores, crenças e representações nas culturas anglófonas, certamente não no cânone da ficção policial. Os resenhistas que avaliam os romances de Mankell mencionam com frequência o clima, às vezes dando mais atenção a esse traço do que a detalhes da trama. Para Marilyn Stasio, que regularmente redige críticas de ficção policial para o *New York Times*, o clima parece ter sido a característica mais memorável do romance de Mankell, *A quinta mulher* [*The Fifth Woman*] (2000):

> Pensamentos nublados e fortes pressões atmosféricas pairam sobre os procedimentos policiais internacionais de Henning Mankell, que apresentam um detetive sueco severamente pen-

sativo chamado Kurt Wallander, o qual trabalha em Ystad, uma cidade sulista banhada pelo Mar Báltico e onde parece chover o tempo todo. O clima sombrio não poderia ser mais adequado para *A quinta mulher* (New Press, US$24,95), um relato arrepiante de como uma nação civilizada pode inconscientemente gerar uma pressão de brutalidade em sua população. (Stasio, 2000, p.18)

Essa impressão superficial a respeito do estrangeiro acaba sendo aquilo que os leitores esperam da ficção policial traduzida. Mas ela também oculta uma estrutura narrativa que os leitores ávidos de romances policiais no Reino Unido e nos Estados Unidos reconheceriam como canônica, até nativa, dessas tradições literárias anglófonas.

Ainda assim, alguns dos romances policiais traduzidos sinalizam diferenças linguísticas e culturais de maneiras intrigantes. Eles são estrangeirantes em sua notável variação das formas e temas do gênero. Alguns omitem, ou de certa forma reinterpretam, o detetive ou o policial convencionais e se concentram no criminoso, de forma semelhante ao que faziam escritores *cult* como Highsmith e Thompson. *Do outro lado*, de Natsuo Kirino, enfoca um grupo de mulheres japonesas que trabalham no turno da noite em uma fábrica de marmitas e que se unem quando uma delas mata o marido abusivo. Nesse conto de solidariedade feminista, as mulheres ajudam a esposa a se desfazer do corpo do marido, mas o crime as põe em contato com um gângster, correndo o risco de entrarem em um confronto violento. Esse resumo, por mais breve que seja, sugere que a ênfase de Kirino nas criminosas não apenas altera a forma predominante do gênero, mas também examina a fundo o *status* social das mulheres japonesas de um ponto de vista mais à esquerda.

A invisibilidade do tradutor

O *Daily Telegraph* notou essa diferença ao listar o romance entre os "Melhores livros de ficção" daquele ano, elogiando-o como "uma leitura chocantemente intensa, que desafia certas suposições a respeito da submissão das mulheres japonesas" (5 dez. 2004).

Outros romances policiais traduzidos são palco central de questões culturais e sociais verdadeiramente específicas de países estrangeiros, questões que ao mesmo tempo se assemelham, mas desfamiliarizam processos que ocorrem também no Reino Unido e nos Estados Unidos. *Adeus, Hemingway* (2005), de Leonardo Padura Fuentes, examina o ícone literário norte--americano, embora a partir de uma perspectiva cubana. O romance inventivamente justapõe duas narrativas ambientadas em Cuba em épocas distintas, uma envolvendo Hemingway, em um momento em que ele luta com sua minguante criatividade no final da década de 1950, e a outra envolvendo um inspetor de polícia que, quarenta anos mais tarde, deixa a aposentadoria para solucionar o assassinato de um agente do FBI no qual está envolvido o escritor norte-americano. O crime torna-se uma ocasião para desmistificar a masculinidade heroica que orientava a carreira de Hemingway, o "fundamentalismo machista" (Padura Fuentes, 2005, p.106) que se mostrava muito importante para a identidade do inspetor, mas que ocultava a dependência que tinha o escritor da lealdade de seus funcionários cubanos.

Os romances policiais estrangeiros cujas traduções talvez sejam mais estrangeirantes oferecem representações detalhadas de situações sociais que diferem acentuadamente das do Reino Unido e dos Estados Unidos. No romance de Miyuki

Miyabe, *Kasha*,[8] de 1992, um detetive de homicídios de Tóquio, Shunsuke Honma, concorda em rastrear a noiva de seu sobrinho, Shoko Sekine, que desaparece abruptamente depois de ter uma solicitação de cartão de crédito negada. Honma aos poucos vai descobrindo que Sekine assassinou e roubou a identidade de outra mulher, com o intuito de começar uma nova vida — até que é revelado que sua vítima teve um passado semelhante: as duas mulheres acumularam dívidas vultosas no cartão de crédito e depois se envolveram em esquemas de agiotagem que operam sob a fachada de instituições de empréstimo, o que põe em risco a vida dos familiares delas. O romance tece uma poderosa crítica ao consumismo japonês, que é obviamente comparável à sua contraparte ocidental, ainda que não apenas seja representado como mais excessivo e prejudicial aos valores comunitários tradicionais, mas também explorado pelo submundo do crime. Ao longo do livro, o leitor tem um vislumbre do registro nacional japonês, um sistema incomum que documenta os movimentos de todos os cidadãos, mas que pode ser habilmente manipulado de modo a permitir roubo de identidades e assassinatos.

Os resenhistas da versão em inglês não demoraram a reconhecer o caráter distintivo da crítica social de Miyabe, bem como seu desvio do gênero policial. O resenhista do *Christian Science Monitor* observou que "o mistério de Miyabe é menos um

---

8 O título original japonês, *Kasha*, que pode ser traduzido literalmente como "carruagem de fogo", faz alusão a uma entidade do folclore japonês que rouba os corpos dos mortos por seus malfeitos cometidos em vida. Mais tarde, o romance foi publicado em inglês pela Marine Books com o título *All She Was Worth* [*Tudo o que ela valia*]. (N. T.)

A invisibilidade do tradutor

whodunit[9] do que uma visita guiada, repleta de suspense, por alguns dos desafios enfrentados pelo Japão moderno: a pior face da economia de consumo, a mudança dos papéis de homens e mulheres e a emergência das ideias acerca da identidade" (Barr, 1997, p.12). Miyabe também lida com a representação das mulheres em um subgênero anglófono que influenciou seu trabalho, romances *hard-boiled*[10] em que o detetive é uma mulher. Em um estudo sobre a recente ficção policial escrita por mulheres japonesas, Amanda Seaman apontou como sua "ênfase na vulnerabilidade econômica das mulheres, na ameaça da violência masculina e no isolamento contrasta com a rede de relações interpessoais que caracteriza a ficção policial anglo--norte-americana feminina" produzida por escritoras como Sara Paretsky e Sue Grafton (Seaman, 2004, p.145-6). Um leitor familiarizado com a obra delas notará de imediato a estranheza das identidades femininas construídas no romance de Miyabe.

Essas diferenças formais e temáticas são destacadas pela tradução extremamente legível de Alfred Birnbaum, intitulada *All She Was Worth* (1996). A fluência aqui, no entanto, não segue o dialeto padrão atual, mas é bastante ampliada para dar

---

9 Forma coloquial de *"who has done it?"* [quem fez isso?], um subgênero da ficção policial em que o mistério a ser desvendado é quem cometeu o crime. (N. T.)

10 *"Hard-boiled fiction"* [literalmente, "cozido até endurecer"] é outro subgênero da ficção policial, quase como um meio-termo entre a literatura *pulp* e o *noir*, diferenciando-se da primeira por apresentar, em geral, um mistério a ser solucionado por um detetive, ou um personagem com essa função, e do segundo por normalmente apresentar cenas mais explícitas de sexo e violência. (N. T.)

Lawrence Venuti

conta de uma ampla variedade de coloquialismos, tanto lexicais quanto sintáticos. Alguns exemplos: *"You had a run-in with
a yakuza"*; *"like a bat out of hell"*; *"an easy in"*; *"They actually keep tabs
on everybody"*; *"she took a spill"*: *"showed no sign of budging"*; *"she's a
real knockout"*; *"Mr. Right"*; *"plastic"* como termo para cartões de
crédito; *"so that deep-sixes this angle for the time being"*; *"get all dolled
up"* (Miyabe, 1996, p.14, 92, 122, 172, 173, 187, 200, 214,
215, 229, 267). Quando vista no contexto, essa linguagem
pode ser ainda mais perceptível. No decorrer de sua investi-
gação, Honma questiona um gerente de RH de uma "loja de
roupas íntimas importadas que vendia pelo correio" (ibid.,
p.187), onde a Sekine impostora havia trabalhado por um
breve período, e nos é oferecida uma descrição do ponto de
vista do detetive da polícia, expressa em uma forma de inglês
repleta de gírias:

> Honma figured he was about thirty-four or thirty-five. Just
> this side of a playboy in looks, he had a perfectly even, if fairly
> discreet, artificial tan. His shirtsleeves gave him a casual look,
> but his shoes were no-nonsense business wingtips. It was the
> first time Honma had heard such a trendy yuppie type speak
> in everyday Osaka drawl. The two didn't go together somehow.
> (Ibid., p.188-9)

Honma achava que ele tinha cerca de trinta e quatro ou trinta
e cinco anos. Quase um *playboy* na aparência, tinha um bronzeado
artificial perfeitamente uniforme, embora bastante discreto. As
mangas de sua camisa lhe davam uma aparência casual, mas seus
sapatos sociais *wingtips* não eram pouca porcaria. Era a primeira
vez que Honma ouvia um tipo *yuppie* tão modernoso falar com o

A invisibilidade do tradutor

sotaque corriqueiro de Osaka. Por alguma razão, as duas coisas não andavam juntas.

Embora Birnbaum adira estritamente ao japonês em alguns pontos — *"wingtips"*, por exemplo, interpola a forma japonizada da palavra —, a linguagem desse excerto expressa uma maior informalidade (meus comentários sobre o texto em japonês se baseiam em correspondência com Amanda Seaman, 11 jul. 2007). *"Playboy"* traduz *"asobihito"*, uma palavra japonesa que emula uma familiaridade com os locais de prazer e diversão do período Tokugawa, mas a tradução em inglês perde a ressonância histórica e introduz conotações nitidamente anglocêntricas. A expressão *"in looks"* ["na aparência"] corresponde a uma construção japonesa mais formal, enquanto *"trendy yuppie type"* ["tipo *yuppie* modernoso"] e *"drawl"* ["sotaque", "acento"] são adições ao texto japonês.

No geral, o estilo de Birnbaum guarda uma impressionante semelhança com a linguagem dos romances policiais da tradição *hard-boiled*, incluindo os que apresentam mulheres detetives. No entanto, essa conexão intertextual, longe de simplesmente domesticar o texto em japonês, põe em foco o que há de diferente no romance de Miyabe, seus temas culturais específicos. O efeito estrangeirante pode ocorrer em uma única frase quando o leitor repentinamente encontra a justaposição da gíria inglesa do submundo com uma palavra japonesa como *"yakuza"* [gângster] ou "Osaka", um lembrete abrupto de que se trata de uma cultura diferente. A linguagem de Birnbaum frustra, portanto, a expectativa contemporânea de que as traduções devem ser rebuçadas, escritas na forma mais familiar e, portanto, mais invisível da língua-alvo.

Lawrence Venuti

O recente crescimento da ficção policial estrangeira em língua inglesa mostra claramente que os padrões de seleção de textos para tradução tendem a ser informados por cânones literários da cultura receptora, onde geralmente é tomada a decisão de se traduzir. Os padrões de seleção se enrijecem na forma de cânones das literaturas traduzidas, criando uma sensação de estrangeiridade que é domesticada não apenas por se assimilar aos valores da cultura receptora, mas por se incorporar às expectativas dos leitores. Como as tradições literárias na cultura receptora possuem capital cultural, é provável que sejam tão profundamente arraigadas nas experiências de leitura que os textos estrangeiros selecionados para tradução não ofereçam mais que um exotismo, uma diferença superficial que não afeta os valores culturais com que se está familiarizado na cultura-alvo. Os gêneros literários populares podem ser considerados particularmente suscetíveis a efeitos exotizantes, uma vez que atuam de um modo que requer a identificação e a simpatia do leitor a fim de produzir a ilusão realista, uma resposta irrefletida que carece de distanciamento crítico.

Ainda assim, o surgimento de um cânone de literatura traduzida sempre oferece possibilidades para projetos estrangeirantes que o tradutor dissidente pode explorar ao identificar as formas e os temas que foram marginalizados. Além disso, as resenhas sobre ficção policial traduzida ilustram o fato de que a literatura popular pode ser um lugar, na tradução, de diferenças linguísticas e culturais. O público que lê amplamente algum gênero popular pode esperar formas e temas convencionais, mas, por esse mesmo motivo, detém um conhecimento literário especializado que lhe permite reconhecer significativas inovações ou desvios das convenções. O sucesso comercial que agraciou a

A invisibilidade do tradutor

versão em inglês de *Do outro lado*, de Natsuo Kirino, demonstra que o público popular pode ser receptivo a efeitos estrangeirantes. Essa reação deve ser tomada como um incentivo para que os tradutores e seus editores adotem uma atitude mais dissidente em relação aos valores, crenças e representações que prevalecem nas culturas anglófonas.

5
Margem

A tradução de um poema que tenha qualquer profundidade termina sendo uma das duas coisas: ou ela é a expressão do tradutor, virtualmente um novo poema, ou ela é como se fosse uma fotografia, tão exata quanto possível, de um único lado da estátua.

Ezra Pound

O predomínio do discurso transparente na tradução em língua inglesa sofreu um desafio decisivo na virada do século XX, quando o modernismo emergiu na cultura literária anglo--norte-americana. A experimentação que caracterizou a literatura desse período acarretou novas estratégias de tradução que evitavam a fluência ao cultivar discursos extremamente heterogêneos, sobretudo em traduções poéticas, mas também mais amplamente na composição poética. A tradução tornou--se uma prática-chave na poética modernista, motivando a apropriação de várias poesias arcaicas e estrangeiras para servir a agendas culturais modernistas em inglês (ver, por exemplo, Hooley, 1988; Yao, 2002). Ao mesmo tempo, a tradução em língua inglesa atingiu um novo nível de sofisticação crítica, evocado que era a racionalizar textos modernistas específicos, poemas que eram traduções assim como traduções de poemas.

A tradução de hoje, porém, parece mostrar poucos sinais desses desenvolvimentos. A prevalência do discurso transparente tem permanecido tão firme na língua inglesa que, apesar de prosa e poesia modernistas estarem há muito canonizadas nas culturas literárias anglo-norte-americanas, dentro e fora da academia, as inovações próprias da tradução modernista continuam na marginalidade, raramente sendo utilizadas na tradução em língua inglesa, raramente sendo recomendadas pelas teorias dos tradutores ou de outros comentadores, e raramente tendo apresentada uma formulação coerente e incisiva pelos próprios tradutores modernistas. Em busca de saídas para a prevalência da transparência, será importante analisar as inovações da tradução modernista, interrogando sobre quais funções culturais ela desempenhou com tamanha força no início do século, mas também quais as condições de sua marginalização a partir de meados do século. Que alternativas foram oferecidas pela tradução modernista em seu desafio à transparência? Por que elas foram relegadas aos rebordos da cultura anglo-norte-americana?

I. Modernismo em tradução

Em uma resenha publicada na *Criterion* em 1936, Basil Bunting criticou o estudo de Stuart Bates, *Modern Translation*, por este não cumprir a promessa de seu título; na verdade, por não apresentar um conceito moderno de tradução. Na visão de Bunting, Bates não conseguia distinguir "traduções massificadas (por exemplo, aquelas da Loeb Classics) de traduções de

A invisibilidade do tradutor

fato" que o próprio Bunting valorizava, "traduções destinadas a valerem como textos por si mesmos, verdadeiras obras em seu próprio idioma, equivalentes ao original, não dependentes de sua autoridade, mas, sim, reivindicando a independência e aceitando a responsabilidade inseparável de uma vida própria" (Bunting, 1936, p.714). O modernismo afirma a "independência" do texto traduzido, exigindo que ele seja julgado em seus "próprios" termos, não apenas à parte do texto estrangeiro, mas em contraste com outros textos literários em sua "própria" língua, aceitando a "responsabilidade" de distinguir-se de acordo com os parâmetros literários desse idioma. Mas, assim que uma tradução modernista escolhe esses parâmetros, ela jamais pode se tornar uma obra independente, jamais pode ser "própria", uma vez que a tradução é escrita em um idioma codificado com valores culturais fundamentalmente diferentes daqueles que circulam na língua estrangeira. O modernismo acredita que a responsabilidade da tradução deva ser independente, mas a responsabilidade assumida nessa crença se deve, na verdade, a uma inteligibilidade e força na língua-alvo que apaga, de maneira um tanto irresponsável, as diferenças linguísticas e culturais do texto estrangeiro. Para Bunting, essas diferenças não eram importantes na tradução.

O modernismo procura estabelecer a autonomia estética do texto traduzido, apagando suas múltiplas condições e exclusões, especialmente o processo de domesticação pelo qual o texto estrangeiro é reescrito para servir às agendas culturais modernistas. Bunting estava ciente dessa domesticação. Ele elogiou o *Rubáiyát of Omar Khayyám* (1859), de Edward Fitzgerald, porque "Fitzgerald traduziu um poema que jamais existiu, mas que, por uma expansão natural e não forçada do objetivo de Dryden, fez Omar proferir tais coisas 'como o próprio teria dito se tivesse nascido na Inglaterra e em' uma época ainda ligeiramente ofuscada por Byron" (Bunting, 1936, p.715). Para Bunting, Fitzgerald incorporou o ideal modernista ao aparentar ter traduzido um poema que "jamais existiu", mas paradoxalmente o tradutor recorreu a materiais preexistentes: ele seguiu a prática domesticadora de Dryden (que fez de Virgílio um poeta inglês da Restauração), e sua tradução foi visivelmente influenciada por Byron, pelo byronismo, pelo orientalismo da cultura romântica. A consciência de Bunting dessa domesticação nunca foi cética o suficiente para fazê-lo questionar seu conceito de tradução, duvidar da autonomia do texto traduzido ou se perguntar o que aconteceu com a estrangeirice do texto estrangeiro quando ele foi traduzido. Ele estava interessado apenas na tradução que se diferencia na língua-alvo, não na tradução que dá significado às diferenças linguísticas e culturais do texto estrangeiro.

Na tradução modernista, esses dois tipos de diferença se mesclam: o texto estrangeiro é inscrito em uma agenda cultural modernista e depois tratado como o valor absoluto que expõe a inadequação das traduções informadas pelas agendas concorrentes. Numa resenha de 1928 a respeito de uma tradução de Baudelaire feita por Arthur Symons, T. S. Eliot reconheceu que uma tradução constitui uma interpretação, nunca adequada por completo ao texto estrangeiro, posto que é mediada pela cultura receptora, vinculada a determinado momento histórico: "o presente volume talvez devesse, até por justiça, ser lido como um documento explicativo dos anos 1890, e não como uma interpretação atual" (Eliot, 1928, p.92). Eliot assumiu o ponto de vista modernista de que a tradução é fundamental-

A invisibilidade do tradutor

mente uma domesticação que resulta em um texto autônomo: "o trabalho da tradução é fazer que o estrangeiro, ou algo remoto no tempo, viva com a nossa própria vida" (ibid., p.98). Mas a única "vida" que Eliot consentiria na tradução era aquela que corroborava seu tipo peculiar de modernismo. O que fazia a versão de Symons ser "errônea", "não apurada", "um borrão" era precisamente o fato de ele "envolver Baudelaire no nevoeiro londrino de cor violeta dos anos 1890", transformando o poeta francês em "um contemporâneo de Dowson e Wilde" (ibid., p.91, 99-100, 102, 103). A versão "correta" se moldava no que Eliot anunciara como seu "ponto de vista geral", "classicista em literatura, monarquista em política e anglo-católico em religião" (ibid., p.vii). Assim, "o que importa a respeito de Baudelaire é que ele era essencialmente cristão, nascido fora da época apropriada, e um classicista, igualmente fora de época" (ibid., p.103), em que a "época" que importa é o presente de Eliot: "Dowson e Wilde passaram, e Baudelaire permanece; ele pertencia a uma geração que os precedeu e, no entanto, é muito mais contemporâneo nosso do que eles" (ibid., p.91).

Pound também privilegiou textos estrangeiros que poderiam ser mobilizados por ele em uma política cultural modernista, mas seu ponto de vista ideológico era diferente do de Eliot, e não muito consistente. Certas formas de poesia medievais, notadamente a lírica trovadora provençal e o *dolce stil nuovo*, seriam recuperadas através da interpretação, tradução e imitação, pois continham valores que haviam se perdido na cultura ocidental, mas que agora seriam restaurados pelo modernismo. A poesia de Guido Cavalcanti foi assimilada a valores filosóficos e poéticos modernistas, como positivismo e precisão linguística. No ensaio de Pound "Cavalcanti" (1928), "a diferença entre a metáfora interpretativa precisa de Guido e a pompa e o ornamento petrarquistas" é que as "frases [de Guido] correspondem a sensações definidas que foram sentidas" (Anderson, 1983, p.214). Esse ensaio também deixou clara a natureza peculiarmente política da restauração cultural de Pound, amparando sua leitura modernista da poesia de Cavalcanti em um anticlericalismo e um racismo raivosos:

> Perdemos o mundo radiante em que um pensamento corta o outro com lâmina afiada, um mundo de energias em movimento *"mezzo oscuro rade"*,[1] *"risplende in sé perpetuale effecto"*,[2] magnetismos que tomam forma, que são vistos ou que tangenciam o visível, a matéria do *Paradiso* de Dante, o copo debaixo d'água, a forma que parece uma forma vista em um espelho, essas realidades perceptíveis ao sentido, interagindo, *"a lui si tiri"*[3] intocado pelas duas doenças, a doença hebraica, a doença hindu, fanatismos e excessos que produzem Savonarola,[4] ascetismos que produzem faquires, São Clemente de Alexandria, com sua proibição de que mulheres tomassem banho. (Anderson, 1983, p.208)

Em outro ponto do mesmo ensaio, Pound mudou essa perspectiva ideológica, vinculando seu interesse pela poesia

---

1 Trecho de Cavalcanti, em italiano: *"mezzo oscuro [luce] rade"*, ou seja, "meio escura reluz eventualmente". (N. T.)

2 Também de Cavalcanti, em italiano, "resplandece em si um efeito perpétuo". (N. T.)

3 Igualmente de Cavalcanti, em italiano, "recolhe-se em si". (N. T.)

4 Referência a Girolamo Savonarola (1452-1498), padre dominicano e pregador de Florença, famoso por suas profecias, pela destruição de obras de arte e objetos de origem secular e por seus apelos de reforma da Igreja Católica. (N. T.)

A invisibilidade do tradutor

medieval a um anticomercialismo com radicais tendências democráticas. A *canzone* filosófica de Cavalcanti, "Donna mi prega",

> exibe traços de uma tonalidade de pensamento que não é mais considerada perigosa, mas que pode parecer tão reconfortante para um florentino de 1290 d.C. quanto pareceria, hoje, uma conversa sobre Tom Paine, Marx, Lênin e Bukharin em uma reunião de diretoria de um banco, formada por metodistas, em Memphis, Tennessee. (Ibid., p.203)

Pound, como Bunting e Eliot, ocultava sua apropriação modernista de textos estrangeiros detrás de uma reivindicação de autonomia estética para a tradução. Ele concluiu seu ensaio de 1929, "Guido's Relations" ["As relações de Guido"], distinguindo entre uma "tradução interpretativa", preparada como um "acompanhamento" para o texto estrangeiro, e "o outro tipo" de tradução, que possui uma independência estética: este "recai simplesmente no domínio da escrita original, ou, caso contrário, deve ser censurado de acordo com padrões iguais" (Anderson, 1983, p.251). Pound traçou essa distinção quando publicou suas próprias traduções. A coletânea de 1920, *Umbra: The Early Poems of Ezra Pound*, se encerra com um "Esboço geral das obras de E. P. até hoje", no qual ele classificou "The Seafarer", "Exile's Letter (and *Cathay* in general)" e "Homage to Sextus Propertius" como "Major Personae" ["Principais *personae*"], enquanto suas versões de Cavalcanti e poetas provençais como Arnaut Daniel foram rotuladas de "Etudes", guias de estudo de textos estrangeiros (ibid., p.xviii-xix). Pound via todos eles como seus "poemas", mas usou o termo "Major Personae" para

Lawrence Venuti

destacar traduções que mereciam ser julgadas pelos mesmos padrões de seus "escritos originais". O apelo a esses padrões (não nomeados) significa, é claro, que as traduções de Pound põem os textos estrangeiros a serviço de uma poética modernista, evidente, por exemplo, no emprego de versos livres e linguagem precisa, mas também na seleção dos textos estrangeiros em que uma *"persona"* poderia ser construída, uma voz ou máscara independente para o poeta. É possível notar, aqui, que os valores das traduções autônomas de Pound inscritos em textos estrangeiros incluíam não apenas uma poética modernista, mas também um individualismo que era ao mesmo tempo romântico e patriarcal. Ele caracterizava a tradução que é uma composição original nos termos individualistas da teoria expressiva romântica ("a expressão do tradutor"). E o que ganhou expressão em traduções como "The Seafarer" e "The River Merchant's Wife: A Letter" foi a psicologia de um homem agressivo ou uma mulher submissa em um mundo dominado por homens.

No entanto, a teoria e a prática de tradução de Pound eram diversas o suficiente para qualificar e redirecionar sua apropriação modernista de textos estrangeiros, geralmente de maneiras contraditórias. Seu conceito de "tradução interpretativa", ou "tradução de acompanhamento", mostra que, para ele, o ideal de autonomia estética coincidia com um tipo de tradução que tornava explícita sua dependência de valores culturais na situação receptora, não apenas para se diferenciar em termos literários na língua-alvo, mas para sinalizar as diferenças do texto estrangeiro. Na introdução de sua tradução *Sonnets and Ballate of Guido Cavalcanti* (1912), Pound admitiu que "na questão dessas traduções e do meu conhecimento da poesia toscana, Rossetti é meu pai e minha mãe, mas homem nenhum pode

A invisibilidade do tradutor

tudo ver de uma só vez" (Anderson, 1983, p.14). Pound via as versões de Dante Gabriel Rossetti como recurso para um léxico arcaico, que ele desenvolveu para significar os diferentes contextos linguísticos e culturais da poesia de Cavalcanti:

> É concebível que a poesia de um tempo ou de um lugar distantes exija uma tradução não apenas da palavra e do espírito, mas também do "acompanhamento", isto é, que o público moderno deva, em alguma medida, tomar consciência do conteúdo mental do público mais antigo e do que estes outros extraíam de certas modas de pensamento e fala. Seis séculos de convenções derivativas e uso indulgente obscureceram o significado exato de frases como: "A morte do coração" e "A partida da alma". (Ibid., p.12)

A tradução de acompanhamento exigia uma publicação bilíngue. Ela significava as diferenças linguísticas e culturais do texto estrangeiro ao se desviar do uso atual da língua inglesa e, assim, enviar o leitor à página oposta para confrontar a tradução com o idioma estrangeiro. "Quanto às atrocidades da minha tradução", registrou Pound em "Cavalcanti", "tudo o que se pode dizer como desculpa é que elas são, espero, na maioria das vezes, intencionais e comprometidas com o objetivo de impulsionar ainda mais a fundo, no original, a percepção do leitor do que, sem elas, ele teria conseguido penetrar" (ibid., p.221). Em um "Postscript" de 1927 para sua edição comentada dos poemas de Cavalcanti, Pound criticou sua estratégia arcaizante, mas acreditava que ela requeria mais refinamento, não abandono, a fim de sugerir as distinções genéricas nos textos italianos: "o tradutor poderia, com sucesso, ter acentuado as diferenças e usado, nos textos ocasionais, uma linguagem mais leve, mais browningesca,[5] e menos pesadamente swinburniana"[6] (ibid., p.5). Alguns anos depois, em "Guido's Relations", Pound condenou com veemência seu uso anterior do arcaísmo, argumentando que ele mesmo havia sido "ofuscado pela língua vitoriana", "a crosta da língua inglesa morta, o sedimento presente em meu próprio vocabulário disponível" (ibid., p.243). Porém, uma vez mais ele optou por não abandoná-lo. Pelo contrário, sua ideia era que os discursos, em uma tradução de poesia no idioma inglês, fossem o mais heterogêneos possível: "só se pode aprender uma série de ingleses", insistiu ele, e, assim, "é estupidez ignorar as invenções linguais de autores precedentes, mesmo quando se trata de tolos, sem sentido ou Tennysons"[7] (ibid., p.244). Quando, nesse ensaio de 1929, Pound ofereceu como exemplo sua própria tradução de Cavalcanti, descreveu seu discurso como um "inglês pré-elisabetano" (ibid., p.250).

As traduções interpretativas de Pound exibem essa crescente heterogeneidade, principalmente porque ele as revisou com fre-

---

5 No original em inglês, "Browningesque", em referência a Robert Browning, poeta vitoriano famoso por seus monólogos dramáticos, cujos versos eram repletos de ironia, humor negro, crítica social e reconstituições históricas, além do emprego de uma sintaxe e um vocabulário intrincados. (N. T.)

6 Referência ao poeta, dramaturgo e romancista inglês, também vitoriano, Algernon Charles Swinburne, cujos escritos frequentemente versavam sobre temas então considerados tabus, como lesbianismo, canibalismo, sadomasoquismo e antiteísmo. (N. T.)

7 Referência a Alfred Tennyson, poeta, igualmente vitoriano, criticado por ser demasiado sentimentalista, mas que ainda assim gozou de prestígio em sua época. (N. T.)

A invisibilidade do tradutor

quência ao longo de várias décadas. Sua dívida para com Rossetti havia sido anunciada bem antes, em *The Spirit of Romance* (1910), em que ele repetidamente citava, com admiração, as versões do poeta vitoriano para os *dolcestilnovisti*. Quando Pound produziu suas primeiras versões dos poemas de Cavalcanti, elas por vezes ecoavam as de Rossetti.

Aqui, a evocação de Cavalcanti da dama angelical:

> Chi è questa che vien, ch'ogni uom la mira,
> Che fa di clarità l'aer tremare!
> E mena seco Amor, sì che parlare
> Null'uom ne puote, ma ciascun sospira?
> Ahi Dio, che sembra quando gli occhi gira!
> Dicalo Amor, ch'io not saprei contare;
> Cotanto d'umiltà donna mi pare,
> Che ciascun'altra in vêr di lei chiam'ira.
> Non si potria contar la sua piacenza,
> Ch'a lei s'inchina ogni gentil virtute,
> E la beltate per sue Dea la mostra.
> Non fu sì alta gia la mente nostra,
> E non si è posta in noi tanta salute,
> Che propriamente n'abbiam conoscenza.
>
> (Anderson, 1983, p.42)

O poema foi traduzido de modo fluente por Rossetti, que recorreu a um arcaísmo relativamente discreto na forma de versos (um soneto italiano) e na dicção ("*thereon*", "*benison*", "*ne'er*") – relativamente discretos, isto é, no contexto da poesia vitoriana:

Who is she coming, whom all gaze upon,
　Who makes the air all tremulous with light,
And at whose side is Love himself? that none
　Dare speak, but each man's sighs are infinite.
　Ah me! how she looks round from left to right,
Let Love discourse: I may not speak thereon.
Lady she seems of such high benison
　As makes all others graceless in men's sight.
The honour which is hers cannot be said;
　To whom are subject all things virtuous,
　　While all things beauteous own her deity.
　Ne'er was the mind of man so nobly led,
　Nor yet was such redemption granted us
　　That we should ever know her perfectly.

(Rossetti, 1981, p.223)

Quem é ela que vem, a quem todos olham,
　Quem faz o ar tremular com luz,
E a quem o próprio Amor está ao lado? que ninguém
　Ouse falar, mas os suspiros de cada homem são infinitos.
　Ah eu! como ela olha em volta da esquerda para a direita,
Deixe o Amor discursar: disso eu não posso falar.
Uma dama ela parece tão elevada benção
　Ao fazer todas as outras sem graça à vista dos homens.
A honra que é dela não pode ser dita;
　A quem estão sujeitas todas as coisas virtuosas,
　　Enquanto todas as coisas belas possuem sua divindade.
　Nunca foi a mente do homem tão nobremente guiada,
　Nem nos foi ainda tal redenção concedida
　　Que devêssemos conhecê-la perfeitamente.

A invisibilidade do tradutor

Alguns dos desvios do italiano realizados por Rossetti melhoram a fluência da tradução, simplificando a sintaxe. *"At whose side is Love himself"*, por exemplo, é uma interpretação livre de *"mena seco Amor"*, que se lê muito mais facilmente do que uma versão mais aproximada, como *"she leads Love with herself"* ["ela conduz o amor consigo mesma"]. Rossetti também acrescentou diferentes nuances à idealização da dama de Cavalcanti, tornando-a mais moral ou espiritual, mesmo teológica, empregando *"benison"* para traduzir *"umiltà"* ("humildade", "mansidão", "modéstia"), *"honour"* para *"piacenza"* ("prazer") e *"redemption"* para *"salute"* ("saúde", "salvação").

A versão de Pound, de 1910, faz menção à de Rossetti, mas adere mais de perto ao texto em italiano e incrementa notoriamente o nível de arcaísmo. Indo além da versão de Rossetti, Pound oferece uma imagem mais humana da dama ao referir-se à sua "modéstia" [*"modesty"*] e "encanto" [*"charm"*] e sugerindo que ela chama a atenção de uma elite aristocrática (*"noble powers"*). Ao mesmo tempo, o amante denota uma "ousadia" [*"daring"*] cavalheiresca que "jamais pareceu tão elevada" [*"ne'er before did look so high"*], espiritual ou socialmente:

> Who is she coming, whom all gaze upon,
> Who makes the whole air tremulous with light,
> And leadeth with her Love, so no man hath
> Power of speech, but each one sigheth?
> Ah God! the thing she's like when her eyes turn,
> Let Amor tell! 'Tis past my utterance:
> And so she seems mistress of modesty
> That every other woman is named "Wrath."
> Her charm could never be a thing to tell

For all the noble powers lean toward her.
Beauty displays her for an holy sign.
Our daring ne'er before did look so high;
But ye! there is not in you so much grace
That we can understand her rightfully.

(Anderson, 1983, p.43)

Quem é ela que vem, a quem todos olham,
Quem faz o ar todo tremer com luz,
E conduz com seu Amor, para que ninguém tenha
Poder de fala, mas cada um suspire?
Ah Deus! aquilo que ela parece quando seus olhos se voltam,
Deixe o Amor contar! É passada minha elocução:
E tanto parece ela amante da modéstia
Que todas as outras mulheres se chamam "Ira".
Seu encanto nunca poderia ser algo que se descreva
Pois todos os nobres poderes se curvam a ela.
A beleza a exibe como um sinal sagrado.
Nossa ousadia jamais pareceu tão elevada;
Mas vós! não há em ti tanta graça
Para que a possamos entender corretamente.

A versão publicada em sua coletânea de 1912, *Sonnets and Ballate*, constituía uma revisão substancial da primeira versão, mas não alterou sua estratégia arcaizante básica:

Who is she coming, drawing all men's gaze,
Who makes the air one trembling clarity
Till none can speak but each sighs piteously
Where she leads Love adown her trodden ways?

A invisibilidade do tradutor

Ah God! The thing she's like when her glance strays,
Let Amor tell. 'Tis no fit speech for me.
Mistress she seems of such great modesty
That every other woman were called "Wrath."

No one could ever tell the charm she hath
For all the noble powers bend toward her,
She being beauty's godhead manifest.

Our daring ne'er before held such high quest;
But ye! There is not in you so much grace
That we can understand her rightfully.

(Ibid., p.45)

Quem é ela que vem, atraindo o olhar de todos os homens,
Que faz do ar uma clareza trêmula
Até que ninguém possa falar mas cada um suspire piedosamente
Para onde ela conduz o Amor por seus caminhos trilhados?

Ah Deus! Aquilo que ela é quando seu olhar se desvia,
Deixe o Amor contar. Não é um discurso adequado para mim.
Senhora, ela parece tão modesta
Que todas as outras mulheres se chamaram "Ira".

Ninguém poderia jamais descrever o encanto que ela possui
Pois todos os nobres poderes a ela se dobram,
Sendo ela a divindade da beleza manifesta.

Nossa ousadia jamais teve missão tão elevada;
Mas vós! Não há em ti tanta graça
Que possamos entendê-la corretamente.

Lawrence Venuti

Pound reteve alguns dos empréstimos que fez de Rossetti e empregou formas arcaicas adicionais (*"adown"*, *"godhead"*, *"quest"*) que introduziram um medievalismo romântico com traços misóginos. A abertura do poema caracteriza a dama como uma *"belle dame sans merci"* ["bela mulher impiedosa"] keatsiana, conotando que ela explora sua beleza imponente (*"drawing all men's gaze"*) para vitimar seus muitos admiradores (*"each sighs piteously"*), e com certa frequência (*"adown her trodden ways"*). Há até mesmo um indício de defeito moral, um potencial de infidelidade (*"her glance strays"*).

Em 1932, Pound publicou *Guido Cavalcanti Rime*, uma edição crítica dos textos em italiano, juntamente com várias traduções que incluíam uma versão final desse soneto. Aqui, o arcaísmo foi levado ao extremo, reconhecível não apenas no léxico, na sintaxe e na ortografia de Pound, mas também no emprego de neologismos pseudoarcaicos (*"herward"*). A dama, por sua vez, passou por mais uma metamorfose, agora com uma imagem mística "que limita o visível" [*"that borders the visible"*]:

> Who is she that comes, makying turn every man's eye
> And makyng the air to tremble with a bright clearnesse
> That leadeth with her Love, in such nearness
> No man may proffer of speech more than a sigh?
>
> Ah God, what she is like when her owne eye turneth, is
> Fit for Amor to speake, for I can not at all;
> Such is her modesty, I would call
> Every woman else but an useless uneasiness.

A invisibilidade do tradutor

No one could ever tell all of her pleasauntness
In that every high noble vertu leaneth to herward,
So Beauty sheweth her forth as her Godhede;

Never before was our mind so high led,
Nor have we so much of heal as will afford
That our thought may take her immediate in its embrace.

(Anderson, 1983, p.46)

Quem é ela que vem, fazendo voltar-se os olhos de todos os
homens
E fazendo tremer o ar com uma clareza brilhante
Que conduz com seu Amor, com tanta proximidade
Que ninguém professa do discurso mais do que um suspiro?

Ah Deus, o que é ela quando seus próprios olhos se voltam, é
Próprio do Amor falar, pois eu não consigo;
Tal é a sua modéstia, que eu chamaria
Qualquer outra mulher senão uma inquietação inútil.

Ninguém jamais poderia falar de toda a satisfação dela
Em que toda elevada nobre virtu se reclina na direção dela
Então a beleza a exibe como sua deidade;

Jamais foi nossa mente elevada tão alto
Nem tivemos da cura tanto quanto permite a vontade
Que nosso pensamento a possa levar de imediato em seu abraço.

A dama é retratada como perceptível aos sentidos, mas ina-
tingível em sua espiritualidade, uma ideia neoplatônica que ul-

trapassa até o "abraço" quase físico do "pensamento" humano. Essa representação certamente alude a um tema central no *dolce stil nuovo*, mas também revela a leitura modernista que Pound faz das poesias medievais por ele celebradas: "Permeia a concepção do corpo como instrumento aperfeiçoado da crescente inteligência" (ibid., p.206); "o tema central dos trovadores é o dogma de que há certa proporção entre o belo que se mantém na mente e aquilo que é inferior e pronto para consumo instantâneo" (ibid., p.205). Da mesma forma que, em "Philip Massinger" (1920), Eliot postulou uma "sensibilidade" unificada na cultura literária inglesa anterior ao final do século XVII, "um período em que o intelecto estava ao alcance imediato dos sentidos" (Eliot, 1950, p.185), Pound descobriu uma "harmonia *da* autoconsciência" [*"harmony* of *the sentient"*] em Cavalcanti, "em que o pensamento tem sua demarcação; a substância, sua *virtù*; em que homens estúpidos não reduziram toda 'energia' à abstração indistinta e sem limites." (Anderson, 1983, p.209).

No plano temático, as traduções de Pound inscrevem nos textos de Cavalcanti valores que diferem dos de Rossetti por serem modernistas e patriarcais, notadamente na representação da dama, transformada por suas revisões, de "aquilo que é inferior e pronto para consumo instantâneo", em "o belo que se mantém na mente". Mas as sucessivas versões de Pound também punham em questão sua relação com os textos italianos e com as traduções de Rossetti, mostrando como a degradação feminina dos *dolcestilnovisti* e dos pré-rafaelitas assumia a forma de uma degradação do feminino, uma suposição misógina de que o valor da dama é "inferior", dependente da imaginação masculina. Ao se autodenominar poeta-tradutor, Pound com-

A invisibilidade do tradutor

petia com dois "pais" poéticos, Cavalcanti e Rossetti, e esse conflito edipiano se concretizava na revisão da imagem da dama.

No plano do discurso, no entanto, as traduções de Pound, em suas leituras modernistas, encontram dificuldade em amparar o conceito positivista de linguagem. O arcaísmo denso raramente produz o efeito ilusionista de transparência que ele valorizava no *dolcestilnovisti*, descrito por ele de forma arrebatadora como a virtual invisibilidade da forma literária, "o vidro debaixo da água" (Anderson, 1983, p.208). As peculiaridades do texto arcaico de Pound antecipam qualquer ilusionismo ao chamar a atenção para a língua como um tipo específico de inglês, um discurso poético ligado a um momento histórico específico que não é o de Pound, nem o de Cavalcanti, nem o de Rossetti. A versão final do soneto, "Who is she that comes", foi o texto citado por Pound em "Guido's Relations" para ilustrar como o "inglês pré-elisabetano" pode ser usado para traduzir Cavalcanti. Sua justificativa era peculiarmente modernista: ele descrevia o período pré-elisabetano como "um momento em que os escritores ainda buscavam clareza e explicitação, ainda preferindo-os à magniloquência e à frase estrondosa", ecoando as críticas de Eliot a Marlowe e Milton (ibid., p.250). Mas Pound também sabia que sua estratégia arcaizante resultava menos em clareza e explicitação do que em certo senso de estranheza ou de falta de familiaridade:

> As objeções a tal método são: a dúvida sobre se alguém tem o direito de tomar um poema sério e transformá-lo em um mero exercício de singularidade; a "deturpação" não da antiguidade do poema, mas da sensação que se proporciona a respeito dessa

antiguidade, com o que quero dizer que a linguagem de Guido do século XIII é, para o sentido italiano do século XX, muito menos arcaico do que é para nós qualquer forma de inglês do século XIV, XV ou início do XVI. (Ibid., p.250)

O arcaísmo não contribuiu para uma maior fidelidade aos textos italianos, nem estabeleceu uma analogia entre duas culturas passadas – uma italiana, outra inglesa. Apesar dos pronunciamentos modernistas de Pound, o arcaísmo não conseguiu superar "seis séculos de convenções derivativas e uso indulgente" para comunicar "o significado exato de frases como: 'A morte do coração' e 'A partida da alma'" porque apontava para uma cultura literária diferente, em uma língua diferente, em um momento histórico diferente. O inglês pré-elisabetano de Pound não podia fazer mais do que significar o distanciamento da poesia de Cavalcanti, junto com a impossibilidade de encontrar qualquer equivalente linguístico e literário exato. E o arcaísmo somente conseguiu realizar tal façanha porque se afastou radicalmente das normas culturais que prevaleciam na língua inglesa de então. Isso talvez seja mais perceptível na prosódia arcaica de Pound: como David Anderson observou, ele pretendia "libertar a cadência de suas versões em inglês do pentâmetro iâmbico elisabetano e pós-elisabetano", ainda o padrão para versos em inglês no início de século XX (Anderson, 1982, p.13; Easthope, 1983).

Os comentários de Pound a respeito de suas versões de Arnaut Daniel revelaram sua aguda consciência de que as normas culturais então correntes restringiam seu trabalho como tradutor. Essas foram suas traduções mais experimentais, textos

A invisibilidade do tradutor

nos quais desenvolveu os discursos mais heterogêneos. Como as traduções posteriores de Cavalcanti, eles misturaram várias formas arcaicas, principalmente "medievalismo pré-rafaelita" (notação de Pound para "Rossetti: Italian poets", em *ABC of Reading* [Pound, 1960, p.133]) e inglês pré-elisabetano, extraído principalmente da versão de Gavin Douglas, de 1531, para a *Eneida*, mas também de poetas Tudor antigos, como *sir* Thomas Wyatt (McDougal, 1972, p.114; Anderson, 1982, p.13). E havia ainda vestígios ocasionais do coloquialismo norte-americano do século XX e de línguas estrangeiras, particularmente o francês e o provençal. As seguintes passagens são exemplos das traduções que Pound publicou em seu ensaio "Arnaut Daniel" (1920):

> When I see leaf, and flower and fruit
>   Come forth upon light lynd and bough,
> And hear the frogs in rillet bruit,
>   And birds quhitter in forest now,
> Love inkirlie doth leaf and flower and bear,
> And trick my night from me, and stealing waste it,
> Whilst other wight in rest and sleep sojourneth.
>
> (Pound, 1953, p.177)

> Quando vejo folhas, flores e frutas
>   Surgindo em arvoredo e ramo,
> E ouço as rãs no ruído do riacho,
>   E pássaros chilreando agora na floresta,
> O amor, interiormente, faz folha e flor e urso,
> E afana minha noite de mim, e ao roubá-la, a desperdiça,
> Enquanto outra criatura em repouso e sono pernoita.

Lawrence Venuti

So clear the flare
That first lit me
To seize
Her whom my soul believes;
If cad
Sneaks,
Blabs, slanders, my joy
Counts little fee
Baits
And their hates.
     I scorn their perk
      And preen, at ease.
Disburse
Can she, and wake
Such firm delights, that I
Am hers, froth, lees
Bigod! from toe to earring.

(Ibid., p.161, 163)

Tão límpida a chama
Que me iluminou pela primeira vez
Para apanhar
Aquela em quem minha alma acredita;
Se vulgar
Esgueira-se,
Tagarela, calunia, minha alegria
Pouco vale
Iscas
E suas iras.
     Eu desprezo a vantagem deles

A invisibilidade do tradutor

E me aprumo, à vontade.
Desembolsar
Ela pode, e despertar
Tão firmes delícias, que eu
Sou dela, sem valor, abrigos
Fanático! do dedo do pé ao brinco.

Flimsy another's joy, false and distort
No paregale that she springs not above. [...]
Her love-touch by none other mensurate.
To have it not? Alas! Though the pains bite
Deep, torture is but galzeardy and dance,
For in my thought my lust hath touched his aim.
God! Shall I get no more! No fact to best it!

(Ibid., p.179, 181)

Frágil alegria alheia, falsa e distorcida
Nenhum clamor de que ela não brote. [...]
Seu toque amoroso por nenhum outro mensurado.
Para não tê-lo? Ai de mim! Embora a dor morda
Fundo, a tortura não é senão galhardia e dança,
Pois em meu pensamento minha luxúria alcançou seu objetivo.
Deus! Não mais devo tê-la! Nenhum fato a superá-la!

Pound as via como traduções interpretativas que destacavam as elaboradas formas estróficas dos textos provençais, emulando seus ritmos e efeitos sonoros. Mas ele também sabia que, ao fazer isso, suas traduções iam de encontro aos valores literários que prevaleciam nas línguas europeias modernas, como

Lawrence Venuti

o inglês e o francês. No ensaio sobre Daniel, ele se desculpou por seus desvios:

> para atenuar a linguagem dos meus versos, gostaria de salientar que os provençais não eram limitados pelo sentido literário moderno. Suas restrições eram a melodia e o esquema de rima, não eram delimitados pela necessidade de certas qualidades de escrita, sem as quais nenhum poema moderno está completo ou é satisfatório. Eles não estavam competindo com a prosa de Maupassant (Pound, 1954, p.115)

A menção a Maupassant indica que as traduções de Pound poderiam significar a diferença da prosódia musical de Daniel apenas por desafiar o discurso transparente que domina "a sensibilidade literária moderna", mais conspicuamente na ficção realista. Para emular uma forma de verso arcaica, Pound desenvolveu certa heterogeneidade discursiva que recusava uma fluência estritamente concebida, privilegiando o significante ao significado, pondo em risco não apenas aquilo que não é idiomático, mas também o que não é inteligível. Em uma carta de 1922 para Felix Schelling, um professor da Universidade da Pensilvânia que deu aulas de literatura inglesa para Pound e fez uma crítica desfavorável a suas traduções de Daniel, Pound se referiu ao distanciamento cultural da poesia dos trovadores como "a razão para o dialeto arcaico": "o sentimento provençal é arcaico, estamos muito longe disso" (Pound, 1950, p.179). E Pound mensurou essa distância em uma escala de valores então correntes da língua inglesa: "O trovador, felizmente, talvez, não estava preocupado com a ordem [das palavras] em inglês; ele obtinha certos efeitos musicais porque podia se

A invisibilidade do tradutor

concentrar na música sem se preocupar com os valores literários. Ele tinha uma espécie de liberdade que não temos mais" (ibid.). As traduções de Pound significavam a estrangeirice do texto estrangeiro não por serem fiéis ou precisas – ele admitiu que "se tive sucesso em indicar algumas das propriedades [...], também deixei [outras] passarem ao largo" (Pound, 1954, p.116) –, mas porque se desviaram dos cânones literários em inglês.

As primeiras versões de Pound para a poesia de Cavalcanti de fato pareciam estranhas a seus contemporâneos. Em uma resenha dos *Sonnets and Ballate* publicada na *Poetry Review* inglesa (1912), o professor de italiano Arundel del Re achou a tradução falha e não de todo compreensível, a começar pelo título bilíngue: "A tradução dos *Sonnets and Ballate* – por que não 'Sonetti e Ballate' ou 'Sonnets and Ballads'? – mostra que o autor se empenha com esmero em uma ideia vital da qual às vezes se tem um vislumbre em meio a mixórdia e desordem generalizadas" (Homberger, 1972, p.88). No entanto, Del Re reconheceu o efeito historicizante do arcaísmo de Pound, citando frases da própria introdução de Pound para descrevê-lo: "Apesar de suas imperfeições quase avassaladoras, esta é uma tentativa sincera, embora mambembe, de traduzir para o inglês o 'acompanhamento' e 'o conteúdo mental dos quais os contemporâneos de Guido Cavalcanti extraíram certas formas de pensamento e de discurso'"(ibid.). Na resenha de John Bailey para o *Times Literary Supplement*, a "estranheza" da tradução de Pound teve início ainda na seleção do texto estrangeiro: ele sentia que, "embora não pertencesse à alta ordem universal", a poesia de Cavalcanti possui o "encanto peculiar" de "uma fuga de tudo que é contemporâneo ou mesmo atual para [o] *hortus conclusus* da arte" (Homberger, 1972, p.88). Mas o que Bailey achou desagradavelmente estranho na tradução de Pound foi que, em comparação com a de Rossetti, lhe faltava, de todo, a fluência:

> Ele é às vezes desajeitado e quase sempre obscuro, e não tem um bom trato com a linguagem, usando palavras e frases como *"Ballatet"*, *"ridded"*, *"to whomso runs"* e outras de procedência duvidosa ou infeliz. Um deficiência mais séria ainda é que ele com frequência se abstém por completo da tarefa de rimar, e se um soneto em versos brancos fosse de alguma forma suportável, não o seria quando alega representar um original italiano. (Ibid., p.91)

Bailey elogiou Rossetti por ele "preservar" muito "mais da rima e do movimento originais" (ibid., p.92). O que constituía uma tradução fluente para Bailey era não apenas o significado unívoco, o arcaísmo perceptível e a suavidade prosódica, mas um discurso poético vitoriano, um medievalismo pré-rafaelita, apenas uma entre outras formas arcaicas presentes nas traduções de Pound. O fato de que Pound estaria violando uma norma cultural hegemônica está claro no início da crítica de Bailey, em que ele se alia a Matthew Arnold e afirma falar em nome de "qualquer estadista rico e voltado para o espírito público, com gostos intelectuais atuais" (ibid., p.89).

Outros resenhistas apreciaram mais o trabalho de Pound como tradutor, mas suas avaliações diferiam de acordo com as mudanças lógicas que acatavam. Em um artigo de 1920 para a *North American Review*, May Sinclair, a romancista inglesa que era amiga de Pound, fez uma avaliação favorável de suas

A invisibilidade do tradutor

publicações até então. Amparada na percepção de Pound a respeito do distanciamento cultural da poesia provençal, Sinclair argumentou que o arcaísmo nas traduções de Pound assinalavam a ausência de qualquer equivalência verdadeira na língua inglesa moderna:

> Por meio de todos os artifícios possíveis – o uso de palavras estranhas como *"gentrice"* e *"plasmatour"* –, ele lança [a poesia provençal] para sete séculos atrás. Deve soar tão diferente da fala moderna quanto ele consiga, pois pertence a um mundo que pela própria natureza de suas convenções é inconcebivelmente remoto, inconcebivelmente diferente do nosso, um mundo que não podemos mais reconstruir em sua realidade. (Homberger, 1972, p.183)

Em uma resenha de *Guido Cavalcanti Rime* publicada em 1932 no *Hound and Horn*, A. Hyatt Mayor seguiu a leitura modernista de Pound dos textos italianos, seu sentido positivista empregado na linguagem precisa deles e, portanto, não percebia a estranheza do arcaísmo, mas, ao contrário, elogiou as traduções por estabelecerem uma verdadeira equivalência com o "frescor" do italiano:

> A linguagem pitoresca não é um pastiche de sonetos pré-shakespearianos, nem uma tentativa de fazer Cavalcanti falar o inglês elisabetano da maneira que Andrew Lang fez Homero tentar falar o inglês do rei James. O que Ezra Pound faz é combinar o frescor primordial de Cavalcanti com um colorido emprestado do frescor inicial da poesia inglesa. (Mayor, 1932, p.471)

Lawrence Venuti

Sinclair notou que as traduções de Pound eram interpretativas no que se refere ao uso que ele faz do arcaísmo, empregado para indicar a distância histórica do texto estrangeiro, enquanto Mayor considerou as traduções obras literárias independentes que poderiam ser avaliadas em relação com outras do presente ou do passado, e cujo valor, portanto, era atemporal. "O inglês parece-me tão bom quanto o italiano", escreveu ele, "Na verdade, o verso *'Who were like nothing save her shadow cast'* é mais belamente precisa do que *'Ma simigliavan sol la sua ombria'*" (ibid., p.470).

A teoria e a prática da tradução interpretativa de Pound invertem as prioridades definidas por críticos modernistas a respeito da tradução, como Mayor, Bunting, Eliot e o próprio Pound. A tradução interpretativa contradiz o ideal de autonomia ao prenunciar as várias condições do texto traduzido, tanto aquelas específicas da cultura estrangeira quanto as da cultura receptora e, assim, deixa claro que a tradução só pode fazer alguma diferença na língua-alvo ao tentar significar as diferenças do texto estrangeiro. A heterogeneidade discursiva das traduções interpretativas de Pound, especialmente o uso que ele faz do arcaísmo, foi uma inovação da poética modernista e um desvio dos valores linguísticos e literários correntes, suficientemente perceptível para parecer estranho. Pound mostra que, na tradução, a estrangeirice do texto estrangeiro está disponível apenas nas formas culturais que já circulam na língua-alvo, algumas com maior capital cultural do que outras. Na tradução, a estrangeirice do texto estrangeiro só pode ser o que, naquele momento, parece "estrangeiro" na cultura-alvo em relação aos valores dominantes e, portanto, apenas como valores que são marginais em vários graus, seja por serem residuais, remanescentes de formas culturais e linguísticas anteriores, ou por serem emer-

A invisibilidade do tradutor

gentes, transformações de formas prévias reconhecidamente diferentes, ou por serem especializadas ou fora do padrão, vinculadas a grupos específicos com graus variados de poder social e prestígio. O estrangeiro só pode ser uma ruptura da hierarquia de valores corrente da cultura receptora, um estranhamento de tais valores que busca estabelecer uma diferença cultural com base no que é marginal. A tradução, portanto, sempre envolve um processo de domesticação, uma troca de inteligibilidades de uma língua estrangeira por aquelas da língua-alvo. Mas a domesticação não precisa significar assimilação, isto é, uma redução conservadora do texto estrangeiro a valores dominantes. Também pode significar resistência, por meio de uma recuperação do residual ou uma afiliação com o emergente ou o dominado – escolher traduzir um texto estrangeiro que, por exemplo, é excluído pelas práticas de tradução de língua inglesa prevalentes ou pelo cânone atual da literatura estrangeira em inglês, forçando, assim, uma revisão metodológica e uma reforma do cânone.

O que é notável a respeito da tradução modernista é que, embora em suas definições teóricas insista na autonomia estética do texto traduzido, ela ainda assim levou ao desenvolvimento de práticas de tradução que se valeram de uma ampla gama de discursos na língua-alvo e constantemente resgataram os excluídos e os marginais para desafiar os dominantes. As traduções de Pound evitaram o discurso transparente que dominou a tradução em língua inglesa desde o século XVII. Em vez de traduzir para produzir uma variedade estritamente definida de fluência, colocando em primeiro plano o significado e minimizando qualquer jogo do significante que impedisse a comunicação, perseguindo a sintaxe linear, o significado unívoco, o uso corrente, os dialetos padrão, a suavidade prosódica, Pound ampliou a agência do significante, cultivando uma sintaxe invertida ou intrincada, a polissemia, o arcaísmo, os dialetos marginais, formas estróficas elaboradas e efeitos sonoros — características textuais que frustram a inteligibilidade imediata, a resposta empática, o domínio interpretativo. E, ao fazer isso, Pound abordou o problema da domesticação que incomoda não apenas sua própria reivindicação de autonomia estética, mas também o discurso transparente que domina a tradução em língua inglesa. A transparência inscreve no texto estrangeiro valores dominantes da cultura inglesa (como a própria transparência) e simultaneamente oculta essa domesticação sob a ilusão de que o texto traduzido não é uma tradução, mas o "original", refletindo a personalidade ou intenção do autor estrangeiro ou o significado essencial do texto estrangeiro; enquanto a tradução modernista, ao se desviar da transparência e inscrever no texto estrangeiro valores ingleses marginais, inicia um movimento estrangeirante que aponta para as diferenças linguísticas e culturais entre os dois textos (admitindo, é claro, que alguns dos valores inscritos por modernistas como Pound não são marginais nem especialmente democráticos — por exemplo, a patriarcalidade).

Essa não é uma concepção de tradução que o modernismo tenha teorizado com alguma consistência, mas sim aquela que suas teorias e práticas de tradução tornaram possíveis. Não será encontrada em nenhum crítico modernista do modernismo, como Bunting, Eliot ou Hugh Kenner, porque tais críticos aceitaram a reivindicação de autonomia estética do texto traduzido. "Ezra Pound nunca traduz 'em' algo já existente

A invisibilidade do tradutor

em inglês", escreveu Kenner, "apenas Pound teve a ousadia e os recursos para criar uma nova forma, semelhante em efeito ao original" (Pound, 1953, p.9). No entanto, o que agora se vê é que uma tradução é incapaz de produzir efeito equivalente ao do texto estrangeiro, porque a tradução é domesticação, a inscrição de valores culturais que diferem fundamentalmente daqueles da língua estrangeira. Os efeitos de Pound visavam apenas as culturas anglófonas, e por isso ele sempre traduziu em formas culturais inglesas preexistentes – padrões anglo-saxões de sotaque e aliteração, inglês pré-elisabetano, medievalismo pré-rafaelita, precisão modernista, coloquialismo norte-americano. Na verdade, a confiança de Pound em formas preexistentes apaga sua distinção entre dois tipos de tradução: tanto as traduções interpretativas quanto as traduções que são novos poemas recorrem às inovações da poética modernista e, portanto, pode-se dizer que ambas oferecem "uma fotografia, a mais exata possível, de um lado da estátua" (Anderson, 1983, p.5) – o ângulo escolhido e emoldurado pelo modernismo anglófono. A heterogeneidade discursiva que Pound criou pode ter feito os textos traduzidos parecerem "novos" – para os modernistas –, mas também foi uma técnica que assinalou sua diferença, tanto em relação aos valores ingleses dominantes quanto àqueles que moldaram o texto estrangeiro. O modernismo possibilitou uma concepção pós-moderna de tradução que assume a impossibilidade de qualquer valor estético autônomo e vê o estrangeiro ao mesmo tempo como inevitavelmente mediado e estrategicamente útil, uma categoria culturalmente variável que precisa ser construída para guiar a intervenção do tradutor na situação corrente da cultura-alvo.

Lawrence Venuti

II. A reação ao modernismo

No início dos anos 1950, a tradução modernista alcançou uma ampla aceitação na cultura literária anglo-americana – mas apenas uma parte, particularmente o pedido de autonomia cultural para o texto traduzido e escolhas formais que foram até agora familiares o suficiente para assegurar a domesticação do texto estrangeiro, i.e., versão livre e precisa da língua em movimento. As inovações mais decisivas do modernismo inspiraram poucos tradutores, sem dúvida porque as traduções, ensaios e revisões que continham essas inovações eram difíceis de localizar, disponíveis apenas em períodos obscuros e em raras edições limitadas, mas também porque elas correram contra as estratégias fluentes que continuavam a dominar a tradução poética da língua inglesa. O primeiro sinal dessa marginalização foi a recepção dada para a edição selecionada das traduções publicadas de Pound pela editora americana New Directions em 1953. Este livro ofereceu uma retrospectiva substancial, reeditando suas novas versões de Cavalcanti e Daniel em formato bilíngue, tanto como "The Seafarer", *Cathay*, uma peça de nô, um texto de prosa de Rèmy de Gourmonte, e uma miscelânia de traduções poéticas do latim, provençal, francês e italiano.

No momento da publicação, Pound era uma figura extremamente controversa (Stock, 1982, p.423-4, 426-7; Homberger, 1972, p.24-7). Seus programas de rádio nos tempos da guerra no governo de Mussolini o levaram a julgamento por traição nos Estados Unidos, sendo finalmente entregue ao St. Elizabeth Hospital for the Criminally Insane, em Washington, DC (1946). Mas ele também foi reconhecido como um condutor da poesia contemporânea americana com a recompensa

A invisibilidade do tradutor

do Prêmio Bollingen por *The Pisan Cantos* (1948), um evento que causou violentos ataques e debates na *The New York Times*, na *Partisan Review* e na *Saturday Review of Literature*, entre outros jornais e revistas. Nesse clima cultural, era inevitável não apenas que as traduções fossem amplamente resenhadas, mas que provocassem uma amplitude de respostas conflitantes. Algumas reconheceram a natureza inovadora do trabalho de Pound, embora elas fossem incertas de seus valores; outras a desprezaram como uma experiência falida que era datada e destituída de poder cultural.

Os julgamentos favoráveis vieram, novamente, de resenhistas que compartilhavam a agenda cultural modernista. Na Inglaterra, a *Poetry Review* elogiou a "versificação inteligente" das versões de Daniel, tratando a heterogeneidade dos seus discursos com o tipo de elitismo que Pound algumas vezes mencionou em suas próprias celebrações antigas: "Disse que Arnaut foi deliberadamente obscuro, então suas músicas não deveriam ser entendidas pelo vulgo. Mais propriamente modernas" (Graham, 1953, p.472).[8] Nos Estados Unidos, a resenha de *Poetry* por John Edwards compartilhou a suposição básica de sua tese doutoral sobre Pound – isto é, que este foi um escritor canônico americano –, queixando-se longamente de que as traduções mereciam um tratamento editorial muito

---

8 Pound expressa esse tipo de elitismo em sua introdução a *Sonnets and Ballate of Guido Cavalcanti*, ao referir-se a "*voi altri pochi* [vocês outros, que são poucos] que compreendem" (Anderson, 1983, p.19). Outros críticos simpáticos aos projetos de tradução modernista de Pound incluem Murphy (1953), Ferlinghetti (1953) e *The New Yorker* (1954).

421

Lawrence Venuti

melhor que o dado pela New Directions (Edwards, 1954, p.238). A simpatia de Edwards pelo modernismo era aparente na sua citação não creditada da introdução de Kenner das traduções (disse representar "uma extensão das possibilidades de discurso poético em nossa língua" [ibid.]), mas também, em uma descrição notável das versões de Cavalcanti, que era anteparo para seu denso arcaísmo:

> Basta ler o "Soneto XVI" de Cavalcanti na versão Rossetti (*Early Italian Poets*), em seguida, na primeira tentativa de Pound (*Sonnets and Ballate of Guido Cavalcanti*, 1912) e, por fim, na tradução de Pound de 1931, aqui oferecida, e pode-se observar a crosta ruir e a linha se tornar distinta e firme, trazendo o original para o inglês – não apenas as palavras, mas a poesia. (Ibid.)

Edwards aceitou a *rationale* modernista de Pound para suas traduções: os textos italianos de Cavalcanti foram distinguidos por precisão linguística, e aquele inglês pré-elisabetano possuía "clareza e explicitação" suficientes para traduzi-los (Anderson, 1983, p.250). Mas faltava a Edwards o conhecimento contrário de Pound de que essa estratégia fazia as traduções menos "claras e consistentes" do que estranhas ou não familiares, provavelmente tidas como "um mero exercício em originalidade" (ibid.).

Havia também resenhistas que eram mais perspicazes na compreensão da agenda modernista das traduções, mas eram céticos quanto a seu valor cultural. Em uma crítica do *New Statesman and Nation*, o poeta e crítico inglês Donald Davie, que tem atacado o projeto da poesia de Pound mesmo enquanto

A invisibilidade do tradutor

reforça seu *status* canônico na crítica acadêmica literária,[9] viu que as traduções interpretativas vieram com a pretensão de um dogma peculiar da autonomia cultural, mais evidente em seus arcaísmos:

> ao traduzir Cavalcanti, ele anseia em dar uma tradução *absoluta* — não, claro, no sentido que é reproduzir em inglês todos os efeitos do original, mas no sentido do que é Cavalcanti em inglês, para os bons e para todos, não apenas para esta geração ou para as próximas. Daí a enunciação arcaica, algumas vezes com o inglês antigo soletrado. [...] Pound acredita que o inglês chegou próximo de acomodar os tipos do efeito que Cavalcanti conseguiu em italiano, em um período específico, chauceriano tardio ou início do Tudor. (Davie, 1953, p.264)

Mas Pound nunca assumiu uma equivalência "absoluta" entre o período dos estilos. De fato, em "Guido's Relations", ele apontou para a impossibilidade de encontrar um equivalente exato na língua inglesa: pelo menos uma qualidade dos textos italianos "simplesmente não aparece na poesia inglesa", então "não há um pigmento verbal para essa objetificação"; utilizando, na verdade, o inglês pré-elisabetano envolvido "na 'representação' não dos poemas antigos, mas do sentimento proporcionado por aquela antiguidade" para leitores italianos (Anderson, 1983, p.250). O que também parecia absoluto

---

9 As críticas de Davie a Pound incluem dois volumes (Davie, 1964; 1976). Homberger discute os "constantes, e por vezes amargos, ataques" de Davie "à intenção [de Pound] por trás dos *Cantos*" (Homberger, 1972, p.28-9).

para Davie foi a *rationale* de Pound pelo uso de arcaísmos: ele não gostou da tradução porque não aceitou as leituras modernistas dos textos estrangeiros ("Eu ainda pergunto, por ignorância, se Cavalcanti é digno de todas as reivindicações que Pound fez para ele, e todo o tempo que foi dado a ele" (Davie, 1953, p.264). Já Davie aceitou o ideal modernista de independência estética, removendo a distinção entre tradução interpretativa e nova poesia pela avaliação de todas as traduções de Pound como textos literários em seu próprio direito – e encontrando uma das mais medíocres performances experimentais. As versões de Cavalcanti "dão a impressão não de um Wyatt, mas de um Surrey, a encantadora virtuosidade de uma convenção dolorosa e, em última análise, trivial" (ibid.).

George Whicher, do Amherst College, resenhou as traduções de Pound duas vezes, e em ambas as ocasiões os julgamentos foram desfavoráveis, restando uma educada, mas crítica, apreciação da poética modernista. No jornal acadêmico *American Literature*, Whicher sentiu que a "evidência contida nesse livro" não sustenta a reivindicação de Kenner de autonomia estética: "Longe de fazer uma nova forma, Pound estava meramente produzindo uma aproximação mais inteligente de uma antiga" (Whicher, 1954, p.120). No final, o trabalho de Pound como tradutor indicou sua marginalidade no cânone literário americano, "alguma coisa separada da tradição da verdadeira criatividade dos poetas americanos como Whitman, Melville e Emily Dickinson" (ibid., p.121). Whicher, que defendia uma linguística precisa, avaliou as traduções de Pound e criticou suas "pedantes dicções": "Ele ainda não havia se libertado da artificialidade do arcaísmo que marca e arruína sua 'Ballad of

A invisibilidade do tradutor

the Goodly Frere'" (ibid., p.120).[10] No *New York Herald Tribune*, Whicher alinhou-se a Davie no questionamento da escolha de Pound dos textos estrangeiros, usando as traduções como uma oportunidade de tratar melhor o modernismo como *passé*, talvez visto primeiro como "revolucionário", mas também um tanto "monótono" em 1953:

> É quase impossível perceber [...] quanto revolucionária foi a publicação dos "Poemas Cavalcanti" no ano de 1912. Aqui foi a primeira consciência a explodir na campanha para reduzir a poesia ao estritamente essencial. [...] Agora, no entanto, nós nos questionamos como um artista tão excelente quanto Pound

---

10 Ver também Stern (1953, p.266-7):

> O que é peculiar na tradução de Pound se manifesta principalmente nas famosas versões de Cavalcanti e Arnaut Daniel. Longe do contexto didático, Pound tendeu a sobrecarregar algumas das traduções com o peso da antiguidade (talvez com vistas a transportar o que desde então se tornou um lugar-comum ou clichê ou o que desde então desapareceu por inteiro da tradição). [...] O melhor verso inglês de *The Translations* encontra-se em "The Seafarer" e nos poemas chineses de Catai. Ali, o que quer que, em outras seções do livro, era modista ou tacanho ou antigo ou labiríntico desaparece, e temos então o verso puro, emocionalmente sutil e gracioso, e a maioria dos leitores da língua inglesa tem apenas uma pessoa a agradecer por propiciar esse contato: Pound.

Edwin Muir, de forma semelhante, enaltece "todas as traduções do livro, exceto as de Guido Cavalcanti", acrescentando, um tanto excentricamente, que "os poemas do provençal e os chineses operam o milagre" (Muir, 1953, p.40).

Lawrence Venuti

poderia ter elaborado tantos monótonos poemas, mesmo com a ajuda de um italiano menor. (Whicher, 1953, p.25)

As resenhas negativas desses e de outros críticos (Leslie Fiedler, numa indireta ao confinamento hospitalar de Pound, chamou suas versões de Daniel "Dante Gabriel Rossetti completamente maluco!" [Fiedler, 1962, p.120]) sinalizaram uma reação de meio século contra o modernismo que baniu as traduções de Pound para as margens da cultura literária anglo-norte-americana (Perkins, 1987; Von Hallberg, 1985). O centro na tradução da poesia da língua inglesa foi controlado pelas estratégias fluentes que eram modernas, mas não totalmente modernistas – domesticando com suas assimilações de textos estrangeiros para um discurso transparente que predominou em todas as formas de cultura impressa contemporânea; consistente nas suas recusas de uma heterogeneidade discursiva pela qual a tradução modernista buscou mostrar as diferenças linguísticas e culturais. A resenha das traduções de Pound escrita pelo influente Dudley Fitts exemplificou essa situação cultural nos mais cáusticos termos.

Fitts (1903-1968) foi um poeta e crítico que, do fim dos anos 1930 em diante, obteve um avanço na reputação como tradutor de textos clássicos, em especial de dramas de Sófocles e Aristófanes. Também traduziu epigramas gregos e latinos e editou uma antologia de poesia latino-americana do século XX. Como tradutor e editor de traduções, ele produziu dezesseis livros, principalmente na grande editora comercial Harcourt Brace. Suas resenhas sobre poesia e traduções foram amplamente publicadas em várias revistas, de circulação restrita e de massa, incluindo algumas ligadas ao modernismo: *Atlantic Mon-*

A invisibilidade do tradutor

thly, *The Criterion*, *Hound and Horn*, *Poetry*, *Transition*. O verbete sobre de Fitts nos *Contemporary Authors* indica sucintamente a autoridade cultural que ele exerceu nos anos 1950 e 1960, e oferece um vislumbre da estratégia de tradução canônica que seu trabalho representou:

> Dudley Fitts foi um dos primeiros tradutores da Grécia antiga neste século. Diferindo de procedimentos adotados por muitos especialistas, Fitts tentou invocar o caráter inerente do trabalho assumindo certas liberdades com o texto. O resultado, a maioria dos críticos concorda, foi uma versão tão pertinente e significativa para o leitor moderno quanto fora para as audiências de Sófocles e Aristófanes. (Locher, 1980, p.152)

O "caráter inerente" do "trabalho", "tão pertinente e significativa para o leitor moderno quanto" para as "audiências" gregas – o registro faz a suposição acrítica de que voltar-se para o texto estrangeiro pode assegurar uma verdadeira equivalência, transcendendo diferenças culturais e históricas e até mesmo "liberdades linguísticas" tomadas pelo tradutor. Esse anônimo e um tanto contraditório verbete esclarece que a autoridade de Fitts como um tradutor apoiado em sua defesa de uma prática livre e domesticadora que reescreveu o texto estrangeiro em termos reconhecíveis, como inglês "moderno".

No prefácio de seu *One Hundred Poems from the Palatine Anthology* (1938), Fitts descreveu seu método com algum detalhe:

> Eu não me comprometo de todo com a tradução – tradução, quero dizer, como é entendida nas escolas. Tenho simplesmente tentado restaurar em meu próprio idioma o que os versos gregos

têm significado para mim. As desvantagens desse método são óbvias: tem envolvido corte, alteração, expansão, revisão – em resumo, todos os instrumentos da livre paráfrase. [...] Em geral, meu objetivo tem sido compor, primeiro de tudo, e tão simples quanto possível, um poema inglês. Por esse objetivo, eu tenho descartado expressões arcaicas ou artificiais, mesmo onde (como em Meleagros, por exemplo) elas poderiam ser defendidas. Exceto em certas consagrações e em peças parecidas onde a língua é definitivamente litúrgica, eu tenho evitado arcaísmos como *"thou"* ["tu"] e *"ye"* ["vós"] e todas as suas derivações fantasmas. Menos defensivamente, eu tenho arriscado uma falsa atmosfera de monoteísmo ao escrever "Deus" para "Zeus" (mas Mr. Leslie teria "Júpiter"!) quando o contexto o admitiu sem causar um choque muito perigoso. (Fitts, 1956, p.xvii-xviii)

A primeira coisa que vale lembrar é quanto o método de Fitts era devedor da tradução modernista, especialmente do trabalho de Pound. A afirmação da independência estética da tradução, a decisão de submeter o texto estrangeiro a uma "revisão" e usar o inglês contemporâneo, até os ataques às traduções acadêmicas, presumidamente muito literais e por esse motivo não literárias – tudo isso caracteriza a teoria e prática da tradução de Pound (mas também de figuras anteriores na história da tradução da língua inglesa: algumas das opiniões de Pound, assim como de Bunting, remontam a Denham e Dryden). Fitts conheceu e analisou o trabalho de Pound, correspondendo-se com ele durante os anos 1930, e, na Escola Choate, ensinou a poesia de Pound para James Laughlin, que fundou a editora New Directions e publicou *Antologia palatina*, de Fitts, assim como muitos livros de Pound (Stock, 1982, p.322-3; Carpenter,

A invisibilidade do tradutor

1988, p.527-8). A divergência mais significante de Fitts com Pound nesse volume, uma divergência que foi determinante para a recepção de Pound tanto dentro como fora da academia, foi a recusa de diferentes discursos poéticos, incluindo o arcaísmo. Materiais culturais preexistentes dissolvem-se em "fantasmas" com a reivindicação de uma autonomia estética para a tradução, a qual pode então realizar uma completa domesticação que grava o texto estrangeiro com os valores da língua-alvo, tanto linguísticos (fluência) como culturais (um monoteísmo judaico-cristão – "escrevendo 'Deus' para 'Zeus'").

Quando Fitts reimprimiu essa tradução em 1956, ele acrescentou uma "Nota" que justificou a não revisão dos textos: "Minhas teorias de tradução têm mudado tão radicalmente que qualquer tentativa de remodelar o trabalho de quinze ou vinte anos atrás só poderia terminar em confusão e a anulação de qualquer força que os poemas podem ter tido" (Fitts, 1956, p.xiii). Mas poucos anos mais tarde, quando publicou um ensaio de tradução intitulado "A nuança poética", primeiro como um volume "impresso privado" por Harcourt "pelos amigos do autor e seus editores" (Fitts, 1958), então na antologia de Reuben Brower, *On Translation* (Brower, 1959), publicada pela Harvard University Press, ficou claro que a teoria da tradução de Fitts não foi mudada totalmente. Ele defendeu as mesmas ideias básicas, que continuaram a ser os princípios da tradução poética em língua inglesa, disponibilizados tanto por editoras comerciais como acadêmicas e apoiados pelo prestígio de Fitts como tradutor e crítico. Assim, o ponto da "The Poetic Nuance", foi que "a tradução de um poema deveria ser um poema, viável como um poema, e, como um poema, pesável" (Fitts, 1958, p.12). Ainda o único tipo de poema que Fitts reconheceu foi escrito em um inglês americano padrão pontuado por um coloquialismo aceitável familiar e socialmente. Para apresentar esse argumento, Fitts primeiro debateu um poema do mexicano Enrique Gonzáles Martinez que constituía um "ataque à falsa elegância do poeticismo" (ibid., p.13); então ele usou sua própria versão de um epigrama de Marcial, no qual expandiu o primeiro verso do texto em latim em dois versos na versão em inglês, inserindo palavras e frases (*"drink"*, *"personal"*, *"when the toasts go round the table"*) para criar uma cena mais realisticamente detalhada e, assim, uma tradução mais transparente:

> Quod nulli ca licem tuum propinas,
> humane facis, Horme, non superbe.

> You let no one drink from your personal cup, Hormus,
> when the toasts go round the table.
> Haughtiness?
> Hell, no.
> Humanity.
>
> (Ibid., p.25)

> Não permitas que bebam da tua taça, Hormus,
> enquanto se brinda em torno da mesa.
> Arrogância?
> De jeito nenhum.
> Humanidade.

Fitts lê o texto em latim como uma "piada" de Marcial a respeito da deplorável higiene de Hormus, concluindo que "sua diversão depende largamente da disposição de sua forma, do

A invisibilidade do tradutor

aparente decoro de suas palavras" (ibid.), em especial no seu uso da palavra *"humane"* ("Humanidade"). Na leitura de Fitts, "Hormus é intimamente tão sujo que mesmo ele tem senso higiênico suficiente para não oferecer a outra pessoa a taça que ele próprio havia usado"; daí "sua falta de maneiras ser de fato humanitária" (ibid., p.22). A tradução de Fitts significou essa leitura ao quebrar o "decoro" de seu inglês, se deslocando de um registro coloquial e extremamente prosaico nos dois primeiros versos para um relativamente formal, de uma abstração levemente britânica (*"Haughtiness"*) para uma expressão despojada em *stacatto* (*"Hell, no"*). A alternância da formalidade elitista e da gíria popular inscreveu no texto latino uma hierarquia de classes, fazendo que a piada dependa do reconhecimento, da parte do leitor, de que Hormus violava as distinções de classe – e de forma bastante inapropriada (seja pela aparente "arrogância" que revela suas pretenções sociais, seja por sua "falta de maneiras"). A tradução de Fitts, como sua leitura, construiu uma posição social superior a partir da qual rir do personagem, mas a fluência do inglês fez esse elitismo parecer natural.

Fitts por certo sentia uma profunda ambivalência com relação à tradução modernista. Ele, como Pound, valorizava a precisão linguística ao ler e traduzir poesia clássica. O entusiástico prefácio de Fitts para a versão de Safo de Mary Barnard, de 1958, enaltecia a percepção da tradutora de que os textos gregos eram redigidos em um "estilo pungente e francamente simples", o que demandava um inglês correspondentemente "simples":

> Some say a cavalry corps,
> some infantry, some, again,
> will maintain that the swift oars

of our fleet are the finest
sigh on dark earth; but I say
that whatever one loves, is.

Uns dizem que um corpo de cavalaria,
alguma infantaria, outros, de novo,
manterão que os remos velozes

da nossa frota são o melhor
suspiro sobre a terra escura; mas eu digo
que tudo o que se ama, é.

Não vejo como isso poderia ser superado. Assim como o grego, ele é recortado e duro, desajeitado, com a fina estranheza da verdade. Não há aqui nenhum traço do *"sweete slyding"* ["doce deslizar"], adequado para um verso" que se espera encontrar nas traduções de Safo. É uma tradução exata; mas em sua composição, em seu espaçamento, no arranjo de tensões, também é arte. É assim, acredita-se, que Safo deve ter sido. (Barnard, 1958, p.ix)

Assim, a versão de Barnard foi "exata" não tanto porque ela encontrou uma verdade equivalente para o texto grego – ela própria admitiu mais tarde que usou "um palavreado desnecessário", fazendo os fragmentos mais contínuos – mas sem dúvida porque ela estava influenciada por Pound (Barnard, 1984, p.280-4). Ela correspondeu-se com Pound durante os anos 1950 enquanto ele estava confinado em St. Elizabeth's, e ela mostrou a ele suas versões de Safo, revisando-os em concordância com sua recomendação para que ela usasse "a língua VIVA" em vez de "jargões poéticos" (ibid., p.282). Essa reco-

A invisibilidade do tradutor

mendação era compatível com a leitura de Barnard da poesia de Safo, a qual foi parcialmente modernista ("Foi excedente, mas era musical"), parcialmente romântica ("e teve, além disso, o som da voz do falante fazendo uma simples mas emocionalmente ardilosa afirmação"). Barnard finalmente desenvolveu uma estratégia fluente que produziu o efeito de transparência, tentando "uma cadência que pertence à voz do falante" (ibid., p.284), e Fitts apreciou esse efeito ilusionista, levando o inglês para o texto grego, o poema para o poeta: "Assim, pensa-se, é como Safo deve ter se parecido".

Mesmo que Fitts e Barnard se juntassem na valorização da precisão linguística de Pound, eles não conseguiriam compartilhar seu interesse em um discurso mais fragmentado e heterogêneo – i.e., em uma estratégia de tradução que evitava a transparência. Então, Barnard ignorou as passagens nas cartas de Pound em que ele questionou a aderência dela à tradicional gramática do inglês ("utilidade da sintaxe? *Waaal the chink does without a damLot*") assim como seu cultivo da "homogeneidade" da língua:

> it is now more homogene / it is purrhapz a bit lax /
> whether one emend that occurs wd/ lax it still more ???
> it still reads a bit like a translation /
>
> what is the maximum abruptness you can get it TO?
>
> Fordie:
> "40 ways to say anything"
> I spose real exercise would consist in trying them ALL.
>
> (Barnard, 1984, p.283)

Lawrence Venuti

agora é mais homogêneo / tauuuveiz um tanto relaxado /
se uma emenda que ocorre fsse / deixá-lo ainda mais relaxado ???
ainda parece uma tradução /

qual é a abrupção máxima que se lhe pode CONFERIR?

Fordie:
"40 maneiras de se dizer algo"
Sponho que o verdadeiro exercício consistiria em experimentar TODOS.

Fitts, por sua vez, elogiou a Safo de Barnard por ser um texto "homogêneo", por ter empregado um inglês corrente "exato", sem qualquer "poeticismo espúrio, nada daquele eretismo de Swinburne-Symonds, outrora tão em voga": "O que mais admiro nas traduções e reconstruções da srta. Barnard é a pureza direta da dicção e da versificação" (Barnard, 1958, p.ix).

Nos anos 1950, Fitts já havia resenhado os escritos de Pound em mais de uma ocasião, distanciando-se aos poucos de sua aprovação anterior.[11] Sua crítica negativa das traduções de Pound caracterizava a reação da metade do século contra o modernismo: ele atacou as versões mais experimentais por elas não

---

11 A mudança de atitude de Fitts em relação ao texto de Pound está documentada em duas resenhas críticas: a primeira, uma avaliação muito entusiástica de *A Draft of XXX Cantos*, de 1931; a segunda, uma concisa desaprovação de *Guide to Kulchur*, de 1939 (Homberger, 1972, p.246-55, 335-6). Carpenter (1988, p.507, 543) também analisa as críticas negativas que Fitts fez a Pound. Pound, por sua vez, acreditava que mesmo as avaliações positivas de Fitts eram equivocadas (Carpenter, 1988, p.478). Laughlin parece ter cedido às críticas de Fitts, pois o convidou a "verificar e corrigir as alusões clássicas" nos *Cantos* (ibid., p.687).

A invisibilidade do tradutor

se sustentarem como textos literários por si mesmos, um traço peculiar do modernismo. "Quando ele falha", escreveu Fitts, "ele falha por ter decidido criar uma não língua, uma linguagem *bric-a-brac* arcaizante, praticamente (apesar de seu excelente ouvido) impronunciável, e quase ilegível" (Fitts, 1954, p.19). Fitts demonstrou compreender o raciocínio de Pound para empregar o arcaísmo — ou seja, sua utilidade para significar o distanciamento histórico e cultural dos textos estrangeiros. Mas rejeitou qualquer estratégia discursiva que não assimilasse a esses textos os valores predominantes da língua inglesa, em especial o uso corrente padrão, pelo fato de a tradução resultante não ser transparente o bastante para produzir a ilusão da originalidade:

> É verdade, Daniel escreveu centenas de anos atrás, e em provençal. Mas ele estava escrevendo em uma língua viva, não algo tirado das profundezas do dicionário etimológico de Skeat. Ele disse *"autra gens"*, o que siginifica *"other men"* ["outros homens"], não *"other wight"* ["outros entes"]; ele disse *"el bosc l'auzel"* ["o pássaro no bosque"], não *"birds quhitter in forest"* ["pássaros gorjeiam na floresta"]; e assim por diante. Pound [...] pode ter "absorvido a atmosfera", mas não produziu "seu próprio poema"; ele simplesmente não escreveu um poema. (Ibid.)

Frases como "linguagem viva" e "seu próprio poema" demonstram que Fitts foi muito seletivo em sua compreensão da teoria e prática da tradução de Pound, que ele não partilhava do interesse de Pound em significar o que tornava estrangeiro o texto estrangeiro no momento da tradução. Pelo contrário, o impulso de domesticação é tão forte na crítica de Fitts que pa-

435

lavras estrangeiras (como *"autra gens"*) são reduzidas à versão em inglês contemporâneo mais familiar (*"other men"*), como se essa versão fosse um equivalente exato, ou ele apenas as repete, como se a repetição tivesse resolvido o problema da tradução (*"ele disse 'el bosc l'auzel', não 'birds quhitter in forest'"*). Assim como Davie, Fitts ignorou o conceito de tradução interpretativa de Pound, avaliando as versões de Daniel como poemas em inglês, não como guias de estudo destinados a indicar as diferenças dos textos provençais. E, novamente, os poemas que Fitts considerou aceitáveis eram aqueles redigidos em um inglês mais contemporâneo e fluente, imediatamente inteligível, ou em uma linguagem poética que lhe parecia discreta o suficiente para não interferir na evocação de uma voz discursiva coerente. Portanto, como muitos outros críticos, o que Fitts mais apreciava era o que Pound chamou de sua *"Major Personae"*: "Podemos considerar 'The Seafarer' ['O navegante'], certos poemas de *Cathay* e as *Noh Plays* como acidentes felizes" (ibid.). O trabalho de Fitts como tradutor, editor e crítico deixa bastante claro que as inovações da tradução modernista foram o infortúnio do discurso transparente que dominou as culturas literárias britânica e norte-americana.

Essas inovações foram, em geral, negligenciadas nas décadas após a publicação das traduções de Pound. Poetas britânicos e americanos continuaram, é claro, a traduzir poesia de língua estrangeira, mas as estratégias experimentais de Pound atraíram relativamente poucos adeptos. E os poetas que perseguiram um experimentalismo modernista na tradução viram seu trabalho descartado como uma aberração de pouco ou nenhum valor cultural. Talvez nenhum projeto de tradução no período pós--Segunda Guerra Mundial ateste melhor essa contínua mar-

A invisibilidade do tradutor

ginalidade do modernismo do que a notável versão de Catulo realizada por Celia e Louis Zukofsky.

Trabalhando ao longo de um período de pouco mais de dez anos (1958-1969), os Zukofsky produziram uma tradução homofônica do cânone existente da poesia de Catulo, 116 textos e um punhado de fragmentos, que eles publicaram em uma edição bilíngue em 1969 (Zukofsky; Zukofsky, 1969).[12] Celia redigiu uma versão em inglês aproximada para cada verso em latim, marcou a métrica quantitativa do verso original e decompôs cada termo latino; a partir desse material, Louis compôs poemas em inglês que emulam a sonoridade do original latino, ao mesmo tempo que tentou preservar o sentido e a ordem das palavras. O prefácio dos Zukofsky, escrito em 1961, ofereceu uma breve síntese de sua abordagem: "Esta tradução de Catulo segue o som, o ritmo e a sintaxe de seu latim – tenta, como é dito, respirar o significado 'literal' junto com ele" (Zukofsky, 1991, p.243). Recusando a prática livre e domesticadora que fixava um significado reconhecível no inglês fluente, os Zukofsky seguiram o exemplo de Pound e enfatizaram o significante para fazer uma tradução estrangeirante – ou seja, uma versão que se desviava da transparência dominante. Esse processo de estrangeirização começou pelo título, em que eles manti-

---

12 A tradução foi reimpressa, sem os textos latinos, em Zukofsky (1991), em que as datas de composição (1958-1969), são inseridas em colchetes. Cid Corman, que manteve correspondência com Louis Zukofsky e publicou algumas traduções de Catulo em sua revista *Origin*, nota que a obra tomou "ao menos oito ou nove anos de trabalho" (Corman, 1970, p.4). Celia Zukofsky mais tarde veio a esclarecer a divisão de tarefas (Hatlen, 1978, p.539, *n*.2). A influência de Pound sobre o Catulo dos Zukofsky pode ser inferida a partir de Ahearn (1987, p.200, 203, 208, 218).

veram uma versão latina que denotava uma elegância erudita e a promessa de uma especialização restrita, senão inescrutável: *Gai Valeri Catulli Veronensis Liber* (em uma tradução aproximada, "O livro de Caio Valério Catulo de Verona"). Um crítico foi levado a declarar que "o título por eles escolhido, não redigido em inglês, não se presta a elucidar nada" (Braun, 1970, p.30).

A seguir incluímos um dos breves poemas satíricos de Catulo, traduzido primeiramente por Charles Martin, cuja tradução fluente adota explicitamente a abordagem livre de Dryden, e então uma versão dos Zukofsky, cujo discurso é marcado por mudanças sintáticas abruptas, polissemia, ritmos descontínuos:

> Nulli se dicit mulier mea nubere malle
>> quam mihi, non si se Iuppiter ipse petat.
> dicit: sed mulier cupido quod dicit amanti,
>> in uento et rapida scribere oportet aqua.

> My woman says there is no one she'd rather marry
>> than me, not even Jupiter, if he came courting.
> That's what she says — but what a woman says to a passionate lover
>> ought to be scribbled on wind, on running water.
>>>> (Martin, 1990, p.xxiv)

> Minha mulher diz que não há ninguém com quem ela prefira se
>>>> casar
>> senão eu, nem mesmo Júpiter, se ele a cortejasse.
> É o que ela diz — mas o que uma mulher diz a um amante
>>>> apaixonado
>> deve ser escrito no vento, na água corrente.

A invisibilidade do tradutor

Newly say dickered my love air my own would marry me all
   whom but one, none see say Jupiter if she petted.
Dickered: said my love air could be o could dickered a man too
   in wind o wet rapid a scribble reported in water.

(Zukofsky, 1991, n.70)

Novamente digo que barganhou meu amor o ar o meu próprio
se casariam comigo todas
menos uma, ninguém vê diz Júpiter se ela acariciou.
Penetrada: disse que meu amor poderia ser ar ou poderia ter barganhado também um homem
no vento ou na corredeira úmida, um rabisco feito na água.

Embora ambas as versões possam ser consideradas paráfrases que fornecem uma aproximação razoável do sentido latino, a tradução homofônica dos Zukofsky é obviamente mais opaca, difícil, de uma forma frustrante, de ler desacompanhada e apenas um pouco mais fácil quando justaposta a uma versão transparente como a de Martin.

A opacidade da língua se deve, entretanto, não à ausência de significado, mas à liberação de múltiplos significados específicos da língua inglesa. Jean-Jacques Lecercle (1990) descreve esses efeitos da tradução homofônica como o "restante", o que ultrapassa os usos transparentes da linguagem voltada para a comunicação e a referência e pode de fato impossibilitá-los, com graus variados de violência. Como pelo menos um crítico do Catulo dos Zukofsky notou (o classicista Steele Commager), a tradução homofônica é um análogo de uma prática cultural francesa moderna, a *traduscon*, que é traduzir de acordo com o som, um método que sempre resulta em uma proliferação de ambiguidades (Commager, 1971). Na versão dos Zukofsky, a palavra latina *"dicit"*, de *dicere*, "dizer", é traduzida homofonicamente, em inglês, como *"dickered"*, que carrega um pouco do sentido de *"to say"*, se for tomado como "pechinchado" [*"haggled"*] ou "barganhado" [*"bargained"*], mas que nesse contexto erótico se torna um coloquialismo obsceno para as formas de relação sexual.[13] A sequência *"my love air"* traduz *"mulier"* ("mulher"), mas o método homofônico acrescenta a palavra inglesa *"air"*, o que por sua vez abre mais possibilidades, em especial em um texto que ceticamente compara a declaração de amor da mulher ao vento. *"Air"* também propicia um trocadilho com *"ere"*,[14] introduzindo um arcaísmo em um léxico inglês predominantemente moderno e permitindo uma construção como *"my love, ere my own, would marry me"* ["meu amor, antes meu, casaria comigo"]. O trocadilho com *"air"* confirma a observação de Lecercle de que o que resta é a persistência, no uso corrente, de formas linguísticas anteriores, "o lócus para a 'diacronia no interior da sincronia', o lugar de inscrição para as conjunturas linguísticas passadas e presentes" (Lecercle, 1990, p.215). Ele reconhece o efeito estrangeirante dessas escolhas, comparando o tradutor homofônico ao falante, para quem:

> Uma língua estrangeira é um tesouro de sons estranhos, mas fascinantes, e o falante se vê entre o desejo de interpretá-los, a

---

13 Nesse sentido, *"dickered"* equivaleria a um particípio derivado de *"dick"* (termo informal para "pênis"), expressando algo como "penetrado por um pênis". (N. T.)

14 *"Ere"* é uma forma arcaica de *"earlier"*, ou seja, "antes", "mais cedo". (N. T.)

A invisibilidade do tradutor

necessidade difusa de entender a linguagem e o desejo fascinante de brincar com as palavras, de escutar sua sonoridade, independentemente de seus significados. (Ibid., p.73)

A tradução homofônica dos Zukofsky não "interpretou" as palavras latinas no sentido de fixar um significado unívoco, fácil de reconhecer. Mas eles escutaram "sua sonoridade", e o que ouviram foi uma gama deslumbrante de línguas inglesas, dialetos e discursos que derivaram das raízes estrangeiras do inglês (grego, latim, anglo-saxão, francês) e de diferentes momentos da história da cultura de língua inglesa.[15]

Para significar a estranheza da poesia de Catulo, então, Louis Zukofsky não apenas procurou contorcer seu inglês de acordo com o texto em latim e os diversos materiais que Celia lhe forneceu; ele também cultivou a heterogeneidade discursiva que distingue a tradução modernista, liberando o restante na linguagem, recuperando formas culturais marginais para desafiar a dominante. Muitos dos textos em inglês são redigidos em uma linguagem poética do século XVI, tipicamente elisabetana, mesmo shakespeariana. Isso inclui palavras isoladas — *"hie"*[16] (n.51), *"hest"*[17]

---

15 Aprendi muito a respeito da linguagem do Catulo dos Zukofsky com os breves, porém incisivos, ensaios de Guy Davenport (1970; 1979). Ver também Gordon (1979) e Mann (1986), que apresenta, este último, uma discussão muito perspicaz sobre as questões culturais e políticas levantadas pela tradução.

16 Termo arcaico do inglês, com significado aproximado de "apressar--se". (N. T.)

17 Termo arcaico do inglês, com significado aproximado de "comandar", "ordenar". (N. T.)

Lawrence Venuti

(n.104), *"bonnie"*[18] (n.110) — mas também trechos substanciais que evocam o verso branco do drama inglês renascentista:

> Commend to you my cares for the love I love,
> Aurelius, when I'm put to it I'm modest —
> yet if ever desire animated you, quickened
> to keep the innocent unstained, uninjured,
> cherish my boy for me in his purity;
>
> (Zukofsky, 1991, n.15)

> Recomendo a você meus cuidados pelo amor que amo,
> Aurélio, quando encontro dificuldades sou modesto —
> no entanto, se algum dia o desejo o motivou, acelerou
> para manter o inocente imaculado, ileso,
> cuide de meu filho por mim em sua pureza;

> [...] Could he, put to the test,
> not sink then or not devour our patrimonies?
> In whose name, in Rome's or that of base opulence —
>
> (Ibid., n.29)

> [...] poderia ele, posto à prova,
> não afundar então ou não dizimar nossos patrimônios?
> Em nome de quem, de Roma ou da opulência vil —

> No audacious cavil, precious quaint nostrils,
> or we must cavil, dispute, o my soul's eye,

---

18 Termo arcaico do inglês, com significado aproximado de "alegre", "contente", "jovial". (N. T.)

A invisibilidade do tradutor

no point – as such – Nemesis rebuffs too, is
the vehement deity: laud her, hang cavil.

(Ibid., n.50)

Sem cavilações audaciosas, narinas pitorescas preciosas,
ou devemos cavilar, contestar, oh, olho da minha alma,
não há razão – como esta – Nêmesis também rejeita, é
a divindade veemente: louve-a, liquide a cavilação.

Há também traços de uma elegância oitocentista (*"peram-
bulate a bit in all cubicles"* ["perambular um bocado em todos os
cubículos"] [n.29], *"darting his squibs of iambs"* ["atirando seus
rebordos de iambos"] [n.36], *"tergiversator"* ["tergiversador"]
[n.71]), uma experimentação modernista, joyciana (*"harder
than a bean or fob of lapillus"* ["mais duro que um grão ou um
pingente de bagacina"] [n.23], *"O quick floss of the Juventii, form"*
["Oh, veloz fio dos Juventii, forme"] [n.24]) e uma terminologia científica emprestada da biologia e da física (*"micturition"*
["micção"] [n.39], *"glans"* ["glandes"] e *"quantum"* [n.88],
"gingival" ["gengival"] [n.97]). Por último, mas não menos
importante, há uma rica variedade de coloquialismos, alguns
britânicos (*"a bit more bum"* ["um pouco mais vagabundo"]
[n.39]), a maioria norte-americanos, selecionados de variados
períodos do século XX e filiados a diferentes grupos sociais:
"side-kick" ["parceiro"] (n.11), *"canapés"* (n.13), *"don't conk
out"* ["não apague"] (n.23), *"collared"* ["submisso"] (n.35),
"faggots" ["bichas"] (n.36), *"moochers"* ["velhacos"] (n.37),
"hunk" ["fortão"] (n.39), *"amigos"* (n.41), *"suburban"* ["su-
burbano"] (n.44), *"con"* ["vigarista"] (n.86), *"bra"* ["sutiã"]
(n.55), *"hick"* ["caipira"] (n.55), *"kid"* ["criança"] (n.56),

"*mug*" ["roubo"] (n.57), "*homo*" ["gay"] (n.81). No contexto homofônico criado pela prática de tradução dos Zukofsky, palavras individuais fazem eco, tornando-se nós de diferentes dialetos e discursos. No n.70 (citado anteriormente, na p.187), "*say*" também pode significar "por uma questão de argumento", "por exemplo", ou mesmo ser uma forma abreviada do arcaico "*save*" ["saber"]; "*see*" pode ser uma forma abreviada de "sabe?", "entende?". Essas possibilidades propiciam uma guinada enérgica e coloquial ao fraseado, misturando gírias com uma malícia elisabetana: "*Newly, say, dickered*" ["Recentemente, digamos, penetrada"]; "*none, see, save Jupiter*" ["ninguém, entende?, exceto Júpiter"]. Uma linha no n.17 – "*your lake's most total paludal puke*" ["o mais completo vômito pantanoso do seu lago"] – soa como um *hipster* adolescente dos anos 1950. Há até mesmo um traço de dialeto afro-americano ("*pa's true bro*" ["o verdadeiro irmão do pai"] [n.111], "*they quick*" ["eles se precipitam", "são rápidos em"] [n.56]), mais perceptível em uma das traduções mais fortes:

O rem ridiculum, Cato, et iocosam,
dignamque auribus et tuo cachinno.
ride, quidquid amas, Cato, Catullum:
res est ridicula et nimis iocosa.
deprendi modo pupulum puellae
trusantem: hunc ego, si placet Dionae,
protelo rigida mea cecidi.

Cato, it was absurd, just too amusing,
fit for your ears & fit to make you cackle!
You'll laugh if you love your Catullus, Cato:

A invisibilidade do tradutor

it was absurd & really *too* amusing!
Just now I came across a young boy swiving
his girlfriend, and – don 't take offense now, Venus!
I pinned him to his business with my skewer.

(Martin, 1990, n.56)

Cato, era absurdo, divertido demais,
feito para seus ouvidos & feito para fazê-lo rir!
Você vai rir se amar seu Catulo, Cato:
era absurdo & realmente divertido *demais*!
Agora mesmo deparei com um garoto fornicando
sua namorada e – não se ofenda agora, Vênus!
Eu o preguei em seu negócio com meu espeto.

O ram ridicule home, Cato, the jokes some
dig, now cool your ears so the two cock in – no.
Read: they quick, kid, almost as Cato, Catullus:
raciest ridicule it may not miss jokes.
Prehended a mode of pupa, loon boy lay
crux on to her: and cog I, so placate Dione,
pro tale, o rig it all, me I cogged kiddie.

(Zukofsky, 1991, n.56)

Oh, esmague o ridículo lar, Cato, as piadas alguns
sacam, agora relaxe seus ouvidos para que os dois penetrem – não.
Leia: eles se precipitam, garoto, quase como Cato, Catulo:
ridículo mais ousado não pode ignorar as piadas.
Presenciou um modo de pupa, garoto maluco se deita
cruza com ela: e eu eriçado, tão aplacada Dione,
pró-conversa, oh, arreie tudo isso, a mim eu ericei garoto.

Lawrence Venuti

O âmbito restrito do léxico moderno de Martin é observado no uso que faz de *"swiving"* ["fornicando"], que aqui parece menos o arcaísmo que de fato é (chauceriano) do que um eufemismo educado para o ato sexual, comparável a *"business"* ["negócios"] ou *"skewer"* ["espeto"]. A versão homofônica dos Zukofsky mais uma vez alterna abruptamente os registros discursivos, da gíria contemporânea (*"dig"* ["sacar"], *"cool"* ["relaxar"]) a construções pseudoarcaicas (*"it may not miss jokes"* ["não pode ignorar as piadas"]), termos científicos (*"pupa"*), elisabetanos (*"cog"* ["eriçar"]), até o coloquialismo contemporâneo (*"kiddie"* ["garoto"]). Essas alternâncias são estrangeirantes porque, ao desviarem da transparência, obrigam o leitor anglófono a confrontar um Catulo que consiste nas mais extremas diferenças linguísticas e culturais, incluindo a autodiferença — uma tendência autocrítica que questiona a fonte de sua própria diversão (a frase censurável, *"the jokes some dig"* ["as piadas alguns sacam"]) e aponta para o próprio descomedimento sexual, sugerindo até uma relação homoerótica entre ele e Cato (*"they quick, kid, almost as Cato [and] Catullus"* ["eles se precipitam, garoto, quase como Cato [e] Catulo"]). Esse tipo de autoconsciência é tão tênue que não é encontrada nem na versão latina (*"ride, quidquid amas, Cato, Catullum"*), nem na de Martin (*"You'll laugh if you love your Catullus, Cato"* ["Você vai rir se amar seu Catulo, Cato"]). O objetivo de Martin era a evocação da "voz do poeta" (Martin, 1990, p.xiii), e isso significava uma domesticação fundamental que fixou um significado claro e modernizado no texto latino ao atribuir a Catulo o dialeto inglês padrão pontuado por gírias estranhas ou arcaísmos; o objetivo dos Zukofsky de se aproximar da sonoridade latina os levou a

A invisibilidade do tradutor

soar as muitas vozes, dentro e fora do padrão, que constituem a fala e a escrita em inglês.

A heterogeneidade discursiva do Catulo dos Zukofsky mescla o arcaico e o atual, o literário e o técnico, o elitista e o popular, o profissional com formação universitária e o operário, a escola e a rua. Em seu resgate de discursos marginais, essa tradução atravessa inúmeras fronteiras linguísticas e culturais, encenando "o retorno, no interior da linguagem, das contradições e lutas que produzem o social" (Lecercle, 1990, p.182), expondo a rede de afiliações sociais que são mascaradas pelo efeito ilusionista da transparência. E, uma vez que o Catulo dos Zukofsky chama a atenção para as condições sociais de seus próprios efeitos pertinentes à língua inglesa, ele questiona a aparência unificada própria do inglês em versões fluentes como a de Martin, mostrando, em vez disso, que

> quando falamos de "inglês", falamos de uma multiplicidade de dialetos, registros e estilos, da sedimentação de conjunturas passadas, da inscrição de antagonismos sociais como antagonismos discursivos, da coexistência e contradição de vários arranjos coletivos de enunciados, da interpelação de sujeitos no interior de aparatos corporificados em práticas linguísticas (escolas, mídia). (Ibid., p.229)

O resgate do marginal no Catulo dos Zukofsky desafia o ilusionismo de versões como a de Martin, em que um dialeto inglês padrão e o discurso de tradução dominante (isto é, a transparência) aparecem como as opções mais apropriadas para o texto latino, os meios para estabelecer uma verdadeira equivalência. A tradução dos Zukofsky mostra, ao contrário, que

Lawrence Venuti

essas formas culturais próprias da língua inglesa não são tão "certas" quanto são conservadoras, empenhadas na manutenção das normas linguísticas e dos cânones literários existentes e, portanto, exclusivas de outras formas culturais. O esforço dos Zukofsky para incorporar o marginal faz sua tradução parecer estranha em inglês porque ela é abusiva, não apenas do discurso transparente, mas também do texto em latim. Pois não pode haver dúvida de que sua versão, por mais "aproximada" que seja do latim, representa uma violência etnocêntrica em sua imposição de efeitos de tradução que funcionam apenas em inglês, em uma cultura literária anglófona. Eles, no entanto, assumem a responsabilidade por essa violência ao abrir o dialeto padrão para o não padrão a partir de um autor canônico, perturbando as hierarquias linguísticas e literárias do inglês.

Essa tradução certamente pareceu estranha aos resenhistas, que, com raras exceções, a criticaram nos termos mais duros possíveis. E a sensação de estranheza foi medida, não surpreendentemente, em contraste com os cânones da tradução fluente, que vários comentaristas formularam de modo a deixar claras suas origens no final do século XVII e no século XVIII. Na *Grosseteste Review*, uma revista inglesa quase sempre simpática à poética modernista, Hugh Creighton Hill criticou o Catulo dos Zukofsky por violar a prática de tradução domesticadora favorecida por Johnson: "De acordo com Samuel Johnson, o dever [do tradutor] é transformar uma língua em outra enquanto se mantém o sentido; daí que a principal razão [para traduzir] seria apresentar o significado de um escritor, de outra forma incompreensível, em termos reconhecíveis" (Hill, 1970, p.21). Em *Arion*, um periódico acadêmico dedicado à literatura clássica, Burton Raffel ecoou uma série de teóricos da tradu-

A invisibilidade do tradutor

ção inglesa, de Dryden a Tytler, ao sugerir que traduzir Catulo exigia "(a) um poeta, e (b) a capacidade de se identificar, de quase *ser* Catulo por um período prolongado" (Raffel, 1969, p.444). Raffel rendeu elogios ao Catulo de Peter Whigham, de 1966, por alcançar a domesticação que Denham e Dryden recomendaram: "é reconhecível da forma que Catulo poderia ter dito, se ele estivesse vivo e saudável em Londres" (ibid., p.441). A valorização da transparência por parte de Raffel lhe permitia apreciar, na versão dos Zukofsky, apenas as instâncias em que o efeito ilusionista da presença autoral era mais forte; e novamente os termos de seu elogio lembravam os de incontáveis críticos de tradução ingleses durante o Iluminismo: "A tradução de Zukofsky [de 2a] é fácil, graciosa; tem um ar de confiança e se aquece ao toque à medida que se o lê de novo e de novo" (ibid., p.437). Na *Poetry Review*, o poeta e tradutor Nicholas Moore concordou com Raffel – e com os pressupostos humanistas de seus antepassados iluministas: "Obter de fato o espírito de um original demanda um parentesco de temperamento e até mesmo de estilo ao longo do tempo, da língua, da nacionalidade e do meio" (Moore, 1971, p.182). Moore também julgou a versão dos Zukofsky em relação à recepção da poesia de Catulo no século XVIII, enaltecendo "a simplicidade essencial" dos textos latinos, enquanto inadvertidamente expunha a domesticação em ação nessa leitura, em uma comparação com vários poetas ingleses: Catulo, acreditava Moore, era "uma espécie de híbrido de Herrick e Burns com a agudeza de Pope e a liberdade da Restauração lançada aqui e ali" (ibid., p.180). Esses comentários demonstram com bastante clareza que, mesmo no final dos anos 1960 e início dos 1970, os cânones seculares da tradução fluente continuavam a dominar as culturas literárias britânica e norte-americana.

O fato é que o Catulo dos Zukofsky representou uma ameaça cultural para os resenhistas que não lhe eram simpáticos, levando-os a fazer declarações explícitas, extremas e um tanto contraditórias sobre o valor do discurso transparente. Na revista literária *Chelsea*, Daniel Coogan, professor de línguas estrangeiras na City University de Nova York, afirmou que "não encontra muitos elogios para essa tradução", porque "é um princípio essencial da poesia que se seja claro" (Coogan, 1970, p.117). Na *New Statesman*, o poeta inglês Alan Brownjohn exaltou a versão então recente do Catulo de James Michie como "uma performance de imensa lucidez e ritmo", enquanto atacava a dos Zukofsky como "amarrada, desajeitada, túrgida e, em última análise, tola" (Brownjohn, 1969, p.151). A demanda por inteligibilidade imediata foi tão frequente nas resenhas que palavras como "algaravia", "ilegível" e "maluca" são repetidamente aplicadas à tradução dos Zukofsky. Para Robert Conquest, em texto publicado na *Encounter*, levar o projeto "a sério" da forma que eles o fizeram "é sentir a brisa gélida dos abismos da irracionalidade" (Conquest, 1970, p.57).

As análises, porém, também testemunham a insensatez da transparência. Depois de ter afirmado que "Não sou tão ingênuo a ponto de acreditar que não tenho também minhas próprias teorias de tradução!", Raffel se contradiz ao concluir que "a tradução não pode ser realizada sob a égide de uma teoria, mas apenas sob a proteção da Musa, que tolera a teoria, que pode se valer da loucura, mas que não perdoa o fracasso no desempenho" (Raffel, 1969, p.437, 445). Raffel questionou

A invisibilidade do tradutor

se a "teoria" da tradução dos Zukofsky tinha alguma utilidade, fosse estética, escolar ou outra. Ainda assim, em vez de racionalizar o uso que considerou mais desejável, ele se voltou para uma afirmação anti-intelectual do valor estético como evidente, a Musa mistificadora que transcende as limitações do tempo e do espaço, as diferenças de linguagem e cultura. Ele, como Coogan e Brownjohn, estava disposto a permitir apenas aquele tipo de "desempenho" da tradução que esconde seus próprios pressupostos e valores com o efeito ilusionista da transparência. O anti-intelectualismo de Raffel se manifestou não apenas em sua preferência pelo julgamento generalista a respeito do argumento teoricamente nuançado, mas também em sua suposição um tanto irrefletida de que o discurso transparente realmente representa o texto estrangeiro ou, de fato, o autor estrangeiro: "ninguém deveria ter feito esse livro: ele não funciona, e não é nem tradução nem Catulo" (ibid., p.445).

A preocupação de Raffel com relação ao valor de uso do trabalho dos Zukofsky revelou que ele igualava tradução a domesticação; o Catulo dos Zukofsky era estrangeirizado, com alto valor de abuso. Nicholas Moore queixou-se da mesma forma, alegando que a tradução dos Zukofsky "não se relaciona com o presente de forma real" (Moore, 1971, p.185), ignorando os léxicos contemporâneos nos quais ela se baseia e deixando de admitir o largo investimento que ele próprio fazia em um dialeto estreitamente padrão da língua inglesa, inclinado para o britanismo. Ele exemplificou seu discurso privilegiado ao traduzir vários poemas de Catulo e publicar suas versões junto de sua crítica. Eis aqui o n.89 acompanhado de sua tradução e da dos Zukofsky:

Lawrence Venuti

Gellius est tenuis: quid ni? cui tam bona mater
       tamque valens uiuat tamque venusta soror
tamque bonus patruus tamque omnia plena puellis
       cognatis, quare is desinat esse macer?
qui ut nihil attingat, nisi quod fas tangere non est,
       quantumuis quare sit macer invenies

Coldham is rather run-down, and who wouldn't be!
With o kindly and sexy a mother,
With a sister so sweet and lovable,
With a kindly uncle and such a large circle of
Girl-friends, why should he cease to look haggard?
If he never touched any body that wasn't taboo,
You'd still find dozens of reasons why he should look haggard!
                    (Moore, 1971)

Coldham está bastante desgastado, e quem não estaria!
Com uma mãe gentil e sensual,
Com uma irmã tão doce e adorável,
Com um tio gentil e tão grande círculo de
Amigas, por que ele deveria deixar de parecer abatido?
Se ele nunca tivesse tocado em um corpo que não fosse tabu,
Você ainda encontraria dezenas de motivos pelos quais ele deve
                    parecer abatido!

Gellius is thin why yes: kiddin? quite a bonny mater
       tom queued veil lanced *viva*, tom queued Venus his sister
tom queued bonus pat "truce unk," tom queued how many plenum
                pullets
       cognate is, query is his destiny *emaciate*?

A invisibilidade do tradutor

Kid if he only tingled not seeing what dangler's there, honest
can't he wish where *thin* sit maker envious.

(Zukofsky, 1991)

Gélio é magro, por que sim: brincadeira? uma bela mãe
macho enfileirou véu lançado *viva*, macho enfileirou Vênus,
sua irmã
macho enfileirou bônus oportuno "trégua tio", macho enfileirou
uma profusão de frangas
cognato é, indagar é o seu destino *puir*?
Garoto se ele apenas vibrasse sem ver o que balança ali, sério
ele não desejaria no que inveja o *magrinho* que faz sentar.

Na verdade, Moore recomendava uma anglicização completa do texto latino, inclusive com o emprego do inglês mais atual ("*sexy*") e substituindo o nome latino por um que soasse britânico ("Coldham"). A versão dos Zukofsky oferecia sua estranha combinação de arcaísmo ("*bonny*" ["bela"]), britanismo ("*queued*" ["enfileirado"]), coloquialismo americano ("*bonus*", "*unk*" [forma abreviada de "*uncle*", "tio"]) e palavras de procedência latina, tanto populares ("*viva*", como em "*Viva Gellius' mother*" ["Viva a mãe de Gélio"]) quanto científicas ("*plenum*"[19]). A heterogeneidade discursiva impede que o leitor confunda o texto inglês com o latino; de fato, insiste em sua simultânea independência e inter-relação (por homofonia), ao passo que a fluência de Moore obscurece essas distinções, convidando o leitor a tomar uma versão domesticada como se

---

19 Em física, usa-se, em inglês, o termo latino "*plenum*" para designar um espaço totalmente preenchido por matéria. (N. T.)

fosse o "original" e ignorar as diferenças linguísticas e culturais em jogo aqui.

A marginalidade de projetos de tradução modernistas como o dos Zukofsky se estendeu pelas décadas seguintes, tanto na academia quanto fora dela. Não apenas as inovações do modernismo inspiraram poucos tradutores de língua inglesa como as críticas que essas inovações receberam eram moldadas pelo predomínio ininterrupto do discurso da transparência – o que vale dizer que foram tratados com desdém, mesmo pela incipiente disciplina acadêmica dos estudos da tradução. Isso fica aparente em *Digging for the Treasure: Translation after Pound*, de Ronnie Apter.

Apter buscou distinguir as realizações de Pound como poeta-tradutor daquelas de seus predecessores vitorianos e, em seguida, mensurar sua influência sobre a tradução de poesia anglófona posterior, principalmente nos Estados Unidos. Mas ela não simpatizava com as experiências modernistas mais ousadas. Embora sua discussão incluísse muitos tradutores, famosos e obscuros (Kenneth Rexroth, Robert Lowell, Paul Blackburn, W. S. Merwin), ela ignorou por completo o Catulo dos Zukofsky, preferindo, em vez disso, comentar a versão coloquial e livre do oitavo de Catulo que Louis Zukofsky tinha incluído em seu volume de poemas, *Anew* (1946). Para Apter, o que havia de relevante nessa versão era a evocação de uma voz discursiva familiar, sua ilusão de transparência: "o efeito recria a dor de Catulo como se ele estivesse vivo hoje" (Apter, 1987, p.56). Em linha com muitos outros resenhistas e críticos, ela também professou maior admiração pela "Major Personae" de Pound do que pelas traduções interpretativas nas quais ele

A invisibilidade do tradutor

levou seu discurso a extremos heterogêneos. "Seus experimentos de tradução são interessantes", observou ela, "mas nem sempre bem-sucedidos" (ibid., p.67).

O critério de "sucesso" aqui é tradução fluente e domesticadora, em que as mudanças discursivas são discretas, quase imperceptíveis, e o uso corrente não é desfamiliarizado por formas não padronizadas. Assim, Apter estimava as traduções provençais de Blackburn porque "ele desenvolve uma dicção em que tanto os coloquialismos modernos quanto os arcaísmos deliberados parecem estar em casa" (Apter, 1987, p.72). Mas, por sua vez, a versão de Pound para "L'aura amara", de Arnaut Daniel, "é marcada por excursões pseudoarcaicas" e representações "ridículas", o que faz delas "às vezes maravilhosas e às vezes insuportavelmente horríveis" (ibid., p.70, 71, 68). Apter definitivamente comungava em parte com a agenda cultural modernista, notadamente na "ênfase na paixão e no intelecto combinados". E ela chegou mesmo a inscrever essa agenda nas traduções de Pound ao classificar suas versões de Daniel como "ao estilo de Donne", fazendo uso da leitura de T. S. Eliot a respeito da poesia "metafísica" para descrever uma tradução em inglês de um texto provençal e, então, ingenuamente concluir que foi Pound, e não ela, quem "fez uma comparação não de todo bem-sucedida entre Arnaut Daniel e John Donne" (ibid., p.71). O tipo de tradução preferido por Apter, entretanto, não era o modernista, mas o iluminista, não o historicista, mas o humanista, sem o efeito de distanciamento do estrangeiro, transparente. Ela enalteceu a versão de Burton Raffel para *Sir Gawain and the Green Knight* porque "Raffel tem um talento especial para fazer seus leitores se identificarem com as emoções

455

dos personagens do século XIV", que chegam a "parecer, todos eles, demasiado humanos" (ibid., p.64).[20]

III. A formação de um poeta-tradutor modernista

A reação contra o modernismo na tradução em inglês durante o período pós-guerra limitou as opções do tradutor e definiu seus interesses culturais e políticos. A maioria dos tradutores escolheu uma prática fluente e domesticadora que reduzia o texto estrangeiro aos valores culturais dominantes na cultura de língua inglesa, acima de tudo, o discurso transparente, mas também uma gama variada de conceitos, crenças e ideologias que eram igualmente dominantes nas culturas britânica e norte--americana da época (monoteísmo judaico-cristão, humanismo iluminista, elitismo cultural). Os poucos tradutores que optaram por resistir a esses valores por meio da adoção de

---

20 Não surpreende que Raffel tenha resenhado o estudo de Apter muito favoravelmente (Raffel, 1985). E, embora seu próprio estudo sobre a obra de Pound (id., 1984) inclua um capítulo sobre as traduções, ele omite por completo qualquer discussão sobre as versões de Cavalcanti e Daniel. Ver também a avaliação negativa de Lefevere sobre o Catulo dos Zukofsky (Lefevere, 1975, p.19-26, 95-6). "O resultado", concluiu Lefevere, "é uma criação híbrida de pouca utilidade para o leitor, testemunhando, na melhor das hipóteses, o virtuosismo linguístico e a inventividade do tradutor" (ibid., p.26). O trabalho posterior de Lefevere tinha a intenção de ser "descritivo", em vez de "prescritivo", por isso ele se absteve de julgar o Catulo dos Zukofsky, embora tenha apontado que a versão "nunca alcançou mais do que uma certa notoriedade como uma curiosidade condenada a não ser levada a sério" (Lefevere, 1992a, p.109).

A invisibilidade do tradutor

uma prática estrangeirante, abraçando as estratégias pioneiras de Pound para significar as diferenças linguísticas e culturais do texto estrangeiro, encontraram condenação e rejeição. O modo como essa conjuntura cultural restringiu a atividade de tradução, as formas de resistência que um tradutor modernista poderia adotar à margem das culturas literárias anglófonas são claramente ilustradas pela carreira do poeta norte-americano Paul Blackburn (1926-1971). A questão primordial nesta avaliação da carreira de Blackburn é dupla: como seus projetos de tradução chegaram a superar o predomínio da transparência e outros valores na cultura norte-americana do pós-guerra? E em que medida ele pode servir de modelo de como resistir a esse predomínio?

Pound desempenhou um papel crucial na formação de Blackburn como poeta-tradutor. Foi sob a influência de Pound que ele começou a estudar poesia trovadoresca provençal em 1949-1950, quando era estudante de graduação na Universidade de Wisconsin. O relato de Blackburn, registrado em uma entrevista concedida cerca de dez anos depois, compartilhava do ceticismo com relação às instituições acadêmicas que Pound expressou em muitas ocasiões, em particular a visão de que os currículos existentes não incluíam formas poéticas precedentes que foram validadas por uma agenda cultural modernista. Blackburn se apresentou como defensor do modernismo, forçando uma revisão no currículo da universidade ao resgatar programas de cursos mais antigos:

O que me motivou a começar os estudos de provençal foi ler críticas a respeito em *The Cantos* e não conseguir entender, o que me deixava incomodado. O provençal não era ensinado em

Lawrence Venuti

Wisconsin desde a década de 1930, então encontrei o professor [Karl] Bottke, um medievalista de lá, que se ofereceu para ser meu tutor. Eu precisava do curso para obter os créditos, e para dar créditos ele precisava de cinco alunos. Consegui oito e fizemos um curso muito bom. (Ossman, 1963, p.22)

Uma das colegas de classe de Blackburn, a irmã Bernetta Quinn, que posteriormente dedicou vários estudos críticos à obra de Pound, descreveu o curso como um esforço "para agir de acordo com as orientações de seu mestre" em obras como *The Spirit of Romance* (Quinn, 1972, p.94). Ela também observou que a emulação do "mestre" realizada por Blackburn evoluiu para um projeto de tradução: "Muitos de nossos trabalhos de classe, refinados, apareceram, em 1953, no *Proensa* de Blackburn, uma revelação da beleza encontrada na canção do trovador 'renovada' e uma homenagem à influência de Pound" (ibid.).

Publicado pela Divers Press, do poeta Robert Creeley, com sede em Maiorca, *Proensa* foi uma tradução bilíngue de onze textos de sete poetas provençais. Foi com base nessa obra que Blackburn recebeu uma bolsa Fulbright para continuar seus estudos provençais na Universidade de Toulouse em 1954-1955. Quando a bolsa terminou, ele permaneceu na Europa mais alguns anos, primeiramente dando aulas de conversação em inglês em Toulouse enquanto pesquisava manuscritos e edições provençais em bibliotecas francesas e italianas; mais tarde ele viveu em cidades na Espanha e Maiorca, escrevendo seus próprios poemas e traduzindo. Em 1958, havia produzido um volume substancial de traduções de poesia trovadoresca.

A invisibilidade do tradutor

Como observou em um cartão-postal endereçado a Pound (datado de "IV.17.58"),

I have the anthology of troubadours licked now. 105 pieces (cut from 150 – and want to bet they'll want to cut it more?). But the *works*, fr. Guillem. to Cardenal, Riquier and Pedro de Aragon. (1285). 8 years on this job. I have an extra carbon without notes, if you will send it back after a bit. Just say you care to see it.[21]

Selei agora a antologia dos trovadores. 105 peças (selecionadas de um conjunto original de 150 – e quer apostar que eles vão querer cortar mais?). Mas as *obras*, de Guillem a Cardenal, Riquier e Pedro de Aragon. (1285). 8 anos neste trabalho. Eu tenho um carbono extra sem as notas, se você me devolver em breve. Apenas diga se você tem interesse em ver.

Talvez o momento mais decisivo no aprendizado de Blackburn como poeta-tradutor modernista tenha se dado em sua correspondência com Pound. Começando em 1950 e continuando até 1958, Blackburn escrevia a Pound em St. Elizabeth's e, depois de se mudar para Nova York, chegou a

---

21 Cito a correspondência entre Blackburn e Pound a partir de Paul Blackburn, Letters to Ezra Pound, Collection of American Literature, Beinecke Rare Book and Manuscript Library, Yale University, e Ezra and Dorothy Pound, Letters to Paul Blackburn, Paul Blackburn Collection, Archive for New Poetry. Nenhuma das coleções contém as primeiras cartas de Blackburn para Pound, em 1950. Algumas das correspondências são datadas, seja pelos correspondentes ou pelos arquivistas; as datas que conjecturei com base em evidências internas são indicadas com um ponto de interrogação. Minha leitura da relação de Blackburn com Pound se deve a Sedgwick (1985).

visitá-lo vez ou outra. Junto com as cartas, Blackburn quase sempre enviava a Pound suas traduções, buscando críticas detalhadas, palavra por palavra, bem como respostas a questões específicas a respeito dos textos provençais. A primeira resposta de Pound, rabiscada em uma única folha de papel, encorajava Blackburn a desenvolver um discurso de tradução que "se modernizasse, de Joyce a Ford" (10 fev. 1950). Mais tarde, Pound endossou explicitamente as traduções de Blackburn, instruindo Dorothy Pound a escrever que "você tem uma sensibilidade notável para o provençal e deve segui-la" e, em seguida, providenciou a publicação de uma de suas versões. Em um texto datilografado anexado à carta de Dorothy, Pound escreveu: "'Ab l'alen' [de Peire Vidal] praticamente aprovado para que Ezra o envie ao editor que paga QUANDO publica" (12 ago. 1950).

Mais importante ainda, as cartas de Pound instruíam Blackburn na agenda cultural modernista. Na primeira resposta que Pound lhe enviou, atacava o uso da linguagem nos Estados Unidos do ponto de vista da poética modernista:

> The fatigue,
> The ", my dear Blackpaul,
> of a country where no
> exact statements are
> ever made!!
>
> > (10 fev. 1950)

> A fadiga,
> O ", meu caro Blackpaul,
> de um país onde nenhuma
> afirmação exata é
> jamais feita!!

A invisibilidade do tradutor

Pound sugeriu que Blackburn lesse certos trovadores a partir de prismas modernistas: "Pieire Cardinal não se escondia sob o esteticismo" (s.d., 1957?); "Experimente Sordello" (1º dez. 1950). Ele recomendou a Blackburn que fosse conhecer outros poetas modernistas que viviam em Nova York, como Jackson MacLow (4 jul. 1950). E exortou Blackburn a estudar história cultural e econômica "para dispor as coisas EM algo", para situar suas traduções provençais em um contexto histórico (25 jan. 1954?). Pound insistentemente criticava as instituições acadêmicas por não ensinarem uma percepção histórica e às vezes até testar os conhecimentos de Blackburn sobre figuras históricas:

> Ignorance of history in univ/ grads/ also filthy, blame not the pore stewwddent, but the goddam generations of conditioned profs/ /// thesis fer Sister B/ : absolute decline of curiosity re/ every vital problem in U,S. educ/ from 1865 onward. whentell did Agassiz die? anyhow.) (20 mar. 1950)

> Ignorância da história em univ/ grads. também imundas, culpam não os pobris ezztudantiis, mas as malditas gerações de profs condicionados/ /// tese da Irmã B/ : declínio absoluto da curiosidade ref/ a todos os problemas vitais na educação dos EU,A / de 1865 em diante. quandodiga Agassiz morreu? de toda forma.)

A percepção histórica que Pound ensinava nessas cartas evitava qualquer redução generalista do passado ao presente, bem como qualquer redução do presente ao passado. O primeiro levava a "'modernizar'/ currículos, i.e., excluir qualquer

Lawrence Venuti

pensamento básico de TODAS as malditas univs" (20 mar. 1950), ao passo que o último levava a um antiquarismo sem relevância contemporânea: "a mera filologia retrospectiva NÃO tem vitalidade" (1957?). A "vitalidade" provinha da permissão à diferença histórica de culturas precedentes para desafiar a conjuntura cultural contemporânea. "BLACKBURN", escreveu Pound, "poderia incutir um pouco de vida nisso SE ele/ quisesse/ estender sua curiosidade", e então sugeriu uma referência: *Law of Civilization and Decay* (1895), do historiador Brooks Adams: "Vide Brooks Adams/ Civ/ & Dec reimpressão da Knopf! p.160" (25 jan. 1954?).

O fato de que Blackburn aprendia com essa correspondência fica claro em sua resenha, de 1953, do estudo de Hugh Kenner, *The Poetry of Ezra Pound*. Blackburn descreveu as "posições mais fortes e criticadas de Pound": sua "apreciação da inteligência honrosa em oposição à astúcia material dos usurários" e "sua insistência na definição e na exatidão em oposição à confusão, o obscurecimento deliberado de fatos e a falsidade absoluta" (Blackburn, 1953, p.217). Nessa crítica bastante negativa, Blackburn afetou um tom ranzinza que soava patentemente como Pound, questionando a decisão de Kenner de criticar os críticos de *The Cantos*: "Ele afunda a boca cheia de dentes naqueles lobos consumidos por traças, jornalismo e educação, e aquela outra matilha de cães idosos que correm com o que ele chama de 'a imprensa literária afetada' e então começa a espancá-los" (ibid., p.215). A pergunta que Blackburn dirigiu a Kenner, bem como a todos os leitores da poesia de Pound, foi

por que perder tempo com idiotas? Direcione seu esforço honesto de maneira positiva, trabalhe honestamente, eduque desde

A invisibilidade do tradutor

o topo, onde houver topo. Kong diz: "Não se pode tirar *toda* a sujeira do solo antes de plantar as sementes". (Ibid., p.216)

Blackburn parece estar aludindo ao confucionismo de Pound expresso em *The Cantos* ("Kong diz"),[22] uma alusão que escala Blackburn no papel de Pound, estabelecendo um processo de identificação para o crítico (um aspirante a poeta-tradutor), mas de uma forma perceptível para o leitor da crítica, entendida como pose. A correspondência deixa ainda mais intrincada a alusão ao revelar outro nível de identificação, mais competitivo: essa passagem da crítica de Blackburn é um plágio; o tom, as ideias e até as palavras são na verdade de Pound. Blackburn estava citando uma das cartas de Pound endereçadas a ele, embora sem o declarar:

Acc/ Kung : not necessary to take all the dirt out of
the field before yu plant seed.

Hindoo god of wealth inhabits cow dung. Del Mar: gold min-
ing not
only ruins the land, it ruins it FOREVER. No reason to
sleep on a middan.
bombs no kulchurl value.
IF possible to educate from the top??
where there is any top, but at least from where one IS.

(12 ago. 1950)

---

22 Confúcio é conhecido como "Mestre Kong", de acordo com a forma transliterada mais comum em português, enquanto a transliteração da língua inglesa o grafa, em geral, como "Kung". (N. T.)

Lawrence Venuti

De ac c/ Kong : não é necessário tirar toda a sujeira do
campo antes de plantar a semente.

O deus hinduu da riqueza habita esterco de vaca. Del Mar: mi-
neração de ouro não
só arruína a terra, a arruína para SEMPRE. Não há razão para
dormir num cascau.
bombas sem valor kulturau.
SE possível educar a partir do topo??
onde existir topo, mas ao menos de onde se É.

A instrução em forma de adágio que Pound deu a Blackburn – *"Acc/ Kung"* ["De acordo com Kong"] – parece sugerir que os materiais culturais preexistentes são "necessários"
para inovações, por mais regressivos que eles possam parecer
("a sujeira"). E, de fato, esse paradoxo é significado na linguagem fragmentada de Pound, "Acc/ Kung", um trocadilho com
"Achtung" ("atenção") que tornou o ditado ao mesmo tempo
chinês e alemão, um resgate do confucionismo com um tom
fascista – a ressonância tópica de *"Achtung"* teria sido mais
proeminente, e mais significativa em termos ideológicos, para
um leitor de língua inglesa na era da Guerra Fria. A crítica de
Blackburn transformou essa passagem da carta de Pound em
uma diretriz para que o crítico consentisse que a conjuntura
cultural corrente, embora regressiva, determinasse o "trabalho
necessário", o tipo de comentário que tornará essa situação
mais favorável à poesia de Pound (Blackburn, 1953, p.215).
No caso de Kenner, isso significava educar os educadores ("o
topo") sobre "a forma ou técnica ou os materiais" de Pound,
"ou o que deles se segue, a que levam eles" (ibid.). Blackburn
acusou Kenner de manter "uma relação de discípulo muito sim-

A invisibilidade do tradutor

plista", enquanto o próprio Blackburn era provável exemplo de uma forma mais complexa dessa relação, perceptível, como sabemos, agora, por suas citações plagiadas das cartas de Pound.

Nesse plágio, Blackburn, a um só passo, assumiu e qualificou a identidade de Pound, recomendando uma apropriação estratégica do modernismo em um momento em que este ocupava uma posição marginal na cultura norte-americana. A estratégia de Blackburn exigia um questionamento da política cultural modernista de Pound, revisando-a para intervir em uma situação social posterior. Ele acusou Kenner de acatar de forma "acrítica" o modernismo de Pound,

> sem confrontar os eixos econômicos e sociais de sua crítica e as conclusões que deles decorrem. O poeta, este poeta, enquanto reformador econômico e social, é um dilema que todos devemos encarar em algum momento. Deve ser enfrentado antes que possa ser posto em prática. O problema não pode ser ignorado, assim como não o será qualquer intento de fazer engolir de forma acrítica os fatos e as teorias do homem. E é inútil e ignorante abusar dele, pura e simplesmente. Há mais de um hospício em Washington atualmente. (Blackburn, 1953, p.217)

A troca de correspondências mostra que a identidade de Blackburn como poeta-tradutor não era apenas modernista, mas masculinista. Foi construída com base em uma rivalidade edipiana com Pound, na qual Blackburn buscava a aprovação e o incentivo de seu pai poético em cartas francas e íntimas que vinculavam seus escritos a suas relações sexuais com mulheres. A natureza edipiana dessa rivalidade molda, na troca de mensagens, o autorretrato boêmio de Blackburn, seus desvios da respeitabilidade burguesa, seu uso ocasional de obscenidades

Lawrence Venuti

("*The defense is to not give a fuck*" ["A defesa é pouco se foder"]). Suas cartas imitavam o coloquialismo áspero das de Pound, mas excediam em muito seu valor de choque (Pound não vai além de "*goddam*" ["maldição/droga/caramba"]). Depois que Pound escreveu dizendo ter enviado a versão de Blackburn de "Ab l'alen", de Peire Vidal, a um editor (12 ago. 1950), a resposta de Blackburn deixou explícita a configuração edipiana de sua identidade autoral:

T H A N K Y O U, P O U N D. And the dry season is over! Have been sitting here trying to divert me by reading. NG. Other diversions physical better for the health et alli. Going to sources like sex and finally getting it relaxed and fine and broke the drought in a shower of somethingorother. Pure peace: to go into a woman relaxed, i.e. in control of the tensions; to sit and write again, i.e. in control of the tensions. So up and about and seeing and doing and feeling. (início set. 1950?)

O B R I G A D O, P O U N D. E a seca passou! Sentado aqui tentando me distrair com a leitura. ND. Outras diversões físicas melhores para a saúde et alli. Ir a fontes como sexo e, por fim, deixá-lo relaxado e bem e acabei com a seca numa ducha de umacoisaououtra. Pura paz: penetrar uma mulher relaxado, i.e., controlando as tensões; sentar e escrever de novo, i.e., controlando as tensões. Tão pujante e vendo e fazendo e sentindo.

Embora essa notável passagem se inicie com Blackburn agradecendo a Pound "pelo prático incentivo" de enviar a tradução, ela logo começa a sugerir que o próprio Blackburn "acabou com a seca" em sua escrita por meio do "sexo". Blackburn não desafia Pound de forma direta: uma coisa interessante na

A invisibilidade do tradutor

passagem é a evidente omissão de quaisquer pronomes de primeira pessoa que indiquem a agência de Blackburn. Essa passagem constrói apenas uma posição de sujeitado, a Pound, como o poeta culturalmente poderoso. No entanto, um agente aparece na súbita quebra sintática em "acabei com a seca", que presume um "eu", distinto de Pound, e assim sugere a competição sexual subjacente à identidade de Blackburn como poeta-tradutor. Essa identidade é fundamentalmente uma construção patriarcal que coloca a mulher como um objeto da sexualidade masculina, para que Blackburn possa recuperar seu "controle" sobre sua escrita. A exploração sexual de "uma mulher" desloca a dependência literária que Blackburn tem com relação a Pound.

Poucos meses depois, em seu aniversário de 25 anos, Blackburn escreveu uma longa carta a Pound, dando continuidade a essa relação entre a escrita e a sexualidade. Dessa vez, outro escritor canônico é invocado, e as parceiras sexuais se multiplicam:

> A month ago, three weeks, something, I got rid of two girl friends, picked fights, having adequate reasons, broke off. A month later both grace my bed at intervals, much more secure because of the honesty regained in theirs and my reassessments. One doesn't break off relationships. Stories don't end. Shxpr knew and killed off all his major characters, ending THEIR story: la seule methode effectif. (24 nov. 1950)

> Há um mês, três semanas, algo assim, me livrei de duas amigas, comecei a brigar, por motivos adequados, terminei. Um mês depois, ambas agraciavam minha cama de tempos em tempos, muito mais seguras por causa da honestidade recuperada em suas, e minhas, reavaliações. Não se terminam relacionamentos.

As histórias não acabam. Shxpr [Shakespeare] bem o sabia e matava todos os seus personagens principais, encerrando a história DELES: *la seule methode effectif* [o único método eficaz].

Blackburn está mais uma vez "no controle", desenvolvendo seu próprio conceito, sexualmente pujante, de "honestidade", escrevendo sua própria narrativa, bem como a de suas "amigas", aqui comparadas a personagens shakespearianas, da forma como ele o é a Shakespeare.

Eis o duplo triângulo da identidade autoral de Blackburn: a rivalidade com Pound é trabalhada por meio de um domínio sexual sobre as mulheres e uma identificação com outros escritores canônicos:

> Funny thing, fear of death, I am twenty-five on this
> date. Seen, faced, lived with, worked with, d e a t h. We are all
> familiars with it, the twenty-five to thirty group. Somewhat,
> someh o w.
> The defense is to not give a fuck.
> I am defenseless.
> I care about too much.
> Your position too. Why you are where you are.
> Elective affinities. Good title. (G. was afraid of his genius.)
> (Loved many worthy and unworthy women and married – his
> housekeeper.)
>
> (Ibid.)

Coisa engraçada, medo da morte, tenho vinte e cinco anos
hoje. Vista, encarada, convivida, trabalhada, m o r t e. Somos todos
familiarizados com ela, o grupo de vinte e cinco a trinta. De alguma forma, de algum jei t o.

A invisibilidade do tradutor

A defesa é pouco se foder.

Estou indefeso.

Eu me importo muito.

Sua posição também. Por que você está onde está.

Afinidades eletivas. Bom título. (G. tinha medo de seu gênio.)
(Amava muitas mulheres dignas e indignas e se casou – com sua empregada.)

A emulação que Blackburn faz da escrita descontínua das cartas de Pound resultou em uma associação livre e sugestiva que revelava não apenas a altura de suas ambições poéticas (Goethe), mas também suas condições sexuais. A rivalidade com Pound, ao mesmo tempo literária e sexual, finalmente se torna explícita perto do final desta carta:

> Would you care to see more [translations]? I'll make copies. Reminding me I shall get you some texts of such stuff for xmas. I want to give you something. If you need anything I could find for you let me know. I am unreliable and faithful. If that makes sense to you. I am faithful to two remarkable women at the same time. (Ibid.)

> Você gostaria de ver mais [traduções]? Vou fazer cópias. Diga-me e providenciarei alguns textos disso aí para o natal. Quero lhe dar alguma coisa. Se precisar de algo que eu possa arrumar para você me avise. Sou fiel e não confiável. Se isso faz sentido pra você. Sou fiel a duas incríveis mulheres ao mesmo tempo.

Blackburn é "fiel" a Pound no respeito que mantém pela autoridade literária do escritor mais velho, mas é "não confiável" em seu esforço para desafiar essa autoridade por meio de

Lawrence Venuti

afirmações de sua potência sexual (ou seja, quando ele é "fiel a duas incríveis mulheres ao mesmo tempo").

É impossível saber o que Pound pensava sobre essas revelações pessoais. Ele não se referiu a elas em nenhuma de suas cartas. Mesmo assim, após essa última carta reveladora de Blackburn, Pound parece ter interrompido a correspondência, e não a retomou durante três anos. "Há algo errado?", Blackburn escreveu repentinamente em 1953, "Ou o que acontece é um encerramento, de sua parte, das correspondências? E você se opõe a que eu lhe escreva de tempos em tempos, se o caso for o da última alternativa?" (4 jul. 1953). A troca de cartas havia se tornado tão importante para a autoimagem de Blackburn como escritor que lhe bastava apenas escrever para Pound, mesmo sem obter resposta.

Mais adiante na troca de correspondências, a rivalidade de Blackburn emergiu na decisão de traduzir um texto provençal obsceno que Pound, em um acesso de escrúpulo burguês, se recusou a traduzir. Trata-se de "Puois en Raimons e n Trues Malecs", escrito pelo poeta que inspirou as traduções mais inovadoras de Pound: Arnaut Daniel. Em *The Spirit of Romance*, Pound chamou o texto de Daniel de uma "sátira muito lasciva para o paladar moderno" (Pound, 1952, p.35). Blackburn, porém, traduziu-o e, em 3 de janeiro de 1957, escrevendo de Málaga, enviou-o a Pound. Eis aqui uma estrofe:

> Better to have to leave home, better into exile,
> than to have to trumpet, into the funnel between
> the griskin and the p-hole, for from that place there come
> matters better not described (rust-colored). And you'd never
> have the slightest guarantee that she would not leak
> over you altogether, muzzle, eyebrow, cheek.

A invisibilidade do tradutor

Melhor deixar para trás a casa, melhor o exílio,
que ter de trombetear, para dentro do funil entre
a bisteca e o p-furo, pois daí saem
coisas que são melhores se não descritas (cor de ferrugem). E
você jamais
teria a menor garantia de que ela não vazaria
sobre você todo, focinho, sobrancelha, bochecha.

Em uma carta de apresentação, Blackburn declarou bem-
-sucedida sua tradução, "suficientemente literal e o espírito
está lá", e reconheceu a percepção anterior de Pound, a respeito de sua obscenidade, acrescentando que a versão "jamais
será publicada". Blackburn via a linguagem obscena como uma
prerrogativa do poeta modernista que usa um discurso coloquial, em linha com William Carlos Williams, e, em entrevista
concedida a David Ossman, compreendeu tal linguagem como
masculina:

> se você quiser começar pelo ponto de vista de que o discurso, e até
> mesmo o discurso comum, é um meio muito justo e válido para a
> poesia, você vai encontrar algumas pessoas cujo discurso comum
> é mais comum do que a média. Isso incluiria muitos membros do
> sexo masculino – as mulheres em geral são mais atentas e tomam
> bastante cuidado com a linguagem que empregam, e é o correto.
> (Ossman, 1963, p.25)

Em 1959, logo depois de Blackburn ter assinado um contrato com a Macmillan para publicar suas traduções provençais,
ele escreveu novamente a Pound e sugeriu que a obscenidade
era prerrogativa do poeta-tradutor do século masculino:

Macmillan lançando os trovadores em uma versão condensada, na primavera, se eu conseguir a introdução. feito. acredito ter preservado o literal de "tant las fotei com auziretz", mas no geral, sempre que reclamaram da linguagem forte, sugeri cortar do livro a peça inteira. Marcabru, Guillem VII etc: não tiveram de lidar com nenhuma tradição protestante. Jeanroy cortando, eliminando essas estrofes completamente dos seus p/ versão literal na edição. A esposa dele leu as provas do livro? (5 fev. 1959)

Blackburn havia traduzido o *"fotei"* provençal como *"fucked"* ["fodido"]. O interesse pela obscenidade, expresso em sua versão de "True Malecs", bem como nessa carta, ilustra como a rivalidade com Pound determinou seus projetos de tradução, às vezes de maneiras bastante diretas.

A mais intensamente masculinista expressão dessa rivalidade, ao mesmo tempo intersubjetiva e intertextual, envolve um texto de Bertran de Born, uma celebração do militarismo feudal, no qual Pound e Blackburn trabalharam: "Bem platz lo gais temps de pascor". Pound apresentou uma versão em The Spirit of Romance, parte em verso e parte em prosa, para ilustrar sua afirmação de que "De Born é melhor nas canções de guerra".

> E altresim platz de senhor
> Quant es primiers a l'envazir
> En chaval armatz, sens temor,
> Qu'aissi fai los seus enardir
>   Ab valen vassalatge,
> E puois que l'estorns es mesclatz,
> Chascus deu esser acesmatz
>   E segrel d'agradatge,

A invisibilidade do tradutor

Que nuls om non es re prezatz
Tro qu'a maintz colps pres e donatz.

Massas e brans elms de color
E scutz trauchar e desgarnir
Veirem a l'intrar de l'estor
E maintz vassals ensems ferir,
     Dont anaran aratge
Chaval dels mortz e dels nafratz;
E quant er en l'estorn entratz
     Chascus om de paratge,
No pens mas d'asclar chaps e bratz,
Que mais val mortz que vius sobratz.

(Thomas, 1971, p.132)

Thus that lord pleaseth me when he is first to attack, fearless, on his armed charger; and thus he emboldens his folk with valiant vassalage; and then when stour is mingled, each wight should be yare, and follow him exulting; for no man is worth a damn till he has taken and given many a blow.

We shall see battle axes and swords, a-battering colored haumes and a-hacking through shields at entering melee; and many vassals smiting together, whence there run free the horses of the dead and wrecked. And when each man of prowess shall be come into the fray he thinks no more of (merely) breaking heads and arms, for a dead man is worth more than one taken alive. (Pound, 1952, p.35)

Assim, aquele senhor me agrada quando é o primeiro a atacar, destemido, em seu corcel armado; e assim ele encoraja seu povo com valente vassalagem; e então, quando o resoluto se ajunta, cada

Lawrence Venuti

pessoa deve estar pronta e, exultante, segui-lo; pois nenhum homem vale o mínimo até que tenha sofrido e lançado muitos golpes.

Veremos machados de batalha e espadas, a-bater-se elmos coloridos e a-retalhar através dos escudos ao adentrar a refrega; e muitos vassalos atacando juntos, donde correm livres os cavalos dos mortos e destroçados. E, quando cada homem de destreza se puser em combate, ele não mais pensará em (meramente) partir cabeças e braços, pois um homem morto vale mais do que um levado ainda vivo.

Mesmo que se trate aqui de uma versão bastante aproximada, Pound desenvolve um discurso heterogêneo em inglês para indicar o afastamento histórico do texto provençal – mais obviamente expresso no léxico arcaico. A palavra *"stour"* traduz o provençal *"estorn"*, *"estor"*, que significa "luta" [*"struggle"*], "conflito" [*"conflict"*] (Levy, 1966). A escolha de Pound é virtualmente um equivalente homofônico, um decalque, mas é também um arcaísmo da língua inglesa que significa "combate armado" [*"armed combat"*], inicialmente em anglo-saxão, mas retido no inglês medieval e também nos primórdios do moderno. Ele aparece na *Eneida* de Gavin Douglas, entre muitos outros textos literários, de prosa e de poesia, "pré-elisabetanos" e propriamente elisabetanos. O curioso uso que Pound faz de *"colored haumes"*, que traduz o provençal *"elms de color"* provençais (lit. "capacetes pintados" [*"painted helmets"*]) efetivamente amplia o escopo de arcaísmo da tradução, mas sua etimologia é incerta e pode não se tratar, ao fim e ao cabo, de um termo inglês arcaico: ele parece mais próximo de uma grafia variante do francês moderno para "elmo" (*"heaume"*) do que qualquer variante do inglês arcaico para esse vocábulo (cf. *OED*, verb. *"helm"*). O que o arcaísmo fez soar estrangeiro neste texto foi o

A invisibilidade do tradutor

tema militarista, que Pound de pronto define e valoriza em uma escolha sugestiva. Ele traduz *"chascus om de paratge"* como *"each man of prowess"*, rejeitando outras possibilidades de *"paratge"* mais alinhadas à genealogia ("linhagem", "família", "nobreza") e mais indicativas da dominação de classe, em favor de uma escolha que enfatiza um valor fundamental da aristocracia feudal e a torna masculina: *"valour, bravery, gallantry, martial daring; manly courage, active fortitude"* ["valentia, bravura, intrepidez, ousadia marcial; coragem viril, força ativa"] (*OED*, verb. *"prowess"*).

Em 1909, um ano antes da publicação de *The Spirit of Romance*, Pound havia publicado uma adaptação livre do texto de Bertran, "Sestina: Altaforte", na qual empregara a mesma estratégia arcaizante. Aqui, no entanto, Pound celebrou o mero ato de agressão, caracterizado como peculiarmente aristocrata e masculino, mas desprovido de qualquer conceito de bravura:

> The man who fears war and squats opposing
> My words for stour, hath no blood of crimson
> But is fit only to rot in womanish peace
> Far from where worth's won and the swords clash
> For the death of such sluts I go rejoicing;
> Yea, I fill all the air with my music.
>
> (Pound, 1956, p.8)

> O homem que teme a guerra e se encolhe contra
> Minhas palavras para lutar, não tem sangue de carmesim
> Mas serve apenas para apodrecer na paz feminina
> Longe de onde se ganha o valor e se travam as espadas
> Pela morte de tais vadias vou me alegrar;
> Sim, eu preencho todo o ar com minha música.

Lawrence Venuti

Como Peter Markin argumenta, as apropriações que Pound faz de poetas clássicos, como Bertran, servem "como um exemplo, uma demonstração de um estilo de vida plausível" e estão impregnadas de várias determinações culturais e ideológicas (Makin, 1978, p.42). Makin associa a "agressividade fálica" de "Sestina: Altaforte" ao apreço de Pound pelo "traço medieval simples" na arquitetura, bem como aos elogios que compôs em louvor a ditadores, do passado e do presente, como o renascentista Sigismundo Pandolfo Malatesta, de Rimini, e Benito Mussolini, "um macho da espécie" (Makin, 1978, p.29-35; Pound, 1954, p.83).

Blackburn incluiu uma tradução do poema de Bertran na antologia de trovadores que tinha mencionado a Pound em 1958. Ele seguiu o exemplo de Pound ao perseguir uma estratégia de tradução modernista, recorrendo ao verso livre com um ritmo engenhosamente mais intrincado e fazendo uma seleção inventiva de arcaísmos. A tradução de Blackburn é uma performance pujante que compete, com vantagem, com ambas as apropriações que Pound fez do texto provençal:

> And I love beyond all pleasure, that
> lord who horsed, armed and beyond fear is
> forehead and spearhead in the attack, and there
> emboldens his men with exploits. When
> stour proches and comes to quarters
> may each man pay his quit-rent firmly,
> follow his lord with joy, willingly,
> for no man's proved his worth a stiver until
> many the blows
> he's taken and given.

A invisibilidade do tradutor

> Maces smashing painted helms,
> glaive-strokes descending, bucklers riven:
> this to be seen at stour's starting!
> And many valorous vassals pierced and piercing
> striking together!
> And nickering, wandering lost, through
> the battle's thick,
> brast-out blood on broken harness,
> horses of deadmen and wounded.
>
> And having once sallied into the stour
> no boy with a brassard may think of aught, but
> the swapping of heads, and hacking off arms —
> for here a man is worth more dead
> than shott-free and caught!
>
> (Blackburn, 1958, p.119-20)

E amo, além de todo prazer, aquele
senhor que cavalgou, armado e que para além do medo é
a testa e a ponta de lança do ataque, e de lá
encoraja seus homens com façanhas. Quando
a batalha se aproxima e chega aos quartéis
que cada homem pague sua talha com rigor,
siga com alegria seu senhor, de boa vontade,
pois nenhum homem já provou valer uma pataca até que
muitos golpes
tenha ele desferido e recebido.

Clavas partindo elmos pintados,
golpes de gládio caindo, broquéis se rompendo:

é o que se vê ao início do combate!

E muitos vassalos valentes perfurados e perfurando

a golpear juntos!

E relinchando, vagando perdidos, pelo

sangue pisado e

espesso da batalha, em arreios rompidos,

os cavalos dos homens mortos e feridos.

E tendo uma vez adentrado o combate

nenhum garoto com braceleira pode pensar em nada, senão

em acertar cabeças e arrancar braços —

pois aqui um homem vale mais morto

do que atingido e capturado!

"Quit-rent", *"vassals"*, *"glaive-strokes"* — Blackburn criou um léxico que era obviamente medieval e ocasionalmente emulou os padrões de ritmo e aliteração anglo-saxões (*"brast-out blood on broken harness"*). Já o discurso de sua tradução era não somente historicista como também estrangeirante: alguns dos arcaísmos são obviamente incomuns, ou anacrônicos, imediatamente pós-medievais. *"Stiver"*, uma moeda pequena, foi usado pela primeira vez no século XVI. O verbo *"nicker"* é uma versão do século XIX para *"neigh"* ["relinchar"], ocorrendo em textos literários como o romance de *sir* Walter Scott, *The Monastery* (1820). *"Brassard"* é o termo francês para *"armor"* ["armadura"], mas em inglês foi empregado em outro sentido, agora vitoriano, no século XIX, acrescentando um toque de medievalismo pré-rafaelita à tradução. A palavra *"proches"* também é francesa, ao menos na grafia; na tradução de Blackburn ela é um neologismo pseudo-arcaico, um termo francês anglicizado que parece ser

A invisibilidade do tradutor

uma variante da grafia de *"approaches"* ["aproximar"], mas que na verdade não é (não há registro dessa grafia no *OED*).

E há, é claro, o termo emprestado de Pound, *"stour"*, um dos muitos que são recorrentes nas traduções de Blackburn (Apter, 1987, p.76-7; 1986). Apter argumenta que eles constituem uma "homenagem" a Pound "como a fonte de interesse [de Blackburn] pela tradução dos versos provençais e seu guiar nessa tarefa" (1987, p.77). Mas, na medida em que esses empréstimos inserem a linguagem de Pound em um contexto diferente, seus significados se tornam variáveis e podem da mesma forma expressar uma competição com Pound, ou mesmo uma traição. O empréstimo de *"stour"* tomado por Blackburn permite à sua tradução contestar as apropriações que Pound faz do poema de Bertran, e a rivalidade transparece, curiosamente, em revisões provocativas que questionam os determinantes ideológicos dos textos de Pound. Dessa forma, em surpreendente contraposição a Pound, Blackburn traduziu *"chascus om de paratge"* como *"no boy with brassard"*. A frase cria estonteantes possibilidades de significado. Pode ser tomada como um coloquialismo moderno, uma expressão afetiva de vínculos masculinos. Blackburn usou *"boys"* dessa maneira no início de sua versão de "Companho, faray un vers ... covinen", de Guillem de Poitou:

> I'm going to make a vers, boys... good enough,
> But I witless, and it most mad and all
> Mixed up, mesclatz, jumbled from youth and love and joy –

> Vou fazer um verso, rapazes... bom o suficiente,
> Mas eu estúpido, e mais louco e tudo
> Mesclado, mesclatz, misturado desde a juventude e amor e
> alegria –

Lawrence Venuti

No entanto, o *"boy"* no singular da tradução pode ser entendido como outro tipo de coloquialismo, uma expressão masculinista de desprezo, geralmente diante da fraqueza de outra pessoa. Mesmo tomado em seu significado mais comum ("criança do sexo masculino"), o uso que Blackburn faz de *"boy"* ironiza o elogio de Bertran ao militarismo feudal, classificando-o como infantil, pouco masculino, e excluindo a sugestão de dominação aristocrática de *"paratge"*. O que é interessante aqui é que a rivalidade edipiana entre Blackburn e Pound, embora tenha em si uma configuração masculinista, paradoxalmente leva a uma tradução que questiona a agressividade fálica de seu pai poético, seu investimento no patriarcado feudal expresso nos textos provençais.

Essa rivalidade levou Blackburn a superar Pound no desenvolvimento de um discurso traducional inaugurado pelo próprio Pound. E dada a configuração edipiana de sua relação, era inevitável que a competição discursiva se desenrolasse nas representações da dama empregadas pelo trovador. Assim como Pound realizou um trabalho arrojado com a obra de Cavalcanti ao pôr em questão a imagem pré-rafaelita da dama nas versões de Rossetti ("o pai e a mãe" poéticos de Pound), Blackburn ampliou a heterogeneidade de suas traduções e questionou o investimento de Pound nas imagens patriarcais da lírica do amor provençal.

As personagens femininas da poesia provençal costumam ser objeto do desejo sexual masculino, mas sua representação varia de acordo com a classe. A idealização das mulheres aristocráticas é espiritual e física, transformando-as em um ornamento passivo por meio das imagens bastante elaboradas produzidas por seus amantes, que obtêm sucesso sexual variado; mulheres de classes mais baixas recebem um tratamento mais realista, que envolve formas de sedução que vão desde a

A invisibilidade do tradutor

bajulação amigável até a intimidação brutal. Pound traduziu "L'autrier jost'un sebissa", de Marcabru, para *The Spirit of Romance*, que ele identificou como uma *"pastorella"*, um diálogo em que um cavaleiro, cavalgando pelos rincões, encontra uma camponesa e tenta seduzi-la. A versão de Pound é redigida em um inglês atual e preciso, levemente arcaizado:

L'autrier jost'un sebissa
trobei pastora mestissa,
de joi e de sen massissa,
si cum filla de vilana,
cap' e gonel' e pelissa
vest e camiza trelissa,
sotlars e caussas e lana.

Ves lieis vinc per la planissa:
"Toza, fim ieu, res faitissa,
dol ai car lo freitz vos fissa."
"Seigner, som dis la vilana,
merce Dieu e ma noirissa,
pauc m'o pretz sil vens m'erissa,
qu'alegreta sui e sana"

"Toza, fi'm ieu, cauza pia,
destors me sui de la via
per far a vos compaignia;
quar aitals toza vilana
no deu ses pareill paria
pastorgar tanta bestia
en aital terra, soldana."

(Dejeanne, 1971, p.33)

Lawrence Venuti

The other day beside a hedge
I found a low-born shepherdess,
Full of joy and ready wit,
And she was the daughter of a peasant woman;
Cape and petticoat and jacket, vest and shirt of fustian,
Shoes, and stockings of wool.

I came towards her through the plain,
"Damsel," said I, "pretty one,
I grieve for the cold that pierces you."
"Sir," said the peasant maid,
"Thank God and my nurse
I care little if the wind ruffle me,
For I am happy and sound."

"Damsel," said I, "pleasant one,
I have turned aside from the road
To keep you company.
For such a peasant maid
Should not, without a suitable companion,
Shepherd so many beasts
In such a lonely place."

(Pound, 1952, p.62-3)

Outro dia ao lado de uma cerca viva
Encontrei uma pastora humilde,
Cheia de alegria e pronta vivacidade,
E ela era filha de uma camponesa;
Capa e anágua e casaco, colete e camisa de fustão,
Sapatos, e meias de lã.

A invisibilidade do tradutor

Fui em direção a ela pela planície,
"Donzela", disse eu, "linda,
Sofro pelo frio que lhe aflige."
"Senhor", disse a camponesa,
"Graças a Deus e à minha ama
Eu pouco me importo se o vento me assola,
Pois sou feliz e saudável."

"Donzela", disse eu, "simpática,
Afastei-me da estrada
Para lhe fazer companhia.
Pois uma tal camponesa
Não deveria, sem companheiro adequado,
Pastorear tantos animais
Em um lugar tão solitário."

A versão de Pound é, mais uma vez, bastante fiel ao original, e não se distingue pela invenção prosódica e lexical. Seu desvio mais acentuado do provençal, no entanto, é bastante evidente: ele usou o arcaísmo *"damsel"* para traduzir o epíteto do cavaleiro para a pastora, *"toza"*, que Emil Levy definiu como *"jeune fille"* ["menina"] (Levy, 1966), mas com uma conotação indelicada, *"fille de mauvaise vie"* ("menina imoral"). (O texto provençal também estigmatiza a menina com o termo *"mestissa"*, uma referência a suas origens sociais inferiores e que também carrega o sentido de *"mauvais, vil"*.) O uso que Pound faz de *"damsel"* ao mesmo tempo idealiza e ironiza a imagem da jovem, sarcasticamente demarcando sua posição social inferior e retratando o cavaleiro como um sedutor espirituoso e mordaz, que tenta vencer a resistência dela com apelos lisonjeiros a suas (presumidas) aspirações de classe.

Lawrence Venuti

Pound apreciava tanto a sexualidade predatória do cavaleiro que imaginou, como um anseio, a jovem finalmente cedendo. Após citar sua tradução parcial do poema, ele acrescentou que "A aventura finalmente chega a uma bem-sucedida conclusão" (Pound, 1952, p.63). Mas o fato é que a jovem resiste aos avanços do cavaleiro e conclui o diálogo com certa sagacidade enigmática – na tradução de Frederick Goldin,

> "Don, lo cavecs vos ahura,
> que tals bad'en la peintura
> qu'autre n'espera la mana."

> "Master, that owl is making you a prophecy:
> this one stands gaping in front of a painting,
> and that one waits for manna."

(Goldin, 1973, p.77)

> "Mestre, aquela coruja lhe faz uma profecia:
> este aqui fica boquiaberto diante de uma pintura,
> e aquele ali espera pelo maná."

Blackburn traduziu o texto de Marcabru na íntegra, e sua versão claramente toma de empréstimo alguns versos de Pound, ao passo que, de forma igualmente clara, redefine a agressividade fálica do pai:

> The other day, under a hedge
> I found a low-born shepherdess,
> full of wit and merriment
> and dressed like a peasant's daughter:

A invisibilidade do tradutor

her shift was drill, her socks were wool,
clogs and a fur-lined jacket on her.

I went to her across the field:
— Well, baby! What a pretty thing.
You must be frozen, the wind stings...
— Sir, said the girl to me,
thanks to my nurse and God, I care
little that wind ruffle my hair,
I'm happy and sound.

— Look, honey, I said, I turned
into here and out of my way
just to keep you company.
Such a peasant girl ought not
without a proper fellow
pasture so many beasts alone
in such a wild country.

(Blackburn, 1958, p.24)

Outro dia, sob uma cerca viva
Encontrei uma humilde pastora,
cheia de vivacidade e alegria
e vestida como filha de camponeses:
seu saiote era algodão, suas meias eram lã,
tamancos e uma jaqueta forrada de pele.

Fui até ela através do campo:
— Hei, bebê! Que coisinha linda.
Você deve estar congelando, o vento arrepia ...

— Senhor, disse a garota para mim,
graças à minha ama e a Deus, pouco
me importo se o vento bagunça meu cabelo,
Sou feliz e saudável.

— Olha querida, disse eu, vim
até aqui, fora do meu caminho
apenas para lhe fazer companhia.
Tal camponesa não deveria
sem um companheiro adequado
pastorear tantos animais sozinha
em uma terra tão selvagem.

Blackburn trabalhou duro para superar Pound em todos os níveis. Sua prosódia inventiva tinha como objetivo emular os efeitos sonoros, similares aos da canção, do texto provençal, evocando a música de Christopher Marlowe, "The Passionate Shepherd to His Love", especialmente no final da primeira estrofe. E ele criou um discurso traducional que mesclava os mais variados léxicos, passado (*"drill"*) e presente (*"honey"*), britânico (*"proper fellow"*) e norte-americano (*"pretty thing"*), uso padrão (*"sir"*) e gíria (*"baby"*). Em uma versão posterior, Blackburn intensificou o coloquialismo *"pretty thing"*, transformando-o em *"pretty piece"*, revelando desde início as motivações sexuais do cavaleiro para com a jovem e dando a ele (em vez dela, como na *"toza"* provençal) um tratamento o mais indelicado, como uma espécie de *hipster* dos anos 1950 louco por sexo e dado a insinuações pornográficas: *"Well, baby! What a pretty piece"* (Blackburn, 1986, p.35). Blackburn dá continuidade a essa imagem irônica do cavaleiro ao revisar o texto provençal

A invisibilidade do tradutor

no ponto em que se lê, no original, *"pareill paria"* (algo como "da mesma classe social", "seus companheiros", "seus pares"), que ele traduziu como *"proper fellow"*, sugerindo tanto a posição social superior do cavaleiro como a impropriedade moral ocultada por seu linguajar "apropriado". A mistura que Blackburn faz do arcaísmo com o uso corrente justapõe as representações culturais de dois períodos, permitindo que se questionem um ao outro: a gíria contemporânea grosseira desmistifica os efeitos retóricos mais formais (trovadoresco e marloviano) que mistificaram a dominação aristocrática (tanto na Provença medieval quanto na Inglaterra elisabetana); e o arcaísmo desfamiliariza os termos sexuais mais recentes e familiares (*"pretty piece"*) ao expor sua cumplicidade com imagens masculinistas de mulheres em culturas literárias aristocráticas do passado.

Esse efeito questionador propiciado pela miscelânea de léxicos de Blackburn fortalece sua versão para a conclusão enigmática da pastora – que Pound não compreendeu corretamente e optou por suprimir. Na versão de Blackburn, ela descreve a retórica mistificadora do patriarcado feudal como um *"simple show"*, que soa arcaico, e então a desmascara como uma distração das condições materiais da sedução: não o *maná* transcendental do texto provençal, mas as relações sociais desiguais em que ela e o cavaleiro estão envolvidos, aqui representadas por um coloquialismo, *"the lunch basket"*:

> – Sir, the owl is your bird of omen.
> There's always some who'll stand open-
> mouthed before the simple show,
> while there's others'll wait until
> the lunch basket comes around.
>
> (Blackburn, 1958, p.25)

Lawrence Venuti

– Senhor, a coruja é o seu pássaro de augúrio.
Sempre há aqueles que ficarão boquia-
bertos diante da singela mostra,
enquanto há outros que aguardarão até
que a cesta de lanches apareça.

Por conta dos efeitos questionadores de seu léxico misto, a tradução de Blackburn pode ser lida como uma crítica às determinações ideológicas, tanto aristocráticas quanto masculinistas, que moldam a versão de Pound e também o texto de Marcabru.

As traduções provençais de Blackburn representam uma notável realização de um poeta-tradutor modernista. Ao retomar as inovações que Pound desenvolveu em suas versões de poetas trovadores, como Arnaut Daniel, Blackburn cultivou uma heterogeneidade discursiva com vistas a significar as diferenças linguísticas e culturais dos textos provençais. E fez isso recuperando vários dialetos e discursos da língua inglesa – residual, dominante, emergente. Há ali uma rica linhagem de arcaísmos, em parte medievais, em parte elisabetanos, sugestivos de Chaucer, Douglas, *sir* Philip Sidney, Shakespeare: *"the king's helots"*, *"choler"*, *"her soft mien"*, *"seisin"*, *"cark"*, *"sire"*, *"wench"*, *"harlotry"*, *"puissance"*, *"haulberk"*, *"doublets"*, *"thee"*, *"forfend"*, *"dolors"*, *"gulls"*, *"escutcheon"*, *"villeiny"*, *"beyond measure"*. E há igualmente uma rica linhagem de coloquialismos contemporâneos, ocasionalmente britânicos (*"tart"*), mas principalmente norte-americanos, incluindo gírias e obscenidades da década de 1950, mas que na verdade atravessa diferentes períodos, formas culturais (de elite e de massas) e grupos sociais: *"jay-dee"* (para "delinquen-

A invisibilidade do tradutor

te juvenil" [*"juvenile delinquent"*]), *"phonies"*, *"push-cart vendor"*, *"budged"*, *"cash"*, *"grouch"*, *"make-up"*, *"goo"*, *"asshole"*, *"cunt"*, *"the doc"*, *"we'll have some lovin'"*, *"all of 'em crapped out"*, *"balls"*, *"this bitch"*, *"hard-up"*, *"shell out"*, *"nymphos"*, *"creeps"*, *"hide-the-salami"*, *"skimpy"*, *"floored"*, *"you sound like some kind of nut"*, *"mafiosi"*, *"garage"*, *"steamrolls"*, *"a pain in his backside"*, *"hassle"*, *"keep his eye peeled for them"*, *"shimmy"*, *"90 proof"*. A miscelânea de léxicos de Blackburn é também multilíngue, incluindo idiomas como o provençal (*"trobar"*, *"canso"*, *"vers"*), o francês (*"fosse"*, *"targe"*, *"copains"*, *"maistre"*) e mesmo um pseudo-arcaísmo galicizado (*"cavalage"*, extraído do provençal *"encavalgar"*, "andar a cavalo").

As várias estratégias discursivas de Blackburn incluem peculiaridades sintáticas adotadas por Pound. A resenha de Dudley Fitts sobre as traduções de Pound se contrapunha à sua sintaxe: depois de citar uma linha de Daniel de Pound, *"Love inkerlie doth leaf, flower and bear"*, Fitts queixou-se de que "Estes, leitor, são verbos, não substantivos" (1954, p.19). Da mesma forma, Blackburn empregou substantivos como verbos, frustrando as expectativas gramaticais do leitor com frases que eram estranhas (*"I grouch"*), mas também evocativas (*"the night they sorcered me"*).

A prosódia de Blackburn tem uma dívida com as sugestões de Pound "quanto ao uso da *canzoni* em inglês, seja para composição ou para tradução" (Anderson, 1983, p.217). Pound acreditava que algumas "rimas em inglês têm o timbre e o peso errados" para a estrofe intrincadamente rimada do provençal e do italiano. Como solução, ele desenvolveu uma "estética da rima" que diferia dos textos estrangeiros, bem como das formas estróficas correntes da poesia de língua inglesa: "Em oposição a elas, temos nossas rimas dissimuladas e nossa aliteração semissubmersa" (ibid.). A perspicácia de Blackburn para dispor as palavras nas linhas e sua sensibilidade para o ritmo produziram vários padrões de rima interna e de final de verso que às vezes amplificavam o anacronismo de sua miscelânea lexical, o choque de diferentes culturas, diferentes períodos históricos – como a rima *"okay"/"atelier"* em sua versão de *Ben vuelh que sapchon li pluzor*, de Guillem de Poitou:

> I would like it if people knew this song,
> a lot of them, if it prove to be okay
> when I bring it in from my atelier, all
> fine and shining:
> for I surpass the flower of this business,
> it's the truth, and I'll
> produce the vers as witness
> when I've bound it in rhyme.
>
> (Blackburn, 1986, p.12)

> Eu gostaria que as pessoas conhecessem esta canção,
> muitas delas, se ela se mostrasse ok
> quando eu a trouxesse do meu ateliê, toda
> linda e brilhante:
> pois eu supero a flor desse negócio,
> é a verdade, e eu
> produzirei os versos como testemunho
> quando os puser em rima.

A atenção de Blackburn à musicalidade do texto provençal pressupõe a discussão de Pound sobre "melopeia" no *canso* e

A invisibilidade do tradutor

na *canzone*: "os poemas da Provença medieval e da Toscana em geral foram todos escritos para serem cantados. Estimativas relativas de valores referentes a esses períodos devem levar em consideração os valores cantábiles" da obra: "contabilizando seu impulso lírico manifesto ou a força emocional em sua cadência" (Anderson, 1983, p.216, 230). Para Pound, esse lirismo rítmico produzia um efeito individualista, mas também masculinista, construindo, na tradução, um "eu" lírico explicitamente masculino: "Tento, nas minhas traduções, recuperar as qualidades rítmicas de Guido não verso por verso, mas para incorporar em todo o meu inglês algum traço daquele poder que implica o homem", o que Pound posteriormente chamou de "uma *robustezza*, uma masculinidade" (ibid., p.19, 242). Mas as traduções mais inovadoras de Pound tendiam a divergir das representações críticas modernistas que ele fazia dos textos estrangeiros, principalmente porque seu discurso traducional era tão heterogêneo, tão repleto de efeitos textuais que inviabilizava qualquer ilusionismo, qualquer traço da presença do autor estrangeiro, qualquer "eu" coerente. Da mesma forma, a prosódia lírica de Blackburn definitivamente constrói uma posição-sujeito com a qual o ouvinte/leitor pode se identificar, mas os ritmos são sempre variáveis, assimétricos em certos momentos, e as peculiaridades lexicais e sintáticas com frequência tomam a dianteira da textualidade, enfraquecendo a coerência da voz discursiva, fragmentando o discurso em diferentes culturas e épocas, até mesmo em diferentes gêneros (dependendo do estilo), agora presos a um questionamento mútuo. Eis a abertura da versão de Blackburn para o *Ab lo temps qe refrescar* de Cercamon:

Lawrence Venuti

With the fine spring weather
that makes the world seem young again,
when the meadows come green again
I want to begin
with a new song
on a love that's my cark and desire,
but is so far I cannot hit her mark
or my words fire her.

I'm so sad nothing can comfort me,
better off dead, for foul mouths
have separated me from her, God-
damn them – o,
I would have wanted her so much!
Now I grouch and shout, or weep, or sing
or walk about
like any hare-brained golden thing.

And how lovely she I sing is! more
than I know how to tell you here.
Her glance is straight, her color's fresh
and white, white without blemish, no
she wears no make-up.
They can say no hard word of her, she
is so fine and clear as an emerald.

(Blackburn, 1958, p.17)

Com o bom tempo da primavera
que faz o mundo parecer jovem de novo,
quando os prados ficam verdes de novo,
quero começar

A invisibilidade do tradutor

com uma nova canção
sobre um amor que é meu desassossego e desejo,
mas que até agora não consigo atingir o alvo dela
senão minhas palavras a incendiariam.

Estou tão triste que nada pode me confortar,
melhor morto, pois bocas sujas
me separaram dela, mal-
ditos sejam – oh,
eu a teria amado tanto!
Agora eu resmungo e grito, ou choro, ou canto
ou caminho por aí
como qualquer coisa dourada com cérebro de lebre.

E como ela é linda, eu canto! mais
do que sei lhe dizer aqui.
Seu olhar é direto, sua cor é fresca
e branca, branca sem manchas, não
            ela não usa maquiagem.
Não podem dizer nenhuma palavra dura a seu respeito, ela
é tão bela e clara como uma esmeralda.

Os ritmos e dicção estranhos de Blackburn desestabilizam
a identificação simpática do leitor com a voz lírica, evitando
que a tradução seja tomada como o "original", a expressão
transparente do autor estrangeiro, mas, ao contrário, insiste
em seu *status* secundário, um texto que produz efeitos em inglês, distintos do poema provençal, mas também se desviando
do uso contemporâneo do inglês, ostentando uma vigorosa
autodiferenciação, uma mudança repentina do familiar para o
desconhecido, ou mesmo para o ininteligível.

A tradução da poesia provençal realizada por Blackburn é nitidamente mais acessível que o Catulo dos Zukofsky, demandando um empenho menos árduo para ser apreciada porque expressa um lirismo mais convidativo. Mas a tradução provençal de Blackburn também incorpora as inovações de Pound ao desenvolver um discurso traducional historicista e estrangeirante, que sinaliza as diferenças culturais dos textos estrangeiros por meio de um experimentalismo linguístico. O projeto é marcado pela rivalidade imitativa com Pound, a qual moldou a identidade de Blackburn como poeta-tradutor modernista e veio a determinar não somente a escolha dos textos a serem traduzidos e o desenvolvimento de um discurso traducional, mas também um revisionismo que chega a criticar as apropriações que Pound faz dos mesmos textos, questionando o tratamento que este dá, nessas traduções, à aristocracia, ao patriarcado, ao individualismo — determinações ideológicas que também marcaram a escrita de Blackburn em vários graus e de diversas formas (cartas, poemas, traduções, entrevistas).

Os raros comentários de Blackburn a respeito de sua própria obra sugerem que ele também a enxergava assim, ou de uma forma parecida. Em uma entrevista de 1969, quando perguntado, "Que poetas influenciaram seu trabalho?", ele respondeu citando Pound, Williams, Creeley, Charles Olson, cuja poesia ele havia lido porque "queria descobrir quem era meu pai" (Packard, 1987, p.9). Blackburn pode não ter chegado a psicanalisar sua relação com Pound, mas, depois de ter traduzido durante cerca de duas décadas e feito análise por muitos anos, ele definitivamente gozava de uma visão psicanalítica a respeito do processo de tradução, da relação entre a tradução e o texto estrangeiro, o entre o tradutor e o autor estrangeiro.

A invisibilidade do tradutor

"Eu não me torno o autor quando estou traduzindo sua prosa ou poesia", disse ele na entrevista,

> mas com certeza invisto meus talentos em suas inquietações. As preocupações de outra pessoas tomam conta de mim. Elas literalmente me possuem durante aquele momento. Veja, não é apenas uma questão de ler o texto em outra língua, compreendê-lo e então passá-lo para o inglês. Trata-se de entender algo que é o que move o indivíduo a fazer o que faz, para onde ele vai. E não é um processo de todo objetivo; ele deve ser em parte subjetivo, deve haver um tipo de projeção. Como você sabe qual palavra escolher quando um termo pode contar com quatro ou cinco possíveis significados em inglês? Não se trata de apenas entender o texto. De certo modo, você o vivencia de novo e de novo, e quero dizer que *você está de fato lá*. Se não for assim, você não absorveu o poema. (Ibid., p.13)

Os teóricos da tradução inglesa do século XVII em diante recomendavam uma identificação simpática entre o tradutor e o autor estrangeiro. Nas palavras de Alexander Tytler, o tradutor "deve adotar a própria alma de seu autor, que por sua vez deve falar pelos órgãos daquele" (Tytler, 1978, p.212). No entanto, esse tipo de simpatia servia para ratificar o individualismo da tradução transparente, a ilusão da presença autoral produzida por um discurso fluente: essa foi a resposta de Tytler à pergunta "Como, então, um tradutor realizará essa difícil junção de facilidade com fidelidade?". O senso de identificação modernista de Blackburn reconhecia que jamais poderia existir, de fato, uma simpatia perfeita, que o tradutor desenvolvia uma "projeção", uma representação, que era específica à cultura receptora, que questionava o autor estrangeiro, expondo "suas inquietações". Quando o tradutor de Blackburn está "lá", a sensação de imediatismo não surge de uma apreensão direta qualquer do texto estrangeiro, mas de se viver uma interpretação que permite ao tradutor "absorver o poema", racionalizar cada etapa do processo de tradução, cada escolha de palavra.

Em resposta a um questionário de uma edição de 1970 da *New York Quarterly*, Blackburn adotou termos psicológicos semelhantes para descrever os efeitos textuais da tradução, observando que a identificação do tradutor transfigura o autor estrangeiro, mas também transforma o próprio tradutor, que cada vez mais se torna o lócus de múltiplas subjetividades, um desvio das normas racionais:

> Ele deve estar disposto a (& ser capaz de) permitir que a vida de outro homem adentre profundamente a sua, a ponto de se tornar parte permanente de seu autor original. Ele deve ser paciente, persistente, meio esquizo, um crítico duro, um editor brilhante [...] Somos todos centenas, talvez milhares de pessoas, em potência ou de fato. (Blackburn, 1985, p.616)

Tanto na entrevista como no questionário, a visão de Blackburn a respeito do poeta-tradutor é ferrenhamente masculinista: o processo de identificação, ou "projeção", ocorre entre os homens. Na entrevista, era a parte da autoapresentação boêmia de Blackburn, em que ele abruptamente passava de uma discussão sobre "escrever em um contexto de viagem" para outra sobre "observar as garotas": "Voltando à cidade, o metrô é um lugar incrível para observar garotas. Você encontra um rosto ou um bom par de pernas — e pode olhar para eles por horas" (Packard, 1987, p.14). E, no entanto, se no relato de Blackburn a tradu-

A invisibilidade do tradutor

ção, ao mediar diferenças culturais, multiplica subjetividades, então ela não pode senão dinamitar qualquer noção individualista de identidade, masculinista ou não. Blackburn percebia que a gama de demandas tão diversas impostas ao tradutor era enorme, o que resultava em desvios e transtornos e encorajava as alusões a formas culturais populares, como blues e rock-and--roll (ou, ainda mais especificamente, o rock com bases no blues do álbum de 1965 de Bob Dylan, *Bringing It All Back Home*), vinculando o tradutor a outras subculturas raciais e juvenis:

> In your view, what is a translator?
>
> A man who brings it *all* back home.
> In short, a madman.
>
> (Blackburn, 1985, p.616)

> Na sua opinião, o que é um tradutor?
>
> Um homem que traz *tudo* de volta pra casa,
> Em outras palavras, um louco.

IV. Tradução modernista como política cultural

O projeto de tradução provençal de Blackburn foi decisivo em sua formação pessoal como autor. No entanto, como esse processo de formação da identidade se deu por meio da escrita, a tradução pode ser concebida também como uma intervenção pública estratégica, uma prática de política cultural que seria resistente aos valores dominantes nos Estados Unidos e, em última instância, internacionalmente.

Lawrence Venuti

É claro que Blackburn estava ciente de que os processos psicológicos que ele havia descrito de modo tão espirituoso só podiam ser encampados em estratégias discursivas. Ele via essas estratégias como uma forma de desafiar os ideais burgueses — não apenas as concepções individualistas de identidade, mas também uma noção moralista de propriedade, no sentido de adequação, na conduta e na linguagem. Já em 1950, em uma carta a Pound, ele comentava sobre "a impossibilidade de verter poemas escritos com um vocabulário aristocrático do século XII em POEMAS INGLESES MODERNOS, redigidos com um vocabulário burguês do século XX" (24 nov. 1950). Vinte anos mais tarde, em resposta à pergunta, "Até que ponto um tradutor deve se esforçar para 'modernizar' uma peça antiga?", Blackburn reconheceu que o tradutor deve recorrer ao uso corrente do inglês, mas também defendeu um experimentalismo linguístico que recuperava discursos marginais, incluindo textos literários canônicos:

> Tente, primeiro, encontrar uma dicção, uma dicção moderna, que traduza o máximo possível de valores do original. Eu já vi poesia latina traduzida em linguagem descolada e isso funciona muito bem em certas peças. Levada longe demais, como se fosse a obra de toda uma vida, essa proposta poderia ser um salto no escuro. Alguns saltos, no entanto, são executados com muito brilhantismo. (Blackburn, 1985, p.617)

A adesão de Blackburn à poesia provençal se deveu em parte aos temas antiburgueses dos trovadores, identificados não apenas na celebração dos valores aristocráticos feudais, mas também em uma representação dos trovadores moldada, em parte, com base nos detalhes biográficos apresentados nas *vidas* e nos *razos.*[23] Alguns trovadores eram artistas itinerantes, filhos de plebeus – camponeses, comerciantes, mercadores –, mas mais tarde viveram e trabalharam à margem das cortes feudais; outros eram cavaleiros sem posses, de certa forma migrantes, com sua lealdade flutuando entre vários senhores e damas. No poema "Sirventes" (1956), uma sátira "contra a cidade de Toulouse", Blackburn adota uma persona de trovador e invoca Peire Vidal, retratando-o como um poeta boêmio, um *beatnik*, com a intenção de transgredir qualquer senso de decência burguês:

> That mad Vidal would spit on it,
> that I as his maddened double
> do – too
> changed, too changed, o
> deranged master of song,
> master of the viol and the lute
> master of those sounds,
> I join you in public madness,
> in the street I piss
> on French politesse
> that has wracked all passion from the sound of speech.
> A leech that sucks the blood is less a lesion. Speech!
> this imposed imposing imported courtliness, that
> the more you hear it the more it's meaningless
> & without feeling.
>
> (Blackburn, 1985, p.89-90)

---

23 *Vidas* e *razos* eram textos curtos que costumavam acompanhar os poemas trovadorescos, trazendo, respectivamente, informações biográficas sobre o trovador e as circunstâncias em que o poema foi composto. (N. T.)

Que o louco Vidal lhe cuspisse,
que eu como seu duplo enlouquecido
fizesse – demasiado
mudado, mudado demais, ó
desatinado mestre da canção,
mestre da viola e do alaúde
mestre desses sons,
junto-me a você na loucura pública,
na rua eu mijo
na polidez francesa
que arrancou todas as paixões do som do discurso.
Uma sanguessuga que o sangue suga é menos uma lesão. Discurso!
esta cortesã imposta, imponente e importada, que
quanto mais se ouve, menos sentido faz
    & menos sentimento tem.

Nas traduções provençais, Blackburn por vezes deixa seu léxico pender mais distintamente para o inglês contemporâneo, inscrevendo no poema do trovador uma sátira sobre as práticas econômicas capitalistas, os empresários e os advogados. Isso ocorre com outra canção de guerra de Bertran de Born, "No puosc mudar un chantar non esparga". Na versão de Blackburn, o cavaleiro saqueador se torna mais facínora, mais parecido a um gângster – *"A good war, now, makes a niggardly lord/ turn lavish and shell out handsomely"* ["Uma boa guerra, agora, faz um senhor mesquinho/ tornar-se pródigo e esbanjar generosamente"] –, mas o cavaleiro também é mais profissional, dado ao planejamento financeiro ("Despesas") e vive no subúrbio:

A invisibilidade do tradutor

have I not taken blows upon my targe?
And dyed red the white of my gonfalon?
Yet for this I have to suffer and pinch my purse,
for Oc-e-No plays with loaded dice,
I'm hardly lord of Rancon or Lusignan
that I can war beyond my own garage
      without an underwriter's check.
But I'll contribute knowledge and a good strong arm
with a basin on my head and a buckler on my neck!
                       (Blackburn, 1958, p.116)

Não levei golpes na minha tarja?
E tingido de vermelho o branco de meu gonfalão?
Ainda assim, por isso tenho de sofrer e sacar de minha bolsa,
para jogos Oc-e-Nos com dados viciados,
Eu nem sequer sou o senhor de Rancon ou Lusignan
para poder guerrear além da minha própria garagem
      sem um cheque caução.
Mas vou contribuir com conhecimento e um bom braço forte
com uma bacia na cabeça e um broquel no pescoço!

Na verdade, Blackburn abordou as implicações sociais da tradução em uma ocasião: em um artigo intitulado "The International Word" ["A palavra internacional"], publicado em uma edição especial da *The Nation* dedicada a cultura e política. Publicado em 1962, às vésperas da crise dos mísseis cubanos, quando Blackburn trabalhava como editor de poesia dessa revista de esquerda, "The International Word" argumenta que uma política cultural modernista pode intervir efetivamente na conjuntura global então corrente: segundo o diagnóstico de

Lawrence Venuti

Blackburn, "a crise de identidade do indivíduo em um mundo cujas realidades subjacentes são a Guerra Fria e a bomba" (Blackburn, 1962, p.358). Em uma pesquisa a respeito da poesia norte-americana contemporânea, Blackburn tinha descoberto que os poetas mais engajados politicamente eram modernistas: seu rol inclui Pound, Williams, os Objetivistas, Black Mountain, os Beats, a Escola de Nova York – personagens e tendências que havia pouco tinham sido apresentadas como oposicionistas na antologia de Donald Allen publicada em 1960, *The New American Poetry*. Blackburn observou a insistência de Pound "nos valores de buscar outras sensibilidades em outras línguas e em todos os períodos da história e da civilização" (Blackburn, 1962, p.357) e atribuiu à tradução um papel geopolítico fundamental: "a inseminação mútua de culturas é um passo importante naquilo que nossos formuladores de políticas públicas consideram entendimento internacional" (ibid., p.358). Nessa lógica politizada de intercâmbio cultural, a tradução modernista era convocada a resolver uma crise doméstica, buscando culturas estrangeiras para suprir a falta de confiança nos "valores oficiais" da cultura norte-americana da Guerra Fria:

> A Guerra Fria e a quiçá iminente iluminação do mundo desencadearam outra reação nos poetas [...]. Há uma afirmação, uma reafirmação de valores, uma busca das culturas mais tradicionais, tanto americanas quanto estrangeiras, modernas e antigas, por valores que possam dar sustentação ao indivíduo em um mundo em que todos os valores oficiais nos decepcionaram de todo por serem sobretudo hipócritas (considere por um momento a frase "ética nos negócios"), as religiões se enfraqueceram

A invisibilidade do tradutor

a tal ponto que até os monges estão gritando com esse aperto. (Ibid., p.359)

A preocupação de Blackburn com a "identidade do indivíduo" não pressupunha um individualismo liberal que se ancora nos conceitos de liberdade pessoal, autodeterminação, coerência psicológica; ele via a identidade humana como determinada pelo outro, um composto construído em relações com "valores" que eram transindividuais, culturais e sociais, alojados em instituições como o Estado, a Igreja, a escola. Se a tradução pudesse mudar os contornos da subjetividade, pensava Blackburn, então poderia contribuir para uma mudança de valores, da "postura militar e do lucro" para relações geopolíticas menos tensas, "talvez dilatadas pela compreensão com relação a outros povos, uma maior tolerância para com outras línguas e proficiência nelas, combinados com sabedoria política e perseverança para as próximas duas gerações" (ibid., p.358).

Alguns dos apontamentos de Blackburn soam muito otimistas. Ele julgava, pela "atual enxurrada de traduções em prosa e poesia", que "os dutos do livre-comércio já estão abertos para a literatura" (Blackburn, 1962, p.357, 358). Mas o intercâmbio cultural por meio da tradução não era, então (nem poderia sê-lo), "livre" de numerosas restrições, de ordem literária, econômica, política; e a tradução em língua inglesa certamente não tinha liberdade em 1962. Naquele ano, o número de traduções publicadas por editoras norte-americanas foi, na verdade, bem pequeno: cerca de 6% do total geral de livros publicados (*Publishers Weekly*, 1963). Hoje sabemos que as taxas de tradução nos Estados Unidos atingiram seu ápice no início dos anos 1960, mas têm se mantido bastante baixas quando contrastadas com as tendências editoriais estrangeiras desde a Segunda Guerra Mundial, que mostram porcentagens muito mais altas de tradução de livros publicados originalmente em inglês.

O projeto utópico de Blackburn também exibia uma tendência pró-Estados Unidos que parece pouco crítica hoje, após tantos acontecimentos subsequentes — as guerras no Vietnã e no Iraque, as intervenções políticas e militares em El Salvador e Nicarágua, Kuwait e Afeganistão, imprudência governamental em questões ecológicas, o surgimento de corporações multinacionais, especialmente no setor editorial, em que o número de traduções para o inglês caiu para menos de 3% do total de livros publicados. Em 1962, no entanto, Blackburn imaginou que

> Talvez até mesmo o nacionalismo, uma força hoje tão pujante na África e no Extremo Oriente, esteja começando a sucumbir no Ocidente afluente. Exceto pelas formas políticas, a Europa Ocidental está no limiar de se tornar uma unidade econômica. É um sonho impossível pensar em uma América bilíngue que se estenda da Terra do Fogo ao Oceano Ártico, composta de oitenta e três estados em vez de cinquenta? Não por conquista, mas por união. Como ser mais eficaz na tarefa de elevar o padrão de vida dos países subdesenvolvidos em nosso próprio hemisfério do que removendo as fronteiras? (Blackburn, 1962, p.358)

Os leitores de 1962 sem dúvida consideravam essa passagem um voo utópico. Mesmo Blackburn o classificou como "um sonho impossível". No ano seguinte, ele publicou um artigo sombrio na *Kulchur*, "The Grinding Down" ["A trituração"], que investigava a "cena" poética corrente e revelava o

A invisibilidade do tradutor

modernismo marginalizado e fragmentado: "o Renascimento", escreveu Blackburn, "não durou"; ele ficara limitado a algumas revistas de circulação restrita, "se acomodando em algum lugar entre as franjas da academia e o núcleo do chamado *beat*" (Blackburn, 1963, p.17, 10). Em 1962, Blackburn era mais otimista quanto às perspectivas do modernismo, mas a ênfase de seu projeto utópico no "Ocidente" revela a dificuldade de imaginar relações entre os hemisférios durante a Guerra Fria – mesmo para um poeta-tradutor politicamente engajado como ele. A perspectiva a partir da qual ele previu os futuros desenvolvimentos globais era claramente a da hegemonia norte-americana, aliada à Europa ocidental em um esforço de conter o expansionismo soviético, mas permitia predispor-se a uma expansão hemisférica própria ("oitenta e três estados").

O artigo de Blackburn tem valor não como uma previsão histórica ou de política externa, mas sim como um modelo teórico que serve para pensar sobre como a tradução pode ser incluída em uma política cultural democrática. Blackburn via a tradução modernista como uma profícua intervenção na cultura norte-americana, a partir de um diagnóstico social que encontrava valores hegemônicos implicados em relações sociais desiguais ou excludentes. As próprias traduções de Blackburn, com seus vários efeitos estrangeirantes, serviram a um internacionalismo de esquerda, projetado para combater as formas ideológicas de exclusão ocasionadas pela Guerra Fria nos Estados Unidos, talvez mais evidentes no patriotismo histérico estimulado pelo endurecimento das posições geopolíticas (Whitfield, 1991). A tradução provençal era especialmente subversiva nesse contexto cultural porque revelava uma ampla

Lawrence Venuti

gama de influências, estrangeiras e históricas. A dívida explícita com o modernismo tornou o projeto vulnerável ao ataque politizado que Leslie Fiedler promoveu às traduções de Pound, de que lhes faltava um "centro", a fidelidade a uma literatura nacional, norte-americana: "Nossa Musa é o poeta sem Musa, a quem muito apropriadamente absolvemos da traição (o que resta a ser traído?) e despachamos para Saint Elizabeth's" (Fiedler, 1962, p.459).

A tradução provençal de Blackburn era marcada não apenas por uma conexão com um poeta-tradutor não alinhado ao americanismo, mas por uma afiliação à cultura popular por meio do uso sugestivo que fazia do coloquialismo. Os intelectuais da Guerra Fria associavam a cultura popular ao totalitarismo, pensamento de massa, lavagem cerebral, mas também ao comercialismo, igualitarismo e democracia radical. Enquanto os Estados Unidos perseguiam uma política de contenção da expansão soviética no exterior, intelectuais como Fiedler construíam, no *front* interno, uma cultura nacional de consenso que "dependia explicitamente da contenção do radicalismo intelectual e do populismo cultural" (Ross, 1989, p.47). Na visão de Robert von Hallberg, "o importante para a história literária não é apenas que esse consenso tenha existido, mas que sua manutenção e definição tenham dependido de alguma forma das instituições acadêmicas. [...] Na medida em que os poetas buscavam público nas universidades, eles se dirigiam [...] ao público que sentia a maior responsabilidade pelo refinamento do gosto e pela preservação de uma cultura nacional" (Von Hallberg, 1985, p.34). O trabalho de Blackburn com a poesia provençal questionava essa tendência hegemônica e resistia a ela. Aliada a um movimento poético modernista que se definia

A invisibilidade do tradutor

como "uma rejeição total de todas aquelas qualidades típicas do verso acadêmico" (Allen, 1960, p.xi), a tradução de Blackburn foi radical em seus questionamentos ideológicos (dos textos estrangeiros, das apropriações anteriores da língua inglesa, da cultura norte-americana contemporânea) e populista, em sua justaposição de discursos culturais populares e elitistas.

V. A história de um projeto de tradução modernista

O destino do manuscrito de Blackburn mostra, sem deixar espaço para dúvidas, que os valores culturais e políticos representados por sua tradução continuavam a ser marginais nos Estados Unidos no final da década de 1970. No caso de Blackburn, no entanto, a marginalidade não foi assinalada por críticas de teores variados, ou por ataques amargos, ou mesmo por indiferença da mídia, uma vez que nunca houve uma publicação a se criticar. O manuscrito que Blackburn acreditou estar concluído em 1958 só foi impresso vinte anos mais tarde.

Em março de 1958, o influente crítico de poesia M. L. Rosenthal, que foi professor de Blackburn por um breve período na Universidade de Nova York (1947), recomendou o manuscrito provençal à Macmillan.[24] Em 1957, no cargo de editor

---

24 Essa história editorial é reconstruída a partir de documentos da Paul Blackburn Collection, Archive for New Poetry: M. L. Rosenthal, Cartas a Emile Capouya, 17 jul. e 2 ago. 1958; Capouya, Carta a John Ciardi, 27 jun. 1958; Ciardi, Carta a Capouya, 2 jul. 1958; Capouya, Carta a Ramon Guthrie, 18 jul. 1958; Guthrie, Carta a Capouya, 24 jul. 1958; Guthrie, Relatório sobre *Anthology of Troubadors*, de Blackburn; Capouya, Cartas a Blackburn, 12 set. 1958, 8 out. 1958, 31

Lawrence Venuti

de poesia da *The Nation*, Rosenthal tinha aceitado para publicação uma das traduções de Blackburn, sua versão inspirada em Pound para o *Bem platz lo gais temps pascor*, de Bertran de Born. Rosenthal agora assessorava Emile Capouya, um editor do departamento de publicações comerciais da Macmillan, em uma série de volumes de poesia. Blackburn apresentou o manuscrito, provisoriamente intitulado *Anthology of Troubadours*. Tratava-se de uma tradução de 68 textos, de trinta poetas diferentes, uma redução considerável das "105 peças" que Blackburn havia mencionado a Pound – "*cut fr/ 150*" (17 mar. 1958). Capouya solicitou uma análise de um leitor crítico e então, apesar de uma avaliação bastante depreciativa, aceitou o original para publicação, oferecendo a Blackburn um contrato que pagava um pequeno adiantamento (US$ 150) dos direitos autorais totais (10% do preço de capa, US$ 3,50, com uma primeira tiragem de 1.500 exemplares), ao que se somava toda a receita dos primeiros direitos de serialização (publicações de trechos em revistas e antologias). Embora em outubro de 1958 os contratos estivessem já assinados e referendados, o original não estava completo: Blackburn precisava entregar a introdução que havia planejado. Capouya agendou a data de publicação para o outono de 1959, mas Blackburn não concluiu o manuscrito, e o projeto ficou estagnado até 1963, quando, alguns anos após a

---

out. 1958, 8 dez. 1958, 26 mar. 1965; R. Repass, Memo (Contract Request for Blackburn), 29 set. 1958; Herbert Weinstock, Carta a Blackburn, 11 jun. 1963; Daniel R. Hayes, Carta a Blackburn, 7 jun. 1963; Arthur Gregor, Carta a Blackburn, 1 set. 1965; M. L. Rosenthal, Cartas a Blackburn, 8 fev. 1957, 16 mar. 1958, 14 jun. 1958, 22 jul. 1959, 1 nov. 1965.

508

A invisibilidade do tradutor

saída de Capouya da Macmillan, outro editor decidiu cancelar o contrato. Durante a década de 1960, Blackburn tentou convencer outras editoras a publicarem o livro, como a Doubleday, que pediu a Rosenthal que avaliasse o projeto. Mas essas tentativas foram esporádicas e não tiveram sucesso. A tradução foi por fim publicada postumamente em 1978, com o título *Proensa: An Anthology of Troubadour Poetry*, editada pelo amigo de Blackburn, o medievalista e poeta George Economou, pela University of California Press.

Por que Blackburn não concluiu um projeto cuja publicação era certa e mesmo em termos contratuais favoráveis ao tradutor (apesar do adiantamento módico)? Diferentes respostas foram oferecidas a essa pergunta, que vão desde as incertezas na vida pessoal de Blackburn à época (seu divórcio da primeira esposa, suas dificuldades financeiras) a uma avaliação psicanalítica que vinculava suas relações com o sexo feminino – em especial com sua mãe, a poetisa Frances Frost – a uma "obsessão" pela "idealização da mulher expressa pelos trovadores" (Eshleman, 1989, p.19). O episódio com a Macmillan só poderia ter sido determinado por esses problemas privados se eles assumissem uma forma mais pública, que aqui incluía o severo relatório realizado pelo leitor crítico contratado pela editora. Sara Golden, a segunda esposa de Blackburn (1963-1967), lembra que o relatório "lançou Paul de volta a uma espiral interminável de revisões que nunca terminaram, até sua morte" (entrevista, 23 jan. 1992). Rosenthal descreveu Blackburn como "horrorizado" com as críticas do leitor; o poeta Robert Kelly, um amigo de Blackburn que chegou a editar alguns de seus livros póstumos, mencionou que "Paul tinha ficado magoado e ao mesmo tempo se divertia com o relatório", e que às vezes lia as críticas com uma voz comicamente exagerada (entrevistas, 26 dez. 1991 e 23 jul. 1992). Pego de surpresa pelas críticas, depois de anos de incentivos de escritores como Pound e Creeley e de editores de revistas como a *Hudson Review*, *Origin* e *The Nation*, Blackburn não conseguiu concluir o manuscrito. Ao contrário, de repente ele sentia que o texto requeria ainda uma enorme quantidade de trabalho, não apenas uma introdução e anotações, mas revisões substanciais da tradução. Infelizmente, ele também não teve um editor que lhe facilitasse a conclusão do projeto e sua publicação.

Capouya buscou avaliações de influentes poetas-tradutores e críticos. Ele recorreu primeiro a um poeta e tradutor de Dante, John Ciardi, então associado à *Saturday Review*, que respondeu "Antol de trovadores parece interessante", mas recusou o projeto devido a compromissos anteriores. Capouya então recorreu a Ramon Guthrie, um poeta norte-americano que tinha vivido na França por muitos anos e naquele momento era professor de francês em Dartmouth. Guthrie (1896-1973) havia publicado seus primeiros livros na década de 1920: traduções e adaptações de poesia trovadoresca e um romance baseado nos textos de Marcabru. Com um pseudônimo, publicou também *The Legend of Ermengarde*, descrito como um "poema exuberantemente indecente" inspirado na poesia trovadoresca (Gall, 1980, p.184). Capouya planejava publicar o volume de poemas de Guthrie, *Graffitti*, também recomendado por Rosenthal, que então sugeriu que Guthrie avaliasse a tradução de Blackburn. Talvez em um esforço para despertar o interesse de Guthrie, ou para afastar qualquer expectativa de fidelidade acadêmica aos textos provençais, a carta de Capouya descrevia o projeto de

A invisibilidade do tradutor

Blackburn como "uma coletânea de adaptações", não a "antologia" que ele mencionara a Ciardi. Guthrie, veio a se saber, era na verdade o pior leitor possível para o original de Blackburn.

Na década de 1920, suas próprias traduções de textos provençais foram lançadas no padrão então corrente da língua inglesa, com uma pitada de arcaísmo pré-rafaelita, em forma de dicção e verso (uma estrofe rimada). Esta é a abertura de "Winter-Song", tradução de Marcabru por Guthrie:

> Since the withered leaves are shredded
> From the branches of the trees,
> Mauled and tousled and beheaded
> By the bitter autumn breeze,
> More I prize the sleety rain
> Than the summer's mealy guile,
> Bearing wantonry and lewdness.

> (Guthrie, 1927a, p.68)

> Uma vez que as folhas secas são depenadas
> Dos galhos das árvores,
> Destratadas, revolvidas e decapitadas
> Pela amarga brisa do outono,
> Mais eu prezo a chuva de granizo
> à astúcia migalheira do verão,
> Que carrega devassidão e lascívia.

Embora Guthrie tenha vivido em Paris durante a década de 1920 e gostasse de evocar esse momento cultural modernista em sua poesia posterior, a própria poesia revela que ele é mais wordsworthiano do que poundiano:

Lawrence Venuti

Montparnasse
that I shall never see again, the Montparnasse
of Joyce and Pound, Stein, Stella Bowen,
little Zadkine, Giacometti [...] all gone in any case,
    and would I might have died, been buried there.

(Guthrie, 1970, p.15)

Montparnasse
que nunca mais verei, o Montparnasse
de Joyce e Pound, Stein, Stella Bowen,
pequeno Zadkine, Giacometti [...] todos já se foram em todo caso,
    e teria, tivesse eu morrido, sido enterrado lá.

Por volta dos anos 1950, Guthrie também se tornou um acadêmico, embora não tivesse o diploma do ensino médio e houvesse recebido as certificações para estrangeiros oferecidas pela Universidade de Toulouse. Essa imersão na cultura acadêmica influenciou sua avaliação do manuscrito de Blackburn. Sua resposta foi substancial e detalhada, em que comparava as traduções individuais com os originais provençais, oferecia o que ele chamou de "sugestões", em um relatório de duas páginas, e muitos comentários espalhados pelas margens do manuscrito todo. Ele não se importou com o uso de obscenidade empregado por Blackburn, embora na década de 1920 ele próprio tivesse sido bastante pudico ao usar um pseudônimo francês para uma paródia obscena e censurar a tradução assinada que tinha feito de Guillem de Poitou: *In which time — here we expurgate ... One hundred times and eighty-eight,/ Till heart and back were both in great/ Danger of breaking* (Guthrie, 1927a, p.59) ["Em que tempo – aqui expurgamos... Cem vezes e oitenta e oito,/ Até que o coração e as costas estivessem ambos em grande/ Perigo de se partir"]. A versão de Blackburn empregava *"fucked"* ["fodido"], mas depois ele havia riscado o termo e acrescentado em seu lugar *"loved"* ["amado"]. Guthrie encorajou Blackburn a usar o termo obsceno, o que talvez tenha servido para confirmar seu próprio senso de masculinidade, compensando seu expurgo anterior por meio do trabalho de outro tradutor:

> A palavra *"loved"* soa muito como esgueirar-se pela porta dos fundos. Por que não o termo original em inglês, da forma como estava, ou *"f----d"*, ou mesmo deixá-la em occitano, *"las fotei"*? Em uma causa tão legítima como esta, há de passar impune o emprego de *uma* palavra de 4 letras.

O que não pareceu "legítimo" a Guthrie foi o experimentalismo modernista da tradução de Blackburn: os efeitos estrangeirantes se desviavam muito dos valores norte-americanos dominantes na recepção de textos arcaicos, em especial nas avaliações acadêmicas e em um discurso fluente concebido de forma restritiva.

O próprio trabalho de Guthrie com a poesia trovadoresca na década de 1920 assumia o ideal modernista da tradução como um texto literário independente: ele publicou suas versões como poemas em si mesmos, identificando-os como traduções apenas em vagas notas de rodapé que omitiam qualquer identificação precisa dos textos provençais. Em 1958, porém, Guthrie não reconheceu a busca de Blackburn por esse mesmo ideal modernista, sua ênfase nas qualidades literárias da tradução em detrimento de explicações em notas, que se limitavam aos títulos provençais e às *vidas* e *razos* que acompanhavam as peças nos manuscritos. Guthrie queria que a tradução de Blackburn alcançasse um público mais acadêmico, ainda que seu foco fosse o "leitor comum":

> Deveria haver uma breve introdução explicando o que, quando e onde os trovadores estavam em ação; algo sobre a natureza e a importância da obra deles; as qualidades formais de seus trabalhos e as diferenças entre suas formas e a tradução de P. B. – e ainda algumas palavras sobre o propósito de P. B.
>
> Também deveria haver definições nos locais apropriados (marquei a maioria das ocorrências) de termos como *"alba"*, *"tenson"*, *"sirventes"* etc. [...]
>
> Vários poemas (ver p.163, 55, 129) precisam muito de breves apresentações.

Omitir as observações em forma de notas pode evidentemente assinalar as diferenças culturais dos textos estrangeiros, insistindo em sua estrangeirice com todo o desconforto da incompreensão. A maioria das estratégias de efeitos estrangeirantes empregadas por Blackburn, no entanto, foi posta em prática em suas traduções e, uma vez que estas constituíam desvios notáveis do discurso fluente predominante, de fato pareciam estranhas a Guthrie. Nesse sentido, Blackburn recorreu a grafias variantes para imitar a ausência de ortografia e pronúncia padronizadas do provençal, mas, para Guthrie, isso tornava o texto muito resistente a uma leitura fluida:

A invisibilidade do tradutor

Para conveniência do leitor, deveria haver uniformidade na grafia dos nomes próprios. É confuso para o não iniciado encontrar (com frequência na mesma página) Peitau & Poitou, Caersi & Quercy, Talhafer & Tagliaferro (eu traduziria como "Iron--Cutter" ["Corta-Ferro"], já que é um apelido); Ventadorn & Ventadour; Marvoill & Mareuil; Amfos & Alfons. Usar os nomes modernos das cidades ajudaria o leitor comum.

O emprego de grafias variantes por Blackburn era uma forma de arcaizar o texto, significando seu distanciamento histórico. Guthrie preferia o uso corrente do inglês ("Iron--Cutter"), até mesmo a cartografia mais atual.

As críticas de Guthrie atingiram o cerne do projeto de Blackburn. Elas incluíam os textos que figuravam na rivalidade edipiana com Pound: a preocupação de Guthrie com a fluência levou à sugestão de que Blackburn *deletasse* sua versão, inspirada em Pound, da canção de guerra de Bertran de Born. "Talvez eu seja muito duro", escreveu Guthrie, "mas, da primeira linha à última, parece forçado e sem efeito quando comparado com o original ou com a Sestina de E. Pound, extraída da mesma fonte." Quando Guthrie chegou à página 135 do manuscrito de 187 páginas, ele rabiscou uma nota um tanto exasperada para Blackburn, na qual criticava seu léxico misto:

Não, veja bem, se você vai chamar alguém de *burgesa* em um verso e fazer os pobres *inhorantes* procurarem o termo no Levy, você não pode deixar que o marido da *burgesa* se meta em (desde 1950) apuros ["*hassle*"], nem que alguém cometa um "descartalguém" [*somebuditch*] desonroso e o bata ["*smoting*"] em sua natureza ["*ye hede*"] no verso seguinte.

Lawrence Venuti

É interessante notar que Guthrie repetidamente se posicionou como porta-voz do público não especializado e não acadêmico ("os não iniciados", "os *inhorantes*"), mas simultaneamente realizou o gesto elitista de excluir os discursos e dialetos populares, em especial os coloquialismos da classe trabalhadora. O investimento de Guthrie no dialeto padrão vinha acompanhado de um senso de superioridade social que emergiu por completo em seu comentário a respeito de outra tradução, a versão de Blackburn para *Can vei la lauzeta mover*, de Bernart de Ventadorn. O texto de Blackburn é tipicamente heterogêneo:

> Narcissus at the spring, I kill
> this human self.

> Really, though, without hope, over the ladies;
> never again trust myself to them.

> I used to defend them
> but now
> I'm clearing out, leaving town, quit.
> Not one of them helps me against her
> who destroys and confounds me,
> fear and disbelieve all of them,
> all the same cut.
>
> (Blackburn, 1958, p.47)

> Narciso na primavera, eu mato
> esse eu humano.

A invisibilidade do tradutor

A sério, embora, sem esperança, sobre as senhoras;
nunca mais me confio a elas.

Eu costumava defendê-las,
mas agora
estou vazando, deixando a cidade, abandono.
Nem uma delas me ajuda contra ela
que me destrói e me confunde,
teme e desacredita todas elas,
todas do mesmo saco.

Guthrie acreditava que o coloquialismo degradava o texto estrangeiro, que ele via como de tom mais nobre, de discurso mais adequado, mais aristocrático: "Aqui", escreveu ele, "se torna vulgar, uma espécie de paródia de Bernart típica do Flatbush."[25] De forma semelhante, o emprego de *"Hell"*[26] por Blackburn se afastava da imagem elitista que Guthrie tinha dos trovadores: "Não está de acordo com o humor de Bernart, mas talvez seja mais moderno do que *'Alas'*".[27] Para Guthrie, os discursos marginais da tradução dizimavam os textos canônicos. O inglês que ele preferia era o dialeto padrão; e, se fosse empregado no texto algum arcaísmo, ele deveria ser discreto e consistente.

---

25 Área do Brooklyn, em Nova York, onde peças satíricas eram encenadas em teatros baratos. (N. T.)

26 Aqui empregado no sentido interjetivo, como "Droga!", "Caramba!" etc. (N. T.)

27 Interjeição comum à poesia de língua inglesa, geralmente traduzida como "Ai de mim". (N. T.)

Inevitavelmente, os experimentos mais criativos de Blackburn instaram Guthrie a domesticar as traduções, revisando-as de modo a lhes incutir fluência, mas também anulando a sátira política que o léxico misto possibilitava. Quando Blackburn aproximou sua versão de Bertran de Born das questões sociais contemporâneas, retratando os cavaleiros feudais como empresários burgueses, incapazes de "guerrear além da própria garagem/ sem um cheque caução" (Blackburn, 1958, p.125), Guthrie contestou os efeitos estranhos produzidos pela dicção multilíngue:

> Uma vez que P. B. emprega tantos anacronismos tendendo para o lado moderno, por que usar *"targe"* ["broquel"] em vez de *"shield"* ["escudo"]? De todo modo, o esquema de rimas desta *sestina* não são seguidas [*sic*] na tradução e, sendo pontuais, seria melhor omiti-las. Mas, se é preciso fazer uma rima (e Deus sabe que *"targe-garage"* não é uma da qual se deva ter muito orgulho), por que não *"shield-field"*? [...] A parte da "garagem" está ruim de todos os ângulos. Se *"tarja"* deve se tornar *"targe"*, por que não fazer de Bertran pobre o bastante para lutar *"at large"* ["em liberdade"]?

Guthrie parecia disposto a reconhecer a atenção que Blackburn dispensou à prosódia: o uso "pontual" de versos livres, com as rimas dissimuladas e a aliteração semissubmersa que Pound havia recomendado para os "valores cantábiles" do texto provençal. No entanto, Guthrie ainda relutava em acatar o discurso heterogêneo de Blackburn. Ao cruzar idiomas, culturas, períodos históricos, a rima *"targe"*/*"garage"* se antecipa à transparência, a qualquer sentido ilusionista de uma voz autoral e chama a atenção para os múltiplos códigos que fazem dessa uma tradução para a língua inglesa, com uma agenda política cultural. A resposta de Guthrie mostra que a tradução de Blackburn foi em parte vitimada pelos valores literários que dominavam a cultura norte-americana durante a Guerra Fria, dentro e fora da academia, valores elitistas, em sua exclusão dos discursos culturais marginais, e reacionários, em sua recusa da política democrática que animava o projeto modernista de Blackburn.

Após o episódio envolvendo a Macmillan, a escrita de Blackburn teve desenvolvimentos distintos. Alguns respondiam diretamente ao relatório de Guthrie; a maioria dava sequência a suas realizações, já significativas, como poeta-tradutor modernista, mas em novas direções. A relação de Blackburn com a tradução provençal certamente mudou. A profundidade do impacto de Guthrie pode ser avaliada pela versão final da tradução: Blackburn incorporou algumas de suas sugestões – mesmo quando conflitavam com seu experimentalismo modernista. Em vários pontos, Blackburn acatou o emprego do inglês padrão no qual Guthrie tanto insistia: adotou a grafia sugerida por Guthrie de "*night*" em vez de sua escolha inicial, a forma inculta "*nite*"; aceitou a alteração de "*as*" para "*like*", em termos de coloquialismo, solicitada por Guthrie, "*like/ they say*" ["como/ dizem"] (Blackburn, 1958, p.32; 1986, p.46, 47). Aqui Blackburn se sentiu intimidado pela aversão de Guthrie a impropriedades gramaticais, por sua pressuposição um tanto etnocêntrica de que os trovadores deveriam obedecer às normas linguísticas inglesas: "Aquele '*like*' no lugar de '*as*' deve ter feito Guilhem se revirar no túmulo", escreveu Guthrie. "Ele me causa um horror de dar arrepio." Blackburn também abandonou a mui criticada rima *"targe"*/*"garage"*, acatando a sugestão de Guthrie de usar *"shield"*/*"field"* (Blackburn, 1986, p.164).

Ao fim e ao cabo, no entanto, Blackburn não fez numerosas alterações no léxico e na sintaxe das versões de 1958. Em vez disso, expandiu a seleção de textos provençais para incluir mais quatro sátiras de Marcabru que exigiam uma gama maior de obscenidades. Ele também acrescentou notas que forneciam algumas das informações solicitadas por Guthrie e procurou responder às suas objeções. Em uma nota, Blackburn comentou sobre as variantes ortográficas, revelando as diferentes, por vezes contraditórias, determinações que moldaram sua versão final: o impulso historicista observável em seu respeito pelos manuscritos provençais, mas também sua preocupação com a prosódia de sua tradução e até mesmo a acolhida, em parte, do apelo de Guthrie por uma grafia consistente e moderna. A nota de Blackburn aborda especificamente o relatório de Guthrie:

> *Mareuil* (Dordonha): Uso a ortografia francesa moderna para padronizar a toponímia. Nos manuscritos provençais encontram-se Maroill, Maruoill, Marueill, Maruelh, Marvoill, Merueil, Meruoill, Miroill e Miroilh. Algumas dessas variações podem simplesmente ser erros de copistas, mas elas também refletem pequenas diferenças na pronúncia de uma área para outra. [...] Meu argumento aqui é que nem a pronúncia nem a ortografia eram particularmente padronizadas. Em especial nos poemas, emprego a versão que mais me agrada o ouvido. Nessa *razo* eu uso "Anfos" para o rei de Aragão: o nome também aparece como Amfos, Alfons – não me lembro de jamais ter usado o francês Alphonse. (Blackburn, 1986, p.285)

A invisibilidade do tradutor

A história editorial que enxotou as traduções provençais de Blackburn para as margens da cultura literária norte-americana, acessíveis apenas em revistas de circulação restrita e livros de edição limitada, inevitavelmente restringiu a influência de seus efeitos notáveis. Estes inspiraram não o trabalho de outros tradutores ou teóricos e críticos de traduções, mas principalmente a própria poesia de Blackburn (Sturgeon, 1990). Ao longo da década de 1960, as traduções se tornaram um campo de experimento prosódico para Blackburn: ele explorou a noção, desenvolvida por Charles Olson, de "verso projetivo" ["*projective verse*"], que se voltava para a performance, "em que o poeta consegue registrar tanto as assimilações de seu ouvido quanto as pressões de sua respiração" (Allen, 1960, p.393). Olson argumentava que essa prosódia seguia o abandono modernista do padrão pentâmetro ("os experimentos de Cummings, Pound, Williams"), mas somente foi possibilitada pela máquina de escrever, que, "devido à sua rigidez e precisão espacial", podia produzir um poema "como um roteiro de sua vocalização" (ibid.). De forma semelhante, Blackburn, em sua entrevista à *New York Quarterly*, tomou a disposição do texto como um conjunto de notações voltados para a performance: "A pontuação tem muito da função do espaçamento – isto é, indicar a duração de uma pausa" (Packard, 1987, p.11).

Após o episódio envolvendo a Macmillan, as revisões de Blackburn das traduções provençais passaram a incorporar uma atenção maior às qualidades formais – pontuação, quebra de linha, espaçamento. Por vezes, os resultados foram dramáticos. O trabalho de Blackburn na abertura deste texto de Marcabru desenvolveu o aspecto icônico da prosódia, emulando o movimento da folha que cai:

Lawrence Venuti

When the leaf spins
its staying power
gone,
twists off,
falls
spinning
down through the branches from top limbs whence
wind has torn it,
I watch.
It is a sign.
The icy storm that's brewing's better
than grumbling and meandering summer
congesting us with hates and whoring.

(Blackburn, 1958, p.30)

Quando a folha gira
seu poder de permanência
findado,
se retorce,
cai
girando
pelos galhos dos ramos mais altos donde
o vento a desmembrou,
eu observo.
É um sinal.
A tempestade de gelo que está se formando é melhor
que o estrepitoso e meândrico verão
congestionando-nos com ódios e promiscuidade.

When the leaf spins
its staying power

A invisibilidade do tradutor

> gone,
> twists off,
>   falls
>   spinning
> down through the branches
> from top limbs from
> which the wind has
>   torn it, I
> watch.
> It is a sign.
>   The icy storm that's brewing's better
>   than grumbling and meandering summer
>   congesting us with hate and whoring.
>
>   (Blackburn, 1986, p.43)

>   Quando a folha gira
> seu poder de permanência
>   findado,
> se retorce,
>   cai
>   girando
> pelos galhos
> dos ramos mais altos dos
> quais o vento a
>   desmembrou, eu
> observo.
> É um sinal.
>   A tempestade de gelo que está se formando é melhor
>   que o estrepitoso e meândrico verão
>   congestionando-nos com ódios e promiscuidade.

Lawrence Venuti

Nessa última versão, Blackburn sacrificou o arcaísmo *"when-ce"*, mas o substituiu por um repetitivo rodopio sintático que é mais evocativo da folha que cai "girando" (*"from top limbs from/ which the wind has"*). Essa experiência prosódica culminou nos últimos poemas de Blackburn, *The Journals* (1967-1971), em que o verso autobiográfico é polirrítmico – lírico e angular, conversacional e icônico, discretamente emotivo e paródico –, mas sempre inventivo, afinado com uma música reflexiva, multicodificado:

> Seaplane going over, going
> somewhere . over
> head, the blue really re-
> flected in this sea.
> (Blackburn, 1985, p.572)

> Hidroavião passando acima, indo
> para algum lugar . sobre
> a cabeça, o azul realmente re-
> fletido neste mar.

> The end of a distance come
> so early in the morning
> where the eye stops,
> flames
> running O their tongues up thru
> along the rooftree of
> down the coping of
> that church in Harlem.
> (Ibid., p.555)

A invisibilidade do tradutor

O fim de uma distância chega
tão cedo pela manhã
   onde o olho se detém,
                   as chamas
se alastram Oh suas línguas subindo ao
   longo da viga mestra
        debaixo da cumeeira
           daquela igreja no Harlem.

The wind blowth
snow fallth
branches whip in the wind
   down, rise, forth and back
      drifts groweth summat
It's going to take us two days at least to
shovel out of this one, off to Buf-falo, o
March, after all, Spring
cometh .

                          (Ibid., p.613)

O vento sopra
cai neve
os galhos chicoteiam com o vento
   para baixo, ergue, para a frente e para trás
      de alguma forma aumenta a rajada
Vai levar pelo menos dois dias
para banir este daqui, para Buf-falo, oh
março, afinal, a primavera
chega .

The Journals é essencialmente um projeto individualista, um diário em versos dos últimos anos de Blackburn — enquanto viajava pela Europa e pelos Estados Unidos com sua esposa Joan e seu filho Carlos —, durante os estágios finais de sua doença fatal, um câncer de garganta. No entanto, os experimentos prosódicos de Blackburn impõem a tudo isso uma divisa anti-individualista ao deslocar o verso no sentido de uma maior heterogeneidade, usando ritmo, pontuação, tipografia para trazer ao primeiro plano a textualidade e fazer erodir a coerência da voz discursiva, que se torna agora um lugar de diversos léxicos, códigos culturais, afiliações sociais, cuja justaposição mesma convida a um questionamento mútuo.

O projeto provençal foi também uma fonte de *personae* e temas para os poemas de Blackburn, alguns dos quais trazem consigo a crítica social que ele ocasionalmente desenvolvia no léxico das traduções. Um bom exemplo é sua versão de *Ab lo dolchor del temps novel*, de Guillem de Poitou:

> In the new season
> when the woods burgeon
> and birds
> sing out the first stave of new song,
> time then that a man take the softest joy of her
>   who is most to his liking.
>
> (Blackburn, 1958, p. 13)

> Na nova estação
> quando o bosque floresce
> e pássaros
> cantam a primeira estrofe de uma nova canção,

A invisibilidade do tradutor

momento então de um homem tirar a alegria mais suave daquela
que mais lhe agrada.

A tradução é citada em um poema seu, "Meditation on the
BMT" ["Meditação no BMT"],[28] contemporâneo do manuscrito de 1958:

Here, at the beginning of the new season
before the new leaves burgeon,
on either side of the Eastern Parkway station
        near the Botanical Gardens
they burn trash on the embankment, laying
barer than ever our sad, civilized refuse.

1 coffee can without a lid
1 empty pint of White Star, the label
        faded by rain
1 empty beer-can
2 empty Schenley bottles
1 empty condom, seen from
1 nearly empty train
        empty

                                        (Blackburn, 1985, p.141)

Aqui, no início da nova estação
antes que as novas folhas brotem,

---

28 BMT é a sigla da Brooklyn-Manhattan Transit Corporation, que,
   por metonímia, identifica as linhas de metrô que fazem o percurso
   de diversas estações do Brooklyn até outras em Manhattan. (N. T.)

dos dois lados da estação Eastern Parkway
     perto do Jardim Botânico
eles queimam o lixo no aterro, eliminando
mais do que nunca nosso refugo triste e civilizado.

1 lata de café sem tampa
1 garrafa vazia de White Star, o rótulo
     desbotado pela chuva
1 lata de cerveja vazia
2 garrafas vazias de Schenley
1 preservativo vazio, visto de
1 trem quase vazio
     vazio

A citação de Blackburn usa o tema do trovador para questionar o capitalismo de consumo, justapondo uma evocação lírica da primavera a uma lista detalhada de "lixo" visível de dentro de um trem do metrô de Nova York. A idealização provençal da sexualidade humana como um prazer natural, renovador, enfatiza o realismo sujo das práticas sexuais contemporâneas, que passam a parecer menos "civilizadas", mais empobrecidas em termos emocionais, mesmo ao sugerir que a poesia trovadoresca é ela mesma suspeita, uma mistificação das condições materiais e das consequências da sexualidade.

VI. Formas alternativas da tradução modernista

A experiência de Blackburn com a versões do provençal influiu em seus outros projetos de tradução, embora com um resultado bastante diferente. Sem ter conseguido publicar o

A invisibilidade do tradutor

manuscrito de 1958, ele voltou sua atenção para a literatura latino-americana, em especial a ficção do argentino Julio Cortázar. Em 1959, Blackburn assinou um contrato com Cortázar para se tornar "representante literário exclusivo e oficial (AGENTE) do escritor argentino em todo o mundo (exceto em): França, Alemanha, Itália e todos os países de língua espanhola".[29] Blackburn negociou a publicação das primeiras versões em inglês da ficção de Cortázar, os romances *The Winners* [*Los premios*], traduzido por Elaine Kerrigan em 1965, e *Hopscotch* [*Rayuela, O jogo da amarelinha*], traduzido por Gregory Rabassa em 1966. No final da década de 1950, Blackburn começou a traduzir os poemas e contos de Cortázar, principalmente para serem publicados em revistas – em 1967, os contos foram agrupados no volume *End of the Game* [*Final del juego*]. Ele então traduziu outra coleção de peças breves de Cortázar em prosa, *Cronopios and Famas* (1969) [*Historias de cronopios y de famas*], e teria sido o provável tradutor do volume seguinte das histórias do escritor argentino a ser publicado em inglês, *All Fires the Fire* (1973) [*Todos los fuegos el fuego*], mas sua saúde debilitada o impediu de assumir a empreitada. O trabalho de Blackburn com Cortázar servia à política cultural modernista que inspirou sua tradução provençal e seu artigo "The International Word", um internacionalismo de esquerda que via

---

29 "Agreement of. Representation (Contract)", 11 ago. 1959, Paul Blackburn Collection, Archive for New Poetry. Os números de venda das traduções de Cortázar são retirados dos relatórios de direitos autorais que integram a Blackburn Collection. A correspondência de Blackburn como agente de Cortázar documenta o crescente interesse do público norte-americano pela obra do escritor argentino.

529

a tradução como uma intervenção estrangeirante na cultura norte-americana. As traduções de Cortázar, no entanto, foram muito mais eficazes em sua dissidência, questionando e até alterando os cânones literários da língua inglesa.

Blackburn, entre os outros tradutores e editores de Cortázar, estava importando para os Estados Unidos o chamado *boom* da ficção latino-americana do século XX, um *corpus* de literatura estrangeira caracterizado por estratégias experimentalistas que desafiavam o realismo dominante na narrativa britânica e norte-americana. O *boom* latino-americano começou a circular em inglês nos anos 1950, quando traduções de escritores como Jorge Luis Borges passaram a aparecer em revistas e antologias (ver Levine, 2005). Entre as primeiras traduções em livro dessa tendência incluíam-se, na verdade, as *Ficciones* de Borges (1962), traduzidas por várias mãos, norte-americanas e britânicas. Alguns anos mais tarde, as críticas das traduções de Cortázar insistentemente o relacionariam com "seu conterrâneo" [*"his countryman"*] Borges, e ambos foram incorporados à corrente principal modernista da ficção europeia: Franz Kafka, Italo Svevo, Günter Grass, Alain Robbe-Grillet, Michel Butor, Nathalie Sarraute.[30] A ficção britânica e norte-americana daqueles anos era, em sua maior parte, realista, com o experimentalismo narrativo banido para as franjas da obscuridade (Djuna Barnes, Samuel Beckett, Flann O'Brien, William Burroughs, William Gaddis, John Hawkes, Thomas Pynchon) – ou para gêneros populares como o terror e a ficção científica. É o que

---

30 Essa lista de escritores foi elaborada a partir de várias resenhas do Cortázar de Blackburn: Coleman, 1967; Kauffman, 1967; Davenport, 1967; *Time*, 1967; MacAdam, 1967; Stem, 1967; *Times Literary Supplement*, 1968.

se nota pela "Lista dos mais vendidos" do *New York Times* de 9 de julho de 1967, a edição em que *End of the Game*, traduzido por Blackburn, foi resenhado. A lista trazia majoritariamente vertentes do realismo (histórico e contemporâneo) de autores como James Jones e Gore Vidal, Elia Kazan e Chaim Potok, Irving Wallace e Louis Auchincloss. O único título a destoar na lista era uma fantasia gótica: o romance de Ira Levin, *Rosemary's Baby* [*O bebê de Rosemary*].

O sucesso de escritores latino-americanos como Borges e Cortázar se deu tanto em termos de crítica quanto comerciais, graças a inúmeras críticas — a maioria positiva —, ao apoio de editoras comerciais, como Grove, Pantheon e New Directions, e a subvenções para publicação oferecida pelo Center of Inter-American Relations, uma organização cultural financiada por fundações privadas (Rostagno, 1997). As traduções foram muito bem recebidas. A versão de Rabassa, *Hopscotch*, venceu o National Book Award de 1966, na categoria Tradução. Nos primeiros seis meses após a publicação, *The Winners* vendeu 8.195 exemplares de capa dura; em cinco meses, *Hopscotch* vendeu 6.965. Ambos os romances foram rapidamente reimpressos no formato brochura. *End of the Game* (1967), traduzido por Blackburn, angariou cerca de vinte críticas entusiásticas no Reino Unido e nos Estados Unidos, e teve algumas de suas peças nas páginas de *The New Yorker* e *Vogue*. Três meses após chegar ao mercado, o livro teve 3.159 exemplares em capa dura vendidos e, nos anos seguintes, várias de suas histórias foram incorporadas, com alguma frequência, em diversas antologias. Em 1974, havia quatro edições do livro em brochura. Elas foram publicadas pela Macmillan, que mudou o título para *Blow-Up*, para capitalizar a publicidade do filme de Michelangelo

Lawrence Venuti

Antonioni de 1967, uma adaptação livre de uma história de Cortázar.[31]

A intervenção cultural que Blackburn não conseguiu realizar com sua tradução provençal acabou sendo concretizada por meio da obra de Cortázar – em um gênero diferente, em uma linguagem moderna e com um escritor contemporâneo. O sucesso da literatura latino-americana em língua inglesa durante a década de 1960 sem dúvida alterou o cânone da ficção estrangeira nas culturas britânica e norte-americana, não apenas pela introdução de novos textos e escritores, mas também pela validação de estratégias experimentalistas que minaram os pressupostos do realismo clássico, tanto teóricos (individualismo, empirismo) quanto ideológicos (humanismo liberal). O *boom* latino-americano também deve ser incluído entre as tendências culturais que alteraram o cânone da ficção britânica e norte-americana durante os anos 1960, a proliferação de diversos experimentos narrativos inspirados no modernismo: Donald Barthelme, Christine Brooke-Rose, Angela Carter, Robert Coover, Guy Davenport, entre muitos outros. O trabalho de Blackburn com Cortázar deu continuidade à política cultural modernista que animava sua tradução provençal: ele resgatou uma literatura estrangeira que era então marginal nas culturas britânica e norte-americana para que pudesse fazer uma diferença na cultura de língua inglesa, questionando os valores literários dominantes (realismo, individualismo burguês) e influenciando o desenvolvimento de novas literaturas anglófonas.

---

31 No Brasil, o filme de Antonioni (inspirado no conto "Las babas del diablo"), ganhou o título *Depois daquele beijo*. (N. T.)

A invisibilidade do tradutor

O trabalho de Blackburn com Cortázar produzia um efeito estrangeirante pela própria escolha de textos marginais, mas em sua tradução ele também operou escolhas verbais que eram estrangeirantes o bastante para serem convincentemente estranhas. O que é notável sobre as traduções que deram sustentação à canonização da ficção latino-americana em língua inglesa é que elas se distinguem por uma dose considerável de *fluência*. As traduções de Blackburn contrabandearam a ficção de Cortázar para as culturas britânica e norte-americana, sutilmente ampliando o discurso fluente restritivo que continua a dominar a tradução para o inglês, abrindo o uso padrão corrente para formas não padronizadas. Traduzir fluentemente, garantir a ilusão de transparência e a evocação de uma voz coerente e posicionar o leitor em um ponto de vista narrativo específico aviva, em última instância, a experimentação modernista de Cortázar, as descontinuidades formais que desalojam o leitor do posicionamento narrativo e encorajam uma autoconsciência cética a respeito da ilusão realista. O crítico da revista britânica *Books and Bookmen* reconheceu o efeito estrangeirante da escolha de Blackburn por traduzir Cortázar, cujo "universo é estranho e, para a maioria das pessoas, acredito, desconhecido". Mas o crítico também notou que a fluência da tradução de Blackburn era pujante ao transmitir essa estranheza:

> Sem poder imaginar a experiência que me aguardava, abri meu exemplar, de sobrecapa violeta, da coletânea de contos de Julio Cortázar e imediatamente me vi do Outro Lado do Espelho. Por *onde* começar a abordar esse livro deslumbrante? Talvez pela tradução de Paul Blackburn, em um inglês esplêndido e flexível,

cujas metáforas trazem consigo a precisão brutal de um soco no estômago. (Stubbs, 1968, p.26)

O crítico da *The Nation* descreveu a confiança de Blackburn no uso corrente do inglês, mas também apontou para os empréstimos, no léxico do texto, de termos estrangeiros, os quais, de acordo com o crítico, promoveriam inovações na prosa de língua inglesa:

A tradução de Paul Blackburn é adequadamente coloquial, elegante e eloquente, e temperada com pitadas de espanhol e francês, apenas o suficiente para apimentar a narrativa. Neste ponto do desenvolvimento de uma forma mais livre para a literatura em prosa, Cortázar é indispensável. (Stern, 1967, p.248)

Talvez, porém, fosse mais apropriado para esse trecho afirmar que "A tradução de Cortázar levada a cabo por Blackburn é indispensável" para o desenvolvimento de uma prosa inovadora. Sob o regime do discurso fluente, que com frequência torna o tradutor invisível, mesmo os resenhistas que tratam o tradutor pelo nome tendem a reduzir o texto traduzido ao autor estrangeiro original. A tradução de Blackburn é inevitavelmente livre em alguns pontos, partindo de "Cortázar", inscrevendo nos textos em espanhol diferentes valores linguísticos e culturais, permitindo que produzam efeitos que funcionam apenas em inglês. Um olhar mais atento sobre as façanhas discursivas de Blackburn revelará a eficácia de suas traduções de Cortázar.

"Continuity of Parks" ("Continuidad de los parques") é um texto breve, mas característico de *End of the Game* que in-

A invisibilidade do tradutor

tercala com maestria duas narrativas realistas, provocando, ao final, uma incerteza metafísica sobre qual delas é de fato o texto e qual é a realidade. Um empresário sentado em uma poltrona em sua casa de campo lê um romance sobre uma esposa infiel cujo amante se propõe a matar seu marido; quando o crime está prestes a ser cometido, revela-se que a vítima é o próprio empresário sentado na poltrona na abertura do texto. No clímax, o homem sentado na poltrona, o qual parecia ser real, de repente se torna um personagem no romance que ele lia, assim como de súbito os personagens aparentam ser reais ao porem fim à vida do homem. Cortázar envolve o leitor de língua espanhola nesse enigma, primeiramente, ao construir o ponto de vista narrativo a partir do empresário e, em seguida, ao redirecioná-lo abruptamente para os amantes. A rápida conclusão é um tanto desconcertante, não só porque o texto termina pouco antes de ocorrer o assassinato, mas porque o leitor havia sido posicionado, anteriormente, no ponto de vista da vítima, assumindo que aquela era a realidade.

A tradução fluente de Blackburn possibilita esse posicionamento da maneira mais óbvia, usando pronomes consistentes. O sujeito de cada frase da abertura é "ele", mantendo a distinção realista entre a realidade do homem e a ficcionalidade do romance que ele está lendo, limitando o ponto de vista narrativo ao homem:

> He had begun to read the novel a few days before. He had put it down because of some urgent business conferences, opened it again on his way back to the estate by train; he had permitted himself a slowly growing interest in the plot, in the characteri-

Lawrence Venuti

zations. That afternoon, after writing a letter giving his power of attorney and discussing a matter of joint ownership with the manager of his estate, he returned to the book in the tranquillity of his study which looked out upon the park with its oaks. Sprawled in his favorite armchair, its back toward the door – even the possibility of an intrusion would have irritated him, had he thought of it – he let his left hand caress repeatedly the green velvet upholstery and set to reading the final chapters. (Cortázar, 1967, p.63)

Ele começara a ler o romance alguns dias antes. Deixara-o de lado por causa de alguns negócios urgentes, abrira-o de novo no trem, no trajeto de volta para a fazenda; concedeu a si mesmo um interesse crescente pela trama, pelas caracterizações. Naquela tarde, depois de escrever uma carta outorgando uma procuração e discutir com o capataz uma questão de sociedade patrimonial, ele voltou ao livro na tranquilidade de seu estúdio com vista para o parque e seus carvalhos. Esparramado em sua poltrona favorita, de costas para a porta – a mera possibilidade de uma intrusão o teria irritado, tivesse ele pensado a respeito –, deixou que sua mão esquerda acariciasse, de tempos em tempos, o estofo de veludo verde e pôs-se a ler os capítulos finais.

A tradução de Blackburn denota todas as marcas da forma predominante da fluência – sintaxe linear, significado unívoco, emprego do padrão corrente –, definindo, sem maiores problemas, *"he"* como o ponto de vista a partir do qual a narrativa se torna inteligível; a descrição, verdadeira; o cenário, real. A tradução também é bastante próxima do texto em espanhol,

A invisibilidade do tradutor

exceto por um desvio revelador: a observação parentética na última frase, na versão de Blackburn, revisa o trecho em espanhol. O texto original de Cortázar diz, *"de espaldas a la puerta que lo hubiera molestado como una irritante posibilidad de intrusions"* (em uma versão mais aproximada, *"with his back to the door which would have annoyed him like an irritating possibility of intrusions"* ["de costas para a porta que o teria incomodado como uma irritante possibilidade de intrusões"]). A revisão realizada por Blackburn atua em dois níveis: por um lado, a versão em inglês deixa implícito o que é declarado explicitamente em espanhol, que a porta é uma potencial fonte de aborrecimentos; por outro lado, o acréscimo do complemento, *"had he thought of it"*, explicita o que está posto apenas implicitamente no espanhol: para se aborrecer, o homem deve pensar que uma intrusão é possível. O efeito da revisão é alternar um ponto de vista narrativo diferente que é ao mesmo tempo onisciente e autoral – apenas outra consciência poderia ter "pensado" na possibilidade do incômodo –, identificando momentaneamente o *"he"* como um personagem no texto *de Cortázar*, como uma ficção concebida por um autor, minando assim a ilusão realista estabelecida nas frases anteriores. A tradução fluente de Blackburn é dotada de um expressivo refinamento estilístico, presente até mesmo nessa revisão sutil, um acréscimo ao espanhol que tem muita sintonia com a técnica narrativa de Cortázar.

As escolhas de Blackburn mostram que ele reforça a ilusão realista no momento em que a narrativa opera outro redirecionamento, abrupto e imprevisto, para a descrição do romance, posicionando o leitor no ponto de vista dos amantes e fazendo desaparecer a linha que separa ficção e realidade. Mas, então –

correspondendo fielmente ao texto em espanhol –, ele sutilmente retraça essa linha ao empregar termos literários para descrever o romance (*"dialogue"/"diálogo"*, *"pages"/"páginas"*) e ao fazer uma referência tácita ao empresário-leitor (*"one felt"/"se sentía"*):

> The woman arrived first, apprehensive; now the lover came in, his face cut by the backlash of a branch. Admirably, she stanched the blood with her kisses, but he rebuffed her caresses, he had not come to perform again the ceremonies of a secret passion, protected by a world of dry leaves and furtive paths through the forest. The dagger warmed itself against his chest, and underneath liberty pounded, hidden close. A lustful, panting dialogue raced down the pages like a rivulet of snakes and one felt it had all been decided from eternity. (Cortázar, 1967, p.64)

> A mulher chegou primeiro, apreensiva; agora entrava o amante, seu rosto cortado pelo chicoteio de um galho. Admiravelmente, ela estancou o sangue com seus beijos, mas ele repeliu suas carícias, não viera realizar outra vez as cerimônias de uma paixão secreta, protegida por um mundo de folhas secas e trilhas furtivas pela floresta. A adaga junto a seu peito se aquecia e, abaixo, a liberdade martelava em segredo. Um diálogo lascivo e ofegante correu pelas páginas como um regato de serpentes, e parecia que tudo estava decidido desde a eternidade.

Mais uma vez, as escolhas de Blackburn envolvem desvios sugestivos. Ele amplia a verossimilhança da tradução ao inserir detalhes mais precisos, como a frase *"through the forest"* ["pela floresta"], que não consta do texto em espanhol (em outra

A invisibilidade do tradutor

passagem, ele igualmente acrescenta a *"On the path"* ["No caminho"] o complemento *"leading in the opposite direction"* ["que levava à direção contrária"] [ibid., p.65]). Ao mesmo tempo, Blackburn exagera os aspectos melodramáticos da cena: emprega *"lustful, panting"* ["lascivo, exasperado"] para traduzir um vocábulo espanhol, *"anhelante"* ["inquieto", "ansioso"] (que poderia ser traduzido por *"craving"*, *"yearning"*, e mesmo apenas *"panting"*) e opta por *"raced"* para transpor *"corría"* (em detrimento do monótono *"ran"*). Dois outros acréscimos ao texto de Cortázar produzem o mesmo efeito de exagero: *"unforeseen"*, na frase *"Nothing had been forgotten: alibis, unforeseen hazards, possible mistakes"* / *"Nada había sido olvidado: cortadas, azares, posibles errores"* (Cortázar, 1967, p.65; 1964, p.10), e *"flying"*, no trecho em que se lê *"he turned for a moment to watch her running, her hair loosened and flying"* / *"él se volvió un instante para verla correr con pelo suelto"* (Cortázar, 1967; p.66; 1964, p.10). O léxico melodramático de Blackburn reforça a ilusão realista, conferindo mais suspense à narrativa, amarrando com mais firmeza o leitor na posição dos amantes; além disso, também situa a narrativa em um gênero de ficção popular, o romance picante, encorajando o leitor a questionar o ilusionismo realista que domina a ficção anglófona – mais observável nos romances *best-sellers*. O texto de Cortázar desafia formas culturais individualistas como o realismo, sugerindo que a subjetividade humana não nasce do nada nem é autodeterminada, mas, sim, construída na narrativa, o que inclui gêneros populares. Isso, somado ao fato de se tratar de um empresário que acaba vivendo uma ficção, se encaixa com a crítica aos valores burgueses, econômicos e culturais, que é recorrente em outros escritos de Blackburn.

539

Lawrence Venuti

Os momentos-chave da carreira de Blackburn aqui abordados sugerem que seu trabalho como tradutor respondeu de forma eficaz à conjuntura cultural em que estava inserido. Ele deu seguimento às inovações modernistas desenvolvidas por Pound – que, no entanto, foram marginalizadas pelo regime de fluência na tradução para a língua inglesa. Isso requeria cultivar um discurso extremamente heterogêneo (uma rica combinação de arcaísmo, coloquialismo, citação, pontuação e ortografia fora do padrão e experimentalismo prosódico), que impedia que a tradução fosse tomada como o "original" e, em vez disso, afirmava sua independência como texto literário em um idioma e uma cultura diferentes. As práticas experimentalistas de Blackburn eram estrangeirantes: sua contestação da fluência, entre outros valores da cultura norte-americana contemporânea (crítica acadêmica, elitismo linguístico, propriedade burguesa, realismo, individualismo), permitiu que suas traduções assinalassem as diferenças linguísticas e culturais dos textos estrangeiros. No entanto, Blackburn também estava se apropriando desses textos para sua própria agenda cultural: na construção de sua identidade autoral, por meio de uma rivalidade com Pound; no desenvolvimento prosódico e temático de sua própria poesia; e em uma intervenção política dissidente com o intuito de fomentar um internacionalismo de esquerda durante a Guerra Fria, quando a política externa norte-americana, para conter oponentes ideológicos, levou a um surto de nacionalismo que anulava as diferenças culturais.

A tradução dos textos provençais feita por Blackburn confrontava essa conjuntura, mas era também por ela restringida, espremida entre a reação, de meados do século, contra o modernismo, a recepção acadêmica de textos literários arcaicos e

A invisibilidade do tradutor

um elitismo que marginalizava dialetos e discursos fora do padrão. Mesmo vinte anos depois, em 1978, quando o manuscrito foi finalmente publicado, a forma como foi recebido refletia a persistente marginalidade da tradução modernista. No *The New York Times Book Review*, o crítico, acadêmico e tradutor Robert M. Adams reconheceu a construção de Blackburn de uma poética da tradução ("Blackburn era um poeta e correspondia à poesia de seus originais"), mas criticou seu "estilo proeminente (em essência, a gíria elaborada de Ezra Pound)" e considerou a edição de George Economou inadequada em termos de modo geral academicistas: "em sua apresentação, os dados históricos e biográficos são parcos e surpreendentemente confusos"; "nunca há uma indicação no texto de onde ocorre a chamada de uma nota de rodapé" (Adams, 1979, p.36).

A reação de Blackburn, após o episódio envolvendo a Macmillan, foi desenvolver projetos de tradução que continuaram a servir a uma política cultural modernista, embora com literaturas estrangeiras diferentes e discursos de tradução diversificados. Como agente literário e tradutor de Cortázar, Blackburn se empenhou para que a ficção latino-americana fosse admitida no cânone das literaturas estrangeiras em inglês. E, para levar a cabo essa reforma do cânone, ele, como muitos outros tradutores de língua inglesa, recorreu a uma forma mais ampla de fluência, admitindo alguns itens lexicais não padronizados, como coloquialismos, enquanto assimilava narrativas experimentais e marginais ao efeito ilusionista da transparência que distinguia o realismo dominante. A carreira de Blackburn como poeta-tradutor modernista mostra que o significado das práticas de tradução é sempre contingenciado pela história: tais práticas podem ser definidas como "estrangeirantes" ou "do-

Lawrence Venuti

mesticadoras", "dissidentes" ou "conservadoras", apenas em relação a situações culturais específicas, momentos específicos de mudança na receptividade a literaturas estrangeiras e de alteração da hierarquia de valores da cultura receptora.

Portanto, será esclarecedor traçar a trajetória da tradução modernista nos Estados Unidos durante as últimas décadas do século XX, período marcado por várias transformações significativas. Os poetas norte-americanos em geral passaram a traduzir consideravelmente menos, independentemente de sua poética, embora, dada a importância da tradução para o modernismo no início do século, a redução no volume de traduções publicadas seja talvez mais perceptível entre os experimentalistas. Os poetas que de uma forma ou de outra estavam associados ao "L=A=N=G=U=A=G=E", o movimento que levava o nome da revista, de existência curta, porém influente, de Charles Bernstein e Bruce Andrews (1978-1982), são, com frequência, considerados o ramo mais recente da tradição modernista anglófona (ver Messerli, 1987; Perloff, 1985; Bartlett, 1986). No entanto, a tradução não desempenhou um papel central em seus métodos de composição, como tinha exercido nas gerações anteriores de poetas modernistas, e apenas dois de seus representantes, Bernstein e Lyn Hejinian, produziram versões em inglês de poesia estrangeira (ver Cadiot, 1990; Dragomoshchenko, 1990, 1993).

Os escritores modernistas que realizaram traduções durante o período em questão tenderam a negligenciar os textos arcaicos e a se concentrar nas formas de escrita estrangeiras que são reconhecidamente modernistas na forma e no tema. O interesse pelas literaturas clássicas e medievais demonstrado por Pound e H. D., pelos Zukofsky e Blackburn, é observado ape-

A invisibilidade do tradutor

nas em projetos isolados – por exemplo, as versões de poetas líricos gregos adaptadas, de modo coloquial, por Guy Davenport (1964; 1965; 1980; compilados em 1995) ou a versão *queer* e homofônica de David Melnick para a *Ilíada*, intitulada *Men in Aida* (1983). De longe, maior parte das traduções realizadas por modernistas teve como objeto um escritor ou um *corpus* de textos do século XX que se caracterizavam por uma forte tendência experimental. Entre as realizações mais notáveis estão as traduções dos textos filosóficos de Edmond Jabès feitas por Rosmarie Waldrop, a começar por *The Book of Questions* (1976), a coletânea de poesia surrealista de Aimé Césaire (1983) organizada e traduzida por Clayton Eshleman e Annette Smith, a versão de Eliot Weinberger para o inventivo livro-poema de Vicente Huidobro *Altazor* (1988) e a seleta, compilada por Jerome Rothenberg e Pierre Joris, de poesia, prosa e peças performáticas do artista visual Kurt Schwitters (1993). Essas traduções foram publicadas por editoras de pequeno porte ou universitárias, indicando que as práticas modernistas, embora não constituíssem a principal corrente da cultura literária norte-americana, haviam alcançado um grau de aceitabilidade do qual não gozavam nos anos 1950 e 1960.

O afunilamento do interesse dos tradutores, agora mais voltado para a produção modernista estrangeira, coincidiu com uma atenuação do ímpeto ideológico das traduções. Com o declínio da Guerra Fria, o internacionalismo que inspirava a obra de um poeta-tradutor como Blackburn foi substituído por uma maior atenção às agendas de política cultural dentro das próprias fronteiras dos Estados Unidos. Além disso, ao contrário de seus predecessores modernistas, os tradutores evitaram fazer reivindicações mais expressivas para seus projetos ou mesmo examinar em detalhes os efeitos culturais e sociais de suas práticas de tradução.

Tomemos como exemplo a versão de Eshleman e Smith para a poesia de Césaire. Não foi o poeta Eshleman, mas, sim, Smith, professor de francês no Instituto de Tecnologia da Califórnia, o "principal responsável" (Eshleman, 2000, p.xx) pelo conteúdo introdutório, que foca na produção de Césaire no contexto das tradições literárias francesas e descreve o tratamento dado pelos tradutores aos problemas linguísticos impostos pelos textos de Césaire. Eventuais análises políticas se restringiam a dois aspectos da carreira de Césaire: sua relação com a *"negritude"*, o movimento cultural iniciado por escritores francófonos negros em oposição à colonização francesa, bem como à opressão racista em geral, e suas ações como político de gabinete em seu país de origem, a Martinica, ainda sob domínio francês. Nenhuma atenção foi dispensada à política cultural da tradução em si.

Em determinado momento, no entanto, os tradutores apresentaram a poesia de Césaire como "parte da reorganização identitária do século XX" (Césaire, 1983, p.17), com o que forneciam uma justificativa política tácita para sua decisão de traduzi-la. Eles vincularam o surrealismo de Césaire à visão utópica do poeta americano Robert Duncan de "um simpósio do todo" [*"a symposium of the whole"*], que apareceu pela primeira vez na revista de Eshleman, *Caterpillar*: Duncan escreveu que

Toda a ordem então excluída deve ser incluída. A mulher, o proletariado, o estrangeiro, o animal e o vegetal, o inconsciente e o desconhecido, o criminoso e o fracassado – tudo o que foi

A invisibilidade do tradutor

proscrito e dissipado deve voltar a ser admitido na criação daquilo que nos consideramos ser. (Duncan, 1967, p.7)

Traduzir o poeta martinicano era, então, uma ação estrangeirante, um esforço para abrir o cânone das poesias estrangeiras em inglês para o que era então marginal, ou seja, os racialmente oprimidos e os colonizados, e, portanto, para reconfigurar as identidades culturais anglófonas com base em um tipo diferente de modernismo, ainda europeu, porém africanista, a negritude surrealista de Césaire. No entanto, mais tarde, quando Eshleman rememorou o que havia motivado suas primeiras traduções da poesia de Césaire, a noção de Duncan de uma "identificação com o universo" (ibid.) foi diminuída, assumindo a forma de uma aplicação muito mais local:

> Em 1977, recebi uma bolsa "Artists in the Community" do California Arts Council, que requeria que eu desse aulas de poesia durante um ano letivo em um colégio ao sul da região central de Los Angeles, o Manual Arts High School, cujo público é predominantemente afro-americano. Foi então que tive a ideia de traduzir o *Notebook of a Return to the Native Land* [*Cahier d'un retour au pays natal*], de Césaire, enquanto lecionava na Manual Arts e apresentar a tradução aos meus alunos no final do ano. (Eshleman, 2000, p.106)

Eshleman não ofereceu nenhuma explicação sobre o que esperava conseguir com sua "ideia". Ao mesmo tempo, a leitura que ele e Smith fazem do poema, como reconfiguração da identidade racial operada por Césaire ("uma partenogênese na qual Césaire deve conceber e dar à luz a si mesmo enquanto exorciza a imagem branca, introjetada e coletiva, a respeito do negro" [Césaire, 1983, p.21]), sugere que Eshleman esperava que de forma semelhante a tradução operasse uma reconfiguração identitária em seus alunos afro-americanos – apesar das dificuldades que enfrentariam ao ler um texto experimental. Em vez de situar a tradução em uma estrutura internacional, sem falar no utopismo de Duncan, Eshleman parece ter imaginado uma intervenção na política racial norte-americana.

Essa agenda pode ser vislumbrada nas ações interpretativas de Eshleman e Smith como tradutores, que indiscutivelmente refletiam sua "responsabilidade primordial pela versão final do texto no inglês norte-americano" (Eshleman, 2000, p.xx). No *Notebook of a Return to the Native Land*, suas escolhas inscrevem no texto uma história genuína das relações raciais norte-americanas, da escravidão ao movimento dos direitos civis na década de 1950 e o Black Power do final da década de 1960. Eles traduzem *"flic"* ["policial", "tira"], não como *"cop"*, mas como *"pig"*,[32] *"droits civiques"* ["direitos cívicos"] como *"civil rights"* ["direitos civis"], em vez de *"civic rights"*, e *"Je dis hurray!"* ["Eu digo viva!"] como *"I say right on!"* ["Eu digo 'é isso aí!'"], em vez de *"I say hurrah!"* (Césaire, 1983, p.35, 63, 79; *OED*). Esse discurso manifestamente norte-americano torna-se mais evidente à medida que o poema de Césaire se torna causticamente irônico:

---

32 Embora a gíria *"pig"* ("porco") já fosse usada, desde o século XIX, para insultar qualquer pessoa por quem não se nutrisse nenhuma apreciação, ela se tornou popular na década de 1960, quando passou a ser empregada, também de forma pejorativa, por *hippies* ativistas do movimento negro norte-americano para se referir a policiais de forma geral. (N. T.)

A invisibilidade do tradutor

Il n'y a pas a dire: c'était un bon nègre. Les Blancs disent que c'était un bon nègre, un vrai bon nègre, le bon nègre à son bon maître. Je dis hurrah!

No question about it: he was a good nigger. The Whites say he was a good nigger. A really good nigger, massa's ole darky. I say right on! (Ibid., p.78-9)

Não resta dúvida: ele era um preto bom. Os Brancos dizem que ele era um preto bom. Um preto muito bom, o preto véio de nhonhô. Eu digo é isso aí!

A inscrição dos tradutores implicitamente estabelece uma analogia entre dois movimentos de oposição, negritude e Black Power. No entanto, a analogia também configura uma fidelidade abusiva em relação ao texto de Césaire e, dessa forma, estabelece uma dialética crítica que expõe as limitações de ambos os movimentos: a militância que acompanhou o apelo por autonomia econômica e política no Black Power, corporificado em organizações como o Partido dos Panteras Negras [Black Panther Party for Self-Defense], destaca o alcance mais pessoal da reconfiguração identitária de Césaire no poema (que conclui com o poeta seguindo a "Pomba" da "fraternidade" e buscando "a língua malévola da noite" [ibid., p.85]), enquanto a subsequente eleição de Césaire para um cargo público põe em evidência a falta de uma institucionalização política viável para o Black Power (Van Deburg, 1992).

As observações elípticas de Eshleman não deixam claro até que ponto ele está ciente das implicações ideológicas da tradução. Como a maioria dos poetas-tradutores do século XX,

Lawrence Venuti

ele preferia declarações beletrísticas a comentários teóricos ou críticos. Ele definiu "o desafio básico" de traduzir Césaire como "fazer ao mesmo tempo duas coisas incompatíveis entre si: uma tradução precisa *e* um texto que tenha um desempenho à altura do original", vinculando ao interesse modernista pela independência estética do texto traduzido uma nova preocupação acadêmica com a precisão linguística (Eshleman, 2000, p.117). Em sua maior parte, a tradução de Eshleman e Smith corresponde fielmente ao francês de Césaire, demonstrando uma engenhosidade brilhante na produção de equivalentes para as peculiaridades estilísticas do autor, especialmente para sua sintaxe intrincada e descontínua e o uso abundante de nomes de plantas caribenhas (Césaire, 1983, p.24-8). No entanto, os tradutores alternaram o inglês padrão corrente de maneiras que lembram práticas modernistas anteriores, recorrendo a coloquialismos, obscenidades, jargões, neologismos e palavras estrangeiras tomadas de empréstimo, ocasionalmente em pontos do original em que o padrão é o francês (Olds, 1984, p.15). Eles traduziram, por exemplo, "*s'enlise*" ["afunda"] como "*quicksands*" [lit. "areia movediça"] (na forma de verbo), em vez de "*sinks*"; "*courir*" ["correr"] como "*gad about*",[33] no lugar de "*run*", "*inquietudes*" ["preocupações"] como "*jitters*" ["tensões"], e não "*worries*"; "*ordure*" ["lixo", "dejeto", "excremento"] como "*muck*" ["sujeira", "imundice"], no lugar de "*garbage*"; e "*boniment*" ["invenção", "conversa fiada"] como "*bullshit*", em vez de algo como "*tall tale*" ["conto da carochinha"] (ibid., p.39, 43, 65).

---

33 Expressão que tem sentido de "vagabundear", "sair à procura de diversão". (N. T.)

A heterogeneidade linguística da tradução encena uma resistência modernista contra as estratégias de fluência que continuavam a dominar a tradução de poesia em inglês, minando qualquer ilusão de transparência. Mas os desvios do original francês de Césaire guardam alguma semelhança com a própria escrita de Eshleman, particularmente sua predileção por imagens surreais e neologismos, lançando dúvidas sobre sua noção de precisão. "Todos os poetas aos quais dediquei longos períodos de tempo com tradução", observou Eshleman, "me atraíam porque sentia que sua poesia sabia algo que a minha queria saber" (Eshleman, 1989, p.230). Esse tipo de atração acaba obscurecendo a distinção entre submeter-se à influência de uma poesia estrangeira e assimilar essa poesia a uma prática poética na língua-alvo.

No final do século XX, a questão mais urgente levantada pela tradução modernista norte-americana era, de fato, se a busca por textos estrangeiros não tinha se transformado em um modo de apropriação empregado para se autoafirmar. O projeto modernista de ser diferente em seu próprio lar, de desafiar os valores linguísticos e literários dominantes na cultura receptora, parece ter limitado a abertura do tradutor norte-americano às diferenças linguísticas e culturais que foram tão importantes para os primórdios do modernismo, mas que também tinham almejado mais do que apenas transpor mais um experimento modernista, mais uma inovação estilística, em uma literatura estrangeira. Os poetas modernistas do final do século usaram a tradução para promover sua agenda, opondo-se à "primazia da voz individual", que Bernstein tinha classificado como a marca registrada da "cultura oficial do verso", bem como à ilusão de transparência, tão valorizada nessa cultura (Bernstein,

Lawrence Venuti

1992, p.2, 6). No entanto, esse objetivo enfraqueceu o impacto de quaisquer efeitos estrangeirantes que as traduções possam ter produzido, confinando-as a poesias estrangeiras modernistas que eram reconhecíveis como tais e, portanto, assimiláveis ao modernismo anglófono. A própria prática da tradução, se motivada pela busca do estrangeiro, exige constantemente repensar o experimentalismo para que as tradições poéticas estrangeiras que não expressam uma notável tendência modernista não sejam vítimas de uma nova exclusão.

6
Simpatico

Quantas pessoas hoje vivem em uma língua que não é a sua? Ou não mais, ou ainda não, nem mesmo conhecem a sua própria língua e conhecem parcamente a língua maior à qual são forçadas a servir? Esse é o problema dos imigrantes, e especialmente dos filhos deles, o problema das minorias, o problema de uma literatura menor, mas também um problema para todos nós: como arrancar uma literatura menor de sua própria língua, dando-lhe a chance de desafiar a língua e fazendo-a seguir um caminho revolucionário sensato? Como se tornar um nômade, e um imigrante, e um cigano em relação à sua própria língua?

Gilles Deleuze e Félix Guattari

Em 1978, logo depois que minhas traduções de poemas italianos começaram a ser publicadas em revistas, conheci outro tradutor norte-americano da língua italiana. Um escritor mais velho, com diversas publicações e muito talentoso, que examinou alguns de meus trabalhos e deu conselhos sobre tradução literária. Entre suas observações perspicazes, recomendou que eu traduzisse autores italianos de minha geração, coisa que ele mesmo fazia havia vários anos e com grande sucesso. Explicou que autores e tradutores vivendo no mesmo momento histórico têm maiores chances de ter uma sensibilidade em comum, o que é altamente desejável na tradução, pois aumenta a fidelidade do texto traduzido em relação ao original. O tradutor trabalha melhor quando ele e o autor são *simpatico*, disse meu amigo, e por esse termo ele não só quis dizer "agradável" ou "aprazível," sentidos comumente atribuídos a essa palavra italiana, mas também "possuir uma simpatia subjacente". O tradutor não deve apenas combinar com o autor, nem limitar-se a achá-lo agradável; deve haver identidade entre eles.

Conforme acreditava meu amigo, o ideal é que o tradutor descubra seu autor ainda no início de sua carreira. Nesse caso, o tradutor pode acompanhar de perto o desenvolvimento do autor, acumular intensivamente conhecimento de textos estrangeiros, reforçar e desenvolver a afinidade que ele já sente com os gostos e ideias do autor, tornando-se, de fato, de mente igual. Quando *simpatico* está presente, o processo de tradução pode ser visto como uma verdadeira recapitulação do processo criativo pelo qual o texto original começou a existir; e quando se acredita que o tradutor participa indiretamente dos pensamentos e sentimentos do autor, o texto traduzido é lido como uma expressão transparente do sentido ou da psicologia autoral. A voz que fala aos ouvidos do leitor em qualquer tradução realizada, tendo *simpatico* como base, é sempre considerada como sendo a do autor, e nunca a do tradutor, nem mesmo como um híbrido dos dois.

A invisibilidade do tradutor

As ideias de meu amigo sobre tradução ainda predominam atualmente na cultura anglo-norte-americana, embora tenham dominado a tradução em língua inglesa pelo menos desde o século XVII. O conde de Roscommon, em seu *Essay on Translated Verse* (1684), recomendou ao tradutor

> chuse an *Author* as you chuse a *Friend*:
> United by this *Sympathetick Bond*,
> You grow *Familiar Intimate*, and *Fond*;
> Your *Thoughts*, your *Words*, your *Stiles*, your *Souls* agree,
> No longer his *Interpreter*, but *He*.
>
> (Steiner, 1975, p.77)

> escolhas um *autor* como escolherias um *amigo*:
> Unidos por esse *laço de simpatia*,
> Tu cresces mais *familiar, íntimo e afeiçoado*;
> *Pensamentos, palavras, estilos e almas* concordam,
> Já não és *intérprete* dele, mas *ele mesmo*.

Alexander Tytler, em seu *Essay on the Principles of Translation* (1798), afirmou que se o objetivo do tradutor é a fluência, "ele deve adotar a alma de seu autor" (Tytler, 1978, p.212). O artigo de John Stuart Blackie sobre a controvérsia da tradução vitoriana, "Homer and His Translators" (1861), argumentava que "o bom tradutor de um poeta deve não apenas ser ele próprio poeta, mas ser poeta da mesma classe, e de uma inspiração análoga", "guiado por um instinto seguro que o leva a reconhecer o autor que é análogo a si em gosto e espírito, e que, portanto, tem uma vocação especial para traduzi-lo" (Blackie, 1861, p.269, 271). A crítica de Burton Raffel ao Catulo mo-

Lawrence Venuti

dernista dos Zukofsky argumenta de modo semelhante que as condições ideais para a tradução de textos latinos incluem "(*a*) um poeta, (*b*) capacidade de identificar-se com, e de quase chegar a ser Catulo durante um prolongado espaço de tempo, e (*c*) uma boa dose de sorte" (Raffel, 1969, p.444). E Will Stone, que traduziu a poesia de Gérard de Nerval e Georg Trakl, reiterou esse ponto ao mesmo tempo que denunciava o anti-intelectualismo a que ele leva: "Como o próprio ato da poesia", afirmou ele, "a tradução é essencialmente um ato de empatia, privado e intuitivo, e, apesar da exasperação dos teóricos, parece deslocar qualquer conclusão analítica em direção à complacência" (Stone, 2004, p.62).

Esse coro de teóricos, críticos e tradutores deixa claro que a ideia da tradução tipo *simpatico* é consistente com as ideias sobre poesia que prevalecem atualmente na cultura anglo--norte-americana, embora elas também tenham sido formadas séculos atrás, talvez de modo decisivo com o advento do romantismo na Inglaterra. De William Wordsworth, T. S. Eliot a Robert Lowell e além, a estética dominante na poesia de língua inglesa tem sido a transparência, a visão, como observa argutamente Antony Easthope em sua crítica incisiva, de que "a poesia expressa a experiência; a experiência abre acesso à personalidade; portanto, a poesia nos leva à personalidade" (Easthope, 1983, p.4-5). A noção de *simpatico* de meu amigo era de fato um desenvolvimento dessas pressuposições para caracterizar a prática da tradução (era transparente) e definir o papel do tradutor (identificação com a personalidade do autor estrangeiro).

Senti-me profundamente atraído pelas observações de meu amigo. Sem dúvida, essa atração explicava-se em parte pela

A invisibilidade do tradutor

sua autoridade cultural, sua influência nas editoras e sua lista cada vez mais extensa de premiações, o absoluto sucesso que ele havia conquistado com suas traduções. Mas ele também propunha uma compreensão sofisticada e lírica daquilo que eu queria fazer, uma posição de identificação para mim como tradutor, alguém que eu poderia ser quando estivesse traduzindo – ou seja, meu amigo bem-sucedido, mas também, no processo, o autor de um texto estrangeiro. Segui o seu conselho e, por acaso, deparei-me com um escritor italiano que tem praticamente a minha idade, o poeta milanês Milo de Angelis.

Nascido em 1951, De Angelis fez seu *début* precoce em 1975, quando foi convidado a contribuir com alguns poemas para a redação do *L'Almanacco dello Specchio*, uma prestigiosa revista lançada anualmente a partir de Milão e publicada por Arnoldo Mondadori Editore, uma das maiores editoras comerciais do país. O título da antologia, literalmente *O Almanaque do Espelho*, afirma sua reivindicação de ser uma pesquisa literária representativa, mas o título também a conecta com outra série mais antiga de livros de poemas, chamada *Lo Specchio*, cujas políticas editoriais parecem estar presentes na antologia: ambas publicam trabalhos recentes de autores canonizados do século XX, estrangeiros e italianos, além de alguns recém-chegados. O número do *L'Almanacco* para o qual De Angelis contribuiu incluía poemas de Eugenio Montale e Pier Paolo Pasolini, bem como traduções em italiano de poemas escritos por vários escritores estrangeiros, russos (Marina Tsvetayeva), alemães (Paul Celan) e norte-americanos (Robert Bly). O primeiro livro de poemas de De Angelis, intitulado *Somiglianze* [*Semelhanças*], foi lançado em 1976 por uma pequena editora comercial chamada Guanda, e destacou-se na década de 1970 por seu estilo inovador de escrita contemporânea. Esses dois livros, o espelho assertivo e as procuradas semelhanças, levantaram uma série de questões sobre a possibilidade da tradução tipo *simpatico*, questões sobre representação, formação do cânone e indústria editorial-literária, que continuaram a assombrar meu encontro com a poesia de De Angelis nos vinte anos seguintes.

I. O cânone da poesia italiana moderna em inglês

Acompanhando o sucesso que De Angelis conquistava na Itália, rapidamente pude perceber que o mesmo não aconteceria nos Estados Unidos e na Inglaterra, pelo menos não nos anos 1970 ou atualmente. O cânone de poesia italiana do século XX ainda não admite esse tipo de escrita, não acha que ela é *simpatico*, e de fato tem estabelecido obstáculos às minhas tentativas de publicar minhas traduções. No centro desse cânone encontra-se Eugenio Montale (1896-1981), ladeado por vários outros poetas italianos que exibem a mesma afinidade estilística com sua poesia ou que receberam seus elogios em ensaios e resenhas e, em alguns casos, suas recomendações para publicação. Nas margens, encontram-se as sucessivas ondas de experimentalismo que passaram pela poesia italiana no período posterior à Segunda Guerra Mundial e que deram origem a poetas como De Angelis. O *status* canônico de Montale na tradução de poesia anglo-norte-americana, eu soube, relegou ao esquecimento legiões de poetas italianos que o seguiram.

A tradução em inglês da poesia de Montale começou cedo, com uma aparição no *Criterion*, de Eliot, em 1928, e tem continuado até hoje em incontáveis revistas e antologias. Porém, apenas no final da década de 1950 traduções em formato de livro começaram a proliferar e, atualmente, Montale rivaliza

A invisibilidade do tradutor

com Dante no número de versões realizadas por mãos diferentes disponíveis nos catálogos das editoras. Montale publicou oito breves livros de poesia, já tendo sido "inglesados" no todo ou em parte, alguns deles mais de uma vez.[1] Algumas sequências de poemas têm sido com frequência selecionadas para ser lançadas como livrinhos populares. Já foram publicadas oito importantes coletâneas de textos selecionados, a reunião de seus três primeiros livros em uma edição anotada em um volume, uma antologia apresentando múltiplas versões de poemas individuais, um livro de prosa autobiográfica, uma pequena miscelânea de prosa crítica e uma grande coletânea de ensaios (de aproximadamente 350 páginas). Atualmente, contam-se quinze traduções para o inglês, publicadas por uma impressionante variedade de editoras comerciais, acadêmicas e outras de menor porte nos Estados Unidos, na Inglaterra e no Canadá: Bloodaxe, Boyars, Farrar, Straus & Giroux, Graywolf, Mosaic, New Directions, Norton, Oberlin, Other, Penguin e Turtle Point. E entre os tradutores incluem-se muitos poetas talentosos, acadêmicos e editores, alguns deles de fama internacional: William Arrowsmith, Jonathan Galassi, Dana Gioia, Jeremy Reed, G. Singh, Charles Wright e David Young. Um bom número de poetas italianos associados a Montale, por

---

1 As sete coletâneas italianas de Montale são *Orsi di seppia* (1925), *Le occasioni* (1939), *La bufera e altro* (1956), *Satura* (1971), *Diário del '71 e del '72* (1973), *Quaderno di quattro anni* (1977) e *Altri versi e poesie disperse* (1981), agora reunidas em Montale (1984a). William Arrowsmith estava completando as traduções de *Cuttlefish Bones* e *Satura* quando morreu, em 1992; Jonathan Galassi atualmente completa uma tradução dos primeiros três livros de Montale. Os textos italianos de Montale também foram objeto de adaptações livres em inglês: ver, por exemplo, Lowell (1961, p.107-29) e Reed (1990).

semelhança ou influência, formal ou temática, também têm sua poesia traduzida em livros desde o final da década de 1950: entre ele, incluem-se Guido Gozzano (1883-1916), Umberto Saba (1883-1957), Giuseppe Ungaretti (1888-1970), Salvatore Quasimodo (1901-1968), Lucio Piccolo (1903-1969), Sandro Penna (1906-1976), Leonardo Sinisgalli (1908-1981), Vittorio Sereni (1913-1983), Mario Luzi (1914-2005) e Maria Luisa Spaziani (1924-2014). Também nos Estados Unidos as editoras são variadas, e os tradutores, bem-sucedidos. Entre as editoras, incluem-se Anvil, Carcanet, Chicago, Cornell, Farrar, Straus & Giroux, Green Integer, Guernica, Hamish Hamilton, Minerva, New Directions, Ohio State, Princeton, Red Hill, Sheep Meadow; entre os tradutores estão Jack Bevan, Patrick Creagh, W. S. Di Piero, Ruth Feldman e Brian Swann, Andrew Frisardi, Allen Mandelbaum, J. G. Nichols, Michael Palma, Peter Robinson e Marcus Perryman, Stephen Sartarelli e Paul Vangelisti. Dezessete livros de poetas que, sem grande exagero, podem ser descritos como representantes de Montale na língua inglesa encontram-se no prelo, alguns contendo ensaios do próprio Montale.[2]

Comparadas com o crescente interesse com que Montale é recepcionado na cultura anglo-norte-americana, outras tendências do pós-guerra em poesia italiana têm recebido atenção limitada. É o caso do experimentalismo, notavelmente sub-

---

2 A bibliografia mais abrangente da poesia italiana do século XX publicada em língua inglesa encontra-se em Healey (1998), à qual remeto o leitor para dados sobre traduções publicadas antes de 1997. Traduções posteriores dos poetas que menciono estão incluídas em minha bibliografia. Apenas as versões em inglês de livros de Montale estão listadas na íntegra.

A invisibilidade do tradutor

-representado, considerando-se sua importância na Itália. Em um cálculo modesto, cerca de cinquenta poetas que escreveram ao longo de quatro décadas podem ser classificados nessa categoria, transformando-a em um movimento central na poesia italiana contemporânea. A primeira onda, também conhecida como "I novissimi" (Os Novíssimos) – denominação essa retirada de uma importante antologia lançada em 1961 –, inclui seu editor Alfredo Giuliani (1924-2007), Corrado Costa (1929-1991), Edoardo Sanguinetti (1930-2010), Giulia Niccolai (1929-1991), Nanni Balestrini (1935-2019), Antonio Porta (1935-1989), Franco Beltrametti (1937-1995) e Adriano Spatola (1941-1989). A segunda onda, que começou a publicar durante a década de 1970, inclui Nanni Cagnone (1939-2020), Gregorio Scalise (1939-2020), Luigi Ballerini (1940-), Angelo Lumelli (1944-), Giuseppe Conte (1945-), Cesare Viviani (1947-), Michelangelo Coviello (1950-) e Milo De Angelis. Existem também vários outros poetas cujas carreiras não coincidem com essas cronologias, mas cuja escrita é marcada por um forte impulso experimentalista: Andrea Zanzotto (1921-2011), por exemplo, e Amelia Rosselli (1930-1996). O fato de que esses nomes decerto quase nada signifiquem aos leitores de língua inglesa de poesia é sintomático da atual condição de marginalidade dos poetas (e talvez de qualquer outro poeta italiano que não seja Dante e Montale) na escrita anglo-norte-americana.

Traduções em inglês da poesia experimental demoraram muito mais para ser lançadas (aproximadamente uma década após o lançamento na Itália) do que as traduções em inglês dos poemas de Montale (cerca de três anos após seu primeiro volume). Na década de 1970, Ruth Feldman e Brian Swann fizeram uma seleção de Zanzotto com a Princeton, e Paul Vangelisti

Lawrence Venuti

publicou sua tradução em edição popular de *Majakovskiiiiiij* de Spatola, pela Red Hill Press, de John McBride, localizada em Los Angeles. Vangelisti e McBride formaram uma pequena biblioteca do experimentalismo italiano, com nove livros de Beltrametti, Costa, Niccolai, Porta e Spatola, bem como uma antologia que mapeia o movimento, *Italian Poetry, 1960-1980: from New to Post Avant-Garde* (1982). Porta é o que tem sido mais traduzido: seis livros no total, inclusive um volume único pela City Lights e Green Integer, e uma seleção pela canadense Guernica, realizada por tradutores diferentes. A editora Out of London Press, do poeta Ballerini, lançou volumes bilíngues de Cagnone, Tomaso Kemeny e Giovanna Sandri, assim como uma antologia de ensaios, palestras e poemas de uma conferência realizada em Nova York no final da década de 1970, *The Favorite Malice* (1983), de Thomas Harrison. Poetas associados ao experimentalismo do pós-guerra e a outras tendências contemporâneas encontram-se representados em diversas antologias desses anos — mas estão ausentes por completo de *Poems from Italy* (1985), de William Jay Smith e Dana Gioia, que almeja realizar um levantamento representativo da poesia italiana desde a época medieval. A antologia de Jamie McKendrick tem um título igualmente abrangente, *The Faber Book of 20th Century Italian Poems* (2004), mas os poetas experimentais constituem uma amostra pequena e capciosa, um punhado de poemas de Zanzotto, Sanguineti e Rosselli, quando comparada com a substancial seleção de Montale e seus avatares. Em 1995, uma tradução da antologia de Giuliani, *I novissimi*, foi finalmente publicada pela Sun & Moon, mais de trinta anos após o lançamento do original italiano; em 2004, o primeiro volume em inglês da poesia de Rosselli, *War Variations*, foi publicado pela Green Integer, quase dez anos após sua morte.

A invisibilidade do tradutor

Até meados dos anos 1990, tinham sido publicados em inglês cerca de vinte livros que se relacionavam no todo ou em parte ao movimento experimentalista, a maioria dos quais por editoras pequenas e desconhecidas com distribuição limitada. Na década seguinte, alguns novos livros com o tema apareceram, enquanto os anteriores saíam de catálogo, mas sua situação marginal permanecia. Não é exagerado dizer que você não conseguirá encontrar *nenhum* desses livros na livraria local ou mesmo nas livrarias universitárias, mas certamente encontrará pelo menos alguns dos livros de Montale. Por detrás da monumentalização de Montale na escrita anglo-norte-americana, encontra-se uma paisagem poética muito diferente na Itália, na qual ele é inegavelmente canonizado, sem deixar de incluir a tendência canônica que tenho chamado, algo redutivamente, de "experimentalismo".

A recepção diferente dessas poesias italianas explica-se, sem dúvida, por diversos fatores culturais, econômicos e ideológicos. O fato de Montale ter ganhado o prêmio Nobel de Literatura em 1975 é responsável por algo de seu capital cultural aqui e no exterior. Mas não pode explicar a continuada atenção conferida à sua poesia pelos escritores de língua inglesa que optaram por traduzi-la, ou o relativo desprezo conferido a pelo menos quarenta anos de experimentalismo. Para se entender isso, em minha opinião, devemos considerar a poética dominante na cultura anglo-norte-americana, especialmente seus pressupostos românticos: que o poeta é uma subjetividade unificada que exprime livremente sua experiência pessoal, e que o poema deve, portanto, ser centrado sobre o "eu" poético, evocando uma voz única, comunicando o "eu" do poeta em linguagem transparente, sustentando um sentimento de *simpatico* no tradutor. O *status* canônico de Montale na cultura anglo-norte-americana baseia-se na assimilação que os tradutores fazem de sua poesia à poética predominante, ao passo que o experimentalismo do pós-guerra tem sido marginalizado principalmente por resistir a essa assimilação. O Montale canonizado em inglês é, na verdade, uma versão domesticada moldada por uma estética orientada para o poeta e realizada em meio ao discurso transparente da tradução fluente.

Um exemplo é a versão que Dana Gioia fez de *Mottetti*, de Montale, uma sequência numerada de vinte poemas que compõem o centro do volume *Le occasioni*, de 1939. Os contemporâneos de Montale achavam esses poemas obscuros, empregando o termo "hermetismo" (*ermetismo*) para depreciar sua poética tipicamente modernista de obliquidade, seu recurso à elipse, à fragmentação, à heterogeneidade. Em um ensaio de 1950, "Due sciacalli in guinzaglio" ("Two Jackals on a Leash"), Montale respondeu aos seus críticos que os "motetos" não eram obscuros, que embora poemas individuais tivessem sido escritos em épocas diferentes, eles constituíam "um evidente breve romance autobiográfico", no qual ele dispôs alguns materiais culturais tradicionais — *La Vita Nuova*, de Dante, o *dolcestilnovisti* — para representar sua relação intermitente com Irma Brandeis, uma especialista americana em Dante, que ele conheceu em Florença (Montale, 1982, p.305). O *mainstream* da poética anglo-norte-americana privilegia o poeta, e assim Gioia aceita o ensaio astutamente irônico e defensivo de Montale por seu valor de face e afirma que os poemas "formam uma sequência unificada cujo poder e sentido completo só são evidenciados ao ser lidos em seu conjunto" (id., 1990, p.11). Qualquer obscuridade é apenas aparente, um efeito da igualmente aparente descontinuidade da narrativa:

A invisibilidade do tradutor

A sequência recria momentos *isolados* de *insight*, despidos de seus elementos não essenciais. Tudo o mais na história é dito *por implicação*, e o leitor deve participar da reconstrução do drama humano por meio da projeção de suas associações particulares que preenchem as lacunas dos elementos *que faltam* à narrativa. (Ibid., p.16, grifos meus)

É notável como Gioia repetidamente localiza os elementos formais que ganharam para Montale o rótulo de "hermético" – apenas para explicar sua existência, para "preencher" as rachaduras do texto partido. Em sua assimilação de Montale à poética predominante, Gioia considera de fundamental importância manter a continuidade da representação que o poeta faz de sua experiência, garantindo a coerência do sujeito poético e seu controle sobre o ato de autorrepresentação. Assim, Gioia elabora uma estratégia de tradução para fazer versões que "se movimentariam com a naturalidade de poemas escritos em inglês", "sempre se preferindo a clareza emocional e a integridade da narrativa do poema inteiro em inglês à fidelidade lexicográfica à palavra individual", abandonando a delineação de Montale para "integrar firmemente os elementos transpostos em um conjunto novo" (ibid., p.21). As divergências, no entanto, não são consideradas inexatidões ou revisões domesticadoras, mostrando que Gioia é realmente *simpatico* com Montale, "fiel não somente ao sentido, mas também ao espírito do italiano" (ibid., p.22). Aqui, torna-se claro que o sentimento de *simpatico* do tradutor nada mais é do que uma projeção, que em última análise o objeto da identificação do tradutor é ele mesmo, as "associações particulares" que ele inscreve no texto estrangeiro

na esperança de produzir uma experiência narcisística semelhante no leitor de língua inglesa.

O efeito da poética predominante sobre as traduções
de Gioia pode ser visto em sua tradução do sexto texto italiano:

La speranza di pure rivederti
m'abbandonava;

e mi chiesi se questo che mi chiude
ogni senso di te, schermo d'immagini,
ha i segni della morte o dal passato
è in esso, ma distorto e fatto labile,
un *tuo* barbaglio:

(a Modena, tra i portici,
un servo gallonato trascinava
due sciacalli al guinzaglio).

(Montale, 1984a, p.144)

I had almost lost
hope of ever seeing you again;

and I asked myself if this thing
cutting me off
from every trace of you, this screen
of images,
was the approach of death, or truly
some dazzling
vision of you
out of the past,

A invisibilidade do tradutor

bleached, distorted,
fading:

(under the arches at Modena
I saw and old man in a uniform
dragging two jackals on a leash).

(Id., 1990, p.35)

Tinha quase perdido
A esperança de vê-la novamente;

E perguntei-me se esta coisa
Que me decepa
Cada traço de você, essa tela
de imagens,
era a aproximação da morte, ou na verdade
alguma visão
deslumbrante de você
do passado,
pálida, distorcida,
esvaindo:

(sob os arcos de Modena
vi um velho de uniforme
arrastando dois chacais pela coleira).

A versão de Gioia apresenta diversas alterações e inclusões que intensificam consideravelmente a presença do poeta no poema. Os versos iniciais de Montale – "La speranza di pure rivederti / m'abbandonava" (em uma tradução que segue a ordem das palavras e a delineação do italiano, "A esperança de algum dia rever-te / me abandonava") – são invertidos, e a ênfase recai sobre o "I" de Gioia: "I had almost lost". De maneira semelhante, a penúltima linha contém outra referência à primeira pessoa, "I saw", que não existe no texto italiano. Os outros acréscimos de Gioia – "truly", "vision", "bleached", "old man" – indicam um esforço de deixar a linguagem mais emotiva ou dramática, delinear os contornos psicológicos do sujeito poético, mas eles resultam um tanto teatrais, e mesmo sentimentais ("old man"). Mantendo-se nesse emocionalismo do léxico de Montale, Gioia usa a frase "approach to death" para traduzir "i segni della morte" ("sinais da morte"), diminuindo o elemento da autorreflexividade no italiano, sua consciência de seu *status* como "imagens" e "sinais", substituindo-a por um pálido sensacionalismo. A palavra inglesa *signs* está atualmente carregada de vários sentidos, incluindo uma referência a importações estrangeiras controvertidas na teoria literária anglo-norte-americana que despersonalizam o texto e desconstroem a autoria – a saber, semiótica e pós-estruturalismo. O ato de evitar a palavra aqui produz dois efeitos notáveis: distancia a tradução do pensamento contemporâneo europeu que questionaria os pressupostos teóricos da poética predominante, e reforça o foco no estado emocional do poeta, na apresentação/representação do poema de Montale como autoexpressão (de Montale ou de Gioia?). A estratégia de tradução de Gioia muito claramente busca apagar o discurso poético modernista de Montale, eliminar os elementos formais que fizeram o texto italiano tão impressionantemente diferente ao seu primeiro público italiano, e isso, se um tradutor tentasse reproduzi-lo em inglês, resultaria em uma tradução igualmente impressio-

A invisibilidade do tradutor

nante ao leitor anglo-norte-americano por causa de seu desvio da estética centrada no poeta, que predomina atualmente.

O experimentalismo italiano do pós-guerra mostrou-se recalcitrante a essa ideologia assimilacionista tanto na forma quanto no tema. Em sua fase inicial, ele era chamado de "neovanguarda" pelo seu retorno a movimentos modernistas como o futurismo, o dadaísmo, o surrealismo, com a finalidade de desenvolver um discurso poético fortemente descontínuo que refletia sobre sua situação cultural e social. Em seu prefácio a *I novissimi*, Giuliani delineou o projeto experimental como uma política cultural de esquerda: a linguagem é fraturada em uma "visão esquizomórfica" (*visione schizomorfa*), que, simultaneamente, registra os (e resiste aos) deslocamentos mentais e representações ilusórias do capitalismo de consumo (Giuliani, 1961, p.xviii). A poesia de Edoardo Sanguineti, por exemplo, é uma sequência frenética de episódios na vida do poeta, alusões, e figuras, e acontecimentos contemporâneos, excertos e aplicações de suas leituras em filosofia, literatura, psicologia e teoria social, pontuados com linguagem construída e referências à cultura popular. O experimentalismo dessa fase inicial teve ampla circulação em revistas e antologias, uma série de livros em uma grande editora comercial (Feltrinelli) e diversos encontros públicos que receberam substancial atenção da mídia. Os experimentos tomavam formas variadas, não apenas a escrita era muito mais plural e heterogênea do que qualquer outra coisa produzida por Montale, mas também a poesia visual e a poesia-colagem, textos gerados eletronicamente e performance (ver Picchione, 2004).

O experimentalismo abarca diversas poesias, e minhas periodizações e genealogias culturais inevitavelmente dão um nítido relato disso (que, ademais, nessa ocasião, se inclina a

Lawrence Venuti

demonstrar uma divergência de Montale). O caminho experimental comum é o uso da descontinuidade formal para tratar de problemas filosóficos levantados pela linguagem, representação e subjetividade, lembrando desenvolvimentos franceses contemporâneos como o *nouveau roman* e a emergência do pensamento pós-estruturalista, especialmente nas versões politizadas do grupo *Tel Quel*. De fato, a imensa importância da política para a neovanguarda levou Christopher Wagstaff a sugerir que, "quando, em 1968, a Itália parecia oferecer oportunidades significativas para a ação política direta", o movimento "viu sua *raison d'être* desaparecer", como ficou provado pela extinção de uma revista central, as afiliações crescentes a instituições acadêmicas e culturais estabelecidas e, mais notavelmente, um redirecionamento da teoria e da prática (Wagstaff, 1984, p.37).

A segunda fase do experimentalismo evitou o engajamento político explícito para desenvolver projetos mais especulativos com distintas raízes filosóficas (fenomenologia existencial, psicanálise, pós-estruturalismo), explorando as condições da consciência e da ação humanas em textos fortemente indeterminados. A renovada ênfase sobre a textualidade recebia, às vezes, uma inflexão política em afirmações teóricas, particularmente pelos membros da primeira fase experimentalista. Em uma antologia que mapeia a poesia italiana na década de 1970, Porta argumentou que "a reafirmação da força linguística do Eu decompõe o problema das interações entre poesia e sociedade, entre poesia e realidade, porque o Eu poético nunca é meramente 'pessoal', mas, assim como ocorre com o autor, é um evento coletivo linguístico" (Porta, 1979, p.27). De modo geral, no entanto, o experimentalismo pós-1968 não apelou

A invisibilidade do tradutor

para a teorização de esquerda da neovanguarda, mas seguiu a "palavra apaixonada", como indica o título de uma importante antologia, transformando-a em um lugar de incontrolável polissemia, expondo e desestabilizando as múltiplas determinações de subjetividade – linguísticas, culturais, sociais (Pontiggia; DiMauro, 1978). Ao fazer isso, alguns poetas retornaram às inovações temáticas e formais do hermetismo, seus meios oblíquos de significação, sua inclinação por momentos climáticos. Isso é evidenciado no caso de Milo De Angelis: recorrendo não somente ao hermetismo, mas a outros poetas europeus como René Char e Paul Celan, ele leva a fragmentação modernista a um extremo que ameaça a inteligibilidade mesmo enquanto prolifera o sentido.

Talvez um poema escrito por De Angelis, "Lettera da Vignole" ("Letter from Vignole") ["Carta de Vignole"], possa indicar como, ao mesmo tempo, ele se assemelha e difere de Montale em sua fase inicial. Ele também se origina de uma amizade entre o poeta e uma mulher engajada em atividades literárias, embora não fosse uma dantóloga. Ela é Marta Bertamini, que colaborou com De Angelis na revista experimentalista por ele fundada, *niebo* (1977-1984), e em uma tradução do latim (Claudiano, *The Rape of Proserpine*). Vignole é a cidade italiana próxima da fronteira com a Áustria onde ela nasceu.

> Udimno la pioggia e quelli
> che ritornavano: ogni cosa
> nella calma di parlare
> e poi la montagna, un attimo, e tutti
> i morti che neanche il tuo esilio
> potrà distinguere.

Lawrence Venuti

"Torna subito o non tornare più."

Era questa — tra i salmi
della legge — la voce
che ai ripetuto all'inizio,
la potente sillaba, prima
di te stessa.

"Solo così ti verrò incontro, ignara
nell'inverno che ho perduto e che trovo."

(De Angelis, 1985, p.12)

We heard the rain and those
who were returning: each thing
in the calm of speaking
and then the mountain, an instant, and all
the dead whom not even your exile
can distinguish.

"Come back at once or don't ever come back."

This — amid the psalms
of the law — was the voice
that you repeated at the beginning,
the potent syllable, before
you yourself.

"Only then shall I come to meet you, unaware
in the winter which I lost and find."

A invisibilidade do tradutor

Ouvimos a chuva e aqueles
Que retornavam: cada coisa
Na calma da fala
E então a montanha, um instante, e todos
Os mortos que nem mesmo seu degredo
Pode distinguir

"Volte de uma vez ou não volte nunca mais."

Isso – em meio aos salmos
Da lei – era a voz
Que você repetia no começo,
A sílaba potente, antes
De você mesmo.

"Só então virei para encontrá-lo, alheio
no inverno que perdi e acho."

Conhecer a alusão no título não ajuda muito a estabelecer o sentido desse poema. Os pronomes sustentam múltiplas subjetividades. Uma palavra italiana como *inverno* ("winter") determina uma corrente intertextual/intersubjetiva fértil: sugere um motivo-chave em diversos poetas, principalmente Celan e Franco Fortini (1917-1994), um escritor italiano de crítica cultural e de poesia politicamente engajado que, anteriormente, expressava sua admiração por De Angelis. Embora De Angelis com frequência selecione episódios de sua vida pessoal como ponto de partida, sua poética experimental apresenta-os como impessoais e interpessoais, engrossando a representação com uma rede intrincada de imagens e alusões que constroem relações com outros discursos poéticos, outros sujeitos poéticos, desafiando a fácil redução do texto à autobiografia (do poeta ou do leitor, indiferentemente).

Montale é, sem dúvida, muito mais fácil de ser sequestrado pela poética dominante anglo-norte-americana do que o experimentalismo. De fato, poderia ser dito que alguns tradutores de língua inglesa estão reagindo aos traços de outra estética orientada para o poeta em Montale, "crepuscolarismo", um movimento *fin de siècle* (*crepuscolare* significa "crepúsculo") que cultivava uma voz privada em linguagem conversacional, produzindo devaneios introspectivos, ligeiramente irônicos sobre experiências prosaicas (Sanguinetti, 1963). Isso poderia explicar em parte não apenas o apagamento que Gioia fez do modernismo de Montale, mas também o recente fascínio dos Estados Unidos por poetas italianos mais jovens que parecem estar retornando ao crepuscularismo – Valerio Magrelli (1957-), por exemplo, que Gioia defendeu e traduziu (Cherchi; Parisi, 1989).

Naturalmente, nem todos os tradutores de língua inglesa de Montale puseram em ação uma ideologia assimilacionista. As traduções de William Arrowsmith foram delineadas precisamente para respeitar a aresta modernista de poemas como *Mottetti*. No "Prefácio do tradutor" em *The Occasions*, Arrowsmith qualificou seu método como de "resistência" a qualquer domesticação dos textos italianos:

Resisti conscientemente à tentação dos tradutores de completar ou modificar as constantes elipses de Montale, acomodar o *meu* leitor pelo uso de transições mais suaves. Fiz o melhor que pude para honrar a reticência de Montale, suas qualificações

A invisibilidade do tradutor

irônicas, e cadências fugidias. Um objetivo principal foi o de preservar a abertura do poeta italiano, mesmo que isso signifique resistir à tendência para o concreto, característica do inglês. (Montale, 1987, p.xxi)

A intenção de Arrowsmith, no entanto, foi de validar, não reavaliar, o *status* canônico de Montale na tradução de poesia no mundo anglo-norte-americano, de modo que não era preciso que ele mencionasse o experimentalismo italiano do pós-guerra, muito menos sugerir que valia a pena traduzi-lo para o inglês. De fato, ele acreditava que "nenhum poeta italiano do século XX assumiu maiores riscos experimentais do que Montale neste livro, acima de tudo em seu esforço de renovar a veia dantesca em termos de uma sensibilidade que pertence com tanta força a seu próprio tempo e que luta tenazmente para encontrar uma voz individual – uma voz que jamais poderá ser repetida" (ibid., p.xx). O discurso da tradução modernista que Arrowsmith recomendava pode ter sido de resistência a certos valores literários anglo-norte-americanos ("transições mais suaves", "concretude"), mas sua lógica para esse discurso concordava com a poética predominante, a valorização romântica da "voz" do poeta. Obviamente, as traduções de Arrowsmith pouco podem fazer para questionar a sombra de esquecimento que Montale continua a lançar sobre os experimentalistas italianos – como Milo De Angelis.

II. Tradução e resistência

A ironia de minha situação não me era indiferente. Ao perseguir a ideia de *simpatico* de meu amigo, descobri um escritor italiano que me forçou a suspeitar dessa noção e, por fim, abandoná-la. Quando me deparei com uma antologia de De Angelis de 1975 e então adquiri seu primeiro livro, o que me impressionou foi o fato de que, em todos os níveis – linguístico, formal, temático –, seus poemas lançam um desafio decisivo à estética centrada no poeta. Quebras de linha abruptas e peculiaridades sintáticas, misturas obscuras de abstração, metáfora e diálogo lhes conferem uma opacidade que mina qualquer senso de uma voz coerente. Eles não se abrem à participação vicária do leitor e até frustram qualquer leitura que os trate como expressão controlada de uma intenção ou personalidade autoral. Qual voz – ou de quem – deve falar na tradução da poesia de De Angelis? Normalmente, acrescentaria eu, trata-se mais de *qual* voz, pois os fragmentos de diálogo que pontuam seu texto não podem ser ligados a uma identidade distinta. A poesia de De Angelis questiona se o tradutor pode estar (ou deveria ser considerado como estando) em simpatia com o autor estrangeiro. O que isso mostra é que a voz em tradução é irredutivelmente estranha, nunca totalmente reconhecível como sendo a do poeta ou do tradutor, nunca totalmente capaz de livrar-se de sua estrangeiridade para o leitor.

Quando comecei a traduzir os poemas de De Angelis, entendi que a noção de *simpatico* realmente mistifica o que ocorre no processo de tradução. Mais crucial ainda, ela encobre o fato de que, para se produzir o efeito de transparência em um texto traduzido, para se dar ao leitor a sensação de que o texto é uma janela para o autor, os tradutores devem manipular o que muitas vezes parece ser um material bem resistente, ou seja, a língua para a qual eles estão traduzindo, que na maior parte dos casos é a sua língua materna. A transparência acon-

A invisibilidade do tradutor

tece apenas quando a tradução é fluente, quando não existem frases estranhas, construções não idiomáticas ou confusão de sentido, quando conexões sintáticas claras e pronomes consistentes criam inteligibilidade para o leitor. Quando a tradução é um poema em verso livre, variações rítmicas que evitam métricas uniformes são necessárias para dar à linguagem o tom conversacional, fazendo que ela soe natural. As quebras de linha, sem distorcerem a sintaxe a ponto de atrapalhar o leitor que busca compreender o texto, devem dar suporte à continuidade sintática que leva o leitor a buscar o sentido das linhas, adotando o desenvolvimento de uma voz coerente, traçando seus contornos psicológicos. Essas técnicas formais revelam que a transparência é um efeito ilusionista: ela depende do trabalho do tradutor com a língua, mas ao mesmo tempo esconde esse trabalho, até mesmo a presença da língua, por sugerir que o autor pode ser visto na tradução, que o autor fala com sua própria voz. Se a ilusão de transparência é forte o suficiente, ela pode produzir o efeito verdade, e por isso a voz autoral ganha autoridade, considerada verdadeira, correta, óbvia. Traduzir os poemas de De Angelis desmistificou esse ilusionismo para mim porque eles claramente resistem à fluência e cultivam, ao contrário, uma estética da descontinuidade.

Outro exemplo é o poema intitulado "L'idea centrale", um texto programático que deu o título à antologia de De Angelis e apareceu em *Somiglianze*:

> È venuta in mente (ma per caso, per l'odore
> di alcool e le bende)
> questo darsi da fare premuroso
> nonostante.

Lawrence Venuti

E ancora, davanti a tutti, si sceglieva
tra le azioni e il loro senso.
Ma per caso.
Esseri dispotici regalavano il centro
distrattamente, com una radiografia,
e in sogno padroni minacciosi
sibilanti:
"se ti togliamo ciò che non è tuo
non ti rimane niente."

(De Angelis, 1976, p.97)

THE CENTRAL IDEA
came to mind (but by chance, because of the scent
of alcohol and the bandages)
this careful busying of oneself
notwithstanding.
And still, in front of everybody, there was choosing
between the actions and their meaning.
But by chance.
Despotic beings made a gift of the center
absentmindedly, with an x-ray,
and in a dream threatening bosses
hissing:
"if we take from you what isn't yours
you'll have nothing left."

A IDEIA CENTRAL
veio à mente (mas por acaso, devido ao perfume
do álcool e das ataduras)
essa ocupação cuidadosa de alguém

não obstante.
E ainda, na frente de todo mundo, havia a escolha
entre as ações e seu significado.
Mas por acaso.
Seres despóticos faziam do centro um presente
distraidamente, com um raio-X,
e num sonho patrões ameaçadores
silvando:
"se tirarmos de você o que não é seu
você não terá mais nada."

O poema italiano oferece cenas de um hospital, sinistro com suas sugestões de sofrimento e morte, embora o incidente real nunca seja definido com precisão, e as quase filosóficas reflexões sobre seu sentido permaneçam confusas, ficando mais obscurecidas ainda pela súbita mudança para o sonho e a citação perturbadora. O leitor não só está incerto em relação ao que está se passando, como também não sabe bem quem está vivendo a experiência. Até a afirmação peremptória dos *padroni* (*bosses*, "patrões"), o tom é natural, mas impessoal, ruminante, mas não exatamente introspectivo, desprovido de qualquer sugestão de que a voz pertence a uma pessoa em particular, muito menos que se tenha submetido à experiência do misterioso perigo físico. O texto não proporciona uma posição coerente a partir da qual ele pode ser compreendido, ou uma voz consistente psicologicamente com a qual possa haver uma identificação. Ao contrário, a sintaxe fragmentada e as abruptas quebras de linha interrompem constantemente o processo de significação, forçando o leitor a revisar suas interpretações. As linhas iniciais se destacam pelas mudanças e contorções sintáticas, que compelem a alguma síntese dos detalhes até que façam sentido, e então enfraquecem qualquer conclusão com a qualificação introduzida por *nonostante* (*notwithstanding*, "não obstante"). A terminação falsa é contraditória, esquizoide, metamórfica. Se *il centro* é dado *distrattamente*, em que sentido ele pode ser descrito como central? Os *padroni* que são *minacciosi* (*threatening*, "ameaçadores") tornam-se *sibilanti*, uma palavra italiana muitas vezes empregada para descrever o som do vento nos juncos, ou das cobras. O resultado da forma descontínua do poema é que ele não consegue criar o efeito ilusório da presença autoral, demonstrando, com graus de desconforto variáveis de um leitor a outro, quanto a transparência depende da linguagem, de elementos formais como sintaxe linear e significado unívoco.

Mais interessante ainda, De Angelis abandona as técnicas formais utilizadas para o efeito de transparência em um poema cuja representação da consciência humana rejeita claramente o individualismo romântico. Esse é o conceito de subjetividade que sustenta afirmações-chave sobre a transparência, como a teoria de Wordsworth sobre expressão autoral no prefácio de *Baladas líricas* (1800): "Toda boa poesia é o transbordamento espontâneo de sentimentos poderosos" (Wordsworth, 1974, p.123). O mesmo conceito também é evidente no modernismo romântico de Eliot, sua capitulação ao culto romântico do autor: "[Poesia] não é expressão da personalidade", escreveu Eliot ao final de "Tradition and the Individual Talent" (1919), "mas uma fuga da personalidade. Mas, é claro, apenas aqueles que possuem personalidade e emoções sabem o que significa querer escapar dessas coisas" (Eliot, 1950, p.10-1). O poema de De Angelis, em contraste, representa consciência, não como a origem unificada do sentido, conhecimento e ação, expri-

A invisibilidade do tradutor

mindo-se livremente pela linguagem, mas dividida e determinada pelas condições mutantes –   acordado e sonhando, pensamento e impulsos sensoriais, sentido e ação, diagnósticos médicos e acaso. Assim, qualquer que seja a ideia central, ela não vem à mente pela volição do sujeito; ela ocorre apenas acidentalmente, por meio de vários fatores determinantes sobre os quais o sujeito tem pouco ou nenhum controle, como um cheiro, ou a possibilidade da morte.

Uma vez que esse é um texto estrangeiro avesso à estética da transparência que há muito tempo tem dominado a poesia anglo-norte-americana, qualquer tentativa de *simpatico* por parte do tradutor de língua inglesa será difícil, ou mesmo impossível. "L'idea centrale" não é um poema adequado a ser levado para dentro de uma cultura que valoriza a individualidade e a autodeterminação a um ponto tal que a intencionalidade e a autoexpressão modelam decisivamente suas reflexões sobre linguagem e poesia. A dominação contínua dessas pressuposições individualistas na cultura anglo-norte-americana contemporânea inevitavelmente torna De Angelis um escritor menor em inglês, marginal em relação à estética maior da língua inglesa, a expressão transparente da experiência autoral. De fato, o predomínio de pressupostos individualistas faz da própria tradução um gênero menor na escrita em inglês, marginal em relação à escrita que não apenas implementa a estética maior da transparência, mas que carrega o imprimátur autoral. Porque o discurso transparente é considerado como espelho do autor, ele valoriza o estrangeiro como original, autêntico, verdadeiro, e desvaloriza o texto traduzido como derivado, simulacro, falso, forçando a tradução a apagar seu *status* de segunda mão pela estratégia da fluência. É nesse momento que uma metafísica platônica emerge por debaixo do individualismo romântico que interpreta a tradução como cópia da cópia, ditando a estratégia de tradução na qual o efeito de transparência mascara as mediações entre (e dentro da) cópia e (do) original, eclipsando o trabalho do tradutor com a ilusão da presença autoral, reproduzindo a marginalidade cultural e a exploração econômica que afeta a tradução atualmente.[3] Senti-me totalmente atraído pela diferença da poesia de De Angelis, mesmo se ela contrariou as práticas de tradução vigentes no mundo anglo-norte-americano, descritas de maneira tão lírica pelo meu amigo. Essa diferença, no entanto, estava me forçando a estabelecer novos objetivos para meu trabalho. O que eu poderia esperar alcançar traduzindo De Angelis para o inglês? Qual teoria poderia informar minhas estratégias de tradução e orientar minhas escolhas?

Certamente eu poderia me submeter ao prevalente culto ao autor e fazer minha tradução de "L'idea centrale" tão fluente quanto possível, talvez com a vã esperança de empurrar o poema para mais próximo da transparência. Algo pode ser feito nesse sentido se na linha 12 da tradução o verbo *were* for posto antes de *hissing*, minimizando a fragmentação da sintaxe e dando contornos mais claros ao sentido, ou se o verbo *came*, na primeira linha, recebesse um sujeito, mesmo vagamente definido como *it*. É claro que simplesmente adicionar *were* e *it* não contribuiria muito para tornar o texto transparente, mas ao menos poderia mitigar o desconforto gramatical normalmente produzido pela omissão de sujeito ou verbo na frase em inglês.

---

3 Essas reflexões sobre o individualismo romântico e o rebaixamento da tradução se baseiam em Derrida (1976) e Deleuze (1990, p.253-66).

A invisibilidade do tradutor

Minha tradução em inglês, porém, recusa a fluência. Seguindo o exemplo da estética de De Angelis, minha estratégia pode ser chamada de resistência: ela procura reproduzir a descontinuidade do poema de De Angelis. A tradução fica, sem dúvida, mais descontínua com a omissão do sujeito e do verbo. A resistência também marcou presença em meu esforço para tornar as quebras de linha mais abruptas, cujo efeito era forçar o leitor a mudar suas expectativas. Na linha 1, *scent*, cuja definição vaga pode entreter a possibilidade de agradabilidade, substituiu duas escolhas anteriores, *smell* e *odor*, ambas com forte conotação negativa, por isso davam um antegosto exagerado do ominoso *alcohol*, reduzindo a força deste em evocar surpresa e medo. A quebra de linha faz que *scent* libere seus vários sentidos possíveis, tornando sua justaposição com *alcohol* um pouco mais surpreendente. De maneira semelhante, uma tradução anterior da linha 9 começava com *carelessly*, mas terminou sendo substituída pelo mais ressonante *absentmindedly*, que parece não apenas inexplicável no contexto de *gift*, mas alarmante: como *gift* carrega as importantes associações cognitivas de *center*, ele oferece ao leitor a promessa de inteligibilidade, de algum esclarecimento já no título – o que, no entanto, é rapidamente traído pela ideia de distração.

Ao adotar a estratégia de resistência na tradução do poema de De Angelis, propus um desafio e fui infiel à estética dominante na cultura da língua de chegada, ou seja, a cultura anglo-norte-americana, tornando-me um nômade em minha própria língua, um fugitivo de minha língua materna. Ao mesmo tempo, contudo, a adoção dessa estratégia não deve ser considerada como um recurso que torna a tradução mais fiel ao texto na língua de partida. Embora possa ser dito que a resistência fundamenta-se nos mesmos pressupostos básicos sobre linguagem e subjetividade que informam a poesia de De Angelis, minha tradução em inglês desvia-se do texto italiano em aspectos decisivos, forçando a repensar radicalmente a fidelidade em tradução. O tipo de fidelidade de que se trata aqui tem sido chamada de "abusiva" por Philip Lewis: o tradutor, cujo "objetivo é recriar analogicamente o abuso que ocorre no texto original", acaba "forçando o sistema linguístico e conceitual do qual [a tradução] depende" e "dirigindo uma investida crítica em direção ao texto que ele traduz" (Lewis, 1985, p.43). Os "abusos" da escrita de De Angelis são precisamente seus pontos de descontinuidade e indeterminação. Eles continuam exercendo força na cultura italiana, no leitor de língua italiana, muito tempo depois da publicação de *Somiglianze*. Em 1983, por exemplo, o poeta Maurizio Cucchi iniciou em seu dicionário o verbete sobre De Angelis afirmando que "pensiero e libertà dell'immagine spesso coesistono nei suoì versi, rivelando uma sottesa, insinuante inquietudine, um attraversamento sempre arduo e perturbante dell'esperienza"/"a ideia e a liberdade de imagem frequentemente coexistem em seus versos, revelando um desconforto subentendido e insinuante, uma obliquidade da experiência, sempre árdua e perturbadora" (Cucchi, 1983, p.116). Minha estratégia de resistência busca reproduzir esse efeito em inglês, utilizando técnicas análogas de fragmentação e proliferação do sentido. Como consequência, a tradução estabelece uma fidelidade abusiva ao texto italiano: por um lado, a tradução resiste à estética da transparência da cultura anglo-norte-americana que tentaria domesticar a difícil escrita de De Angelis por meio da estratégia da fluência. Por outro, a tradução simultaneamente cria uma resistência em relação

A invisibilidade do tradutor

ao texto de De Angelis, qualificando seu sentido com acréscimos e omissões que constituem uma "investida crítica" em direção a ele.

Por exemplo, algumas características sintáticas de minha tradução o tornam ainda mais estranho do que o italiano de De Angelis. Sua primeira linha dá um verbo sem sujeito – *È venuta* –, que é gramaticalmente aceitável e inteligível em italiano porque esse tempo verbal indica o gênero do sujeito (feminino), levando o leitor de língua italiana quase imediatamente ao último substantivo feminino, que por acaso encontra-se no título, "L'idea". Frases em inglês sem sujeito são gramaticalmente incorretas e frequentemente ininteligíveis. Ao acompanhar de perto o italiano e omitir o sujeito, eu estava de fato me distanciando do texto estrangeiro, ou pelo menos o deixando mais difícil, mais peculiar: *È venuta* parece fluente ao leitor de língua italiana, o *è* em maiúscula mostrando que se está iniciando uma frase, ao passo que a violação gramatical em *came to mind* (em minúsculas) faz que ela pareça não idiomática ou resistente ao leitor de língua inglesa – mesmo que esse seja apenas um efeito inicial, que por fim força o leitor a retornar ao título para entender o sentido. Minha tradução escolhe uma sutileza gramatical do texto italiano, a ausência de um sujeito explícito, e o distorce, dando uma ênfase exagerada ao que, no italiano, está apenas vagamente insinuado: que a ideia central sempre permanece fora do poema porque ela nunca é explicitamente mencionada, talvez porque não possa ser, porque ela questiona qualquer forma de representação, seja em linguagem ou em raios-X.

Nesse caso, minha tradução excede o texto estrangeiro por causa de diferenças irredutíveis entre a língua-fonte e a língua-

Lawrence Venuti

-alvo, diferenças sintáticas que complicam o esforço de produzir resistência. Mas o excesso na tradução também pode ser visto no fato de eu ter traduzido certas linhas primeiramente com base em uma interpretação do poema. Porque interpretação e poema são entidades distintas, determinadas por fatores diferentes, com funções diferentes, levando diferentes vidas discursivas, minha tradução interpretativa deveria ser vista como uma transformação do poema, baseada, é verdade, em informações sobre as leituras de De Angelis em literatura, crítica literária e filosofia, mas com o objetivo de fazer circular esse corpo de escritos na cultura de língua inglesa na qual ela continua sendo estranha e marginal. Pois o que o poema de De Angelis mostra aos leitores anglo-norte-americanos é que a cultura europeia moveu-se decisivamente para além do romantismo, em suas manifestações dos séculos XIX e XX.

Nas cartas que dirigiu a mim, bem como em ensaios, traduções e entrevistas, De Angelis deixou claro que sua poesia assimila vários tipos de materiais literários (europeus e orientais, clássicos e do século XX), mas que também possui uma genealogia filosófica distinta: ele tem ampla leitura em fenomenologia e psicanálise, e ainda assim os revisa conforme os novos conceitos de linguagem e subjetividade implícitos nas várias correntes de pensamento pós-estruturalistas nas culturas francesa e italiana contemporâneas. Um interesse precoce nas especulações críticas de Maurice Blanchot sobre o processo criativo e a natureza da textualidade conduziu De Angelis ao estudo de Heidegger e Ludwig Binswanger, e finalmente à crença na importância de Nietzsche e Lacan para qualquer projeto contemporâneo em poesia. Esse aspecto da escrita de De Angelis foi notado em parte por Franco Fortini em uma resenha daquela primeira antologia: De Angelis, conforme acredita Fortini, está "fascinado com os vórtices heideggerianos de origem, ausência, recorrência e o risco de morte" (Fortini, 1975, p.1309). Minha interpretação de "L'idea centrale" sustenta que ela reflete o conceito de Heidegger de "ser-para--a-morte", mas que De Angelis submete seu conceito a uma revisão nietzschiana.

Em *Ser e tempo* (1927), Heidegger acredita que a existência humana está perpetuamente "decaindo", sempre antecipadamente determinada por relações de interesse entre pessoas e coisas, uma identidade dispersada no "eles" — até que surja a possibilidade da morte (Heidegger, 1962, p.219-24). A antecipação da morte, a possibilidade de ser nada, constitui uma "situação-limite", na qual o sujeito é forçado a reconhecer a falsidade de sua natureza determinada e ganha "uma liberdade que foi liberada a partir da ilusão do 'eles', e que é fática, certa de si mesma, e ansiosa" (ibid., p.311). O poema "L'idea centrale", de De Angelis, explora o potencial para o drama nesse momento climático da verdade ao esboçar uma cena em um hospital. Seu poema ilustra o ser-para-a-morte como um estado físico e psicológico extremo no qual a aparente unidade das experiências vividas se divide por representações rivalizantes, e a consciência perde a posse e a consistência de si mesma. As "ações" são descentradas da intencionalidade: "seus sentidos" nunca são apropriação do sujeito, mas uma apropriação do sujeito por "eles", aqui representados pelos "patrões" que são tão "ameaçadores" à identidade porque eles falam "em um sonho", tendo mesmo colonizado o subconsciente. A "ideia central" é que a subjetividade é basicamente "nada", mera ação para a qual se atribui um sentido, um conjunto de processos biológicos cujos "seres despóticos" sem sentido inadvertidamente revelam quando eles tentam dominá-la e impor um sentido por meio de representações científicas, como raios-X. As peculiaridades formais desse texto — as mudanças de detalhes realísticos para reflexões abstratas a citações diretas, a escassa quantidade de informação, a sintaxe fragmentada — mimetizam a experiência do esfacelamento da identidade do ser-para-a-morte ao desestabilizar o processo de significação, abandonando qualquer linearidade de sentido, e desequilibrando a busca do leitor por inteligibilidade.

O que se torna claro, no entanto, é que o poema perturbadoramente enigmático de De Angelis não sugere que o ser-para-a-morte é o prelúdio da existência autêntica. De Angelis resiste à ideia de Heidegger de autenticidade como sendo aquilo que é unificado e livre, que é "algo dele mesmo" e que pode "'escolher' a si mesmo e ganhar a si mesmo" (ibid., p.68). "L'idea centrale" sugere, tanto na forma quanto no tema, as observações corrosivas de Nietzsche em *The Will to Power*, no qual a atuação humana é descrita como "não sujeito, mas ação, uma fixação, criativa, não 'causas e efeitos'" (Nietzsche, 1967, p.331).[4] Para Nietzsche, subjetividade autêntica é uma coisa

---

4 Ver também *Genealogia da moral*:

> A quantum of force is equivalent to a quantum of drive, will, effect — more, it is nothing other than precisely this very driving, willing, effecting, and only owing to the seduction of language (and of the fundamental errors of reason that are petrified in it) which conceives and misconceives all effects as conditioned by something that causes effects, by a "subject", can it appear otherwise. (Nietzsche, 1969, p.45)

> Uma quantidade de força é equivalente a uma quantidade de impulso, vontade, ação — melhor, ela é nada mais do que precisamente esse mesmo impulso, desejo e ação, e apenas por causa da

A invisibilidade do tradutor

impossível, porque ela jamais pode possuir uma identidade essencial: ela é sempre lugar de múltiplas determinações, não importando se estas são produzidas pela gramaticalidade da linguagem, da necessidade de um sujeito na sentença, ou construídas por algum sistema conceitual ou instituição social mais elaborado, como a psicologia, a moralidade, a religião, a família ou o trabalho – os "chefes". O poema de De Angelis chama a atenção para as condições contraditórias da subjetividade, que frequentemente passam despercebidas por causa do "cuidadoso ordenamento" da vida diária e da necessidade de uma situação-limite para reemergir em consciência.

Essa interpretação permitiu-me resolver alguns problemas de tradução, mas criou outros. Na linha 3, por exemplo, a palavra italiana *premuroso* pode ser traduzida de formas diferentes como *thoughtful*, *attentive* ou *solicitous*. Optei por evitar esses sentidos mais comuns e escolhi *careful*, uma palavra igualmente comum, mas que tem significância filosófica em inglês e que pode trazer o texto para mais perto do que imagino serem seus temas: os tradutores em inglês de Heidegger usam *care* para traduzir *Sorge*, a palavra alemã que ele utiliza para caracterizar a natureza da vida diária (Heidegger, 1962, p.237). De maneira semelhante, na linha 5, o verbo italiano *si sceglieva* é normalmente uma forma impessoal que não exige sujeito especificado. As

---

seducão da linguagem (e dos fundamentais erros da razão que estão petrificados nela), a qual considera e considera mal todos os efeitos como condicionados por algo que causa efeitos, por um "sujeito", é que pode parecer diferente.

Deleuze (1983, p.6-8) oferece uma exposição incisiva sobre a "filosofia da vontade" de Nietzsche.

frases em inglês devem conter sujeito, portanto *si sceglieva* é muitas vezes traduzido em inglês como *one chose*, ou na voz passiva. No entanto, desde que minha leitura estabelece uma conexão com o conceito de Nietzsche de atuação humana como uma ação sem sujeito, como vontade ou força, nem um sujeito, nem a voz passiva bastariam: utilizei uma circunlocução levemente estranha, *there was choosing*, e evitei qualquer sujeito explícito, e até mesmo a forma impessoal *one*, ao mesmo tempo que retive o sentido de ação substancial. Em ambos os exemplos, a tradução perdeu algo da qualidade comum que torna a linguagem do texto estrangeiro especialmente tocante e rica em possibilidades – exatamente como o uso de *bosses* ["patrões"] para traduzir *padroni* excluíram as associações patriarcais feitas com o último, enfraquecendo a ressonância psicanalítica do italiano.

Minha interpretação indubitavelmente reflete algo das leituras e do pensamento de De Angelis, mas as soluções tradutórias que ela racionaliza não tornam minha tradução para o inglês fiel ao seu sentido. Não, a interpretação fixou um sentido, tornando a tradução capaz tanto de ir além quanto de ficar aquém do poema de De Angelis. De maneira interessante, a interpretação também aponta para uma tensão lógica no tema, ou seja, a ação nietzschiana que contradiz a autenticidade heideggeriana. Minha tradução interpretativa, com efeito, explora essa contradição no poema, realça-a e talvez revele um aspecto do pensamento de De Angelis a respeito do qual ele mesmo não estava consciente ou que, de alguma maneira, continua não resolvido em "L'idea centrale". Minha tradução interpretativa excede o texto de língua estrangeira, suplementando-o com uma pesquisa que indica suas origens contraditórias e, desse modo, põe em xeque sua condição de texto original, uma expressão perfeita e autoconsistente do sentido autoral do qual a tradução é sempre cópia, essencialmente imperfeita porque fracassa em captar essa autoconsistência. O fato é que o original pode ser considerado imperfeito, fissurado por ideias conflitantes, pelos materiais filosóficos que ela põe em ação, e a tradução manifestou esse conflito mais claramente.

A pressão interrogativa na tradução vem à tona em outro ponto de resistência, uma ambiguidade totalmente ausente no poema de De Angelis. Linha 10, *and in a dream threatening bosses*, segue a ordem das palavras do texto italiano na medida permitida pelas diferenças linguísticas. Mas porque *threatening* é sintaticamente ambíguo, podendo ser aplicado a *dream* (como particípio) ou *bosses* (como adjetivo), a linha libera um sentido suplementar que se mostra especialmente ressonante no contexto interpretativo que orientou minhas outras escolhas: os *bosses* podem ser vistos como *threatened* pelo mau *dream* de subjetividade determinada, ou mais geralmente os agentes que dirigem instituições sociais são, da mesma forma, determinados pelas relações hierárquicas por meio das quais eles dominam outros agentes. O *dream* torna-se um sonho de subversão pelos dominados, e é o sonhador que é *threatening* e *hissing* para os *bosses*. Aqui, o abuso da tradução decreta uma crítica perturbadora do texto italiano, expondo o privilégio que ele confere aos *bosses*, sua representação implícita de poder e dominação social como transcendendo as determinações da ação humana.

Uma estratégia de resistência, portanto, resulta em uma fidelidade abusiva que constrói uma relação simultânea de reprodução e suplementação entre a tradução e o texto estrangeiro. A natureza precisa dessa relação não pode ser calculada antes que o processo de tradução tenha se iniciado porque diferentes relações devem ser operadas para os materiais culturais específicos de diferentes textos estrangeiros e para as situações culturais específicas nas quais aqueles textos são traduzidos. Isso faz da tradução um trabalho intenso, mas também afortunado, com o tradutor consultando inúmeros dicionários, encontrando outras traduções alternativas, deparando-se inesperadamente com palavras e frases que, ao mesmo tempo, imitam e excedem o texto estrangeiro. "No trabalho da tradução", observa Lewis, "a integração realizada escapa, de forma vital, da reflexão e emerge em uma ordem experimental, uma ordem da descoberta, em que o sucesso é uma função não apenas das capacidades parafrásicas ou paronomásticas da linguagem, mas também de tentativa e erro, da sorte. A tradução será ensaística, no sentido mais forte do termo" (Lewis, 1985, p.45). A fidelidade abusiva pode ser alcançada por meio de várias estratégias de resistência aplicadas por várias técnicas formais, mas com maior frequência as técnicas virão à tona acidentalmente à medida que possibilidades são testadas, seus efeitos são avaliados somente depois do fato, quando ocorre a racionalização.

Os abusos em "Il corridoio del treno" ("The Train Corridor"/"O corredor do trem"), de De Angelis, também extraído de *Somiglianze*, oferecem outra ilustração:

> "Ancora questo plagio
> di somigliarsi, vuoi questo?" nel treno gelido
> che attraversa le risaie e separa tutto
> "vuoi questo, pensi che questo
> sia amore?" É buoi ormai
> e il corridoio deserto si allunga
> mentre i gomiti, appoggiati al finestrino
> "tu sei ancora lì,

A invisibilidade do tradutor

ma è il tempo di cambiare attese" e passa
una stazione, nella nebbia, le sue case opache.
"Ma quale plagio? Se io credo
a qualcosa, poi sarà vero anche per te
più vero del tuo mondo, lo confuto sempre"
un fremere
sotto il paltò, il corpo segue una forza,
che vince, appoggia a sé la parola
"qualcosa, ascolta,
qualcosa può cominciare."

(De Angelis, 1976, p.36)

"Again this plagiary
of resemblance – do you want this?" in the cold rain
that crosses the rice fields and separates everything
"you want this – you think this
is love?" It is dark now
and the deserted corridor lengthens
while the elbows, leaning on the compartment window
"you're still there,
but it's time to change expectations" and a station
passes, in the fog, its opaque houses.
"But what plagiary? If I believe
in something, then it will be true for you too,
truer than your world, I confute it always"
a trembling
beneath the overcoat, the body follows a force
that conquers, leans the word against itself
"something, listen,
something can begin."

(De Angelis, 1995, p.55)

"Novamente esse plágio
De semelhança – você quer isso?" no trem frio
Que cruza os arrozais e separa tudo
"você quer isso – você pensa que isso
é amor?" Está escuro agora
e o corredor deserto se alonga
enquanto os cotovelos se apoiam na janela da cabine
"você ainda está aí,
mas é hora de mudar as expectativas" e a estação
passa, na neblina, suas casas opacas.
"Mas que plágio? Se acredito
em algo, então será verdade para você também,
mais verdadeiro do que seu mundo, eu sempre o rebato"
um tremor
sob o casaco, o corpo segue uma força
que domina, apoia a palavra nela mesma
"algo, ouça,
algo pode começar."

A fragmentação da subjetividade no texto italiano é seu ponto mais forte e marcante de resistência. A voz (ou as vozes?) está aparentemente engajada em uma estranha briga de amantes, amarga e muito abstrata, na qual o desejo está estruturado por modos conflitivos de representação, mas que, por fim, se quebra. Embora nunca esteja identificada como uma identidade distinta, com idade ou gênero definido, a voz briguenta na abertura instaura uma oposição entre dois conceitos de "amor": o primeiro, considerado falso ou não autêntico (*plagio*), é governado por *somigliarsi* (literalmente "parecer-se com"), por uma identidade ou igualdade entre os amantes; o segundo, implici-

A invisibilidade do tradutor

tamente favorecido pela voz, é uma alternativa governada pela diferença ou desvio, a invenção de novas *expectations* (*attese*). No entanto, o texto italiano já está minando essa segunda alternativa com *attese*, que também pode significar *delays*, uma ambiguidade que submete a perspectiva promissora de *expectations* a um ceticismo pessimista. De fato, a citação que se inicia com *tu sei ancora lì* (*you're still there*) pode facilmente dignificar a introdução de uma outra voz, sugerindo que, talvez, a que lançou a acusação de *plagio* deveria mudar de expectativas, de que talvez o acusador deveria abandonar qualquer tentativa de busca por uma existência autêntica, qualquer esforço para evitar a desonestidade da imitação, porque o desejo sempre tem determinações contraditórias, frustrações, "delongas".

O questionamento insistente passa ao argumento nietzschiano segundo o qual o amor é outra forma de desejo pelo poder, no qual dois amantes estão trancados em uma luta pela dominação e cada qual pode refutar (*confuto*) a representação que o outro faz de sua relação, impondo um "mundo" que "será verdadeiro" para ambos. Nesse ponto, as vozes perdem qualquer vaga definição que possam ter adquirido à medida que o texto se desdobrava, e as duas posições conflitantes de inteligibilidade são finalmente abandonadas pela última voz, que implicitamente pede silêncio, na grande expectativa de uma outra "palavra" ainda não dita que construirá uma nova posição de sujeito para "o corpo", uma nova representação para a "força" biológica que ameaça a base linguística de cada relacionamento. A indeterminação da frase *appoggia a sé la parola* (*leans the word against itself*) remete à interação contraditória entre linguagem e desejo. Se *itself* é lido como a *force* (ou *body*? – outra indeterminação, talvez com menores consequências aqui por causa da conexão entre *force* e *body*), a *word* recebe apoio de, ou *leans* [...] *against*, da *force* como o sentido de um signo linguístico depende da ligação entre significante e significado. Assim, o desejo é visto como um uso linguístico condutor, mas também como dependendo desse mesmo uso para sua articulação. No entanto, se *itself* for lido como *the word*, no sentido da linguagem em geral, a *force* também *leans the word against* outra palavra, fazendo circular uma cadeia de significantes que adiam o significado, lançando-o numa divisão interna. Aqui é possível vislumbrar a ideia fundamental de Lacan, segundo a qual o desejo é simultaneamente comunicado e reprimido pela linguagem (Lacan, 1977).

A resistência da tradução produz a descontinuidade formal do poema de De Angelis ao aderir às suas quebras de linha e peculiaridades sintéticas. Uma estratégia de fluência poderia facilmente eliminar as dificuldades de sintaxe, por exemplo, corrigindo ou completando os fragmentos de sentença — na linha 7, com a substituição do verbo *lean* pelo particípio *leaning*; na linha 10, com a inserção de uma expressão verbal como *go by*, após o fragmentário *opaque houses*. A tradução, contudo, reproduz o desafio de De Angelis ao discurso transparente pelo uso de construção quebrada, que tem o efeito imediato de instaurar o processo de leitura em desequilíbrio, agravando o já difícil problema posto pela mudança de posições de inteligibilidade, de deslocamentos de voz.

É nas citações que a tradução é mais abusiva em relação ao texto estrangeiro. Para simular o drama da situação, procurei tornar a abertura forçadamente coloquial, inserindo abruptamente travessões e fraturando as questões na linha 4 pela omissão do auxiliar *do*. No entanto, como minha leitura interpreta

A invisibilidade do tradutor

esse texto como uma meditação pós-estruturalista sobre o relacionamento entre linguagem e desejo, busquei incrementar a abstração filosófica do inglês: *resemblance* substituiu a frase mais ordinária e concreta *resembling each other*, que de fato está mais próxima do italiano *somigliarsi*. A mistura dos discursos coloquial e filosófico na tradução reproduz, mas de alguma maneira exagera, os materiais que, de modo semelhante, discordam no texto italiano, sua combinação de dicção concreta e abstrata.

A estratégia de resistência também se evidencia em uma tendência em adotar arcaísmos na tradução, especialmente a qualidade obsoleta de *plagiary* e *confute* em lugar dos atuais *plagiarism* e *refute*. Essas palavras arcaicas tornam as falas mais estranhas e distanciadas do leitor de língua inglesa, chamando a atenção para si enquanto palavras e, assim, abusando do cânone da transparência. O termo *plagiary* é particularmente útil para a produção desse efeito: ele introduz um ponto de polissemia que abre um registro metacrítico *vis-à-vis* do texto estrangeiro. O italiano *plagio* significa a ação ou o exemplo de roubo literário, a prática de roubar um texto, que seria normalmente traduzido como *plagiarism* em inglês; o termo italiano para o agente, *plagiarist*, é *plagiario*. Minha escolha de *plagiary* condensa essas palavras e sentidos: ela pode significar *plagiarism* ou *plagiarist*, a ação ou o agente, o texto ou o sujeito. Combinada com *resemblance* na tradução, *plagiary* torna-se um jogo de palavras que, em si mesmo, marca qualquer relação baseada na identidade como um crime contra a autonomia pessoal e a individualidade, uma inautenticidade heideggeriana, um roubo do indivíduo, invocando sua raiz latina *plagiarius* – sequestrador. Mas como *resemblance* também define um modo de representação exemplificado pelo discurso transparente, o jogo de palavras em *plagiary* interroga o ilusionismo subjetivo na transparência, sua ficção da presença pessoal, sua mentira pessoal. As linhas em inglês, *plagiary / of resemblance*, ao mesmo tempo valorizam e desmistificam o conceito de autenticidade, localizando dentro da voz estridente na abertura uma voz diferente e estranha. A tensão do arcaísmo na tradução, por fim, temporaliza o poema de De Angelis, sugerindo que as formas culturais governadas pela *resemblance* estão situadas no passado, são estáticas, relutantes em admitir a diferença e a mudança, mas também que o conceito de sujeito de De Angelis como processo determinado diverge das evocações individualistas de poesia mais antiga, romântica e moderna. O arcaísmo na tradução em inglês vai além do texto estrangeiro por acrescentar um comentário em sua forma e tema.

III. À margem das poesias anglófonas

A resistência é, assim, uma estratégia de tradução pela qual os poemas de De Angelis tornam-se estranhos ao poeta italiano, bem como ao leitor e tradutor anglo-norte-americano. Certamente De Angelis não reconhecerá sua própria voz nas traduções, não somente porque suas ideias e textos parecem fazer esse tipo de leitura impensável para ele, mas também porque ele não pode negociar a língua de chegada. Embora trabalhe com muitas línguas, inclusive grego, latim, francês, alemão e diferentes dialetos do italiano, ele acha difícil dominar a língua inglesa, e só consegue ler minhas traduções com a ajuda de informantes, normalmente italianos nativos que estudaram inglês. Quando faz essa leitura colaborativa, além disso, ele às vezes descobre aquilo que tenho argumentado, que meu inglês

A invisibilidade do tradutor

perde as características dos textos italianos e acrescenta outras totalmente novas.

A estratégia de resistência de minhas traduções confere àqueles textos uma estranheza diferente, e talvez mais intensa, na cultura da língua de chegada. Elas têm tido um sucesso variável entre os leitores de língua inglesa desde o final da década de 1970. A maior parte delas tem sido publicada em revistas literárias, atraentes a editores cuja estética normalmente diverge, tanto a tendência dominante quanto a experimentalista — embora minhas traduções tenham também sido rejeitadas por outras revistas.[5] O manuscrito completo, uma seleção de prosa crítica e poemas de De Angelis, recebeu muitas rejeições de editores norte-americanos e ingleses, inclusive duas editoras universitárias com séries de traduções anotadas — Wesleyan e P ("p" de "prestigiosa": o editor desta proibiu ser identificado). As opiniões anônimas dos leitores para essas editoras, dadas em 1987, mostram claramente que minha estratégia de resistência era estranha porque abusava do discurso transparente que domina a tradução poética na esfera anglo-norte-americana.

Um leitor da Wesleyan reconheceu a "dificuldade" dos textos italianos de De Angelis, mas achou que

> a tradução do senhor Venuti deixa as coisas ainda mais difíceis por ser fiel a essa dificuldade; ele optou por não escolher os diversos níveis ambíguos de sentido do verso denso [de De Angelis]. Por

---

5 As revistas que publicaram minhas traduções da poesia de De Angelis incluem *American Poetry Review*, *Paris Review*, *Poetry* e *Sulfur*. As traduções foram rejeitadas por *Antaeus*, *Conjunctions*, *Field*, *New American Writing*, *The New Yorker* e *Pequod*, entre outros.

Lawrence Venuti

exemplo, um *calcio d'angolo* permanece um *corner kick*, nada mais, nada menos e, como vemos claramente pela sua localização na linha poética, não existe compromisso pelo bem dos sons em inglês.[6]

O tipo de fidelidade que o leitor da Wesleayn preferia era evidentemente aquele relacionado com o cânone da transparência, que inclui sentido unívoco e prosódia fluida. Minha tradução, porém, quer ser fiel às diferenças linguísticas e culturais dos textos italianos, sua característica descontinuidade, os neologismos, mudanças sintáticas, ritmos desconexos. O exemplo do leitor foi extraído do poema de De Angelis chamado "Antela", cujos gestos experimentalistas começam já no título: um neologismo combinando *antenati* (*forebears*) e *ragnatela* (*spider web*). Minha tradução tem o título "Foreweb". A rudeza desse poema, a estonteante sucessão de imagens misteriosas demandariam esforço considerável na reescrita para produzir um inglês fluente. Seria mais fácil, como Wesleyan evidentemente decidiu, rejeitar inteiramente o manuscrito.

> C'è un crimine
> non so se commesso o visto
> in un tempo senza stile, come un'aria
> di blu e di buio, che mosse
> la destra. O qualcuno
> che, morso dalla cane, urla.
> Allora anche la mosca di pezza dà
> voli indiscussi e anche

---

6 Carta de Peter Potter, editor assistente, Wesleyan University Press, 24 nov. 1987.

A invisibilidade do tradutor

un ginocchio ferito nel calcio d'angolo
ricuce il maschio con la femmina.

(De Angelis, 1985, p.46)

There is a crime
I don't know whether committed or witnessed
in a styleless time, like a breeze
blue and darkling, which moved
the right hand. Or someone
who, bitten by caries, screams.
Then even the dust mote makes
unquestionable flights and even
a knee hurt in the corner kick
stitches male back to female.

(De Angelis, 1995, p.105)

Há um crime
Não sei se cometido ou testemunhado
Num momento sem estilo, como uma brisa
Azul e escura, que moveu
A mão direita. Ou alguém
Que, corroído de cáries, grita.
Daí até mesmo a mosca faz
Voos inquestionáveis e até mesmo
Um joelho machucado num chute na cantoneira
Junta novamente macho e fêmea.

O leitor anônimo de "P" também esperava uma assimilação do experimentalismo de De Angelis ao discurso transparente. Os comentários do leitor sobre traduções específicas revelam uma insistência na inteligibilidade imediata, criticando o arcaísmo e a polissemia em favor dos usos atuais do inglês. O emprego que fiz da palavra *plagiary* em "The Train Corridor", por exemplo, foi considerado "realmente obsoleto e obscuro". Esse leitor, como o da Wesleyan, também recomendou uma revisão do texto italiano, mesmo quando ele continha um dispositivo retórico visível: "A descontinuidade (anacoluto) entre as linhas 2 e 3 parece exagerada, por justificada que possa ser no original; parece que está faltando um pouco de cola".

Minhas traduções significam a estranheza da poesia de De Angelis por resistir aos valores literários anglo-norte-americanos dominantes que domesticariam os textos italianos, tornando-os tranquilizantemente familiares, fáceis de ler. Essa é a recepção que a tradução continua tendo. Uma seleção foi incluída em uma antologia de 1991, *New Italian Poets*, um projeto desenvolvido, a princípio, pela Poetry Society of America e pelo Centro Internazionale Poesia della Metamorfosi (Itália), posteriormente editado por Dana Gioia e Michael Palma (Gioia; Palma, 1991). A antologia ganhou algumas resenhas, boas no geral, em periódicos dos Estados Unidos, do Reino Unido e da Itália. Em *Poetry Review*, contudo, enquanto refletia sobre as diferenças culturais entre a poesia britância e a italiana, o resenhista destacou (minhas traduções de) De Angelis como um exemplo dessas diferenças em sua máxima capacidade alienadora:

> Uma característica que distingue às claras muitos desses poetas de seus contemporâneos britânicos é a imaginação associativa que não se prende a regras, que não se sente obrigada a explicar-se — transições súbitas, lacunas — ou a situar-se em um tempo

A *invisibilidade do tradutor*

e lugar familiares. Isso ocorre de maneira destacada em Milo De Angelis, a quem Palma, ao apresentá-lo, sugere que o leitor deve aproximar-se "com abertura e sensibilidade". Se isso ocorrer, o leitor será "tocado por sentimentos e *insights* que, por inefáveis que sejam, são autênticos e profundos". Eu fiz o melhor que pude, mas não fui tocado. (McKendrick, 1991, p.59)

Os leitores de língua inglesa tenderão a permanecer "não tocados" e "incomodados" pela poesia de De Angelis, não apenas porque a extrema descontinuidade dos textos impede a invocação de uma voz coerente, mas também porque ele lança mão de conceitos filosóficos estranhos, e mesmo antipáticos, à cultura anglo-norte-americana. Em um polêmico ensaio publicado em 1967, Kenneth Rexroth perguntou-se: "Por que a poesia norte-americana é culturalmente pobre?", uma vez que ele "jamais encontrara um poeta norte-americano que conhecesse as incursões de Jean-Paul Sartre na filosofia, muito menos o discurso retorcido de Scheler ou Heidegger" (Rexroth, 1985, p.59). O ponto de Rexroth, de que com poucas exceções o pensamento filosófico é algo estranho à poesia norte-americana do século XX, aplica-se também à poesia britânica e continua sendo verdade mais de vinte anos depois. Dentre as notáveis exceções, encontra-se atualmente o grupo distinto dos assim chamados escritores da "L=A=N=G=U=A=G=E", como Charles Bernstein, que minou a distinção genérica entre poesia e ensaio baseando-se em várias tradições e escritores europeus, incluindo dadá e surrealismo, Brecht e a Escola de Frankfurt, pós-estruturalismo e filosofia pós-analítica (1986 e 1992). Como a estética de Bernstein — descontínua, opaca, anti-individualista — ocupa uma posição de marginalidade no mundo

Lawrence Venuti

editorial norte-americano, banido para a relativa obscuridade das pequenas editoras e revistas inexpressivas, fica demonstrado que, provavelmente, a cultura norte-americana contemporânea não receba de braços abertos um poeta como De Angelis, que escreve com o conhecimento das principais correntes da filosofia continental (Biggs, 1990).

Torna-se compreensível, então, que em 1989 meu manuscrito de seu trabalho tenha sido aceito pela editora Sun & Moon, localizada em Los Angeles, uma editora pequena cuja linha de publicação abriga experimentalistas como Bernstein e cujos problemas financeiros impediram a publicação de minha tradução até 1995. Com uma tiragem de 1.500 exemplares, o livro foi publicado em em 2007. Uma segunda coletânea de poemas de De Angelis, traduzida por outras mãos, apareceu em 2003 publicada por uma editora menor, a Chelsea Editions, em uma tiragem de 1.000 exemplares. O editor, Alfredo de Palchi, informou que as vendas foram insignificantes. De Angelis, de fato, goza de uma posição de maior preeminência na cultura italiana: seus escritos são publicados por editoras grandes e pequenas, resenhadas por críticos destacados em uma ampla gama de jornais e revistas, de circulação local e nacional, com público reduzido e público de massa.[7] Talvez o sinal mais evidente de seu *status* canônico na Itália é que seu primeiro livro, *Somiglianze*, foi relançado em uma edição revista, em 1990.

---

7 A poesia de De Angelis foi resenhada em revistas pequenas, como *Produzione e Cultura*; no tabloide literário de grande circulação *Alfabeta* (agora extinto); e em revistas de público de massa, como *L'Espresso* e *Panorama*. Jornais que publicaram resenhas de seus livros incluem *La Gazzetta di Parma*, *La Stampa* e *Corriere della Sera*.

A invisibilidade do tradutor

Se minhas traduções da poesia especulativa de De Angelis não serão imediatamente reconhecíveis pelo leitor de língua inglesa, também é verdade que eu não reconheço minha própria voz nessas traduções. Ao contrário, meu encontro com os textos de De Angelis tem sido de profundo estranhamento, e por razões específicas de minha situação como tradutor na cultura anglo-norte-americana contemporânea: ao fazer de *simpatico* um objetivo impossível, a descontinuidade formal do italiano me forçou a questionar a fluência, estratégia predominante na tradução em língua inglesa, deixando exposta sua ligação ao individualismo das teorias romântica e moderna do discurso transparente, desalojando-me de minha posição construída para o tradutor de língua inglesa por suas múltiplas relações com editores, editoras, resenhistas e, como sugere meu amigo, outros tradutores. Esse estranhamento pode ocorrer porque o posicionamento pelo qual uma prática discursiva forma agentes da produção cultural não opera de maneira totalmente coerente: uma prática específica jamais pode fixar irrevogavelmente uma identidade, porque a identidade é relacional, o ponto nodal de práticas múltiplas cuja incompatibilidade ou puro antagonismo cria a possibilidade de mudança (Laclau; Mouffe, 1985, p.105-14). Uma prática discursiva como a tradução parece ser particularmente vulnerável a mudanças de posicionamento, deslocamentos de identidade: sua função é trabalhar sobre diferenças linguísticas e culturais que podem facilmente iniciar um questionamento sobre as condições do trabalho do tradutor. Assim, embora a hegemonia do discurso transparente na cultura anglo-norte-americana contemporânea tenha transformado a fluência na principal estratégia da tradução em língua inglesa, a poesia de De Angelis pode ainda

Lawrence Venuti

engajar o tradutor em uma contradição cultural: fui levado a adotar uma estratégia de resistência em oposição às normas discursivas segundo as quais meu trabalho seria avaliado, e, no entanto, aquela estratégia, longe de provar ser mais fiel aos textos italianos, de fato abusou deles ao explorar seu potencial de criar sentidos diferentes e incompatíveis.

O desafio posto às teorias românticas e modernas do discurso pela tradução da poesia de De Angelis é semelhante ao que ocorre com os escritos de Paul Celan. No discurso de Celan "The Meridian" (1960), a obscura descontinuidade de sua poesia e de outros poemas europeus após a Segunda Guerra — que ele chama de "as dificuldades de vocabulário, o fluxo mais rápido da sintaxe ou um sentido mais enfraquecido da elipse" — é associada a uma reavaliação da poesia lírica em seus aspectos românticos e modernos (Celan, 1986, p.48). Celan questiona o projeto lírico da expressão pessoal, da evocação de uma voz individual: o poema "fala somente por si só, em seu próprio nome", afirma ele, embora "sempre se tenha esperado, por essa mesma razão, que fale também em nome do *estranho* [...], *em nome do outro*, quem sabe, talvez, de um *outro de uma maneira geral*" (ibid.). O poema, então, não exprime um eu autoral, mas libera aquele eu de seus limites familiares, tornando-se "o lugar no qual a pessoa conseguia libertar-se como um — alienado — eu", mas no qual, "junto com o eu, alienado e livre *aqui, desse jeito*, algo mais também é libertado" — libertado do poder apropriador do "eu" que fala, de uma linguagem pessoal (ibid., p.46-7). O poema não transcende, mas reconhece a contradição existente entre a autoexpressão e a comunicação com um outro, forçando uma consciência dos limites e também das possibilidade de sua linguagem.

A invisibilidade do tradutor

É esse tipo de libertação que a resistência tenta produzir no texto traduzido pela utilização de técnicas que o torna estranho e alienante na cultura da língua de chegada. A resistência busca libertar o leitor da tradução, e também o tradutor, das restrições culturais que ordinariamente orientam suas leituras e modos de escrita, e ameaçam dominar e domesticar o texto estrangeiro, aniquilando sua estrangeiridade. A resistência torna a tradução em língua inglesa uma prática cultural de dissidência na atualidade, quando as estratégias de fluência e o discurso transparente normalmente realizam aquela mistificação dos textos estrangeiros. No caso específico de dar características inglesas à poesia de De Angelis, a intervenção política assume a forma de uma utilização minoritária de uma língua majoritária. "Mesmo quando é majoritária", observam Deleuze e Guattari, "a língua está aberta a uma utilização intensiva que a capacita a alçar voo ao longo de linhas criativas de escape que, não importa o quão lenta ou cautelosamente, podem agora formar uma desterritorialização total" (Deleuze; Guattari, 1986, p.26).[8] Minhas traduções da poesia de De Angelis, obviamente, nunca podem ser inteiramente livres da língua inglesa e das restrições linguísticas e culturais que ela impõe à poesia e à tradução; aquela linha de escape anteciparia qualquer tradução e nada

---

8 De maneira semelhante, Derrida observa que "há, em um sistema linguístico, talvez várias linguagens, ou línguas. [...] Há impureza em toda língua", e conclui que "a tradução pode fazer tudo, exceto marcar essa diferença linguística inscrita na linguagem, essa diferença de sistemas de linguagem inscritos em uma única língua" (1985b, p.100). Aponto que é precisamente essa diferença que a estratégia de resistência é designada a marcar, as diferenças entre as línguas, mas também dentro delas.

Lawrence Venuti

mais é do que uma capitulação à língua majoritária, uma derrota política. A questão, porém, é que minhas traduções resistem à hegemonia do discurso transparente na cultura de língua inglesa, e o fazem a partir de dentro, pela desterritorialização da própria língua de chegada, questionando seu *status* cultural majoritário ao utilizá-la como veículo de ideias e técnicas discursivas que permanecem minoritárias dentro dela, minoritizando a língua majoritária ao abri-la para formas não padronizadas que ela exclui (cf. Venuti, 1998, p.9-13). Os modelos dessa estratégia de tradução incluem o judeu checo Kafka escrevendo em alemão, particularmente na leitura que Deleuze e Guattari fazem de seus textos, mas também do judeu romeno Celan, que levou o alemão às linhas de escape utilizando-o para falar do racismo nazista e da cultura hebraica, e explorando ao máximo sua capacidade de criar palavras compostas e fragmentações sintáticas (ver, por exemplo, Felstiner, 1983, 1984). Se a estratégia de resistência produz de fato uma tradução alienante, então o texto estrangeiro também se beneficia de uma libertação momentânea da cultura da língua de chegada, talvez antes de ser desterritorializada com a articulação do leitor de uma voz – reconhecível, transparente – ou de alguma leitura receptiva à estética dominante em inglês. O momento libertador ocorreria quando o leitor da tradução de resistência experimenta, na língua de chegada, as diferenças culturais que separam sua língua do texto estrangeiro.

A tradução é um processo que envolve a busca de semelhanças entre línguas e culturas – particularmente mensagens semelhantes e técnicas formais –, mas ela faz isso apenas porque constantemente confronta dessemelhanças. Ela nunca pode, nem nunca deve ter como objetivo, remover inteiramente essas

A invisibilidade do tradutor

dessemelhanças. Um texto traduzido deve ser o lugar no qual uma cultura diferente emerge, no qual o leitor obtém uma ideia de um outro cultural, e a resistência, uma estratégia de tradução baseada em uma estética da descontinuidade, é o melhor recurso para se preservar a diferença, aquela alteridade, porque lembra ao leitor as perdas e ganhos que ocorrem no processo de tradução, e as lacunas intransponíveis entre culturas. Em contraste, a noção de *simpatico*, ao instaurar uma recompensa na transparência e exigir uma estratégia de fluência, pode ser vista como um narcisismo cultural: ela procura uma identidade, um autorreconhecimento, e encontra apenas a mesma cultura na escrita estrangeira, apenas o mesmo eu no outro cultural. Pois o tradutor se conscientiza de sua íntima simpatia com o escritor estrangeiro apenas quando ele reconhece sua própria voz no texto estrangeiro. Infelizmente, as diferenças culturais irredutíveis indicam que sempre se trata de um reconhecimento errôneo, embora a fluência garanta que esse ponto é perdido na tradução. Hoje, mais do que nunca, quando a transparência continua a dominar a cultura anglo-norte-americana, assegurando que *simpatico* continuará sendo um objetivo imperioso para os tradutores de língua inglesa, parece importante reconsiderar o que fazemos quando traduzimos.

7
Chamado à ação

O tradutor é o mestre secreto da diferença entre as línguas, uma diferença que ele não busca abolir, mas, sim, pôr em uso conforme ele traz mudanças violentas ou sutis para relacionar-se com sua própria língua, desse modo despertando, dentro dela, a presença daquilo que, na origem, é diferente no original.

Maurice Blanchot

No breve e provocativo ensaio "Translating" (1971), Blanchot inverte a hierarquia convencional em que o "original" é superior à tradução. Ele considera o texto estrangeiro não como o monumento cultural intocável em relação ao qual a tradução deve ser sempre uma cópia inadequada e efêmera, mas como um texto em trânsito, "nunca estacionário", vivendo "a solene mudança e derivação (*dérive*) das obras literárias", constituindo uma poderosa autodiferença que a tradução pode liberar ou capturar de maneira única (Blanchot, 1990, p.84). Isso pressupõe o texto estrangeiro como algo derivativo, dependente de outros materiais preexistentes (um ponto constituído pela decisão de Sieburth de traduzir *dérive* em duas palavras em inglês, *drift* e *derivation*), mas também dependente da tradução:

> uma obra não está pronta para a tradução, ou ainda não é digna dela, a menos que contenha dentro de si essa diferença, de alguma maneira, seja porque originalmente gesticula em direção a alguma *outra* língua, ou porque reúne dentro de si, de alguma maneira privilegiada, aquelas possibilidades de ser diferente de si mesma ou estrangeira a si mesma, que todas as línguas vivas possuem. (Ibid.)

Na negociação da *dérive* de obras literárias, o tradutor é um agente da alienação linguística e cultural: aquele que estabelece a monumentalidade do texto estrangeiro, seu mérito de ser traduzido, mas apenas ao mostrar que ele não é um monumento, que ele precisa da tradução para localizar e realçar a autodiferença que decide sobre seu mérito. Até mesmo "obras-primas clássicas", escreve Blanchot, "vivem apenas em tradução" (ibid.). E no processo de (des)monumentalização do texto estrangeiro, o tradutor igualmente precipita "mudanças violentas ou sutis" na língua de chegada. Blanchot cita "Lutero, Voss, Hölderlin, George, nenhum dos quais temia, no trabalho como tradutores, ultrapassar os limites da língua alemã para ampliar suas fronteiras" (ibid., p.85).

O poder das observações sugestivas de Blanchot pode ser liberado se as traduzirmos novamente (a partir da tradução de Sieburth e da versão apresentada no comentário anterior), situando-as mais localmente, levando em consideração as determinações materiais das práticas culturais. A diferença que torna o texto da língua de partida valioso para Blanchot nunca está "disponível" em alguma forma sem mediação. Sempre se trata

A invisibilidade do tradutor

de uma interpretação feita pelo tradutor, não necessariamente aberta a qualquer leitor, ganhando visibilidade e prestígio apenas de um determinado ponto de vista ideológico na cultura da língua de chegada. Cada passo do processo de tradução – da seleção de um texto estrangeiro à utilização de estratégias de tradução para edição, revisão e leitura das traduções – é intermediado pelos diversos valores culturais em circulação na língua de chegada, sempre dentro de uma ordem hierárquica. O tradutor, que trabalha com vários graus de cálculo, sob contínuo automonitoramento e frequente consulta ativa a regras culturais e recursos (de dicionários e gramáticas a outros textos, estratégias de tradução, e traduções, tanto canônicas quanto marginais), pode submeter-se aos valores dominantes na língua de chegada ou opor-lhes resistência, com qualquer linha de ação suscetível a redirecionamento. A submissão pressupõe uma ética de domesticação em andamento no processo de tradução, localizando o mesmo em um outro cultural, perseguindo um narcisismo cultural que é imperialista no exterior e conservador, e até mesmo reacionário, na manutenção dos cânones em casa. A resistência pressupõe uma ética de estrangeiramento, localizando o estrangeiro no outro cultural, perseguindo diversidade cultural, realçando as diferenças linguísticas e culturais do texto na língua de partida e transformando a hierarquia de valores culturais na língua de chegada. A resistência também pode ser imperialista no exterior, apropriando-se de textos estrangeiros para servir aos seus próprios interesses político-culturais; mas, até onde resiste aos valores que excluem certos textos, ela cumpre uma restauração cultural cujo objetivo é questionar e, possivelmente, re-formar, ou simplesmente destruir, a ideia de cânones na cultura de chegada.

Lawrence Venuti

Blanchot teoriza uma abordagem da tradução baseada na resistência, e como seus exemplos e a ocasião desse ensaio deixam claro (é um comentário ao "A tarefa do tradutor", de Walter Benjamin), essa é uma abordagem específica da tradição cultural alemã. A teoria e a prática da tradução em língua inglesa, em contraste, têm sido dominadas pela submissão, pela domesticação fluente, pelo menos desde Dryden. Várias abordagens alternativas têm surgido, inclusive a oposição historicista à castração do texto, de dr. John Nott, o arcaísmo populista, de Francis Newman, e os experimentos polilíngues de Ezra Pound, Celia e Louis Zukofsky, e Paul Blackburn. A julgar por sua recepção, no entanto, essas alternativas foram vítimas de suas próprias tendências estrangeirantes: seu estranhamento provocou severas críticas dos resenhistas, e elas não foram lidas, nem sequer – no caso de Blackburn – publicadas, relegadas às margens das culturas britânica e norte-americana, ignoradas pelos subsequentes tradutores, teóricos da tradução e estudiosos da literatura. Em sua maior parte, os tradutores de língua inglesa e seus editores têm escolhido seus textos estrangeiros e desenvolvido suas táticas de tradução em conformidade com os valores culturais dominantes no inglês. O principal desses valores tem sido uma estratégia discursiva fluente que se conforma ao dialeto padrão corrente e assim produz uma ilusão de transparência – mesmo se o que atualmente constitui uma tradução fluente mude de um período para outro à medida que mudam as normas linguísticas e cânones estilísticos.

No entanto, teorias e práticas alternativas de tradução merecem ser recuperadas porque oferecem aos tradutores contemporâneos de língua inglesa exemplos de resistência cultural, por mais qualificados que eles devam estar para trabalhar em uma cena nova e altamente desfavorável. A tradução domesticadora

A invisibilidade do tradutor

que atualmente domina a cultura literária anglo-norte-americana, tanto de elite quanto popular, pode ser desafiada apenas pelo desenvolvimento de uma prática que não é apenas autoconsciente, mas também mais autocrítica. O conhecimento da cultura da língua de partida, por mais apurado que seja, é insuficiente para produzir uma tradução que seja ao mesmo tempo legível e resistente à domesticação redutiva. Os tradutores também devem possuir um conhecimento elevado dos diversos discursos culturais na língua de chegada, do passado e do presente. Precisam ser capazes de fazê-lo por escrito. A seleção de um texto estrangeiro para tradução e a invenção de uma estratégia discursiva para traduzi-lo devem se basear numa análise crítica da cultura da língua de chegada, suas hierarquias e exclusões, suas relações com as outras culturas pelo mundo afora. Antes que um texto estrangeiro seja escolhido ou uma proposta de tradução seja aceita, os tradutores devem escrutinar a situação corrente do tipo, campo ou disciplina do gênero ou texto. Os tradutores literários devem estar familiarizados com os cânones das literaturas estrangeiras em inglês, bem como o das literaturas britânica e norte-americana, em oposição a padrões de intercâmbios transculturais e relações geopolíticas (para um ótimo exemplo desse tipo de diagnóstico cultural, ver Said, 1990). Tradutores que trabalham em outras disciplinas das ciências humanas devem estar familiarizados com o corpo dos textos estrangeiros que adquiriram autoridade nas instituições acadêmicas britânicas e norte-americanas assim como a tendência acadêmica anglófona que adquiriram autoridade em escala global.

A violência etnocêntrica da tradução é inevitável: no processo de traduzir, línguas, textos e culturas estrangeiros sempre sofrem algum grau e alguma forma de exclusão, redução e inscrição que refletem a conjuntura cultural da língua-alvo. Ainda assim, o trabalho de domesticação do texto estrangeiro pode se dar como uma intervenção estrangeirante, encampada para questionar as hierarquias culturais existentes. A tradução plagiada que I. U. Tarchetti fez do conto gótico de Mary Shelley mostra que um tradutor dissidente pode não apenas escolher um texto estrangeiro que é marginal na cultura receptora, mas também traduzi-lo com um discurso canônico, desenvolvendo uma fluência estrangeirante que produz a ilusão de transparência e permite que tradução se passe por uma obra original, reformando, em última instância, o cânone literário ou acadêmico na língua-alvo. Ou, ainda, um tradutor dissidente pode selecionar um texto estrangeiro que é canônico na cultura receptora, mas optar por traduzi-lo com um discurso marginal, reformando o cânone da literatura estrangeira, ou o academicismo que atualmente ocorre na tradução, ao introduzir uma interpretação significativamente diferente do texto estrangeiro. Aqui, o trabalho de Richard Pevear e Larissa Volokhonsky com obras de romancistas russos como Dostoiévski é exemplar: eles não apenas buscaram manter uma maior fidelidade aos textos russos do que aquela dos tradutores de língua inglesa que os precederam, como ainda realizaram experimentalismos com a forma predominante da fluência ao misturar o dialeto padrão com itens não padronizados, como arcaísmos e coloquialismos.

Nenhum texto estrangeiro ou estratégia discursiva é inerentemente estrangeirante. Seu valor em um projeto de tradução depende das hierarquias culturais da conjuntura receptora em um determinado momento histórico. Para o tradutor,

A invisibilidade do tradutor

esse valor é expresso principalmente em termos linguísticos, como uma prática de escrita em que as escolhas verbais inscrevem interpretações no texto estrangeiro e criam um efeito ético cumulativo – embora a história da tradução apresentada neste livro tenha mostrado que tradutores dissidentes podem também deter um amplo conhecimento das hierarquias que possibilitam seu trabalho e daquelas que o limitam. Para o acadêmico, as escolhas que compõem uma tradução devem ser sempre descritas, explicadas e avaliadas em relação aos contextos culturais e sociais em que essa tradução é produzida e recebida. Os contextos de produção e recepção podem estar repletos de conflitos e contradições que ultrapassam o controle consciente do tradutor e obstruem o efeito ético da tradução. Ainda assim, esses contextos precisam ser reconstruídos de uma forma nuançada porque são os fatores-chave de qualquer avaliação. O que resta indefinida é a compreensão da ética de uma relação intercultural e suas potenciais consequências culturais e sociais.

Consideremos a notável versão d'*As mil e uma noites* [*Arabian Nights*] de Richard Burton (1885 e 1888). Essa tradução é difícil de avaliar em parte por causa de suas determinações ideológicas contraditórias. Edward Said perspicazmente observou os "dois papéis antagônicos" de Burton: "Burton se considerava um rebelde contra a autoridade (daí sua identificação com o Oriente como um lugar de liberdade em relação à autoridade moral vitoriana) e como um potencial agente de autoridade no Oriente" (Said, 1978, p.195). Assim, Burton criticou a versão expurgada que Edward Lane produziu d'*As mil e uma noites* (1839) e apresentou sua própria tradução como um texto duplamente desafiador – da hipocrisia das atitudes predominantes em relação à sexualidade e das limitações do conhecimento então corrente a respeito das culturas árabes sob domínio britânico. No prefácio de sua tradução, Burton escreveu que

> De acordo com meu propósito de reproduzir as *Arabian Nights* não *virginibus puerisque* [lit. "para senhoritas e jovens"], mas, sim, em uma imagem tão perfeita quanto permitam minhas habilidades, busquei cuidadosamente o equivalente em inglês de cada palavra árabe, por mais vulgar ou "chocante" que fosse para ouvidos polidos [...] com a ajuda das minhas anotações a respeito da versão de Lane, o estudante aprenderá, pronta e agradavelmente, mais a respeito dos modos e costumes muçulmanos, das leis e da religião, do que é conhecido pelo orientalista médio [...]. A Inglaterra sempre esquece que é, na atualidade, o maior império muçulmano do mundo. (Burton, 1885, v.I, p.xvi, xxiii)

Com a denominação "orientalista" Burton se referia a um estudioso cuja pesquisa é especializada em línguas e culturas orientais. Sua tradução, no entanto, é um documento do orientalismo nos sentidos, complementares e interdependentes, formulados por Said: "um estilo de pensamento baseado em uma distinção ontológica e epistemológica entre 'o Oriente' e (na maioria das vezes) 'o Ocidente'" e "um estilo ocidental de dominar, reestruturar e ter autoridade sobre o Oriente" (Said, 1978, p.2, 3). Esses três sentidos se aplicam à tradução de Burton: ela se amparava no vasto conhecimento sobre o Oriente que ele havia adquirido por meio de estudos, pesquisas e viagens; representava o Oriente como franca e agressivamente sexualizado (entre outros traços estereotipados) em comparação com às práticas sexuais do Ocidente; e vinculava

A *invisibilidade do tradutor*

o conhecimento dessa representação à dominação colonial. No entanto, o próprio discurso, que era tão questionável quanto um sistema de conhecimento ideologicamente codificado, pôde se provar subversivo nessa tradução: o orientalismo de Burton foi posto em ação em um esforço de perturbar a hierarquia de valores morais na Inglaterra vitoriana (Kennedy, 2005, p.232, 246 -7). A esse respeito, especialmente quando confrontada com a versão domesticada de Lane, a tradução de Burton pode ser classificada como estrangeirante no que diz respeito a suas motivações.

Essa motivação estrangeirante se torna ainda mais complexa devido a outra contradição ideológica. Como Dane Kennedy apontou, a longa e multifacetada carreira de Burton, como oficial da metrópole e explorador colonial, autor e tradutor, possibilitou uma mudança fundamental, "de uma concepção filológica a uma fisiológica e em seguida cultural da diferenciação racial", levando-o a adotar uma postura relativista em relação às culturas estrangeiras com que teve contato (Kennedy, 2005, p.3). Em seu prefácio a *Arabian Nights*, Burton exortou seu leitor a adotar essa postura a fim de compreender as práticas sexuais apresentadas no texto árabe, bem como sua decisão de mantê-las em sua tradução:

> devemos lembrar que grosseria e indecência, na verdade *les turpitudes* ["as infâmias"], são questões de tempo e lugar; o que é ofensivo na Inglaterra não o é no Egito; o que nos escandaliza agora teria sido uma piada boba *tempore Elisæ* ["na era elisabetana"]. No todo, *The Nights* não será considerado, nesse quesito, mais grosseiro que muitas passagens de Shakespeare, Sterne e Swift, e a impureza destes raramente alcança a perfeição de Al-

cofribas Naiser [*sic*], *"divin maître et atroce cochon"* [mestre divino e porco atroz]. (Burton, 1885, v.I, p.xvi)

Na primeira frase, Burton defende o relativismo moral: uma vez que a moralidade sexual é cultural e historicamente específica, sugere ele, seus leitores não poderiam condenar as referências sexuais nem do Egito contemporâneo, nem da Inglaterra elisabetana (*tempore Elisæ*). Ambas as culturas são fundamentalmente diferentes da Grã-Bretanha vitoriana. Já na segunda frase, com a menção a vários autores europeus ("Alcofribas Nasier", um anagrama de François Rabelais, é o pseudônimo com o qual o escritor francês assinou o *Pantagruel*, em 1532), o argumento de Burton abruptamente se desloca para o universalismo: *Arabian Nights* não pode ser condenado por fundamentos morais, sugeriu ele, porque, em suas referências sexuais, ele se assemelha às primeiras literaturas modernas que os europeus tanto valorizam. O argumento relativista contestava não apenas a moralidade vitoriana, mas também o cristianismo, em termos gerais qualquer código moral ou doutrina religiosa que, em seus julgamentos, transcendesse o tempo e o lugar. O argumento universalista, ao extinguir a distinção entre as culturas ocidental e oriental, punha em questão o próprio orientalismo.

Os argumentos de Burton, independentemente de sua lógica inconsistente, foram claramente projetados para importunar as hierarquias culturais vitorianas. Sua alusão à literatura inglesa seria subversiva em particular para a elite de leitores masculinos que ele tinha buscado alcançar com a decisão de publicar sua tradução por meio de uma assinatura privada (Kennedy, 2005, p.226). Burton teve o cuidado de selecionar autores ingleses canônicos e, ao apontar semelhanças entre as obras deles e *Arabian Nights*, buscou, na verdade, contrabalançar as funções ideológicas que a literatura inglesa veio a desempenhar durante o período vitoriano. Em uma palestra proferida em 1848, por exemplo, o romancista Charles Kingsley fez a declaração, cada vez mais familiar, de que "a literatura de cada nação é sua autobiografia", para, em seguida, recomendar o "extensivo estudo da literatura inglesa" para "o tom mais nacional que ela deve transmitir aos pensamentos da nova geração" (Kingsley, 1880, p.130). Em 1835, como membro diretivo da Companhia Britânica das Índias Orientais, Thomas Babington Macaulay gabou-se de que "a literatura inglesa é agora mais valiosa do que aquela da antiguidade clássica", de modo a justificar a introdução dos estudos ingleses na Índia como meio de fortalecer o domínio britânico, criando, assim, "uma classe de pessoas, indianas no sangue e na cor, mas inglesas no gosto, nas opiniões, na moral e no intelecto" (Macaulay, 1952, p.726, 729; ver Viswanathan, 1989). Depois de 1855, quando o exame do Serviço Público Britânico foi reformulado para incluir tanto a literatura inglesa como a clássica, os currículos de história literária da Inglaterra foram amplamente adotados em faculdades e universidades (Palmer, 1967). Ao comparar *Arabian Nights* aos autores ingleses canônicos, Burton não estava simplesmente esvaziando a superioridade que funcionários coloniais como Macaulay atribuíam às culturas ocidentais, especialmente à Inglaterra; ele também minava a base cultural que sustentava a formação de uma identidade britânica ao mesmo tempo nacionalista e imperialista.

A motivação estrangeirante de Burton era complexa: englobava valores morais e literários e expressava as estratégias discursivas desenvolvidas por ele em sua tradução. Burton

Lawrence Venuti

rejeitava "os estilos fluentes e transparentes do [historiador positivista Henry Thomas] Buckle e Darwin" porque os considerava inadequados para a literatura, embora admitisse que tais "estilos" eram

> instrumentos admiravelmente adequados para seu propósito: claros como cristal, eles nunca desviam, nem mesmo um pouquinho, o cérebro do leitor do sentido todo-importante que subjaz aos símbolos sonoros. Mas, nas obras da imaginação, o homem deseja um tratamento totalmente diferente, um estilo que, por todos ou quaisquer meios, pouco importando o quais sejam eles, pode evitar o risco fatal e iminente de langor e monotonia e que acrescenta à fluência o fascínio da variedade, da surpresa e mesmo da decepção, quando uma dissonância musical é exigida. (Burton, 1888, v.VI, p.411)

Como resultado, Burton cultivou uma heterogeneidade linguística que se esquivava da ilusão de transparência para assim recriar uma importante diferenciação literária, uma autodiferenciação que ele identificava no texto árabe: "o estilo clássico e o popular", acreditava ele, "chocam-se nas *Mil e uma noites*" (Burton, 1885, v.I, p.xiv). Ele não apenas se manteve estritamente fiel ao original árabe, reproduzindo características como a forma *saj'*,[1] e mesmo esquemas de rima do original, e recorrendo à aliteração quando não era possível emular as rimas, mas também alternou o dialeto padrão então corrente

---

1 Na tradição literária árabe, *saj'* (سجع) – palavra originalmente empregada para descrever o som produzido pela paloma – é uma forma de prosa rimada. (N. T.)

A invisibilidade do tradutor

da língua inglesa com dialetos regionais, arcaísmos poéticos, neologismos e estrangeirismos.

Mais importante ainda, os arcaísmos de Burton foram extraídos da história literária da Inglaterra, que remontava ao anglo-saxão e ia até o inglês médio e moderno. Eles incluíam itens lexicais, como *"anon"* ["fugaz"], *"avail"* ["valia" (subs.)], *"cark"* ["aflição"], *"cozened"* ["encantado"], *"naught"* ["nada"], *"oft"* ["corriqueiro"], *"rede"* ["alvitre"], *"repine"* ["lamuriar"], *"rondure"* ["redondez"], *"sooth"* ["verdade"], *"verdurous"* ["verdejante"], *"vouchsafe"* ["conceder"], *"whilome"* ["outrora"], *"wont"* ["vezo"] e *"yclept"* ["convocado"], bem como formas gramaticais e sintáticas como *"hadst"* ["tinhas"] e *"hath"* ["tem"], *"thou"* ["tu"], *"thy"* ["teu"] e *"thine"* ["teu" pré-vocálico] e inversões ordem de palavras padrão, tanto sujeito-verbo quanto adjetivo-substantivo. Essas características do inglês constavam de *Beowulf* e da obra de autores canônicos como Chaucer, Spenser, Shakespeare, Milton e Dryden, bem como de escritores do século XIX que conquistaram autoridade cultural ou renome, incluindo Charlotte Brontë, Browning, Coleridge, William Gladstone, Keats, Scott e Tennyson (*OED*). Algumas palavras e frases foram usadas em outras traduções bastante populares: a versão de John Florio para os ensaios de Montaigne (1603) continha a frase *"cark and care"* ["aflição e zelo"], enquanto o Dante de Henry Francis Cary (1814) empregava *"verdurous"*. E parte da sintaxe de Burton era evidentemente poética: seu gosto por frases como *"splendid stuffs and costly"* ["coisas esplêndidas e suntuosas"] e *"a masterful potentate and a glorious"* ["um potentado magistral e glorioso"] emulava um traço recorrente do estilo de Milton, como em *"th'upright heart and pure"* ["o coração reto e puro"], da abertura do *Paraíso perdido* (1667). Para

621

os leitores instruídos de Burton, sua tradução ecoava séculos e séculos da literatura inglesa, não somente conferindo a *Arabian Nights* um prestígio cultural sem precedentes como também desfamiliarizando a história literária da Inglaterra ao empregar a linguagem dos autores canônicos em situações inesperadas.

O modo como foi recebido a tradução de Burton, com muita controvérsia, deixa claro que ela produziu um efeito estrangeirante. Inevitavelmente, o orientalismo, em todos os seus sentidos interdependentes, esteve presente nas críticas: fosse quando a tradução era condenada pela obscenidade, que, diziam, refletia a inferioridade moral das culturas árabes, ou quando era enaltecida como uma representação precisa da rusticidade incivilizada dessas culturas, as reações expressavam a mesma diferenciação fundamental entre Oriente e Ocidente que foram cúmplices do colonialismo britânico (Kennedy, 2005, p.228-30). No entanto, as contradições ideológicas que emergiram no prefácio de Burton, em particular o modo subversivo como empregou o orientalismo para criticar a hipocrisia moral vitoriana, também influenciaram na forma como a tradução foi recebida. O ilustre historiador cultural John Addington Symonds, amparado em uma lógica universalista, ofereceu uma declaração veemente a respeito dessas críticas:

> Quando instamos nossos jovens a ler uma versão não expurgada da Bíblia (em hebraico e grego, ou na versão do rei Jaime), um Aristófanes não expurgado, um Juvenal não expurgado, um Boccaccio não expurgado, um Rabelais não expurgado, uma coletânea de dramaturgos elisabetanos não expurgada, incluindo Shakespeare, e um Platão não expurgado (em grego ou na versão em inglês do Prof. Jowett), é certamente incongruente deixar de

A invisibilidade do tradutor

incorporar uma versão não expurgada das *Mil e uma noites* – seja no original ou em qualquer versão em inglês – aos estudos de uma nação que governa a Índia e administra o Egito. (Symonds, 1885, p.223)

No que diz respeito à sexualidade, Symonds insistia, a literatura árabe na verdade guardava uma forte semelhança com as obras canonizadas pelas culturas ocidentais.

Além disso, ao contrapor-se ao regime vitoriano de fluência, Burton trouxe para o primeiro plano os "símbolos sonoros" de suas escolhas verbais, em vez de seu "sentido", indicando o *status* secundário de sua tradução e provocando, entre os críticos, reações que iam da rejeição automática à apreciação perplexa. Embora Symonds tenha julgado as estratégias discursivas de Burton exageradas ("Detentor de um vocabulário vasto e diverso, ele sente tanto prazer em empregá-lo que às vezes chega a transgredir as leis tácitas da harmonia artística"), ele ainda assim elogiou a tradução por ter sido "realizada com peculiar vigor literário" (Symonds, 1885, p.223). Outros críticos favoráveis a Burton se ativeram a seu arcaísmo poético, embora o tenham avaliado de formas diferentes. A *Lincoln Gazette* expressou uma superioridade orientalista ao comentar sobre "quão agradável é seu uso do fraseado antigo, servindo, como de costume, para suavizar a crueza da expressão oriental" (Burton, 1888, v.VI, p.466). O *Nottingham Journal*, no entanto, abordou as versões que Burton produziu das "quadras e dísticos, que se leem como versos elisabetanos" (ibid., p.462). Esse tipo de reação mostrava que a tradução de Burton conseguiu alterar os padrões de leitura, fazendo que a literatura de uma cultura estrangeira estigmatizada fosse aceita pelo público inglês, ao passo que lançava uma luz diferente sobre a história cultural da Inglaterra.

Os vários fatores que complicaram a produção e a recepção de *Arabian Nights* de Burton possibilitaram um efeito estrangeirante que foi específico daquele momento histórico. A afirmação de que, "em vez de aplacar os sentimentos de complacência moral e superioridade cultural de seus leitores, a tradução de Burton das *Mil e uma noites* na verdade corroborou esses sentimentos" (Shamma, 2005, p.63) deve ser considerada uma simplificação excessiva, baseada em uma reconstrução redutora da conjuntura cultural em que Burton se inseria e de suas intenções, bem como do impacto de sua obra. Generalizar, afirmando que "traduções do árabe, do persa ou do sânscrito (culturas que o leitor médio de inglês do século XIX geralmente considerava inferiores, ou, pelo menos, fundamentalmente diferentes) não eram capazes de pôr em xeque as crenças arraigadas deste ou daquele outro" (ibid., p.65), é ignorar o fato de que os leitores de Burton, longe de serem considerados a "média", eram em sua maioria representantes de uma elite culta e capazes de avaliar sua tradução. Como sugere a observação de Symonds (uma avaliação que Burton incluiu no apêndice de resenhas incorporado às reimpressões da obra, mas que não consta da avaliação crítica de Shamma), esses leitores partilhavam, ou passaram a partilhar, da crítica orientalista de Burton à hipocrisia moral vitoriana, bem como de sua contestação, de caráter universalista, do orientalismo. Apenas uma reconstrução nuançada do contexto de Burton permite uma distinção precisa entre seu *Arabian Nights* e uma tradução como a *Rubáiyát of Omar Khayyám* de Edward Fitzgerald, bem como entre a abertura particular de Burton às culturas orientais e as atitudes cavalheirescas expressas por

A invisibilidade do tradutor

Fitzgerald, que, em um carta de 1863 endereçada ao acadêmico Edward Cowell, confidenciou que "quando olho para Homero, Dante e Virgílio, Ésquilo, Shakespeare etc., aqueles orientais parecem – tolos!" (Fitzgerald, 1901, v.II, p.45). *Arabian Nights* de Burton, por mais contraditórios que sejam seus variados efeitos e suas determinações, continua sendo uma realização impressionante, que merece a atenção tanto dos tradutores da atualidade como dos leitores.

A tradução estrangeirante está cercada de riscos, especialmente para o tradutor de língua inglesa. Cânones de precisão são muito estritos na cultura anglo-norte-americana contemporânea, reforçados por revisores e por contratos com força de lei. A linguagem padronizada dos contratos exige que o tradutor se atenha de perto ao texto estrangeiro: "A tradução deverá ser uma versão fiel da obra para a língua inglesa; nada que conste do original deverá ser omitido, ou acréscimos feitos, a não ser as mudanças verbais necessárias para a tradução para língua inglesa" (*A Handbook for Literary Translators*, 1991, p.16). Por causa dos riscos legais, a considerável margem de liberdade de Robert Graves ou as mudanças editoriais de Pound não serão adotadas por muitos tradutores de hoje – pelo menos não com textos estrangeiros ainda protegidos pelo *copyright* e que não tenham passado para o domínio público. Como a "tradução fiel" é parcialmente definida pela ilusão de transparência, pelo efeito discursivo de originalidade, o polilingualismo dos Zukofsky e de Blackburn terá efeito igualmente reduzido, e decerto sofrerá oposição de editores e amplos segmentos de leitores de língua inglesa que exigem compreensão imediata. Mesmo assim, tradutores contemporâneos de textos literários podem experimentar formas linguísticas fora do padrão, assim como formas de intertextualidade, como alusões e citações onde elas forem apropriadas para uma interpretação do texto estrangeiro. A fluência não deve ser abandonada, mas sim reinventada para criar novas formas de legibilidade que proporcionem prazeres mais sofisticados, chamando atenção para o status secundário da tradução e assinalando as diferenças linguísticas e culturais do texto estrangeiro. Tradutores empenhados em mudar sua marginalidade cultural só o conseguirão dentro dos códigos específicos da cultura receptora. Isso significa, de um lado, limitar seus experimentos discursivos a desvios perceptíveis que devem ser contidos antes do paródico e do incompreensível, e, de outro, expandir seu repertório como escritores para abranger um amplo conjunto de registros e dialetos, estilos e discursos retirados da história e do estado atual das literaturas em inglês.

Os tradutores também devem lutar para que se faça uma revisão dos códigos – culturais, econômicos, legais – que os marginalizam e exploram. Eles podem trabalhar para que se revise o conceito individualista de autoria que tem lançado a tradução para a periferia da cultura anglo-norte-americana, não apenas pelo desenvolvimento de práticas inovadoras de tradução nas quais seu trabalho torne-se visível aos leitores, mas também apresentando lógicas sofisticadas para essas práticas em prefácios, ensaios, conferências, entrevistas. Essas autoapresentações serão um indicativo de que a língua da tradução origina-se, de uma maneira decisiva, com o tradutor, mas também, que o tradutor não é sua origem exclusiva: a originalidade do tradutor é de segunda ordem, revelada na escolha de um determinado texto estrangeiro e no desenvolvimento de uma determinada estratégia discursiva em resposta à situação cultural existente (Venuti,

A invisibilidade do tradutor

1998, cap.2). Reconhecer a tradução como uma forma derivada de autoria não desloca o autor estrangeiro, mas questiona o individualismo corrente dos conceitos de autoria porque sugere que nenhum escrito pode ser uma mera autoexpressão, uma vez que ele é derivado de uma tradição cultural de um momento histórico específico.

No entanto, a maioria dos tradutores, hoje, não tem o desejo de reconhecer a natureza precisa de sua autoria, tampouco de submeter seu trabalho a uma contínua reflexão teórica ou crítica. É provável que acreditem que a tradução é em essência uma atividade prática que não requer muito mais do que o conhecimento de uma língua estrangeira e um estilo de escrita elegante, e que descartem a imersão em estudos de tradução ou mesmo qualquer aproximação com teorias de tradução. Em um ensaio intitulado "Translating" (1988), Eliot Weinberger, tradutor de escritores como Octavio Paz e Jorge Luis Borges, enreda um conjunto de afirmações aforísticas em que em geral afirma que "a teoria da tradução, por mais bela que seja, é inútil para o trabalho de traduzir. Existem leis da termodinâmica e existe a prática da culinária" (Weinberger, 1992, p.60).

A forma aforística adotada por Weinberger o exime de dispender maior atenção ao tópico abordado, de construir um argumento para justificar uma posição que se conserva de forma não apenas implícita. Ainda assim, ele claramente defende uma posição. Considero sua declaração, a princípio, expressão de certo ceticismo com relação à aplicação de leis científicas à tradução, um ceticismo do qual eu mesmo compartilho. Ainda que a pesquisa neurológica avance a ponto de reduzir o ato de traduzir a funções cerebrais, a tradução segue sendo uma prática linguística cujo significado transcende os processos fisiológicos e produz efeitos culturais e sociais de longo alcance. Tal distinção, contudo, nem de longe constitui o núcleo da declaração de Weinberger. Seu objetivo é, antes, sugerir que a tradução se assemelha à culinária, no sentido de que ambas podem ser realizadas sem o auxílio da teoria, que esta lhes seria, portanto, "inútil".

Essa visão não apenas soa equivocada no que se refere à culinária como também parece exprimir certa ingenuidade quanto à tradução; e, em ambos os casos, o problema reside em um mal-entendido básico a respeito da natureza e da função da teoria. Cozinhar requer ingredientes, receitas e técnicas que são escolhidas, seguidas e levadas a cabo com base em pressupostos, em geral não declarados, sobre o que constitui uma boa refeição. Esses pressupostos podem ser preferências pessoais, questões ligadas ao gosto adquirido ao longo da vida, em muitas refeições com a família e os amigos; podem se basear em um conceito mais amplo e abrangente de saúde física; podem incorporar noções sobre culturas alimentares em voga ou que respondam a determinada influência política, podendo estar vinculadas a representações de diferentes grupos étnicos e nacionais. Eu descreveria tais pressupostos como constituintes de uma teoria, na medida em que orientam as escolhas e práticas envolvidas na culinária.

Se os tradutores são como os cozinheiros, então seu trabalho também é informado por conceitos teóricos que lhes permitem escolher um texto estrangeiro como digno de tradução e desenvolver estratégias discursivas que considerem adequadas para traduzi-lo, independentemente de esses conceitos serem articulados de forma consciente ou explícita, antes ou durante o processo de tradução. Um tradutor aplica uma teoria, mesmo

A invisibilidade do tradutor

que de forma não totalmente estruturada, quando opta por uma palavra, ou ordenação de frase, ou construção de oração, em detrimento das possibilidades alternativas que sempre existem em qualquer ponto de uma tradução. Com o objetivo de serem o mais acuradas, algumas teorias de tradução podem ser demasiado abstratas ou generalistas para resolverem um problema léxico ou sintático específico: como qualquer escritor, o tradutor trabalha no nível da frase, em que a facilidade verbal e a pura contingência exercem papéis decisivos, em que topar com uma solução viável parece puro acaso, mas é na verdade resultado de educação, experiência e memória. Além disso, uma teoria fornece parâmetros conceituais em que os problemas de tradução podem ser formulados com precisão e em que uma escolha particular pode ser feita com o auxílio de razões que levam em conta não apenas o texto estrangeiro e sua cultura, mas também a língua-alvo e a cultura receptora. E apenas uma teoria da tradução cuidadosamente desenvolvida pode realizar, com rigor intelectual e eficácia prática, a mediação entre as escolhas verbais do tradutor e as instituições em que a tradução circula e produz seus efeitos culturais e sociais.

As metáforas de Weinberger são enganosas, mas servem de exemplo da abordagem beletrística que os tradutores contemporâneos adotam em seu trabalho. Eles tendem a se apresentar em termos os mais impressionistas, incorporando o pressuposto empirista de que o valor de seu texto é autoevidente e, em última instância, defendendo uma visão da tradução que não é meramente acrítica, mas, antes, anti-intelectual. Quando os tradutores dedicam tempo a escrever sobre suas traduções, eles tendem a enfatizar a relação entre os textos originais e as traduções, bem como a negligenciar a relação igualmente significativa, se não ainda mais importante, entre a tradução e outros textos redigidos na língua-alvo (ver, por exemplo, Bassnett; Bush, 2006). Se não refletirem sobre essa segunda relação, os tradutores podem facilmente incorrer na suposição ingênua de que sua interpretação do texto estrangeiro é a correta ou a acertada quando na verdade é apenas uma possibilidade entre muitas. Eles também podem deixar escapar o impacto de seu trabalho sobre os leitores, que hoje buscam traduções principalmente por não estarem aptos a ler os textos estrangeiros. Ignorando os leitores, os tradutores estão de antemão impossibilitados de refletir sobre os efeitos culturais e sociais de suas traduções ou de submeter tais efeitos a esse tipo de questionamento, tão caro aos tradutores dissidentes no passado.

Esse questionamento também deve incluir a linguagem dos contratos assinados com os editores. Os tradutores deveriam insistir em sua relação de autoria com o texto traduzido durante as negociações. Solicitar que os contratos definam a tradução como uma "obra original" em vez de "trabalho feito sob encomenda", que a tradução inclua o *copyright* em nome do tradutor, e que ofereça as mesmas condições financeiras dos autores, ou seja, um adiantamento dos *royalties* e uma parte na venda de direitos subsidiários. Com o decorrer do tempo, será necessário efetuar uma mudança mais fundamental, uma revisão das atuais leis de *copyright* que restrinja o controle do autor estrangeiro sobre a tradução como forma de reconhecer a relativa autonomia do texto estrangeiro. Os direitos de tradução do autor estrangeiro deveriam ser limitados a um curto período, após o qual o texto estrangeiro passaria para o domínio público, *embora apenas para as finalidades da tradução* (ver Venuti, 1998, cap.3). Dada a rapidez com que a literatura atualmente fica marcada

A invisibilidade do tradutor

como *commodity* no mercado internacional, a perspectiva de que a venda dos direitos de tradução se efetue decresce com o passar do tempo, e a tradução de um texto estrangeiro, em última instância, depende dos esforços do tradutor para angariar a atenção de algum editor, especialmente no mercado editorial anglo-norte-americano, no qual tão poucos editores leem em línguas estrangeiras. Se, no momento da publicação, o texto estrangeiro não se torna imediatamente um sucesso de crítica e de vendas na cultura para a qual foi escrito, ele provavelmente não será escolhido por editores estrangeiros para tradução. O projeto de traduzi-lo, portanto, deveria ser controlado pelo tradutor, que, com efeito, deve inventar para os leitores da língua de chegada um texto estrangeiro que, de outra forma, não existiria para eles.

A mudança do pensamento contemporâneo sobre tradução, por fim, requer uma alteração na prática de leitura, revisão e ensino da tradução. Porque a tradução é uma dupla escritura, uma reescritura do texto estrangeiro conforme valores culturais domésticos, qualquer tradução demanda uma dupla leitura – como comunicação e registro interpretativo (ver Venuti, 2004). Ler uma tradução como tradução quer dizer não apenas processar seu significado, mas também refletir sobre suas condições – características formais, como os dialetos e registros, estilos e discursos em que foi redigida, bem como fatores aparentemente externos, como o contexto cultural em que é lida, mas que influenciou de maneira decisiva (mesmo que inconscientemente) as escolhas do tradutor. Essa leitura é historicizante: distingue entre o passado (estrangeiro) e o presente (doméstico). Avaliar uma tradução como tradução significa avaliá-la como uma intervenção em uma situação presente. As resenhas não devem se limitar a raros comentários sobre o estilo de uma tradução ou sua precisão de acordo com os cânones que são implicitamente aplicados. Os resenhistas têm de considerar os cânones de precisão que o *tradutor* estabeleceu no trabalho, julgando a decisão de traduzir e publicar um texto estrangeiro em vista do cânone corrente daquela literatura estrangeira na cultura da língua de chegada. Também significa que os tradutores devem desempenhar um papel muito maior no processo de recepção das traduções, resenhando-as para periódicos e educando os leitores – diletantes e especialistas – sobre as maneiras como pode ser lido um texto traduzido.

É especialmente nas instituições acadêmicas que diferentes práticas de leitura podem ser desenvolvidas e aplicadas à tradução. Aqui, uma dupla leitura torna-se crucial. A tradução dá informação sobre o texto da língua de partida – suas estruturas discursivas e seus temas –, mas nunca se deveria ensinar a tradução como sendo uma representação transparente daquele texto, mesmo que essa seja a prática prevalente na atualidade. Qualquer informação advinda da tradução está inevitavelmente apresentada nos termos da língua de chegada, o que deve ser objeto de estudo, de discussões em sala de aula e na pesquisa avançada (ver Venuti, 1998, cap. 5). Os estudos sobre tradução nunca podem ser unicamente descritivos; a simples apresentação da tradução como um tópico de história cultural ou crítica estabelece uma oposição à sua condição marginal na atual hierarquia de práticas culturais. E a escolha de um tópico a partir de um período histórico específico sempre conduz a preocupações culturais de hoje. No entanto, mesmo se a pesquisa em tradução não pode ser considerada como descritiva, desprovida de interesses políticos e culturais, ela não deveria

A invisibilidade do tradutor

almejar ser puramente prescritiva, aprovando ou rejeitando práticas e teorias de tradução sem antes examinar cuidadosamente suas relações com seus próprios momentos e com os do pesquisador. Também aqui os tradutores têm um papel importante a desempenhar, como intelectuais cujo trânsito com o estrangeiro tem o poder de questionar e alterar o status quo acadêmico, mas, para tanto, eles precisam estar capacitados para participar de debates acadêmicos atuais nos campos e disciplinas em que atuam traduzindo.

A invisibilidade do tradutor levanta, hoje, questões perturbadoras sobre a economia geopolítica da cultura de que uma maior suspeição diante da tradução é urgentemente necessária para respondê-las. No entanto, a suspeição que eu encorajo supõe uma fé utópica no poder que a tradução possui de fazer a diferença, não apenas em casa, na emergência de novas formas culturais, mas também no exterior, na emergência de novas relações culturais. Reconhecer a invisibilidade do tradutor é, ao mesmo tempo, criticar a atual situação e ter esperanças em um futuro mais favorável para as diferenças, que o tradutor deve negociar.

Referências bibliográficas

ABRAMS, M. H. *The Mirror and the Lamp*: Theory and the Critical Tradition. Oxford: Oxford University Press, 1953.

ADAMS, R. M. From Langue d'Oc and Langue d'Oil. *New York Times Book Review*, p.14, 36, 25 fev. 1979.

The Adventures of Catullus, and History of His Amours with Lesbia. Intermixt with Translations of his Choices Poems. By several Hands. Done from the French. Londres: J. Chantry, 1707.

AHEARN, B. (ed.). *Pound/Zukofsky*: Selected Letters of Ezra Pound and Louis Zukofsky. Nova York: New Directions, 1987.

ALISON, A. *Memoir of the Life and Writings of the Honourable Alexander Fraser Tytler, Lord Woodhouselee.* Edimburgo: Neill & Co., 1818.

ALLEN, D. M. (ed.). *The New American Poetry*. Nova York: Grove, 1960.

ALTICK, R. *The English Common Reader*: a Social History of the Mass Reading Public, 1800-1900. Chicago: University of Chicago Press, 1957.

ALTHUSSER, L. From *Capital* to Marx's Philosophy. In: _____; BALIBAR, É. *Reading Capital.* Trad. B. Brewster. Londres: NLB, 1970. p.11–71.

AMOS, F. R. *Early Theories of Translation.* Nova York: Columbia University Press, 1920.

ANDERSON, B. *Imagined Communities*: Reflections on the Origin and Spread of Nationalism. Ed. rev. Londres/Nova York: Verso, 1991.

Lawrence Venuti

[Ed. bras.: *Comunidades imaginadas*. São Paulo: Companhia das Letras, 2008.]

ANDERSON, D. A Language to Translate into: the Pre-Elizabethan Idiom of Pound's Later Cavalcanti Translations. *Studies in Medievalism*, v.2, p.9-18, 1982.

_____ (ed.). *Pound's Cavalcanti*: an Edition of the Translations, Notes, and Essays. Princeton: Princeton University Press, 1983.

ANNAN, N. Books in General. *New Statesman and Nation*, p.191, 18 mar. 1944.

Anti-Jacobin Review, and Protestant Advocate. Review of G. Lamb's Translation of Catullus. v.61, p.13-9, 1821.

APTER, R. Paul Blackburn's Homage to Ezra Pound. *Translation Review*, v.19, p.23-6, 1986.

_____. *Digging for the Treasure*: Translation after Pound (1984). Nova York: Paragon House, 1987.

ARNOLD, M. *Essays by Matthew Arnold*. Londres: Oxford University Press, 1914.

_____. *On the Classical Tradition*. Ed. R. H. Super. Ann Arbor: University of Michigan Press, 1960.

Athenaeum. Review of *The Iliad of Homer*. Trad. Arthur Way. p.482-3, 10 abr. 1886.

BAKER, M. Linguistic Perspectives on Translation. In: FRANCE, P. (ed.). *The Oxford Guide to Literature in English Translation*. Oxford: Oxford University Press, 2000. p.20-6.

_____. *Translation and Conflict*: A Narrative Account. Londres/Nova York: Routledge, 2006.

BAKHTIN, M. *Rabelais and his World* (*1964*). Trad. H. Iswolsky. Bloomington: Indiana University Press, 1984.

BALDERSTON, D. Fantastic Voyages. *New York Times Book Review*, p.15, 29 nov. 1992.

BALDICK, C. *The Social Mission of English Criticism*: 1848-1932. Oxford: Clarendon Press, 1983.

BALLANTYNE, A. Wardour-Street English. *Longman's Magazine*, p.585-94, 12 out. 1888.

BALLERINI, L.; MILAZZO, R. (eds.). The Waters of Casablanca. *Chelsea*, v.37, 1979.

BARNARD, M. (ed. e trad.). *Sappho*: a New Translation. Berkeley/Los Angeles: University of California Press, 1958.

_____. *Assault on Mount Helicon*: a Literary Memoir. Berkeley/Los Angeles: University of California Press, 1984.

BARR, C. W. Mystery Writer Skirts Stereotypes in a Suspenseful Tour of "New" Japan. *Christian Science Monitor*, p.12, 23 abr. 1997.

BARTLETT, L. What Is "Language Poetry"? *Critical Inquiry*, v.12, p.741-52, 1986.

BASSNETT, S. *Translation Studies*. Londres/Nova York: Methuen, 1980.

_____; BUSH, P. (eds.). *The Translator as Writer*. Londres/Nova York: Continuum, 2006.

BAUDRILLARD, J. *Simulations*. Trad. P. Foss, P. Patton e P. Beitchman. Nova York: Semiotext(e), 1983. [Ed. port.: *Simulacros e simulação*. Lisboa: Relógio D'Água, 1991.]

BELSEY, C. *Critical Practice*. Londres/Nova York: Methuen, 1980. [Ed. port.: *A prática crítica*. Lisboa: Edições 70, 1982.]

BELTRAMETTI, F. *Another Earthquake*. Trad. P. Vangelisti. São Francisco/Los Angeles: Red Hill, 1976.

BENJAMIN, A. *Translation and the Nature of Philosophy*: a New Theory of Words. Londres/Nova York: Routledge, 1989.

BERENGO, M. *Intellettuali e librai nella Milano della Restaurazione*. Turim: Einaudi, 1980.

BERMAN, A. *L'Épreuve de l'étranger*: Culture et traduction dans l'Allemagne romantique. Paris: Gallimard, 1984.

_____. La Traduction et la lettre, ou l'auberge du lointain. In: T. E. R. (org.). *Les Tours de Babel*: Essais sur la traduction. Mauvezin: Trans--Europ-Repress, 1985.

BERNSTEIN, C. *Content's Dream, Essays 1975-1984*. Los Angeles: Sun & Moon, 1986.

_____. *A Poetics*. Cambridge: Harvard University Press, 1992.

BETTELHEIM, B. *Freud and Man's Soul*. Nova York: Alfred Knopf, 1983. [Ed. bras.: *Freud e a alma humana*. São Paulo: Cultrix, 1994.]

BEVINGTON, M. M. *The Saturday Review, 1855-1868*: Representative Educated Opinion in Victorian England. Nova York: Columbia University Press, 1941.

BIGGS, M. *A Gift That Cannot Be Refused*: the Writing and Publishing of Contemporary American Poetry. Nova York: Greenwood, 1990.

BLACKBURN, P. Das Kennerbuch. *New Mexico Quarterly*, v.23, p.215-9, 1953.

_____ (ed. e trad.). *Anthology of Troubadours – translated from the 12th and 13th C. Occitan by Paul Blackburn*. Manuscrito não publicado, Paul Blackburn Collection, Archive for New Poetry, Mandeville Department of Special Collections, University of California, San Diego, 1958.

_____. The International Word. *Nation*, p.357-60, 21 abr. 1962.

_____. The Grinding Down. *Kulchur*, v.10, p.9-18, 1963.

_____ (trad.). *Poem of the Cid*. Nova York: American R. D. M. Corporation, 1966.

_____. *The Collected Poems of Paul Blackburn*. Ed. E. Jarolim. Nova York: Persea, 1985.

_____ (ed. e trad.). *Proensa*: an Anthology of Troubadour Poetry (1978). Ed. G. Economou. Nova York: Paragon House, 1986.

BLACKIE, J. S. Homer and his Translators. *Macmillan's Magazine*, v.4, p.268-80, 1861.

Blackwood's Edinburgh Magazine. Observations on Catullus, Suggested by a Piece of French Criticism. v.2, p.486-90, 1818.

_____. New Poetical Translations – Wiffen – Rose – Gower. v.14, p.26-39, 1823.

_____. The Second Volume of Rose's Ariosto. v.15, p.418-24, 1824.

BLANCHOT, M. Translating (1971). Trad. R. Sieburth. *Sulfur*, v.26, p.82-6, 1990.

BONIFAZI, N. *Il racconto fantastico da Tarchetti a Buzzati*. Urbino: Steu, 1971.

A invisibilidade do tradutor

BONIFAZI, N. *Teoria del fantastico e il racconto fantastico in Italia*: Tarchetti, Pirandello, Buzzati. Ravenna: Longo, 1982.

BORGES, J. L. *Ficciones*. Ed. A. Kerrigan. Nova York: Grove, 1962. [Ed. bras.: *Ficções*. Trad. David Arriguci Jr. São Paulo: Companhia das Letras, 2007.]

BOWDLER, T. (ed.). *The Family Shakespeare*. In Ten Volumes 12mo. In which nothing is added to the Text; but those Words and Expressions are omitted which cannot with Propriety be read aloud in a Family. Londres: Longman, 1818.

BRADY, P. V. Traps for Translators. *Times Literary Supplement*, p.201, 25 fev. 1977.

BRAUN, R. E. The Original Language: Some Postwar Translations of Catullus. *The Grosseteste Review*, v.3, n.4, p.27-34, 1970.

BRINKLEY, R. *Arthurian Legend in the Seventeenth Century (1932)*. Nova York: Octagon, 1967.

BRISSET, A. *A Sociocritique of Translation*: Theatre and Alterity in Quebec, 1968-1988. Trad. R. Gill e R. Gannon. Toronto: University of Toronto Press, 1996.

British Critic. Review of J. Nott's Translation of Catullus. v.10, p.671-3, 1798.

British Quarterly Review. Homer and His Translators. v.40, p.290-324, abr. 1865.

BROOKE, S. *English Literature from the Beginning to the Norman Conquest*. Nova York/Londres: Macmillan, 1898.

BROWER, R. (ed.). *On Translation*. Cambridge: Harvard University Press, 1959.

BROWNJOHN, A. Caesar' Ad Some. *New Statesman*, p.151, 1º ago. 1969.

BUNTING, B. Review of E. Stuart Bates, *Modern Translation*. *Criterion*, v.15, p.4-716, 1936.

BURGESS, A. On Wednesday He Does His Ears. *New York Times Book Review*, p.11, 14 out. 1990.

BURROW, J. W. *A Liberal Descent*: Victorian Historians and the English Past. Cambridge: Cambridge University Press, 1981.

BURTON, R. F. (ed. e trad.) *A Plain and Literal Translation of* The Arabian Nights *Entertainments, Now Entitled The Book of* The Thousand Nights and A Night, *With Introduction, Explanatory Notes on The Manners and Customs of Moslem Men, and A Terminal Essay upon The History of the Nights.* 10v. Benares: Kama Shastra Society, 1885.

_____. *Supplemental Nights to The Book of* The Thousand Nights and A Night, *With Notes, Anthropological and Explanatory.* 6v. Benares: The Kama Shastra Society, 1888.

BUSH, D. *English Literature in the Earlier Seventeenth Century 1600-1660.* 2.ed. Oxford: Clarendon Press, 1962.

BUTLER, H. E.; CARY, M. (eds.). *C. Suetoni Tranquilli Divus Iulius.* Oxford: Oxford University Press, 1927.

BUTTERFIELD, H. *The Whig Interpretation of History.* Nova York: Scribner, 1951.

CADIOT, O. *Red, Green and Black.* Trad. O. Cadiot e C. Bernstein. Elmwood, CT: Potes & Poets, 1990.

CAESAR, A. Construction of Character in Tarchetti's *Fosca. Modern Language Review*, v.82, p.76-87, 1987.

CAGNONE, N. *What's Hecuba to Him or Her to Hecuba?* Trad. David Verzoni. Nova York/Norristown/Milão: Out of London, 1975.

_____. *The Book of Giving Back.* Trad. S. Sartarelli. Nova York: Edgewise, 1998.

_____. *Index Vacuus.* Trad. R. Milazzo. Nova York: Edgewise, 2004.

CAMILLIERI, A. *The Shape of Water.* Trad. S. Sartarelli. Nova York: Viking Penguin, 2002.

CAMPBELL, G. (ed. e trad.). *The Four Gospels.* Londres: A. Strahan & T. Cadell, 1789.

CARPENTER, H. *A Serious Character*: the Life of Ezra Pound. Boston: Houghton Mifflin, 1988.

CARSANIGA, G. M. Realism in Italy. In: HEMMINGS, F. W. J. (ed.). *The Age of Realism.* Harmondsworth: Penguin, 1974.

CASTRONOVO, V.; FOSSATI, L. G.; TRANFAGLIA, N. *La stampa italiana nell'età liberale.* Roma/Bari: Laterza, 1979.

A invisibilidade do tradutor

CAUDWELL, C. *Illusion and Reality*: a Study of the Sources of Poetry (1937). Nova York: International Publishers, 1973.

CAWELTI, J. G. *Adventure, Mystery, and Romance*: Formula Stories as Art and Popular Culture. Chicago: University of Chicago Press, 1976.

CECIL, D. *Melbourne*. Londres: Constable, 1965.

CELAN, P. The Meridian. In: *Collected Prose*. Trad. R. Waldrop. Manchester: Carcanet, 1986.

CÉSAIRE, A. *The Collected Poetry*. Ed. e trad. C. Eshleman e A. Smith. Berkeley/Los Angeles: University of California Press, 1983.

CHANDLER, A. *A Dream of Order*: the Medieval Ideal in Nineteenth- -Century English Literature. Lincoln: University of Nebraska Press, 1970.

CHERCHI, P.; PARISI, J. Some Notes on Post-War Italian Poetry. *Poetry*, v.155, p.161-7, out./nov. 1989.

CHRIST, R. Translation Watch. *PEN American Center Newsletter*, v.53, p.8, inverno 1984.

CIXOUS, H. The Character of "Character". Trad. K. Cohen. *New Literary History*, v.5, p.383-402, 1974.

CLIVE, J. *Scotch Reviewers*: the Edinburgh Review, 1802-1815. Cambridge: Harvard University Press, 1957.

COBB, G. T. A Dilemma of Identity. *America*, v.191, n.10, p.31-2, 11 out. 2004.

COHEN, J. M. *English Translators and Translations*. Londres: Longmans, Green & Co., 1962.

COLEMAN, A. Everywhere Déjà Vu. *New York Times Book Review*, p.5, 9 jul. 1967.

COLLYER, M. M. (trad.). *The Death of Abel, in five books, attempted from the German of Mr. Gessner*. Londres: R. & J. Dodsley, 1761.

_____. *The Virtuous Orphan Or, The Life of Marianne Countess of ******. Ed. W. H. Burney e M. F. Shugrue. Carbondale/Edwardsville: Southern Illinois University Press, 1965.

COMMAGER, S. Review of Three Catullus Translations. *New York Times Book Review*, p.4, 35, 15 ago. 1971.

CONQUEST, R. The Abomination of Moab. *Encounter*, v.34, p.56-63, maio 1970.

CONTE, G. *The Seasons*. Trad. L. Stortoni-Hager. Chapel Hill: Annali d'Italianistica, 2001.

COOGAN, D. Catullus. *Chelsea*, v.28, p.113-8, 1970.

CORKE, H. New Novels. *The Listener*, p.761-2, 8 jun. 1967.

CORMAN, C. Poetry as Translation. *The Grosseteste Review*, v.3, n.4, p.3-20, 1970.

CORTÁZAR, J. Continuidad de los parques. In: *Final del juego*. Buenos Aires: Editorial Sudamericana, 1964. [Ed. bras.: *Final do jogo*. Trad. Paulina Wacht e Ari Roitman. Rio de Janeiro: Civilização Brasileira, 2014.]

_____. *The Winners*. Trad. E. Kerrigan. Nova York: Pantheon, 1965.

_____. *Hopscotch*. Trad. G. Rabassa. Nova York: Pantheon, 1966. [Ed. bras.: *O jogo da amarelinha*. Trad. Eric Nepomuceno. São Paulo: Companhia das Letras, 2019.]

_____. *End of the Game and Other Stories*. Trad. P. Blackburn. Nova York: Pantheon, 1967.

_____. *Cronopios and Famas*. Trad. P. Blackburn. Nova York: Pantheon, 1969. [Ed. bras.: *Histórias de cronópios e de famas*. Rio de Janeiro: Civilização Brasileira, 1994.]

_____. *All Fires the Fire*. Trad. Suzanne Jill Levine. Nova York: Pantheon, 1973. [Ed. bras.: *Todos os fogos o fogo*. Trad. Glória Rodrigues. Rio de Janeiro: Best Seller, 2011.]

COSTA, C. *Our Positions*. Trad. P. Vangelisti. São Francisco/Los Angeles: Red Hill, 1975.

COSTA, M.; VIGINI, G. (eds.). *CLIO*: catalogo dei libri italiani Dell'ottocento (1801-1990). Milão: Editrice Bibliografica, 1991.

CRONIN, M. *Translation and Identity*. Londres/Nova York: Routledge, 2006.

CRUSIUS, L. *The Lives of the Roman Poets*. Londres: W. Innys/J. Clarke/B. Motte/J. Nourse, 1733.

CUCCHI, M. *Dizionario della poesia italiana*: i poeti di ogni tempo, la metrica, i gruppi e le tendenze. Milão: Mondadori, 1983.

CULLER, A. D. *The Victorian Mirror of History*. New Haven: Yale University Press, 1985.

CUMMINGS, R. Post-Classical Latin Literature. In: GILLESPIE, S.; HOPKINS, D. (eds.). *The Oxford History of Literary Translation in English*. v.3: 1660-1790. Oxford: Oxford University Press, 2005. p.479-505.

D'ABLANCOURT, N. P. (trad.). *Les Annales de Tacite*. Première Partie. Contenant la vie de Tibère. Paris: Jean Camusat, 1640.

Daily Telegraph. Best Fiction. 5 dez. 2004.

DAMROSCH, D. *What Is World Literature?* Princeton: Princeton University Press, 2003.

DAVENPORT, G. And a Cool Drink by the Hammock. *National Review*, p.811-2, 25 jul. 1967.

_____. Louis Zukofsky. *Agenda*, v.8, n.3-4, p.130-7, 1970.

_____. Zukofsky's English Catullus (1973). In: TERREL, C. F. (ed.). *Louis Zukofsky, Man and Poet*. Orono: National Poetry Foundation, 1979.

_____. (trad.). *Seven Greeks*. Nova York: New Directions, 1995.

DAVIE, D. Translation Absolute. *New Statesman and Nation*, p.263-4, 5 set. 1953.

_____. *Ezra Pound*: Poet as Sculptor. Nova York: Oxford University Press, 1964.

_____. *Ezra Pound*. Nova York: Viking, 1976.

DAWSON, J. *Friedrich Schleiermacher*: the Evolution of a Nationalist. Austin/Londres: University of Texas Press, 1966.

DE ANGELIS, M. L'idea centrale. Ed. M. Forti. *L'almanacco dello Specchio*, v.4, p.371-91, 1975.

_____. *Somiglianze*. Milão: Guanda, 1976.

_____. *Terra del viso*. Milão: Mondadori, 1985.

_____. *Finite Intuition*: Selected Poetry and Prose. Ed. e trad. L. Venuti. Los Angeles: Sun & Moon, 1994.

Lawrence Venuti

DE ANGELIS, M. *Between the Blast Furnaces and the Dizziness*: Selected Poems, 1970-1999. Ed. e trad. E. di Pasquale. Nova York: Chelsea Editions, 2003.

DEJEANNE, J. M. L. (ed.). *Poésies complètes du troubadour Marcabru* (1909). Nova York: Johnson, 1971.

DELEUZE, G. *Nietzsche and Philosophy*. Trad. H. Tomlinson. Nova York: Columbia University Press, 1983.

_____. *The Logic of Sense*. Trad. M. Lester e C. Stivale, ed. C. V. Boundas. Nova York: Columbia University Press, 1990. [Ed. bras.: *Lógica do sentido*. São Paulo: Perspectiva, 2015.]

_____; GUATTARI, F. *Kafka*: toward a Minor Literature. Trad. D. Polan. Minneapolis: University of Minnesota Press, 1986. [Ed. bras.: *Kafka*: por uma literatura menor. Trad. Cíntia Vieira da Silva. Belo Horizonte: Autêntica, 2014.]

DENHAM, J. (ed. e trad.). *The Destruction of Troy*: an Essay upon the Second Book of Virgils Eneis. Written in the year, 1636. Londres: Humphrey Moseley, 1656.

_____. *The Poetical Works*. Ed. T. H. Banks. 2.ed. Hamden: Archon, 1969.

DERRIDA, J. *Of Grammatology*. Trad. G. C. Spivak. Baltimore/Londres: Johns Hopkins University Press, 1976. [Ed. bras.: *Gramatologia*. 2.ed. São Paulo: Perspectiva, 2018.]

_____. Différance. In: *Margins of Philosophy*. Trad. A. Bass. Chicago: University of Chicago Press, 1982. [Ed. bras.: *Margens da filosofia*. Campinas: Papirus, 1991.]

_____. Des Tours de Babel. Trad. J. F. Graham. In: GRAHAM, J. F. (ed.). *Difference in Translation*. Ithaca: Cornell University Press, 1985a.

_____. *The Ear of the Other*: Otobiography, Transference, Translation. Ed. C. McDonald, trad. A. Ronell e P. Kamuf. Nova York: Schocken, 1985b.

DICKSTEIN, M. Review of G. Celati, *Appearances*. Trad. S. Hood. *New York Times Book Review*, p.18, 29 nov. 1992.

DOWNEY, L. Thinking Locally. *Byte.com*, 12 jul. 2004.

DRAGOMOSHCHENKO, A. *Description*. Trad. L. Hejinian e E. Balashova. Los Angeles: Sun & Moon, 1990.

_____. *Xenia*. Trad. L. Hejinian e E. Balashova. Los Angeles: Sun & Moon, 1993.

DRYDEN, J. Preface to *Ovid's Epistles* (1680). In: HOOKER, E. N.; SWEDENBERG JR., H. T. (eds.). *The Works of John Dryden*. v.I. Berkeley/Los Angeles: University of California, 1956.

_____. Dedication of the *Æneis* (1697). In: KINSLEY, J. (ed.). *The Poems of John Dryden*. v.III. Oxford: Clarendon Press, 1958.

_____. Preface to *The Rival Ladies* (1664). In: WATSON, G. (ed.). *Of Dramatic Poesy and Other Critical Essays*. v.I. Londres: Dent, 1962.

Dublin University Magazine. Homer and his Translators. v.59, p.643-54, jun. 1862.

DUNCAN, R. Rites of Participation. *Caterpillar*, v.1, p.6-29, 1967.

DUNCKLEY, H. *Lord Melbourne*. Londres: Sampson Low, Marston, Searle & Rivington, 1890.

EAGLETON, T. *The Function of Criticism: from the Spectator to Post-Structuralism*. Londres: Verso, 1984. [Ed. bras.: *A função da crítica*. São Paulo: Martins Fontes, 1991.]

EASTHOPE, A. *Poetry as Discourse*. Londres/Nova York: Methuen, 1983.

Edinburgh Review. Review of T. Mitchell's Translations of Aristophanes. v.34, p.271-319, 1820.

EDER, R. The Heresies of the Paintbrush. *New York Times Book Review*, p.7, 2 set. 2001.

EDWARDS, J. Pound's Translations. *Poetry*, v.83, p.233-8, 1954.

ELIOT, T. S. Baudelaire in Our Time. In: *For Lancelot Andrewes*: Essays on Style and Order. Londres: Faber & Gwyer, 1928.

_____. *Selected Essays*. Nova York: Harcourt, Brace & World, 1950.

ELTON, C. A. (ed. e trad.). *Specimens of the Classic Poets, in a Chronological Series from Homer to Tryphiodorus*. Translated into English Verse, and Illustrated with Biographical and Critical Notices. 3v. Londres: Robert Baldwin, 1814.

EMERSON, C. The Brothers, Complete. *Hudson Review*, v.44, p.309-16, 1991.

EMMERLING, E. The German Book Market: Gutenberg's Heirs Survive Media Competition. *Goethe-Institut*, maio 2006. Disponível em: <http://www.goethe.de/wis/buv/dos/dbb2/en122050.htm>.

ESHLEMAN, C. The Gull Wall. In: *Antiphonal Swing*: Selected Prose, 1962-1987. Kingston/Nova York: McPherson, 1989.

_____. At the Locks of the Void: Co-translating Aimé Césaire. *New American Writing*, v.18, p.105-20, 2000.

ESTRABÃO. *The Geography of Strabo*. Ed. e trad. H. L. Jones. 17v. Londres/Nova York: William Heinemann Ltd./G. P. Putnam's Sons, 1930.

European Magazine, and the London Review and Literary Journal. Review of A. F. Tytler, *Essay on the Principles of Translation*. v.24, p.186-9, p.278-82, 1793.

FAGLES, R. (trad.). Homer, *The Iliad*. Ed. B. Knox. Nova York: Viking, 1990.

FARINA, S. *La mia giornata*: Care ombre. Turim: Societá Tipografico--Editrice Nazionale, 1913.

FAULKNER, P. (ed.). *William Morris*: the Critical Heritage. Londres: Routledge & Kegan Paul, 1973.

FAXON, F. W. *Literary Annuals and Giftbooks*: a Bibliography, 1823-1903. Reprinted with Supplementary Essays. Pinner: Private Libraries Association, 1973.

FELDMAN, G. Going Global. *Publishers Weekly*, p.20-4, 19 dez. 1986.

FELDMAN, R.; SWANN, B. (eds.). *Italian Poetry Today*. St. Paul: New Rivers, 1979.

FELL, C. Perceptions of Transience. In: GODDEN, M.; LAPIDGE, M. (eds.). *The Cambridge Companion to Old English Literature*. Cambridge: Cambridge University Press, 1991.

FELSTINER, J. Paul Celan in Translation: "Du Sei Wie Du". *Studies in Twentieth-Century Literature*, v.8, p.91-100, 1983.

_____. Paul Celan's Triple Exile. *Sulfur*, v.11, p.47-52, 1984.

FENTON, S.; MOON, P. The Translation of the Treaty of Waitangi: a Case of Disempowerment. In: TYMOCZKO, M.; GENTZLER, E. (eds.). *Translation and Power*. Amherst/Boston: University of Massachusetts Press, 2002. p.25-44.

FERLINGHETTI, L. Among the New Books. *San Francisco Chronicle*, p.26, 4 out. 1953.

FIEDLER, L. Sufficient unto the Day (1955). In: PHILLIPS, W.; RAHV, P. (eds.). *Partisan Review Anthology*. Nova York: Holt, Rinehart & Winston, 1962.

FISCHBACH, H. The Mutual Challenge of Technical and Literary Translation: Some Highlights. *Sci-Tech Newsletter*, p.3-5, jan. 1992.

FITTS, D. The Tea-Shop Aura. *New Republic*, p.18-9, 4 jan. 1954.

_____. (ed. e trad.). *Poems from the Greek Anthology*. Nova York: New Directions, 1956.

_____. *The Poetic Nuance*. Nova York: Harcourt, Brace, 1958.

FITZGERALD, E. *The Letters of Edward Fitzgerald*. Ed. W. A. Aldiss. 2v. Londres: Macmillan, 1901.

FLAD, B. A Speech for the Defense of the Visible and Audible Translator. *Translation Review*, v.38-9, p.40-1, 1992.

FORSTMAN, H. J. The Understanding of Language by Friedrich Schlegel and Schleiermacher. *Soundings*, v.51, p.146-65, 1968.

FORTINI, F. The Wind of Revival. *Times Literary Supplement*, p.1308-9, 31 out. 1975.

FOUCAULT, M. *The Order of Things*: an Archaeology of the Human Sciences. Nova York: Random House, 1970. [Ed. bras.: *As palavras e as coisas*: uma arqueologia das ciências humanas. 10.ed. São Paulo: Martins Fontes, 2016.]

_____. Nietzsche, Genealogy, History. In: *Language, Counter-Memory, Practice*: Selected Essays and Interviews. Ed. e trad. D. F. Bouchard e S. Simon. Ithaca: Cornell University Press, 1977.

FOWLER, H. W. *A Dictionary of Modern English Usage*. Ed. E. Gowers. Nova York/Oxford: Oxford University Press, 1965.

FRANCE, P. Dostoevsky. In: FRANCE, P. (ed.). *The Oxford Guide to Literature in English Translation.* Oxford: Oxford University Press, 2000. p.594-8.

FRANK, J. *The Beginnings of the English Newspaper 1620-1660.* Cambridge: Harvard University Press, 1961.

Fraser's Magazine. Translations of the *Iliad.* n.78, p.518-31, out. 1868.

FREIERMAN, S. Popular Demand. *New York Times,* p.C11, 27 mar. 2006.

FRÉMY, D.; FRÉMY, M. (eds.). *Quid 1992.* Paris: Laffont, 1992.

FRERE, J. H. Review of T. Mitchell's Translations of Aristophanes. *Quarterly Review,* v.23, p.474-505, 1820.

FREUD, S. *The Psychopathology of Everyday Life (1901).* Trad. A. Tyson, ed. J. Strachey. Nova York: Norton, 1960. [Ed. bras.: *Sobre a psicopatologia da vida cotidiana.* Trad. Renato Zwick. Porto Alegre: LPM, 2018.]

_____. *Beyond the Pleasure Principle* (1920). Ed. e trad. J. Strachey. Nova York: Norton, 1961. [Ed. bras.: *Além do princípio do prazer.* Trad. Renato Zwick. Porto Alegre: LPM, 2018.]

GADAMER, H.-G. The Problem of Language in Schleiermacher's Hermeneutic. Trad. D. E. Linge. In: FUNK, R. W. (ed.). *Schleiermacher as Contemporary.* Nova York: Herder & Herder, 1970.

GAFFNEY, E. Books in Brief: Fiction. *New York Times Book Review,* p.20, 30 nov. 1997.

GALL, S. Ramon Guthrie. In: ROOD, K. L. (ed.). *Dictionary of Literary Biography 4*: American Writers in Paris, 1920-1939. Detroit: Gale, 1980.

GARDAM, J. The Institute of Translation and Interpreting Survey of Rates and Salaries. *Professional Translator and Interpeter,* v.1, p.5-14, 1990.

GENEST, J. (ed.). *Some Account of the English Stage from the Restoration in 1660 to 1830.* v.VIII. Bath: H. E. Carrington, 1832.

Gentleman's Magazine. Review of J. Nott's Translation of Catullus. v.68, p.408, 1798.

_____. John Nott, M. D. v.95, p.565-6, 1825.

Gentleman's Magazine. Hon. George Lamb. v.104, p.437-8, 1834.

GENTZLER, E. *Contemporary Translation Theories*. Londres/Nova York: Routledge, 1993. [Ed. bras.: *Teorias contemporâneas da tradução*. São Paulo: Madras, 2009.]

GERRARD, N. Inspector Norse... *The Guardian*, 2 mar. 2003.

GIDDENS, A. *Central Problems in Social Theory*: Action, Structure, and Contradiction in Social Analysis. Berkeley/Los Angeles: University of California Press, 1979. [Ed. bras.: *Problemas centrais em teoria social*: ação, estrutura e contradição na análise sociológica. Petrópolis: Vozes, 2018.]

GIOIA, D.; PALMA, M. (eds.). *New Italian Poets*. Brownsville: Story Line Press, 1991.

GIULIANI, A. (ed.). *I novissimi*: Poesia per gli anni '60. Milão: Rusconi & Paolazzi, 1961.

GLENNY, M. Professional Prospects. *Times Literary Supplement*, p.1118, 14 out. 1983.

GOLDIN, F. (ed. e trad.). *Lyrics of the Troubadours and Trouvéres*: an Anthology and a History. Garden City: Doubleday, 1973.

GORDON, D. M. Three Notes on Zukofsky's Catullus. In: TERREL, C. F. (ed.). *Louis Zukofsky, Man and Poet*. Orono: National Poetry Foundation, 1979.

GOZZANO, G. *The Man I Pretend to Be*: the Colloquies and Selected Poems of Guido Gozzano. Ed. e trad. M. Palma. Princeton: Princeton University Press, 1981.

_____. *The Colloquies and Selected Letters*. Ed. e trad. J. S. Nichols. Manchester/Nova York: Carcanet, 1987.

GRAHAM, J. (ed.). *Difference in Translation*. Ithaca: Cornell University Press, 1985.

GRAHAM, S. (ed.). Pound Sterling. *Poetry Review*, v.44, p.472-3, 1953.

GRANNIS, C. B. Balancing the Books, 1990. *Publishers Weekly*, p.21-3, 5 jul. 1991.

GRANT, M. (ed.). Gaius Suetonius Tranquillus. *The Twelve Caesars*. Trad. R. Graves. Harmondsworth: Penguin, 1980.

GRAVES, R. (trad.). Gaius Suetonius Tranquillus. *The Twelve Caesars*. Harmondsworth: Penguin, 1957.

_____. Moral Principles in Translation. *Encounter*, v.24, p.47-55, 1965.

GREEN, J. M. *Thinking through Translation*. Atenas/Londres: University of Georgia Press, 2001.

GROVE, R. Nature Methodiz'd. *Critical Review*, v.26, p.52-68, 1984.

GUTHRIE, R. *Trobar Clus*. Northampton, Massachusetts: S4N, 1923.

_____. *A World Too Old*. Nova York: Doran, 1927a.

_____. *Marcabrun*. Nova York: Doran, 1927b.

_____. *The Legend of Ermengarde*. Paris: Black Manikin, 1929.

_____. *Maximum Security Ward 1964-1970*. Nova York: Farrar, Straus & Giroux, 1970.

_____. *The Orations of Marcus Tullius Cicero*. Londres: T. Waller, 1741.

HABERMAS, J. *The Structural Transformation of the Public Sphere*: an Inquiry into a Category of Bourgeois Society. Trad. T. Burger e F. Lawrence. Cambridge: MIT Press, 1989. [Ed. bras.: *Mudança estrutural da esfera pública*. São Paulo: Editora Unesp, 2014.]

HAGER, A. British Virgil: Four Renaissance Disguises of the Laocoön Passage of Book 2 of the *Aeneid*. *Studies in English Literature 1500-1900*, v.22, p.21-38, 1982.

A Handbook for Literary Translators. 2.ed. Nova York: PEN American Center, 1991.

HARDACRE, P. H. The Royalists in Exile During the Puritan Revolution, 1642-1660. *Huntington Library Quarterly*, v.16, p.353-70, 1953.

HARKER, J. Contemporary Japanese Fiction and "Middlebrow" Translation Strategies: The Case of Banana Yoshimoto's *Kitchen*. *The Translator*, v.5, p.27-44, 1999.

HARRISON, T. J. (ed. e trad.). *The Favorite Malice*: Ontology and Reference in Contemporary Italian Poetry. Nova York/Norristown/Milão: Out of London, 1983.

HATLEN, B. Catullus Metamorphosed. *Paideuma*, v.7, p.539-45, 1978.

A invisibilidade do tradutor

HAWKINS, T. (ed. e trad.). *Odes of Horace, the best of Lyrick Poets, Contayning Much Morality, and Sweetness, Selected, and Translated by S:T:H:*. Londres: W. Lee, 1625.

HAYDEN, J. O. *The Romantic Reviewers, 1802-1824*. Chicago: University of Chicago Press, 1969.

HEALEY, R. *Twentieth-Century Italian Literature in English Translation*: an Annotated Bibliography, 1929-1997. Toronto: University of Toronto Press, 1998.

HEIDEGGER, M. *Being and Time*. Trad. J. Macquarrie e E. Robinson. Nova York: Harper & Row, 1962. [Ed. bras.: *Ser e tempo*. 10.ed. Petrópolis: Vozes, 2006.]

HELGERSON, R. *Self-Crowned Laureates*: Spenser, Jonson, Milton, and the Literary System. Berkeley/Los Angeles: University of California Press, 1983.

HERMANS, T. Images of Translation: Metaphor and Imagery in the Renaissance Discourse on Translation. In: *The Manipulation of Literature*: Studies in Literary Translation. Londres: Croom Helm, 1985.

HILL, H. C. Transonance and Intransigence. *The Grosseteste Review*, v.3, n.4, p.21-5, 1970.

HINGLEY, R. (ed. e trad.). *The Oxford Chekhov*. v.III. Londres/Nova York: Oxford University Press, 1964.

HOBSBAWM, E. J. *The Age of Revolution*: 1789-1848. Nova York: New American Library, 1962. [Ed. bras.: *A era das revoluções*: 1789-1848. Rio de Janeiro: Paz e Terra, 2012.]

HODGART, M. The Subscription List for Pope's Iliad, 1715. In: WHITE JR., R. B. (ed.). *The Dress of Words*. Lawrence: University of Kansas Libraries, 1978.

HOHENDAHL, P. U. Literary Criticism and the Public Sphere. Trad. R. L. Smith e H. J. Schmidt. In: *The Institution of Criticism*. Ithaca: Cornell University Press, 1982.

HOLDEN, J. *The Fate of American Poetry*. Athens: University of Georgia Press, 1991.

HOLYDAY, B. (trad.). *Aulus Persius Flaccus His Satyres.* Translated into English by Barten Holyday, Master of Arts, and Student of Christ Church in Oxford. And Now Newly by Him Reviewed and Amended. The third Edition. Londres: R. Higginbotham, 1635.

HOMBERGER, E. (ed.). *Ezra Pound*: the Critical Heritage. Londres/ Boston: Routledge & Kegan Paul, 1972.

HONIG, E. *The Poet's Other Voice*: Conversations on Literary Translation. Amherst: University of Massachusetts Press, 1985.

HOOLEY, D. M. *The Classics in Paraphrase*: Ezra Pound and Modern Translators of Latin Poetry. Selinsgrove: Susquehanna University Press, 1988.

HORKHEIMER, M.; ADORNO, T. *Dialectic of Enlightenment.* Trad. J. Cumming. Nova York: Continuum, 1972. [Ed. bras.: *Dialética do esclarecimento.* Rio de Janeiro: Zahar, 1985.]

HOUGHTON, W. E.; HOUGHTON, E. R.; SLINGERLAND, J. H. (eds.). *The Wellesley Index to Victorian Periodicals, 1824-1900.* 5v. Toronto: University of Toronto Press, 1987.

HOWARD, H. (trad.). *Certain Bokes of Virgiles Aenaeis Turned into English Meter by the Right Honorable Lorde, Henry Earle of Surrey.* Londres: R. Tottel, 1557.

HUGHES, H. S. Translations of the *Vie de Marianne* and their Relation to Contemporary English Fiction. *Modern Philology*, v.15, p.491-512, 1917.

HUIDOBRO, V. *Altazor, or A Voyage in a Parachute.* Trad. E. Weinberger. St. Paul: Graywolf, 1988. (ed. rev. Middletown: Wesleyan University Press, 2004.)

An International Survey of Book Production During the Last Decades. Paris: Unesco, 1982.

JABÈS, E. *The Book of Questions.* Trad. R. Waldrop. Middletown: Wesleyan University Press, 1976.

JACKSON, R. *Fantasy*: the Literature of Subversion. Londres/Nova York: Methuen, 1981.

A invisibilidade do tradutor

JAMESON, F. *Fables of Aggression*: Wyndham Lewis, the Modernist as Fascist. Los Angeles/Berkeley: University of California Press, 1979.

JENKYNS, R. *The Victorians and Ancient Greece*. Cambridge: Harvard University Press, 1980.

JIMÉNEZ-LANDI, A. *The Treasure of the Muleteer and Other Spanish Tales*. Trad. P. Blackburn. Garden City: Doubleday, 1974.

JOHNSTON, O. W. *The Myth of a Nation*: Literature and Politics in Prussia under Napoleon. Columbia: Camden House, 1989.

JONES, E. *Geoffrey of Monmouth 1640-1680*. Berkeley: University of California Press, 1944.

JONSON, B. *The Complete Poetry of Ben Jonson*. Ed. William B. Hunter Jr. Nova York: Norton, 1968.

KAPLAN, B. *An Unhurried View of Copyright*. Nova York: Columbia University Press, 1967.

KAUFFMANN, S. Real and Otherwise. *New Republic*, p.22, 36, 15 jul. 1967.

KEELEY, E. The Commerce of Translation. *PEN American Center Newsletter*, v.73, p.10-2, 1990.

KEMENY, T. *The Hired Killer's Glove*. Trad. T. Kemeny. Nova York/Norristown/Milão: Out of London, 1976.

KENNEDY, D. *The Highly Civilized Man*: Richard Burton and the Victorian World. Cambridge: Harvard University Press, 2005.

KINGSLEY, C. *Literary and General Lectures and Essays*. Londres: Macmillan, 1880.

KIRINO, N. *Out*. Trad. S. Snyder. Tóquio/Nova York: Kodansha, 2003.

KNAPP, L. Review of F. Dostoevsky, *The Brothers Karamazov*. Trad. R. Pevear e L. Volokhonsky; e *Crime and Punishment*. Trad. D. McDuff. *Slavic Review*, v.53, p.309-10, 1994.

KORSHIN, P. J. *From Concord to Dissent*: Major Themes in English Poetic Theory 1640-1700. Menston: The Scolar Press, 1973.

KRAPP, G. P.; DOBBIE, E. V. K. (eds.). *The Exeter Book*. Nova York: Columbia University Press, 1936.

653

KRATZ, D. An Interview with Norman Shapiro. *Translation Review*, v.19, p.27-8, 1986.

LACAN, J. The Subversion of the Subject and the Dialectic of Desire in the Freudian Unconscious. In: *Écrits*: A Selection. Trad. A. Scheridan. Nova York: Norton, 1977.

LACLAU, E.; MOUFFE, C. *Hegemony and Socialist Strategy*: toward a Radical Democratic Politics. Trad. W. Moore e P. Cammack. Londres: Verso, 1985. [Ed. bras.: *Hegemonia e estratégia socialista*: por uma política democrática radical. São Paulo: Intermeios, 2015.]

LAMB, G. (ed.). *Shakespeare's Timon of Athens, As Revived at the Theatre Royal, Drury-lane, on Monday.* 28 out. 1816. Altered and Adapted for Representation, by the Hon. George Lamb. Londres: C. Chapple, 1816.

_____ (ed. e trad.). *The Poems of Caius Valerius Catullus Translated.* With a Preface and Notes, by the Hon. George Lamb. 2v. Londres: John Murray, 1821.

LATHAM, W. (trad.). *Virgils Eclogues Translated into English*: by W. L. Gent. Londres: W. Jones, 1628.

LATTIMORE, R. (ed. e trad.). *The Iliad of Homer*. Chicago: University of Chicago Press, 1951.

LECERCLE, J.-J. *The Violence of Language*. Londres/Nova York: Routledge, 1990.

LEFEVERE, A. *Translating Poetry*: Seven Strategies and a Blueprint. Assen: Van Gorcum, 1975.

_____ (ed. e trad.). *Translating Literature*: the German Tradition from Luther to Rosenzweig. Assen: Van Gorcum, 1977.

_____. German Translation Theory: Legacy and Relevance. *Journal of European Studies*, v.11, p.9-17, 1981.

_____. Translation: Its Genealogy in the West. In: BASSNETT, S.; LEFEVERE, A. (eds.). *Translation, History and Culture*. Londres/Nova York: Pinter, 1990.

_____. *Translation, Rewriting and the Manipulation of Literary Fame*. Londres/Nova York: Routledge, 1992a. [Ed. bras.: *Tradução, reescrita e manipulação da fama*. Bauru: Edusc, 2008.]

A invisibilidade do tradutor

LEFEVERE, A. (ed. e trad.). *Translation/History/Culture*: a Sourcebook. Londres/Nova York: Routledge, 1992b.

LEVINE, S. J. The Latin American Novel in English Translation. In: KRISTAL, E. *The Cambridge Companion to the Latin American Novel*. Cambridge: Cambridge University Press, 2005. p.297-317.

LEVY, C. The Growing Gelt in Others' Words. *The New York Times*, p.F5, 20 out. 1991.

LEVY, E. *Petit Dictionnaire Provençal-Français (1909)*. Heidelberg: Carl Winter Universitatverlag, 1966.

LEWIS, P. E. The Mesaure of Translation Effects. In: GRAHAM, J. (ed.). *Difference in Translation*. Ithaca: Cornell University Press, 1985.

LOCHER, F. (ed.). *Contemporary Authors*. v.93-96. Detroit: Gale, 1980.

London Magazine. Rose's Orlando Furioso. v.9, p.623-8, 1824.

London Quarterly Review. Horace and His Translators. v.104, p.179-98, out. 1858.

_____. The Odes of Horace and Recent Translators. v.42, p.1-27, abr./jul. 1874.

LORCA, F. G. *Lorca/Blackburn*: Poems of Federico Garcia Lorca. Trad. P. Blackburn. São Francisco: Momo's, 1979.

LOTRINGER, S.; COHEN, S. (eds.). *French Theory in America*. Londres/Nova York: Routledge, 2001.

LOTTMAN, H. R. Milan: a World of Change. *Publishers Weekly*, p.S5--S11, 21 jun. 1991.

LOWELL, R. *Imitations*. Nova York: Farrar, Straus & Giroux, 1961.

LUZI, M. *Phrases and Passages of a Salutary Song*. Trad. L. Bonaffini. Toronto: Guernica, 1999.

_____. *Earthly and Heavenly Journey of Simone Martini*. Trad. L. Bonaffini. Los Angeles: Green Integer, 2003.

_____. *Under Human Species*. Trad. L. Bonaffini. Los Angeles: Green Integer, 2007.

LYNE, R. *Ovid's Changing Worlds*: English Metamorphoses, 1567-1632. Oxford: Oxford University Press, 2001.

MACADAM, A. A Life without Patterns. *New Leader*, p.19-20, 11 set. 1967.

MACAULAY, T. B. *Selected Prose and Poetry.* Cambridge: Harvard University Press, 1952.

MACDOUGALL, H. A. *Racial Myth in English History*: Trojans, Teutons, and Anglo-Saxons. Hanover: University Press of New England, 1982. *Macmillan's Magazine.* Homer and His Translators. v.4, p.268-80, 1861.

MACLEHOSE, C. A Publisher's Vision. *EnterText*, v.4, n.3, suplem., p.103-15, 2004-2005.

_____. Other Worlds. *Literature Matters*, abr. 2006. Disponível em: <http://www.britishcouncil.org/arts-literature-matters-european--maclehose.htm>.

Macmillan's Magazine. Homer and his Translators. v.4, p.268-80, 1861.

MAGRELLI, V. *The Contagion of Matter.* Trad. A. Molino. Nova York: Holms & Meier, 2000.

MAKIN, P. *Provence and Pound.* Berkeley/Los Angeles: University of California Press, 1978.

MANDEL, E. *Late Capitalism.* Trad. J. De Bres. Londres: New Left Books, 1975. [Ed. bras.: *O capitalismo tardio.* São Paulo: Nova Cultural, 1985. Col. "Os economistas".]

MANKELL, H. *Mördare utan ansikte.* Estocolmo: Ordfront, 1991.

_____. *Villospår.* Estocolmo: Ordfront, 1995.

_____. *Sidetracked.* Trad. S. T. Murray. Nova York: New Press, 1999.

_____. *Faceless Killers.* Trad. S. T. Murray. Nova York: Vintage Crime/Black Lizard, 2003a.

_____. *Sidetracked.* Trad. S. T. Murray. Nova York: Vintage Crime/Black Lizard, 2003b.

_____. Introduction. In: SJÖWALL, M.; WAHLÖÖ, P. *Roseanna* (1965). Tr. L. Roth. Londres: Harper Perennial, 2006. p.v-ix.

MANN, P. Translating Zukofsky's Catullus. *Translation Review*, v.21-2, p.3-9, 1986.

MARCUS, J. Foreign Exchange. *Village Voice Literary Supplement*, v.82, p.13-7, fev. 1990.

MARIANI, G. *Storia della Scapigliatura*. Caltanisetta/Roma: Sciascia, 1967.

MARIVAUX, P. de C. *La vie de Marianne, ou les aventures de Madame La Comtesse de ****. Ed. F. Deloffre. Paris: Garnier, 1957.

MARSH, P. Internacional Rights: the Philosophy and the Practice. *Publishers Weekly*, p.26-7, 12 jul. 1991.

MARTIN, C. (ed. e trad.). *The Poems of Catullus (1979)*. Baltimore/Londres: Johns Hopkins University Press, 1990.

MASON, I. Text Parameters in Translation: Transitivity and Instituional Cultures. In: VENUTI, L. (ed.). *The Translation Studies Reader*. 2.ed. Londres/Nova York: Routledge, 2004. p. 470-81.

MAY, R. *The Translator in the Text*: on Reading Russian Literature in English. Evanston, IL: Northwestern University Press, 1994.

MAYOR, A. H. Cavalcanti and Pound. *Hound & Horn*, v.5, n.3, p.468-71, abr./jun. 1932.

MCDOUGAL, S. Y. *Ezra Pound and the Troubadour Tradition*. Princeton: Princeton University Press, 1972.

MCKENDRICK, J. Italians for Anglosassoni. *Poetry Review*, v.81, n.3, p.58-9, 1991.

MCLUHAN, M. *Understanding Media*: the Extensions of Man. Nova York: MacGraw-Hill, 1964. [Ed. bras.: *Os meios de comunicação como extensões do homem (understanding media)*. São Paulo: Cultrix, 1969.]

MCMURRAN, M. H. Taking Liberties: Translation and the Development of the Eighteenth-Century Novel. *The Translator*, v.6, p.87-108, 2000.

MCPEEK, J. A. S. *Catullus in Strange and Distant Britain*. Cambridge: Harvard University Press, 1939.

MELLOR, A. K. *Mary Shelley*: Her Life, Her Fiction, Her Monsters. Nova York/Londres: Methuen, 1988.

MELNICK, D. *Men in Aida*: Book One. Berkeley: Tuumba, 1983.

Mercurius Politicus: Comprising the Sum of Foreine Intelligence, with the Affairs Now on Foot in the Three Nations of England, Scotland, & Ireland. For Information of the People, n.306, 17 abr./24 abr. 1656.

MERRETT, R. J. Marivaux Translated and Naturalized: Systemic Contraries in Eighteenth-Century British Fiction. *Canadian Review of Comparative Literature*, v.17, p.227-54, 1990.

MESSERLI, D. (ed.). *"Language" Poetries*: an Anthology. Nova York: New Directions, 1987.

MICHENER, C. Laughter Goes into Exile. *Newsweek*, p.108, 24 nov. 1980.

MIYABE, M. *All She Was Worth*. Trad. A. Birnbaum. Tóquio/Nova York: Kodansha, 1996.

MONTALE, E. *Poems by Eugenio Montale*. Ed. e trad. E. Morgan. Reading: University of Reading, 1959a.

_____. *Selected Poems of Montale*. Ed. e trad. George Kay. Edimburgo: Edinburgh University Press, 1959b.

_____. *Selected Poems*. Ed. G. Cambon. Nova York: New Directions, 1966.

_____. *Provisional Conclusions*. Ed. e trad. E. Farnsworth. Chicago: Henry Regenry, 1970a.

_____. *Xenia*. Trad. G. Singh. Los Angeles/Nova York: Black Sparrow/ New Directions, 1970b.

_____. *The Butterfly of Dinard*. Trad. G. Singh. Lexington: University Press of Kentucky, 1971.

_____. *Mottetti*. Trad. L. Kart. São Francisco: Grabhorn Hoyem, 1973.

_____. *New Poems*: a Selection from Satura and Diario del '71 e del '72. Ed. e trad. G. Singh. Nova York: New Directions, 1976a.

_____. *A Poet in Our Time*. Trad. A. Hamilton. Londres: Boyars, 1976b.

_____. *The Storm and Other Poems*. Trad. C. Wright. Oberlin: Oberlin College, 1978.

_____. *It Depends*: a Poet's Notebook. Trad. G. Singh. Nova York: New Directions, 1980a.

_____. *Xenia and Motets*. Trad. K. Hughes. Londres: Agenda, 1980b.

MONTALE, E. *The Second Life of Art*: Selected Essays. Ed. e trad. J. Galassi. Nova York: Ecco, 1982.

_____. *Tutle le poesie*. Ed. G. Zampa. Milão: Mondadori, 1984a.

_____. *Otherwise*: Last and First Poems. Trad. J. Galassi. Nova York: Random House, 1984b.

_____. *Bones of Cuttlefish*. Trad. A. Mazza. Oakville: Mosaic, 1985. [Ed. bras.: *Ossos de sépia*. Trad. Renato Xavier. São Paulo: Companhia das Letras, 2011.]

_____. *The Storm and Other Things*. Trad. W. Arrowsmith. Nova York: Norton, 1986.

_____. *The Occasions*. Trad. W. Arrowsmith. Nova York: Norton, 1987.

_____. *The Motets of Eugenio Montale; Mottetti*: Poems of Love. Trad. D. Gioia. St. Paul: Graywolf, 1990a.

_____. *The Coastguard's House*. Trad. J. Reed. Newcastle upon Tyne: Bloodaxe, 1990b.

_____. *Cuttlefish Bones*: 1920-1927. Trad. W. Arrowsmith. Nova York: Norton, 1992.

_____. *Diario póstumo*. Ed. A. Cima e R. Bettarini. 2.ed. Milão: Mondadori, 1996.

_____. *Satura*: 1962-1970. Trad. W. Arrowsmith, ed. R. Warren. Nova York: Norton, 1998a.

_____. *Collected Poems, 1920-1954*. Ed. e trad. J. Galassi. Nova York: Farrar, Straus & Giroux, 1998b. (ed. rev., 2000.)

_____. *Posthumous Diary*. Trad. J. Galassi. Nova York: Turtle Point Press, 2001.

_____. *Montale in English*. Ed. H. Thomas. Nova York: Other Press, 2002.

_____. *Selected Poems*. Trad. J. Galassi, C. Wright e D. Young. Oberlin: Oberlin College, 2004.

MONTGOMERY, S. L. *Science in Translation*: Movements of Knowledge through Cultures and Time. Chicago: University of Chicago Press, 2000.

Monthly Magazine. Review of G. Lamb's Translation of Catullus. v.52, p.33-6, 1821.

Monthly Review. Review of A. F. Tytler, *Essay on the Principles of Translation*. v.8, p.361-6, 1792.

_____. Review of J. Nott's Translation of Catullus. v.24, p.275-8, 1797.

_____. Review of G. Lamb's Translation of Catullus. v.97, p.1-13, 1822.

MOORE, N. Hot Cat on a Cold Tin Roof Blues (or, Get Your Boots Laced, Fullus – Here Comes That Guy "Cat" Ullus. *Poetry Review*, v.62, p.179-87, 1971.

MUIR, E. New Poems for Old. *Observer*, p.40, 2 ago. 1953.

MURPHY, R. The Art of a Translator. *Spectator*, p.303, 18 set. 1953.

MYNORS, R. A. B (ed.). *Virgil, Opera*. Oxford: Clarendon Press, 1969.

National Review. The English Translators of Homer. v.11, p.283-314, out. 1860.

NAVROZOV, A. Dostoevsky, with All the Music. *New York Times Book Review*, v.11, nov. 1990.

NEWMAN, F. W. *Introductory Lecture to the Classical Course*. Londres: Simpkin, Marshall & Co./J. Green, 1841.

_____. *Four Lectures on the Contrasts of Ancient and Modern History*. Londres: Taylor and Walton, 1847a.

_____. *On the Relations of Free Knowledge to Moral Sentiment*. Londres: Taylor and Walton, 1847b.

_____. Recent Translations of Classical Poets. *Prospective Review*, v.7, p.369-403, ago. 1851.

_____ (ed. e trad.). *The Odes of Horace*. Londres: John Chapman, 1853.

_____ (ed. e trad.). *The Iliad of Homer*. Londres: Walton & Maberly, 1856.

_____. *Homeric Translation in Theory and Practice*: a Reply to Matthew Arnold, Esq. Londres/Edimburgo: William & Norgate, 1861.

_____. *Miscellanies*. v.I. Londres: Trubner and Co., 1869.

_____. *Miscellanies*. v.II-III. Londres: Kegan Paul/Trench, 1887/1889.

New Republic. Selected Books. p.46, 16 maio 1955.

New Yorker. The Translations of Ezra Pound. p.112, 1º maio 1954.

NICCOLAI, G. *Substitution.* Trad. P. Vangelisti. São Francisco/Los Angeles: Red Hill, 1975.

NIDA, E. A. *God's Word in Man's Language.* Nova York: Harper & Brothers, 1952.

_____. *Toward a Science of Translating*: with Special Reference to Principles and Procedures Involved in Bible Translating. Leiden: Brill, 1964.

_____. *Customs and Cultures*: Anthropology for Christian Missions (1954). South Pasadena: William Carey Library, 1975.

NIDA, E. A.; DE WAARD, J. *From One Language to Another*: Functional Equivalence in Bible Translating. Nashville: Thomas Nelson, 1986.

NIETZSCHE, F. *The Will to Power.* Trad. W. Kaufmann e R. J. Hollingdale. Nova York: Vintage, 1967. [Ed. bras.: *Vontade de potência.* Petrópolis: Vozes de Bolso, 2017.]

_____. *On the Genealogy of Morals.* Trad. W. Kaufmann e R. J. Hollingdale. Nova York: Vintage, 1969. [Ed. bras.: *Genealogia da moral.* Trad. Paulo César de Souza. São Paulo: Companhia de Bolso, 2009.]

NIRANJANA, T. *Siting Translation*: History, Poststructuralism, and the Colonial Context. Berkeley/Los Angeles: University of California Press, 1992.

North American Review. On Translating Homer. v.94, p.108-25, 1862a.

_____. Newman's Homeric Translation. v.94, p.541-5, abr. 1862b.

North British Review. Recent Homeric Critics and Translators. v.72, p.345-80, maio 1862.

NOTT, J. (ed. e trad.). *Kisses*: a Poetical Translation of the Basia of Joannes Secundus Nicolaius. With the Original Latin, and An Essay on His Life and Writings. The Second Edition, With Additions. Londres: J. Bew, 1778.

_____. (ed. e trad.). *Propertii Monobiblos*; or, That Book of the Elegies of Propertius, Entitled Cynthia; Translated into English Verse: with Classical Notes. Londres: H. Payne, 1782.

NOTT, J. (ed. e trad.). *Select Odes, from the Persian Poet Hafez.* Translated into English Verse; with Notes Critical, and Explanatory. Londres: T. Cadell, 1787.

_____ (ed. e trad.). *The Poems of Caius Valerius Catullus,* in English Verse, with the Latin Text revised, and Classical Notes. Prefixed are Engravings of Catullus and his Friend Cornelius Nepos. Two Volumes. Londres: Joseph Johnson, 1795.

OGILBY, J. (ed. e trad.). *The Works of Publius Virgilius Maro.* Translated, Adorn'd with Sculpture, and Illustrated with Annotations, by John Ogilby. Londres: T. Warren, 1654.

O'HEHIR, B. *Harmony from Discords:* a Life of Sir John Denham. Berkeley/Los Angeles: University of California Press, 1968.

_____ (ed.). *Expans'd Hieroglyphicks:* a Critical Edition of Sir John Denham's Coopers Hill. Berkeley/Los Angeles: University of California Press, 1969.

OSMOND, T. S. Arnold and Homer. In: KER, W. P. (ed.). *Essays and Studies by Members of the English Association.* v.III. Oxford: Clarendon Press, 1912.

OSSMAN, D. *The Sullen Art:* Interviews with American Poets. Nova York: Corinth Books, 1963.

PACKARD, W. (ed.). *The Poet's Craft:* Interviews from the *New York Quarterly* (1974). Nova York: Paragon House, 1987.

PADURA Fuentes, L. *Adiós Hemingway.* Trad. J. King. Edimburgo: Canongate, 2005.

PALMER, D. J. *The Rise of English Studies.* Londres: Oxford University Press, 1967.

PALMER, R. E. *Hermeneutics:* Interpretation Theory in Schleiermacher, Dilthey Heidegger, and Gadamer. Evanston: Northwestern University Press, 1969. [Ed. port.: *Hermenêutica.* Lisboa: Edições 70, 2018.]

PANNWITZ, R. *Die Krisis der europäischen Kultur.* Nurembergue: H. Carl, 1917.

A invisibilidade do tradutor

PARSONS, A. E. The Trojan Legend in England: Some Instances of Its Application to the Politics of the Times. *Modern Language Review*, v.24, p.253-64, 394-408, 1929.

PATTERSON, A. *Censorship and Interpretation*: the Conditions of Writing and Reading in Early Modern England. Madison: University of Wisconsin Press, 1984.

_____. *Pastoral and Ideology*: Virgil to Valéry. Berkeley/Los Angeles: University of California Press, 1987.

PAULSON, S. Nordic Writers Launch a Fictional Crime Wave. Wisconsin Public Radio, 28 maio.

PENNA, S. *This Strange Joy*: Selected Poems. Ed. e trad. W. S. Di Piero. Columbus: Ohio State University Press, 1982.

PERKIN, J. *Women and Marriage in Nineteenth-Century England*. Londres: Routledge, 1989.

PERKINS, D. *A History of Modern Poetry*: Modernism and After. Cambridge: Harvard University Press, 1987.

PERLOFF, M. The Word as Such: L=A=N=G=U=A=G=E Poetry in the Eighties. In: *The Dance of the Intellect*: Studies in the Poetry of the Pound Tradition. Cambridge: Cambridge University Press, 1985.

PEVEAR, R.; VOLOKHONSKY, L. (trads.). F. Dostoevsky. *The Brothers Karamazov*, San Francisco: North Point Press, 1990.

PHAER, T. (ed. e trad.). *The Thirteene Bookes of Aeneidos*. The first twelue being the worke of the Diuine poet Virgil Maro; and the thirteenth, the supplement of Maphaus Vegius. Translated into English verse, to the first third part of the tenth booke, by Thomas Phaer, Esquire: and the residue finished, and now newly set forth, for the delight of such as are studious in poetry, by Thomas Twyne, Doctor in Physike. Londres: B. Alsop, 1620.

PICASSO, P. *Hunk of Skin*. Trad. P. Blackburn. São Francisco: City Lights, 1968.

PICCHIONE, J. *The New Avant-Garde in Italy*: Theoretical Debate and Poetic Practice. Toronto: University of Toronto Press, 2004.

PICCOLO, L. *Collected Poems of Lucio Piccolo*. Trad. R. Feldman e B. Swann. Princeton: Princeton University Press, 1972.

PIOLA-CASELLI, E. *Trattato del Diritto di Autore*. 2.ed. Nápoles: Marghieri, 1927.

POLITO, R. *Savage Art*: a Biography of Jim Thompson. Nova York: Alfred A. Knopf, 1995.

PONTIGGIA, G.; DI MAURO, E. (eds.). *La parola innamorata*: i poeti nuovi 1976-1978. Milão: Feltrinelli, 1978.

POPE, A. (ed. e trad.). *The Iliad of Homer (1715-1720)*. In: MACK, M. (ed.). *The Twickenham Edition of the Poems of Alexander Pope*. v.VII. Londres/New Haven: Methuen/Yale University Press, 1967.

PORTA, A. *As If It Were a Rhythm*. Trad. P. Vangelisti. São Francisco/Los Angeles: Red Hill, 1978.

_____ (ed.). *Poesia degli anni settanta*. Milão: Feltrinelli, 1979.

_____. *Invasions*: Selected Poems. Ed. P. Vangelisti, trad. A. Baldry, P. Vangelisti e P. Verdicchio. São Francisco/Los Angeles: Red Hill, 1986a.

_____. *Passenger*: Selected Poems. Ed. e trad. P. Verdicchio. Montreal: Guernica, 1986b.

_____. *Kisses from Another Dream*. Trad. A Molino. São Francisco: City Lights, 1987.

_____. *Melusine*. Trad. A. Molino. Montreal: Guernica, 1992.

_____. *Metropolis*. Trad. P. Verdicchio. Los Angeles: Green Integer, 1999.

PORTINARI, F. Milano. In: ASOR ROSA, A. (ed.). *Letteratura italiana*: Storia e geographia. v.III. Turim: Einaudi, 1989.

POSONBY, V. B. (ed.). *Georgianna; Extracts from the Correspondence of Georgianna, Duchess of Devonshire*. Londres: John Murray, 1955.

POTOKER, E. M. Review of H. Boll, *Absent Without Leave*. Trad. L. Vennewitz. *Saturday Review*, p.42, 11 set. 1965.

POTTER, L. *Secret Rites and Secret Writing*: Royalist Literature, 1641-1660. Cambridge: Cambridge University Press, 1989.

A invisibilidade do tradutor

POUND, E. *The Letters of Ezra Pound, 1907-1941*. Ed. D. D. Paige. Nova York: Harcourt, Brace & World, 1950.

_____. *The Spirit of Romance (1910)*. Nova York: New Directions, 1952.

_____. *Translations*. Nova York: New Directions, 1953.

_____. *Literary Essays*. Ed. T. S. Eliot. Nova York: New Directions, 1954.

_____. *Selected Poems*. Nova York: New Directions, 1956.

_____. *The ABC of Reading (1934)*. Nova York: New Directions, 1960. [Ed. bras.: *ABC da literatura*. 12.ed. São Paulo: Cultrix, 2014.]

PRINS, Y. Metrical Translation: Nineteenth-Century Homers and the Hexameter Mania. In: BERMANN, S.; WOOD, M. (eds.). *Nation, Languages, and the Ethics of Translation*. Princeton: Princeton University Press, 2005.

Publishers Weekly. Statistics for 1962: Subject Analysis of American Book Production. p.40-4, 21 jan. 1963.

_____. France: The Growing Taste for Anglo-American. 4 set. 2000.

_____. Review of I. Kadaire's *The Successor*. Trad. D. Bellos. p.43, 19 set. 2005.

Publishers Weekly Daily. Lots of English-language Books. 13 out. 2005.

PYM, A. Schleiermacher and the Problem of *Blendlinge*. *Translation and Literature*, v.4, n.1, p. 5-30, 1995.

_____. *Pour Une Ethique du traducteur*. Arras/Ottawa: Artois Presses Université/Presses de l'Université d'Ottawa, 1997.

Quarterly Review. Review of L. Ariosto, *Orlando Furioso*. Trad. W. S. Rose, v.30, p.40-61, 1823.

_____. Matthew Arnold. v.167, p.398-426, out. 1888.

QUASIMODO, S. *The Selected Writings of Salvatore Quasimodo (1960)*. Ed. e trad. A. Mandelbaum. Nova York: Minerva, 1968.

_____. *The Tall Schooner*. Trad. M. Egan. Nova York: Red Ozier, 1980.

_____. *Complete Poems*. Trad. J. Bevan. Londres: Anvil, 1983.

QUINLAN, M. *Victorian Prelude*: a History of English Manners, 1780-1830. Nova York: Columbia University Press, 1941.

QUINN, S. M. B. *Ezra Pound*: an Introduction to the Poetry. Nova York: Columbia University Press, 1972.

RAFAEL, V. *Contracting Colonialism*: Translation and Christian Conversion in Tagalog Society under Early Spanish Rule. Ithaca: Cornell University Press, 1988.

RAFFEL, B. No Tidbit Love You Outdoors Far as a Bier: Zukofsky's *Catullus. Arion*, v.8, p.435-45, 1969.

_____. *Ezra Pound, the Prime Minister of Poetry*. Hamden: Archon, 1984.

_____. Pound and Translation. *Literary Review*, v.28, p.634-5, 1985.

REED, J. *The Coastguard's House*. Newcastle upon Tyne: Bloodaxe, 1990.

REMNICK, D. The Translation Wars. *New Yorker*, p.98-109, 7 nov. 2005.

RENER, F. M. *Interpretatio*: Language and Translation from Cicero to Tytler. Amsterdã: Rodopi, 1989.

REXROTH, K. Why is American Poetry Culturally Deprived? (1967). *TriQuarterly*, v.20, n.63, p.53-9, 1985.

REYNOLDS, B. *The Linguistic Writings of Alessandro Manzoni*: a Textual and Chronological Reconstruction. Cambridge: Heffer, 1950.

REYNOLDS, F. M. (ed.). *The Keepsake for MDCCCXXVIII*. Londres: Hurst, Chance & Co., 1828.

RIDER, H. *All the Odes and Epodes of Horace*. Translated into English verse: by Henry Rider, Master of Arts of Emanuel Colledge in Cambridge. Londres: R. Rider, 1638.

ROBINSON, D. *The Translator's Turn*. Baltimore/Londres: Johns Hopkins University Press, 1991.

_____. *What Is Translation? Centrifugal Theories, Critical Interventions*. Kent: Kent State University Press, 1997.

ROGERS, P. Pope and His Subscribers. *Publishing History*, v.3, p.7-36, 1978.

ROPER, D. *Reviewing Before the Edinburgh*: 1788-1802. Newark: University of Delaware Press, 1978.

ROSS, A. *No Respect*: Intellectuals and Popular Culture. Nova York/Londres: Routledge, 1989.

ROSSELLI, A. *War Variations*. Trad. L. Re e P. Vangelisti. Los Angeles: Green Integer, 2005.

ROSSETTI, D. G. (ed. e trad.). *The Early Italian Poets (1861)*. Ed. Sally Purcell. Berkeley/Los Angeles: University of California Press, 1981.

ROSSI, S. E. A. Poe e la Scapigliatura Lombarda. *Studi Americani*, v.5, p.119-39, 1959.

ROSTAGNO, I. *Searching for Recognition*: the Promotion of Latin American Literature in the United States. Westport: Greenwood, 1997.

SABA, U. *Songbook*: Poems from the Canzoniere. Ed. e trad. S. Sartarelli. Riverdaleon-Hudson: Sheep Meadow, 1998.

SAID, E. W. *Orientalism*. Nova York: Pantheon, 1978. [Ed. bras.: *Orientalismo*: o Oriente como invenção do Ocidente. Trad. Rosaura Eichenberg. São Paulo: Companhia de Bolso, 2007.]

_____. Embargoed Literature. *Nation*, p.278-80, 17 set. 1990.

SANDRI, G. *From K to S*: Ark of the Asymmetric, F. Pauluzzi. Nova York/Norristown/Milão: Out of London, 1976.

SANGUINETI, E. Da Gozzano a Montale. In: *Tra Libertà e Crepuscolarismo*. Milão: Mursia, 1963.

Saturday Review. Homeric Translators and Critics. p.95-6, 27 jul. 1861.

SCARLES, C. *Copyright*. Cambridge: Cambridge University Press, 1980.

SCARRON, P. *Le Virgile Travesti (1648-1649)*. Ed. J. Serroy. Paris: Bordas, 1988.

SCHIFFRIN, A. *The Business of Books*: How the International Conglomerates Took over Publishing and Changed the Way We Read. Londres/Nova York: Verso, 2000.

SCHLEIERMACHER, F. *Sämmitliche Werke*. Dritte abteilung: Zur Philosophie, Zweiter Band. Berlim: Reimer, 1838.

_____. *Selected Sermons*. Ed. e trad. M. F. Wilson. Nova York: Funk & Wagnalls, 1890.

_____. *Hermeneutics*: the Handwritten Manuscripts. Ed. H. Kimmerle, trad. J. Duke e J. Forstman. Missoula: Scholars Press, 1977.

SCHLEIERMACHER, F. On the Different Methods of Translating. Trad. S. Bernofsky. In: VENUTI, L. (ed.). *The Translation Studies Reader*. 2.ed. Londres/Nova York: Routledge, 2004. p.43-63.

SCHWITTERS, K. *PPPPPP Poems Performance Pieces Proses Plays Poetics*. Ed. e trad. J. Rothenberg e P. Joris. Filadélfia: Temple University Press, 1993.

SEAMAN, A. C. *Bodies of Evidence*: Women, Society, and Detective Fiction in 1990s Japan. Honolulu: University of Hawai'i Press, 2004.

SEDGWICK, E. K. *Between Men*: English Literature and Male Homosocial Desire. Nova York: Columbia University Press, 1985.

SERENI, V. *Sixteen Poems*. Ed. e trad. P. Vangelisti. São Francisco/Los Angeles: Red Hill, 1971.

_____. *Variable Star*. Trad. L. Bonaffini. Toronto: Guernica, 1998.

_____. *Selected Poetry and Prose*. Ed. e trad. M. Perryman e P. Robinson. Chicago: University of Chicago Press, 2006.

SHAMMA, T. The Exotic Dimension of Foreignizing Strategies: Burton's Translation of the Arabian Nights. *The Translator*, v.11, p.51-67, 2005.

SHAKESPEARE, W. *Timon of Athens*. Ed. H. J. Oliver. Londres: Methuen, 1959. [Ed. port.: *Timão de Atenas*. Lisboa: Relógio D'Água, 2017.]

SHEEHAN, J. J. *German History, 1770-1866*. Oxford: Oxford University Press, 1989.

SHELLEY, M. W. *Collected Tales and Stories*. Ed. C. E. Robinson. Baltimore/Londres: Johns Hopkins University Press, 1976.

SHEPHARD, R. Interview with Maj Sjöwall. In: SJÖWALL, M.; WAHLÖÖ, P. *Roseanna* (1965). Trad. L. Roth. Londres: Harper Perennial, 2006.

SIEVEKING, I. S. *Memoir and Letters of Francis W. Newman*. Londres: Kegan Paul/Trench/Trübner & Co., 1909.

SIMON, S. Conflits de juridiction: la double signature du texte traduit. *Meta*, v.34, p.195-208, 1989.

SINFIELD, A. *Literature, Politics and Culture in Postwar Britain*. Berkeley/Los Angeles: Univeristy of California Press, 1989.

A invisibilidade do tradutor

SINFIELD, A. *Faultlines*: Cultural Materialism and the Politics of Dissident Reading. Berkeley/Los Angeles: University of California Press, 1992.

SINISGALLI, L. *The Ellipse*: Selected Poems. Ed. e trad. W. S. Di Piero. Princeton: Princeton University Press, 1988.

SKONE JAMES, E. P. et al. *Copinger and Skone James on Copyright*. 13.ed. Londres: Sweet & Maxwell, 1991.

SMITH, D. M. *Italy*: a Modern History. 2.ed. Ann Arbor: University of Michigan Press, 1969.

SMITH, L. R. (ed. e trad.). *The New Italian Poetry*. Berkeley/Los Angeles: University of California Press, 1981.

SMITH, W. J.; GIOIA, D. (eds.). *Poems from Italy*. St. Paul: New Rivers, 1985.

SPATOLA, A. *Majakovskiiiiiij*. Trad. P. Vangelisti. São Francisco/Los Angeles: Red Hill, 1975.

_____. *Zeroglyphics*. São Francisco/Los Angeles: Red Hill, 1977.

_____. *Various Devices*. Ed. e trad. P. Vangelisti. São Francisco/Los Angeles: Red Hill, 1978.

SPATOLA, A.; VANGELISTI, P. (eds.). *Italian Poetry, 1960-1980*: from Neo to Post Avant-Garde. São Francisco/Los Angeles: Red Hill, 1982.

SPECK, W. A. Politicians, Peers, and Publication by Subscription, 1700-1750. In: RIVERS, I. (ed.). *Books and Their Readers in Eighteenth-Century England*. Leicester: Leicester University Press, 1982.

Spectator. The Gate of Remembrance. p.422, 20 abr. 1918.

SPEDDING, J. Arnold on Translating Homer. *Fraser's Magazine*, v.63, p.703-14, jun. 1861.

STALLYBRASS, P.; WHITE, A. *The Politics and Poetics of Transgression*. Londres: Methuen, 1986.

STAPYLTON, R. (trad.). *Dido and Aeneas*. The Fourth Booke of Virgils Aeneis Now Englished by Roberto Stapylton. Londres: W. Cooke, 1634.

STEINER, G. *After Babel*: Aspects of Language and Translation. Londres/Oxford/Nova York: Oxford University Press, 1974. [Ed. bras.: *Depois de Babel*: questões de linguagem e tradução. Curitiba: Editora da UFPR, 2005.]

STEINER, T. R. (ed.). *English Translation Theory 1650-1800*. Assen: Van Gorcum, 1975.

STEINER, W. The Bulldozer of Desire. *New York Times Book Review*, p.9, 15 nov. 1992.

STERLING, J. A. L.; CARPENTER, M. C. L. *Copyright Law in the United Kingdom*. Sydney/Londres: Legal Books, 1986.

STERN, D. Straight and Nouveau. *Nation*, p.248-9, 18 set. 1967.

STERN, R. G. Pound as Translator. *Accent*, v.13, n.4, p.265-8, 1953.

STEWART, S. The Pickpocket: a Study in Tradition and Allusion. *MLN*, v.95, p.1127-54, 1980.

STOCK, N. *The Life of Ezra Pound*. Ed. rev. São Francisco: North Point, 1982.

STONE, L. *The Family, Sex and Marriage in England, 1500-1800*. Nova York: Harper & Row, 1977.

Storie incredibili. Milão: Daelli, 1863.

STRABO. *The Geography of Strabo*. Ed. e trad. H. L. Jones. Londres/Nova York: William Heinemann/G. P. Putnam's Sons, 1930.

STRACHER, C. A. An Introduction to Copyright Law for Translators. *Translation Review*, v.36-7, p.12-4, 1991.

STUART, D. M. *Dearest Bess*: the Life and Times of Lady Elizabeth Foster, Afterwards Duchess of Devonshire. Londres: Methuen, 1955.

STUBBS, J. Looking-Glass Land. *Books and Bookmen*, p.26, maio 1968.

STURGEON, T. Doing That Medieval Thing: Paul Blackburn's Medieval Premises. *Sagetrieb*, v.9, p.147-68, 1990.

SULLIVAN, A. (ed.). *British Literary Magazines*: The Augustan Age and the Age of Johnson, 1698-1788. Westport/Londres: Greenwood, 1983a.

_____. *British Literary Magazines*: the Romantic Age, 1789-1836. Westport/Londres: Greenwood, 1983b.

SULLIVAN, A. *British Literary Magazines*: the Victorian and Edwardian Age, 1837-1913. Westport/Londres: Greenwood, 1984.

SYMONDS, J. A. The Arabian Nights' Entertainments. *The Academy*, v.700, p.223, 1885.

SZONDI, P. Schleiermacher's Hermeneutics Today. In: *On Textual Understanding and Other Essays*. Trad. H. Mendelsohn. Minneapolis: University of Minnesota Press, 1986.

TARCHETTI, I. U. (trad.). Carlo Dickens, *L'amico comune*. Milão: Sonzogno, 1869a.

_____ (trad.). J. F. Smith, *Fasi della vita o Uno sguardo dietro le scene*. Milão: Sonzogno, 1869b.

_____. *Tutte le opere*. Ed. E. Ghidetti. 2v. Bolonha: Cappelli, 1967.

THOMAS, A. (ed.). *Poésies complétes de Bertran de Born* (1888). Nova York: Jonson, 1971.

Time. Unease in the Night. p.80, 11 ago. 1967.

Times Literary Supplement. On Translating the Bible. p.iv, 17 fev. 1961.

_____. Anatomy of a Publication. p.399, 11 maio 1967.

_____. Experiment with Rabbits. p.245, 14 mar. 1968.

_____. Recapitulations. p.180, 20 fev. 1969.

TODD, J. (ed.). *A Dictionary of British and American Women Writers, 1660-1800*. Totowa: Rowman & Allanheld, 1985.

TODOROV, T. *The Fantastic*: a Structural Approach to a Literary Genre. Trad. R. Howard. Ithaca: Cornell University Press, 1975.

TOURY, G. *Descriptive Translation Studies*: and Beyond. Amsterdã: John Benjamins, 1995.

TOWNSHEND, A. *The Poems and Masques of Aurelian Townshend*. Ed. C. Brown. Reading: Whiteknights Press, 1983.

TYMOCZKO, M. *Translation in a Postcolonial Context*: Early Irish Literature in English Translation. Manchester: St. Jerome, 1999.

_____. Translation and Political Engagement: Activism, Social Change and the Role of Translation in Geopolitical Shifts. *The Translator*, v.6, p.23-48, 2000.

TYTLER, A. F. *Essay on the Principles of Translation*. Ed. J. F. Huntsman. Amsterdã: John Benjamins, 1978.

UNDERDOWN, D. *Royalist Conspiracy in England 1649-1660*. New Haven: Yale University Press, 1960.

UNGARETTI, G. *Life of a Man*. Ed. e trad. A. Mandelbaum. Londres/Nova York/Milão: Hamish Hamilton/New Directions/Scheiwiller, 1958.

_____. *Selected Poems*. Ed. e trad. P. Creagh. Harmondsworth: Penguin, 1969.

_____. *Selected Poems of Giuseppe Ungaretti*. Ed. e trad. A. Mandelbaum. Ithaca: Cornell University Press, 1975.

UPDIKE, J. Books. *New Yorker*, p.92-3, 3 ago. 1981.

VAN DEBURG, W. L. *New Day in Babylon*: the Black Power Movement and American Culture, 1965-1975. Chicago: University of Chicago Press, 1992.

VENUTI, L. (ed.). *Rethinking Translation*: Discourse, Subjectivity, Ideology. Londres/Nova York: Routledge, 1992.

_____. *The Scandals of Translation*: towards an Ethics of Difference. Londres/Nova York: Routledge, 1998.

_____. The Difference that Translation Makes: the Translator's Unconscious. In: RICCARDI, A. (ed.). *Translation Studies*: Perpsectives on an Emerging Discipline, Cambridge: Cambridge University Press, 2002. p.214-41.

_____. How to Read a Translation. *Words without Borders: the On-Line Magazine for International Literature*, jul. 2004. Disponível em: <http://www.wordswithoutborders.org>.

_____. Translation, History, Narrative. *Méta*, v.50, n.3, p.800-16, 2005a.

_____. Local Contingencies: Translation and National Identities. In: BERMANN, S.; WOOD, M. (eds.). *Nation, Language, and the Ethics of Translation*. Princeton: Princeton University Press, 2005b. p.177-203.

A invisibilidade do tradutor

VICARS, J. *The XII Aeneids of Virgil, the Most Renowned Laureat Prince of Latine-Poets.* Translated into English deca-syllables, by John Vicars. Londres: N. Alsop, 1632.

VISWANATHAN, G. *Masks of Conquest*: Literary Study and British Rule in India. Nova York: Columbia University Press, 1989.

VON HALLBERG, R. *American Poetry and Culture, 1945-1980.* Cambridge: Harvard University Press, 1985.

WAGSTAFF, C. The Neo-Avantgarde. In: CAESAR, M.; HAINSWORTH, P. (eds.). *Writers and Society in Contemporary Italy.* Nova York: St. Martin's Press, 1984.

WARD, A. *Book Production, Fiction and the German Reading Public, 1740-1800.* Oxford: Oxford University Press, 1974.

WASSERMAN, E. *The Subtler Language*: Critical Readings of Neoclassic and Romantic Poems. Baltimore: Johns Hopkins University Press, 1959.

WATT, I. *The Rise of the Novel.* Berkeley/Los Angeles: University of California Press, 1957.

WEBER, H. *Tales of the East*: Comprising the Most Popular Romances of Oriental Origin; and the Best Imitations by European Authors: with new translations, and additional tales, never before published. v.II. Edimburgo: James Ballantyne and Company, 1812.

WEINBERGER, E. *Outside Stories, 1987-1991.* Nova York: New Directions, 1992.

WEST, P. Review of G. G. Márquez, *One Hundred Years of Solitude.* Trad. G. Rabassa. *Book World*, p.4, 22 fev. 1970.

Westminster Review. On Translating Homer. v.77, p.150-63, 1862.

WHICHER, G. Reprints, New Editions. *New York Herald Tribune*, p.25, 25 out. 1953.

_____. Review of E. Pound, *Translations. American Literature*, v.26, p.119-21, 1954.

WHITESIDE, T. *The Blockbuster Complex*: Conglomerates, Show Business, and Book Publishing. Middletown: Wesleyan University Press, 1981.

WHITFIELD, S. J. *The Culture of the Cold War*. Baltimore/Londres: Johns Hopkins University Press, 1991.

WILLEY, B. *More Nineteenth-Century Studies*: a Group of Honest Doubters. Nova York: Columbia University Press, 1956.

WILLIAMS, R. *Culture and Society 1780-1950*. Nova York: Harper & Row, 1958.

WILSON, E. Books. *New Yorker*, p.100, 13 abr. 1946.

WILSON, P. Classical Poetry and the Eighteenth-Century Reader. In: RIVERS, I. (ed.). *Books and Their Readers in Eighteenth-Century England*. Leicester: Leicester University Press, 1982.

WISEMAN, T. P. *Catullus and His World*: a Reappraisal. Cambridge: Cambridge University Press, 1985.

WOLLSTONECRAFT, M. *A Vindication of the Rights of Woman*. Ed. M. Brody. Londres: Penguin, 1975. [Ed. bras.: *Reivindicação dos direitos da mulher*. Trad. Ivania Pocinho Motta. São Paulo: Boitempo, 2016.]

WOODMANSEE, M. The Genius and the Copyright: Economic and Legal Conditions of the Emergence of the Author. *Eighteenth-Century Studies*, v.14, p.425-48, 1984.

WORDSWORTH, W. *The Prose Works of William Wordsworth*. Ed. W. J. B. Owen e J. W. Smyser. v.I. Oxford: Oxford University Press, 1974.

The World of Translation. Nova York: PEN American Center, 1971.

WROTH, T. *The Destruction of Troy, or The Acts of Æneas. Translated ovt of the Second Booke of the Æneads of Virgill That peerelesse Prince of Latine Poets*. With the Latine Verse on the one side, and the English Verse on the other, that the congruence of the translation with the Originall may the better appeare. As also a Centurie of EPIGRAMS, and a Motto vpon the Creede, thereunto annexed. By Sir THOMAS WROTHE, Knight. Londres: T. Dawson, 1620.

YAO, S. G. *Translation and the Languages of Modernism*: Gender, Politics, Language. Nova York: Palgrave Macmillan, 2002.

ZANZOTTO, A. *Selected Poetry of Andrea Zanzotto*. Ed. e trad. R. Feldman e B. Swann. Princeton: Princeton University Press, 1975.

ZUBER, R. *Les "Belles Infidèles" et la formation du goût classique*: Perrot D'Ablancourt et Guez de Balzac. Paris: Cohn, 1968.

ZUKOFSKY, L. *Complete Short Poetry*. Baltimore/Londres: Johns Hopkins University Press, 1991.

_____; ZUKOFSKY, C. *Catullus (Gai Catulli Veronensis Liber)*. Londres/Nova York: Cape Goliard Press/Grossman, 1969.

ZWICKER, S. N. *Politics and Language in Dryden's Poetry*: the Arts of Disguise. Princeton: Princeton University Press, 1984.

Índice remissivo

A

Academy of American Poets (AAP)
286

Adams, B. 462

Adams, R. M. 541

adaptação 30, 54, 56, 157, 205,
207, 302, 323, 475, 510-1,
531-2, 557n

Addison, J. 153

Adventures of Catullus, The 179

agência, atuação 81-2, 86, 303,
330-1, 466-7, 577-9, 586-8
ver também individualismo; subjetividade

Alcorão 353-4

Alighieri, Dante 221, 394, 510,
556-7, 559, 562, 621, 625

Allen, D. 502, 507, 521
The New American Poetry 502

Althusser, L. 9-11, 82

American Literature 424

Anderson, B. 212-3

Anderson, D. 394-7, 399, 401-2,
404-9, 419, 421n, 422-3, 489-
91

Andrews, B. 542

Anti-Jacobin Review 197

Antonella, A. 63-4

Antonioni, M.
Blow-Up 531-2

Anvil, editora 558

Apter, R. 454-6, 479

Apuleio 93

arcaísmo 22, 98-101, 104, 174,
253-8, 263-4, 267, 269-70,
277, 279, 284-6, 291, 294,
299, 398, 399, 401, 404, 407-8,
413-6, 418, 422-5, 428-9, 435,
440, 446, 453, 455, 474-5, 476,
478, 483, 487-9, 511, 517, 524,
540, 595-6, 600, 612, 614, 621,
623
e tradução estrangeirante 99-
102, 215-7, 253-58, 261-3,

266-71, 273-8, 283, 290-2,
299-300, 397-8, 401-18,
439-44, 446-7, 451-3, 474-80,
484-9, 514-5, 594-5, 600,
610-1, 614-5, 617, 620-2
na tradução vitoriana 108-9,
213, 248, 254, 285-6, 399-401
ver também poeticismo
Arion 448-9
Ariosto, L.
Orlando furioso 173-4
Aristófanes 171-2, 175-7, 426-7,
622
Arnold, M. 100, 213, 264-87
On Translating Homer 213, 264
Arrowsmith, W. 557, 572-3
tradução de E. Montale 556-7,
573
Ashmore, J. 112
Associação Britânica de Escritores
Policiais 373
Athenaeum (alemão) 220
Athenaeum, The (inglês) 283
Atlantic Monthly 426-7
Auchincloss, L. 531
autoria
autoexpressiva 52, 165-6, 237,
308, 566, 579, 604, 627
derivativa 627
do tradutor 54-6, 165-6, 625-7,
629-31
individualista 50, 112-3, 163-4,
170, 328-9, 626-7
original 34-5, 50-1, 54-6, 161-2,
172-3, 630-1

B

Backus, M.
tradução de B. Yoshimoto 291
Bailey, J. 413-4
Baker, M. 11, 35, 69
Bakhtin, M. 163-4
Balestrini, N. 559
Ballerini, L. 559-60
Banks, T. 137-8
Barnard, M.
tradução de Safo 431-4
Barnes and Noble 376
Barnes, D. 530
Barthelme, D. 532
Bassnett, S. 37, 102, 104, 630
Bates, S.
Modern Translation 390-1
Baudelaire, C.
tradução por A. Symon 392-3
Beckett, S. 530
Belsey, C. 10, 303
Beltrametti, F. 559-60
Benjamin, W. 612
Beowulf 621
Berlin Akademie der
Wissenschaften 225
Berman, A. 29, 36, 45, 70-1, 107n,
214, 233, 235, 245n
Bernart de Ventadorn 516
Bernstein, C. 36, 48-9, 542, 549-50,
601-2
Bertamini, M. 569
Bertran de Born 472-80, 500,
508, 515, 518

A invisibilidade do tradutor

Bettelheim, B. 82-7, 87-9n, 90
   Freud and Man's Soul (*Freud e a alma humana*) 82-8
Bevan, J. 558
Bíblia 276, 317
   tradução da 75-6, 169-70, 622-3
Binswanger, L. 584
Bioy Casares, A.
   Uma boneca russa 43
Birnbaum, A.
   tradução de M. Miyabe 383-5
Blackburn, P. 38, 58-60, 108, 454-5, 457-72, 476-80, 484-543, 612, 625
   Anthology of Troubadours 459, 472, 476, 480, 487-8, 498-9, 507-28
   correspondência com E. Pound 456-72, 498
   "Das Kennerbuch" 462-5
   entrevistas 457-8, 471, 494-7, 521
   "Meditation on the BMT" 527-8
   Proensa 458-9, 509
   "Sirventes" 499, 514
   "The Grinding Down" 504-5
   "The International Word" 501-7, 528-30
   The Journals 524-6
   tradução de J. Cortázar 59, 528-39, 541-2
Blackwood's 173, 181-2
Blanchot, M. 584, 611-2
   "Translating" 609-10

Bloodaxe, editora 557
Blow-Up (Antonioni) 531-2
Bly, R. 555
Boito, A. 363
Boito, C. 363
Böll, H.
   Entfernung von der Truppe (*Absent without Leave*) 43-44
Bonefonius 199
Bontempelli, M. 363
Books and Bookmen 533
Borges, J. L. 530-1, 627
   Ficciones 530
Bottke, K. 458
Bowdler, T. 176
Bowen, S. 512
Boyars, M. 557
Brandeis, I. 562
Brecht, B. 601
Brinsley, J. 115
British Critic 195-6, 198
British Quarterly Review 279-80
Brontë, C. 621
Brooke, S. 104
Brooke-Rose, C. 532
Brower, R.
   On Translation 429
Brown, T. 163
Browning, R. 279, 286, 398n, 621
Brownjohn, A. 450-1
Buckle, H. T. 620
Bunting, B. 390-2, 395, 416, 418, 428
Burns, R. 256, 276, 449
Burroughs, W. 530

Burton, R.
  tradução de *As mil e uma noites*
  (*Arabian Nights*) 615-25
Butor, M. 530
Buzzati, D. 363
Byron, Lord 204, 255, 326-7, 392
  Childe Harold's Pilgrimage 255

C
Cagnone, N. 559-60
California Arts Council 545
California, University of, Press 509
Calvino, I. 363
  As cosmicômicas 43
  Se um viajante numa noite de inverno 54
Camden, W.
  Britannia 124
Camilleri, A.
  The Shape of Water 365-6
Campbell, G. 170
  Evangelhos 168-9
Campion, T. 178
Camus, A.
  O estrangeiro 43
cânone
  acadêmico 288, 421-2
  de crítica literária 159-60, 201-2, 206
  de equivalência 66-8, 101-5, 157-8, 288, 625-6, 631-2
  de ficção criminal 375-87
  de interpretações 164-5, 265-6
  de literatura clássica 150-1, 265-71, 437-8
  de literatura estrangeira em tradução 108-9, 111-2, 164-5,

177-9, 199-200, 231-2, 244-5, 285-6, 290-6, 299-300, 362-3, 416-7, 528-30, 532, 555-6, 561-2, 623, 631-2
  de literaturas britânica e norte-americana 107-8, 180-1, 285-6, 389-90, 421-2, 424-5, 467-8, 532, 612-4, 618-9
  discurso transparente como 180-1, 595-6, 598
  e tradução estrangeirante 362-4, 612-3
  fluência como 101, 111-2, 159, 168, 172-4, 177-8, 208-9, 246-7, 266-7, 286-7, 448-50
  formação 555-6
  literário 67-9, 70-1, 145, 172-4, 206-7, 213, 216-8, 236-7, 299-300, 301-2, 314, 321-2, 362-3, 412-3, 447-8, 498-9, 517, 561-2, 602, 610-2
  político 199-200, 206
  revisão 199-200, 206-8, 362-4, 380-1, 541-2, 545, 610-3
  social 307
  tradução domesticadora como 170-1, 282-3, 426-7, 429-30
  ver também norma
Capouya, E. 37, 38, 507-11
Carcanet, editora 558
Cardenal, P. 459
Carlos I 117, 124, 129-30
Carter, A. 532
Cary, H. F. 95, 97
  tradução de Dante 621

A invisibilidade do tradutor

Castalio, S. 169
Caterpillar 544
Cato 446-7
Catulo 177-209, 255, 296, 437-56, 494, 553-4
Cavalcanti, G. 393-415, 420, 422-6, 456n, 480
  "Chi è questa che vien" 399, 404
  "Donna mi prega" 395
Cavendish, G., duquesa de Devonshire 202-3
Cavendish, W., duque de Devonshire 202-4
Cecil, D. 204, 206
Celan, P. 555, 569, 571, 604, 606
  "The Meridian" 604
Celati, G. 45
  Quattro novelle sulle apparenze 43
Center of Inter-American Relations 531
Centro Internazionale Poesia della Metamorfosi 600
Cercamon 491-2
Cervantes 285
Césaire, A. 543-9
  Notebook of a Return to the Native Land 545-6
Chamisso, A. von 322
Chapelle, J. de la
  Les Amours de Catulle 179
Chapman, G.
  tradução de Homero 266-7, 269-71, 282-3
Char, R. 569

Chaucer, G. 488, 621
  chauceriano 423, 446
Chelsea 450
Chicago, University of, Press 558
Christ, R. 53
Christian Science Monitor 382-3
Christie, A. 376
Ciardi, J. 38, 507n, 510-1
Cícero 31, 151, 221
City Lights 560
City University de Nova York 450
Cixous, H. 304-5
Claudiano 569
Cohen, J. M. 50, 69, 92, 285-6
Coleridge, S. T. 265, 621
Collyer, M. M.
  tradução de P. de Marivaux 152-7
coloquialismo 46-7, 76, 83-4, 164-5, 241, 429-31, 444, 455, 465-6, 471, 479, 480, 486-7, 516-7, 519-20, 541-3
  e tradução estrangeirante 269-71, 290-1, 293-4, 383-4, 408-9, 418-9, 439-40, 441-3, 446-7, 453-4, 488-9, 506-7, 534, 540, 547-8, 594-5, 613-4
  ver também gíria
Columbia University Press 57
Commager, S. 439-40
Companhia das Índias Orientais 202
Conan Doyle, A. 376
Conquest, R. 450
Constant Reader, The 295

Lawrence Venuti

Conte, G. 559
Contemporary Authors 427
contratos
   de tradutores 54-63, 361, 625-6, 630-1
Convenção de Berna 55-6
Coogan, D. 450-1
Coover, R. 532
copyright 54-62, 109-10, 327-9, 361-3, 625-6, 630-1
Cornell University Press 558
Cornwell, P. 64, 366
Cortázar, J. 58-60, 528-41
   All Fires the Fire 529
   "Continuity of Parks" ("Continuidad de los Parques") 534-8
   Cronopios and Famas 529
   End of the Game (*Final de jogo*) 58-9, 529, 531, 534-5
   Hopscotch 529, 531
   The Winners 529, 531
Costa, C. 315, 322n, 363, 559-60
Coviello, M. 559
Cowell, H. 625
Cowley, A. 119, 146, 158
Cowper, W.
   tradução de Homero 247-8, 253, 266-7
Creagh, P. 558
Creeley, R. 458, 494, 510
Criterion, The 390, 427, 556
Crusius, L. 179-81
Cucchi, M. 582
Cummings, E. E. 199-200, 521

D
D'Ablancourt, N. P. 119-23
Daily Advertiser 163
Daily Telegraph 381
Daniel, A. 395, 408-9, 411-2, 420-1, 425n, 426, 435-6, 455, 456n, 470, 488
Dartmouth College 38, 510
Darwin, C. 620
Davenport, G. 36, 441n, 530n, 532, 543
Davie, D. 422-5, 436
Dawson, J. 224
De Angelis, M. 36, 555-6, 559, 569-76, 578-91, 594-5, 596-606
   "Antela" 598
   "Il corridoio del treno" ("The Train Corridor") 590-6, 600
   "L'Idea centrale" 575-89
   "Lettera da Vignole" 569
   Somiglianze 555-6, 575, 582, 590, 602
De Kock, C.-P. 315
De Palchi, A. 602
Defoe, D.
   Robinson Crusoe 249
Del Re, A. 413
Deleuze, G. e Guattari, F. 9-10, 320-1, 551, 605-6
Denham, *sir* J. 112-49, 158-9, 184, 208, 265-6, 428, 449
   Coopers Hill 113-4, 125, 128-9, 143-4
   The Destruction of Troy 111-45

A invisibilidade do tradutor

The Passion of Dido for Aeneas 127
The Sophy 129
"To Sir Richard Fanshawe upon His Translation of Pastor Fido" 123-4
Derrida, J. 9, 11, 55n, 66, 580n, 605n
Di Piero, W. S. 558
dialeto
  padrão 45-6, 75-80, 252-3, 284-5, 289-97, 301-2, 321-2, 328-9, 357-8, 383-4, 389-90, 417-8, 429-35, 447-8, 451, 488-9, 516-7, 519-20, 532-5, 547, 612-4, 620-1
  regional 100, 248, 256, 284, 309, 412-3, 472, 488-9
  social 162-3, 239, 284-5, 443-4, 488-9, 516, 547
Dickens, C. 100, 249, 255, 279, 324, 326-7
  Our Mutual Friend 324
Dickinson, E. 424
Diódoro 93
discurso transparente
  como ilusionismo 41-2, 47, 50-2, 150-1
  como mistificação ideológica 141-3, 152-3, 416-8
  definido 41-2
  desmistificado pela leitura sintomática 89-90
  dominância na cultura britânica e norte-americana 65, 101, 105, 244-6, 389-90, 435-6, 549-50, 553, 579-83

e dístico heroico 147-9
e humanismo 82, 175-6
e invisibilidade do tradutor 47-8
e realismo 295-6, 301-5
efeito da fluência 41-3, 50-1, 71-2, 136-7, 244-5
mencionado em resenhas 52-3
na Penguin Classics 91-2
na tradução domesticadora 74-5, 92-3, 99, 101, 141-3, 157-9, 161-2
ver também fluência
Divers Press 458
Donne, J. 455
Dostoiévski, F. 291-5, 614
  Os irmãos Karamazov 291-2, 295
Doubleday 509
Douglas, G. 488
  tradução de Virgílio (*Eneida*) 409, 474
Dowson, E. 393
Dryden, J. 143-4, 146-9, 158, 164, 265-6, 287, 391-2, 428, 438, 448-9, 612, 621
  "Dedicatória de Æneis" 143, 146, 148, 157-8
  "Preface to *Ovid's Epistles*" 144, 157-8
  "Preface to *The Rival Ladies*" 144
  tradução de Virgílio (*Eneida*) 147-8
Dublin University Magazine 280
Duncan, R. 544-6
Dylan, B. 497

683

E

Eagleton, T. 9-10, 160n, 170-1, 271

Easthope, A. 9-10, 49n, 101, 136n, 146n, 408, 554

Economou, G. 36, 509, 541

Edinburgh Review 172, 176-7, 203

Edwards, J. 421-2

Eliot, T. S. 37, 392-3, 395, 406-7, 416, 418-9, 455, 543, 554, 556-7, 578-9

"Baudelaire in Our Time" 392-3

"Philip Massinger" 406

"Tradition and the Individual Talent" 578

elitismo 74-5, 149-50, 170, 175-8, 207, 237-8, 241, 243, 251, 261, 267-70, 284, 288, 290-1, 295-7, 366-8, 421-2, 430-1, 447, 456-7, 506-7, 516-9, 540-1

Elton, C. A. 180-1

Emporio Pittoresco 323, 327

Encounter 450

equivalência 66-7, 103, 265-6, 288, 414-5, 423-4, 427, 447-8

dinâmica ou funcional 72-6, 246

estática 246

ver também fidelidade

Erckmann, É. e Chatrian, L.-A. 301-2, 363

Escola Choate 428

Eshleman, C. 509, 544-9

e Smith, A. 359, 544-6, 548

tradução de A. Césaire 542-3

Ésquilo 248, 625

Eurípides 248

European Magazine 166-7

Evening Post 163

Everyman's Library 282

Exeter Book 104-5

F

Fagles, R.

tradução de Homero 286-7

Fanshawe, *sir* R. 119, 123

tradução de G. Guarini 128-9, 143

Farina, S. 324-7

Farrar, Straus & Giroux 39, 59n, 361n, 557-8

Feira do Livro de Frankfurt 63

Feldman, R. e Swann, B. 558, 559

Fell, C. 101

Feltrinelli Editore 567

ficção 36, 38, 42-3, 46, 69, 109, 145, 152, 243-4, 291-2, 300-3, 306, 317-9, 321, 324, 330-1, 354-5, 359-60, 362-8, 375, 412, 528-33, 537-9, 541-2, 595-6

gótica 290-1

policial 364-5, 367-9, 375-83, 386-7

fidelidade 44, 47, 50-1, 52, 67, 103, 115, 124-5, 136-7, 150-1, 157-8, 167, 172-4, 183-4, 215-6, 244-5, 266, 269-70, 288-9, 293-4, 337, 352-3, 356, 358, 408, 469-70, 483,

495-6, 505-6, 510-1, 537-8,
547-8, 551-2, 563-4, 581-3,
588-9, 597-8, 603-4, 613-4,
620-1, 625-6
abusiva 76-7, 331, 356-60,
547, 581-3, 589-90
ver também equivalência
Fiedler, L. 426, 505-6
Fitts, D. 38, 426-36, 489
One Hundred Poems from the Palatine Anthology 427-8
"The Poetic Nuance" 429-30
Fitzgerald, E. 286
The Rubáiyát of Omar Khayyám 391-2, 624-5
Florio, J.
tradução de M. de Montaigne 621
fluência
capaz de reinvenção 77-8, 383-4, 540, 625-6
definida 41-3, 45-7
e dístico heroico 137-44
e legibilidade 41-2, 64-5, 77-8, 91, 156-7, 171-2
e tradução domesticadora 64-5, 72-3, 92-3, 142-3, 171-2, 453-4
e tradução estrangeirante 295-7
e tradução livre 136-7
mencionada em resenhas 42-7, 198, 256-8, 413-4
na tradução técnica 109-10
usada na tradução de ficção latino-americana 531-5
variável historicamente 77-9

versus resistência 76-7
versus tradução literal 144
ver também discurso transparente
Ford, F. M. 433-4, 460
Fortini, F. 571, 584-5
Foster, Lady E. 203-4
Foucault, M. 9, 106-7
Frederico II 222-3
freelancer 59-61, 70, 109
Frere, J. H. 171-7, 265-6
Freud, S.
The Psychopathology of Everyday Life 82-4
The Standard Edition of the Psychological Works of Sigmund Freud 82-90
Frisardi, A. 558
Frost, F. 509
Fulbright, bolsa 458-9

G
Gaddis, W. 530
Galassi, J. 36, 557
García Márquez, G.
Cem anos de solidão 43
Garnett, C.
tradução de Dostoiévski 291-5
Gautier, T. 301-2, 363
genealogia 106-110, 124-7, 204, 213, 474-5, 567-8, 584-5
como historiografia 106-7, 111-2, 213
gêneros humanísticos 12-4, 18, 20-1, 74-5, 81-2, 86-90, 105, 160, 165, 169-70, 175-8, 244-5, 271, 311-2, 455-7, 532

Gentleman's Magazine 151, 195, 198-9, 203, 204
Geoffrey de Monmouth 124
George III 202
George, S. 610
Gessner, S.
  A morte de Abel 152
Giacometti, A. 512
Gilbert, S. 44
Gioia, D. 36, 557, 560
  tradução de E. Montale 556-8, 562-7, 572
  e M. Palma.
    New Italian Poets 600
  e Smith, W. J.
    Poems from Italy 560
gíria 22, 384, 385, 431, 444, 446-7, 486-8, 541, 546n
Giuliani, A.
  I novissimi 559, 560, 567
Gladstone, W. 621
Goethe, J. W. von 211, 218-20, 469
Golden, S. 509
Goldin, F. 484
Gonzáles Martinez, E. 430
Gottsched, J. C. 222-4
Gourmonte, R. 420
Gozzano, G. 558
Grafton, S. 383
Grant, M. 94-5, 103-4
Grass, G. 530
  O encontro em Telgte 54
Graves, R. 103-4, 625
  Claudius, o Deus 92
  Eu, Claudius, imperador 92

"Moral Principles in Translation" 93
  tradução de Suetônio 90-9
Graywolf Press 557
Green Integer 558, 560
Green, J. 67
Grey, C. 203
Grisham, J. 366
Grossetest Review, The 448
Grotius, H. 221
Grove Press 531
Grove, R. 145-6
Guanda Editore 555
Guarini, G.
  Il Pastor Fido 128-9, 143
Guernica Press 558, 560
Guilherme III 148-9
Guillem de Poitou (Guillem VII) 472, 479, 490, 512-3, 526
Guthrie, R. 38, 507n, 511-20
  Graffitti 510
  The Legend of Ermengarde 510
Guthrie, W.
  tradução de Cícero 151

H
Hafez 200-1
Hall, E. 255
Halle, Universidade de 225
Hamish Hamilton 558
Hammett, D. 376
Harcourt Brace 426, 429
Harker, J. 291
Harrison, T.
  The Favorite Malice 560

A invisibilidade do tradutor

Harvard University Press 429
Harvill Press 366, 371-3, 378-9
Hawkes, J. 530
Hawkins, *sir* T. 116-7
Hawtrey, E. C. 270
Heidegger, M. 584, 586-8, 601
  Ser e tempo 585-6
Heim, M. H. 44
Hejinian, L. 542
Hemingway, E. 381
Henriqueta Maria 116
Herrick, R. 178, 199, 449
Heywood, T. 124
Hill, H. C. 448
Hoffmann, E. T. A. 301, 305,
  321-2, 363
Hohendahl, P. U. 160n, 230
Hölderlin, F. 221, 610
Holyday, B. 117-8
Homero 126, 149-50, 162-3,
  164-5, 178, 221, 247-8, 253,
  257-8, 261-7, 269-72, 274-
  87, 415-6, 624-5
Hood, S. 45
Horácio 115-7, 122, 178, 199,
  249, 253-61
Hound & Horn 415, 427
Howard, H., Conde de Surrey 127,
  131, 135
Hudson Review, The 510
Huidoboro, V.
  Altazor 543
humanismo 176-7
  cristão 71-2, 75-6
  das Luzes 250, 271, 448-50,
  455-6

de Freud 86-90
e tradução domesticadora 81-2,
  105
liberal 160, 165, 175, 311-2,
  532
Hutchinson, J., coronel 137
Hutchinson, L. 38, 137

I
identidade
  britânica 618-9
  do tradutor 112-3, 114-5,
  360-1, 465-6, 494, 540
  formada por discurso 162-3,
  302-3, 545-6, 547, 573-4,
  592-3
  formada por tradução 79-80,
  213, 497, 544-5, 551-2
  gênero 342-3, 382-3, 496-7
  pessoal 311-2, 501-2, 585-6,
  595-6
  relacional 603-4
ideologia 34-5
  assimilacionista 567, 572
  da lenda de Troia 124-5
  de classe 114-5, 118-9, 136,
  142-3, 149-50, 162-4, 172-6,
  196, 205-6, 237-8, 249-50,
  321-2, 330-1, 342-8, 353-9,
  430-1, 474-5, 480-1, 483
  do realismo 49, 301-2, 368-9
  e literatura fantástica 304-5,
  321-2
  e tradução estrangeirante 79-82,
  301-2

em E. Pound 101-2, 393-6, 406-7, 474-5, 494

em F. Newman 247-50, 262-5, 273-5

em F. Schleiermacer 232-3, 237-41

em P. Blackburn 465-8, 478-81, 488-9, 493-4, 505-7

em R. Burton 615-22

em U. Tarchetti 301-2, 305, 337, 356-60

fundamental para a tradução 67-9, 81-2, 610-1

oculta por discurso transparente 142-3

patriarcal 194-5, 330-1, 333-5, 341-8, 352-8, 395-6, 406-7, 417-8, 466-7, 480, 487, 494, 587-8

ver também elitismo; individualismo; nacionalismo; orientalismo

individualismo

contestado por P. Blackburn 494, 497, 501-2, 524-6, 532, 540-1

e autoria 50-1, 101, 112-3, 163-4, 169-70, 329-30, 626-7

e humanismo 175-6

e linguagem 141-2, 603-4

e modernismo 101-2, 395-6, 490-4

e realismo 302-3, 321-2, 532, 538-9

e romantismo 71-2, 183-4, 235, 307-8, 329-30, 341, 578-80

estético 159, 165-6, 271

Instituto de Tecnologia da Califórnia 544

intencionalidade 124-5, 165-6

autoral 50-1, 66-7, 171-2, 175-6, 329-30, 573-4

do tradutor 50-1, 66-7, 357, 359-60, 397-8, 573, 616-8, 624-5

e *ação* 81-2, 585-6

e discurso transparente 41-2, 140-1, 416-7

e linguagem 41-2, 66-7, 579-80

Italian Poetry, 1960-1980 (Spatola e Vangelisti) 560

J

Jabés, E. 543

Jaime I 116, 124

Jeanroy, A. 472

Johnson, S. 143, 164, 184, 448

Jones, J. 531

Jonson, B. 115, 118, 124, 178, 194, 198

Jowett, B. 267, 622-3

Joyce, J. 460, 512

K

Kafka, F. 45, 530, 606

Kastenmeier, E. 367-8

Kazan, E. 531

Keats, J. 621

Keepsake, The 323, 350, 353-4, 356
Kelly, R. 37, 509-10
Kemeny, T. 560
Kennedy, D. 617-8, 622
Kenner, H. 418-9, 422, 424, 462-3, 464-5
Kerrigan, E. 529
Kingsley, C. 619
Kirino, N.
   Do outro lado (*Out*) 366, 380, 386-7
Kulchur 504-5
Kundera, M. 45
   O livro do riso e do esquecimento 43

L
L'Almanacco dello Specchio 555
L=A=N=G=U=A=G=E 542, 601-2
Lacan, J. 9, 584, 594
Laclos, C. de 221
Lalli, G. B. 123
Lamb W., lorde Melbourne 203, 205n
Lamb, C., Lady 204
Lamb, G. 203-5
   tradução de Catulo 177-9, 182-98, 206-9
Lamb, P., visconde Melbourne 203
Landolfi, T. 363
Landon, prêmio Harold Morton (Academia de Poetas Americanos, APP) 286-7

Lane, E.
   tradução de *As mil e uma noites* 615-7
Lane, H. 44
Lang, A. 415
Latham, W. 117
Lattimore, R.
   tradução de Homero 281-2
Laughlin, J. 428, 434n
Lecercle, J.-J. 9-10, 439-41, 447
Lefevere, A. 11, 69-70, 213-7, 220, 223, 227, 228n, 230-3, 235-6, 239, 240n, 241, 245-7, 456n
Leibniz, G. W. 221
leitura sintomática
Levin, I.
   Rosemary's Baby 531
Levy, C. 109-10
Levy, E. 474, 483, 515
Lewis, P. E. 10, 36, 76-7, 356-7, 359-60, 582, 590
Lincoln Gazette 623
linguagem padrão *ver* dialeto
Lockhart, J. G. 273
Loeb Classics 390-1
London Magazine 173-4
London Quarterly Review 256-8, 259-60, 261
Longfellow, H. W. 273
   Evangeline 255, 270, 280-1
   "Hiawatha" 249
Longman's Magazine 283-4
Los Angeles Times, The 53
Lowell, R. 454, 554, 557n

Lucano 162
Luciano de Samósata163
Lucrécio 199
Lumelli, A. 559
Lutero, M. 610

M
Macaulay, T. B. 619
MacLehose, C. 37, 366, 371-2, 378-9
MacLow, J. 461
Macmillan 38, 471-2, 507-9, 519, 521, 531-2, 541
Maginn, W. 269
Magrelli, V. 572
Makin, P. 476
Malatesta, S. P. 476
Mandelbaum, A. 558
Mankell, H. 366, 372, 377
  Faceless Killers 369-71
  Sidetracked 373-4
  The Fifth Woman 379-80
Manzoni, A.
  I promessi sposi 300-1, 312-4, 321-2
Marcabru 472, 480-1, 484-6, 488, 510-1, 520, 521-3
Marcial 189, 430-1
Marivaux, P. de
  La Vie de Marianne 152-7
Marlowe, C. 407
  "The Passionate Shepherd to His Love" 486-7
Marsh, P. 63
Martin, C. 38

tradução de Catulo 438-9, 444-7
Martin, T. 258
Maupassant, G. 412
May, T. 162, 292, 296
Mayor, A. H. 415-6
McBain, E. 377
McBride, J. 560
McKendrick, J. 601
  The Faber Book of 20th Century Italian Poems 560
Meleagros 428
Mellor, A. 345
Melnick, D.
  Men in Aida 543
Melville, H. 424
Mercurius Politicus 114-5
Merwin, W. S. 454
Michie, J. 450
mil e uma noites, As (Arabian Nights) 317-8, 320, 616-8
  tradução de R. Burton de 615-25
Milton, J. 407, 621
  Paraíso perdido 146n, 621
Minerva Press 558
Mitchell, T.
  tradução de Aristófanes 170-2, 176-7
Miyabe, M.
  Kasha 381-5
Mondadori Editore 39, 555
Montale, E. 39, 555-73
  "Due sciacalli in guinzaglio" 562

"La speranza di pure rivederti"
564-7
Le occasioni 557n, 562
Mottetti 562, 572
Montanus, A. 169
Monthly Magazine 196-7
Monthly Review 166-7, 196, 198
Moore, N. 449-54
Morris, W. 100, 108, 284-6
   tradução de Homero 283
   tradução de Virgílio 283-4
Mosaic Press 557
Moseley, H. 113
Mosley, W. 376
Munday, A. 124
Murphy, A. 421n
   tradução de Tácito 161-2
Murray, S. T. 373-4
   tradução de H. Mankell 370-3
Mussolini, B. 476

N

nacionalismo 224, 249, 267-8,
   369-70, 504, 540
   alemão 224, 226-7, 241-2
   britânico 618-9
   e linguagem 212-3, 224-5,
   237-8, 321-2
   e literatura 222, 243, 261,
   262-5, 321-2, 618-20
   e tradução domesticadora
   122-3, 127, 147
   e tradução estrangeirante 79-80,
   211-2, 226-32, 273, 288, 290
   grego 264

norte-americano 540
   oculto por discurso
   transparente 142-3
Napoleão Bonaparte 225-6
Nation, The 501-2, 507-8, 510, 534
National Book Award 531
National Review 257
neologismo 22-3, 45-6, 282-3
   em tradução 404-6, 478-9,
   547-9, 598, 620-1
Nerval, G. 301-2, 554
New American Poetry, The (Allen) 502
New Directions 38-9, 420-2, 428,
   531, 557-8
New Italian Poets (Gioia e Palma)
   600
New Press, The 372, 373, 379-80
New Statesman and Nation 422-3, 450
New York Herald Tribune, The 424-5
New York Quarterly 496, 521
New York Times, The 376, 379,
   420-1, 530-1
New Yorker, The 531, 597n
Newman, F. 108, 213, 247-97, 612
   Four Lectures on the Contrasts of
   Ancient and Modern History 250
   Hebrew Theism 248
   Introductory Lecture to the Classical
   Course 250-1
   On the Relations of Free Knowledge
   to Moral Sentiment 249-50
   resposta a M. Arnold 272-5,
   280-5
   The Soul 285
   tradução de Homero 213,
   247-8, 251-8, 261-4

691

tradução de Horácio 249-50, 253-61

Niccolai, G. 559-60

Nichols, J. G. 558

Nida, E. 31, 72-6, 245-7

Customs and Cultures: Anthropology for Christian Missions 75

God's Word in Man's Language 75

niebo 569

Nietzsche, F. 106, 584, 586-8

The Will to Power 586

normas 12, 13, 67, 71, 180, 217, 221, 379, 408-9, 414, 448, 496, 519, 604, 612

ver também cânone

North American Review 262n, 277n, 414-5

North British Review 277

Norton, W. W. 557

Nott, J. 178, 202-3, 612

tradução de Catulo 177-8, 182-99, 208-9

tradução de Hafez 199-200, 200-1

tradução de J. Secundus Nicolaius 199-200

tradução de Propércio 199-200, 201-2

Nova York, Universidade 507

novissimi, I (Giuliani) 560, 567

O

O'Brien, F. 530

Oberlin College Press 557

Ogilby, J. 112, 132, 135

Ohio State University Press 558

Olson, C. 494, 521

On Translation (Brower) 429

orientalismo 129, 291, 318-22, 348-9, 353-5, 357-8, 392, 616-7, 618, 622-4

Origin 437n, 510

Osmond, T. S. 285

Ossman, D. 458, 471

Other Press 557

Out of London Press 560

Ovídio 162, 178, 189, 255

Oxford Standard Authors 282

Oxford, Universidade 29, 213, 266, 279

P

Padura Fuentes L.

Adeus, Hemingway 381

palavras emprestadas 489-90, 547-8, 620-1

Palma, M. 558, 601

e Gioia, D. 600

New Italian Poets 600

Pantheon Books 58-9, 531

Paretsky, S. 383

Partisan Review 420-1

Pasolini, P. P. 555

Paz, O. 627

Pedro de Aragon 459

PEN American Center 53, 59

Penguin 557

Penguin Classics 53, 92, 98, 103

Penna, S. 558

Pensilvânia, Universidade da 412

A invisibilidade do tradutor

Pérsio 117

Petrarca 199

Pevear, R. e Volokhonsky, L. 614
  tradução de F. Dostoiévski
  291-7
  tradução de L. N. Tolstói 53-4

Phaer, T. 116

Piccolo, L. 558

Píndaro 158, 275

Pirandello, L. 47, 363

plágio 302, 322-31, 357, 359-
  63, 463-5, 592-3, 595-6, 614

Platão 221, 622-3
  e platonismo 119-20, 129,
  265, 405-6, 579-80

Playboy 44

Poe, E. A. 290-1, 301, 322, 363,
  376

Poems from Italy (Gioia e Smith)
  560

poeticismo 100, 255, 290, 428,
  430, 434, 620-1, 623-4
  ver também arcaísmo

Poetry 421, 427, 597n

Poetry Review 413, 421, 449, 600

Poetry Society of America 600

Pope, A. 153, 164, 204-5, 449
  tradução de Homero 149-51,
  162-3, 247-8, 253, 266-7,
  286-7

Porta, A. 559-60, 568-9

Potok, C. 531

Potter, L. 113, 129n, 130

Pound, E. 39, 99-105, 108, 389,
  393-9, 401-38, 454-91, 494-

5, 498, 502, 505-12, 515,
518-9, 521, 540-3, 612, 625

"Arnaut Daniel" 408-13

"Ballad of the Goodly Frere"
424-5

Cathay 395, 420, 436

"Cavalcanti" 393-4, 397

com F. Schelling 412-3

com P. Blackburn 459-71, 498

correspondência com M.
Barnard 432-3

Guido Cavalcanti Rime 404-5,
415-6

"Guido's Relations" 395, 398,
407, 423

Homage to Sextus Propertius"
395

Noh Plays (peça de nô) 420, 436

"Postscript" 397-8

"Sestina: Altaforte" 475-6

*Sonnets and Ballate of Guido
Cavalcanti* 396-7, 402, 413,
421n, 422

The ABC of Reading 39, 409

The Cantos 101, 457-8, 462-3

The Pisan Cantos 420-1

"The River Merchant's Wife:
A Letter" 396

"The Seafarer" 99-5, 395-6,
420, 425n

The Spirit of Romance 39, 399,
458, 470, 472, 475, 481

Translations 39, 420-6, 435-6

*Umbra: The Early Poems of Ezra
Pound* 395

693

Praga, E. 363
Prêmio Bollingen 420-1
Prêmio Harold Morton Landon
    de tradução poética 286
Prêmio Nobel de Literatura 561
Preusker, K. 219
Princeton University 287
Princeton University Press 558,
    559-60
Prins, Y. 37, 281
Propertius 395
Prynne, W. 124-5
Pym, A. 36, 78
Pynchon, T. 530

Q
Quarterly Review 171-4, 283-4
Quasimodo, S. 558
Quinn, irmã B. 458

R
Rabassa, G.
    tradução de G. García Már-
    quez 44
    tradução de J. Cortázar 528-9,
    531-2
Rabelais, F. 285-6, 618, 622-3
Raffel, B. 448-51, 455-6, 553-4
    tradução de *Sir Gawain and the*
    Green Knight 455-6
Random House 367-8
Rankin, I. 376
Ravensworth, Lord 258
Red Hill Press 558-60
Rendell, R. 376

resistência 16, 22-3, 71-2, 76-7,
    78-9, 87-9n, 101, 105, 177-8,
    208-9, 225, 243, 261-2, 264,
    288-9, 299-300, 360-1, 416-7,
    456-7, 483, 549, 572, 573-96,
    596-7, 603-7, 610-3
    ver também tradução estrangei-
    rante
Rexroth, K. 454, 601
Richardson, S. 221
    Pamela: ou Virtude recompensada 152
Richelieu, Cardeal 123
Rider, H. 122
Rivista Minima 305, 323
Robbe-Grillet, A. 530
Robinson, C. 333-4
Robinson, D. 36, 48n, 107n, 290
Roscommon, conde de 111, 553
Rose, W. S.
    tradução de L. Ariosto 172-4
Rosenthal, M. L. 37, 507-10
Rosselli, A. 559-60
Rossetti, D. G. 286
    tradução de G. Cavalcanti
    396-407, 408-9, 413-4, 422,
    426, 480
Rothenberg, J. e Joris, P.
    tradução de K. Schwitters
    542-3
Rousseau, J.-J. 318

S
Safo 431-4
Sagan, F. 43
    Bom dia, tristeza 43

A invisibilidade do tradutor

Said, E. 319, 613, 615-7

Sallust 161-2

Sandri, G. 560

Sandys, G. 162

Sanguineti, E. 560, 567

Sarraute, N. 530

Sartarelli, S. 36, 365-6, 558
  tradução de A. Camilleri 365-6

Sartre, J.-P. 601-2

Saturday Review of Literature (norte--americano) 420-1

Saturday Review, The (inglês) 278-9, 510

Sayers, D. L. 376

Scalise, G. 559

Scarron, P. 123

Scheler, M. 601

Schelling, F. 412

Schiller, F. 218-9

Schlegel, A. W. 220-1, 227

Schlegel, F. 220-2, 225

Schleiermacher, F. 29, 70-1, 77, 249-50, 288-9
  "O dever da nação em guerra pela liberdade" 225
  Ueber die verschiedenen Methoden des Uebersetzens ("Sobre os diferentes métodos de tradução", conferência de 1813) 70, 109-10, 211-48

Schwitters, K. 543

Scott, *sir* W. 100, 255-6, 262-3, 478-9
  The Monastery 255, 478-9
  Waverley 256

"Seafarer, The" 101, 104, 395-6, 420, 425n

Seaman, A. 37, 383, 385

Secundus Nicolaius, J. 199-200

Sereni, V. 558

Shakespeare, W. 176, 206, 221, 255, 280, 326-7, 468, 488, 617-8, 621, 622-3, 625
  Timão de Atenas 205

Shamma, T. 624

Shapiro, N. 41, 52

Sheep Meadow Press 558

Shelley, M. W. 290-1, 362-3, 614
  "The Mortal Immortal" 322-62

Shelley, P. B.
  Prometheus Bound 256

Sheridan, F. 356
  The History of Nourjahad 349-55

Sidney, *sir* P. 488

Sieburth, R. 36
  tradução de M. Blanchot 609-11

Simenon, G. 365

Sinclair, M. 414-6

Sinfield, A. 98-9, 300n

Singh, G. 557

Sinisgalli, L. 558

Sir Gawain and the Green Knight 455-6

Sjöwall, M. e Wahlöö, P. 365, 368-9, 377

Skeat, W. W. 435

Smith, W. J. e Gioia, D.
  Poems from Italy 560

Snyder, S. 37
  tradução de N. Kirino 365-6

695

Sociedade Bíblica Americana (ABS) 72
Society of Authors 52-3
Sófocles 129, 221, 276, 426-7
Sole, Il 325
Sordello 461
Sotheby, W. 253
Southey, R. 273
Spaziani, M. L. 558
Specchio, Lo 555
Spenser, E. 621
Spillane, M. 376
St. Elizabeth's Hospital for the Criminally Insane 420, 432, 459-60, 506
St. Jules, C. 204
Stallybrass, P. e White, A. 162-4
Stapylton, R. 112, 118-9, 121
Stasio, M. 379-80
Steele, D. 64
Steuart, H. 161
Stewart, S. 36, 355
Stone, L. 202, 352
Stone, W. 554
Stowe, H. B.
Uncle Tom's Cabin 328
Strabo 317-8
Strachey, J. 84, 86
subjetividade 34-5, 160-1, 233, 242-3, 567-8
determinada 105
e tradução domesticadora 237-8
e tradução estrangeirante 81-2, 89-90
em E. Pound 101
em I. U. Tarcetti 301
em J. Cortázar 538-9
em M. De Angelis 568-9, 584-9, 593-4
em P. Blackburn 503
em Suetônio 94-5
na lei de copyright 328-9
na literatura fantástica 316-7
na poética dominante britânica e norte-americana 561-2
na psicanálise 86-8
no humanismo 175-6
no modernismo 101-2, 579-80
no realismo 302-3, 304-5, 311-2, 321-2
no romantismo 490-1
transcendental 74-5, 105, 302-3
ver também agência, individualismo
Suetônio 90-9, 103
Sun & Moon Press 560, 602
Super, R. H. 282
Svevo, I. 530
Swann, B. e Feldman, R. 558, 559-60
Swift, J. 182, 617-8
Swinburne, A. C. 398n, 434
Symonds, J. A. 434, 622-3, 624
Symons, A. 392-3
tradução de C. Baudelaire 392-3

T
Tácito 119-20, 121, 122, 161, 163, 164-5, 221

A invisibilidade do tradutor

Tarchetti, I. U. 290-1, 300-3, 305-31, 337-9, 341, 342-3, 346-9, 354-5, 356-63, 613-4
  Fosca 301
  "Idee minime sul romanzo" 305-20
  "Il mortale immortale (dall'inglese)" 323
  "L'elixir dell'immortalità (imitazione dall'inglese)" 323-4, 337-41, 346-8, 354-60
  "La fortuna di capitano Gubart" 319-20
  Paolina 301, 331
  Racconti fantastici 301
  Una nobile follia 301, 325
Tel Quel 568
Tennyson, A. Lorde 100, 255-6, 398, 621
  In Memoriam 256
Thackeray, W. M. 249
The Faber Book of 20ᵗʰ Century Italian Poems (McKendrick) 560
The Favorite Malice (Harrison) 560
Thompson, J. 376-7, 380
Thompson, W. H. 267
Times Literary Supplement 44, 46, 53, 413, 530n
Todorov, T. 304
Tolstói, L. N.
  Anna Kariênina 53-4
Tottel, R. 136
Toulouse, Universidade de 458-9, 512
Toury, G. 11, 31, 67-8

Townshend, A. 129
tradução domesticadora
  como ética 78-9, 610-1
  como meta da tradução 67-8
  criticada por F. Newman 251-3, 273-5
  do início do período moderno 157-8
  dominância na cultura britânica e norte-americana 71-2, 152-3, 252-3, 426, 612-3
  e fluência 47-8, 50, 71-2, 73-4, 453-4
  e humanismo 81-2
  efeitos econômicos da 65-6
  em A. Lefevere 215-6, 245
  em A. Tytler 159-69
  em B. Raffel 450-1
  em C. Martin 446-7
  em D. Fitts 427-31, 434-6
  em D. Gioia 562-7
  em E. Fitzgerald 391-2
  em E. Lane 615-7
  em E. Nida 72-6
  em G. Lamb 183-5, 194-5, 206-9
  em J. Denham 121-43
  em J. Dryden 144-9
  em J. Frere 170-7
  em J. M. Cohen 285-6
  em M. Arnold 264-71, 281-3, 288-9
  em M. M. Collyer 152-7
  em N. Moore 453-4
  em N. P. D'Ablancourt 121-2

em R. Apter 454-5
em R. Graves 90-9
em S. Johnson 448-50
em T. S. Eliot 392-4
formulada por F. Schleiermacher 70, 109-10, 226-7,
237-9
no modernismo 390-3
versus tradução estrangeirante
77-9, 105, 416-9, 541-2
ver também tradução exotizante
tradução estrangeirante
como ética 78-9, 610-1
como variação genérica 380-1
definida 68-71, 75-80, 299-300
e elitismo 295-7
e escolha de texto estrangeiro
244-5, 301-2, 362-3, 385-6,
532, 612-5
e estratégia discursiva 244-5,
612-5
e heterogeneidade linguística
99-101, 293-4, 447, 488-9,
620-1
e legibilidade 77-8, 270-1,
285-6, 295, 383-4, 434-5,
450, 514-5, 625-6
e plágio 329-30
e subjetividade determinada
86-90
e tradução literal 288-9
em C. e L. Zukofsky 436-48
em C. Eshleman e A. Smith
544-6
em E. Pound 397-8, 401-19

em F. Newman 251-64, 266-
8, 273-5, 288-90
em I. U. Tarchetti 358-63
em J. Nott 184-8, 198-203,
208-9
em L. Venuti 290-1, 600-1
em M. Backus 290-1
em P. Blackburn 478-9, 493-5,
514-5, 528-32, 540-2
em R. Burton 615-625
em R. Pevear e L. Volokhonsky
291-7
em W. Morris 283-5
etnocêntrica 78-9, 299-300,
447-8
formulada por Schleiermacher
70-1, 215-21, 226-245, 289
marginalizada 280-7, 426,
436-7, 454, 595-6, 601-2,
610-4
mencionada em resenhas 413-
5, 434-7, 450, 533, 600-1
variável historicamente 78-80,
102-3, 614-5
versus tradução exotizante 379,
386, 533-4, 600
ver também resistência
tradução exotizante 19-20, 379,
386
tradução literal (ou próxima)
75-9, 91, 99, 103, 115, 117-
8, 118-9, 136-7, 144, 152-3,
157-8, 168-70, 186-7, 189,
215-6, 244-5, 260, 265-6,
269-71, 286-7, 323-4, 337,

A invisibilidade do tradutor

375-6, 383-5, 401, 427-8,
435-6, 448-50, 471-2, 537-8,
547-8, 621-2, 625-6
e tradução estrangeirante 288-
90
"traducês" 23
Trakl, G. 554
Transition 426-7
Trask, W. 51-2
Tsvetayeva, M. 555
Turtle Point Press 557
Tymoczko, M. 35-6, 78, 80
Tyson, A. 84
Tytler, A. E., Lorde Woodhouselee
265-6, 271, 448-50, 495-6
*Essay on the Principles of
Translation* 149, 159-70, 553-4

U
Ungaretti, G. 558
University of California Press 509
Updike, J. 53-4

V
Vangelisti, P. 558, 559-60
e Spatola, A.
Italian Poetry 1960-1980 560
Vargas Llosa, M.
Elogio da madrasta 43, 44
Vennewitz, L. 44
Venuti, L. 551-5
tradução de M. De Angelis
554-6, 573-607
tradução de I. U. Tarchetti 290-1
Vicars, J. 112-3, 132, 135-7

Vidal, G. 530-1
Vidal, P. 460, 466, 499
Vintage Crime/Black Lizard 367,
373
Virgílio 114, 115-7, 119, 122-5,
127, 130, 132n, 136, 140-2,
146-50, 162-3, 178-9, 392-3,
625
Viviani, C. 559
Vogue 531
Von Hallberg, R. 426, 506-7
Voss, J. H. 221, 610

W
Wagstaff, C. 568
Waldrop, R.
tradução de E. Jabès 542-3
Wallace, I. 531
Waller, E. 146, 178
Ward, A. 218-9, 221-2
Wase, C. 129
Waterhouse, E. 125
Way, A. 283
Weinberger, E. 37, 627-8, 629-30
tradução de V. Huidoboro
542-3
"Translating" 627
Wesleyan University Press 597-8,
599-600
Westminster Review, The 278
Whicher, G. 424-6
Whigham, P. 448-9
White, A. e Stallybrass, P. 162-4
Whitman, W. 424
Wilde, O. 393
Willey, B. 285

Williams, W. C. 471, 494, 502, 521
Wilson, P. 150-1
Wisconsin, Universidade de 457-8
Wolf, F. A. 262
Wollstonecraft, M. 323, 353, 356
   A Vindication of the Rights of Wo-man 332-3, 335-6, 342-3
Woodmansee, M. 328-9
Wordsworth, W. 164, 554, 578
Wright, C. 557
Wroth, *sir* T. 113*n*, 118-9, 127, 131, 135, 142
Wyatt, *sir* T. 199, 409, 424

Y
Yankee Doodle 270
Yoshimoto, B.
   Kitchen 291

Z
Zadkine, O. 512
Zanzotto, A. 559, 560
Zukofsky, C. e L. 39, 108-9, 296, 436-8, 542-3, 612
   tradução de Catulo 437-55, 494, 553-4, 625-6
Zwicker, S. 148-9

SOBRE O LIVRO

Formato: 14 x 21 cm
Mancha: 23 x 44 paicas
Tipologia: Venetian 301 12,5/16
Papel: Off-white 80 g/m² (miolo)
Cartão Supremo 250 g/m² (capa)

1ª edição Editora Unesp: 2021

EQUIPE DE REALIZAÇÃO

Edição de texto
Fábio Fujita (Copidesque)
Tulio Kawata (Revisão)

Capa
Marcelo Girard

Editoração eletrônica
Eduardo Seiji Seki

Assistência editorial
Alberto Bononi
Gabriel Joppert